성경강해시리즈

여호수아-룻기

Joshua, Judges, Ruth

유동근

IMC

BIBLE EXPOSITION SERIES

STUDY ON

Joshua, Judges, Ruth

Yu Dong Keun (Th. M., D. D)

Korean Edition

151-808, Bongcheon 3 Dong 16-41, Seoul, Korea

여호수아/사사기/룻기 강해

차 례

서문

여호수아, 사사기, 룻기까지 강해서를 쓰게 된 것을 하나님께 감사드린다. 모세 오경을 쓰고 여호수아를 시작한 것이 룻기까지 계속하게 되었다. 쓰게 된 동기는 내 자신이 하나님을 섬기는 한 사람으로서 구약의 말씀에 대하여 더욱 깊이 공부하기 위한 마음이었고, 함께 하나님의 말씀에 대하여 탐독하고 공부하고자 하는 사람들의 유익을 위한 것이다. 그러므로 본 강해서는 나의 여러 강해서들과 마찬가지로 저자 스스로의 성경 공부 기록 노트로 여겨주어도 좋다. 그래야만이 부족한 필(筆)에 대하여 변(辯)이 될까 싶다. 이 책을 쓰는 데 있어서 많은 참고 서적들을 수집하지 못한 아쉬움도 있다. 그럼에도 불구하고 나의 노력껏 국내에서 구입할 수 있는 대로 최선을 다해서 현재 나와 있는 참고서들을 모아서 읽었다. 외국 주석서들은 매튜헨리, 스펄젼, 매킨토쉬, 디에도르 에프 등이고 국내의 서적들은 박윤선, 이상근, 김홍전, 호크마 등이다.

이 책을 쓰는 데는 성경 본문을 빼놓지 않고 다 실었다. 무엇보다도 이 책은 성도들이 부담 없이, 흥미롭게 성경을 읽는 데 도움이 되는 책으로 여겨주기를 바라는 마음에서다. 매일 조금씩 분량을 정해놓고 읽는다면 성경을 이해하는 데 도움이 될 줄로 믿는다. 또한 본인이 부족하나마 오랜 시간 주님을 섬겨오면서 받은 은혜와 빛과 체험에 따라 중요한 부분들을 강조하여, 읽는 분들의 영적 생명에 유익이 될 수 있기를 기대하였다. 이 책을 내는 데 협력한 국제 선교 신학원(IMC) 편집부와 원고를 끝까지 교열해준 나의 아내에게도 감사의 뜻을 표한다.

2004년 10월 20일 청원에서 초고
2006년 9월 13일 서울에서 재고
유동근

여호수아

Joshua

여호수아 1장
Joshua

서론

구약에서 모세오경에 바로 이어진 것이 여호수아서이다. 여호수아서부터 에스더서까지 계속 이어지는 12권의 책을 역사서 또는 사기서라고 부른다. 여호수아는 역사서의 시작이 되는 책이지만 그 내용에 있어서는 신명기와 연결된다. 출애굽기는 1장 서두부터 창세기와 연결되어 있음을 보여주고 레위기는 출애굽기에, 민수기는 레위기에 연결되어 있음을 볼 수 있다. 그러나 신명기는 민수기에 직접 연결된 것처럼 보이지 않는다. 그것은 신명기가 다시 율법을 설명하는 책이기 때문이다. 오히려 신명기는 뒤에 나오는 여호수아와 연결된 것처럼 보인다. 그것은 여호수아 1장 1절이 '여호와의 종 모세가 죽은 후에'로 시작되기 때문이다. 신명기는 모세의 죽음으로 끝나고 여호수아서는 모세의 죽은 후의 이야기를 바로 이어가고 있다.

이 책의 제목은 '여호수아'로서 출중한 인물을 책의 제목으로 사용한 첫 번째 경우이다. 이후 룻기, 사무엘 상하, 에스라, 느헤미야, 에스더, 욥, 다니엘, 학개, 스가랴 등에서 그 책의 중심적인 인물이나 말씀을 받아 말한 선지자, 혹은 기록자 자신의 이름으로 책 제목이 붙여졌다. 이 책의 저자(著者)는 당연히 여호수아 자신이며 아마도 비느하스가 마지막 뒷부분의 후기(24:29-33)를 첨가하여 기록하였을 것이다(24:33). 이 책이 포함하는 시간은 B.C. 1451-1426년이며 장소는 모압 평지와 가나안 땅이다.

여호수아서의 성질은 하나님의 구속을 완성한 책이라는 것이다. 하나님의 구속의 1단계는 그분의 백성들을 노예 상태에서 벗어나도록 애굽에서 이끌어낸 것이며, 2단계는 하나님께서 주신 기업을 누리도록 가나안 땅으로 인도해들이는 것이다. 그러나 그들이 가데스 바네아에서 불신하고 배역하는 죄를 범함으로 하나님의 구속 계획은 방해를 받았다. 그 후 40년 동안 애굽에서 나온 이스라엘 첫 세대는 광야에서 다 죽었고, 오직 광야에서 태어난 새로운 세대만이 교육을 잘 받아 가나안에 들어갈 특권을 얻게 되었다. 이는 마치 옛 사람은 하나님의 유업을 얻지 못하고 새 사람만이 그것을 얻을 수 있음을 말해주는 것 같다. 이 새로운 세대를 가나안 땅에 들어가도록 인도한 사람이 바로 여호수아이다. 하나님은 이로 말미암아 그분의 약속을 성취하고 실현시키신 것이다. 그러므로 우리는 여호수아서를 통하여 여호와 하나님의 신실하심을 볼 수 있다.

하나님께서는 오래 전에 아브라함에게 이 땅을 그 자손에게 기업으로 주시겠다고 약속하셨다. 그리고 오랜 시간이 지났으며 그 동안 이스라엘의 거역과 불신으로 인해 모든 것이 끝나는 듯했다. 그러나 우리에게는 미쁨이 없을지라도 주는 일향 미쁘시니 자기를 부인하실 수 없다(딤후 2:13). 비록 중간에 많은 방해와 좌절의 요소가 있고 지연됨이 있었을지라도 그분은 그 약속을 신실하게 지키셨다.

모세오경과 여호수아서의 관계는 신약으로 말하면 복음서와 사도행전과 같다. 모세오경은 하나님의 완전한 뜻이 계시된 책으로서 그 안에 모든 약속과 언약이 들어있지만 여호수아서에 올 때 비로소 사도행전과 같이 전진하고 발전하는 것을 볼 수 있다. 또 다른 의미에서 여호수아서는 신약의 에베소서와 같다. 신약의 에베소서는 믿는이들의 영적인 축복에 대한 충만한 계시를 담고 있다. 그 충만한 축복의 대상이 교회인 것이다. 교회는 하늘에 속한 모든 신령한 복으로 축복을 받은 자들이다. 그리고 에베소서 6장에서는 하늘에 속한 유업을 얻은 자들이 이 땅에서 공중의 권세 잡은 자 곧 마귀와 대항하여 싸우는 영적 전쟁을 기술하고 있다. 우리는 여호수아서에서 이러한 하늘에 속한 기업을 얻기 위한 영적 전투의 중요한 전략들을 볼 수 있을 것이다.

신명기는 이스라엘 백성이 가나안 땅에 들어간 후에 행해야 할 교훈들을 담고 있다. 그러나 여호수아서는 그 땅을 정복하는 것과 정복한 후에 그 땅을 분배하는 것에 관한 기록을 담고 있다. 이 정복의 과정에도 많은 배워야 할 것들이 있으며 그 땅을 분배하는 일에서도 배워야 할 점들이 많이 있다. 이는 장래 왕국의 기업을 물려받을 믿는이들이 미리 알고 참고해야 할 점들이다.

'여호수아'는 70인역(LXX)에서 헬라어로 번역할 때 '예수'라고 불리웠다. 말하자면 여호수아는 신약에서 그분의 백성을 영광 안으로 이끄시는 구원의 원수(Captain of our salvation)이신 예수를 예표한다. 여호수아는 '그가 구원하실 것이다'라는 뜻이다. 참 여호수아이신 예수 그리스도는 우리 구원의 대장으로서 우리로 하늘에 속한 가나안을 점령하는 전쟁에서 이기게 하시고(히 2:10-11), 우리에게 약속된 그 기업을 나누어주는 분이시며(엡 1:11, 14, 4:8-11), 여호수아가 일시적으로 준 안식을 영원히 가져다주는 분이시다(히 4:8).

1-2절, 여호와의 종 모세가 죽은 후에 여호와께서 모세의 시종 눈의 아들 여호수아에게 일러 가라사대(1절) 내 종 모세가 죽었으니 이제 너는 이 모든 백성으로 더불어 일어나 이 요단을 건너 내가 그들 곧 이스라엘 자손에게 주는 땅으로 가라(2절)

여호수아는 모세가 죽은 후에 하나님께 정식으로 사역의 위임을 받는다. 하나님께서는 모세가 죽은 후에 이스라엘 백성에게 30일 정도 애도하는 기간을 주셨다. 여호수아는 그때 이미 후계자로 세우심을 받은 자였지만 스스로 무언가를 하려고 시도하지 않았다. 그는 하나님의 명령이 있을 때까지 기다렸다. 하나님은 아무리 훌륭하고 유용한 종이라 할지라도 때가 되면 데려가신다. 모세가 너무 아까운 인물이고 이스라엘에게 없어서는 안 될 소중한 존재였다 할지라도 죽음이 그의 사역을 끝내었다. "그러나 아무리 훌륭한 하나님의 종이 죽었다 할지라도 하나님의 일은 절대로 중지되거나 방해받지 않는다."(데오드르 H. F).

히브리서에 의하면 그는 하나님의 온 집에서 사환으로 충성하였다. 그의 충성은 무엇이었는가? 외면적으로 그는 하나님께로부터 율법과 성막의 식양을 받았고 사십 년 동안 광야에서 거역하는 이스라엘 백성들을 인도하는 일을 성실히 수행했다. 그러나 그의 내면적인 의미에서의 충성은 하나님께서 장래 말씀하실 것을 증거하기 위한 것이었다. 그것은 곧 모세가 그리스도의 예표가 되는 사람으로서 하나님의 집에서 충성하였다는 것을 의미한다.

그렇다면 모세는 이에 대한 조망을 어떻게 가질 수 있었는가? 그는 장래 그리스도께서 오실 것이고 그분이 아들로서 참되게 하나님의 집 사람들을 다스리고 섬기며 인도하시는 영도자이시며 자신은 그분의 예표가 되는 사람으로 부르심 받아 섬긴다는 것을 어떻게 알았는가? 아무튼 이 일에 대하여 성경은 분명히 모세를 칭찬하였다(히 3:5-6). 오늘 우리도 동일한 원칙을 적용해볼 수 있다. 가장 충성된 주의 종은 주를 위해 이런저런 많은 일을 하는 것보다도 다시 오실 주님의 어떠하심을 나타내는 것이다. 사람들은 일의 효과와 열심을 가지고 사람의 충성됨을 평가하려는 경향이 있다. 그러나 그보다 중요한 것은 그의 삶과 일에서 그리스도의 모습을 나타내는 것이다. 그리스도의 생명과 성품을 나타냄이 없이도 많은 일을 할 수 있다. 그것은 매우 공허한 일이다.

모세는 장래 말할 것을 증거하기 위하여 하나님의 집에서 충성스럽게 섬겼던 것이다. 우리는 일을 하는 사람만이 되어서는 안 되고 그리스도를 증거하는 삶을 살아야 한다.

하나님께서는 모세같이 훌륭한 종이 죽었을 때 그 다음 일을 위하여 사람을 친히 예비하시는 것을 볼 수 있다. 여기서 우리는 하나님께서 하시는 일을 본다. 하나님은 그분의 백성을 위하여 필요할 때에는 언제든지 그분이 원하시는 일꾼들을 예비하신다. 참으로 유용한 일꾼이 죽었다 하더라도 하나님은 또 다른 사람들을 일으켜 더욱 훌륭하게 그 일을 이어가도록 역사하신다.

이 구절에서 모세의 '시종' 이라는 말을 70인역에서 '휘푸리오스' 라고 번역하였는데, 이는 '아래서 지시와 명령을 받는 일꾼' 이라는 뜻이다. 하나님께서 후계자를 예비하시는 것을 보면 여호수아나 다윗의 경우 오랫동안 어떤 권위 아래 머물게 하시면서 무언가를 배우게 하신다. 사람이 오랫동안 어떤 사람의 권위 아래 머물면서 순종하며 배운다는 것은 매우 중요한 의미를 지닌다. 거기에서 그는 인도자가 될 수 있는 자질을 형성하게 된다. 누군가가 말했듯이 권위에 순종하는 자가 아니면 좋은 권위자가 될 수 없다. 여호수아는 모세가 죽기 전에 인도 직분을 탐내거나 그것을 얻으려고 다투지 않았다. 그의 인도자 됨은 모세의 죽음으로 말미암은 것이요 하나님의 위임과 세우심에 의한 것이다. 오늘날 얼마나 많은 사람들이 인도직분을 얻으려고 투쟁하는가? 이는 완전히 여호수아와 다른 것이요 하나님이 그분의 종을 기뻐 세우시는 방법이 아니다.

다윗의 경우, 그는 사무엘의 기름부음을 통하여 미리 그가 왕이 될 것을 알았지만 그는 끝까지 사울의 권위를 뒤집어서 왕이 되려 하지 않았다. 그는 핍박을 당하고 늘 죽임당할 위험이 도사리고 있는 상황에서도 사울의 권위를 인정하고 겸손하게 하나님의 손에 자신을 복종시켰다. 그 결과 다윗은 온 이스라엘의 왕이 된 것이다.

또한 여호수아는 애굽에서 태어났으며 출애굽의 과정과 이스라엘 백성의 중요한 사건 때마다 항상 모세 곁에 있었다. 이 또한 후계자가 되기 위한 예비이다. 그는 가나안의 열두 정탐꾼 중에 있었고 돌아와서 갈렙과 함께 적극적인 보고자가 되어 하나님을 기쁘시게 했다. 그는 모세가 율법을 받으러 산에 오를 때에도 최종까지 함께한 사람이다. 이런 사람이 모세를 이어 인도자가 되는 것은 너무도 당연하다.

여기서 우리는 프란시스 쉐퍼(Fransis Schaeffer)의 글을 읽어 보자. "여호수아는 오경의 저자 모세를 개인적으로 알고 있었다. 그는 한 인간 모세의 힘과 연약함을 알고 있었다. 그는 죄인이었던 모세를 알았으며 모세가 실수를 범하기도 하고 사람에 불과하다는 것도 알았다. 그럼에도 불구하고 모세가 죽은 후에 그는 즉시 오경을 모세의 저술 이상의 것으로 받아들였다. 그는 그것을 하나님의 기록으로 받았다. 그 책이 신성한 것이 되기까지는 이삼백년도 걸리지 않았다. 여호수아가 관계되는 한, 오경은 정경이며 정경은 하나님의 말씀이다. 정경의 발전과 채택에 대한 성경적인 관점은 이와 같이 단순하다. 그것이 주어졌을 때 하나님의 백성은 받은 그대로 이해하였다. 그 즉시 그것은 권위를 가졌다."

이러한 기술을 통해서 우리는 하나님께서 계속 그분의 일을 이어 나갈 지도자들을 찾으실 때 전에 섬기던 사람 가까이에서 보고 배운 사람 가운데서 일으키시는 것을 종종 보게 된다. 모세를 계승할 사람은 모세를 깊이 아는 사람이어야 하며 그의 영과 그의 삶을 본받는 사람이어야 한다. "나의 교훈과 행실과 의향과 믿음과 오래 참음과 사랑과 인내와 핍박과 고난과 또한 안디옥과 이고니온과 루스드라에서 당한 일과 어떠한 핍박받은 것을 네가 과연 보고 알았거니와"(딤후 3:11). 디모데는 바울이 주님께 간 후 그의 일을 계속 해야만 하는 자로서 바울이 어떻게 섬긴 것에 대하여 잘 알고 있는 사람이었다.

후에 일으켜져서 일하는 사람은 자신이 새로운 근본이 되어 일하는 것이 아니라 전 시대의 일을 이어 받아 전진해 나아가는 것이다. 영원하신 하나님은 사역자들이 죽음을 인하여 지속하지 못하는 일을 새롭게 사람들을 일으키시어 계속하게 하시는 것이다. 그러므로 나중에 일으켜진 사람들은 이전 역사에 동참케 되는 것이며 중단되었던 일을 계속하는 것이다. 여기서 모세는 율법을 대표하고 여호수아는 그리스도의 은혜의 구원을 대표한다. 율법은 그분의 백성들을 최종까지 구원하지는 못한다. 모세는 백성들을 광야로 인도하여 율법을 받게 하는 데 하나님께 쓰임받았지만 그들을 가나안으로 인도하는 일은 여호수아에게 맡겨졌다. "이제 너는 이 모든 백성으로 더불어 일어나 이 요단을 건너 내가 그들 곧 이스라엘 자손에게 주는 땅으로 가라"(수 1:2). 율법은 백성들을 가나안에 인도하지 못한다. 이 일은 또 다른 인도자에게 맡겨졌다. 그리스도는 이와 같이 우리로 하늘에 속한 유업을 얻게 하시려고 우리를 인도하는 인도자가 되셨다. 그분은 우리에게 언약되고 할당된 기업을 얻게 하시려고 우리를 이끌어 영적 전쟁에서 이기게 하시고 결국 그 유업을 분배하는 일까지 맡아주신다. 우리의 대적, 공중의 권세 잡은 자를 이기도록 주신 것이 오순절 성령이며 내세의 분깃에 대한 약속과 보증으로 주신 것도 성령이다. 우리는 이 시대에 성령으로 내세에 누릴 그 기업의 영광의 풍성을 미리 맛본다.

3-4절, 내가 모세에게 말한 바와 같이 무릇 너희 발바닥으로 밟는 곳을 내가 다 너희에게 주었노니(3절) 곧 광야와 이 레바논에서부터 큰 하수 유브라데에 이르는 헷 족속의 온 땅과 또 해 지는 편 대해까지 너희 지경이 되리라(4절)

하나님은 아브라함에게 약속하신 지경을 그대로 여호수아에게 줄 것이라고 말씀하셨다. 이는 모세에게 말한 바이다. 여호수아는 지금 그것을 얻으려는 시점에 있다. 그러나 조건이 있는데, 그것은 그들이 발바닥으로 밟는 곳을 주시겠다는 것이다. 이것은 곧 믿음을 가리킨다. 발바닥으로 밟는 것에는 양면이 있다. 한 면으로는 그 땅을 취하기가 매우 쉽다는 것이다. 발로 밟는 것보다 쉬운 일이 없다. 실지로 그들은 여리고를 점령할 때 매일 한 바퀴씩 성 주위를 돌다가 일곱째 날에는 일곱 바퀴를 돌고 소리를 크게 한 번 질렀다. 그러니 그 땅을 차지하기란 너무 쉬운 일이다. 그렇지만 여기서 한 가지 주시할 것은 대적이 강한 모습을 하고 있다는 것이다. 그들은 철병거로 무장하고 요새화되어 있다. 그렇기 때문에 믿음이 필요한 것이다. 다만 발로 밟는 것뿐이지만 거기에 두려움이 없는 믿음이 필요한 것이다. 믿음이란 이렇게 쉬우면서도 어려운 것이다. 또한 믿음은 큰 역사를 가져오는 것이다.

실지로 여호수아 시대에 유브라데에 이르는 헷 족속의 온 땅과 해 지는 편 대해까지 차지했는가? 그렇게 하지 못했다. 그것은 그들이 다 밟지 못했기 때문이다. 즉 믿음이 부족했기 때문이다. 하나님께서 이 지점에서 그 땅을 차지하기 위해 요구하시는 것은 다만 한 가지, 믿음이다. 하나님께서는 그분의 약속을 받은 자들에게 그 약속이 이루어질 때까지 오래 참음과 믿음을 갖기를 요청하신다. "우리가 간절히 원하는 것은 너희 각 사람이…믿음과 오래 참음으로 말미암아 약속들을 기업으로 받는 자들을 본 받는 자 되게 하려는 것이니라"(히 6:11-12). 이들은 당시에는 그 모든 지경을 얻지 못했지만 오랜 시간이 지난 후 다윗 시대에 이르러 그 지경을 차지한 적이 있다(왕상 4:21). 이와 같이 하나님은 이미 그 땅을 주신다고 약속하셨지만 그 약속이 오랜 세월이 흐른 후에야 이루어지기 때문에 믿음과 오래 참음이 필요한 것이다(벧후 3:9). 믿음과 오래 참음은 기업을 약속으로 받는 자들의 큰 특징이라고 할 수 있다. 우리 인간은 조급하여 믿지 못한다. 그러나 믿음의 주인 하나님은 많은 역사를 통해 우리의 믿음을 키워 가시면서 결국 우리를 믿음의 사람으로 만들어 가신다.

아브라함에게 약속하시고 여호수아가 얻게 된 가나안 땅은 신약으로 말하면 그리스도이다. 하나님은 그분의 자녀들인 우리에게 다른 것이 아니라 그리스도를 기업으로 주신 것이다. 그러나 그 풍성하고 만유를 포함한 그리스도를 누리는 분량은 믿음으로 그리스도를 취하는 정도에 달려 있다. 그리스도는 우리에게 지혜와 의로움과 거룩함과 구속함이 되셨다(고전 1:30). 그리스도가 우리의 지혜요 능력인 것이다. 그분 안에 모든 것이 있다. 그리스도를 얻으면 모든 것을 다 얻는 것이다. 하나님께서는 그리스도를 만유를 포함한 기업으로 우리에게 주시려고 우리를 구속하신 것이다. 그러나 그분을 온전히 얻으려면 믿음의 선한 싸움을 싸워야 한다. 그 하늘에 속한 기업은 믿음으로 인한 영적 전쟁을 통해서만 얻을 수 있기 때문이다.

믿음의 비밀

우리가 하나님을 믿는 것은 그분의 약속의 말씀을 믿는 것이다. 이는 이미 아브라함의 믿음에서 보여진 것이다. 하나님은 아브라함이 믿은 것을 모든 믿는 자의 본으로 삼으셨다. 당시 아브라함은 하나님이 그를 많은 민족의 조상이 되게 하신다는 말씀을 믿어야만 했다. 그러나 그의 상황은 어떠했는가? 그의 몸은 죽은 것 같고 사라의 태도 죽은 것 같았다. 그는 자신을 통해서 자녀를 생산할 수 있다는 것을 믿을 수 있는 상황이 아니었다. 그러나 그는 바랄 수 없는 중에 바라고 믿었다. 그는 자기의 상황을 보고 하나님의 약속을 의심하지 않았다. 그는 하나님께서 약속하신 것을 능히 이루실 줄을 확신하였다. 이것이 믿음인 것이다. 오늘 우리가 믿는 것은 예수 그리스도가 우리의 죄를 위하여 죽으셨고 하나님이 사흘만에 살리셨다는 것이다. 예수는 우리 범죄함을 위하여 내어줌이 되었고 우리를 의롭다 하심을 위하여 살아나신 것이다. 우리는 우리 생각이나 우리의 느낌을 믿는 것이 아니라 하나님이 하신 말씀을 믿는 것이다. 그 말씀을 의심없이 믿는 것만이 우리를 의롭다 여기심을 받게 하는 것이다.

모든 하나님의 축복을 얻는 비결이 바로 이 믿음이다. 하나님이 하신 말씀을 믿는 것이다. 우리의 상황을 보면 믿을 수 없지만 그러나 하나님의 말씀은 실제인 것이다. "저가 채찍에 맞음으로 너희는 나음을 얻었나니"(벧전 2:24). 어떤 형제가 병에 걸려 아무리 위중한 상태에 있다해도 만일 이 말씀을 믿었다면 그는 나음을 얻을 수 있다. 그러나 문제는 그가 그의 병세로 인하여 그 말씀을 믿지 못한다는 것이다. 그의 병은 믿은 후에도 하나도 나아지지 않은 것이다. 그래도 그 말씀은 믿을 만한 말씀인가? 물론 믿을 만한 말씀이다. 하나님의 말씀은 한 부분도 거짓된 것이 없다. 온 우주 가운데 참된 것은 하나님과 그분의 말씀만이다. 우리는 그분의 말씀의 언약을 믿음을 통하여 우리의 것으로 만들 수 있다. 아브라함은 믿을 수 없는 중에 바라고 믿었던 것이다. 어떻게 그는 믿을 수 있었던가? 그것은 그 약속이 신실하시고 영원하시며 변함이 없으신 하나님의 말씀이기에 믿은 것이다. 이처럼 우리는 오늘도 그분의 많은 말씀들을 믿을 수 있는 것이다. 믿음은 이와 같이 말씀을 믿는 것이 하나있고 둘째는 의지하는 믿음이 있다. 어떤 일이든지 주님을 의지하여 그분으로 하여금 하시게 하는 믿음인 것이다. 히브리서 11장의 많은 증인들의 믿음은 의지하는 믿음들이다. 그분의 말씀들을 믿고 의지하는 믿음은 모든 것을 이기고 하나님의 모든 축복을 가져올 수 있다.

5-6절, 너의 평생에 너를 능히 당할 자 없으리니 내가 모세와 함께 있던 것같이 너와 함께 있을 것임이라 내가 너를 떠나지 아니하며 버리지 아니하리니(5절) 마음을 강하게 하라 담대히 하라 너는 이 백성으로 내가 그 조상에게 맹세하여 주리라 한 땅을 얻게 하리라(6절)

하나님께서는 여호수아에게 그분이 모세와 함께하신 것처럼 그와 함께하시겠다고 말씀하셨다. 그리고 그를 떠나지 않고 버리지 않겠다고 하시며 마음을 강하고 담대히 하라고 하신다. 원문에서는 '마음을 강하게 하라' 고 하지 않고 다만 '강하게 되라(be strong)' 고 했다. 6절과 7절과 9절에서 하나님께서 여호수아에게 계속 강하고 담대하라고 하신 것은 여호수아가 모세보다 강함이나 담력이 부족했기 때문인 듯하다. 물론 출애굽기 17장의 아말렉과의 전투나 가나안 정탐시에 보여준 그의 믿음과 용기는 탁월한 것이었지만 그가 지난 날 보아온 모세를 생각할 때 자신은 그런 일을 하기에 부족한 자라는 생각을 하고 있었을 것이다. 즉 여호수아는 스스로를 낮추는 겸손한 사람이었던 것이다. 그럴 때 준비되고 자격 있는 훌륭한 사람일지라도 담대함이 결여될 수 있다. 그는 자신이 여러 면에서 모세보다 못하다는 것을 분명히 알고 있었으므로(그렇게 역량 있는 모세일지라도 광야에서 불순종하고 거역적인 백성을 인도한다는 것은 어렵고 어려운 일이었다) 그러한 일을 하기에 적합하지 않다고 여긴 것이다. 따라서 위축되었을 가능성이 없지 않다. 그러나 하나님의 백성을 목적지로 가도록 인도하고 하나님의 유업을 확보하기 위한 영적 전쟁에서 지도자에게 있어야 할 가장 중요한 것은 강하고 담대한 것이다. 신약 에베소서를 보면 하늘에 있는 악의 영들에 대한 영적 전쟁에서 첫 번째로 준비되어야 할 것은 주 안에서 그 힘의 능력으로 강건케 되는 것이라고 말하고 있다(엡 6:10). 대적 마귀는 우는 사자와 같이 삼킬 자를 찾는다고 했는데(벧전 5:8 참조), 그것은 사자가 먹이를 취할 때 으르렁거리는(우는) 소리로 대상물에게 겁을 주어 꼼짝 못하게 하고 먹어버리는 것과 같다. 전신 갑주를 취하는 것은 그 다음의 일이다. 영적 전쟁에 나서는 전사들이 첫째로 알아야 할 것은 강하고 담대한 것이다.

믿는이가 담대하게 될 수 있는 비결은 하나님께서 하신 말씀을 믿음으로써이다. 누구든지 강하고 담대하게 되고 싶지만 말씀이 없으면 통하지 않는다. 그렇기 때문에 신자에게 강하고 담대하게 될 수 있는 말씀을 주어야 한다. 하나님은 여호수아에게 함께하시겠다고 약속하셨다. 그리고 '능히 너를 당할 자가 없으리라' 고 하셨다. 신약에서 우리는 부활하신 예수 그리스도의 놀라운 약속을 갖고 있다. "예수께서 나아와 일러 가라사대 하늘과 땅의 모든 권세를 내게 주셨으니…볼지어다 내가 세상 끝날까지 너희와 항상 함께 있으리라 하시니라"(마 28:18-20). 신자들은 다른 것이 아니라 하나님의 약속의 말씀으로 담대해질 수 있다. 예레미야 1장 8절에도 하나님의 귀한 약속의 말씀이 있다. "너는 그들을 인하여 두려워말라 내가 너와 함께하여 너를 구원하리라 나 여호와의 말이니라". 여호수아가 강하고 담대하게 되어야 하는 것은 말씀을 지켜야 하기 때문이고 가나안 땅을 기업으로 얻어야 하기 때문이다. 신자들이 어떠한 환경에서도 하나님의 말씀을 지키며 약속을 기업으로 얻으려면 강하고 담대한 믿음을 가져야 한다(박윤선).

또 한 면에서 하나님은 그분이 쓰실 사람을 약한 상태로 이끄신다. 여기서 하나님께서 여호수아를 강화시키실 필요가 있었다는 것은 그가 스스로 뭔가를 하기 어려운 약한 심정을 갖고 있었다는 것을 반증한다. 하나님은 어떤 사람이 스스로를 매우 능력 있고 할 수 있는 재능을 가졌다고 생각한다면 그를 사용하실 수 없다. 오히려 자신이 무능하며 아무런 가치가 없다는 것을 알고 인정하는 자를 사용하신다. 그러므로 연약한 것이 하나님의 일에 방해가 되는 것이 아니라 스스로 능력 있다고 하는 것이 방해가 된다. 여호수아의 연약한 느낌은 하나님의 일에 방해가 되지 않았다. 오히려 하나님께서 기꺼이 역사하실 수 있는 통로를 열어드린 것이 되었다.

나도 많은 때 자신의 능력 없음과 연약함을 인해 근심하곤 했다. 이것은 나뿐 아니라 많은 사람들의 근심일 것이다. 그때마다 내가 생각하며 위로받고 기도한 구절이 있는데 바로 고린도 후서 12장 9-10절의 "이러므로 도리어 크게 기뻐함으로 나의 여러 약한 것들에 대하여 자랑하리니 이는 그리스도의 능력으로 내게 머물게 하려 함이라 그러므로 내가 그리스도를 위하여 약한 것들과 능욕과 궁핍과 핍박과 곤란을 기뻐하노니 이는 내가 약할 그때에 곧 강함이니라"는 말씀과 고린도전서 1장 26절부터 28절까지의 말씀이다. "형제들아 너희를 부르심을 보라 육체를 따라 지혜 있는 자가 많지 아니하며 능한 자가 많지 아니하며 문벌 좋은 자가 많지 아니하도다 그러나 하나님께서 세상의 미련한 것들을 택하사 지혜 있는 자들을 부끄럽게 하시고 세상의 약한 것들을 택하사 강한 것들을 부끄럽게 하려 하시며 하나님께서 세상의 천한 것들과 멸시받는 것들과 없는 것들을 택하사 있는 것들을 폐하려 하시나니 이는 아무 육체라도 하나님 앞에서 자랑하지 못하게 하려 하심이라". 나는 늘 하나님께 내 자신이 다른 사람들보다 여러 모로 약하고 부족하기 때문에 더욱 유용하게 사용하실 수 있지 않겠느냐며 간청하곤 했다. 이것은 내게 매우 절실한 일이었다. 하나님은 이렇게 연약한 사람을 불러 사탄과의 영적 전쟁에 참여케 하신다. 그럼으로써 그분의 영광과 능력을 나타내시는 것이다.

7-9절, 오직 너는 마음을 강하게 하고 극히 담대히 하여 나의 종 모세가 네게 명한 율법을 다 지켜 행하고 좌로나 우로나 치우치지 말라 그리하면 어디로 가든지 형통하리니(7절) 이 율법책을 네 입에서 떠나지 말게 하며 주야로 그것을 묵상하여 그 가운데 기록한 대로 다 지켜 행하라 그리하면 네 길이 평탄하게 될 것이라 네가 형통하리라(8절) 내가 네게 명한 것이 아니냐 마음을 강하게 하고 담대히 하라 두려워 말며 놀라지 말라 네가 어디로 가든지 네 하나님 여호와가 너와 함께하느니라 하시니라(9절)

1. 순종이 가장 고상하고 실제적인 용기라는 점을 알아야 한다. 여호수아에게 주신 하나님의 명령은 "나의 종 모세가 네게 명한 율법을 다 지켜 행하라"이다. 오직 마음을 강하게 하고 극히 담대하라는 말을 들을 때 다음에는 어떤 큰 공적을 이룰 위임과 사명, 해야 할 사항들이 명해질 것 같은데 하나님의 말씀은 순종하라는 것이다. 어떤 큰일을 하는

것보다 명령 하나를 복종하는 것이 더 위대하고 실제적인 용기라는 것이다. 일반적으로 사람들에게 어떤 일을 하라고 명하면 좋아하고 하려고 대든다. 그러나 순종하라고 하면 좋아하지 않는 것을 볼 수 있다. 사람들은 순종하기가 어렵다고 한다. 그것은 인간이 원래부터 거역적인 본성을 갖고 있기 때문이다. 일은 거역의 본성을 처리하지 않고도 얼마든지 할 수 있다. 그러나 순종은 거역의 성질을 십자가에 못박는 것이다. 거역의 본성을 거스려야 순종할 수 있다.

그러므로 하나님은 여호수아에게 마음을 강하게 하고 담대히 하여 말씀에 순종하라고 말한다. 말씀에 순종하기만 하면 어디로 가든지 형통한다고 말한다. 또한 순종할 수 있기 위해서 항상 율법의 책을 입에서 떠나게 말고 주야로 묵상하며 그 말씀들을 지켜 행하라는 것이다. 그러면 네 길이 평탄하게 되고 형통할 것이라고 말한 것이다. 이는 시편 1장을 생각나게 한다. 사람에게 있어서 가장 중요한 것은 순종하는 것이다. 순종하기 위해서 강하고 담대할 필요가 있다. 왜냐하면 순종하기 위해서 많은 어려움과 고난, 핍박과 가난 등의 힘이 드는 상황을 맞이해야 하기 때문이다. 그러므로 신약의 용어로 말한다면 내주하는 성령의 역사로 말미암은 힘이 아니고서는 순종의 길로 나아갈 수 없는 것이다. 우리는 여호수아서를 열면서 순종이 하나님의 길을 가는 가장 중요한 요소라는 것을 대하게 된다.

2. 하나님의 말씀에는 하나의 바른 노선이 있다. 바울은 디모데에게 "내게 들은바 바른 말을 본받아 지키고…네게 부탁한 아름다운 것을 지키라"고 하였다(딤후 1:13). 여기의 '바른 말을 본받아 지키라'를 다비 역에서는 '바른 말씀의 대강(大綱), 혹은 개요(outline)를 지키라'로 번역했다. 하나님의 일을 하는 사람들은 반드시 지켜야 할 노선이 있다. 그들은 곧고 바른 말씀의 노선을 따라야 한다. 디모데가 바울에게서 그러한 말씀의 대강을 배웠듯이 여호수아는 모세에게서 그것을

배웠다. 여호수아는 결코 좌우로 치우치지 말아야 했다. 좌우로 치우치는 것은 약함의 표시이다. 또한 육체 안에 사는 것의 결과이다. 영적으로 강한 사람이라면 진리의 길을 걸어감에 있어서 결코 좌우로 치우치는 일이 없다. 하나님의 백성들 가운데 인도자로서 가장 갖추어야 할 덕목은 하나님의 말씀에 대한 바른 태도이다. 상황에 따라 하나님의 말씀을 적당히 바꾸어 해석하고 사람의 생각을 가미하거나 불리한 부분을 감하여 적용하면 그 길이 치우치게 된다. 때에 따라 좌로나 우로 치우치는 것은 육체 안에 있는 사람들의 특징이다. 사울 왕이 백성들이 흩어질까봐 사무엘이 오기 전에 제물을 드린 것은 한쪽으로 치우친 처사이다. 이 세상의 정치하는 사람들이 시세에 따라 말을 달리하고 자신들의 유익을 좇아 좌우로 치우치는데, 그것은 그리스도인들이 걸어가야 할 길이 아니다.

3. 여기서 하나님은 좌우로 치우치지 않으면 형통할 것이라고 하셨다. 이는 곧 순종이 정확하고 정밀해야 함을 가리킨다. 하나님을 순종하는 사람들은 선명하고 정확하게 순종해야 하지, 순종하는 것 같기도 하고 순종하지 않는 것 같기도 하는 식으로 순종해서는 안 된다. 모든 일을 두리뭉실하게 순종하는 것은 좌우로 치우치는 것이다. 왜 사람들은 알면서도 좌우로 치우치는가? 형통하기 위해서이다. 그러나 하나님께서는 그렇게 좌우로 치우치는 사람들은 결코 형통하지 못할 것이라고 하신다. 오히려 말씀대로 곧게 가는 자들이 형통할 것이라고 하신다. 하나님의 백성을 인도하는 위치에 있는 사람에게 가장 중요한 것은 말씀이다. 말씀을 입에서 떠나게 하지 말아야 한다. 여호수아는 모세와 함께하는 38년 동안 율법에 관하여 논하는 일에서나 기록하는 일에서나 또 다른 많은 일에서 그와 함께했으리라고 추측할 수 있다. 그러므로 그는 이미 다른 사람보다 말씀을 많이 알고 있었다. 그렇지만 그것만으로는 부족하고 더욱 말씀을 가까이 하고 말씀을 읽고 또 말해야 했다.

4. 그리고 그는 말씀을 묵상해야 했다. 묵상은 다만 알고 말하는 것이 아니라 말씀을 깊이 생각하고 말씀을 음미하며 그 깊은 뜻을 사모함으로 마음에 깊이 간직하는 것이다. 이렇게 할 때 그 말씀이 우리 심비에 깊이 새겨지며 그 말씀이 우리의 모든 행함에 영향을 끼치게 된다. 그럴 때 우리는 그 말씀과 하나 되고 그 말씀은 우리의 사고와 생각과 감정과 의지의 각 부분을 지배하게 된다. 그뿐 아니라 여호수아는 말씀을 지켜야 했다. 말씀을 알고 말하고 묵상하는 것의 궁극적인 목표는 말씀에 순종하는 것이다. 오늘날도 결국 순종하는 사람들이 누구냐 할 때, 말씀을 사랑하고 묵상하며 말씀과 시간을 많이 보내는 자들이다. 그들이 결국은 순종하는 자들이 된다.

결국 하나님의 백성 가운데서 인도하는 자의 일은 말씀과 긴밀한 관계를 맺는 것이다. 이것이 가장 기본적이고도 중요한 일이다. 여호수아는 생을 마칠 때 이스라엘 자손에게 "그러므로 너희는 크게 힘써 모세의 책에 기록된 것을 다 지켜 행하라 그것을 떠나 좌로나 우로나 치우치지 말라"(수 23:6)고 명했다. 이는 그가 위임받을 때 받은 말씀을 끝까지 잘 지켰다는 것을 증명한다. 하나님의 백성의 인도자에게 중요한 것은 사람들을 인도하고 다스리는 방법이나 처세술을 배우는 것이 아니라 하나님의 말씀에 순종하는 것이다. 하나님의 말씀을 청종하고 그 말씀에 순종하는 생활은 아무리 강조해도 지나치지 않는다. 이것이 없이는 어떤 영적 지도자도 성공하지 못한다. 백성들을 인도하여 가나안에 이끌어야 했던 여호수아는 담대해야 할 뿐 아니라 말씀을 지키고 순종하는 삶을 살아야만 했다.

5. 다음으로 중요한 것은 '부르심(calling)'이다. 하나님의 일에서는 누구든지 부르심이 있어야 행할 수 있다. 모세가 죽은 후에 하나님께서는 분명한 말씀으로 여호수아를 그분의 백성들을 인도하는 일에 부르셨다. 주님은 자원하는 사람들을 통해서 일하시는 것이 아니라 부르심

을 받아 세워진 사람들을 통해서 일하신다. 모세, 여호수아, 다윗, 사도 바울 등 모든 종들이 하나님의 부르심을 입어 섬기는 일에 동참하였다. 오늘날 하나님의 일은 주님이 직접 부르셔서 행하게 하는 경우도 있지만 다른 사람들의 요청에 의해 부르시는 일도 있다. 바울이 본 마게도냐 사람의 환상의 경우는 그 인도가 매우 특별하지만 있을 수 있는 일이며 하나님께서는 다양한 방법을 통하여 준비된 사람들을 그분의 사역 안으로 불러 사용하신다.

10-11절, 이에 여호수아가 백성의 유사들에게 명하여 가로되(10절) 진중에 두루 다니며 백성에게 명하여 이르기를 양식을 예비하라 삼 일 안에 너희가 이 요단을 건너 너희 하나님 여호와께서 너희에게 주사 얻게 하시는 땅을 얻기 위하여 들어갈 것임이니라 하라(11절)

10절부터 여호수아의 지휘와 인도가 시작된다. 훌륭한 인도자가 있는 것은 하나님의 백성들에게 축복이다. 훌륭한 인도자의 자격은 1장 전반부를 요약할 때 두 가지로 말할 수 있다. 첫째는 주의 말씀을 가까이 하는 것이요, 둘째는 강하고 담대함이다. 이제 세 번째로 훌륭한 인도자가 갖추어야 할 덕목은 신실한 과거이다(F. B. Meyer). 인도자의 과거의 신실한 삶과 행함이 사람들로 하여금 그를 존경하며 따르게 할 수 있다. 사도 바울은 교회를 권면하고 가르칠 때면 언제나 그가 그들 가운데 의롭고 흠 없이 행한 것을 상기시키곤 했다.

여호수아는 출애굽기 17장에서 처음으로 등장한다. 모세가 이스라엘을 이끌고 르비딤 광야를 지나면서 첫 번째로 치룬 전투에서이다. 이때 이미 여호수아는 모세 아래서 군대를 영솔하는 장군 중 하나였다. 모세는 산 위에서 팔을 올리고 있었고 아론과 훌은 그의 팔을 부축하였으며 여호수아는 칼날로 아말렉을 쳤다. 이때부터 여호와께서는 여호수아를 주목하고 계셨다. 여호와께서는 그때 승전한 후 모세에게 이 사실을 책에 써서 기념하라고 하시면서 특별히 여호수아의 귀에 외워 들리라고 하셨다. 여호수아는 처음 부르심을 받을 때부터 전쟁에 부름을 받았고 승리하는 비결을 배우고 외워두어야 했다. 그가 비록 산 아래서 칼날로 아말렉을 쳐 죽였지만 그 승리는 자신의 힘이나 칼의 예리함에 있지 않고 산 위에서 손을 들고 있는 모세와 부축하는 사람들의 힘에 있다는 것을 알아야 했다.

다음으로 주목할 만한 여호수아의 경험은 말할 것도 없이 시내 산 위에서 모세와 함께 40일 간 있었던 일이다. 출애굽이 24장에서는 모세가 "그의 종자 여호수아와 함께 일어나 하나님의 산으로 올라갔다"고 말한다. 모세가 구름 속으로 이끌려간 후 여호수아는 40일 동안 산 위에서 기다렸다. 나는 이때 여호수아가 가장 힘든 훈련을 받았을 것이라고 생각한다. 모세는 그 40일 간 하나님과 함께 있었고 성막에 대한 식양을 받았다. 백성들은 아론과 훌과 함께 산 아래 있었다. 그러면 여호수아는 어디에 있었는가? 그는 혼자 산 위에 있었을 것이다. 그는 아무도 없는 산중에서 모세가 하나님의 일을 마치고 내려올 때까지 기다려야만 했다. 나는 이것이 그의 후계자로서의 가장 엄격하고도 신중한 훈련이었다고 믿는다. 그것은 모세에 대한 존경과 신뢰, 순종의 태도, 돕고 협력하고자 하는 마음이 없이는 절대로 불가능한 일이다. 그는 그곳에서 40일 간 있으면서 모세의 하나님 앞에서 되어지는 일들이 잘 되기를 기도하는 마음으로 가득했을 것이다. 또한 그는 모세의 일을 자기의 일로 여기고 조금도 모세의 일을 다른 사람의 일로 객관적으로 생각하지 않았을 것이다. 이러한 동역과 절대 순종적인 심리와 간격 없이 하나를 이루는 태도가 훌륭한 종이 되는 훈련이었다고 믿는다. 그는 32장에서 모세가 산에서 내려올 때 그와 함께 내려왔다. 그가 임의로 모세보다 먼저 내려오지 않았다는 것은 참으로 많은 것을 시사해준다. 그가 만일 혼자서 먼저 내려왔더라면 산 아래서 아론과 백성들의 금송아지를 만드는 일에 연루되기가 쉬웠을 것이다. 이와 같이 영적인 일에서 자신의 위치를 지키는 것은 너무나 중요하다. 여호수아는 겉으로 보기에 그리 중요하지 않은 일에 자신을 40일 간이나 투여했다. 여호수아는 모세가 산에 올라갈 때나 내려올 때 다만 함께 올라갔다가 내려온 것이다.

다음 여호수아에 대하여 빼놓을 수 없는 사건은 열두 정탐꾼 중 하나로 파송되었을 때의 일이다. 여호수아와 갈렙은 다른 열 명의 정탐꾼들과는 다른 보고를 했다. 열 명의 대다수 사람들은 자신들의 시야만을 가지고 있었지만 여호수아와 갈렙은 믿음의 시야를 갖고 있었다. 사물을 믿음의 눈으로 바라보는 것은 일반적인 사람들과는 다른 반응과 느낌을 산출한다. 사람이 같은 것을 보아도 각각 다른 느낌과 반응을 갖는 이유는 그들 속이 다르기 때문이다. 속이 하나님으로 가득한 사람은 보는 관점이 다르다. 하나님의 뜻과 진리에 대한 열망이 없는 사람은 인본주의적으로 사물을 보게 되어 있다. 그러므로 위험해 보이는 일에 결코 자신을 투신하려 하지 않는다. 이 상황에서 여호수아는 자신의 장래와 안전과 행복을 생각하지 않았다. 그는 하나님의 뜻으로 가득했다. 출애굽해서 지금까지 온 것도 자신들의 힘으로 온 것이 아니었다. 대적을 이길 수 있는가 없는가는 자신들의 힘의 유무에 있지 않고 하나님께 있다는 것을 알았다. 그러나 다른 열 명의 정탐꾼들은 하나님을 생각지 않고 자신들과 그들만을 비교하고 결론을 내렸다. "우리는 스스로 보기에도 메뚜기 같으니 그들의 보기에도 그와 같았을 것이니라". 그들은 매우 천연적인 눈, 합리적인 관점을 자신들의 견해로 취했다. 그러나 여호수아와 갈렙은 달랐다. "우리가 곧 올라가서 그 땅을 취하자 능히 이기리라".

진리를 수호하기 위해 다수의 사람들과 다른 견해를 내고 사람들에게서 오해와 비방을 받고 외로운 길을 걸어가는 것은 쉬운 일이 아니다. 그러나 가데스 바네아에서 있었던 그 일은 그들의 장래의 운명을 그 순간에 결정짓는 사건이었다. 대다수의 이스라엘 백성은 이 두 사람의 보고를 듣지 않고 다수의 보고, 즉 육체와 천연적인 생명에 납득이 되는 보고를 믿었다. 그리고 그들은 그 사건으로 40년 동안 광야에 흩뿌려짐을 당하고 약속의 땅에 들어가지 못하게 되었으며 오직 여호수아와 갈렙만이 약속의 땅에 들어가는 축복을 얻었다. 대다수가 반역하고 불순종할 때 하나님과 진리 편에 서 있기란 결코 쉬운 일이 아니다. 여호수아는 이렇게 해서 좋은 지도자의 수업을 쌓은 것이다.

실상 여호수아가 모세를 이어 후계자로 기름부음을 받은 것은 모세가 죽기 몇 년 전의 일이었다. 민수기 27장은 이것을 기록하고 있다. "여호와께서 모세에게 이르시되 눈의 아들 여호수아는 신에 감동된 자니 너는 데려다가 그에게 안수하고…네 존귀를 그에게 돌려 이스라엘 자손의 온 회중으로 그에게 복종하게 하라"(18-20절). 그는 이미 기름부음을 받은 자였지만 모세의 수종자의 위치를 끝까지 성실하게 지켰다. 그는 자신이 모세를 이어 백성을 영솔할 사람이라는 것을 과시하는 방식으로 나타나지 않았다. 내내 자신의 위치를 지키며 작은 일에 충실했다. 이 모든 것이 그의 신실한 과거이며 훌륭한 인도자를 만들어낸 역사이다. 오늘날 특히 젊은 사람들은 여호수아의 일생에 대하여 깊은 인상을 받기 바란다. 여호수아에게 있었던 이런 점들은 많은 젊은이들의 장래 하나님 앞에서의 용도를 결정짓는 중대한 요인들이 될 것이다.

그는 하나님의 부축과 격려를 받은 즉시 백성들에게 명령을 내리기 시작했다. "양식을 예비하라 삼 일 안에 너희가 이 요단을 건너 너희 하나님께서 너희에게 주사 얻게 하시는 땅을 얻기 위하여 들어갈 것임이니라". 그가 이렇게 명령할 수 있었던 것은 다시 말하지만 그가 과거부터 그런 좋은 간증을 지닌 자였고 하나님의 백성들에게 신실한 증거를 주었기 때문이며 좋은 믿음을 가진 사람이었기 때문이다. 하나님은 믿음이 없는 자에게 믿음으로 인한 축복을 부여하시지 않는다.

12-15절, 여호수아가 또 르우벤 지파와(12절) 갓 지파와 므낫세 반 지파

에게 일러 가로되 여호와의 종 모세가 너희에게 명하여 이르기를 너희 하나님 여호와께서 너희에게 안식을 주시며 이 땅을 너희에게 주시리라 하였나니 너희는 그 말을 기억하라(13절) 너희 처자와 가축은 모세가 너희에게 준 요단 이편 땅에 머무르려니와 너희 용사들은 무장하고 너희의 형제보다 앞서 건너가서 그들을 돕고(14절) 여호와께서 너희로 안식하게 하신 것같이 너희 형제도 안식하게 되며 그들도 너희 하나님 여호와께서 주시는 땅을 얻게 되거든 너희는 너희 소유지 곧 여호와의 종 모세가 너희에게 준 요단 이편 해 돋는 편으로 돌아와서 그것을 차지할지니라(15절)

1. 영적인 길은 끝까지 가야하고 또 철저히 가야 한다. 르우벤과 갓과 므나세 반 지파는 요단 건너편 가나안 땅보다는 요단 동편 땅을 택하였다. 그 땅이 그들의 짐승과 우릿간에 좋은 공급을 줄 수 있기 때문이었다. 그들은 하나님의 명령을 따르기는 하였지만 거기에 자신들의 실제적인 형편을 고려한 것이다. 이것을 볼 때 하나님의 백성들이 악에서 떠나는 일이나 하나님의 뜻에 복종하는 일은 다 같은 수준에 있지 않다는 것을 알 수 있다. 계시록 3장의 라오디게아 교회는 온도가 미지근했다. 그리스도인의 온도는 세 가지가 있다. 하나는 뜨거운 것이고 다른 하나는 차가운 것이며 또 하나는 미지근한 것이다. 다 같이 하나님의 명령을 따랐다고 하지만 어느 정도의 절대성으로 따랐는가는 차이가 있다. 그들은 이스라엘의 유익을 위해 같이 싸우고 목숨을 걸기도 했지만 또 한편 그들은 자신들의 처지와 생활 방식, 편리성 등 제반 환경을 고려하여 요단 동편 땅을 선택했다. 물론 그 땅도 그들이 전쟁을 통해 얻은 것이므로 취할 수 있는 것이었다. 그러나 다른 지파의 이스라엘 사람들은 여호수아와 함께 끝까지 전쟁하여 승리를 거둔 뒤에 분배해주는 것에 따라 기업의 땅을 할당받을 참이었다.

어쨌든 그들은 중도에서 자신들의 형편을 고려함으로 스스로 선택한 것이다. 그들은 그곳을 차지하여 처음에는 당당하게 살았지만 가장 먼저 우상숭배에 연루되었고 북왕국에서 가장 먼저 포로로 사로잡히게 되었다. 이 일은 북왕국이 분열되기 오래 전에 일어난 일이다. 신앙생활은 시작이 중요하지만 어떻게 끝맺느냐가 더욱 중요하다.

2. 여호수아는 르우벤 지파와 갓 지파와 므낫세 반 지파의 일을 잘 알고 있었다. 선임자 모세와 항상 함께했기 때문이다. 그는 지난 날의 중요한 약속들과 그에 대한 세세한 조건들을 잘 숙지하고 있었다. 그러기에 전투에 앞서 필요한 명령을 내릴 수 있었다. 그것은 모두 모세의 인도 당시에 일어났던 일이다. 여호수아는 새로운 지도자로 하나님에 의해 세워졌지만 모세의 직분과 나누어진 일을 하지 않았다. 즉 그는 자신을 새로운 근본으로 세우려 하지 않았다는 것이다. 그는 앞선 인도자의 일에 이어서 새로운 하나님의 명령을 따르고자 했다. 이것은 모든 사역자들이 유념하고 준수해야 할 일이다. 사역자들은 이 시대까지 하나님께서 하신 역사를 존중하는 영을 가져야 한다. 그리고 거기에서 더 나아가기를 힘써야 한다. 전에 있었던 일 가운데 성취되지 않은 것이 있으면 그것을 마저 이루고 새로운 주님의 인도가 있으면 더 전진해야 한다.

과거 몇몇 부흥의 역사들에 대하여 생각해보자. 그들 가운데 주목할 만한 인도자들은 이전의 주님의 역사에 대하여 매우 관심을 갖고 연구한 사람들이었다. 그들은 지난 날 주님의 종들이 본 것을 귀히 여겼고 그들이 채 이루지 못한 역사를 아쉬워했다. 그리고 그것들을 이루기 위해 힘썼다. 당시에는 이루어지지 않았던 것들이 자신들 시대에 와서 이루어진 것들이 있었다. 그것들은 앞서간 선진들이 말하고 소원하던 것들이었다. 그러면서 하나님은 새로운 무리와 더불어 한 걸음 더 나아가는 역사를 수행하셨다. 이것이 대체적인 부흥의 역사이다. 때로 그들은 나라가 다르고 언어가 달라도 지구 저편에서 전시대까지 행하신 하나님의 일을 이어갔다.

여호수아와 같은 인도자가 아니라면 르우벤과 갓과 므나세 반 지파는 설득하기 어려웠을 것이다. 그들은 여호수아의 말을 듣지 않을 수 없었다. 이제 이스라엘은 가나안 땅을 얻기 위한 전투를 목전에 두고 있다. 그 두 지파 반의 사람들은 요단 동편에서 이미 기업을 얻은 자들이니 자신들의 기업을 위해서는 더 이상 싸울 필요가 없었다. 그러니 여호수아처럼 말씀을 중시하는 사역자가 아니라면 그들의 형편을 고려하여 적당한 선에서 타협을 제시했을 수도 있다. 그러나 여호수아는 지난 날 하나님 앞에서 한 그들의 약속을 중요시했다. 그리고 위임을 맡자마자 그 일부터 분명하게 명했다.

르우벤과 갓과 므나세 반 지파는 이미 안식을 얻었지만 동족 이스라엘의 대부분은 아직 안식을 얻지 못했다. 그럴 때 여호수아는 그들에게 남은 백성이 안식을 얻을 때까지 전투에 앞장서야 한다고 말했다. 이 일은 오늘날 어떤 자족하는 그리스도인들에게도 적용할 수 있다. 어떤 그리스도인들은 자신들이 깨닫고 누린 그리스도가 너무나 충만하여서 부족함이 없다고 말한다. 그들은 자신들이 얻은 것을 족하게 여길 뿐 다른 그리스도인들의 누림이 없고 배고픈 것에 대하여는 아무런 느낌이 없다. 자신들이 이미 충분히 얻었다는 것과 누림이 좋다는 것으로 족한 것이다. 이런 자들은 여호수아의 말을 들을 필요가 있다. "너희는 너희 형제보다 앞서 건너가서 그들을 돕고". 그들은 아직 안식을 얻지 못한 형제들이 다 얻을 때까지는 안식할 수 없었다. 누구든지 자신들은 이미 얻었으니 그것으로 만족하다고 하는 사람은 영적으로 바르지 않은 것이다.

16-18절, 그들이 여호수아에게 대답하여 가로되 당신이 우리에게 명하신 것은 우리가 다 행할 것이요 당신이 우리를 보내시는 곳에는 우리가 가리이다(16절) 우리는 범사에 모세를 청종한 것같이 당신을 청종하려니와 오직 당신의 하나님 여호와께서 모세와 함께 계시던 것같이 당신과 함께

계시기를 원하나이다(17절) 누구든지 당신의 명령을 거역하며 무릇 당신의 시키시는 말씀을 청종치 아니하는 자 그는 죽임을 당하리니 오직 당신은 마음을 강하게 하시며 담대히 하소서(18절)

그들은 여호수아에게 순종을 약속한다. 사람은 마음으로 순종할 뿐 아니라 말로도 선포하는 것이 중요하다. 교회 생활과 사역 안에서 권위 아래 있는 젊은 자는 앞선 연장자에게 이와 같이 순종의 언사를 하는 것이 필요하다. "형제여, 말씀하십시오. 나는 당신이 무엇을 명령하든지 따르겠습니다." 오늘날 하나님의 백성 가운데 이렇게 말할 수 있는 사람이 과연 몇이나 될지 의심스럽다. 사람들이 다른 일에는 매우 용감하지만 순종하는 일에는 그렇게 용감하지 않다. 몸을 불사르게 내어주기도 하고 위험한 지경에 뛰어 들어가 용감하게 선교의 일을 하며 많은 고난과 핍박의 환경을 두려워하지 않고 받아들이기도 하지만 하나님께서 세우신 권위자에게 복종하는 일에는 용감한 것을 보기가 어렵다.

사람들은 인도자에 대한 염려가 크다. '그들이 나에게 잘못 명령하면 어떻게 하느냐, 맹목적으로 사람을 따르는 것은 옳지 않다, 사람을 높이게 되면 그 사람을 망치는 결과가 된다.' 이러한 일리가 있는 많은 염려들이 결국 사람을 신뢰하지 못하고 순종하지 못하는 결과를 가져온다. 그들은 자신이 순종하지 않음으로 자신에게 다가오는 영적 불행은 걱정하지 않고 권위자가 잘못되는 것을 걱정한다. 이것이 무엇인가? 다 인간의 육체 속에 있는 거역적인 성품의 표현들이다. 여호수아가 모세에게, 디모데가 바울에게 이런 태도를 취했다면 그들이 과연 순종할 수 있었겠는가? 바울은 디모데가 자식이 아비에게 함같이 자기에게 순종했다고 말한다. 디모데는 바울에게 순종함에 있어서 적지 않은 연단을 받은 것이다. 디모데의 강한 연단은 교회에도 이미 알려질 정도였다(빌 2:22-23). 권위자가 잘되고 잘못되는 것은 하나님께 맡기자. 우리는 다만 하나님을 믿고 순종하자. 그를 세운 자는 내가 아니요 하나님이시며 그의 서 있는 것이나 넘어지는 것이 다 주인에게 달려 있기 때문이다. 내가 만일 순종하는 위치라면 다만 순종하는 것만 관심하면 된다.

또 한 가지, 여기서 우리는 여호수아가 순종의 사람이기에 쉽게 순종을 산출해 낼 수 있었음을 보아야 한다. 권위자가 되는 비결은 권위에 순종하는 자가 되는 것이다. 순종하는 자만이 순종하는 사람들을 일으킬 수 있다는 것은 참으로 진리이다. 거역도 흐름이요 순종도 흐름이다. 아담은 거역과 불순종의 흐름의 근원이었고 그리스도는 순종의 흐름의 근원이시다(롬 5:19).

그 두 지파 반의 사람들은 여호수아를 위해 기도했다. 그들은 "우리가 범사에 모세를 청종한 것같이 당신을 청종하려니와 여호와께서 모세와 함께 계시던 것같이 당신과 함께 계시기를 원하나이다"라고 했다. 하나님께서 여호수아와 함께 계시기를 원한다고 기도한 것이다. 그럴 때 그들은 하나님의 뜻을 이루는 백성들이 될 것이며 그들의 순종은 하나님의 인도에 따르는 순종이 될 것이다. 성도들이 항상 인도자들을 위해 기도하는 것은 매우 필요한 일이다. 바울 사도는 늘 성도들에게 기도를 부탁했다.

이 일에 대한 그들의 순종은 단호했다. "누구든지 당신의 명령을 거역하며 무릇 당신의 시키시는 말씀을 청종치 아니하는 자는 죽임을 당하리니". 그리스도인의 순종은 이와 같이 통쾌한 것이어야 한다. 그들은 자신의 지파 사람들이 거역하면 죽임을 당할 것이라고 말함으로써 순종의 절대성을 표명했다. 그리스도인의 순종은 마지못해 하는 것이어서는 안 된다. 그러한 순종은 주님을 기쁘시게 하지 못한다. 그리스도의 순종이 자원하여 십자가에 나아가는 온전한 순종이었듯이 진실한 그리스도의 종들의 순종 또한 단 마음으로 흔쾌히 하는 것이어야 한다.

더 나아가 그들의 순종은 여호수아를 위로하고 격려했다. "오직 당신은 마음을 강하게 하시며 담대히 하소서." 하나님의 일을 수행함에 있어서 이것은 가장 좋은 그림이다. 인도자는 명하고, 따르는 자들은 보류함이나 염려가 없이 절대적인 순종을 선언함으로 인도자들을 격려한다. 고린도 교회는 바울로부터 디모데를 잘 영접하여 두려움 없이 그들 가운데 섬기게 하라고 명했다. 성도들이 사역자들을 격려하여 담대하게 인도할 수 있도록 하는 것은 매우 아름다운 모습이다. 그들 모두가 하나 되어 하나님의 뜻을 성취하고자 다짐하는 이러한 모습은 사람에게나 하나님 보시기에 참으로 아름답다.

여호수아 2장

Joshua

1-2절, 눈의 아들 여호수아가 싯딤에서 두 사람을 정탐으로 가만히 보내며 그들에게 이르되 가서 그 땅과 여리고를 엿보라 하매 그들이 가서 라합이라 하는 기생의 집에 들어가 거기서 유숙하더니(1절) 혹이 여리고 왕에게 고하여 가로되 보소서 이 밤에 이스라엘 자손 몇 사람이 땅을 탐지하러 이리로 들어왔나이다(2절)

여호수아가 가나안을 정탐하기 위해 사람들을 보낸 것은 과거에 모세가 가데스 바네아에서 열두 명을 보낸 것과 다르다. 그때는 의심하는 백성들 때문에 보낸 것이므로 의심에서 나온 정탐이었지만 이때는 여호수아가 정복하기 위해 정탐을 보낸 것이므로 믿음에서 나온 것이라 할 수 있다. 여기서 우리는 겉보기에 동일한 행위라 해서 반드시 내적 본질이 같지는 않을 수 있다는 것을 알게 된다. 여기서 여호수아의 믿음은 무모하거나 어리석은 것이 아니었다. 그의 믿음에는 지혜와 진취성이 있었다. 그는 과거 실패한 일에서도 배울 수 있었다. 어떤 사람은 가데스 바네아의 참담한 실패, 그로 인해 이스라엘이 40년을 방황하고 그 세대가 다 죽게 된 그 일에 대하여 다시는 생각하고 싶지도 않아 할 것이다.

그러나 여호수아는 닫혀 있거나 막힌 사람이 아니었다. 그는 여리고를 공격하기 위해서는 정탐이 필요하다는 것을 알았다. 그래서 두 명을 가만히 보내면서 여리고를 엿보고 오라고 한 것이다. 다시 말하지만 여호수아는 의심하기 때문이 아니라 쳐들어가기 위해 정탐을 보냈다. 이는 적극적인 믿음의 행위였던 것이다. 우리는 해외에 20여 나라를 개척하기 위해 사람을 보냈었다. 어떤 때는 막 바로 선교할 나라에 형제들을 보낼 때도 있었지만 한 번 그 나라의 상황을 가보게 한 다음 보낸 적도 있다. 이는 의심이 아니라 적극적인 공세의 한 방면이었던 것이다.

두 정탐꾼은 여리고에 이르러 기묘하게도 기생 라합의 집에 들어가게 되었다. 거기에 준비된 한 여인이 있었던 것이다. 하나님은 누구든지 그분의 일을 위하여 믿음을 가지고 공격적으로 임할 때 사람을 예비하신다는 것을 알 수 있다. 이것이 우리가 지난 10여 년 해외에서 선교할 때 발생했던 일이다. 하나님은 멸망할 대적의 땅 여리고에서도 하나님을 경외하는 한 여인을 준비하고 계셨다. 하나님의 일을 하는 사람들은 믿음을 가져야 하며 매사에 적극적일 필요가 있다. 어디든지 가면 하나님께서 준비하신 사람이 있다. 하나님은 라합이 구원받을 사람이라는 것을 아셨으며, 때가 될 때 그 정탐꾼들을 보내신 것이다. 그리고 그녀의 믿음을 나타내게 하시고 멸망에서 구원하셨다. 또한 그녀에게 정탐들을 도울 수 있도록 지혜와 용기를 주셨다. 하나님의 일 가운데에는 이러한 일이 많다. 그러나 실제로 참여하지 않으면 체험할 도리가 없다. 우리는 과거에 만일 그 나라에 가지 않았더라면 어찌될 뻔했을까 하는 일을 많이 겪었다. 불가리아의 어떤 성도는 이렇게 말했다. "당신들이 조금만 늦게 왔어도 우리는 완전히 세상으로 돌아갔을 것입니다." 그들은 이제 새롭게 헌신하고 열심히 주님을 섬긴다.

여리고 왕은 결코 잠자고 있지 않았다. 당시 가나안 왕들 중 여리고 왕이 가장 강한 왕이었으리라는 견해가 있다. 가나안의 왕들은 사탄 마귀를 상징하는데, 사탄 마귀는 믿는이들을 넘어뜨리고 그리스도를 약속의 기업으로 얻지 못하게 하려고 방해하기 위해 늘 깨어 있다. 악한 자 마귀는 우리 인간처럼 물질적인 몸을 갖지 않은 영적 존재여서 졸지도 않는다. 그자는 밤낮 성도들을 참소하고 속이며 공격하여 실패케 하려 한다. 성도들이 깨어 있어야 할 필요가 여기에 있다. 자, 지금 이스라엘은 가나안 왕들이 불법으로 차지하고 있는 그 땅을 향해 공격을 감행하려 한다. 그 땅은 사실 성도들의 기업이다. 하나님께서 그 땅을 취하라고 명하셨다. 그런데 성도들이 얻을 기업을 사탄이 차지하고서 가리고 있는 것이다. 이제 성도들이 그 기업을 탈환하기 위해 돌진하려 할 때 사탄의 세력은 야단이 났다. 그들은 긴장하며 그 땅에 들어온 정탐을 예의 주시하면서 그들의 행방을 좇는다. 이는 오늘날 주의 성도들이 그 기업을 얻으려고 침노할 때(천국은 침노하는 자의 것이다) 대적의 진영에서 일어나는 일이다.

가령 우리가 불신자들을 하나님께 인도하는 일을 하려 할 때 마귀는 매우 당황해한다. 그자는 실상 십자가에서 이미 패배한 자이다. 그에게는 아무 권리도 없다. 다만 불법적으로 많은 사람을 포획하고 있을 뿐이다. 성도들이 기도와 말씀의 능력으로 사람들에 대한 하나님의 소유권을 주장할 때 사탄은 매우 당황해하면서 빼앗기지 않으려고 갖은 책략을 다 부리는 것이다.

3-7절, 여리고 왕이 라합에게 기별하여 가로되 네게로 와서 네 집에 들어간 사람들을 끌어내라 그들은 이 온 땅을 탐지하러 왔느니라(3절) 그 여인이 그 두 사람을 이미 숨긴지라 가로되 과연 그 사람들이 내게 왔었으나 그들이 어디로서인지 나는 알지 못하였고(4절) 그 사람들이 어두워 성문을 닫을 때쯤 되어 나갔으니 어디로 갔는지 알지 못하되 급히 따라가라 그리하면 그들에게 미치리라 하였으나(5절) 실상은 그가 이미 그들을 이끌고 지붕에 올라가서 그 지붕에 벌여놓은 삼대에 숨겼더라(6절) 그 사람들은 요단 길로 나루턱까지 따라갔고 그 따르는 자들이 나가자 곧 성문을 닫았더라(7절)

여리고 왕은 라합을 자국 백성으로 여기고 정탐들을 잡아들여야 한다고 말했다. "그들은 이 땅을 탐지하러 왔느니라". 그러나 여기서 라합은 여리고 왕 편에 서 있지 않았다. 그녀는 이미 마음이 하나님의 백성들과 하나가 되어 있었다. 그러면 그녀는 언제 하나님을 믿었는가? 믿음은 들음에서 남으로(롬 10:17) 그녀는 누군가에게서 이스라엘에 대한 소식을 들은 것이다. 그녀는 아마 이스라엘이 홍해를 건널 때의 일과 아모리 사람의 두 왕이 멸절된 것을 들었을 것이다. 그래서 이스라엘의 하나님이 위대하신 분이라는 것을 믿었을 것이다. 또 그녀는 자신이 살고 있던 가나안 왕국들이 멸망할 것을 알았다.

여기서 많은 학자들이 라합이 거짓을 말했다는 것을 가지고 논란했다. 거짓말은 어찌하든지 좋지 않다는 것이다. 물론 외적으로 보면 거짓말을 한 것이다. 그리고 그리스도인들은 거짓을 말해서는 안 된다. 거짓은 사탄의 속성이기 때문이다. 그러나 히브리서와 야고보서에 의하면 그녀의 일은 위대한 믿음의 행위였다. 그리고 야고보는 그녀가 믿음의 행위에 의해 의롭다함을 받았다고 했다. 그렇다면 그녀의 거짓말을 한 행동이 어떻게 의롭다 함을 받았다는 말인가? 이러한 라합의 행위에 대하여 우리는 피상적으로 그녀의 말이 거짓인가 아닌가를 볼 것이 아니라 그녀의 행동이 믿음을 따른 것인가 아닌가를 보아야 한다. 하나님은 그녀의 믿음을 의로 여기신 것이지 거짓말을 의로 인정하신 것이 아니다.

첫째로 그녀의 행동은 생명을 건 용감한 것이었다. 그때 그녀가 정탐을 숨기고 거짓말을 한 것이 탄로났다면 죽임을 면치 못했을 것이다. 그녀는 그러한 위급한 순간에 자신의 안전과 평안을 구하지 않고 하나님께서 하시는 일에 목숨을 걸었다. 그렇지만 그렇게 목숨을 건 행동 자체가 의롭다 함을 얻게 한 것이 아니다. 그것은 그녀의 믿음을 증명한 것일 뿐이다. 그렇다면 그녀는 무엇을 믿었는가? 이스라엘과 함께 하시는 하나님을 믿은 것이다. 이스라엘을 위해 역사하시는 하나님에 대해 들을 때 그녀는 믿음의 눈이 열려서 과연 하나님은 이스라엘을 택하시고 그들을 위해 역사하시는 살아 계시고 위대한 상천하지의 하나님이심을 믿은 것이다. 그녀는 가나안 땅의 참 주인이 가나안 왕이 아니라 이스라엘의 하나님이라는 것을 알았다. 〔상천하지의 하나님(the Lord God in heaven above and on earth beneath)이라는 말은 그녀가 고백한 것이다.〕 그녀는 이스라엘의 하나님을 상천하지의 하나님으로 믿었고 어찌하든 그 하나님을 위해 일했다. 그러한 믿음이 그녀로 하여금 생명을 건 모험을 하게 한 것이다. 어떤 학자들은 구속을 상징하는 붉은 줄을 매달아 멸망에서 구출될 때까지는 라합이 구원받은 것이 아니라고 말하지만 히브리서와 야고보서는 그녀의 붉은 줄을 매달은 행위를 말하지 않고 정탐꾼을 숨긴 일을 믿음의 행위라고 했다. 물론 그녀가 구속된 것은 그리스도의 피를 상징하는 붉은 줄로 말미암은 것이었다.

라합은 두 정탐꾼을 적국의 스파이로 여긴 것이 아니라 하나님의 사자로 여겼다(여 6:25, 약 2:25). 그녀는 그들을 자신들을 구원하기 위해 하나님의 보내심을 받은 자(헬, angelos)로 여긴 것이다. 그녀는 가나안 왕과 자신의 민족이 자신의 말 한 마디로 끝장이 난다는 것을 알았으며 이스라엘은 자신의 행동으로 전쟁에서 큰 승리와 유익을 취할 것도 알았다. 그런데 거기서 그녀는 기꺼이 자신을 이스라엘(하나님의 백성)과 일치시키고 그들의 일부로 간주한 것이다. 이것이 그녀가 믿음으로 의롭다 함을 받은 근거이다. 한 마디로 그녀는 이스라엘의 하나님의 능력과 역사를 통해 그분을 믿은 것이다.

당시 그녀가 가나안 왕이 보낸 군사들에게 할 수 있었던 것은 그것이 전부였다. 그녀에게는 다른 지혜나 선택이 없었다. 그녀는 어찌하든 그들을 살려야 했고 안전하게 보호해야 했다. 그래서 그들을 잡아 죽이려고 쫓아온 군사들을 따돌려야 했다. 그녀는 그렇게 말하는 것이 거짓말인지 참말인지를 생각할 여유도 없었다. 그 행동은 겉으로는 거짓말이지만 내적으로는 사람을 살리기 위해 행한 불구대책의 일이었다. 생각해보라! 그들을 잡으러온 가나안 왕의 군사들이 과연 참된 말을 들을 자격이 있는 자들인가? 그들은 하나님의 사자들을 잡아 죽이려 하였다. 이 이야기는 주 예수님이 태어나셨을 때 경배하러 왔던 동방박사들의 이야기를 연상시킨다. 그때 헤롯 왕은 박사들에게 아기를 찾으면 자기에게 알려달라고 했다. 그러면 자기도 가서 경배하겠노라는 것이다. 그러나 그 왕의 말은 거짓이었다. 동방박사들은 갈 때 다른 길로 돌아가고 왕과의 약속을 지키지 않았다. 왕은 박사들에게 속았다고 분개하면서 연령을 추산하여 많은 아기들을 죽이고 말았다. 거기서 동방박사들은 당연히 왕과의 약속을 지키지 말았어야 했다. 그러한 마귀적인 사람과 약속을 지킬 필요가 있으며 참된 상황을 말해줄 필요가 있겠는가? 이러한 위기의 일은 일생에서 흔히 발생할 수 있는 일은 아닐 것이다.

그리스도인은 결코 거짓말을 해서는 안 되지만 어떤 상황에서는 사실대로 말할 때 사탄에게 큰 빌미를 주게 된다. 내 입의 말 한 마디로 참된 주의 종이 악한 자에게 죽임당할 수 있는 것이다. 우리나라에도 과거 일제시대와 공산당 치하에서 이러한 일들이 많이 있었다. 비단 그리스도인들만이 아니라 애국지사들도 이곳저곳에 숨어있었다. 가령 그들이 어느 시골집에 가서 숨겨달라고 부탁했을 때 당국에서 수색이 나오면 사실대로 말할 것인가 아니면 그들을 따돌리기 위해 다른 말로 둘러댈 것인가? 과연 어떻게 하는 것이 하나님 앞에서 충성되고 아름다운 것이겠는가? 당신은 거짓말을 안해서 평안할지 모르지만 한 사람은 당신 때문에 죽임을 당하는 것이다. 어떤 사람은 이런 때의 거짓말을 'the lesser evil' 이라고 표현하기도 했다. 악이나 거짓이라 해도 다 같은 것이 아니라는 뜻이다.

8-21절, 두 사람이 눕기 전에 라합이 지붕에 올라가서 그들에게 이르러 (8절) 말하되 여호와께서 이 땅을 너희에게 주신 줄을 내가 아노라 우리가

너희를 심히 두려워하고 이 땅 백성이 다 너희 앞에 간담이 녹나니(9절) 이는 너희가 애굽에서 나올 때에 여호와께서 너희 앞에서 홍해 물을 마르게 하신 일과 너희가 요단 저편에 있는 아모리 사람의 두 왕 시혼과 옥에게 행한 일 곧 그들을 전멸시킨 일을 우리가 들었음이라(10절) 우리가 듣자 곧 마음이 녹았고 너희의 연고로 사람이 정신을 잃었나니 너희 하나님 여호와는 상천하지에 하나님이시니라(11절) 그러므로 청하노니 내가 너희를 선대하였은즉 너희도 내 아버지의 집을 선대하여 나의 부모와 남녀 형제와 무릇 그들에게 있는 모든 자를 살려주어 우리 생명을 죽는 데서 건져내기로 이제 여호와로 맹세하고 내게 진실한 표를 내라(12-13절) 두 사람이 그에게 이르되 네가 우리의 이 일을 누설치 아니하면 우리의 생명으로 너희를 대신이라도 할 것이요 여호와께서 우리에게 이 땅을 주실 때에는 인자하고 진실하게 너를 대우하리라(14절) 라합이 그들을 창에서 줄로 달아 내리우니 그 집이 성벽 위에 있으므로 그가 성벽 위에 거하였음이라(15절) 라합이 그들에게 이르되 두렵건대 따르는 사람들이 너희를 만날까 하노니 너희는 산으로 가서 거기 사흘을 숨었다가 따르는 자들이 돌아간 후에 너희 길을 갈지니라(16절) 두 사람이 그에게 이르되 네가 우리로 서약케 한 이 맹세에 대하여 우리가 허물이 없게 하리니(17절) 우리가 이 땅에 들어올 때에 우리를 달아 내리운 창에 이 붉은 줄을 매고 네 부모와 형제와 네 아비의 가족을 다 네 집에 모으라(18절) 누구든지 네 집 문을 나서 거리로 가면 그 피가 그의 머리로 돌아갈 것이요 우리는 허물이 없으리라 그러나 누구든지 너와 함께 집에 있는 자에게 누가 손을 대면 그 피는 우리의 머리로 돌아오려니와(19절) 네가 우리의 이 일을 누설하면 네가 우리로 서약케 한 맹세에 대하여 우리에게 허물이 없으리라(20절) 라합이 가로되 너희의 말대로 할 것이라 하고 그들을 보내어 가게하고 붉은 줄을 창문에 매니라(21절)

라합은 죄인이었는가? 그렇다. 그녀는 분명 죄인이었다. 그러나 죄인이 의롭다 함을 받을 수 있다는 것이 성경에서 말하는 바요 복음이다. 성경은 거듭거듭 그녀에 대하여 기생 라합이라고 말한다(여 2:1, 6:25 히 11:31, 약 2:25). 기생은 천한 죄인의 신분이다. 그러나 그녀는 의롭다 함을 받고 이스라엘의 일부로 여겨지게 되었으며 놀랍게도 예수 그리스도의 계보에 참여하게 되었다(마 1:5). 그녀는 결국 유다 지파의 한 사람과 결혼을 하여 보아스를 낳았으며, 그는 매우 경건한 사람이었다.

그러면 무엇이 그를 이렇게 바꿔놓았는가? 그것은 다른 것이 아니라 믿음이었다. 사도 베드로는 이 믿음을 보배로운 믿음이라고 하였다. 믿음이 사람의 신분을 이다지도 크게 바꿀 수 있다는 말인가? 참으로 그러하다. 그녀는 믿었기에 정탐들을 숨기고 보호하여 평안히 보냈다. 그녀는 누군가에게 하나님의 하신 일을 전해 들었고 믿었다. 그리고 믿음대로 행한 것이다. 또 그녀는 정탐들이 말한 대로 붉은 줄을 성벽에 달아 내렸다. 이 모든 것이 그들의 말을 믿었다는 증거이다. 오늘 우리는 어떻게 해서 의롭다 함을 받았는가? 원칙상 라합과 같다. 우리는 죄인인가? 분명 죄인이다. 그런데 우리도 어느 날 하나님의 하신 일을 들었다. 그분이 죄인을 구원하기 위해 독생자를 보내셨고 그 독생자께서 우리 죄를 위해 십자가에 달려 죽으셨다가 사흘 만에 부활하셨으며 승천하시고 보좌에 앉으셨으며 이제 다시 오셔서 죄로 가득한 이 땅을 심판하시고 불로 태워 멸하신다는 것이다.

그러므로 우리는 이 세상의 권력과 부와 명예를 추구하지 않는다. 우리는 살아 계신 하나님께서 하늘로부터 강림하실 것을 기다린다. 우리는 라합이 붉은 줄을 달아 내린 것으로 표징된 그리스도의 보혈을 의지한다. 우리는 그 피가 우리의 모든 죄를 씻으신 것을 믿는다. 우리는 이 세상 편에 서 있지 않고 하나님 편에 서 있다. 여러분에게 이것이 있다면 당시 라합이 가진 믿음과 조금도 다르지 않은 믿음을 가진 것이다. 이 믿음으로 우리는 의롭게 되며 우리의 신분이 바뀐다. 하나님 나라 백성 가운데 참여한 것이다.

라합은 정탐들이 떠난 후에 붉은 줄을 달아 내렸고 그 집은 약속대로 구원을 받았다. 이 세상이 심판받고 멸망할 때 어린 양의 피가 있는 사람들이 구원되는 것과 같다. 여호수아 2장에서 우리는 라합의 믿음을 보며 가나안은 결국 믿음 있는 사람들의 동역으로 정복된다는 것을 알 수 있다.

라합이 한 일

1) 그녀는 정탐들을 평안히 영접하였다(히 11:31). 적진에 들어간 사람들을 평안하게 영접하는 것은 매우 선한 봉사이다. 이 나라에도 처음 선교사들이 들어왔을 때 그들을 영접한 가정들이 있었다. 그때 그러한 행동은 매우 위험한 것이었다.

2) 그녀는 그들에게 큰 용기를 주었다. 그녀는 그들을 어떻게 격려할 줄을 알았다. "우리는 이 땅을 여호와께서 너희에게 주신 줄을 아노라 우리가 너희를 심히 두려워하고 이 땅 백성들이 다 너희 앞에서 간담이 녹나니"(9절). 또 그녀는 하나님께서 이스라엘을 애굽에서 이끌어내실 때 홍해 물을 말리신 일과 두 왕 곧 시혼과 옥을 멸망시킨 일을 들었다고 했다. 이것은 가나안 정복을 목전에 둔 이스라엘 군에게 큰 용기와 격려를 주는 말이었다.

3) 그녀는 자신뿐 아니라 자신의 권속의 구원까지도 생각했다. 그녀는 다른 것을 요구하지 않고 다만 자기의 가족을 구해달라고 요청했다. 가족의 구원 문제를 염두에 둔 것이다. 이 또한 하나님을 매우 기쁘시게 하는 것이다.

라합이 해야 할 일

1) 창 밖에 붉은 줄을 달아 내려야 했다. 이는 그리스도의 구속을 받

아들임을 의미한다. 라합의 붉은 줄은 그 색깔이 희생제물을 통하여 얻는 안전을 말한다(스코필드 관주). 이러한 라합의 행동도 순종에 속한 것이다. 그는 자기 나름대로 생각해서 구원의 방법을 취한 것이 아니라 말한대로 따른 것이다.

또한 이 붉은 줄은 중요하고도 상징적인 의미를 갖고 있다. 정탐꾼들이 지시한 바는 유월절 행사시 양의 피를 문 좌우 설주에 바른 것을 염두에 둔 말이었을 것이다. 이는 곧 예수 그리스도의 피로서 구원받는다는 사실을 선명히 보여주고 있는 그림이다.

또한 이 붉은 줄을 창문에 매 단다는 것은 신앙에 대한 공개적인 표명이다. 그분이 육신을 입으시고 이 땅에 오셔서 우리를 위해 몸을 찢기우시고 피흘리시는 고난 당함을 부끄러워하지 않으셨다면 우리도 또한 그분의 이름을 부르고 그분을 믿는 신앙을 고백하는 것을 부끄러워하지 말아야 한다.

또한 붉은 줄을 매다는 것은 의미가 있다. 그리스도의 집 안에서는 서적들이나 TV나 사이버 공간에도 붉은 줄이 매달려 있어야 한다. 가정의 모든 가구나 집안의 붙여놓은 그림이나 액자들에도 다 붉은 줄이 있어야 한다. 즉 그리스도의 피가 발라져 있어야 한다는 말이다. 붉은 줄을 매단다는 것은 우리의 영혼을 위하여 십자가에서 피흘리시는 주님의 모습을 잊지 않는다는 표시이다.

2) 가족을 다 모아 집에 머물게 하고 창문을 닫고 집안 사람들로 하여금 거리에 나가 밖의 사람들과 섞이지 않게 해야 한다. 섞여 있으면 그들 가운데 구분이 없으므로 함께 멸망을 당하게 된다. 이는 구속받은 사람들이 분별되어야 함을 의미한다. 주님을 사랑하는 자들은 불의에서 떠나야 하며 깨끗한 마음으로 주님의 이름을 부르는 자들과 함께 의와 믿음과 사랑과 화평을 좇아야 한다. 믿는이들은 분별되어 세상과 함께 죄 정함을 받지 말아야 하고 다른 사람의 죄에 참여하지 말아야 한다.

3) 비밀을 누설하지 말아야 한다. 이는 믿음을 끝까지 지키는 것을

의미한다. 그녀가 만일 입을 열어 이 일을 공개하면 그녀는 이스라엘에 의해서가 아니라 가나안 왕에 의해 죽임을 당할 것이다. 그러므로 믿는 이는 다른 사람을 위해 선행을 베풀어야 할 뿐 아니라 자신을 지키는 것도 배워야 한다.

4) 21절의 라합이 한 말은 매우 귀한 고백이다. "너희의 말대로 할 것이라". 이것이 믿은 자들의 선한 고백이다. 믿음은 이와 같이 순종을 산출한다. 얼마나 달콤한 고백인가! 하나님을 기쁘시게 하는 말이다. "너희의 말대로 할 것이라". 나는 이 시대에도 이런 믿음의 말들이 많이 들려지기를 고대한다. "너희의 말대로 할 것이라". 이는 다 순종에 속한 아름다운 표현들이다. 이런 말들이 상용되는 교회는 아름다운 교회이다.

22-24절, 그들이 가서 산에 이르러 따르는 자가 돌아가도록 사흘을 거기 유하매 따르는 자가 그들을 길에서 두루 찾다가 만나지 못하니라(22절) 그 두 사람이 돌이켜 산에서 내려와 강을 건너 눈의 아들 여호수아에게 나아와서 그 당한 모든 일을 고하고(23절) 또 여호수아에게 이르되 진실로 여호와께서 그 온 땅을 우리 손에 붙이셨으므로 그 땅의 모든 거민이 우리 앞에서 간담이 녹더이다(24절)

결국 하나님을 대적하는 자들은 헛된 일에 분주할 뿐이다. 삼 일 동안 하나님의 종들(정탐꾼들)은 위대한 하나님의 일을 위하여 바쁜 반면 대적자들은 하나님의 일을 무너뜨리려고 허둥지둥 다녔다.

여기서 여호수아와 동역하는 정탐들은 과연 정복자의 영을 갖고 있었다. 그들의 보고는 매우 적극적인 것이었다. "진실로 여호와께서 그 온 땅을 우리 손에 붙이셨으므로 그 땅의 모든 거민이 우리 앞에서 간담이 녹더이다". 이것이 정탐꾼들의 보고의 핵심이다(Keil, Lange). 이 말은 라합이 한 말이요 정탐꾼들이 여호수아에게 보고한 말이다. 하나님과 함께하는 역사는 그 성질이 다 이러하다. 보내는 사람(여호수아)이 적극적이고 보내심을 받은 사람(정탐꾼들)이 적극적이며 거기서 만난 사람들(라합)이 적극적이다. 또한 그들의 말과 대화의 내용이 다 하나님과 함께한 믿음의 말로서 매우 고무적이다. 하나님의 역사는 복음의 역사든 부흥의 역사든 개척의 역사든 다 이러한 음조(音調) 속에서 태동한다. 일을 하기 위해 머리를 맞대고 염려하고 근심하며 서로 변론하고 다투며 혈기를 내는 음조는 필경 하나님의 역사에 속한 것이 아니다. 이렇게 일이 돌아가거든 일하기를 멈추어야 할 것이고, 무릎 꿇고 회개해야한다!

여호수아 3장

Joshua

1-6절, 여호수아가 아침에 일찌기 일어나서 이스라엘 사람들로 더불어 싯딤에서 떠나 요단에 이르러서는 건너지 아니하고 거기서 유숙하니라(1절) 삼 일 후에 유사들이 진중으로 두루 다니며(2절) 백성에게 명하여 가로되 너희는 레위 사람 제사장들이 너희 하나님 여호와의 언약궤 메는 것을 보거든 너희 곳을 떠나 그 뒤를 좇으라(3절) 그러나 너희와 그 사이 상거가 이천 규빗쯤 되게 하고 그것에 가까이 하지는 말라 그리하면 너희 행할 길을 알리니 너희가 이전에 이 길을 지나보지 못하였음이니라(4절) 여호수아가 또 백성에게 이르되 너희는 스스로 성결케 하라 여호와께서 내일 너희 가운데 기사를 행하시리라(5절) 여호수아가 또 제사장들에게 일러 가로되 언약궤를 메고 백성 앞서 건너라 하매 곧 언약궤를 메고 백성 앞서 나아가니라(6절)

1. 여호수아는 아침에 일찍 일어났다. 주님을 섬기는 사람들의 아침은 힘차다. 할일이 많고 엄중하며 기쁨에 차 있기 때문이다. 그러므로 일찍 일어나는 것이다.

2. 이들은 이제 비로소 요단에 이르렀다. 이 가나안은 하나님께서

500년 전 조상 때로부터 거듭거듭 주시겠다고 약속하신 기업의 땅이었다. 이제 그들은 그 대망의 곳에 들어갈 준비가 된 것이다. 그러나 그들은 요단강을 목전에 두고 삼 일 간을 유숙하였다. 중대한 영적인 일에서 급작스러움과 조급함은 하나님의 역사의 성질이 아니다. 부지런하지만 그렇다고 조급하지 않다. 우리의 문서 사역은 수년간 지속되어 왔지만 결코 서두르지 않았다. 매일 매일 부지런한 것과 서두르지 않는 것은 모순되지 않고 양립할 수 있다. 여호수아는 일찍 일어나는 사람이었지만 또 삼일간 요단에서 머물줄 아는 사람이었다. 기다림은 매우 중요한 미덕이다. 기다림은 우리의 믿음과 인내를 단련한다. 그러므로 많은 때 하나님은 우리의 기도를 오랜 후에 이뤄주신다. 이는 우리의 기다림과 인내를 온전케 하시기 위함이다.

3. 이스라엘이 언약궤를 따르는 일에 있어서 한 가지 지시가 있었는데, 그것은 어느 정도의 간격을 두라는 것이었다. "그러나 너희와 그 사이 상거가 이천 규빗 쯤 되게 하고 그것에 가까이 하지는 말라"(수 3:4上). 그 간격은 주로 너무 가까이 하지 못하게 하기 위함이었다. 여기 주님을 따르는 데 있어서 한 가지 주의할 것이 있다. 어느 정도 거리가 필요하다는 것이다. 이것은 주님과의 친밀도를 말하는 것이 아니다. 주님과의 관계는 친밀할 수록 좋다. 그러나 주님을 따를 때 그분을 대하는 태도에서는 결코 가벼워서는 안 된다. 주님은 우리를 친구로 여기시며 형제라고 부르신다(요 15:14, 20:17). 이것은 주님과 우리가 매우 친밀한 관계라는 것을 증명하는 말이다. 그러나 동시에 주님은 우리의 주(主)이시며 우리의 왕(王)이시다. 그분은 홀로 하나이신 주재이시다. 그분을 친밀하게 대하는 것은 좋지만 동시에 경외감이 부족해서도 안 된다. 어떤 믿는이들의 모임에 가면 기도와 찬양 등이 너무 가볍고 함부로 한다는 느낌을 받는데, 이는 주님에 대한 경외심을 떨어뜨리게 되므로 조심하지 않으면 안 된다. 물론 그리스도인이 항상 무겁고

엄숙한 분위기를 견지해야 하는 것은 아니다. 그러므로 여기에 적절한 거리가 있는 것이다. 너무 멀어서도, 가까워서도 안 된다. 적절한 친밀함과 적절한 경외심이 어우러질 때 가장 이상적일 것이다. 성도들이 주의 종을 대하는 것도 같은 원리가 적용될 수 있다. 너무 가까이에서 따르는 것은 바람직하지 않다. 적절한 간격에서 따르라! 유익이 있을 것이다. 적어도 상거가 2,000 규빗 쯤 되게 하라!

4. "너희가 이전에 이길을 지나보지 못하였음이라". 그리스도인에게 있어서 진보란 변경된 어려움들과 시련에 지나지 않는다(스펄전). 더욱 엄격하고 어려운 상황들을 만날수록 우리는 더욱더 하나님의 은혜를 얻으며 더 크게 배우게 된다. 여기에 새로운 하나의 어려움이 임하였다면 옛 어려움은 사라지는 것을 의미한다. 그리스도인이 주님을 순종하고 나아가다 보면 전에 가보지 않은 길이 나오게 되며 따라서 끊임없이 배우게 된다.

5. 이스라엘이 홍해를 건너는 것과 요단을 건너는 것은 그 상징하는 바가 다르다. 홍해를 건너는 것은 주로 죄악과 세상에서 떠나는 것을 예표한다. 즉 그리스도인의 구원과 관련되는 것이다. 그러므로 홍해를 건너는 것은 애굽에서 나오는(exodus) 것에 중점이 있지만 요단을 건너는 것은 약속의 땅에 들어가는(entering into) 것에 중점이 있다.

홍해를 건너는 것은 주로 우리의 죄와 세상 문제를 해결하는 그리스도의 죽으심을 예표하며 요단을 건너는 것은 우리의 자아와 관련된 더 깊은 죽음을 예표한다. 어떤 이들은 가나안이 천국을 예표하는 것으로 해석하지만 가나안은 영적 전쟁이 펼쳐지는 격전의 장소이다. 그러면 가나안은 영적인 세계에서 무엇을 상징하는가? 그것은 에베소서 6장에서 말하는바 성도들이 더욱 성장하여 영적 전쟁 안으로 이끌리는 체험을 말한다.

그러면 영적 전쟁은 무엇을 위한 것인가? 우리는 이것을 신약만 보아서는 알 수가 없다. 구약에 그 명확한 그림이 나타나 있다. 그 영적 전쟁의 목적은 그 땅을 기업으로 얻는 것이다. 결국 그 가나안 땅의 기업은 전쟁을 통하여 얻게 되어 있음을 알 수 있다. 우리가 이미 말한 바와 같이 가나안 땅은 모든 풍성한 것들을 포함하신 그리스도의 예표이다. 그분은 하나님께서 그의 성도들에게 약속하신 영원한 기업이다. 물론 우리는 홍해를 건너는 것으로 예표된바 그리스도의 구속 역사를 통해 그리스도를 생명으로 얻었다. 그러나 그리스도는 무한하시고 측량할 수 없는 분이시다(엡 3:8). 우리가 평생 체험해도 다 체험할 수 없다. 그러한 그리스도는 축복의 땅 가나안으로 예표되셨는데, 그 풍성하고 무한하신 그리스도를 얻음으로써만 왕국과 성전의 견고한 건축이 이루어진다. 이것은 하나님의 영원한 뜻에 관계된다.

그런데 그 하늘에 속한 기업인 가나안을 얻는 비결이 여호수아에 있다. 그것은 전쟁을 통하여 얻어진다. 한 성 한 성 싸워서 정복하는 것이다. 그러면 여기 요단을 건너는 것은 어떠한 의미가 있는가? 바로 측량할 수 없이 풍성하신 그리스도를 얻기 위한 영적 전쟁에 참여하는 것이다. 이러한 영적 전쟁에 참여하려면 요단을 건너야 한다. 오늘날 어떤 그리스도인들은 싸움 없이 다만 지식을 탐구함으로써 그리스도를 얻을 수 있는 것처럼 생각한다. 그러나 이러한 그리스도는 오직 싸워 이긴 자들에게만 노획물로 주어진다.

요단을 건너는 것 자체는 자아가 십자가에서 끝나는 것을 의미하는데, 이스라엘 백성들은 홍해를 건너, 오늘날로 말하면 그리스도의 구속을 얻고 신앙생활에 들어섰다. 그리고 광야 40년을 통해서 그들의 육체가 완전히 드러났으며 심판받고 또 심판받았다. 이제 그들은 그들의 육체만이 아니라 자아의 강을 건너야 할 필요가 있게 되었다. 자아란 그야말로 그 사람 자체이다. 그 사람의 원래 기질과 성향, 즉 죄가 아닐지라도 인간의 타고난 어떤 것을 말한다. 마치 야곱이 어머니 태에서부터 어떤 기질을 가지고 있었던 것과 같다. 사람은 천성적으로 자신을 사랑한다. 자신의 신체를 사랑하고 자신의 명예를 사랑하며 자신의 생명을 사랑한다. 자신의 뜻을 사랑하고 자신의 가족과 자녀와 부모를 사랑한다.

지나치게 예민한 기질도 일종의 자아이며 다른 사람에 대하여 경쟁심리를 가지고 이것저것 시기하는 것도 일종의 자아이다. 어려움을 만날 때 답답하여 많은 말로 토로하면서 가슴을 풀고자 하는 것도 자아이다. 그것이 반드시 죄와 세상은 아닐지라도 자신이라는 커다란 벽이 사람과 하나님 사이에 간격을 형성하고 있는 것이다. 이것은 아가서의 비유적인 이야기에도 잘 나타나 있다. 아가서 2장의 주님을 사랑하는 자는 주님을 향하여 매우 열심일지라도 여전히 주님과의 사이에 벽이 있으며 주님으로 하여금 벽 뒤에 서서 그녀를 바라보게 한다. 이러한 주님과의 벽은 무엇인가? 바로 자아이다. 자아의 요소가 그리스도와 우리의 완전한 연합을 방해하는 벽이 되는 것이다.

그러므로 우리가 만일 영적 전쟁 안으로 이끌리려면 자아에 대한 죽음의 강을 건너야 한다. 이것이 그리스도의 십자가의 더 깊은 의미이다. 십자가는 우리의 죄와 세상과 육체를 끝낼 뿐 아니라 우리 자신을 끝내는 것이다. 우리 자신이 완전히 십자가에 못 박히는 그날부터 더 이상 내가 사는 것이 아니요 오직 내 안에 그리스도께서 사시기 시작한다. 즉 나의 삶의 주인이 완전히 바뀐 것이다. 이전에 주님을 믿은 것이 사실이고 죄 사함의 은혜와 생명을 얻은 것이 사실일지라도 여전히 내가 주인이 되어 살았었다. 여전히 나의 선호가 있고 나의 선택이 있으며 나의 의도와 결정이 있었다. 요단을 건넌다는 것은 바로 이러한 자신이 죽음으로 끝내어지는 것을 의미한다. 죽음과 부활로 그리스도와의 완전한 연합이 이루어지는 것이다. 이것이 갈라디아서 2장 20절이 말하는 바이다. "내가 그리스도와 함께 십자가에 못 박혔나니 그런즉 이제는 내가 산 것이 아니요 오직 내 안에 그리스도께서 사신 것이라".

이러한 자아의 죽음은 우리를 그리스도와 연합되게 하며 더 이상 '나' 라는 존재에 의해 사는 것이 아니라 내 안에 사시는 '그리스도' 에 의해 사는 것이다. 그분이 나의 모든 것이시다. 그분이 나의 시작이요 과정이요 마침이시다. 그분이 행하시지 않으면 나는 아무 것도 행하지 않는다. 이것이 요단을 건너는 것이다.

6. 요단을 건너자마자 치열한 영적 전쟁이 시작된다. 그때부터 사탄은 문빗장을 굳게 잠그고 더 이상 입지를 내어주지 않기 위해 힘을 다한다. 가나안의 전투는 이렇게 무한하신 그리스도를 기업으로 더 얻고자 전진하는 자들에게서 시작된다. 당신이 자아를 십자가에 못 박았는가? 그렇다면 전투에 임할 준비를 해야 한다. 자아를 못 박은 것이 끝이 아니다. 그때부터 풍성한 그리스도를 얻기 위한 맹렬한 전투가 시작되는 것이다.

7. 요단을 건너는 일에서 중요한 것은 '너희 곳' 을 떠나 언약궤를 따르는 것이다. 먼저 '너희 곳' 을 떠나야 한다. '너희 곳(your place)' 이란 바로 우리가 있는 자리이다. 그곳은 염려와 걱정의 자리이고 평안과 안주의 자리이다. 형편과 상황에 적당히 타협하여 만들어낸 안주의 자리는 '너희 곳' 이지 언약궤를 따르는 것이 아니다. 언약궤를 따른다는 것은 그리스도와 함께하기 위해 일어나는 것이다. 홍해를 건너는 일은 하나님께서 다 행하셨고 백성들은 하나님의 하시는 일을 바라보기만 하면 되었다. 그러나 요단을 건너는 일에서는 제사장들이 언약궤를 메고 먼저 강에 들어가야 했다. 이는 요단을 건너는 일에서는 그리스도의 인도하심을 따르는 것이 중요함을 의미한다. 주님의 인도하심을 따르다 보면 요단을 건너게 된다. 그러면 무엇이 주님을 따르는 것인가? 무엇보다도 먼저 말씀을 순종하는 것이다. 주님의 말씀에 순종하는 것이 언약궤를 따르는 것이다. 어찌하든 진리로 깨달은 말씀에 순종하는 것

이 우리가 가야 할 길이다. 결코 여기에 핑계와 타협이 있어서는 안 된다. 진리가 표준이 되어야지 진리를 우리 형편으로 끌어내리려 해서는 안 된다. 이것이 진리에 대한 기본적인 태도이다.

또한 주님은 오늘 믿는이 안에 살아계신다. 그분은 우리 안에서 가르치시며 인도하신다. 그렇다면 그분의 인도를 어떻게 이해할 수 있는가? 다만 따르기로 결심하라! 다른 비결이 없다. 죽을지언정 그분을 따르겠다고 헌신하는 것이 중요하다. 그럴 때 주님은 기꺼이 우리를 인도하신다. 모든 삶에서 그분의 인도를 따르겠다고 헌신한 사람은 조만간 자신의 발걸음이 주님과 함께하고 있음을 알게 될 것이다. 우리가 성실하게 주님을 따를 때 주님은 우리를 어디로 인도하시는가? 요단강이다. 그리고 우리로 그 강을 건너도록 도와주신다.

출애굽 한 이스라엘 백성들은 모세의 인도를 따라 여기까지 왔다. 그들이 도착한 곳은 결국 요단 강 가였다. 하나님께서 그들에게 요청하시는 것은 자아에 대한 죽음이었다. 죽지 않으면 살 수 없다. 그러나 기억할 것은 우리가 성실히 언약궤를 따른다면 자아에 대한 완전한 죽음도 주님이 이끌어 주신다는 것이다. 그리고 우리는 더욱 그리스도를 얻기 위한 영적 전쟁 안으로 이끌려지게 된다. 자아에 대한 죽음은 간단한 일이 아니므로 주님이 이끌어 주시지 않으면 안 된다.

야곱의 얍복 강에서의 사건은 하나의 좋은 그림이다. 그의 자아가 큰 타격을 입은 것은 얍복 강에서 였는데 거기서 그의 환도뼈가 위골되었다. 그가 그러한 지점에 이른 것도 주님을 성실히 따른 결과였다. 주님은 어느 지점이 우리의 자아가 완전히 파쇄되는 지점인지를 아신다. 야곱은 당시 바로 그 지점에 이르러 주님의 긍휼의 손을 만난 것이다. 성실히 주님을 따르는 것 외에는 길이 없다. 자신이 주인이 되어 사는 인생이 끝이 나고 주권이 주님께 양도될 때에만 주님은 우리를 영적 전쟁 안으로 인도하신다. 거기서부터 우리는 진정한 의미에서 그리스도의 왕국의 영역을 확장하기 위한 영적 전쟁에 돌입하는 것이다.

사탄에게 점유된 영역을 주님께 돌리는 역사가 결국은 전쟁의 승리를 의미하는 것이요 그 노획한 영토가 우리의 기업이 된다. 주님께 감사하고 찬양한다.

7-8절, 여호와께서 여호수아에게 이르시되 내가 오늘부터 시작하여 너를 온 이스라엘의 목전에서 크게 하여 내가 모세와 함께 있던 것 같이 너와 함께 있는 것을 그들로 알게 하리라(7절) 너는 언약궤를 멘 제사장들에게 명하여 이르기를 너희가 요단 물가에 이르거든 요단에 들어서라 하라(8절)

1. 요단을 건넘은 그리스도와 함께 죽은 것에 대한 상징이다(롬 6:6-11, 엡 2:5, 6, 골 3:1-3—스코필드 관주).

2. "너를 이스라엘 목전에서 크게 하여"—하나님의 백성 가운데서 쓰임을 받는 종들은 그에 합당한 존경을 받아야 할 것이다. 그런 일에 있어서 영적일 필요가 있다. 어떤 경우는 너무 사람을 높여 신격화하는데 빠질 수 있고 어떤 경우는 사람을 너무 낮추어 평가함으로 하나님의 역사에 해를 가져오게 된다. 바울은 그의 동역자 디모데에게 업신여김을 당하지 않도록 하라고 말했다. 하나님을 섬기는 사람이 합당한 존중을 받지 못하면 그만큼 사역에 제한을 받는다. 성도들은 하나님께서 그 분의 종을 사용하시는 것을 볼 때 그에대한 합당한 존경을 나타내는 것이 필요하다. 이에 대하여 바울이 한 말을 생각해보자. "내가 어리석은 자가 되었으나 너희가 억지로 시킨 것이니 내가 너희에게 칭찬을 받아야 마땅하도다 내가 아무 것도 아니나 지극히 큰 사도들보다 조금도 부족하지 아니하니라"(고후 12:11). 이때 고린도 교회 성도들은 바울에 대한 합당한 존경의 마음을 잃어버렸다. 바울은 자신이 그들에게 칭찬을 받는 것이 마땅하다고 말하면서 그가 다른 큰 사도들보다 조금도 부

족한 사람이 아니라고 했다. 스스로 자신에 대해 이렇게 말하기란 쉬운 일이 아니다. 그러나 고린도 성도들은 바울이 이처럼 어려운 말을 하지 않으면 안 되게 만들었다. 이것은 성도들의 상태가 합당하지 않은 것이다. 교회 인도자들에 대한 성도들의 합당한 존경은 영적인 생활에서 매우 중요한 한 방면이다. 복음으로 사람을 낳는 인도자나 유모처럼 양육하는 인도자 모두 존중을 받아야 할 사람들이다.

여호수아는 믿는이들의 자아 생명을 죽음에 넣도록 도와줌으로 가나안의 풍성을 체험할 수 있게 한 영적 인도자를 나타낸다고 할 수 있다. 그러나 이 일의 참된 성취는 그리스도에게서 찾아 볼 수 있다. 그리스도로 말미암아 이 모든 일이 가능하기 때문이다. 찬양과 존귀와 영광을 받기에 합당한 분은 오직 그리스도뿐이다. 특히 주님을 섬기는 사람들은 성도들을 섬긴 뒤에 사람들에게서 영광과 높임 받기를 구하지 말고 오히려 자신을 낮추며 우리는 다만 수치를 당하기에 합당한 자들이며 마땅히 할 일을 한 것뿐이라고 말해야 한다. 누구든지 자기를 높이려 하는 자는 낮아진다.

3. 홍해를 건너는 방법과 요단을 건너는 방법은 서로 다르다. 홍해는 하나님께서 홀로 기적을 베푸시어 갈라지게 하셨으며 이스라엘 백성은 다만 건넜다. 물론 요단도 기적적으로 갈라졌지만 그 방법이 달랐다. 요단에서는 먼저 언약궤를 멘 제사장들로 강에 들어가게 하시고 그 뒤를 백성들이 따르게 하셨다. 홍해를 건너는 것이나 요단을 건너는 것 모두가 그리스도의 십자가의 방면을 예표한다. 홍해가 우리의 구속을 위한 십자가를 예표한다면 요단은 우리로 더욱 깊은 영적인 영역 안으로 들어가도록 자아를 끝내는 십자가의 방면을 예표한다. 즉 홍해가 우리의 죄 문제를 처리하는 십자가를 예표한다면 요단은 우리의 자아를 못 박는 십자가를 예표한다. 그러므로 요단을 건너는 체험은 홍해를 건너는 체험보다 더 주관적이라고 할 수 있다. 거기에는 우리 편에서의

믿음과 순종, 즉 우리의 동역이 필요하다. 이 부분에서 하나님은 우리에게도 무언가를 요청하신다. 하나님은 우리의 자아가 십자가에 못박히는 데 있어서 우리의 원함과 동역을 요구하신다. 그럴지라도 십자가로 우리의 자아를 끝내는 일은 하나님께서 하시며 이 또한 기적적인 일이다. 우리의 원함과 동역이 하나님께서 우리의 자아를 끝내기 위해 역사하시도록 하는 것이다.

그러나 이 문제에서 주의해야 할 점이 있다. 오늘날 믿는이들 가운데서 자아의 끝냄과 파쇄의 문제를 말하는 것을 보는데 어떤 이들은 자아의 파쇄라는 말을 입에 달고 다닌다. 그런다고 해서 자아가 파쇄되는 것이 아니다. 이미 말한 바 있지만 자아의 파쇄는 주님을 따르는 것에 관건이 있다. 즉 주님의 한 말씀 한 말씀에 순종하는 것이 그 관건이다. 이렇게 성실하게 주님을 따르다 보면 주님이 그의 자아를 처리할 기회를 얻으신다. 이것이 홍해 도하(渡河)와의 차이점이다. 홍해 도하는 다만 말씀을 믿고 들음으로 해결이 된다. 그러나 요단 도하는 우리 편에서의 자원함과 동역이 필요한 것이다.

4. 이 지점에서 이스라엘은 비로소 언약궤를 따라 강바닥으로 내려갈 수 있었다. 홍해를 건널 때와는 다른 그림이다. 이제 그들은 주님을 따르는 것이 어떤 것인지를 제법 배웠다. 그래서 주님을 따라 죽음의 강바닥으로 내려갈 수 있었던 것이다. 이와 같이 주님과 함께하는 훈련을 어느 정도 거칠 때 어떤 환경도 두려워하지 않고 주님을 따를 수 있게 된다. 믿는이들은 한 가지 한 가지 일에서 주님의 인도를 따르는 법을 배워야 한다. 지나고 나서야 뭔가 잘못된 것을 깨닫는 생활을 오래 지속해서는 안 된다. 한 걸음 한 걸음 주님과 동행하기를 배우며 그분의 인도를 받아 생활해야 한다. 제반 생활과 일들에서 그것이 과연 하나님의 뜻 안에서 행하고 있는 것인지를 말씀으로 확인하는 것과 내적인 평강, 환경 안에서의 인도, 주 안의 성도들의 느낌 등을 고려하는 것

이 필요하다. 이렇게 일상생활의 여러 일들 가운데서 자신의 뜻을 제하는 것을 배워 나갈 때 어느 날 깊이 감추인 결정적인 강한 부분이 드러나 십자가의 처리를 받게 된다. 이것이 요단을 건너는 것이리라. 그 때 성도들은 주님의 처리하는 손길에 자신을 맡길 수 있게 된다. 나는 많은 성도들이 매우 간단히 홍해를 건너왔지만 그들의 자아를 처리하는 요단 앞에서는 두려워하는 것을 보았다. 그러나 마침내 그들이 자아를 처리하기 위한 십자가의 길을 받아들이는 것을 보았다. 결국 성실하게 강을 건넌 성도들이 자아의 깊은 죽음을 거쳐 참으로 영적인 생명을 살 수 있는 경지로 이끌렸다.

5. 여기에는 언약궤를 멘 제사장들이 있다. 언약궤를 멘 제사장들은 이기는 자들을 대표한다. 그들은 모든 백성이 죽음으로 들어갈 수 있도록 자신들이 먼저 강바닥에 내려가서 백성들이 다 건널 때까지 서 있어야 할 사람들이다. 하나님의 백성들 가운데에는 이러한 사람들이 있다. 대다수의 백성들이 죽음에 들어가기를 어려워할 때 한 무리의 사람들이 먼저 자신을 사지(死地)에 두는 것이다. 그럴 때 많은 사람이 용기를 내어 죽음의 강을 건널 수 있다.

1900년 초 중국의 북청 사변 때 많은 그리스도인들이 순교를 당했다. 당국자들이 한 번은 교회당에서 십자가를 땅바닥에 놓고 모든 교인들에게 말했다. "누구든지 이 십자가를 밟고 지나가는 사람은 살려준다." 하나 둘 십자가를 밟고 지나갔다. 그런데 한 어린 소녀의 차례가 되었을 때 그녀는 기도했다. "하나님, 저에게 십자가를 밟지 않고 갈 수 있는 용기를 주옵소서." 그녀는 일어서서 담담하게 십자가를 비켜서 걸어 나갔다. 그러자 당국자들은 그녀를 살해했다. 그것을 본 나머지 성도들은 그녀의 당당한 믿음의 태도 앞에서 힘을 얻었다. 그리고 한 사람 한 사람 십자가를 비켜 지나감으로 죽임을 당했다. 이것은 실지로 있었던 이야기이다. 우리는 여기서 소수의 사람들의 믿음의 행동이 얼마나 많은 사람들에게 용기를 주는지를 알 수 있다.

9-10절, 여호수아가 이스라엘 자손에게 이르되 이리 와서 너희 하나님 여호와의 말씀을 들으라 하고(9절) 또 말하되 사시는 하나님이 너희 가운데 계시사 가나안 족속과 헷 족속과 히위 족속과 브리스 족속과 기르가스 족속과 아모리 족속과 여부스 족속을 너희 앞에서 정녕히 쫓아내실 줄을 이 일로 너희가 알리라(10절)

그들이 강을 건너는 데 있어서 여호수아는 백성들에게 하나님의 말씀을 들으라고 명한다. 그것은 살아 계신 하나님이 너희 가운데 계시사 가나안 부족들을 쫓아내실 줄을 알라는 것이다. 하나님께서 믿는이의 자아를 십자가에 못 박는 큰 일을 하시는 데에는 목적이 있다. 그것은 그분이 대적을 패배시키는 커다란 역사를 행하실 것이라는 확신을 주는 것이다. 하나님께서는 그저 의미 없이 이스라엘로 하여금 요단을 건너게 하시는 것이 아니다. 그분은 그로 인해 대적의 군대를 멸하고자 하신다. 이것은 오늘 십자가의 더 깊은 죽음을 체험하는 모든 신자들에게 매우 격려가 되는 말씀이다. 주님이 우리로 깊은 죽음의 강을 건너게 하신다면 우리는 우리 앞의 큰 대적을 쳐부수려는 하나님의 뜻이 있다는 것을 알아야 한다. 그러한 영적 전쟁의 결과로 얻는 전리품은 장래 우리가 분배받을 기업이 된다. 자아를 처리하기 위해 죽음의 강에 서있는 성도들이여! 용기를 얻으라! 당신은 곧 대단한 영적 전쟁에 이끌려 그리스도의 왕국을 확장하는 전투에 참여할 것이다. 자아가 못 박히지 않고는 아무 것도 할 수 없음을 기억하기 바란다.

11-13절, 보라 온 땅의 주의 언약궤가 너희 앞서 요단으로 들어가나니(11절) 이제 이스라엘 지파 중에서 매 지파에 한 사람씩 십 이명을 택하라(12절) 온 땅의 주 여호와의 궤를 멘 제사장들의 발바닥이 요단 물을

밟고 멈추면 요단 물 곧 위에서부터 흘러내리던 물이 끊어지고 쌓여 서리라(13절)

제사장들은 요단이 갈라지기 전에 발을 내디뎌야 했다. 그들은 요단이 갈라진 후에 발을 내디딘 것이 아니다. 강에 먼저 발을 내디뎠다. 이것이 바로 믿음의 행위이다. 이러한 믿음의 행위는 기적을 가져온다. 하나님께서는 그분의 자녀들이 이렇게 말씀을 믿으므로 한 발을 내딛기를 원하신다. 그럴 때 놀라운 역사가 일어나게 된다. 과거에 한 주 안의 형제가 직장을 내려놓고 전적으로 주님을 섬기라는 부르심을 받았는데, 그는 교회가 장래를 확실하게 보장해주는지를 확인하러 다니고 있었다. 그때 나는 그에게 장래가 염려된다면 직장을 내려놓지 않는 것이 낫다고 말해주었다. 참으로 부르심이 있다면 믿음으로 한 발 내딛는 것이 필요하다. 어떤 사람은 주님의 부르심을 받고도 장래 자신의 먹고 살 모든 것을 준비하고서 주님을 따르려 한다. 이러한 사람은 강이 갈라지는 것을 보고서야 강에 발을 내디디려 하는 사람이다. 누구든지 하나님의 말씀을 믿고 따른다면 강이 갈라지는 것을 볼 것이다. 하나님은 누구든지 믿음으로 행하는 사람을 책임지는 분이시다.

14절, 백성이 요단을 건너려고 자기들의 장막을 떠날 때에 제사장들은 언약궤를 메고 백성 앞에서 행하니라

1. 이 말씀은 제사장들이 먼저 행하는 것을 보여준다. 백성이 자기들의 장막을 떠나고 있을 때 제사장들은 언약궤를 메고 백성 앞에서 행하였다. 많은 성도들을 위하여 자신의 장막을 돌보지 않고 오직 하나님의 간증을 주의하는 자들(언약궤를 지고 백성들 앞서 행함)이 이기는 자들이다. 다른 사람들보다 한 발 먼저 주의 일에 뛰어드는 자들이 이기는 자들이란 말이다. 대다수의 사람들은 천천히 준비하고 있을 때 제사

장들은 이미 채비를 다 마치고 백성들 앞에서 행하고 있었다. 오늘날도 하나님의 교회에 이런 자들이 많이 필요한 것이다.

2. 이 때 하나님의 백성들은 모두가 다 자기 위치에서 할 일이 있었다. 무장한 군인들이 주위를 돌아야 했으며 제사장들도 행진해야 했다. 어느 누구도 가만히 있어서는 안 되었다. 또한 지정된 방식으로 일해야 한다. 기록된 말씀의 중요성은 언제나 있는 것이다. 또한 그들은 매일 성을 돌았는데 하나님의 교회들이나 성도들은 매일 일해야 함을 의미한다. 감동이 되어 한 동안 일할 수 있지만 매일 전적으로 주의 일을 하는 것은 매우 어려운 일이다. 이렇게 매일 일하는 자들로부터 여리고는 정복되었다.

15절, (요단이 모맥 거두는 시기에는 항상 언덕에 넘치더라) 궤를 멘 자들이 요단에 이르며 궤를 멘 제사장들의 발이 물가에 잠기자

당시는 모맥을 거두는 시기로서 요단의 물이 언덕에 넘치는 때였다. 하나님의 역사하시는 방법은 사람의 육체나 좋지 않은 습관들을 조금씩 줄어들게 하여 없애시는 것이 아니다. 그렇게 하면 하나님의 영광이 나타나지 않는다. 당시는 요단에 물이 가장 넘치는 시기였다. 만일 요단에 물이 적을 때 갈라졌다면 사람들이 그것을 하나님이 하신 역사가 아니라고 생각할 가능성이 있다. 그러나 하나님은 사람들의 그러한 오해의 소지를 제하셨다. 요단에 물이 가장 넘치는 그때 갈라지게 하는 역사를 행하신 것이다. 이것이 하나님의 일하시는 원칙이다. 야곱은 얍복 강에서 그의 기질이 최대한 발휘되고 있었다. 그때가 그에게는 요단의 물이 가장 넘치는 때이다. 그 물은 사망의 물로서 사망의 물이 가득하여 넘칠 때 하나님의 기적은 임하는 것이다. 신약 요한복음 2장에는 주님이 가나 혼인잔치에서 물을 포도주로 만드신 일이 기록되어 있다.

그때 주님은 물(사망을 상징함)을 돌항아리 아구까지 채우라고 하셨다. 사망의 물이 항아리의 아구까지 찰 때 주님은 사망을 생명의 포도주로 바꾸는 기적을 행하신 것이다. 하나님께서는 어떤 사람의 악한 성질을 치료하고자 하실 때 그의 성질이 최고도로 발휘될 때에 찾아오신다. 그때는 모맥 거두는 시기로서 그때가 되면 늘 강은 넘쳐흐르곤 했다. 주님께서 사람의 가장 어려운 자아의 문제를 해결하실 때는 그 사람의 일생에서 그 표현이 가장 극도에 달할 때이다. 우리의 자아는 점차적으로 개선되는 것이 아니라 십자가로 끝나야 한다. 다시 말하지만 실제로 자아가 끝나는 시점은 자아가 극심하게 표출되어 문제가 심화된 때이다.

16절, 곧 위에서부터 흘러내리던 물이 그쳐서 심히 멀리 사르단에 가까운 아담 읍 변방에 일어나 쌓이고 아라바의 바다 염해로 향하여 흘러가는 물은 온전히 끊어지매 백성이 여리고 앞으로 바로 건널새

16절의 말씀은 지리적으로 이해하기가 쉽지 않지만 요단의 물이 끊어진 기적의 역사는 기묘하게도 이스라엘 백성들이 첫 번째 전투를 벌여야 하는 여리고로 직행하도록 길을 열어주었다는 것이다. 그것은 우리가 만일 주님과 함께 깊은 죽음을 통과한다면 그 죽음의 체험은 곧바로 우리를 영적 전쟁으로 이끌어 대적을 멸하게 한다는 것을 의미할 것이다. 우리 주 예수님도 요단에서 침례를 받으시고 성령의 충만을 얻으신 뒤에 바로 광야로 이끌리시어 40일 동안 마귀에게 시험받으시고 승리하셨다. 신명기 1장 1절에 의하면 '아라바' 라는 곳은 모세가 율법을 다시 선포한 장소에서 멀지 않다.

17절, 여호와의 언약궤를 멘 제사장들은 요단 가운데 마른 땅에 굳게 섰고 온 이스라엘 백성은 마른 땅으로 행하여 요단을 건너니라

제사장들은 요단 강 바닥에 백성들이 다 건널 때까지 굳게 서 있었다. 사도 바울은 하나님께서 사도인 자신들을 죽이기로 작정한 자같이 미말에 두셨다고 말했다(고전 4:9). 이기는 자들은 다른 성도들이 생명을 얻도록 자신을 사망 가운데 두는 자들이다(고후 4:12). 제사장들은 하나님의 일에서 백성들보다 무엇이든지 한 발 앞서서 행하는 자들이다. 그들은 모든 이스라엘로 죽음의 강을 건널 수 있는 용기를 주기 위해 마른 땅에 굳게 서 있었다.

3장을 마치며

1) 출애굽기에는 홍해를 건너는 것이 있고 여호수아에는 요단을 건너는 것이 있다. 그러나 이 두 가지 건넘은 각각 시사하는 바가 다르다. 요단은 신자가 죽어서 하늘로 가는 것을 의미하지 않는다. 이스라엘이 요단을 건넜을 때 영적인 전쟁이 시작되었다는 한 가지 사실만으로도 그러하다. 요단은 죽음을 예표하고 신자는 반드시 요단을 건너야 한다. 그러나 성도는 요단을 마른 땅으로 건넌다. 왜냐하면 그리스도께서 가장 깊은 곳으로 내려가셔서 그의 백성들을 위해 길을 열어놓으셨고 그 길을 통해서 신자는 하늘에 속한 기업을 받아야 하겠기 때문이다.

2) 그러나 그리스도의 죽음에는 요단에 앞서 어린양의 피로서 문 인방 좌우 설주에 바른 것이 있고, 즉 유월절 죽임을 당한 어린양이며, 다음은 홍해바다의 건넘이고, 셋째는 여기의 요단강 도하이다. 오늘 우리가 어린양의 피로 예표된 그리스도의 죽음을 볼 때, 우리는 그 안에서 그 피가 하나님의 심판으로부터 우리를 구원하는 것임을 안다. 출애굽기 12장 12-13절은 "내가 그 밤에 애굽 땅에 두루 다니며 사람과 짐승을 무론하고 애굽 나라 가운데 처음 난 것을 다 치고 애굽의 모든 신에게 벌을 내리리라 나는 여호와로라 내가 애굽 땅을 칠 때에 그 피가 너희의 거하는 집에 있어서 너희를 위하여 표적이 될찌라 내가 피를 볼

때에 너희를 넘어가리니 재앙이 너희에게 내려 멸하지 아니하리라"고 한다. 하나님 앞에 범죄하고 양심으로도 죄가 있는 영혼이 하나님께서 앞으로 다가올 무서운 진노와 심판으로부터 두려워하며 피할 수 있는 길을 마련하셨다는 것을 아는 것은 매우 중요한 일이다. "내가 그 피를 볼 때에 넘어가리니"라고 하셨다.

이스라엘 백성들의 그 밤의 안전은 그 피에 대한 하나님의 평가에 달려있다. 하나님은 "너희가 그 피를 볼 때에 넘어가리니"라고 하시지 않았다. "내가 그 피를 볼 때에 넘어가리니"라고 하셨다. 그들은 어린양의 피로 인하여 보호함을 받은 것이지 그들 자신에 의해서나 그들 자신들의 행위로 말미암지 않았다. 오직 그 피에 대한 하나님의 평가에 달려있다. 우리는 그리스도의 피를 그분의 생각보다는 우리 자신의 생각으로 평가하기가 쉽다. 우리는 그 피에 대하여 그 가치를 다 알 수도 없고 제대로 평가할 수 없다. 그러므로 우리는 그분의 평가에 의존해야 한다. 우리가 받은 구원은 은혜로 받은 것이다(엡 2:8). 즉 그 은혜에 대한 우리의 감각에 의해서가 아니라 거저 주시는 바 거룩하고 영원한 은혜에 의해서 구원받는 것이다. 하나님은 그 백성을 그 밤에 보호하기 원하셨고, 이스라엘로 하여금 그 피를 보시고 만족해 하시며 온전히 지나가셨다는 사실을 알기 원하셨다. 그들의 안전은 그 피에 대한 하나님의 평가에 달려있고, 이 모든 일을 하나님이 주관하신다는 사실을 알기 원하셨던 것이다.

우리는 주 예수님이 십자가에서 모든 일을 다 하셨다는 것을 성경에서 읽는다. 그분은 거기서 우리를 위한 구속의 역사를 다 이루셨다(요 19:30, 히 9:12). 구원받기 위해 우리가 해야 할 조금의 일도 남겨놓지 않으셨다. 그분이 아들을 보내셨고, 십자가에 달려죽게 하셨으며, 그 속죄의 피가 이미 흘려졌으며 그 피로 우리의 모든 죄는 온전히 씻어졌다. 그 피는 이미 시은좌에 뿌려졌다. 주님은 이 모든 일을 하시고 우리에게 믿기만 하도록 하셨다. 행위와 믿음은 상반된 것이다. 우리가 뭔가를 해야 한다면 더 이상 믿음이 아닌 것이다. 어린양으로 이 땅에 오신 것도, 십자가에 올라가신 것도 다 그분이 하신 것이요, 그 피를 흘려 죄사함을 이루신 것도 다 그분이 하신 일이다. "염소와 송아지의 피로 아니하고 오직 자기 피로 영원한 속죄를 이루사"(히 9:12). 우리는 십자가에 높이 달리신 그분을 바라봄으로 구원받는 것이지 우리가 무엇을 하는 것이 조금도 없다. 믿음이란 무얼 하는 것이 아니라 다만 그분의 하신 일을 의지하며 그분을 믿는 것이다.

우리는 단순히 그리스도의 피와 그 피에 대한 하나님의 평가를 의지해야 한다. 하나님은 그 피를 보신다. 하나님이 그 피의 가치를 평가하시고 만족해하신다. 우리는 이 사실에서 만족을 얻어야 한다. 유월절을 지키는 것은 믿음으로이다. "내가 그 피를 볼 때에 너희를 넘어가리니"라고 하신 하나님은 그분 자신을 부인하실 수 없다. 그 깊고 엄숙한 밤에 이스라엘의 머리 하나라도 건드려진다면 하나님의 거룩하시고 의로운 본성을 부인하는 것이 되고 공의가 무시되는 것이 된다. 이는 이스라엘의 자격이나 상태의 문제가 아니라 전적으로 하나님 앞에서 그 피의 가치와 하나님 말씀의 신실성과 권위에 관한 문제인 것이다.

여기에서 그리스도인은 확신과 평안을 가질 수 있어야 한다. 이는 그리스도의 피와 그분의 신실한 언약의 말씀이기 때문이다. 그리스도의 말씀을 믿게 하고 피를 의지하게 하는 것은 성령의 은혜에 의해서만이 되는 것이다. 다가올 심판에 대하여 마음에 평안을 주는 것은 하나님의 말씀과 그리스도의 보혈이며, 다른 어떤 것도 아니다. 믿는 자에게는 심판이 있을 수 없다. 그것은 심판이 이미 십자가 상에서 치러졌기 때문이다. 심판이 이미 치러진 증거로 시은좌 위에 그 피가 뿌려진 것이다. 하나님은 그 피를 보시고 만족하셨다. 의로우신 하나님이 만족하셨다고 선언하셨다면 우리도 만족할 수 있다. 하나님이 그리스도의 피로 만족하셨고, 우리도 만족할 때 모든 것이 해결되고 심판의 문제에 있어서 두려움이 없고 평안이 있게 된다. 그리스도인이 심판에서 면제되었다는 것을 의심하는 것은 하나님을 거짓말하는 자로 만드는 것이요 그리스도의 피를 아무 효험이 없는 것으로 만드는 것이다. 할렐루야!

3) 이스라엘 백성은 피의 보호로 유월절 밤의 재앙을 피하였으나 다시 출애굽기 14장에 올 때 공포와 침통함에 사로잡힌 이스라엘을 보게 된다. 이는 그리스도인의 생활에도 그대로 적용된다. "이스라엘 자손을 명하여 돌쳐서 바다와 믹돌 사이의 비하히롯 앞 곧 바알스본 맞은편 바다가에 장막을 치게 하라(2절)…혹이 백성의 도망한 것을 애굽 왕에게 고하매 바로와 그 신하들이 백성에 대하여 마음이 변하여 가로되 우리가 어찌 이같이 하여 이스라엘을 우리를 섬김에서 놓아 보내었는고 하고(5절)…여호와께서 애굽 왕 바로의 마음을 강퍅케 하셨으므로 그가 이스라엘 자손의 뒤를 따르니 이스라엘 자손이 담대히 나갔음이라(8절)…바로가 가까와 올 때에 이스라엘 자손이 눈을 들어 본즉 애굽 사람들이 자기 뒤에 미친지라 이스라엘 자손이 심히 두려워하여 여호와께 부르짖고(10절)".

이들은 방금 전 피에 의해 유월절 날 밤, 보호받은 이스라엘이다. 그런데 지금 이들은 또 다시 두려움과 놀라움에 사로잡혔다. 그들은 유월절 재앙을 피해왔지만 광야에서 죽을 것을 두려워했다. "그들이 또 모세에게 이르되 애굽에 매장지가 없으므로 당신이 우리를 이끌어 내어 이 광야에서 죽게 하느뇨 어찌하여 당신이 우리를 애굽에서 이끌어내어 이같이 우리에게 하느뇨"(11절). 이들은 홍해를 앞에 두고 매우 침통하고 우울해 했다. 이들은 유월절 피로 인한 구원을 맛보았지만 아직 홍해를 건넘으로 말미암은 바로로부터의 해방 즉, 그리스도의 십자가로 인한 죽음으로 말미암은 해방(deliverance)의 감각이 없다. 그들은 예수의 피로 말미암아 하나님의 심판으로부터 보호받은 것을 알지만 "죄에 대하여 죽었다"는 사실은 알지 못한다. 즉 그들은 로마서 3장의 그리스도의 피의 구속은 알지만 6장의 그리스도와 함께 우리 옛사람이 못박혔다는 사실은 알지 못한다. 성경에서 우리에게 말해주는 것은 "우리의 죄들이 십자가에서 그분에게 지워졌을 뿐 아니라 우리가 죄 있는 아담의 자손으로서 우리 죄 짓는 옛 사람이 하나님의 역사로 말미암아 그리스도의 십자가의 죽음과 하나가 되었다는 것"이다. 즉 하나님은 우리에게 우리가 그리스도와 함께 죽고 그리스도와 함께 살아났다고 선언하신다.

그러나 이 소중한 진리가 믿음으로 받아들여지지 않으면 우리는 이스라엘 백성들과 같이 두려움과 우울과 공포에 사로잡히게 된다. 즉 해방된 감각이 없게 된다. 그러면 우리는 어떻게 죄의 권세, 사탄의 권세에서 벗어나는가? 우리는 어떻게 홍해바다의 저편에 서서 해방의 기쁨과 자유함을 누릴 수 있는가? 이는 로마서 6장 6절의 "우리가 알거니와 우리 옛 사람이 예수와 함께 십자가에 못박힌 것은 죄의 몸이 멸하여 다시는 우리가 죄에게 종노릇하지 아니하려 함이니"의 말씀에서 발견할 수 있다. 여기에서 우리는 한 발 더 나아가 우리가 심판에서 벗어날 뿐 아니라 죄의 권세에서도 벗어남을 깨닫게 된다. 우리가 만일 지은 죄들에 대한 것만 용서받고 내재하는 죄의 세력에서 벗어나지 못한다면 "믹돌과 바다 사이"에 있는 것이지 홍해 저편에 있는 그리스도인이 아니다. 이들은 로마서 3-5장의 말씀을 이해하고 있지만 아직 로마서 6장의 가르침을 배우지 못한 것이다. 그들은 아직 그리스도인이 죄에 대하여 죽고, 그리스도로 말미암아 하나님을 향하여 사는 것이 무엇인지 배우지 못한 것이다.

성도들은 반드시 로마서 6장 11절의 '죽은 자로 여긴다(reckon)'의 교훈을 배워야 한다. 이 말씀은 6절의 안다(knowing)는 말과 차이가 있다. 우리는 구원받았을지라도 아직 내재하는 죄가 있기에 죄에 대하여 죽었다는 것을 여기도록 가르침 받는 것이다. 여긴다는 것은 하나님이 말씀하신대로 내가 그렇다고 계산하는 것이다. 그것이 사실이기 때문이다. 내 호주머니에 백만원이 있다면 백만원이 있는 사람으로 여기는 것이다. 그만큼 있기에 그만큼 있는 것으로 계산하는 것이다. 나는 내 안에서 이 말씀의 진실성에 대하여 아무런 증거를 찾지 못했다 하더라도 여기기를 주저하지 않는다. 그것이 하나님의 진리의 말씀이기 때문이다. 말씀에서 죽었다고 하니 나는 죽은 것이고 다시 살았다 하니 그렇게 여기는 것이다. 그리스도께서 살았다가 부활하신 것이 다 내게 사실인 것처럼 내가 그분과 연합하여 죽었다가 살아난 것은 부인할 수 없는 사실인 것이다. 나는 그분의 말씀을 하신 그대로 받아들이는 것뿐이다. 나는 스스로 죄를 대적하거나 어떻게 잘해보려고 애쓰지도 않는다. 이는 기만이요 망상이다. 단순히 어린아이 같은 마음으로 하나님의 말씀에 따라 그리스도 안에서 죽은 나를 볼 뿐이다. 나는 나로 말미암아 나를 판단하지 않고 하나님으로 말미암아 그리스도 안에서 나를 판단한다. 이것이 11절의 여긴다는 말이다. 이럴 때 우리는 바로의 군대가 우리 안에서 멸절되는 것을 본다. 죄는 더 이상 우리를 주관하지 못한다(롬 6:14).

4) 이 두 가지 출애굽기의 예표를 거쳐서 우리는 여호수아의 요단강을 건너는 문제를 보아야 한다. 여기에서 우리에게 주시는 가르침은 무엇인가? 여기의 요단강의 죽음은 그리스도의 죽음의 어떤 면을 말하고자 하는가? 이스라엘의 홍해를 건넌 것은 그들을 세상적인 애굽과 사탄적인 바로의 세력에서 구출한 것이다. 그들은 해변에서 원수들의 시체를 보았다. 그러나 그들은 아직도 약속의 땅 가나안에는 들어가지 못했다. 들어가려면 반드시 요단을 건너야 했다. "여호수아가 아침에 일찌기 일어나서 이스라엘 사람들로 더불어 싯딤에서 떠나 요단에 이르러서는 건너지 아니하고 거기서 유숙하니라 삼 일 후에 유사들이 진중으로 두루 다니며 백성에게 명하여 가로되 너희는 레위 사람 제사장들이 너희 하나님 여호와의 언약궤 메는 것을 보거든 너희 곳을 떠나 그 뒤를 좇으라 그러나 너희와 그 사이 상거가 이천 규빗쯤 되게 하고 그것에 가까이 하지는 말라 그리하면 너희 행할 길을 알리니 너희가 이전

에 이 길을 지나보지 못하였음이니라".

여기서 언약궤는 주 예수를 예표한다. 언약궤로 예표된 그분이 먼저 우리를 위해 요단강의 급류를 향해 들어간 것이다. "그러나 너희와 그 사이 상거가 이천 규빗쯤 되게 하고 그것에 가까이 하지는 말라 그리하면 너희 행할 길을 알리니 너희가 이전에 이 길을 지나보지 못하였음이니라"고 하신다. 이는 그 강이 그들의 진행에 매우 위협적이었다는 말이다. 그 누구도 무사히 건널 수가 없다. 누가 공포의 임금 앞에 감히 설 수 있겠는가? 누가 그 무서운 원수를 대항하여 싸우러 가겠는가? 누가 감히 죽음과 심판을 대면하겠는가? 누가 뛰어들어가서 저 요단강의 소용돌이를 먼저 대할 수 있겠는가? 요한복음에서 베드로는 여기의 상거의 의미를 알지 못하고 그도 뛰어들어갈 수 있다고 했다(요 13:36, 37). 주님은 우리의 육체의 연약함을 아시기에 "그러나 너희와 그 사이 상거가 이천 규빗쯤 되게 하고 그것에 가까이 하지는 말라"고 하신 것이다. 제사장들이 언약궤를 메고 요단강 한 가운데로 가지고 간 것은 그리스도가 우리를 위해 죽음으로 내려가셔서 사망권세를 완전히 파괴하신 것을 가리킨다. 뿐만 아니라 주님은 성도들도 자신과 연합하여 그곳으로 들어가도록 인도하려 하신다. "보라 온 땅의 주의 언약궤가 너희 앞서 요단으로 들어가나니 이제 이스라엘 지파 중에서 매 지파에 한 사람씩 십 이명을 택하라".

요단강이 가장 범람할 때(요단이 모맥 거두는 시기에는 항상 언덕에 넘치더라) 끊어졌던 것처럼, 예수께서 우리를 위해 가장 무서운 형태의 사망을 만나셨다. 주님은 우리의 거대한 원수와 마주치셨고, 가장 무서운 원수를 물리치셨다. 죽음의 어두운 지역을 여행하심으로서이다. 그리고 그분은 지울 수 없는 영광스러운 승리를 얻으셨다. 그리고 그분은 우리를 그분이 승리하신 자리로 이끌려 하신다.

여호수아 4장

Joshua

1-3절, 온 백성이 요단 건너기를 마치매 여호와께서 여호수아에게 일러 가라사대(1절) 백성의 매 지파에 한 사람씩 열두 사람을 택하고(2절) 그들에게 명하여 이르기를 요단 가운데 제사장들의 발이 굳게 선 그곳에서 돌 열둘을 취하고 그것을 가져다가 오늘밤 너희의 유숙할 그곳에 두라 하라(3절)

그들은 여자와 아이 모두 합하여 이백만이 넘었으며 생축들도 많았으니 요단을 다 건너기까지는 상당히 많은 시간이 걸렸을 것이다. 그리고 최종적으로 강에서 올라온 사람은 여호수아였을 것이다(C. Vonk). 아직은 물이 합하지 않은 상태였다. 그러므로 하나님은 여호수아에게 지파 대표 열두 명을 택하라고 명하신 것이다. 사실 이들은 이전에 이미 열둘을 택하였다(3:12). 하나님께서는 모든 일을 사전에 계획하셔서 당황하거나 혼란되지 않도록 하신다. 그러므로 우리는 하나님이 하시는 일을 더욱 신뢰할 수 있다. 그분의 준비성과 예비하심이 우리를 평안하게 한다. 그분은 여호와 이레 하나님이시다(창 22:14). 여호수아는 하나님의 명을 따라 열두 명을 이미 뽑아놓은 상태였다. 여호수아는 즉시 그들에게 요단 가운데 제사장들의 발이 있던 곳에서 열두 개의 돌을 취하여 오라고 명했다. 그들은 다시 물 가운데 마른 땅으로 들어가서 돌 열둘을 기념으로 취하여 그것을 그들이 그 밤에 유숙할 곳에 두어야 했다.

4-9절, 여호수아가 이스라엘 자손 중에서 매 지파에 한 사람씩 예비한 그 열두 사람을 불러서(4절) 그들에게 이르되 요단 가운데 너희 하나님 여호와의 궤 앞으로 들어가서 이스라엘 자손들의 지파 수대로 각기 돌 한 개씩 취하여 어깨에 메라(5절) 이것이 너희 중에 표징이 되리라 후일에 너희 자손이 물어 가로되 이 돌들은 무슨 뜻이뇨 하거든(6절) 그들에게 이르기를 요단 물이 여호와의 언약궤 앞에서 끊어졌었나니 곧 언약궤가 요단을 건널 때에 요단 물이 끊어졌으므로 이 돌들이 이스라엘 자손에게 영영한 기념이 되리라 하라(7절) 이스라엘 자손들이 여호수아의 명한 대로 행하되 여호와께서 여호수아에게 이르신 대로 이스라엘 자손들의 지파 수를 따라 요단 가운데서 돌 열 둘을 취하여 자기들의 유숙할 곳으로 가져다가 거기 두었더라(8절) 여호수아가 또 요단 가운데 곧 언약궤를 멘 제사장들의 발이 선 곳에 돌 열 둘을 세웠더니 오늘까지 거기 있더라(9절)

1. 이 열두 개의 돌은 이스라엘 자손에게 표징(sign)으로서(6절), 기념(memorial)으로서(7절) 필요한 것이었다. 첫째, 이 돌은 결국 길갈에 세워졌다. 이 부분에서 우리는 두 종류의 기념비를 보는데, 하나는 요단 가운데 언약궤를 멘 제사장들의 발이 선 곳에 세운 열 두 돌이고 다른 하나는 그곳에서 취하여 가지고 나와 길갈에 세운 열두 돌이다. 여호수아는 요단 가운데 언약궤를 멘 제사장들의 발이 선 곳에 돌 열두 개를 세웠다(9절). 이는 그리스도의 죽음과 부활의 역사를 예표한다. 먼저 요단 강 바닥에 세워진 돌 열두 개는 이스라엘 백성이 이미 죽었다는 것을 나타내는데, 이것은 신약에서 믿는이들이 그리스도의 죽음에 연합되었음을 의미한다. 또한 이 돌은 여호수아가 강바닥에 세웠다

고 했다. 우리가 그리스도와 연합하여 죽은 것은 그리스도께서 그분의 십자가로 말미암아 이루신 것으로서 온전히 그분의 역사이다. 이것을 강바닥에 세우는 것은 그 사실을 기념하기 위한 것이다. 또한 길갈에 세운 열두 돌의 기념비는 우리가 그리스도와 함께 죽었을 뿐 아니라 부활 안에서 그리스도와 연합하여 일으켜졌음을 상징하는 것이다.

이 기념비를 세운 것은 그 사실을 기억하며 항상 그 사실을 생활 가운데 적용하기 위해서이다. 그러므로 성경에서는 그리스도와 연합하여 함께 죽고 함께 부활한 것을 말하는 동시에 그 사실을 실제화 하는 것(to substantiate)을 언급한다. 이미 그리스도 안에서 이루어진 영적인 사실들은 우리 매일의 생활 가운데서 믿음으로 실제화 할 필요가 있다.

2. 이 두 종류의 기념비는 이스라엘이 요단을 무사하게 그리고 완전하게 건넜다는 것을 증명하는 것이다. 요단 강 바닥에 세운 열두 개의 돌은 이스라엘 열두 지파가 그리스도와 함께 죽고 함께 장사지낸 바 되었다는 것을 상징하며, 길갈에 세운 열두 개의 돌은 그들이 그리스도와 함께 새 생명으로 일으키심을 받았다는 것을 상징한다. 그러나 이것을 기념할 필요가 있는 것은 우리가 이미 그리스도와 함께 죽고 부활한 것이 사실일지라도 생활 가운데서 이러한 사실을 믿음으로 실제화해야 하기 때문이다. 로마서 6장은 우리가 그리스도와 함께 죽은 사실을 분명하게 말할 뿐 아니라(6절) 또한 여전히 죄에 대하여 죽은 자로 여겨야 할 필요가 있음을 말하며 죄로 죽을 육체에 왕 노릇 하지 못하게 해야 함을 말한다(11, 12절). 또한 하나님을 대하여는 산자로 여겨야 하며 우리 자신을 죽은 자 가운데서 산 자같이 우리 자신을 드려야 하며 우리 지체를 의의 병기로 하나님께 드려야 하는 것이다. 골로새서 3장에서도 '이는 너희가 죽었고' (3절)라고 하면서 곧이어 '땅에 있는 지체를 죽이라' 고 말하며(5절), '이 모든 것을 벗어버리라' (8절)고 말한다. 또한 새 사람을 입으라고 한다. 긍휼과 자비를 옷 입고 용서하고 용

납하며 사랑을 더해야 한다.

3. 이제 3장 마지막 부분에서 말한 요단을 건너는 것에 관한 참된 적용에 대하여 알아보자. 우리는 주님이 우리를 위해 죽으셨고 우리도 그분과 함께 죽었다고 고백도 하고 이론적으로 취하기도 한다. 우리가 그분과 함께 죽었음을 믿는다고 말도 한다. 그렇다면 어디에 그 적용과 증거가 있는가? 계속되는 생활 가운데의 증거는 과연 어디에 있는가? 우리는 4장에 길갈에서의 이스라엘을 보아야 한다. 그들은 요단에서 그들이 서 있던 곳에 열두 돌을 세웠고, 길갈에도 열두 돌을 가지고 왔다. 이는 분명 매일의 성령으로 인한 그리스도의 죽음의 적용이다. 우리는 영으로써 몸의 행실을 죽이는 일을 해야 한다(롬 8:13). 또한 우리 지체의 각 부분으로 하여금 죄에게 종노릇하지 못하도록 우리 매 지체를 죽이는 일을 해야 한다(롬 6:12-13). 현실 삶 가운데 한 지체 한 지체를 죽음에 넘기우는 적용의 삶이 "너희 매인은 돌 한 개씩 취하여 어깨에 메라"는 말이다.

이는 분명 로마서 7-8장에서의 적용을 말하는 것이다. 로마서 6장 후반부에서 우리는 우리의 지체를 불의의 병기로 죄에게 드리지 말고 의의 병기로 하나님께 드리라는 권면을 받는다. 그러나 그 실제적인 길은 7-8장을 통해서 이루어진다. 이것을 배우려면 율법에 대하여 죽는 것을 배워야 한다. 바울은 탐심을 이길 수 없었다고 말한다. 그는 결국 마음의 법이 육신의 법보다 연약하여 선을 행하려는 자신을 항상 사로잡아 간다고 말했다. 그러므로 그는 손을 들었다. "오호라 나는 곤고한 자로다 이 사망의 몸에서 누가 나를 건져내랴!"(롬 7:24) 이는 율법에 대하여 죽임을 당한 사람의 참된 고백이다. 이렇게 한 가지 한 가지 일에서 자신의 노력을 내려놓고, 하나님의 영으로 역사하시도록 맡기지 않는 이상 자기의 지체를 의의 병기로 드릴 수 있는 사람은 하나도 없다. 이것이 요단을 건너서 돌 하나씩을 어깨에 메는 체험이리라! 우리는 이렇게 한 발씩 전진하여 영적인 전쟁으로 이끌려진다.

10-24절, 궤를 멘 제사장들이 여호와께서 여호수아에게 명하사 백성에게 이르게 하신 일 곧 모세가 여호수아에게 명한 일이 다 마치기까지 요단 가운데 섰고 백성은 속히 건넜으며(10절) 모든 백성이 건너기를 마친 후에 여호와의 궤와 제사장들이 백성의 목전에서 건넜으며(11절) 르우벤 자손과 갓 자손과 므낫세 반 지파는 모세가 그들에게 이른 것같이 무장하고 이스라엘 자손들보다 앞서 건너갔으니(12절) 사만 명 가량이라 무장하고 여호와 앞에서 건너가서 싸우려고 여리고 평지에 이르니라(13절) 그 날에 여호와께서 모든 이스라엘의 목전에서 여호수아를 크게 하시매 그의 생존한 날 동안에 백성이 두려워하기를 모세를 두려워하던 것같이 하였더라(14절) 여호와께서 여호수아에게 일러 가라사대(15절) 증거궤를 멘 제사장들을 명하여 요단에서 올라오게 하라 하신지라(16절) 여호수아가 제사장들에게 명하여 요단에서 올라오라 하매(17절) 여호와의 언약궤를 멘 제사장들이 요단 가운데서 나오며 그 발바닥으로 육지를 밟는 동시에 요단 물이 본 곳으로 도로 흘러 여전히 언덕에 넘쳤더라(18절) 정월 십일에 백성이 요단에서 올라와서 여리고 동편 지경 길갈에 진 치매(19절) 여호수아가 그 요단에서 가져온 열두 돌을 길갈에 세우고(20절) 이스라엘 자손들에게 일러 가로되 후일에 너희 자손이 그 아비에게 묻기를 이 돌은 무슨 뜻이냐 하거든(21절) 너희는 자손에게 알게 하여 이르기를 이스라엘이 마른 땅을 밟고 이 요단을 건넜음이라(22절) 너희 하나님 여호와께서 요단 물을 너희 앞에 마르게 하사 너희로 건너게 하신 것이 너희 하나님 여호와께서 우리 앞에 홍해를 말리시고 우리로 건너게 하심과 같았나니(23절) 이는 땅의 모든 백성으로 여호와의 손이 능하심을 알게 하며 너희로 너희 하나님 여호와를 영원토록 경외하게 하려 하심이라 하라(24절)

1. 모든 일은 여호와의 명하신 대로 이루어졌다. 이는 곧 모세가 여

호수아에게 명한 것이다. 이 구절에 의하면 여호수아는 모세가 한 말을 여호와께서 하신 말씀으로 여겼다. 그것은 곧 언약궤를 멘 제사장들은 모든 백성이 다 지나가기까지 강바닥에 서 있고 그러는 동안 백성들은 신속하게 건너가는 것이다. 그리고 제사장들은 맨 나중에 백성들이 보는 데에서 요단에서 올라왔다. 하나님의 일하시는 원칙은 이기는 자들을 부르시어 많은 사람들에게 은혜와 용기를 주시고 하나님이 정하신 길을 다 갈 수 있게 하는 것이다. 여기 언약궤를 멘 제사장들은 하나님의 백성 가운데 이기는 자를 대표한다. 그들은 강 바닥 깊은 곳에 언약궤를 메고 서 있었으며 백성들이 다 건널 때까지 그대로 더물러 있었고 모든 백성이 다 건넌 후에야 거기서 나왔다. 그들은 여호수아의 '올라오라' 는 명령이 있을 때까지 거기 머물렀던 것이다. 그들이 올라온 뒤에 요단의 물은 다시 합해졌다. 이스라엘 백성들이 속히 건넌 것은 아마 두려움 때문이었을 것이다. 그러므로 제사장들은 맨 나중 사람이 건너기까지 강바닥에 머물러 있을 필요가 있었다. 이기는 자들은 주님의 '올라오라' 는 명령을 기다려야 한다. 그때까지는 충성을 다해 언약궤와 함께 깊은 강바닥(사지)에 머무를 필요가 있다. 이는 모든 하나님의 자녀들을 위한 것이다. 이기는 자들은 자신을 위한 사람들이 아니라 약하고 두려워하는 많은 하나님의 자녀들을 위한 자들이다.

2. 자신의 선택에 머문 두 지파 반의 사람들은 그래도 그들에 대한 명령을 지켰다. 이것은 사실 이스라엘 전체의 사기에 관계된 일이다. 그들이 만일 중도(中途)인 요단 동편에 자리를 잡고(그것은 물론 완전한 충성과 순종은 아니다) 전투에도 말미(末尾)에 섰다면 이스라엘 전체의 전의(戰意)와 사기에 심각한 영향을 초래했을 것이다. 그러나 이들은 차선이긴 하지만 전체의 전력에 영향을 미치지 않기 위해 자신들이 할 수 있는 일을 다 했다. 이는 신약의 성도들 모두가 주의해야 할 일이기도 하다. 설사 어떤 믿는이들이 자신의 상황과 처지로 인하여 완전히

순종하지 못한 부분이 있다 하더라도 전체적인 교회의 움직임에는 영향을 주지 않도록 최선을 다하는 태도가 필요하다. 그렇게라도 순종하지 못한다면 그들은 주님으로부터 상당한 징계를 받아야 할 것이다.

3. 그 날에 여호와께서 여호수아를 온 이스라엘 백성의 목전에서 크게 하셨다. 이는 이스라엘 백성들로 하여금 하나님의 말씀을 경홀히 여기지 않고 순종하게 하기 위함이다. 오늘날에도 주님이 쓰시는 종들에 대한 합당한 존경이 필요한 것은 사람을 높이기 위함이 아니라 그들을 통해 주시는 하나님의 말씀과 명령에 합당한 태도를 가져야 하기 때문이다. 순종하고자 하는 사람들은 주의 종을 존경하는 마음을 잃어버려서는 안 된다. 함부로 주의 종을 멸시하며 훼방하는 것은 매우 심각한 것이며 자신의 영적생명을 망치는 일이다.

4. 그들은 정월 10일에 요단에서 올라와 여리고 동편 길갈에 진을 쳤다. 길갈은 요단강에서 5km 정도의 거리에 있으며(요세프스) 가나안 공략을 위한 본영이었고 정치와 종교적으로도 중심지가 되었다(삿 2:1, 삼상 11:14, 삼하 19:15). 여호수아는 제사장들이 서 있던 곳에서 가져온 열두 돌을 길갈에 기념비로 세웠다.

이후 길갈은 요단을 건넌 후 여러 해 동안 이스라엘의 작전 기지가 되었다. 그들은 적들과 전쟁을 치른 후에는 언제나 길갈로 돌아왔다. 영적으로나 육체적으로나 재충전과 조정이 필요할 때면 언제나 길갈로 왔고 아이 성 전투에서 패배하였을 때도 길갈로 와서 하나님 앞에서 패배의 원인을 찾았다(수 5:10, 9:6, 10:6, 10:7, 10:9, 10:15, 10:43). 길갈은 이스라엘에게 있어서 전투의 전진 기지였던 것이다. 이는 영적으로 매우 깊은 의미가 있다. 영적 전쟁은 죽음과 부활의 근거 위에서 이루어져야 한다. 그러므로 신약 에베소서 6장의 영적 전투 이전에 2장의 전쟁에 참여하는 성도들의 위치가 있는 것이다. "허물로 죽은 우리를 그리스도와 함께 살리셨고(너희가 은혜로 구원을 얻은 것이라) 또 함께 일으키사 그리스도 예수 안에서 함께 하늘에 앉히시니" (엡 2:5-6). 우리가 그리스도와 함께 살리심을 받고 함께 하늘에 앉히심을 받은 것이 우리의 위치이다. 이것이 영적인 의미에서 길갈이 예표하는 바이다. 영적인 전투에서 실패했다면 이 위치로 다시 돌아와 살펴야 한다. 그러면 어디서 실패했는가를 알 수 있다. 우리는 언제나 로마서 6장의 위치를 고수해야 한다. 로마서 6장의 그리스도와 함께 죽은 사실과 에베소서 2장의 함께 부활하여 하늘에 앉히심을 얻은 사실이 길갈을 형성한다. 에베소서는 먼저가 싸움이 아니라 앉는 것이다. 앉고 행하고 서는 것이다. 서는 단계가 결국 영적 전쟁의 단계인 것이다. 믿음으로 앉는 것이 되지 않으면 합당한 그리스도인의 행함이 나오지 않으며 합당한 행함이 없으면 영적인 전쟁에 승리할 수 없다.

영적인 전투에서 승리하고자 하는 믿는이들에게는 길갈이 필요하다. 자신의 영적 재무장과 충전, 실패의 원인 분석과 철저한 하나님 앞에서의 처리와 회개, 새로운 헌신을 위해서 길갈이 필요하다. 길갈은 기념의 장소인 동시에 영적 전투를 위한 재충전의 장소이며 새로운 헌신의 장소이다.

5. 길갈이 우리에게 보여주는 바는 영적 전쟁에서 위치의 문제가 중요하다는 것이다. 우리는 그리스도와 함께 죽고 부활하여 함께 하늘에 앉아 있는 '길갈'의 위치를 고수해야 한다. 그렇지 않으면 전투에서 이길 수 없다. 믿음으로 그리스도께서 획득하신 승리의 자리를 지키고 있는 것이 승리의 비결이다. 우리는 이미 생명의 성령의 법으로 말미암아 죄와 사망의 법에서 벗어났으며(롬 8:2), 따라서 죄에게 종 노릇 하지 않을 수 있다. 그러나 우리는 이러한 사실을 믿음으로 실제화해야 한다. 믿음이란 하나님이 말씀하신 것을 그대로 시인하고 받아들이는 것이지 사람의 생각이나 감정이나 다른 어떤 것을 받아들이는 것이 아니다. 믿

음의 위치로 다시 회복되는 것이 길갈이 의미하는 바이다. 우리는 오직 이러한 믿음으로만 성령의 능력으로 우리 몸을 쳐서 복종케 할 수 있으며(고전 9:27) 어떤 시험도 감당할 수 있다(고전 10:13). 우리는 영적 위치에 관한 한 죄와 자아에 대하여 죽은 자들이며 그리스도와 함께 새 생명 안에서 살아가는 자들임을 하나님께 감사한다. 이는 다만 하나님이 이루신 사실들을 말씀에 의지하여 믿음으로 이루어지는 것이다.

6. 23절과 24절은 이스라엘이 홍해를 건넌 일과 요단을 건넌 일이 땅의 모든 백성들로 하여금 하나님의 능력을 알게 하고 이스라엘의 하나님 여호와를 영원히 경외하게 하기 위함이라고 말한다. 자아와 육체를 십자가에 못 박고 부활 안에 사는 것은 자신의 영성을 발전시키는 것 자체에 그 목적이 있지 않다. 오늘 우리 그리스도인들이 하나님의 기이하신 역사로 죄와 세상을 떠나며 자아를 십자가에 못 박고 부활 안에 사는 것은 결국 이 땅의 사람들로 하여금 여호와의 크신 능력을 알게 하며 그분을 경외하게 하려는 것이다. 따라서 우리의 하나님 앞에서의 삶은 그분의 영광과 능력을 온 세상에 나타내기 위한 것이다. 하나님께서 이러한 역사를 행하심은 우리만 구원하려 하심이 아니라 온 세상 사람을 위한 것이다. 하나님은 모든 사람이 하나님의 능력을 알기 원하시며 그분께 존귀를 돌리기 원하신다. "하늘에 계신 아버지여, 당신의 이름이 거룩히 여김을 받으시오며 하늘에서 뜻이 이루어진 것같이 이 땅에서도 이루어지게 하옵소서!"(마 6:10).

여호수아 5장

Joshua

1절, 요단 서편의 아모리 사람의 모든 왕과 해변의 가나안 사람의 모든 왕이 여호와께서 요단 물을 이스라엘 자손들 앞에서 말리시고 우리를 건네셨음을 듣고 마음이 녹았고 이스라엘 자손들의 연고로 정신을 잃었더라

이스라엘의 가나안 전쟁은 신약의 신자들의 영적 전쟁에 적용될 수 있다. 교회 사람들이 참되게 자아를 십자가에 못 박고 자신에서 벗어날 때 이것은 사탄의 세력에게 커다란 두려움이 된다. 진실로 자신에서 벗어난 사람들이 이 땅에 존재할 때 사탄의 흑암의 왕국에 큰 타격이 될 것이기 때문이다. 악한 세력이 이를 먼저 안다.

2-9절, 그때에 여호와께서 여호수아에게 이르시되 너는 부싯돌로 칼을 만들어 이스라엘 자손들에게 다시 할례를 행하라 하시매(2절) 여호수아가 부싯돌로 칼을 만들어 할례 산에서 이스라엘 자손들에게 할례를 행하니라(3절) 여호수아가 할례를 시행한 까닭은 이것이니 애굽에서 나온 모든 백성 중 남자 곧 모든 군사는 애굽에서 나온 후 광야 노중에서 죽었는데(4절) 그 나온 백성은 다 할례를 받았으나 오직 애굽에서 나온 후 광야 노중에서 난 자는 할례를 받지 못하였음이라(5절) 이스라엘 자손들이 여호와

의 말씀을 청종치 아니하므로 여호와께서 그들에게 대하여 맹세하사 그들의 열조에게 맹세하여 우리에게 주마 하신 땅 곧 젖과 꿀이 흐르는 땅을 그들로 보지 못하게 하리라 하시매 애굽에서 나온 족속 곧 군사들이 다 멸절하기까지 사십 년 동안을 광야에 행하였더니(6절) 그들의 대를 잇게 하신 이 자손에게 여호수아가 할례를 행하였으니 길에서는 그들에게 할례를 행치 못하였으므로 할례 없는 자가 되었음이었더라(7절) 온 백성에게 할례 행하기를 필하매 백성이 진중 각 처소에 처하여 낫기를 기다릴 때에(8절) 여호와께서 여호수아에게 이르시되 내가 오늘날 애굽의 수치를 너희에게서 굴러가게 하였다 하셨으므로 그곳 이름을 오늘까지 길갈이라 하느니라(9절)

1. 사람의 생각으로는 이때가 여리고를 공격하기에 가장 좋은 시간이었다. 그들이 이스라엘에 대하여 크게 두려워하고 있었기 때문이다. 이런 때를 놓치는 것은 인간적으로 매우 어리석은 일이다. 사람은 이러한 때를 놓치지 않기 위해 부지런히 전략을 짜고 공격을 준비할 것이다. 그러나 이때에 하나님은 여호수아에게 부싯돌로 칼을 만들어 이스라엘 자손에게 할례를 행하라고 하셨다. 사람은 어떤 급박한 상황에 이르렀을 때, 또 그때가 어떤 일을 처리하기에 가장 적합한 상황이라고 판단될 때 그 상황을 놓치는 것은 어리석은 일이라고 생각하며, 오히려 그런 때에 한 발 물러서서 여유를 갖고 대처하는 능력이 없다. 앞서간 한 주님의 종은 어떤 상황에서 급히 서둘러야 한다는 내적인 압박감을 받을 때 오히려 늦추는 습관이 있다고 하였다. 그럴 때 안정된 영 안에서 하나님의 뜻을 발견하고 하나님과 함께 일할 수 있다. 하나님을 위해 하고자 하는 일(교회 사무, 사역, 선교, 공부 등)이든 자신의 건강 문제든 자녀들에 대한 일이든 장래에 관한 것이든 직업의 선택이든 많은 일 가운데서 통상 충동적인 발상에서 나온 급박한 결정은 별로 좋은 결과를 가져오지 않는다. 하나님을 기쁘시게 하기를 원하는 사람이라

면 하나님과 사귐을 갖는 시간을 빼앗길 정도로 분주한 일은 없다(데오도르 H. 에프).

2. 사도는 혈과 육은 하나님의 나라를 유업으로 받을 수 없고 또한 썩은 것은 썩지 않을 것을 유업으로 받을 수 없다고 하였다(고전 15:50). 썩지 않고 쇠하지 않고 변하지 않는 하나님의 나라를 상징하는 가나안 땅을 소유하는 전쟁에 있어서 가장 선결되어야 할 것은 할례로 육체와 혈기를 제하는 것이다. 신약의 성도들은 손으로 하지 않은 할례를 받았으니 곧 육적 몸을 벗는 그리스도의 할례를 받은 것이다. 우리는 침례로 그리스도와 함께 장사한 바 되고 또 죽은 자들 가운데서 그를 일으키신 하나님의 역사를 믿음으로 말미암아 그 안에서 함께 일으키심을 받았다(골 2:11-12). 혈기나 육체를 의지하여서는 결코 영적 전쟁에서 이길 수 없다. 마르틴 루터는 종교 개혁 시에 큰 싸움을 싸우면서 사람 스스로의 힘을 의지하면 패할 수밖에 없고 우리의 분투도 헛되다고 하였다(Did we in our own strength confide, Our striving would be losing). 그들은 영적 전쟁에서 승리하기 위해 먼저 작전을 짜고 용기를 내어 전진하기 전에 자신들의 옛 생명을 철저하게 포기하는 것이 선행되어야 했던 것이다. 할례는 신약에서 세례로 육적 몸을 벗는 것이며 그리스도와 함께 다시 일으키심을 받았다는 믿음을 갖는 것이다. "그때에 여호와께서 여호수아에게 이르시되 너는 부싯돌로 칼을 만들어 이스라엘 자손들에게 다시 할례를 행하라 하시매".

3. 이스라엘 백성들은 하나님의 선민으로서 애굽에서 종살이를 하고 있었고, 하나님의 백성으로서 마땅히 구별됨이 있어야 했다. 그러나 그곳에 있을 때 그들은 어느 덧 음식과 문화와 습관과 많은 면에서 애굽의 영향을 받았다. 그들이 광야 40년을 거치면서 많은 훈련과 연단을 받은 것이 사실일지라도 그들에게는 아직도 완전히 떨쳐버리지 못한

애굽의 요소들이 묻어 있었다. 그것은 특히 그들의 자녀들에게 그러하였다. 그들의 자녀들의 영적인 문제가 광야 노정에서 소홀히 되었기 때문이다. 그들의 광야 40년의 길에서는 언제든지 그들의 부모들의 영적인 문제가 초점이 되었고, 따라서 그들은 그 노정에서 자녀들의 할례 문제를 고려할 마음의 여유가 없었던 것이다. 따라서 자녀들은 이방인과 별로 다를 바 없이 하나님의 백성으로서의 표시가 결여되어 있었던 것이다. 이것은 오늘날 많은 하나님을 섬기는 종들의 자녀들에게도 적용할 수 있다. 그들이 하나님을 섬기기 위해 오랫동안 외국에 나가 공부하며 연단을 받고 있는 동안 그들의 자녀들은 외국의 풍요로움과 세상적인 오락 속에 빠져 그들의 부모와 전혀 다른 성향의 인격을 형성하게 된다. 이런 경우는 허다하여 하나하나 그 예를 들 필요가 없을 정도이다. 그들의 부모들이 많은 공부와 훈련을 거쳐 주님을 섬기려 할 때 의외의 복병이 나타나는데, 바로 그 자녀들이 세상적인 색깔을 띠고 전혀 하나님의 백성으로서의 표시를 갖고 있지 않다는 것이다. 이럴 때 그 자녀들이 애굽의 수치를 지니고 있다고 말할 수 있으며, 이 부분에서 할례를 받으므로 그 수치의 부분을 해결하듯이 그 자녀들은 하나님을 섬기는 가정의 일원으로서 새로운 헌신을 하지 않으면 안 된다. 그렇지 않으면 앞에 놓인 가나안 정복의 전투에 임할 수 없다. 그러므로 '길갈' 이라는 이름의 뜻은 '애굽의 수치를 굴러가게 하였다' 라는 것이다. "여호와께서 여호수아에게 이르시되 내가 오늘날 애굽의 수치를 너희에게서 굴러가게 하였다 하셨으므로 그곳 이름을 오늘까지 길갈이라 하느니라". 즉 길갈은 이스라엘에 남아 있는 애굽의 잔재를 일소한다는 중요한 의미를 지닌 장소이다. 영적 전쟁에서 옛 것을 완전히 제하는 할례는 매우 중요한 의미를 지닌다.

4. 그들의 할례의 기간은 최소한 삼 일은 될 것이다(창 34:25). 할례를 시행하면 제 삼 일에 가장 고통스럽다. 그런 후에 그들은 새롭게 된

다. 이는 영적 전쟁에서 죽음과 부활을 거쳐 새 힘과 능력을 얻는 일에 비할 수 있다. 9절의 새로워짐의 선포는 할례를 실행한 후 낫기를 기다리는 제 삼일째에 선포한 것이다. 그들은 죽음의 강인 요단을 건넜지만 즉시 전투에 임하지 못했다. 그들은 다시 삼 일 간의 가장 고통스런 죽음의 기간을 더 견뎌야 했다. 요단을 건너는 것은 우리가 그리스도와 함께 죽은 사실을 가리키나 할례를 받고 삼 일을 견디는 것은 그 죽음을 아직 거치지 못한 특정한 사람에게 적용되는 것이라 할 수 있다. 그러므로 사도는 골로새서 3장에서 "너희가 그리스도와 함께 다시 살리심을 받았으면 위엣 것을 찾으라"고 하면서 우리는 이미 죽었고 우리의 생명이 그리스도와 함께 하나님 안에 감춰어 있으므로 땅에 있는 지체를 죽이는 것이 마땅하다고 말한다. 땅에 있는 지체는 곧 음란과 부정과 사욕과 악한 정욕과 탐심이며 탐심은 곧 우상 숭배이다. 요단을 건넌 것은 우리가 그리스도와 함께 죽고 함께 다시 살아난 하나님 앞에서의 지위(position)를 말하고 육신에 할례를 행한 것은 아직 남아 있는 애굽의 수치스런 육체를 잘라버리는 것에 적용할 수 있다.

우리가 그리스도 안에서 얻은 지위와 매일의 생활 가운데서 그 지위를 믿음으로 실제화하는 것은 별개의 일임을 기억하자! 우리가 하나님 앞에서 그리스도 안에 있는 위치를 얻는 것은 믿음으로 간단하게 이루어질 수 있지만 그것을 매일매일 산 믿음으로 적용하고 실제화하는 데에는 사실 고통이 수반된다. 신약에는 우리를 계속 실족케 하는 지체를 잘라버리라는 강한 말씀이 기록되어 있다. 이는 실상 할례에 해당한다. 만일 영적전쟁을 하려하지만 이러한 애굽의 수치를 잘라버리지 않으면 전투에 임할 수 없다. TV 앞에 있는 습관도 애굽의 수치가 될 수 있고 세상적인 애호들도 마찬가지이다. 이런 것은 우리로 싸울 수 있는 영을 상실케 하는 것들이다. 또한 이곳의 할례의 의미는 우리 육신이 가장 약한 상태에 들어가는 것을 의미한다. 우리 육체가 더 이상 약해질 수 없을 정도로 약해진 상태에 처할 때가 죽음을 통과하여 새롭게 되는 때요 또 부활 안으로 진입하는 길이다. 이러한 사람들만이 부활 안에서 그리스도와 함께 영적 전쟁에 참여할 자격을 부여받는다.

5. 2절의 "부싯돌로 칼을 만들어"에서 '부싯돌의 칼'은 흠정역(KJV)에서 예리한 칼(sharp knife)이다. 이스라엘이 칼로 대적을 치려면 그들은 먼저 자신들에게 칼을 대야 했다. 광야에서 그들은 할례를 받은 적이 없다. 애굽의 수치가 그들에게서 굴러간 적이 없다. 그들은 애굽의 수치를 가지고 있으면서 가나안 전투를 벌릴 수 없었다. 어떻게 할례받지 않은 자들이 가나안 족속들과 전투를 벌릴 수 있겠는가? 그들은 가나안의 음식을 먹으며, 필수적인 영적 싸움을 싸우기 전에 먼저 날카로운 칼로 자신을 베어내야 했다. 이는 골로새서 3장에 생생하게 표현되어 있다. "그러므로 땅에 있는 지체를 죽이라 곧 음란과 부정과 사욕과 악한 정욕과 탐심이니 탐심은 우상 숭배니라 이것들을 인하여 하나님의 진노가 임하느니라 너희도 전에 그 가운데 살 때에는 그 가운데서 행하였으나 이제는 너희가 이 모든 것을 벗어버리라 곧 분과 악의와 훼방과 너희 입의 부끄러운 말이라 너희가 서로 거짓말을 말라 옛 사람과 그 행위를 벗어버리고"(5-9절).

특히 사역하는 사람들은 다른 사람을 섬기기 전에 자신을 먼저 심판해야 한다. 그렇지 않으면 다른 사람들의 육체를 다룰 길이 없는 것이다. 우리 그리스도인은 우리 자신이 남을 진찰하는 청진기라는 말이 있다. 우리가 예리한 칼로 얼마나 자신의 육체를 처리했느냐에 따라 다른 사람의 육체를 알 수 있고 처리할 수 있는 길이 있다. 즉 자신을 더욱 심판할 수록 다른 사람의 문제를 알 수 있는 청진기가 된다. 이는 예리하고 철저한 자신에 대한 심판을 통해서 배우기 때문이다. 배우지 않고는 알 수 없다. 영적 전쟁에 참여하려는 성도들이 먼저 자신의 육체를 심판하지 않고서야 그 일이 어찌 가능한 일이겠는가? 날카로운 칼의 진정한 영적인 적용은 "그러므로 땅에 있는 지체를 죽이라"(골 3:5)이며, 그 예리한 칼은 살아있고 운동력있는 하나님의 말씀이다(히 4:12). 우리가 우리의 혼란된 육체를 처리하기 위해서는 예리한 칼이 필요하며, 우리 내부의 영과 혼과 관절과 골수를 찔러 쪼갬이 필요한데, 이는 그 예리한 검의 말씀이 필요한 것이다. 말씀을 가지고 우리 자신을 더욱 예리하고 철저하게 처리할 수록 그는 더욱 전쟁하기에 합당하게 예비된다(맥킨토쉬).

10-12절, 이스라엘 자손들이 길갈에 진 쳤고 그 달 십사일 저녁에는 여리고 평지에서 유월절을 지켰고(10절) 유월절 이튿날에 그 땅 소산을 먹되 그 날에 무교병과 볶은 곡식을 먹었더니(11절) 그 땅 소산을 먹은 다음 날에 만나가 그쳤으니 이스라엘 사람들이 다시는 만나를 얻지 못하였고 그 해에 가나안 땅의 열매를 먹었더라(12절)

1. 가나안 전쟁을 목전에 둔 이스라엘 백성들은 먼저 할례를 행하고 다음에는 유월절을 지켰다. 그것은 율법에 지정된 대로 '첫달 십사일'에 할례를 받은 바로 그곳에서 행하여졌다. 칼빈의 주장에 의하면 이스라엘이 광야에서 방랑할 때도 유월절을 지켰으며 무할례자들은 거기서 제외되었을 것이라고 하나 그 근거는 희박하다. 오히려 아모스 5장 25절("이스라엘 족속아 너희가 사십 년 동안 광야에서 희생과 소제물을 내게 드렸느냐")에 근거하여 가나안에 들어오기까지 그들은 광야에서 아무런 제사도 드리지 않았을 것이라고 하는 것이 믿을 만한 설이다. 출애굽기 12장에 기록된 유월절의 시작 외에 광야에서 한 번은 그 절기를 지킨 것이 분명하게 기록되어 있는데, 곧 민수기 9장 5절로서 그들이 시내 산에 있을 때였다. 길갈은 여리고 성과 요단 강 사이에 위치한 곳이며 그들은 그곳에서 할례를 받고 원수의 목전에서 유월절을 기념하는 행사를 하였다. 유월절은 신약의 주의 만찬을 예표하는 것으로서 우리의 죄를 위해 십자가에서 희생되신 그리스도를 기념하는 절기

이다. 대적을 목전에 두고 유월절 잔치를 누리는 것은 매우 의미가 깊다. 주님은 우리를 인도하고 돌보시는 목자시며 원수들의 목전에서 잔칫상을 베푸시는 분이다(시 23:5). 할례를 행하는 것이나 유월절을 참되게 실행하는 것 모두가 영적 전쟁에 나서는 사람에게 필수적이라는 뜻도 된다. 영적 전쟁에 나서는 믿는이는 자신의 혈기를 끝낼 뿐 아니라 주님과의 친밀한 교제 또한 잃어서는 안 된다. 말씀과 기도는 전쟁에 참여한 성도들의 특징이 되어야 한다. 말씀과 기도를 통해 주님과 친밀한 관계를 유지해야 전쟁에 승리할 수 있다.

2. 이스라엘 백성들은 가나안 전투를 앞두고 할례를 행함으로 그들의 자아와 육체를 끝낸 사실을 분명히 해야 했고 유월절을 지킴으로 주님과의 관계를 새롭게 정립해야 했다. 유월절 이튿날에 그들은 그 땅의 소산으로 무교병과 볶은 곡식을 먹었다. 그리고 40년 동안 매일같이 내려 그들을 먹였던 만나가 그 땅의 소산을 먹은 다음날 그쳤다. 즉 그들의 음식이 바뀐 것이다. 영적 전쟁을 앞두고 음식이 바뀌는 일 또한 의미 있는 일이다.

만나는 수고와 경작 없이도 필요에 따라 하늘에서 내려주는 양식이다. 그러나 그 땅의 소산은 사람이 경작하지 않으면 먹을 수 없다. 이렇게 가나안의 소산을 먹는 것은 장성한 자의 음식인 단단한 식물을 먹는 것에 비할 수 있다. 바울은 고린도 성도들에게 어린 아이는 젖이나 먹고 장성한 자의 식물은 먹지 못한다고 하였다. 히브리서 5장에서도 "단단한 식물은 장성한 자의 것이니 저희는 지각을 사용함으로 연단을 받아 선악을 분변하는 자들이니라"고 하였다(히 5:14). 영적 전쟁에 참여하는 자들은 젖이나 먹는 어린 아이들이 아니다. 젖을 먹는 자들은 주 안에서 어린 아이다. 그들은 육신에 속한 자들이므로 영적인 전투에 참여할 수 없다. 장성한 자들의 특징은 스스로 말씀을 적용하여 범사를 판단할 수 있고 영적 지각과 분별력을 사용하여 선악을 분별할 수 있는 자들이다. 이러한 자들이 아니면 영적 전쟁에 참여할 수 없다. 당신은 분별력이 없는 자들이 영적전쟁에 참여할 수 있으리라고 보는가? 그렇게 될 가능성이 없다. 그들은 먹는 음식이 바뀌어 단단한 음식을 먹을 수 있는 상태에 도달한 믿는이들임을 잊어서는 안 된다. 요한 일서에는 청년들이 하나님의 말씀이 그들 속에 있으므로 악한 자를 이기었다고 말한다(요일 2:13).

13-15절, 여호수아가 여리고에 가까웠을 때에 눈을 들어 본즉 한 사람이 칼을 빼어 손에 들고 마주 섰는지라 여호수아가 나아가서 그에게 묻되 너는 우리를 위하느냐 우리의 대적을 위하느냐(13절) 그가 가로되 아니라 나는 여호와의 군대장관으로 이제 왔느니라 여호수아가 땅에 엎드려 절하고 가로되 나의 주여 종에게 무슨 말씀을 하려 하시나이까(14절) 여호와의 군대장관이 여호수아에게 이르되 네 발에서 신을 벗으라 네가 선 곳은 거룩하니라 여호수아가 그대로 행하니라(15절)

1. 이제 할례의 문제가 해결되고 유월절의 누림 가운데 그들은 주님과 하나 되었다. 거기에다 그들의 음식 문제까지 해결되었다. 이제 영적 전쟁의 준비가 다 된 것 같다. 그러나 여기에 한 가지 가장 중요한 문제가 남아 있다. 그것은 영적 전쟁에서 앞장서서 싸우는 장군이 누구냐 하는 것이다. 여호수아는 이제 모든 것이 다 준비된 줄 알고 싸움에 임하려고 여리고로 진군하려 하였다. '여호수아가 여리고에 가까웠을 때(when Joshua was by Jericho)' 라고 한 것은 그가 여리고를 공격하기 위한 상념으로 가득하여 그 땅을 바라보기 위해 여리고 가까이에 온 것을 말한다. 그는 매우 비장한 태도로 여리고 근처에 와서 전쟁을 구상하였을 것이다. 바로 그때 한 사람이 칼을 빼어 손에 들고 여호수아에게 마주 섰다. 군인정신으로 충만된 여호수아는 그에게 물었다. "너는 우리를 위하느냐 우리의 대적을 위하느냐".

2. 여호수아는 분명 할례를 받았으며 장성한 자의 음식을 먹을 수 있는 상태에 이르렀지만 아직 전쟁에 나가기에는 충분히 준비되어 있지 않았다. 그는 군인 정신으로는 충만되어 있었지만 그 싸움에서 앞서 싸우는 장군이 누구인지가 분명하지 않았던 것이다. 하나님의 자녀들은 주의 일에 열심이다 보면 그 싸움을 싸우는 장본인이 자신인 줄로 착각한다. 어떤 사람은 십자가에서 육이 잘려나간 체험을 한 사람, 단단한 식물을 먹을 정도로 장성한 사람이 어떻게 그런 상태에 떨어질 수 있는가 하고 의아해 하겠지만, 이러한 일은 오늘날에도 얼마든지 벌어질 수 있다. 십자가를 깊이 체험한 경험 있는 사람, 장성한 분량에 이른 사람이라도 때로는 부주의한 가운데 자신이 싸워야 한다는 책임감으로 가득하여 무의식적으로 자신을 신뢰하는 가운데 전쟁에 임한다. 이때 하나님은 과연 누가 이 영적 전쟁을 치르는 장본인인가 하는 문제를 해결하게 하시는 것이다.

3. 칼을 뺀 장군은 이렇게 대답했다. "나는 여호와의 군대장관으로 이제 왔느니라." 여기서 '장관(captain)' 으로 번역된 히브리어는 또한 '왕자(prince)' 로도 번역할 수 있다(A.S.V). 원어의 뜻은 '장관' 보다 '왕자' 에 더 가깝다. 여기서 성령을 대표하기 위해 나타나신 군대장관은 하늘의 왕자이시다. 이 여호수아서를 통해서 우리가 배울 수 있는 것은 믿는이가 영적인 세계에서 조그마한 것 한 가지라도 얻기 위해서는 반드시 싸워야 한다는 것이며 더 나아가 우리를 위해 싸워주시는 분이 계시다는 사실이다. 영적 성장도 그러하고 그리스도에 대한 실제적인 체험 한 가지를 얻는 것도 그러하다. 물론 영혼을 구원하는 문제나 한 성도를 진리 위에 견고하게 세우는 문제나 그리스도의 간증인 교회를 세우는 일은 더욱더 그러하다. 이러한 일에 있어서 싸움에 나서는 자는 아무리 영적인 사람이라 하더라도 자신이 아니라 '하늘의 왕자' 임을 깨닫는 것은 너무나 중요하다. 이는 곧 성령 자신이다. 성령은 바

로 이러한 영적 전쟁을 위해 보내심을 받았다. 오순절의 성령 강림을 생각해보라! 성령의 강림은 예루살렘 지경의 사탄을 자극하여 그 상황을 전쟁으로 몰고 갔다. 그 모든 전쟁을 인도하고 승리로 이끌기 위해 성령이 보내어진 것이다.

4. 그러므로 여호수아는 이후의 모든 전투에서 하늘로부터 보내심을 받은 군대장관을 의지해야 했다. 군대장관의 나타남은 결코 여호수아의 편이 아니었다. 그는 하늘의 뜻에 따라 움직이는 군대 장관이었다. 어떤 일이 우리의 뜻에 기뻐하는 대로 진행되어가지 않는다하더라도 그것이 하나님의 뜻을 위해 되어져 가는 것이라면 우리는 다 받아들여야 한다. 성령은 사람의 뜻을 위해 보내심 받은 것이 아니라 하늘의 뜻을 이루기위해 보내심 받았다. 가나안의 모든 전투는 사람의 지혜나 사람의 재능이 아니라 하늘의 군대장관을 의지하여 싸워야 한다.

결국 여리고의 싸움의 방식은 하늘을 의지한 싸움이었기에 승리할 수 있었고, 아이의 실패는 땅을 접촉한 고로 실패하게 되었다. 기브온 거민들을 살려준 것도 땅을 접촉한 결과였다. 여호수아는 그들의 속이는 말을 듣고 너무 그럴듯하다 싶어 하늘의 왕자의 뜻을 묻지 않고 결정을 해 버렸다. 그것은 결국 커다란 좌절을 가져온 사건이 되었다(수 6-9장).

영적 전쟁에서 중요한 것은 결코 땅의 방식이나 지혜를 사용하지 않는 것이다. 인간의 방법이나 지혜를 의지하고 땅의 방법을 사용할 때 그 결과는 실패인 것이다. 오늘날 얼마나 많은 사람들이 하나님의 일에 인간의 방법을 사용하는가? 조직하고 선전하는 등 많은 일들이 땅의 것을 의지하는 것이다. 이것은 여호와의 군대장관을 보지 못한 결과이다. 그분은 여호수아를 위하지 않고 오직 하나님의 목적을 위한다. 그분은 이 땅에서 사람이 하는 어떤 위대한 일에도 관심하지 않고 오직 하늘의 뜻을 위해 싸우신다. 그분이 여호수아의 편이 아니라는 말은 매우 의미가 있다. 그분의 역사는 오로지 하나님의 목적만을 위하신다.

여호와의 군대장관의 말은 이러하다. "여호수아야, 나는 너를 위하지 않는다. 나는 오직 하나님의 목적에만 전념할 따름이다."

5. 이 군대 장관은 결국 성령이요 여호와 자신이시다(6:2). 그분은 이스라엘의 가나안 전투를 위해 보내심 받은 여호와의 사자이시다. 어디서든지 싸우는 사람들은 "적 편이냐 내 편이냐"가 첨예하게 대립되어 있다. 여호수아도 이 때 모르는 한 분이 나타나자 엉겁결에 물었다. "당신은 내편이냐 대적 편이냐?" 이러한 영으로 싸우면 백전백패한다. 성령께서는 여호수아에게 "나는 네편도 적편도 아니고 하나님의 편에서 왔다"고 하신다. 오늘날 성령께서는 여호와의 사자로서 우리가 약속의 땅을 얻기 위한 영적 전투를 싸우도록 우리를 위해 보내심 받은 하늘의 왕자요 군대장관이시다. 이때 여호수아에게는 싸움을 위한 장군이 필요하였는데 성령께서 바로 그런 분이 되어주신 것이다. 주님은 우리가 그때그때 필요로 하는 바로 그러한 분이시다. 우리에게 위로가 필요할 때는 위로자가 되시고 우리에게 변호가 필요할 때는 변호자가 되어주신다. 그분은 우리의 구원의 대장이시다(히 2:10).

6. "네 발에서 신을 벗으라"—그곳에서 여호수아가 할 일은 신발을 벗는 것이었다. 그것은 그가 더 이상 신을 신고 땅을 접해서는 안 됨을 의미한다. 이스라엘이 기브온을 살려준 것은 일종의 땅을 접한 것이며 결과는 타협이며 제한이다. 여호수아는 신을 벗은 상태를 유지하여 하늘의 원리를 따르며 성령이 전진하시는 방향으로 나아가야 한다.

여호수아 6장
Joshua

1-5절, 이스라엘 자손들로 인하여 여리고는 굳게 닫혔고 출입하는 자 없더라(1절) 여호와께서 여호수아에게 이르시되 보라 내가 여리고와 그 왕과 용사들을 네 손에 붙였으니(2절) 너희 모든 군사는 성을 둘러 성 주위를 매일 한 번씩 돌되 엿새 동안을 그리하라(3절) 제사장 일곱은 일곱 양각나팔을 잡고 언약궤 앞에서 행할 것이요 제 칠일에는 성을 일곱 번 돌며 제사장들은 나팔을 불 것이며(4절) 제사장들이 양각나팔을 길게 울려 불어서 그 나팔 소리가 너희에게 들릴 때에는 백성은 다 큰 소리로 외쳐 부를 것이라 그리하면 그 성벽이 무너져 내리리니 백성은 각기 앞으로 올라갈지니라 하시매(5절)

영적 전쟁의 시작

5장에는 영적 전쟁의 준비가 있고 6장의 내용은 영적 전쟁의 시작이다. 이 장을 통해 우리는 믿는이들의 영적 전쟁의 실제를 살펴보자.

1. 난공불락의 요새인 대적—먼저 하나님의 자녀들이 대결해야 할 대적은 "여리고는 굳게 닫혔고 출입하는 자 없었더라(1下절)"이다. 이

대적은 인간의 눈으로는 도저히 정복할 수 없는 요지부동한 산처럼 보인다. 그러나 하나님은 이러한 단단한 성벽이 있는 대적을 멸하라 하신다. 우리가 오늘 이 땅에서 공격해야 할 대적의 진은 이러한 난공불락의 요새이다. 사탄이 조직화해 놓은 강력한 요새를 기도와 말씀과 묵상, 명령으로 무너뜨릴 수 있다. 더욱이 이들은 이스라엘이 공격해올 것을 알고 미리 대비하며('이스라엘 자손들로 인하여 여리고는 굳게 닫혔고' —1上절) 철통같이 경계하고 있다. 즉 여리고는 이스라엘이 자기들의 주인이 되지 못하게 하려고 최선을 다했다. 그들은 문을 굳게 닫아걸었다. 그리고 아무도 나오거나 들어가는 사람이 없었다(shut the gate and was shut in, none went out and none came in-A.S.V 각주와 본문 참고). 그 성은 원래 지형적으로도 강력한 요새였으므로 문을 걸어 잠그면 단단했고 그 주민들도 고집과 관념과 결의로 굳게 닫혀 있었다. 불신하는 사람들의 눈에 그 성은 '성벽이 하늘에까지 닿아' 있었다(신 1:28). 오늘날에도 하나님의 백성들이 정복해야 할 사탄의 진영은 이러하다.

2. 여호와의 명령—5장에 있는 영적 전쟁의 준비는 할례, 유월절 행사, 만나에서 그 땅의 소산으로 음식을 바꿈, 여호와의 군대장관을 대장으로 모심 등으로 구성되는데, 이 모든 항목은 신약에서 기도와 말씀과 묵상 등으로 적용할 수 있다. 사람의 할 수 없는 것을 하나님은 하신다. 여기에 믿음이 필수이다. 이들은 여호수아의 영도 아래서 믿음과 인내로 기다렸다. 무엇을 기다렸는가? 여호와의 말씀하심이다. 2절의 '여호와'는 5장 15절의 '여호와의 군대장관'이시다. 그들은 그들의 군대장관이신 여호와께서 명령을 발하시기까지 기다린 것이다. 믿는이들의 영적 전쟁은 그분의 명령에 따라 개시하는 것이 필수이다. 여호와의 명령 이전에 시작하는 것은 혈기와 육체이다. 따라서 백전백패하게 된다. 2절의 군대장관의 명령은 "내가…붙이리라"가 아니라 "내가…붙였

나니"이다. 신약의 믿는이들의 전쟁은 먼저 앉고(sit-엡 2:6), 다음은 행하고(walk-엡 4:1), 그 다음에 서는(stand-엡 6:14) 것이지 행하는 것이 먼저가 아니다. 즉 먼저 이루어진 승리의 사실이 있고 다음에 행하는 것이며 그 다음은 서게 되는 것이다. 마가복음 11장 말씀에서 주님은 하나님을 믿으라고 하시면서 "누구든지 이 산더러 들리어 바다에 던지우라 하며 그 말하는 것이 이룰 줄 믿고 마음에 의심치 아니하면 그대로 되리라"고 하셨으며 "무엇이든지 기도하고 구하는 것은 받은 줄로 믿으라 그리하면 그대로 되리라"고 하셨다(23-24절). 여기의 기도는 명령하는 기도이다. 주님은 "이 산더러 들리어 바다에 던져지게 하소서"라고 구하라 하신 것이 아니라 "바다에 던지우라"고 명령하라 하셨다. 6장 2절 말씀은 "보라 내가 여리고와 그 왕과 용사들을 네 손에 붙였으니"이다. "그 왕과 용사들을 네 손에 붙일 것이다"고 하신 것이 아니다. 하나님은 믿는이들로 하여금 이미 이긴 싸움을 싸워 승리하게 하신다. 이런 싸움이 아니라면 그리스도인의 영적 전쟁이 아니다.

3. 그들의 싸우는 방법은 하늘의 군대장관으로부터 시달되었다. 이는 사람들의 의견과 다르다. 사람들은 여호와의 명령이 떨어졌으니 있는 무기를 총동원하고 전열을 가다듬어 '와!' 하는 함성과 함께 여리고를 향하여 달려 들어가야 한다고 말할 것이다. 그러나 하늘의 대장의 전쟁 방식은 완전히 달랐다. 제사장들이 나팔을 잡고 6일 간 그 성 주위를 돌며 언약궤 앞에서 행하는 것이다. 양각 나팔과 언약궤, 그리고 제사장들이 동원되었다. 이것이 전쟁과 도대체 무슨 관련이 있단 말인가? 일곱째 날에는 성을 일곱 번 돌고 그때서야 제사장들은 양각 나팔을 불어야 했으며 그 나팔소리가 들릴 때 비로소 온 백성들은 큰 소리로 외쳐 불러야 했다.

여기서 우리는 하나님의 전쟁 방식이 사람의 그것과 다르다는 것을 알 수 있다. 여기서 백성들이 한 것은 그저 일곱째날 나팔소리가 울릴 때 큰 소리 한 번 지른 것밖에 없다. 오늘날 믿는이들 가운데에는 영적 전쟁에서 승리하는 것이 매우 어려울 것이라는 관념이 있다. 그러나 영적 전쟁의 교본이라고 할 수 있는 여호수아의 여리고 전쟁사를 보면 그 전쟁이 어렵지 않다. 소리 한 번 크게 지르는 것이 어렵단 말인가? 물론 거기에는 충성된 인도자인 여호수아가 있고 제사장들의 수고가 있다. 그러나 모든 일을 인도하시는 분은 여호와의 군대장관이시다. 그분의 명령대로 행하기만 하면 된다. 문제는 하늘의 명령을 따라서 순종하며 행하는가, 사람의 생각과 방법에 따라 행하는가에 있다. 하나님의 인도와 명령에 절대로 순종하면서 따라가는 성도들에게는 영적 전쟁이 쉬운 것이다. 그러나 여호와의 명령은 섬세하므로 철저히 순종하려는 자들에게만 유용하다. 그들은 여리고 성 주위를 몇 바퀴 돌도록 명령받았는가? 많은 사람들이 대충 칠 일 간 한 바퀴씩, 도합 일곱 바퀴 돌았다고 생각한다. 그러나 성경 본문에는 육 일 간은 매일 한 바퀴씩 돌고 마지막 일곱째 날에는 일곱 바퀴를 돌도록 되어 있다. 도합 열세 바퀴를 돈 셈이다. 한 가지 한 가지 일을 명령대로 해야 한다. 이런 방법을 취하라고 하신 것은 모든 싸움을 하나님이 수행하시는 것임을 알게 하기 위함이다. 이스라엘은 이 싸움에서의 승리가 하나님께 있음을 인정할 수밖에 없었다. 나팔이나 언약궤나 제사장들이 전쟁에 유용한 것이 아니라 하늘의 하나님께서 역사하심만이 전쟁에 유용한 것이다.

6-16절, 눈의 아들 여호수아가 제사장들을 불러서 그들에게 이르되 너희는 언약궤를 메고 일곱 제사장은 일곱 양각나팔을 잡고 여호와의 궤 앞에서 행하라 하고(6절) 또 백성에게 이르되 나아가서 성을 돌되 무장한 자들이 여호와의 궤 앞에 행할지니라(7절) 여호수아가 백성에게 이르기를 마치매 제사장 일곱이 일곱 양각나팔을 잡고 여호와 앞에서 진행하며 나팔을 불고 여호와의 언약궤는 그 뒤를 따르며(8절) 무장한 자들은 나팔 부는 제사장들 앞에서 진행하며 후군은 궤 뒤에 행하고 제사장들은 나팔을

불며 행하더라(9절) 여호수아가 백성에게 명하여 가로되 너희는 외치지 말며 너희 음성을 들레지 말며 너희 입에서 아무 말도 내지 말라 그리하다가 내가 너희에게 명하여 외치라 하는 날에 외칠지니라 하고(10절) 여호와의 궤로 성을 한 번 돌게 하니라 무리가 진에 돌아와서 진에서 자니라(11절) 여호수아가 아침에 일찌기 일어나니라 제사장들이 여호와의 궤를 메고(12절) 일곱 제사장은 일곱 양각나팔을 잡고 여호와의 궤 앞에서 계속 진행하며 나팔을 불고 무장한 자들은 그 앞에 행하며 후군은 여호와의 궤 뒤에 행하고 제사장들은 나팔을 불며 행하니라(13절) 그 제 이 일에도 성을 한 번 돌고 진에 돌아오니라 엿새 동안을 이같이 행하니라(14절) 제 칠 일 새벽에 그들이 일찌기 일어나서 여전한 방식으로 성을 일곱 번 도니 성을 일곱 번 돌기는 그 날뿐이었더라(15절) 일곱 번째에 제사장들이 나팔을 불 때에 여호수아가 백성에게 이르되 외치라 여호와께서 너희에게 이 성을 주셨느니라(16절)

승리에 이르는 길

1. 순종—믿음과 순종이 영적 전쟁의 승리의 길이다. 그들은 육 일간 매일 성 주위를 나팔을 불며 한 바퀴씩 돌았다. 이것은 우리 매일의 일상적인 삶 가운데서 믿음으로 행하는 실제를 말한다. 대적들의 반응은 두 가지가 될 것이다. 그 하나는 멸시이다. 하나님은 전도의 미련한 것으로 사람들을 구원하시기를 기뻐하신다(고전 1:21). 복음 전도자의 구령(救靈)으로 한 영혼이 주님께 돌아갈 때마다 사탄의 왕국의 병기가 하나씩 감소되며, 따라서 그 세력이 약화된다. 여기서 전쟁을 하겠다고 나선 이스라엘 백성들이 한 일은 사람들의 눈에 매우 미련해 보이고 우스운 일이었다. 그렇게 해서는 도대체 무슨 일이 일어날 것 같지 않은 것이다. 그들은 말없이 그저 나팔을 불며 여리고 성 주위를 맴돌았다. 여리고 사람들이 받은 두 번째 인상은 그들이 그래도 뭔가를

계속 한다는 것이었을 것이다. 아무 일도 일어나지 않는 단순한 행동을 엿새 간 반복한 것이다. 여기서 우리가 알 수 있는 것은 영적 전쟁을 하는 사람들이라고 해서 칠 일 간 매일같이 큰 소리로 외치는 것이 아니라는 것이다. 평상시에는 아주 평범한 일상적인 삶 속에서 복음과 진리의 나팔을 불며 전진해 나가다 때가 왔을 때 하나님께서는 지금이 바로 크게 외쳐야 할 때라고 말씀하실 것이다. 이렇게 매일 성 주위를 한 바퀴씩 도는 것 또한 매일의 작은 순종 가운데서 주님과 동역하는 삶을 사는 것이다. 한 바퀴만 돌게 하셨다면 믿음이 필요 없었을 것이다. 그러나 하나님은 그들로 엿새 동안 매일 한 바퀴씩 돌게 하셨다. 이것에는 그들에게 믿음이 필요했다. 믿음이 없다면 엿새 동안 이 일을 반복하여 행할 수 없었을 것이다. 그들은 언약궤를 중심으로 하여 그분의 인도와 임재 아래서 이 일을 계속했다. 그들은 한 번 돌고 진에 돌아와서 자곤 하였다. 이것은 영적 전쟁에 참여하는 이들의 일상적인 일 가운데서의 충성과 믿음을 의미하는 것으로 매우 의미 깊게 보아야 할 일이다.

2. 침묵—마이어(F. B. Meyer) 박사는 하나님의 명령 가운데 가장 지키기 어려운 한 가지가 가만히 있는 것이라고 했다. 이러한 영적 위기에서 침묵할 수 있는 것도 결국은 믿음이다. 믿음이 있기에 침묵할 수 있는 것이다. 만일 여호수아가 그들에게 어떻게 하는 것이 승리의 좋은 방책이겠느냐고 물었다면 그들은 상당히 소란스러웠을 것이고 한 바퀴 돌고 와서는 할 말이 많았을 것이다. 서너 바퀴 돈 다음에는 할 말이 더 많았을 것이고 소용없는 일이니 이제 그만 돌자는 의견도 꽤 나왔을 것이라는 것이다. 그러나 여호와께서는 "너희는 외치지 말며 너희 음성을 들레지 말며 너희 입에서 아무 말도 내지 말라"고 하셨다. 하나님이 하실 때 우리는 말해서는 안 된다. 그들의 침묵은 하나님의 하시는 일에 대한 경건한 기대를 나타낸다(매튜 헨리). 그들은 아무 말 없이

아무 것도 아닌 것 같은 일을 육 일 간 계속 행하여야 했다. 영적 전쟁에 참여하는 자들이 대적들이 보기에 아무 것도 아닌 것 같은 일을 꾸준히 하는 것은 믿음으로 행하는 것이다. 그들이 아무 것도 하지 않는 듯했지만 실상은 만군의 여호와의 언약궤가 그들과 함께하고 있었다. 그러므로 그들이 아무 것도 하지 않은 것이 아니다. 그들은 주님과 동행하고 있었다. 말없이 주님과 함께 길을 걸어가는 것이(갑자기 어떤 놀라운 일이 일어나지 않는다 하더라도) 영적 전쟁을 하는 이들의 평상시의 정상적인 모습이라고 보면 맞을 것이다. 이들은 마지막 전투 개시의 나팔 소리가 울려 퍼질 그 순간까지 끊임없이 길을 걸어가야 한다.

3. 마지막 순간까지—전쟁은 과정이 중요하고 최후의 순간이 중요하다. 여섯째 날까지 잘 기다리며 역사했다 하더라도 마지막 날에 일찍 일어나 일곱 바퀴 돌고 합심하여 소리치며 나아가지 않으면 소용이 없다. 그들은 마지막 일곱 바퀴를 돌고 일곱 제사장이 일곱 양각 나팔을 길게 울려 불 때 합심하여 크게 소리를 지르게 되어 있었다. 그들은 하나님의 명령에 따라 그렇게 했고 여리고 성은 그대로 무너졌다. 빌립보서 2장에 의하면 그리스도께서는 일곱 단계에 걸쳐 낮아지셨다. 1) 하나님과 동등 됨을 취하지 않으심 2) 자기를 비우심 3) 종의 형체를 가지심 4) 사람들과 같이 되심 5) 사람의 모양으로 나타나심 6) 자기를 낮추사 죽기까지 복종하심 7) 십자가에 죽으심

주님은 십자가에 죽으시기까지 한 단계 한 단계 자기를 낮추셨다. 이러한 복종과 낮추심은 십자가에 죽으심에서 절정을 이룬 것이다. 오늘 많은 젊은 그리스도인들이 좋은 순종과 겸손을 보이기도 한다. 그러나 아쉽게도 다섯 번, 여섯 번까지는 잘 하다가 중도에 탈락하고 또는 마지막 일곱 번째에 가서 실패한다. 마지막까지 순종하는 자가 참으로 이기는 자이다. 오랜 동안 참고 인내하며 순종하다가 마지막 순간에 못 참고 거역하고 살아 걸어 나오는 모습은 실패자의 모습이다. 여섯 번째

까지 성을 한 바퀴씩 도는 방식이 지루해 보이고 통하지 않는 것 같아 보이자 일곱 번째에 방법을 바꾸었다고 가정해보자! 그 결과가 어떠했겠는가? 하나님은 방법을 바꾸신 것이 아니라 오히려 마지막 날에는 그 동일한 방법을 일곱 번으로 강화시키셨다. 하나님의 하시는 일의 방식은 언제나 본질이 같다. 그것은 순종과 사랑과 믿음과 의의 원칙 아래서 시행된다. 아더 핑크(Arthur W. Pink)는 이에 대하여 다음과 같이 말했다. "실패처럼 보인다 하여 다른 방법을 취하는 것은 승리를 보장하지 않는다. 최후의 순간까지 하나님의 명령하심에 꼭 붙어 있어야 한다." 최후의 순간까지 하나님이 명하신 세밀한 모든 것에 대한 순종을 대치할 것이 없다(J. M. Boice).

4. 그들이 육 일 동안 여섯 바퀴를 돌면서 생각한 것이 무엇이겠는가! 그들은 그 높은 성벽을 바라보면서 자신들에게는 아무런 정복할 능력이 없음을 생각했을 것이다. 그러므로 그들의 육 일 간의 행진은 그들로 하여금 여리고 성의 정복이 오로지 하나님이 개입하셔야 하는 전쟁임을 깊이 인식하게 했을 것이다. "무릇 사람의 할 수 없는 것을 하나님은 다 하실 수 있느니라"(눅 18:27). 사람이 자신의 무능함을 철저히 인식하지 않고서는 하나님의 하실 수 있음을 의뢰하지 않는다. 하나님이 그들로 열 세 바퀴나 돌게 하신 것은 믿음을 갖게 하기 위한 것이다. 그들은 그 전쟁을 자신들의 생각이 아니라 하나님이 지시하신 말씀대로 치른 것이다. 말씀에 따라 한 가지 한 가지 행하는 것이 믿음의 길이요 영적 전쟁에 임하는 비결이다. "그들로 많은 날 성을 돌게 하신 것은 하나님께서 그분의 섭리의 길을 가르치시기 위함이다." (Calvin). 우리가 기도하면서 주의 인도하심을 구하면 하나님께서 우리에게 행동할 때인지 기다릴 때인지를 가르쳐 주신다(Lias, 이상근 주석).

17-27절, 이 성과 그 가운데 모든 물건은 여호와께 바치되 기생 라합과 무릇 그 집에 동거하는 자는 살리라 이는 그가 우리의 보낸 사자를 숨겼음이니라(17절) 너희는 바칠 물건을 스스로 삼가라 너희가 그것을 바친 후에 그 바친 어느 것이든지 취하면 이스라엘 진으로 바침이 되어 화를 당케 할까 두려워하노라(18절) 은금과 동철 기구들은 다 여호와께 구별될 것이니 그것을 여호와의 곳간에 들일지니라(19절) 이에 백성은 외치고 제사장들은 나팔을 불매 백성이 나팔 소리를 듣는 동시에 크게 소리 질러 외치니 성벽이 무너져 내린지라 백성이 각기 앞으로 나아가 성에 들어가서 그 성을 취하고(20절) 성중에 있는 것을 다 멸하되 남녀 노유와 우양과 나귀를 칼날로 멸하니라(21절) 여호수아가 그 땅을 정탐한 두 사람에게 이르되 그 기생의 집에 들어가서 너희가 그 여인에게 맹세한 대로 그와 그에게 속한 모든 것을 이끌어 내라 하매(22절) 정탐한 소년들이 들어가서 라합과 그 부모와 그 형제와 그에게 속한 모든 것을 이끌어 내고 또 그 친족도 다 이끌어 내어 그들을 이스라엘 진 밖에 두고(23절) 무리가 불로 성읍과 그 가운데 있는 모든 것을 사르고 은금과 동철 기구는 여호와의 집 곳간에 두었더라(24절) 여호수아가 기생 라합과 그 아비의 가족과 그에게 속한 모든 것을 살렸으므로 그가 오늘날까지 이스라엘 중에 거하였으니 이는 여호수아가 여리고를 탐지하려고 보낸 사자를 숨겼음이었더라(25절) 여호수아가 그때에 맹세로 무리를 경계하여 가로되 이 여리고 성을 누구든지 일어나서 건축하는 자는 여호와 앞에서 저주를 받을 것이라 그 기초를 쌓을 때에 장자를 잃을 것이요 문을 세울 때에 계자를 잃으리라 하였더라(26절) 여호와께서 여호수아와 함께하시니 여호수아의 명성이 그 온 땅에 퍼지니라(27절)

여리고 성의 정복

1. 16절은 "일곱 번째에 제사장들이 나팔을 불 때에 여호수아가 백

성에게 이르되 외치라 여호와께서 너희에게 이 성을 주셨느니라"고 말한다. 영적 전쟁에서 주의해야 할 것이 한 가지 있다. 하나님의 백성 가운데에는 나팔을 부는 사람이 있다는 것이며 전쟁을 준비케 하는 자가 있다는 것이다. 여리고 성을 함락시키는 일에 있어서 하나님은 여호수아에게 말씀하시고 여호수아는 백성에게 그 말씀을 선포하였다. 어떤 그리스도인들은 신약 시대에는 더 이상 특별한 계층의 믿는이들이 없다 하여 이러한 기능을 부인한다. 즉 모든 성도가 다 하나님으로부터 계시를 얻고 가르치고 예언할 수 있다고 믿는 것이다. 그러나 하나님은 신약시대에도 특별히 사람들을 세우시고 그들을 통해 많은 하나님의 자녀들을 인도하며 경계를 받게 하신다. 이것은 모든 시대에 작용하고 있는 교회의 지도 원리이다. 갈라디아서 6장 6절에 의하면 가르치는 자가 있고 가르침을 받는 자가 있으며, 고린도 전서 12장 29절에서는 "다 교사겠느냐"라고 하였다. 또 고린도 전서 14장 8절에서는 "만일 나팔이 분명치 못한 소리를 내면 누가 전쟁을 예비하겠느냐"고 했다. 이 말씀들을 종합해 본다면 하나님의 백성 가운데는 분명 전쟁을 준비하도록 나팔을 부는 사람들이 있으며 하나님의 백성들을 인도하는 자들이 존재한다. 하나님께서는 이와 같이 사람들을 세워 그분의 가르침을 가르치도록 하시며 많은 사람으로 순종하게 하신다. 그러나 순종하는 것이 지도하고 가르치는 것보다 안전하다(약 3:1, 박윤선 주석).

2. 그들의 싸운 방식을 신약에 적용한다면 기도와 말씀과 우리 입의 증거와 믿음과 순종이다. 하나님의 음성을 듣고 최후의 순간까지 순종해 나가는 것이 비결이다. 사도 바울은 "우리의 싸우는 병기는 육체에 속한 것이 아니요 오직 하나님 앞에서 견고한 진을 파하는 강력이라"(고후 10:4)고 하였다. 그들이 싸운 방식은 인간적인 것이 아니었다. 오늘날도 전쟁의 방식과 무기는 동일하다. 새로운 무기가 있는 것이 아니다. 하나님 앞에서 견고한 진을 파하는 강력이 무기이다. 또한 계시

록 12장 11절에서는 어린 양의 피와 자기 입의 증거하는 말로 원수를 이기었다고 말한다. 우리는 오늘도 동일한 무기로 원수를 이긴다.

3. 히브리서 11장 30절은 "믿음으로 칠 일 동안 여리고를 두루 다니매 성이 무너졌다"고 말한다. 즉 승리는 믿음으로 말미암는다. 그런데 여기의 믿음은 행함과 함께한 믿음이다. 즉 그들은 믿음으로 여리고 성을 두루 다닌 것이다. 그들이 두루 다닌 것은 하나님의 말씀에 의한 것이요 믿음과 순종의 행위이다. 결국 영적 전쟁에서 대적의 견고한 진을 무너뜨리는 강력은 말씀에 입각하여 행하는 믿음인 것이다. 성도들이 일상생활의 작은 일에서 말씀에 순종하여 믿음으로 행하는 것이 결코 작은 일이 아님을 기억하기 바란다. 이는 결국 대적을 무너뜨리는 큰 결과를 가져온다. 31절은 "기생 라합은 정탐꾼을 평안히 영접하였으므로 순종치 아니한 자와 함께 멸망치 아니하였도다"라고 한다. 라합이 멸망치 않은 것은 다만 머릿속의 믿음이 아니라 말씀에 순종하는 믿음으로 인한 것이다. 행함이 없는 믿음은 사람을 구원하지 못한다. 칠 일 동안 여리고를 두루 행한 것이나 정탐꾼을 영접한 것은 다 믿음의 행위이다. 결국 승리하게 하고 멸망 가운데서 구원받게 하는 믿음은 행함을 수반하는 믿음이다. 이런 믿음이 산 믿음이다. 오늘날 어떤 그리스도인들이 하나님의 말씀과 직접적인 관계를 맺지 않고 말씀을 지키는 것이 없이 맹목적으로 믿는다고만 하면 구원받을 줄로 아나 그것은 속임수이다. 하나님의 말씀에 근거한 신앙만이 영적인 전투에서나 멸망 가운데서 구원받는 데에 효력을 발한다.

4. 그들은 육 일 동안 조용히 여리고를 돌았다. 그리고 마지막 날 일곱 번째 돌고서 일제히 외쳤다. 이 조용함이 하나님의 역사의 특성을 보여준다. 하나님은 조용히 역사하신다. 그분의 예정하심, 창조, 부르심, 구속, 거듭남, 성장, 성숙, 그리스도의 몸의 건축 등 중요한 경륜적

인 역사가 모두 조용한 가운데서 이루어진다.

5. 그 도시와 그 도시 안의 모든 것이 여호와께 체렘(cherem), 즉 아주 바친 것이 된다(레 27:28-29). 이는 그 성이 가나안 땅의 첫 성이므로 그 처음 열매를 바치는 것이라고 보는 견해가 있다(Calvin, M. Henry). 어쨌든 그 성의 전투에서 사람이 한 것이 없고 모든 것을 하나님이 하셨으니 그분의 것을 그분의 것이라 주장하는 것은 마땅하다. 하나님의 도우심과 은혜로 많은 것을 얻은 사람이 그 많은 수확물을 자신의 것인양 주장하는 것은 위법이다. 오늘날 믿는이들이나 사역자들이 이 점을 소홀히하여 주님의 것을 마치 자신의 것인양 취하는 것은 합당치 않은 일이다.

6. 시편 2편 12절은 "그 아들에게 입맞추라 그렇지 아니하면 진노하심으로 너희가 길에서 망하리니"라고 한다. 라합은 이스라엘에게 보여준 친절로써 그녀의 집을 멸망하는 이웃에게서 분별시켰다. 오늘날 신약의 때에 그 아들에게 입맞추는 자들이 진노하심에서 구원된다. 그 아들과의 관계가 관건이다.

7. 25절에서는 "그가 오늘날까지 이스라엘 중에 거하였으니"라고 한다. 이는 이방 여인이 믿음으로 하나님의 백성 가운데 받아들여졌음을 나타낸다. 그녀는 결국 다윗의 조상이 되었고 또 예수 그리스도의 거룩한 족보에 올라가는 영예를 얻었다. 우리는 여기서 믿음이란 결국 그리스도와의 관계가 어떤가에 의해 판가름되는 것임을 보며 그 믿음이 결국은 그녀의 신분을 놀랍게 바꾸는 결과를 가져다준 것을 보여준다. 시편 87편 6절은 "여호와께서 민족들을 등록하실 때에는 그 수를 세시며 이 사람이 거기서 났다 하시리로다"라고 한다. 장래 주님이 재림하실 때 그분 앞에는 각각 다른 수많은 민족의 사람들이 하나님 나라의 시민

으로 등록되며 자기들도 시온에서 났다고 외칠 것이다.

8. 여리고는 영원히 저주를 받은 도시가 되었다. 이 후 어느 때든지 이 성을 건축하려고 하는 자는 저주를 받을 것이라고 했다. 이는 가나안 족속의 죄악으로 인한 것이다. 하나님은 가나안 족속의 죄악을 철저히 심판하신다. 저주의 내용은 그 성을 건축하는 자는 기초를 쌓을 때에 장자를 잃고 성문을 세울 때에 계자를 잃는다고 하였는데, 아합 시대에 벧엘 사람 히엘이 여리고를 건축하다가 이 맹세대로 두 아들을 잃었다. 여기서 우리는 하나님의 말씀의 엄중함을 인식해야 한다. 그 맹세 후 500년이 지나도록 아무 일도 없었지만 그렇다고 해서 그 말씀의 효력이 사라진 것은 아니었다. 하나님께서 무너뜨리신 것을 다시 세우는 일을 하는 것은 매우 심각한 결과를 가져온다. 그러한 가운데서 구원된 라합과 그의 가정은 온전히 믿음으로 말미암았으니 믿음이란 실로 귀한 것이다. 믿음으로 의롭게 되는 것은 하나님의 계시이다. 사람이 의롭게 되는 것은 율법의 행위가 아닌 것이다. 율법의 행위로 의롭게 되는 것에 대하여는 그리스도의 십자가로 헐어버린 것이다. 그러나 바울 사도 당시 어떤 유대교의 교사들은 하나님이 십자가로 헐어버린 것을 다시 세우고자 했다. 그들은 다른 복음을 전하고 있었던 것이다. 바울은 그들이 다른 복음을 전하면 저주를 받을 것이라고 경고했다(갈 1:9). 그들은 하나님이 이미 한 편으로 제쳐놓고 헐어버린 것을 다시 세우는 일을 하고 있었던 것이다. 오늘날도 어떤 사람들은 고의적이지 않다 하더라도 무지함으로 이미 헐어버렸던 율법을 다시 세우는 일을 한다. 그들은 자신들의 삶도 율법 아래 두고 성도들에게도 교묘하게 은혜를 가장한 율법의 올무를 놓고 있는 것이다. 이는 실로 위험천만의 일로서 저주를 예고한다.

9. 여호수아의 명성이 그 온 땅에 퍼짐은 1장의 하나님의 약속의 성

취이다(5-7절). 하나님은 여호수아의 요단 강 도하 사건과 여리고 전쟁 승리를 통하여 그의 명성이 온 땅에 퍼지게 하셨다. 모든 일은 하나님의 말씀에 따라 이루어진다.

영적 전쟁에서 참고 사항

1) 대적자

성도들이 어릴 때에는 주로 세상과 육체가 성도들의 적이다. 그러나 성도들이 자랄 때 점점 세상에서 분별되고 세상의 유혹과 육체의 정욕과 죄에서 벗어난다. 그러나 오래 신앙생활을 한 사람들 가운데에도 아직 자아에서 벗어나지 못한 사람이 많다. 두 번째 단계의 성도들에게 대적은 자아이다. 많은 성도들이 오늘 자아에서 벗어나지 못하고 있는데, 그들은 자신의 한계에서 완전히 구출되지 않은 것이다. 그런 상태에서는 아직 사탄과의 직접적인 전투에 참여하지 못한다. 자아에서 벗어난 성도들만이 사탄과의 직접적인 전투에 참여한다. 자아에는 주로 서너 방면이 있다.

첫째는 자신을 사랑하는 것이다. 이런 자애(自愛)는 사람 속에 깊이 자리잡고 있으므로 쉽게 나타나지 않을 수 있다. 그러나 어느 날 질병에 걸려 살 소망이 없어질 때 숨겨져 있던 자기에 대한 애착이 표출된다. 귀용 자매 등 영적인 사람들에게 있어서 최종적으로 처리된 것이 바로 이러한 자아였다. 이러한 자아 처리 이후 그녀는 매우 투명한 영적 분별력을 갖게 되었다고 간증했다.

둘째는 자신의 의견이다. 자신의 관점을 강하게 붙잡는 것이다. 이것은 죄나 육체가 아닐지라도 자신이 옳다 하는 견해이다. 성경에서 바리새인들은 원칙상 자아 의견의 화신(化身)들이다. 오늘날에도 첫 번째 문제에 처한 그리스도인을 처리하기보다 두 번째 종류의 사람들을 돕기가 훨씬 어렵다. 그들은 소위 옳다는 것에 점유되어 있다. 그들은 편협한 것과 교만의 형태로 그 숨겨진 자아 의견을 드러낸다. 그들은 주님 자신보다 옳다는 견해에 사로잡혀 있다. 그 상태 또한 사탄의 어둠 권세 아래 사로잡혀 있는 것이다.

셋째는 자아의 기질이다. 야곱은 태어날 때부터 교활하고 남에게 뒤지지 않으려는 기질을 갖고 있었다. 이러한 기질이 그로 성공하게 했다. 그러나 그의 일하는 방식과 처신은 온전히 그의 기질에 따른 것이지 주님의 인도를 따른 것이 아니다. 주님의 명령을 듣고도 급할 때면 언제나 자신의 기질대로 행한다. 이것이 가장 깊은 곳에 숨겨져 있는 자아일 것이다. 이런 자아 생명이 십자가에서 처리될 때 그러한 성도는 사탄과의 직접적인 전쟁에 가담하게 된다.

2) 말씀을 믿는 믿음

여호수아 6장에서의 승리는 온전히 믿음에 달려 있다. 믿음은 또한 그리스도의 말씀으로 말미암는다. 에덴동산에서 하와는 하나님의 말씀을 의심하고 온전히 믿지 못한 고로 실패하였다. 주 예수님은 사탄에게 시험당하실 때 기록된 말씀을 온전히 신뢰함으로 이기셨다. 시험을 이김은 말씀을 신뢰하는 데에서 온다.

하와는 하나님의 말씀을 의심하기에 앞서 뱀의 말을 듣고 하나님의 사랑을 의심했다. 그녀는 동산의 선악과를 먹지 못하게 하신 것이 하나님이 자기들을 충분히 사랑하지 않기 때문이라고 의심한 것이다. 즉 선악을 알게 되어 하나님과 같이 되는 것을 허락지 않으신 것이라고 믿은 것이다. 이것은 사탄에게 속은 것이다.

오늘날에도 사탄은 동산에서와 같이 속이는 일을 계속한다. 환경에서 많은 일을 일으킨 후에 성도들에게 "이것이 바로 하나님이 너를 사랑하지 않으신다는 증거가 아니냐?"라고 말한다. 그래서 믿음을 버리게 될 때 사탄은 그를 밥으로 먹어버린다. 그러나 가나안 거민이 우리가 밥으로 먹어야 할 대상이다.

하나님의 사랑은 우리 죄를 위하여 그분의 독생자를 내어주신 것에서 확증되었다(롬 5:8, 요 3:16, 요일 4:10). 요한 일서 3장 1절은 "보라 아버지께서 어떠한 사랑을 우리에게 주사 하나님의 자녀라 일컬음을 얻게 하셨는고"라고 하면서 하나님께서 우리를 그분의 자녀 삼으신 것이 큰 사랑임을 말한다. 로마서 8장 31-34절에 의하면 하나님이 우리를 위하시고 사랑하시는 사랑은 자기 아들을 아끼지 아니하시고 우리 모든 사람을 위하여 내어주신 것이다. 그러므로 우리는 하나님의 크신 사랑에서 흔들려서는 안 된다.

오늘날 성도들이 왜 사탄에게 속는가? 이는 하나님의 사랑을 환경 가운데서의 일반적인 축복으로 확증하려는 경향이 있기 때문이다. 건강, 승진, 환경의 순조로운 인도, 원하는 대로 일이 이루어짐, 물질 축복 등이다. 심지어 기도의 응답도 하나님의 사랑을 확증하는 수단이 되기도 한다. 물론 이 모든 것들은 좋은 것이고 축복이 아니라고는 말하지 않는다. 그러나 이러한 것들을 직접적인 축복의 확증이라고 말하는 것은 무지한 것이다. 심지어 기도를 응답해 주시지 않는다 해도 하나님께서 당신을 사랑하지 않는 것이 아니고, 환경이 순조롭지 않고 원하는 일이 하나도 이루어지지 않는다 해도 하나님이 당신을 사랑하시지 않는 것이 아니다. 하나님은 여전히 당신을 극진히 사랑하신다.

그분의 사랑은 그 아들을 십자가에 내어주는 데에서 최대한으로 나타났고 그것은 아무도 의심할 수 없다. 이것이 가장 큰 사랑이다. 환경적인 축복 또는 어려움은 이방인들에게도 있다. 하나님께서 선인에게나 악인에게나 일반적으로 베푸시는 은혜와 축복이 있다. 이것을 우리가 하나님의 지극한 사랑의 확증물로 삼으려 함은 잘못된 처사이다. 믿는이에게도 불행처럼 여겨지는 많은 일들이 닥칠 수 있으며 이는 사도 바울에게도 임하였다. 그는 질병이나 배고픔이나 핍박을 많이 견뎠다. 그는 매맞는 일도 많이 당했다. 그러나 그는 이 모든 일 가운데서 하나님의 사랑을 의심하지 않았다. 그는 하나님이 나를 사랑하신다면 그렇게 열심히 복음을 전하며 주님을 섬기는 나에게 이러한 곤란과 핍박과 갇힘과 곤경과 심지어 질병(그는 육체의 약함이 있었다—갈 3:13)까지 주시느냐고 의심하거나 원망하지 않았다. 그는 그런 와중에도 오히려 그리스도의 사랑이 나를 강권하신다고 간증했다(고후 5:14). 그는 그에게 펼쳐진 좋은 환경에 의해 감동된 것이 아니라 한 사람이 모든 사람을 대신하여 죽으신 십자가의 사랑에 감동된 것이다(14下절). 이렇게 말씀에 굳게 선 신앙만이 사탄을 대적할 수 있다.

3) 기본적으로 믿어야 할 말씀들

베드로 전서 5장 8-9절에 의하면 마귀를 대적하는 비결이 믿음에 있다. 이 구절은 마귀가 우는 사자같이 삼킬 자를 찾는데 너희는 믿음을 굳게 하여 저를 대적하라고 가르친다. 믿음을 굳게 하지 않으면 저를 대적할 수 없다는 말씀이다.

첫째로, 하나님의 아들이 나타나신 것은 마귀의 일을 멸하려는 것임을 믿어야 한다(요일 3:8). 주님이 이 땅에 오셨을 때 그분은 가시는 곳마다 귀신을 쫓아내셨다. 그리고 그분은 귀신을 쫓아내는 능력을 교회에게 주셨다. "내가 너희에게 뱀과 전갈을 밟으며 원수의 모든 능력을 제어할 권세를 주었으니"(눅 10:19). 그러므로 우리는 그분의 이름으로 귀신을 쫓아내며 마귀의 일을 전복시킬 수 있다.

둘째로, 그리스도의 죽으심이 마귀를 멸했다. 우리는 주 예수님의 죽으심이 사망의 세력을 잡은 자 곧 마귀를 멸하셨음을 믿어야 한다(히 2:14). 사탄의 권세는 사망까지이다. 그는 사망으로 사람을 다스리려 하지만 우리는 이미 그리스도와 함께 죽었으므로 그는 더 이상 우리를 다스릴 수 없다. 우리가 그리스도와 함께 죽은 것은 이미 이루어진 사실이지 장래의 일이 아니다. 그러므로 신자가 죽기를 추구한다면 그것이 좋은 것 같지만 실상 육체의 위치에 서 있는 것이므로 사탄이 그 사람에게 세력을 행사하게 된다. 우리가 만일 그리스도와 함께 죽은 것을 믿고 굳게 선다면 사탄은 우리 위에 역사할 근거를 갖지 못한다.

셋째로, 우리는 그리스도와 함께 부활한 것을 믿어야 한다. 골로새서 2장은 "너희가 세례로 그리스도와 함께 장사한 바 되고 또 죽은 자들 가운데서 그를 일으키신 하나님의 역사를 믿음으로 말미암아 그 안에서 함께 일으키심을 받았느니라"고 말한다. 이 구절은 우리가 그리스도와 함께 죽었음을 말하고 함께 부활했음을 말한다. 우리는 사탄이 우리가 받은 부활의 새 생명을 공격할 수 없음을 알아야 한다. 이것은 사탄이 그리스도를 공격할 수 없는 것과 같다. 우리가 사탄을 대적할 수 있는 것은 우리의 생명이 사탄과 무관한 그리스도의 부활 생명이기 때문이다.

넷째로, 그리스도의 승천을 믿어야 한다. 에베소서 2장 6절에 의하면 우리는 이미 그리스도와 함께 하늘에 앉힌 바 되었다. 그리스도와 함께 부활 승천하여 하늘 보좌에 앉힌 바 된 우리는 사탄의 능력을 초월하는 위치에 있다. 우리는 먼저 앉고(sit) 다음에 선다(stand). "모든 일을 행한 후에 서기 위함이라"(엡 6:13下). 이는 우리가 그리스도와 함께 승리하였으므로 그 승리를 기초로 하여 사탄을 대적할 수 있음을 말한다. 우리는 사탄을 두려워할 필요가 없는데 이는 우리가 이미 그리스도와 함께 승리하였기 때문이요 우리는 다만 사탄의 공격에 방어만 하면 되기 때문이다. 이것이 선다는 것의 의미이다. 주님이 완전히 승리하셨으므로 우리가 또다시 싸워 이길 것이 없다. 우리는 다만 그리스도의 승리를 의지하여 서 있으면 된다. 사탄은 우리가 이미 얻은 승리를 보지 못하게 하거나 잊어버리게 하여 우리의 승리를 도적질하려 한다. 사탄이 하는 일은 우리에게 과연 믿음이 있는가를 보고 믿음에 서 있지 않을 때 우리를 실패하도록 미혹하는 것이다. 우리는 승리하려고 하는 사람들이 아니고 이미 승리한 것을 알고 대적하기만 하면 되는 사람들이다. 하나님께 감사하고 찬미하자!

4) 사탄이 역사하는 장소

a. 생각

고린도 후서 10장 4-5절에서는 하나님의 강력으로 모든 이론을 파한다고(destroy) 했는데, 여기의 이론(reasoning)은 추측들(speculations, NASB)로도 번역되고 환상들(imaginations, ASV)로도 번역되었다. 바울은 이 구절에서 모든 생각을 사로잡아 그리스도께 복종케 한다고 하였다. 이는 사탄이 역사하는 영역이 생각임을 알 수 있다.

성도들이나 주님의 종들에 대해서 갖는 많은 생각들이 사실이 아닌 환상이요 추측이다. 사탄은 교회 안에 이러한 것들을 주입하여 서로 미워하게 하고 이간시킨다. 이것이 사탄이 하는 일이다. 이러한 사탄의 일에 대적하는 것은 사탄이 준 생각의 진상을 아는 일이다. 즉 어떤 생각이 있는데 그것이 자신의 정상적인 판단을 거친 것인지 사탄이 넣어 준 것인지를 아는 일이다. 그리고 그것이 자신의 것이 아닐 때 버리고 거절하는 것이다. 다음은 적극적으로 하나님의 일을 생각하고 성도들의 아름다운 것들과 옳고 경건하고 참된 것들만 생각하는 것이다. 이것이 사탄으로 우리 생각에 역사하지 못하게 하는 길이다. 사도는 영의 일을 생각하는 자들이 곧 영을 좇는 자들이라고 했다(롬 8:5). 또한 사탄적인 생각을 버려야 한다. 만일 성도가 사탄의 사상을 좋아하고 그런 생각을 품는다면 사탄은 쉽게 그런 사람의 생각 속에 자기 사상을 주입한다. 예를 들어, 어떤 성도가 다른 사람들의 실패한 일이나 험담이나 잘못된 일들을 듣기를 좋아한다면 사탄이 악한 사상을 집어넣으려 할 때 거절하지 못하고 받아들이게 된다. 모든 성도들에 대한 악한 관념들은 생각 속에 집어넣지 말아야 한다. 또한 모든 부정한 환상들이나 생각들도 거절해야 한다. 그럴 때 사탄은 우리의 생각 속에 자리를 잡지 못하게 된다.

b. 육체

주님은 이 땅에 계시는 동안 베드로의 장모의 열병이나(눅4:38-39) 마가복음 9장의 귀먹은 아이를 치료하실 때 귀신을 꾸짖으시고 쫓아내셨다. 마가복음 9장의 아이가 귀먹고 말하지 못함은 귀신 들림으로 인한 것이었다. 주님은 이것에 대해 분명하셨으므로 귀신을 쫓아내신 것이다. 그리스도인이 병들었을 때 그 원인이 자연 법칙을 어겨 몸을 무리하게 사용한 데 있는지 아니면 귀신에게서 비롯된 것인지를 알고 처리해야 한다. 귀신에게서 왔다면 귀신의 역사를 거절할 때 치료된다. 사탄은 때로 우리의 육체 속에 원인 모를 질병을 보내어 병들게 만든다. 성경에서 많은 병들이 마귀가 보낸 것들이다. 그럴 때 우리도 마귀를 쫓아내야 치유 할 수 있다.

c. 양심

사탄은 사람의 양심을 참소함으로 공격한다. 그리스도인은 거듭난 후 양심이 깨어나 민감하게 되므로 사탄은 이를 이용하여 참소함으로 그로 하나님 앞에 나아가지 못하게 하고 침체와 흑암으로 이끈다. 성령의 책망은 우리로 그리스도의 보혈이 생각나도록 이끌지만 사탄의 참소는 오히려 보혈을 멀리하게 한다. 성령의 책망은 우리로 자백하고 힘을 얻게 이끌지만 사탄의 참소는 낙심하고 물러나게 한다. 사탄의 참소를 이기는 비결은 어린 양의 피이다. 어린 양의 피로 인하여 우리는 하나님 앞에서 죄를 시인해야 한다. 또한 우리 입의 증거하는 말로 참소자 마귀를 이긴다. 우리는 사탄의 공격을 받을 때 주님이 이루신 사실과 그리스도의 승리를 입으로 선포해야 한다. 그리고 죽기까지 자신의 생명을 아끼지 않는 것이다(계 12:11).

d. 환경

믿는이에게도 고난과 어려움이 있다는 것을 우리는 이미 보았다. 질병이나 불행도 닥쳐올 수 있다. 마태복음 8장에 의하면 제자들이 주님과 함께 바다 저편으로 건너갈 때 돌연히 강풍이 불어 닥쳤다. 배가 파도에 잠길 것 같았다. 주님과 함께 가는 길에도 이러한 일이 있을 수 있다. 특별히 이러한 일은 사탄의 공격으로 말미암은 것이다. 이때 주님은 그들의 믿음이 적은 것을 책망하시며 바람과 바다를 꾸짖으셨다. 꾸짖으셨다는 것은 그 바람과 풍랑 배후에 귀신이 있다는 것이다. 사탄은 우리의 생각과 양심과 육체를 공격할 뿐 아니라 환경에서도 역사하여 우리를 혼란시키고 넘어지게 한다.

야고보서 4장과 베드로 전서 5장에서는 사탄을 대적하라고 하면서 동시에 하나님께 순복하라고 말한다. 환경에서 사탄이 공격할 때 우리는 하나님께 순복하는 태도를 지녀야 하고 동시에 사탄을 대적해야 한다. 악한 환경은 사탄이 가져오지만 한 가지도 하나님의 허락을 거치지 않은 것이 없기 때문이다. 즉 성도에게 있어서 하나님의 손에 있지 아니한 환경은 한 가지도 없다. 그러나 하나님의 뜻에 따른 것이 아닌 사탄이 일으킨 환경은 하나님께 순복함으로 대적한다면 물러간다. 또한 사탄은 믿는이에게 두려움을 가져다준다. 두려움은 사탄의 역사의 전주곡(前奏曲)이다. 그러므로 믿는이들은 모든 종류의 두려움을 거절해야 한다. 항상 고난의 갑옷을 입고(벧전 4:1) 죽기를 두려워하지 않는다면(계 12:11) 모든 종류의 두려움을 거절할 수 있다.

여호수아 7장

Joshua

1-5절, 이스라엘 자손들이 바친 물건을 인하여 범죄하였으니 이는 유다 지파 세라의 증손 삽디의 손자 갈미의 아들 아간이 바친 물건을 취하였음이라 여호와께서 이스라엘 자손들에게 진노하시니라(1절) 여호수아가 여리고에서 사람을 벧엘 동편 벧아웬 곁에 있는 아이로 보내며 그들에게 일러 가로되 올라가서 그 땅을 정탐하라 하매 그 사람들이 올라가서 아이를 정탐하고(2절) 여호수아에게로 돌아와서 그에게 이르되 백성을 다 올라가게 말고 이삼천 명만 올라가서 아이를 치게 하소서 그들은 소수니 모든 백성을 그리로 보내어 수고롭게 마소서 하므로(3절) 백성 중 삼천 명쯤 그리로 올라갔다가 아이 사람 앞에서 도망하니(4절) 아이 사람이 그들의 삼십육 인쯤 죽이고 성문 앞에서부터 스바림까지 쫓아와서 내려가는 비탈에서 쳤으므로 백성의 마음이 녹아 물같이 된지라(5절)

1. 레위기 27장에 의하면 체렘(cherem)은 아주 바친 물건으로서 그것이 사람이든지 생축이든지 온전히 여호와께 속한다. 그리고 아주 바친 것은 아무도 속(贖)하지 못한다. 하나님은 여리고 성의 모든 물건을 '체렘'으로 완전히 바치라고 하셨고 은금 동철은 여호와께 바쳐 여호와의 곳간에 두라고 하셨다. 또 하나님께 바친 것을 누구든지 취하면

화를 당하게 된다고 하셨다. 그런데 여리고 정복 후 아간이라는 자가 이 말씀을 어기고 하나님께 바친 물건을 취한 것이다. 하나님께 바친 물건을 훔치는 죄는 간단한 죄가 아니다.

하나님은 가나안 땅 정복의 첫 성인 여리고를 십일조처럼 하나님께 온전히 드리라고 하셨다. 오늘날도 우리의 소득 중 10분의 1은 하나님의 것이다. 신약에는 십일조에 관한 분명한 명령은 없지만 고린도 전서 16장에 연보에 관하여 각 사람이 소득을 얻은 대로 저축하여 두라는 말씀이 있다. 이는 우리의 연보가 우리의 소득에 관련된다는 것을 알 수 있고 구약의 성도들이 십분의 일을 드려야 했으니 신약의 우리는 최소한 그보다는 넘쳐야 한다는 것을 알 수 있다. 성경을 어떻게 해석하더라도 이 부분의 말씀은 성도들의 수입의 일부가 하나님의 것임을 말하고 있다. 그것이 십분의 일이든 어떤 것의 첫물이든 말이다. 나는 은혜가 율법을 초과하는 것임을 믿는다. 어떤 이는 은혜가 율법의 원칙을 다 폐한다고만 이해하는데 그것은 의식적인 것에만 적용할 수 있다. 그러나 도덕과 사랑과 헌신에 관계된 것은 더욱 고양되어야 옳다. 은혜는 더욱 넘치기 때문이다. 신약 성경에 십일조에 대한 것이 명확하게 기록되어 있지 않지만 우리는 하나님께 빚을 지고 있는 자들이며 십일조는 신약의 성도들이 하나님께 드리는 최소한의 예물일 것이다. 우리가 받은 것 중에 가장 좋은 것과 처음 것은 하나님께 돌려야 한다.

2. 아간이 훔친 물건은 하나님의 것이었다. 그의 마음속에는 탐심이 있었다. 하나님께 완전히 바쳐진 물건을 사용하는 것은 저주받은 물건을 사용하는 것이 된다. '체렘(cherem)' 이란 히브리어의 원뜻은 '저주받은 물건(the accursed thing)' 이다. 즉 그 물건을 사용하는 자는 저주를 불러오게 된다. 사도행전의 아나니아와 삽비라가 이에 해당하는 죄를 범했다. 그들 또한 하나님께 재물을 다 드렸다고 하면서 일부는 감추어 두고 있었다. 오늘날도 그리스도인들이 부지불식간에 동일한

죄를 범하고 있다. 이는 매우 두려운 일이다. 어떤 이는 하나님의 영광을 자기 것으로 취하여 사용한다. 이는 하나님의 영광을 도적질하는 일이다. 헤롯이 이렇게 하다가 충이 먹어 죽었다(행 12:23). 진정한 교회는 어떠한가? 교회는 그분이 피값으로 산 존재이니 당연히 그분의 소유요(벧전 2:9) 그분의 것이요(고전 3:23) 그분의 거처이다. 그러한 존재를 자기 것처럼 사용하는 것은 매우 위험한 일이다.

3. 하나님은 아간 한 사람이 죄를 지었을 때 이스라엘이 범죄하였다고 말씀하셨다(11절). 비록 죄를 지은 사람은 한 사람이지만 지체 하나가 범죄한 것이 온 몸이 범죄한 것으로 간주된 것이다. 이것이 신약의 교회에는 더욱 적용된다. 사도 바울은 음행하는 일에 대하여 "내가 그리스도의 지체를 가지고 창기의 지체를 만들겠느냐 결코 그럴 수 없느니라"고 했다. 한 지체가 영광을 받을 때 모든 지체가 영광을 받는 것이라면 한 지체가 범죄하여 수치를 당할 때 모든 지체가 함께 수치를 당하는 것이다(고전 12:26). '아간(Achan)'이라는 이름의 뜻이 공교롭게도 '괴로움을 주다'인데, 그는 범죄하여 자신만 죽은 것이 아니라 자기의 가족, 나아가 온 이스라엘에게까지 괴로움을 주었다. 어떤 죄는 자신에게만 그치지 않고 자신과 관계된 사람들과 자신이 몸담고 있는 전체에 영향을 미친다. 그리스도인은 마땅히 이런 죄를 범할까 두려워해야 한다.

4. 1절에는 아간의 족보가 언급되어 있다. 그는 영예로운 지파인 유다 지파의 후손이었다. 유다에게 쌍둥이 아들이 있었는데 하나는 베레스요 다른 하나는 세라였다. 그리스도의 족보는 베레스로 말미암는데, 이 사람 아간은 쌍둥이 아들 때에 족보가 갈리었다. 그의 출생은 베레스('터침'이라는 뜻)의 쌍둥이 형제 세라('광휘' 혹은 '뛰어나다'는 뜻)로 말미암았다. 유다의 며느리 다말이 출산할 때 세라가 먼저 나오

려고 손을 내밀자 산파가 먼저 나오려는 자의 손에 표시로 홍사를 매었는데 그 손이 다시 들어가고 베레스가 터치고 나왔다. 그래서 베레스가 장자가 된 것이다. 이 베레스는 헤스론, 람, 아미나답 등으로 이어져 그리스도의 조상이 되었고, 세라에게서는 아간이란 자가 나왔다.

5. "여호와께서 이스라엘 자손에게 진노하시니라". 여호수아와 이스라엘 백성은 아간의 범죄를 보지 못하였으나 하나님은 알고 계셨다. 하나님께서 진노하고 계시는 중에 그들은 아무 일도 없다는 듯이 전투를 밀고 나갔다. 우리는 이러한 일을 통해 언제든지 무엇을 하기 전에 하나님과의 관계성을 점검하는 것이 중요함을 본다. 이들은 대충 문제가 없을 것이라고 믿고 있었다. 만일 이들이 다시 철저히 주님 앞에 나아가며 주님의 얼굴을 대하는 삶을 살았다면 진노하시는 하나님의 눈을 살필 수 있었을 것이다. 우리는 고린도 후서 2장에서 바울이 그리스도의 얼굴 빛 아래서 살았던 사람임을 알 수 있다. 10절의 '그리스도 앞에서' 의 헬라어 'en prosofo Xristu' 는 문자적으로 '그리스도의 얼굴 안에서' 라는 뜻이다. 우리는 매사를 그리스도의 얼굴 빛 아래서 행해야 한다.

6. 큰 승리 뒤에는 언제나 위험이 도사리고 있다. 그들은 범죄의 요소를 안고 있는 것 외에도 자만하였고 그들의 경험을 의지하였으며 자신들의 힘을 의지하였다. 그리스도인이 한 가지 근본적인 일에서 잘못되면 관련된 모든 것들이 뒤틀리는 것은 당연한 일이다. 탕자가 아버지 집을 떠나는 근본적인 잘못을 범했을 때 그가 떠나는 과정과 결과 하나하나가 온당할 리가 없다. 여기서 그들이 기도하지 않고 정탐을 보내는 문제며 섣불리 정탐의 말을 듣고 이삼천 명만 보내기로 결정한 문제 등은 모두 경험과 이전의 승리를 의존했다는 인상을 준다.

7. 그들은 여전히 여호와의 군대장관의 명령을 따라 전쟁을 해야만

했다(5:15). 여호와의 군대장관은 신약에서 성령을 예표한다. 신약의 성도들은 가나안의 안식을 얻기 위한 영적 전투를 위해 성령을 의지해야지 자신의 능력을 의지하지 말아야 한다. 그러나 여리고에서 대승을 거둔 그들은 작은 성 아이를 볼 때 자신들의 능력을 의존하는 시험에 빠진 것이다. 가데스 바네아에서 열 명의 정탐꾼이 적을 보고 두려움에 빠져서 실패한 경우라면 아이 성 전투의 실패는 자만으로 말미암은 것이다. 사람의 육체는 자만이 아니면 두려움이다. 그들은 적은 수의 병력으로도 아이 성을 쉽게 정복할 것이라 여긴 것이다.

8. 또한 그들의 실패의 이유는 부흥과 회복의 장소인 길갈을 들리지 않았다는 것이다. 영적으로 말해서 만일 그들이 길갈에 들렀더라면 그들은 아간의 죄악을 스스로 발견하여 처리하고 아이를 공격할 수 있었을 것이다. 그러나 여리고에서 승리한 그들은 길갈의 필요성을 느끼지 않았던 것 같다. 7장 2절은 "여호수아가 여리고에서 사람을 벧엘 동편 벧아웬 곁에 있는 아이로 보내며"라고 말한다. 그들은 항상 길갈을 거치지 않고는 일을 하지 않았는데 여리고의 승리 후에는 막바로 아이를 치려 했다. 여리고의 승리는 결코 아이의 승리를 보장하지 못한다. 어제의 만나가 오늘의 필요를 채워주지 못하는 것과 같다. 매일매일 새롭게 주님을 접촉하는 것만이 우리를 주님과의 하나 안에 지켜준다. 그들이 아이를 공격할 때 언약궤와 함께 나아갔다는 기록을 발견하지 못한다.

6-9절, 여호수아가 옷을 찢고 이스라엘 장로들과 함께 여호와의 궤 앞에서 땅에 엎드려 머리에 티끌을 무릅쓰고 저물도록 있다가(6절) 여호수아가 가로되 슬프도소이다 주 여호와여 어찌하여 이 백성을 인도하여 요단을 건너게 하시고 우리를 아모리 사람의 손에 붙여 멸망시키려 하셨나이까 우리가 요단 저편을 족하게 여겨 거하였더면 좋을 뻔하였나이다(7

절) 주여 이스라엘이 그 대적 앞에서 돌아섰으니 내가 무슨 말을 하오리이까(8절) 가나안 사람과 이 땅 모든 거민이 이를 듣고 우리를 둘러싸고 우리 이름을 세상에서 끊으리니 주의 크신 이름을 위하여 어떻게 하시려나이까(9절)

1. 우리는 여기서 여호수아의 기도를 대한다. 여호수아는 옷을 찢으며 이스라엘 장로들과 함께 여호와의 궤 앞에서 땅에 엎드렸다. 그들이 아이를 칠 때에는 언약궤를 주의하지 않았지만 실패한 후 돌아온 곳은 여호와의 궤 앞이었다. 여호수아는 비록 매우 좋은 인도자였지만 당시 실패한 상황을 온전히 이해하지는 못하였다. 그는 기도조차 할 수 없는 상태에 떨어졌다. 패배하여 백성들 삼십육 명 정도를 잃어버리고 도망하는 가운데 정신이 나간 사람처럼 되어버렸다. 그는 땅에 엎드려 머리에 티끌을 무릅쓰고(물론 주님의 이름을 위해 기도하기는 했지만) 하나님에 대한 신뢰를 잠시 잃어버리는 어둠에 빠지게 되었다. 그는 완전히 절망에 처한 것이다. 그는 하나님께서 자신들을 버리시지 않았나 하는 불안감에 사로잡혔다. 이렇게 좋은 인도자도 일이 잘못될 때 최악의 상황을 예상하며 걱정하고 스스로 실제보다 훨씬 더 불행한 결론을 내리는 불신의 상태에 떨어질 수 있다. "가나안 사람과 이 땅 거민이 이를 듣고 우리를 둘러싸고 우리 이름을 세상에서 끊으리니".

2. 때로 가장 좋은 그리스도인이라 하더라도 이런 절망의 상태에 떨어질 수 있다. 이는 평상시 생활 가운데 존재하는 죄악을 소홀히한 것에 기인한다. 어쩌면 여호수아는 인도자로서 전투하고 무리를 인도하는 데 힘을 다 쏟았을 것이다. 그러다 보니 하나님 앞에서의 참된 상태와 자신들의 죄악은 소홀히하게 된 것이다. 대중적인 일에 빠지는 사람에게는 언제나 이러한 함정이 있는 법이다. 앞서간 어떤 주님의 종은 "함께하는 사람들을 위하는 것과 주님 자신을 위한 일이 반드시 일치

되는 것은 아니다"라고 하였다. 하나님은 그들을 사랑하고 그들과 약속하셨으며 그들은 하나님과 함께 나아갈 자들임이 분명할지라도 하나님께서는 그들 가운데 죄악이 있을 때 진노하시며 심판하지 않으실 수 없다. 하나님이 진노하시며 그들을 심판하신 것은 그들 가운데 감추인 죄악이 있기 때문이다. 이러한 때에 감춰었던 죄악이 그분의 노하심과 심판 가운데 드러나게 하시는 것이 하나님의 역사이다. 이러한 때의 기도는 대부분 그렇게 가치 있거나 영적인 무게가 있는 것이 아니다. 그러나 여호수아는 좌절 가운데도 기도할 수 있었다. 하나님은 여호수아의 낙심과 좌절과 그들의 참담한 실패보다도 죄악을 더욱 심각하게 보신다. 하나님은 그들의 죄가 처리되지 않는 한 그들과 함께 나아가실 수 없다. 그렇게 좋은 형제가 그런 상황에 처하였다면 우리는 어떠하겠는가! 더욱 경성하여야 하리라! 육체를 소유한 사람치고 여호와를 두려워하지 않을 사람이 그 누구이랴! 하나님을 사랑하며 절대적으로 섬기는 자 가운데도 이런 재앙과 같은 사건이 일어날 수 있으며 그런 경건하고 순수한 사람들 가운데도 하나님으로 하여금 함께 나아가실 수 없게 만드는 아간과 같은 죄악이 존재할 가능성이 있다.

10-15절, 여호와께서 여호수아에게 이르시되 일어나라 어찌하여 이렇게 엎드렸느냐(10절) 이스라엘이 범죄하여 내가 그들에게 명한 나의 언약을 어기었나니 곧 그들이 바친 물건을 취하고 도적하고 사기하여 자기 기구 가운데 두었느니라(11절) 그러므로 이스라엘 자손들이 자기 대적을 능히 당치 못하고 그 앞에서 돌아섰나니 이는 자기도 바친 것이 됨이라 그 바친 것을 너희 중에서 멸하지 아니하면 내가 다시는 너희와 함께 있지 아니하리라(12절) 너는 일어나서 백성을 성결케 하여 이르기를 너희는 스스로 성결케 하여 내일을 기다리라 이스라엘의 하나님 여호와의 말씀에 이스라엘아 너의 중에 바친 물건이 있나니 네가 그 바친 물건을 너의 중에서 제하기 전에는 너의 대적을 당치 못하리라(13절) 아침에 너희는 너희 지

파대로 가까이 나아오라 여호와께 뽑히는 지파는 그 족속대로 가까이 나아올 것이요 여호와께 뽑히는 족속은 그 가족대로 가까이 나아올 것이요 여호와께 뽑히는 가족은 각 남자대로 가까이 나아올 것이며(14절) 바친 물건을 가진 자로 뽑힌 자를 불사르되 그와 그 모든 소유를 그리하라 이는 여호와의 언약을 어기고 이스라엘 가운데서 망령된 일을 행하였음이라 하셨다 하라(15절)

1. 여호수아가 엎드려 기도함으로 알게 된 것은 한 가지였다. 그것은 아이 성에서 패배한 이유이다. 엎드렸을 때 그는 주님의 음성을 들을 수 있었다. 하나님은 무리의 죄악이 처리 된 후에야 계속 그들과 나아가실 수 있다. 그러므로 그들의 죄는 철저히 심판되어져야 한다. 하나님은 여호수아에게 "어찌하여 이렇게 엎드렸느냐"고 말씀하셨다. 여호수아는 온 종일 엎드려 있었다. 이러한 때 인도자는 좌절의 정도가 심할 것이므로 많은 시간 상심하여 기도할 것임에 틀림없다. 이러한 실패를 통해 여호수아는 엎드렸고 하나님은 그에게 그들의 문제점을 계시할 기회를 가지셨다.

2. 하나님은 그들이 언약을 어겼다고 하셨다. 하나님은 여리고 전투에 앞서서 언약을 세우셨다. 우리는 하나님이 언약의 하나님이심을 믿는다. 그분은 사람에게 언약을 세우시고 지키시는 분이다. 그분은 피로 언약을 세우시고 그분의 흘린 피가 우리 많은 사람을 위하여 흘리는바 언약의 피임을 말씀하셨다. 하나님은 그분의 아들 예수의 흘린 피로 인해 그분을 믿는 자들의 죄를 다 용서하신다고 언약하셨다. 그분이 언약을 깨는 사람을 가차 없이 심판하시는 분일진대 그분 스스로 세우신 언약을 철저히 지키실 것임에 틀림없다. 이를 인하여 하나님을 찬양한다.

3. 아간은 하나님께 아주 바쳐진 물건을 도적질했다. 그는 도적질할

뿐 아니라 거짓말했다(deceived). 이는 오순절에 있었던 사건, 아나니아와 삽비라의 일과 성질상 비슷하다. 그는 도적질한 뒤에 아마도 여호수아가 하나님의 명령을 받들어 확인하는 작업을 할 때에 전혀 도둑질을 하지 않은 것처럼 행세했을 것이다.

4. 하나님은 범죄자를 알고 계셨지만 여호수아에게 직접 알려주시지 않고 하나하나 조사하여 색출해내는 작업을 하도록 지시하셨다. 그는 모든 백성을 불러 모아 면밀한 조사를 시행해야 했다(14절). 그렇게 하신 이유가 무엇일까? 그것은 첫째로 죄에 대한 심각성을 백성 전체에게 알려주시기 위함이었을 것이고 두 번째는 범죄자에게 회개할 기회를 주시기 위함이었을 것이다. 하나님은 약속하신 말씀에 따라 바쳐진 것을 멸하지 않으면 그들과 함께하지 않으리라고 하셨다. 여기서 바쳐진 것은 물건만이 아니라 훔친 그 사람도 포함한다(6:18).

16-26절, 이에 여호수아가 아침 일찌기 일어나서 이스라엘을 그 지파대로 가까이 나아오게 하였더니 유다 지파가 뽑혔고(16절) 유다 족속을 가까이 나아오게 하였더니 세라 족속이 뽑혔고 세라 족속의 각 남자를 가까이 나아오게 하였더니 삽디가 뽑혔고(17절) 삽디의 가족 각 남자를 가까이 나아오게 하였더니 유다 지파 세라의 증손이요 삽디의 손자요 갈미의 아들인 아간이 뽑혔더라(18절) 여호수아가 아간에게 이르되 내 아들아 청하노라 이스라엘의 하나님 여호와께 영광을 돌려 그 앞에 자복하고 네 행한 일을 내게 고하라 그 일을 내게 숨기지 말라(19절) 아간이 여호수아에게 대답하여 가로되 참으로 나는 이스라엘 하나님 여호와께 범죄하여 여차여차히 행하였나이다(20절) 내가 노략한 물건 중에 시날 산의 아름다운 외투 한 벌과 은 이백 세겔과 오십 세겔 중의 금덩이 하나를 보고 탐내어 취하였나이다 보소서 이제 그 물건들을 내 장막 가운데 땅 속에 감추었는데 은은 그 밑에 있나이다(21절) 이에 여호수아가 사자를 보내매 그의 장

막에 달려가 본즉 물건이 그의 장막 안에 감취었는데 은은 그 밑에 있는지라(22절) 그들이 그것을 장막 가운데서 취하여 여호수아와 이스라엘 모든 자손에게로 가져오매 그들이 그것을 여호와 앞에 놓으니라(23절) 여호수아가 이스라엘 모든 사람으로 더불어 세라의 아들 아간을 잡고 그 은과 외투와 금덩이와 그 아들들과 딸들과 소들과 나귀들과 양들과 장막과 무릇 그에게 속한 모든 것을 이끌고 아골 골짜기로 가서(24절) 여호수아가 가로되 네가 어찌하여 우리를 괴롭게 하였느뇨 여호와께서 오늘날 너를 괴롭게 하시리라 하니 온 이스라엘이 그를 돌로 치고 그것들도 돌로 치고 불사르고(25절) 그 위에 돌무더기를 크게 쌓았더니 오늘날까지 있더라 여호와께서 그 극렬한 분노를 그치시니 그러므로 그곳 이름을 오늘날까지 아골 골짜기라 부르더라(26절)

1. 여호수아는 아침에 일찍 일어났다. 하나님의 위임을 받은 사람들은 다 하나님의 일을 수행하기 위해 열심인 사람들이다. 일찍 일어나는 습관은 주님을 섬기는 사람들에게 가장 필수적인 습관이다. 여호수아는 하나님의 분부하심을 수행하기 위해 늘 일찍 일어나곤 했다(3:1, 6:12, 7:16). 이는 주님의 종들이 주님의 일을 하는데 단 마음으로 성실하게 하는 것을 의미한다. 여호수아는 이 일에 좋은 본이 되었다(엡 6:6-7).

2. 아간은 지파로부터 시작하여 자신의 가문과 가족까지 추적해 오는 동안 얼른 나가서 자수하지 않았다. 그만큼 그의 양심은 무디어 있었고 그의 마음은 강퍅한 상태에 있었다. 사람이 한 번 타락하여 양심이 무디어지면 그 상태가 상상할 수 없을 정도가 되어버린다. 그는 속임수에 빠져 완악해져 있었다(매튜 헨리). 속임수에 빠진 양심은 마비되어 합당하게 작동하지 않는다. 그러한 사람은 심각한 죄를 짓고도 자신이 어떠한 상태에 있는지 알지 못한다.

3. 우리는 자신이 아간처럼 우리 진영을 괴롭히는 죄를 가지고 있지는 않은지 찾아내기 위해 각별한 관심을 가져야 한다. 우리는 우리 자신을 살피고 주의 깊게 양심의 기록을 살펴서 여호와께서 혹 우리와 다투시는 점이 있지는 않은지 매우 두려워해야 하며 혹 그러한 저주받은 것들이 있다면 처리해야 한다.

4. 마침내 범죄자가 확정되었다(18절). 죄의 속임수에 빠진 사람의 양심은 감각이 없다. 이는 그가 이미 일상생활 가운데서 하나님 앞에 양심을 따라 행하지 않았기 때문이다. 각 사람이 직접 하나님 앞에 자신의 행위를 책임 지지 않고 그저 단체나 사람을 따르다 보면 그의 의(義)의 표준이 양심이나 하나님의 진리가 아닌 단체의 노선이나 사람들의 말에 있게 된다. 그래서 악한 일도 거침없이 행하는 것이다. 실상 아간이 그러한 죄를 지은 것은 작은 일이 아니다. 그는 오랫동안 하나님을 두려워하는 생활을 하지 않았다. 그러한 생활이 그를 그렇게 대담하고 무감각하게 만든 것이다.

5. 그렇지만 여호수아는 그를 '오 이스라엘의 대적자여!' 라든가 '오 문제아여!' 라고 부르지 않았다. 여호수아는 그를 '내 아들아' 하고 불렀다. 그는 범죄하여 이스라엘에게 커다란 실패를 안겨준 죄인을 참으로 긍휼이 가득한 호칭으로 부른 것이다. 이는 참으로 생명 안에 있는 사람의 처사이다. 여호수아는 이 심각한 순간에 죄인에게 고백할 것을 권했다. "네 행한 일을 내게 고하라 그 일을 내게 숨기지 말라"(19절). 하나님의 백성 가운데 인도자의 겸손과 온유는 매우 중요한 미덕이다.

6. 그는 죄악을 자백하였지만 스스로 회개한 것이라기보다는 여호수아의 명령에 따른 것이었다. 그는 품목들을 일일이 고백하였다. 회개하는 사람은 대충 회개할 것이 아니라 여차 여차 행하였다고 낱낱이 고해

야 한다(20절).

7. 그가 도적질한 물건은 먼저 바벨론(시날) 산 외투 한 벌이었다. 이는 영적으로 말해서 다른 사람들에게 좋게 보이고자 하는 외식이다. 바벨론이란 그 자체가 혼돈이고 섞인 것이다. 영적인 것과 육적인 것, 하나님께 속한 것과 사람에게 속한 것이 함께 있는 것이다. 이스라엘 중 아간에게 있는 이런 죄를 처리하지 않으면 이런 죄는 사람의 육체에 걸맞은 것이기 때문에 많은 사람을 미혹할 것이다. 하나님은 이러한 것들을 다 태워버리라고 명하셨지만(6:18, 24) 아간은 외투 한 벌만큼은 자신을 위하여 남겨두었다. 외식은 말하자면 편한 길이다. 실제가 없어도 외적으로만 그럴듯하게 보이면 되기 때문이다. 헌신과 충성이 없는데도 남들에게 있는 것처럼 보이는 것이 외식이다. 시날 산(産) 외투란 바로 이런 것이다. 속에는 별 것 입지 않았는데 사람들에게 아주 잘 입은 것처럼 보이려는 것이다.

아간은 외투만이 아니라 은 이백 세겔과 금 오십 세겔을 장막에 감추었다. 이는 하나님의 명령에 의하면 여호와의 곳간에 갖다 놓아야 할 것들이다(6:19). 금과 은은 장래적인 것이다. 즉 자신의 장래의 삶을 편안하게 보장해주는 것이다. 아간은 철저히 자신을 위한 사람이었다.

8. 그 모든 죄악의 근원은 보는 것에서 시작된다. 이것은 에덴 동산에서 하와에게 있었던 일과 같다. 사람이 죄악에 빠지지 않으려면 보는 것을 주의해야 한다. 아간은 먼저 보았고 그 다음 탐심을 갖게 되었다.

9. 결국 아간은 그가 탈취한 모든 소유와 자녀들과 함께 멸망을 당했다. 백성들이 돌로 치고 불살랐다. 하나님의 명을 떠나 자신의 마음대로 산 사람들은 결국 그 얻은 것과 더불어 멸망을 당한다. 어떤 죄악은 그 죄의 분량이 커서 심판도 크다. 아간은 결국 돌에 맞아 죽었다. 여호

수아는 "네가 어찌하여 우리를 괴롭게 하였느뇨 여호와께서 오늘날 너를 괴롭게 하시리라"고 했다.

10. 여호와께서는 극렬한 진노를 그치셨다. 하나님은 범죄를 심판하지 않으신 채 용서하시는 분이 아니시다. 그분은 사람의 죄악도 그 아들 안에서 심판하심으로 용서하신 것이다. 우리가 받은 구원과 용서는 심판을 거친 것임을 인하여 하나님을 찬양한다.

11. 그 돌무더기가 있는 곳이 아골 골짜기 곧 괴롭힘(troubling)의 골짜기가 되었다. 이는 아간에 대한 영원한 수치의 표시였다. 예언자들은 아골 골짜기를 회복기에 회복하는 소망의 곳으로 예언하였다(사 65:10, 호 2:15). 어떤 사람은 아골이 골고다의 그림자라고 말한다(Ridderbos).

12. 우리는 6장에서 대적의 모든 세력을 멸하시는 하나님을 보며, 7장에서 그 동일한 능력으로 회중 가운데 있는 악을 심판하시는 하나님을 본다. 우리는 구약과 신약에서 이 두 가지의 교훈을 생생하게 본다. 승리를 보장하시는 하나님은 또한 거룩을 요구하신다. 이러한 교훈은 회중에게나 우리 개인에게나 다 해당이 된다. 하나님이 우리와 함께 하시게 하려면 거룩함에 모순되는 것들을 던져버려야 하며 하나님의 속성에 어긋나는 것들을 철저히 심판해야 한다. 하나님은 용서하시고 회복시키시며, 치유하시지만 또한 악을 용납하시지 않는다. 그분은 소멸하는 불이시다(히 12:29). "하나님의 집에서 심판이 시작되었나니"(벧전 4:17). 하나님은 그분을 닮은 백성을 원하신다. 그러므로 그분께 맞지 않는 것들을 하나 하나 제거해야 하며, 그분의 이름에 불명예를 돌려드리지 않도록 우리는 우리의 습관과 모습을 잘 살펴야 한다.

그러면 방금 전 6장에서 여리고에서 대승한 군대가 아이성에서 왜

굴욕적인 패배를 하였는가? 이는 물론 아간이 저주받은 물건을 취하여 범죄하였기 때문인데, 여기서 우리는 다른 차원의 한 가지 중요한 사실을 보게 된다. 그것은 하나님은 회중 가운데 한 사람의 죄를 전체 회중의 죄로 간주하신다는 것이다. "여호와께서 여호수아에게 이르시되 일어나라 어찌하여 이렇게 엎드렸느냐 이스라엘이 범죄하여 내가 그들에게 명한 나의 언약을 어기었나니 곧 그들이 바친 물건을 취하고 도적하고 사기하여 자기 기구 가운데 두었느니라 그러므로 이스라엘 자손들이 자기 대적을 능히 당치 못하고 그 앞에서 돌아섰나니 이는 자기도 바친 것이 됨이라 그 바친 것을 너희 중에서 멸하지 아니하면 내가 다시는 너희와 함께 있지 아니하리라"(10-12). 이는 매우 엄중하신 하나님의 말씀이다. 바울은 고린도 교회의 간음한 형제에 대하여 쫓아내야 한다고 하면서 "적은 누룩이 온 덩이에 퍼지느니라"고 하였다. 하나님은 아간 한 사람이 범죄한 것을 '이스라엘이 범죄하였다' 고 하셨다. 하나님은 한 사람의 범죄를 모든 사람의 죄로 여기신다. 당시 회중 가운데 임하신 여호와의 임재가 모두를 하나로 묶으셨다. 동일하게 지금도 지상에서 그리스도의 몸인 교회에 거하시는 성령께서는 우리 모두를 하나로 묶으신다. 그러므로 한 사람의 죄가 모든 지체에게 미치게 되는 것이다. 성도들은 한 사람의 죄가 모든 사람에게 영향을 준다는 사실을 알고 모든 행실을 조심해야 한다. 우리 중 누구도 몸에서 자신을 분리하여 독립적이 될 수 없다. 우리는 모두 한 성령의 역사로 연합된 한 몸의 지체들인 것이다. 우리가 만일 스스로를 자기 방관적으로 함부로 행한다면 성령을 슬프게 할 뿐 아니라 모든 몸의 지체들에게 해를 끼치는 것이다.

고린도 전서 12장 26절은 "만일 한 지체가 고통을 받으면 모든 지체도 함께 고통을 받고 한 지체가 영광을 얻으면 모든 지체도 함께 즐거워하나니"라고 한다. 우리 한 개인의 상태가 모든 다른 지체들에게 영향을 미친다는 사실은 우리의 생활이 얼마나 중대한가를 느끼게 한다.

한 지체가 고통을 느끼면 다른 지체도 자동적으로 고통을 느끼게 되는 것이다. 하나님은 소멸하는 불이시며 악을 용납할 수 없으시다. 우리는 7장에서 회중 가운데 있는 악을 보며, 이런 작은 한 명의 악이 있어도 하나님은 그 회중과 함께 하시지 않는다는 것을 보았다. 아골 골짜기의 교훈은 무엇인가? 우리 개인이나 단체 속에 작은 악이 있을 때 하나님은 그들과 함께 하시지 않고 그 누룩을 철저히 심판하신다는 공과를 배운다. 여호수아는 회중을 다 소집해야 했고 악의 근원을 찾아 모든 피조물 앞에서 바벨론(시날산 외투는 바벨론의 요소를 대표함)을 심판하기 위해서이다. 하나님은 그들 가운데 악을 찾아내시어 돌로 치고 불사르고 돌무더기를 크게 쌓았다. 오늘날 우리는 큰 일을 하려는 미혹에서 벗어나 하나님과 함께 나아가기 위해, 한 사람의 작은 것이라도 범죄한 것을 처리하지 않으면 안 된다. 우리는 현재 사도행전 2장이 아니라 디모데 후서 2장에 와 있다. 그러므로 오늘 우리는 큰 집의 불결한 그릇에서 벗어나 분별된 위치에 있어야 한다. 경건의 모양은 갖고 있으며, 경건의 능력은 부인하는 자들에게서 돌아서야 한다(맥킨토쉬).

여호수아 8장

Joshua

1-2절, 여호와께서 여호수아에게 이르시되 두려워 말라 놀라지 말라 군사를 다 거느리고 일어나 아이로 올라가라 보라 내가 아이 왕과 그 백성과 그 성읍과 그 땅을 다 네 손에 주었노니(1절) 너는 여리고와 그 왕에게 행한 것같이 아이와 그 왕에게 행하되 오직 거기서 탈취할 물건과 가축은 스스로 취하라 너는 성 뒤에 복병할지니라(2절)

1. 영적 전쟁에 참여한 성도들은 좌절감과 낭패감과 의기소침한 상태에 너무 오래 머물 필요가 없다. 7장에서 하나님은 종일 엎드려 있는 여호수아에게 "일어나라 어찌하여 이렇게 엎드렸느냐"(10절)고 하셨다. 우리는 너무 오래 실패의 좌절감에 빠질 것이 아니라 잘못된 것이 있다면 고치고 회개하여 국면을 바로잡는 것이 필요하다. 또한 새롭게 나아갈 때 두려워하고 놀랄 필요가 없다. 지난 날의 실패는 우리가 새롭게 진군하는 것에 두려움을 가져다줄 수 있다. 그러나 여기서 하나님은 "군사를 다 거느리고 일어나 아이로 올라가라"고 하신다. 그리고 아이 성 정복에서 승리할 것이라는 확신을 주신다. 오늘의 전쟁에서 이기려면 어제의 만나가 아닌 새로운 만나가 필요하다. 지난 날 여리고의 승리의 느낌이 믿음이 아니다. 믿음은 언제나 현재적인 것이다.

2. 다윗은 시편 136편에서 스물여섯 번이나 "그 인자하심이 영원하심이로다"라고 노래했다. 다윗은 주님의 지극히 놀라우신 인자하심에 온전히 자신을 맡기고 있었기에 실패하였을지라도 다시금 하나님 앞에 나아갔다. 우리는 약하지만 언제나 주님의 인자하심을 의지하여 그분께 나아가 은혜를 구할 수 있다. "중심에 진실함을 주께서 원하시오니 내 속에 지혜를 알게 하시리이다"(시 51:6). 주님은 우리의 진실함을 기뻐하신다. 우리가 진실하게 우리의 약함을 고백하며 나아간다면 주님은 우리를 기꺼이 받으시고 새로운 은혜를 공급해주신다.

3-22절, 이에 여호수아가 일어나서 군사와 함께 아이로 올라가려 하여 용사 삼만 명을 뽑아 밤에 보내며(3절) 그들에게 명하여 가로되 너희는 성읍 뒤로 가서 성읍을 향하고 매복하되 그 성읍에 너무 멀리 하지 말고 다 스스로 예비하라(4절) 나와 나를 좇는 모든 백성은 다 성읍으로 가까이 가리니 그들이 처음과 같이 우리에게로 쳐 올라올 것이라 그리할 때에 우리가 그들 앞에서 도망하면(5절) 그들이 나와서 우리를 따르며 스스로 이르기를 그들이 처음과 같이 우리 앞에서 도망한다 하고 우리의 유인을 받아 그 성읍에서 멀리 떠날 것이라 우리가 그 앞에서 도망하거든(6절) 너희는 매복한 곳에서 일어나서 그 성읍을 점령하라 너희 하나님 여호와께서 너희 손에 붙이시리라(7절) 너희가 성읍을 취하거든 그것을 불살라 여호와의 말씀대로 행하라 보라 내가 너희에게 명하였느니라 하고(8절) 그들을 보내매 그들이 복병할 곳으로 가서 아이 서편 벧엘과 아이 사이에 매복하였고 여호수아는 그 밤에 백성 가운데서 잤더라(9절) 여호수아가 아침에 일찌기 일어나서 백성을 점고하고 이스라엘 장로들로 더불어 백성 앞서 아이로 올라가매(10절) 그를 좇은 군사가 다 올라가서 성읍 앞에 가까이 이르러 아이 북편에 진치니 그와 아이 사이에는 한 골짜기가 있었더라(11절) 그가 오천 명 가량을 택하여 성읍 서편 벧엘과 아이 사이에 또 매복시키니(12절) 이와 같이 성읍 북편에는 온 군대가 있고 성읍 서편에는 복병

이 있었더라 여호수아가 그 밤에 골짜기 가운데로 들어가니(13절) 아이 왕이 이를 보고 그 성읍 백성과 함께 일찌기 일어나서 급히 나가 아라바 앞에 이르러 정한 때에 이스라엘과 싸우려 하고 성읍 뒤에 복병이 있는 줄은 알지 못하였더라(14절) 여호수아와 온 이스라엘이 그들 앞에서 거짓 패하여 광야 길로 도망하매(15절) 그 성 모든 백성이 그들을 따르려고 모여서 여호수아를 따르며 유인함을 입어 성을 멀리 떠나니(16절) 아이와 벧엘에 이스라엘을 따라가지 아니한 자가 하나도 없으며 성문을 열어 놓고 이스라엘을 따랐더라(17절) 여호와께서 여호수아에게 이르시되 네 손에 잡은 단창을 들어 아이를 가리키라 내가 이 성읍을 네 손에 주리라 여호수아가 그 손에 잡은 단창을 들어 성읍을 가리키니(18절) 그 손을 드는 순간에 복병이 그 처소에서 급히 일어나 성읍에 달려들어가서 점령하고 곧 성읍에 불을 놓았더라(19절) 아이 사람이 뒤를 돌아본즉 그 성읍에 연기가 하늘에 닿은 것이 보이니 이 길로도 저 길로도 도망할 수 없이 되었고 광야로 도망하던 이스라엘 백성은 그 따르던 자에게로 돌이켰더라(20절) 여호수아와 온 이스라엘이 그 복병이 성읍을 점령함과 성읍에 연기가 오름을 보고 다시 돌이켜 아이 사람을 죽이고(21절) 복병도 성읍에서 나와 그들을 치매 그들이 이스라엘 중간에 든지라 혹은 이편에서 혹은 저편에서 쳐 죽여서 한 사람도 남거나 도망하지 못하게 하였고(22절)

1. 하나님은 그분의 백성들이 회개하고 돌이켜 옛 실패와 죄를 처리하였을 때 다시 전투에 임할 기회를 부여하신다. 이것이 그분의 긍휼이다. 결국 영적 전쟁에서 가장 중요한 것은 전신갑주인데 이는 진리의 허리띠와 의의 흉배(죄가 심판된 후에 얻어짐)와 평안의 복음의 예비한 신과 믿음의 방패와 구원의 투구와 말씀으로 된 성령의 검이다. 이러한 전신갑주가 입혀질 때 비로소 전쟁에 나갈 수 있다.

2. 여기서 우리는 하나님의 전쟁 방법이 여리고와 싸울 때와 같지 않

음을 볼 수 있다. 아이를 공격할 때에는 성 주위를 여섯 번이든 일곱 번이든 돌라고 하지 않으셨다. 그리고 기드온 때와도 다르다(어떤 사람들이 기드온 때 하나님은 30,000 명이 너무 많다 하시며 300 명만 나가라고 하셨다면서 의견을 내어 주장한다면 그것은 아주 어려운 일이다). 이번에는 군사도 삼만이나 필요하고 볼 것 없이 막바로 쳐들어가야 한다고 하셨다. 그리고 이때는 특별히 매복 전술을 사용하셨다. 여기서 우리는 하나님의 역사하시는 방법이 항상 일정하지 않다는 것을 알아야 한다. 물론 그분은 생명과 성품에서 변함이 없으시다. 그분은 언제나 변함없으신 정금이시다. 그러나 그분이 일을 하실 때에는 언제나 같은 방식으로 하시지는 않는다.

우리는 오늘 복음 전파를 위하여 50년 전의 방식을 그대로 따를 수 없다. 그때는 북을 치며 노방 전도를 했다. 또 어떤 목사님들은 간단한 말로 "예수 천당, 불신 지옥"을 외치며 복음을 전했고 하나님은 그러한 방법을 통해서 영혼들을 구원하셨다. 그러나 지금 어떤 분이 복음을 전하기 위하여 그러한 방식을 사용한다면 통하지 않음을 볼 것이다. 한때 전도지를 통한 복음 전도가 효력이 있었고 많은 사람이 전도지를 통하여 구원을 받았다. 또 한 때는 주간지 사이즈인 타블로이드 판 신문 같은 전도용 인쇄물이 효과가 있을 때도 있었다. 그러나 시대가 바뀔 때 과거의 방식이 통하지 않음을 볼 수 있다. 지금은 인터넷 방송이나 TV 방송을 통한 전도가 매우 효력이 있음을 부정할 수 없을 것이다. 여전히 테잎이나 서적 전도는 효력이 있다. 다만 한 가지로 전도의 방법을 고정할 수 없다는 것이다. 시대와 문화가 바뀜에 따라 영혼을 구원하기 위해 다양한 방법이 동원되는 것은 당연한 일이다. 이러한 고정되지 않은 방식은 언제나 사람들로 하여금 영적인 일에서 창조적이 되게 하고 시대마다 새로이 인도하심에 민감하게 반응하며 깨어 있지 않을 수 없게 한다.

3. 이스라엘이 죄로 인해 패배하였지만 하나님은 그들이 회개하고 새롭게 전쟁에 나설 때 지난 날 패배한 전쟁의 상황을 적절하게 사용하시어 이기게 하셨다. 그러니 회개한 믿는이들에게는 패배도 결국 승리의 밑거름이 된다. 우리는 지난 날 원치 않게 많은 패배를 겪었다. 그러나 하나님은 우리의 그러한 지난 날의 패배의 쓰라림을 승리의 밑거름으로 바꿔주셨다. 그렇다고 해서 우리는 패배를 정당화하지는 못한다. 그러나 하나님께서 이러한 믿는이들의 패배의 상황도 그가 딛고 다시 이기도록 하는 데에 사용하신다는 것은 우리의 많은 체험에서 사실이다. 그리스도인의 지난날의 수많은 실패는 미래의 승리의 체험을 위해 매우 유용한 자료들이 된다. 아이 성 사람들은 이스라엘이 그들 앞에서 거짓 패하여 도망하니 "그들이 처음과 같이 우리 앞에서 도망한다"고 오판하고 이스라엘을 좇기 위해 다 성에서 빠져 나오게 되었다. 고린도전서 12장에서는 "은사는 여러 가지나 성령은 같고…역사는 여러 가지나 모든 것을 모든 사람 가운데서 역사하시는 하나님은 같으니"(6절)라고 하였다. 이는 성령의 역사는 다양하여 사람의 눈으로 볼 때 서로 다르다는 것이다. 그러나 그것이 같은 성령의 여러 가지 은사일 수 있으며 하나님의 다양한 역사일 수 있다.

4. 여호수아는 군대의 책임자로서 위급한 순간에 백성들 가운데서 잤다. 이러한 행동은 백성들을 위로하며 격려한다. 인도자가 위급한 순간, 중요한 시점에 자신을 어디에 두는가는 매우 중요한 의미를 지닌다. 매우 중요할 때 인도자는 반드시 성도들과 함께 해야 하는 것이다.

5. 하나님은 가장 적절한 순간에 단창을 들라고 명하셨다. 주님은 작은 일 한 가지라도 섬세하게 지시하신다. 특히 하나님의 백성의 인도자들은 중요한 때에 하나님의 음성과 지시를 받고 분명하게 행동할 필요가 있다. 전략과 전술은 완벽한 것이었다. 누가 하나님과 겨룰 수 있겠는가?

23-29절, 아이 왕을 사로잡아 여호수아 앞으로 끌어왔더라(23절) 이스라엘이 자기를 광야로 따르던 아이 모든 거민을 들에서 죽이되 그들을 다 칼날에 엎드러지게 하여 진멸하기를 마치고 온 이스라엘이 아이로 돌아와서 칼날로 죽이매(24절) 그날에 아이 사람의 전부가 죽었으니 남녀가 일만 이천이라(25절) 아이 거민을 진멸하기까지 여호수아가 단창을 잡아 든 손을 거두지 아니하였고(26절) 오직 그 성읍의 가축과 노략한 것은 여호와께서 여호수아에게 명하신 대로 이스라엘이 탈취하였더라(27절) 이에 여호수아가 아이를 불살라 그것으로 영원한 무더기를 만들었더니 오늘까지 황폐하였으며(28절) 그가 또 아이 왕을 저녁 때까지 나무에 달았다가 해질 때에 명하여 그 시체를 나무에서 내려 그 성문 어귀에 던지고 그 위에 돌로 큰 무더기를 쌓았더니 그것이 오늘까지 있더라(29절)

1. 아이 사람 전부가 죽임을 당했다. 전멸이다. 남녀의 인수는 12,000 명이었다.

2. 그들은 성읍의 모든 노략물들을 마음대로 취했다. 지난 번 여리고에서 취한 것은 불법이었으나 여기서 취하는 것은 합법이다. 지난 번 하나님의 명령을 준행한 자들은 아무 해가 없이 아이 성에서 노략물들을 풍성하게 거두었다. 그들은 매우 질서 있게 물건들을 취했을 것이다. 어쩌면 여호수아가 적절한 비율로 나누어 주었을 수도 있다. 어찌하든 그들은 다툼과 소란이 없었다. 이는 쓰라린 경험이었지만 지난 번 아간의 실패가 도움이 되었을 것이다. 거기서 그들은 욕심을 제하는 것과 주님을 경외하는 것을 배웠을 것이라 믿는다.

30-35절, 때에 여호수아가 이스라엘의 하나님 여호와를 위하여 에발산에 한 단을 쌓았으니(30절) 이는 여호와의 종 모세가 이스라엘 자손에게 명한 것과 모세의 율법책에 기록된 대로 철 연장으로 다듬지 아니한 새

돌로 만든 단이라 무리가 여호와께 번제와 화목제를 그 위에 드렸으며(31절) 여호수아가 거기서 모세의 기록한 율법을 이스라엘 자손의 목전에서 그 돌에 기록하매(32절) 온 이스라엘과 그 장로들과 유사들과 재판장들과 본토인뿐 아니라 이방인까지 여호와의 언약궤를 멘 레위 사람 제사장들 앞에서 궤의 좌우에 서되 절반은 그리심 산 앞에, 절반은 에발 산 앞에 섰으니 이는 이왕에 여호와의 종 모세가 이스라엘 백성에게 축복하라고 명한 대로 함이라(33절) 그 후에 여호수아가 무릇 율법책에 기록된 대로 축복과 저주하는 율법의 모든 말씀을 낭독하였으니(34절) 모세의 명한 것은 여호수아가 이스라엘 온 회중과 여인과 아이와 그들 중에 동거하는 객들 앞에 낭독하지 아니한 말이 하나도 없었더라(35절)

1. 그들은 전쟁 중에 예배를 드렸다. 대적은 하나님의 백성들이 예배할 때 두려워한다. 여호와는 우리로 원수의 목전에서 잔칫상을 누리게 하신다(시 23편).

2. 그들이 아이 성까지 정복했을 때 그들은 그리심 산과 에발 산을 얻었으므로 신명기 27장에서 모세가 명한 여호와의 명령을 기억했다. 그리고 그때의 말씀대로 다듬지 않은 돌로 단을 쌓고 제물을 드렸다(신 27:1-6).

3. 예배는 인위적인 기교나 방법을 사용하는 것보다 진실하게 그대로 드리는 것이 필요하다. 그것이 곧 다듬지 않은 돌로 제단을 쌓는 것이다. 예배를 위해 많은 기도와 준비하는 심령은 좋은 것이다. 그러나 기교나 방법을 사용하는 것은 옳지 않다.

4. 그들은 모세의 기록한 율법을 그 돌에 기록했다. 이스라엘의 절반은 에발 산에, 절반은 그리심 산에 나누어 서 있고 중앙에는 언약궤를

멘 제사장들이 있고 그 곁에서 레위인이 율법의 축복하라고 명한 대로 축복하고 또한 저주를 선포했다. 여호수아는 책에 기록된 대로 모든 축복과 저주의 말을 빠짐없이 다 낭독했다. 하나님은 오늘날 교회에서도 그분의 모든 말씀이 가감 없이 가르쳐지는 것을 기뻐하신다.

5. 이 예식에 참여한 이방인들이란 가나안 사람들을 가리키는 것이 아니라 출애굽 당시 따라온 귀화한 애굽인들일 것이다(33절).

여호수아 9장

Joshua

1-2절, 요단 서편 산지와 평지와 레바논 앞 대해 변에 있는 헷 사람과 아모리 사람과 가나안 사람과 브리스 사람과 히위 사람과 여부스 사람의 모든 왕이 이 일을 듣고(1절) 모여서 일심으로 여호수아와 이스라엘로 더불어 싸우려 하더라(2절)

지금까지 가나안 부족들은 방어적이 되어 있었다. 그러나 이들이 여리고와 아이 성이 무너진 사실을 알고 난 후에 동맹을 하였고 일심으로 여호수아와 이스라엘로 더불어 싸우려 하였다. 이들이 왜 여리고를 칠 때부터 동맹을 하지 않았는가에 대하여는 알 길이 없지만 두 가지 이유를 생각해 볼 수 있다. 사실 사탄적인 무리들은 스스로의 연결과 사랑의 줄이 견고하거나 긴밀하지 않다. 그러므로 몸에까지 미치는 큰 자극이 있기 전에는 함께 공동전선을 구축하면서까지 나서지 못한다. 둘째는 이스라엘의 힘과 능력을 과소평가한 데 있을 것이다. 그들은 설마 이스라엘이 가나안 전체를 멸망시킬 수 있는 존재라고는 믿지 않았다. 그러나 아이 성까지 패배할 때 우려 반, 무시 반으로 보던 그들의 태도가 바뀐 것이라고 볼 수 있다.

3-14절, 기브온 거민들이 여호수아의 여리고와 아이에 행한 일을 듣고 (3절) 꾀를 내어 사신의 모양을 꾸미되 해어진 전대와 해어지고 찢어져서 기운 가죽 포도주 부대를 나귀에 싣고(4절) 그 발에는 낡아 기운 신을 신고 낡은 옷을 입고 다 마르고 곰팡이 난 떡을 예비하고(5절) 그들이 길갈 진으로 와서 여호수아에게 이르러 그와 이스라엘 사람들에게 이르되 우리는 원방에서 왔나이다 이제 우리와 약조하사이다(6절) 이스라엘 사람들이 히위 사람들에게 이르되 너희가 우리 중에 거하는 듯하니 우리가 어떻게 너희와 약조할 수 있으랴(7절) 그들이 여호수아에게 이르되 우리는 당신의 종이니이다 여호수아가 그들에게 묻되 너희는 누구며 어디서 왔느뇨(8절) 그들이 여호수아에게 대답하되 종들은 당신의 하나님 여호와의 이름을 인하여 심히 먼 지방에서 왔사오니 이는 우리가 그의 명성과 그가 애굽에서 행하신 모든 일을 들으며(9절) 또 그가 요단 동편에 있는 아모리 사람의 두 왕 곧 헤스본 왕 시혼과 아스다롯에 있는 바산 왕 옥에게 행하신 모든 일을 들었음이니이다(10절) 그러므로 우리 장로들과 우리나라의 모든 거민이 우리에게 일러 가로되 너희는 여행할 양식을 손에 가지고 가서 그들을 맞아서 그들에게 이르기를 우리는 당신들의 종이니 청컨대 이제 우리와 약조하사이다 하라 하였나이다(11절) 우리의 이 떡은 우리가 당신들에게로 오려고 떠나던 날에 우리들의 집에서 오히려 뜨거운 것을 양식으로 취하였더니 보소서 이제 말랐고 곰팡이 났으며(12절) 또 우리가 포도주를 담은 이 가죽부대도 새 것이더니 찢어지게 되었으며 우리의 이 옷과 신도 여행이 심히 길므로 인하여 낡아졌나이다 한지라(13절) 무리가 그들의 양식을 취하고 어떻게 할 것을 여호와께 묻지 아니하고(14절)

1. 기브온 사람들은 이스라엘이 여리고와 아이를 멸했다는 소식을 듣고 길갈에 있는 여호수아에게 나아왔다. 그들은 꾀를 내어 사신(使臣)의 모양을 꾸미고 해어진 전대와 해어지고 찢어져 기운 가죽부대를 나귀에 싣고 그 발에는 낡아 기운 신을 신고 낡은 옷을 입고 곰팡이난

떡을 가지고 왔다. 이 모든 것은 그들이 먼 곳에서 온 사신들로 보이게 하려는 것이다. 이것은 속임수이다.

2. 그들은 이스라엘과 싸워서는 답이 없다는 것을 알았다. 그러므로 그들은 싸우지 않고 이스라엘 가운데 살아남을 묘수를 찾은 것이다. 그들은 끝까지 그들의 나라를 숨기고 말하지 않았다. 그들은 모양도 그럴듯했고 또 이스라엘 사람들이 가장 믿을 만한 사실들과 그들이 들어서 기뻐할 만한 것들을 말함으로 설득하였다. 그리고 그들은 자세를 낮추었다. "우리는 당신들의 종이니이다". 그들은 완벽한 거짓말을 준비한 대로 말했고 그들의 위장은 아주 그럴 듯했다.

3. 하나님의 백성의 대적들 가운데 여리고나 아이처럼 싸우고자 덤비는 대적이 무서운 것이 아니라 대적이 아닌 것처럼 가장하여 오는 대적이 더 무서운 것이다. 여기서 여호수아는 싸우는 데 빠진 나머지 이기고 정복한다면 무엇이든지 좋다고 여기는 지점에 이른 것 같다. 우리는 어떤 일이라도 주님이 허락하시는 것을 해야 한다. 일이나 무엇을 하는 데에 빠지게 되면 문제가 생긴다. 그럴 때 이기고 정복하는 일이라면 선뜻 좋게 여겨져서 대적의 진상을 보지 못하게 된다. 어떤 사역자가 사역을 성공시키려는 의지만 가득하면 어떤 사람이든지 다 받고 사역에 동참시키게 되는데, 그렇게 될 때 그들의 참 상태를 모르고 사역하게 된다. 열심있는 성도들만을 세우는 사역을 하다보면 누구든지 열심만 있다면 좋다고 여기게 되는데 그러다가 낭패를 당하게 되는 일이 있다. 그런데 순종하는 사람들에 대하여도 마찬가지이다. 우리는 어떤 형편에서도 당연하게 여겨서는 안 되고 언제나 주님을 바라보아야 한다.

4. 그들은 여호수아나 이스라엘이 듣고 좋아할 말들만 골라 말했다.

“우리는 당신의 하나님 여호와의 이름을 인하여”. 그들은 여리고와 아이 성의 전투는 모르는 양 하고 오래 전에 싸워 이긴 헤스본 왕과 바산 왕을 이긴 일만을 언급했다. 그들의 거짓말은 완벽하고 훌륭하다고 할 만하다.

5. 영적인 세계의 거짓은 완벽한 데에서 나온다. 오늘날 많은 사람들이 속임수가 드러나 보이지 않는 교리나 소위 완벽한 진리에 속아 넘어간다. 그리스도인들은 그런 진리들을 가르침 받을 때 너무나 완벽하고 흠이 없기 때문에 당연한 것으로 여기고 그것에 매료되어 받아들인다. 당시 고린도 성도들이나 갈라디아 사람들이 들은 유대교 교사들의 가르침이 만일 허점이 많고 흠이 있으며 뭔가 이상해 보이는 것들이 발견되었다면 그들이 그렇게까지 속임당하지는 않았을 것이다. 그러나 그들이 받은 새로운 가르침 속에서 겉으로 보기에는 흠을 찾기가 어려웠다.

6. 이때 여호수아와 이스라엘의 실수는 무엇이었는가? 그것은 기브온 사람들의 모양이나 하는 말에 하등의 의심의 요소가 없기에 그냥 믿고 받아들인 것이다. 그들은 여호와께 묻지 않았다(14절). 결과는 볼 것 없이 기만당한 것이요 속임수에 떨어진 것이었다. 우리가 여기서 한 가지 거짓을 알아볼 수 있는 길은 거짓말하는 자들은 자신을 믿도록 하기 위해 하는 말이 많다는 것이다. 어떤 사람이 진실로 참되다면 그들은 자신들의 정체성에 대하여 그렇게 많이 말하지 않을 것이다. 우리는 성경이 참된 책임을 시인한다. 우리는 성경의 그 많은 말씀 가운데서 하나님의 존재를 증명하려는 어떤 시도가 없음에 대하여 놀라움을 금할 수 없다. 만일 성경 기록자들이 후세에 사람들이 성경을 읽고 하나님의 존재에 대하여 의심하는 자들이 그렇게 많을 것을 알았다면 그들은 하나님의 존재에 대해서, 그리고 성경을 하나님이 기록하셨다는 구

체적인 설명을 남기려 했을 것이다. 그러나 성경은 다만 "태초에 하나님이 천지를 창조하시니라"로 시작할 뿐 하나님이 계시다는 것을 증명하는 말로 시작하고 있지 않다.

한국 교회역사 초기에 나타난 무교회주의라는 이단에 대하여 주기철 목사가 판단한 내용은 매우 흥미롭다. 어느 날 그 이단의 무리는 자신들이 절대로 성경에서 벗어난 주장을 하지 않는다고 선언하였다. 주 목사는 그러한 선언 자체가 그들의 정체성을 의심하게 하는 것이라는 논지의 판단을 내렸다. 즉 그들이 그렇게 성경에서 벗어난 내용을 가르치지 않는다면 그런 말을 할 필요 없이 그렇게 가르치면 된다는 뜻이다. 그들이 과연 하나님 앞에서 진실한 무리요 건전한 진리를 말씀대로 가르치는 영을 가졌다면 자신들의 정체성에 대한 그런 말을 선언하고 시작할 의의가 없다는 것이다. 이러한 판단은 한국 초기 교회의 맑은 영성으로 말미암은 투명한 영적 투영에서 나온 것이다. 여기서 우리는 한 가지, 사탄이 성도들을 속일 때 "나는 사탄이라는 자인데 지금부터 거짓말을 좀 해보겠다. 너는 나에게 속을 준비를 해라"는 식으로 접근하지 않는다는 것을 알 필요가 있다. 자고로 사탄은 광명의 천사로, 의의 일꾼으로 가장하여 오며(고후 11:14-15) 주님도 거짓 선지자들이 양의 옷을 입고 나아오나 속에는 노략질하는 이리라고 하셨다. 양의 옷을 입었으니 겉을 보아서는 모른다는 말이다.

7. 영적 전쟁의 저자 펜 루이스는 믿는이들이 하나님의 일과 영적인 영역에 관하여 가르침받고 생각해온 모든 것을 점검하기 위해 열린 생각을 갖는 것의 중요성은 아무리 강조해도 지나치지 않다고 하였다. 그들이 붙잡고 있는 모든 진리들, 그들이 거룩한 가르침에 사용해온 모든 어구와 표현들은 심사숙고하면서 점검해야 한다. 사도 바울은 영적인 일들을 점검할 것을 거듭 강하게 권면하고 있다. "신령한 자는 모든 것을 판단하나(검사하다 또는 조사하다의 뜻이 있음)"(고전 3:15上). 여

기서 바울은 하나님의 성령의 일들에 대하여 조사하고 검사할 것을 말하고 있다. 어떤 것이든지 조사와 점검을 거치지 않고 받아들이는 습관을 갖는 것은 속임수에 떨어지는 첩경이다. 또한 믿는이들은 지혜에 있어서 장성한 자들이 되어야 한다(고전 14:20). 다시 말해서 시험하고 증명하며 범사에 헤아릴 수 있어야 한다(살전 5:21). 이 시대에도 너무나 많은 그리스도인들이 이러한 검증하는 사고의 습관이 결여된 채 가르침을 받고 속임을 당하는 현실에 있다.

8. 이스라엘이 속임당한 두 가지 요인은 그들이 성급하게 결론을 내렸다는 데 있고 자신들의 지혜와 판단으로 결정했다는 데 있다. 어떤 것을 급하게 결론 내리도록 요청받는 일이 있다 하자. 그럴 때 우리는 조심해야 한다. 기다리며 내주하시며 우리를 인도하시며 가르치시는 주님께 지혜와 인도를 구해야 한다. 그럴 때 실수가 없고 패배가 없게 된다. 서둘러 결정을 내리도록 압박이 가해지는 순간을 조심해야 한다. 언제든지 하나님의 때를 기다림이 승리의 비결이다.

15-21절, 여호수아가 곧 그들과 화친하여 그들을 살리리라는 언약을 맺고 회중 족장들이 그들에게 맹세하였더라(15절) 그들과 언약을 맺은 후 삼 일이 지나서야 그들은 근린에 있어 자기들 중에 거주하는 자라 함을 들으니라(16절) 이스라엘 자손이 진행하여 제 삼일에 그들의 여러 성읍에 이르렀으니 그 성읍은 기브온과 그비라와 브에롯과 기럇여아림이라(17절) 그러나 회중 족장들이 이스라엘 하나님 여호와로 그들에게 맹세한 고로 이스라엘 자손이 그들을 치지 못한지라 그러므로 회중이 다 족장들을 원망하니(18절) 모든 족장이 온 회중에게 이르되 우리가 이스라엘 하나님 여호와로 그들에게 맹세하였은즉 이제 그들을 건드리지 못하리라(19절) 우리가 그들에게 맹세한 맹약을 인하여 진노가 우리에게 임할까 하노니 이렇게 행하여 그들을 살리리라 하고(20절) 무리에게 이르되 그들을 살리

라 하니 족장들이 그들에게 이른 대로 그들이 온 회중을 위하여 나무 패며 물 긷는 자가 되었더라(21절)

1. 여호수아는 그들과 언약을 하고 화친의 조약을 맺었다. 이것은 성급한 결정이요 잘못된 것이었다. 무엇이 잘못되었는가? 첫째는 그들이 자신들의 감각적인 판단과 인식에 의뢰했다는 점이다. 그들은 그 중요한 일을 하나님의 말씀과 기도로 가져가지 않았다. 그들은 자신들의 시각을 믿을 수 있는 것으로 여겼다. 그들은 기브온 사람들의 말과 제시한 물건들을 보고 더 이상 의심의 여지가 없다고 생각하고 그들의 말을 그대로 믿은 것이다. 그러나 믿는이들은 이렇게 자신의 판단력을 믿지 않기를 배워야 한다. 언제나 당연하다 싶은 것이라 하더라도 주님께 가져가 묻기를 배워야 한다.

2. 두 번째, 그들은 그들의 당장의 필요를 채우는 음식에 마음이 끌렸다. 이럴 때 음식은 뇌물의 효과를 발휘한다. 즉 음식이 그들의 말을 믿고 그들을 받아들이게 하는 데 일조한 셈이다. 14절의 “무리가 그들의 양식을 취하고”와 “어떻게 할 것을 여호와께 묻지 아니하고”가 연결되어 기록된 것은 이스라엘이 양식을 취한 문제와 여호와께 그 상황을 묻지 않은 일이 관련 있는 것처럼 보이게 한다. 어떤 일이 우리의 절실한 필요를 채우는 일과 관련될 때일지라도 그 상황을 하나님께 가져가 묻는 것은 매우 필요한 일이다. 오랫동안 어떤 필요를 위해 기도해 왔으며 그 절실한 필요가 채워지는 상황이 왔다 하더라도 하나님 앞에서 시험을 거쳐 받는 것이 안전하다. 너무 쉽게 어떤 일을 기도의 응답으로 여겨 취하다가는 사탄의 함정에 빠지게 됨을 기억해야 한다. 우리의 체험 가운데도 한 번 실패의 체험이 있었다. 물질적인 필요가 매우 심각한 상황에서 기도하다가 어떤 자매가 큰 헌금을 하겠다고 하니 이는 필경 주님이 현재의 필요를 채우기 위해 주신 것이라고 좋아하며 받

았는데, 후에 보니 이것이 큰 문제의 근원이 되는 것이었다. 우리는 후에 이 일을 하나님 앞에서 회개하며 철저히 처리한 경험이 있다.

3. 삼 일이 지나서 그들이 근린에 사는 자들이요, 원방에서 왔다는 것은 거짓말임을 알게 되었다. 그들은 기브온과 그비라와 브에롯과 기랏여아림 사람들이었다. 이스라엘은 이미 약속을 했기 때문에 그들을 치지 못했다. 그러므로 회중이 족장들을 원망하였다. 많은 경우 교회 인도자들의 실수는 일반 성도들의 거역을 일으키는 요인이 된다. 이는 국가나 사회도 동일하다. 인도자들이 때때로 일하는 데에 빠지다 보면 상황을 읽고 판단하는 일에서 맑지 못하게 된다. 그럴 때 생기는 그들의 작은 실수 한 가지가 너무나 큰 결과를 낳게 되어 일생을 고생하게 만드는 수가 있다. 인도자는 이런 일에서 매우 조심하지 않으면 안 된다. 성도들 또한 이런 일에서 인도자가 실수했다 해서 거역하는 것은 하나님의 축복을 잃게 한다. 하나님의 백성은 모든 일에서 모두가 조심하고 경계해야 한다.

4. 이스라엘은 언약의 민족이고 따라서 그들이 언약을 소홀히 하는 것을 하나님은 묵인하지 않으신다. 후에 이스라엘 왕 사울이 많은 기브온 사람을 죽임으로 언약을 깨뜨렸을 때 하나님은 기브온 사람의 편이 되시어 이스라엘을 심판하셨다. 사무엘 하 21장 1절은 사울이 기브온 사람을 죽였으므로 이스라엘에 십 년 동안 기근이 있었다고 말한다. 다윗이 사울의 집을 심판한 후에야 기근이 그쳤다(삼하 21:1-14). 우리는 믿는이들이 주 안에서만 결혼해야 한다는 가르침을 받고 있다. 그러나 믿지 아니하는 사람과 결혼을 약속했을 경우나 이미 결혼했을 경우는 어떻게 해야 하는가? 이에 대해 우리는 기브온 사람들의 예(例)를 생각해야 한다. 물론 가나안 모든 거민은 다 멸해야 한다. 그러나 그들이 잘 모르고 속임을 당하여 약속을 해버렸다. 이때 하나님의 백성으로

서 어떻게 해야 하는가? 이미 결혼했을 경우에 사도 바울은 믿지 아니하는 아내의 경우 '저를 버리지 말라' 고 했으며 믿지 아니하는 남편의 경우도 '그 남편을 버리지 말라' 고 했다(고전 7:13-14).

그렇다면 그리스도인이 잘 모르는 상황에서 약혼을 해버렸을 경우는 어떻게 할 것인가? 약혼은 여기서 말하는 하나의 언약이다. 상대방이 믿지 않는 자라는 이유로 결혼 약속을 파기하는 것이 합당한 일인가? 우리는 먼저 믿는 자 편에서 약속을 해 놓고 믿지 않는 것을 파혼의 이유로 삼는 것이 합당치 않은 것임을 말하고자 한다. 믿는이는 하나님 앞에서 세운 언약을 거룩하고 귀한 것으로 보아야 하기 때문이다. 믿지 않는 자 편에서 파혼을 원한다면 물론 받아들일 수 있다. 약혼은 결혼보다는 덜 강한 약속으로 볼 수 있기 때문에 신앙의 문제로 인한 장래의 어려움과 믿음의 문제를 놓고 상의하며 이 문제가 합하지 않을 경우 어느 편이든 파혼을 제의할 수 있다고 본다. 그러나 믿지 않는 쪽이 혼약을 근거로 하여 갈라질 수 없다고 한다면 깨뜨리지 않고 이행하는 것이 그리스도인의 합당한 행함이다. 시편 15편 4절 하반절은 "그 마음에 서원한 것은 해로울지라도 변치 아니하며"라고 한다. 하나님은 그분의 자녀들이 함부로 약속을 세우고 파하는 것을 기뻐하지 않으신다. 약속한 것이 성서적으로 합당하지 않다고 해서 자신이 세운 언약을 언제든지 파할 수 있다고 생각하는 사람은 이러한 말씀을 잘 이해하지 못한 사람이다. 그럴지라도 약속을 지키면서 하나님께 믿지 않는 배우자가 구원받고 주님께 돌아오기를 기도할 수 있다. 신실한 성도들의 기도는 주님이 들으신다.

5. 기브온 사람들은 이스라엘을 속였고 속인 대가를 감수해야 했다. 그들은 이스라엘을 속인 대가로 목숨은 건졌지만 그들은 온 회중을 위하여 나무를 패며 물 긷는 자가 되었다(21절). 놀라운 일은 그들이 이방 죄인일 뿐 아니라 멸망당하기로 예정된 가나안 족속 중 하나였지만

"여호와의 택하신 곳에서…여호와의 단을 위하여 나무 패며 물 긷는 자들"이 되었다(27절). 비록 종은 종이지만 하나님을 섬기는 일 가까이에 있을 수 있는 특권이 주어진 것이다. 하나님의 긍휼과 자비는 한이 없어서 누구든지 하나님과 그분의 백성들에게 가까이 오기만 하면 긍휼의 길이 열리는 법이다. 그들이 여호수아에게 와서 비록 거짓이지만 화친을 요청한 이유를 "종들은 당신의 하나님 여호와의 이름을 인하여 심히 먼 지방에서 왔사오니 이는 우리가 그의 명성과 그가 애굽에서 행하신 모든 일을 들으며 또 그가 요단 동편에 있는 아모리 사람의 두 왕 곧 헤스본 왕 시혼과 아스다롯에 있는 바산 왕 옥에게 행하신 모든 일을 들었음이니이다"(9-10절)라고 하였다. 이는 비록 라합의 간증보다는 분명하지 못하지만("…여호와는 상천하지에 하나님이시니라"—2:21) 그래도 그들은 이스라엘에 대하여 들은 것을 믿었고 하나님의 능력 앞에 굴복한 것이다(프란시스 쉐퍼).

6. 기브온 사람들은 그 뒤에 이스라엘의 가나안 정복의 과정에서 가나안 동맹국의 편을 들었거나 이스라엘을 배반하여 일어난 흔적이 없다. 땅을 분배할 때 기브온은 아론의 제사장들에게 분배된 땅이었다. 다윗은 그 성읍에 성막을 두었고 그것은 약 400년 동안 계속되었다. 이는 제단과 제사장들도 기브온에 있었음을 의미한다. 다윗의 아들 솔로몬은 왕위에 오르는 중요한 순간 기브온에서 일천 번제를 드렸다(대하 1:3-6). 하나님께서 꿈에 그에게 나타나신 곳도 그곳이었다(왕상 3:5). 다윗의 장수 중에 기브온 사람이 있었으며 에스라 시대에 바벨론 포로에서 돌아온 유대인의 족보 가운데에도 기브온 사람들의 명단이 있고 느헤미야 시대에 성벽을 재건하는 백성들 가운데에도 기브온 사람들이 있었다. 비록 그들은 거짓말을 해서 하나님의 백성들 가운데 노예가 되어 나무패고 물 긷는 자들이 되었지만 하나님의 거룩한 백성들과 오랜 세월 함께 살 수 있는 특전이 주어졌던 것이다.

22-27절, 여호수아가 그들을 불러다가 일러 가로되 너희가 우리 가운데 거주하거늘 어찌하여 우리는 너희에게서 심히 멀다 하여 우리를 속였느냐(22절) 그러므로 너희가 저주를 받나니 너희가 영영히 종이 되어서 다 내 하나님의 집을 위하여 나무 패며 물 긷는 자가 되리라(23절) 그들이 여호수아에게 대답하여 가로되 당신의 하나님 여호와께서 그 종 모세에게 명하사 이 땅을 다 당신들에게 주고 이 땅 모든 거민을 당신들의 앞에서 멸하라 하신 것이 당신의 종에게 분명히 들리므로 당신들을 인하여 우리 생명을 잃을까 심히 두려워하여 이같이 하였나이다(24절) 보소서 이제 우리가 당신의 손에 있으니 당신의 의향에 좋고 옳은 대로 우리에게 행하소서 한지라(25절) 여호수아가 곧 그대로 그들에게 행하여 그들을 이스라엘 자손의 손에서 건져서 죽이지 못하게 하니라(26절) 그날에 여호수아가 그들로 여호와의 택하신 곳에서 회중을 위하며 여호와의 단을 위하여 나무 패며 물 긷는 자를 삼았더니 오늘까지 이르니라(27절)

1. 이스라엘은 비록 그들에게 속임을 당했지만 그들을 인격적으로 대했다. 물론 여호수아는 그들의 속인 일에 대하여는 분명하게 지적하며 힐책했다. 그리고 그들은 솔직하게 변명을 하였다. 여호수아는 그들의 변명을 듣고 어떤 누명을 씌워 죽이려 하지도 않았고 거칠고 자극적인 언사도 사용하지 않았다(매튜 헨리). 오히려 그들에 대하여 여호수아는 속임의 대가로 내리는 저주(23절) 가운데서도 긍휼을 보여주었다. 이것은 여호수아의 저주가 단순히 저주가 아니라 일종의 긍휼이요 축복임을 암시한다(호크마). 비록 힘들고 천박한 일이긴 하지만 하나님의 택하신 곳에서 봉사할 수 있는 기회를 얻은 것이다. 이는 이방인들이 교회에 들어오는 것을 예표하는 것으로 여길 수도 있다. 여호수아의 이러한 품행은 오늘날 하나님의 백성들이 세상 사람들에게 보여주어야 할 미덕이다.

2. 기브온 사람들은 후에 '느디님' 사람으로 불리웠는데, 레위 자손이 제사장들을 돕도록 주어진 것처럼 이 느디님 사람들은 레위인의 일을 돕도록 레위인들에게 주어졌다.

3. 그들은 여호수아의 처분에 완전 복종하는 자세를 취했다. "당신의 의향에 좋고 옳은 대로 우리에게 행하소서"(25절). 그들은 자신들이 생명을 잃을까봐 두려워하여 그렇게 속였다고 변명하였으며 여호수아는 어찌하든 살겠다고 굴복해온 자들을 이스라엘 가운데서 죽지 않고 살 수 있도록 배려해 주었다(26절).

여호수아 10장

Joshua

1-6절, 여호수아가 아이를 취하여 진멸하되 여리고와 그 왕에게 행한 것같이 아이와 그 왕에게 행한 것과 또 기브온 거민이 이스라엘과 화친하여 그 중에 있다 함을 예루살렘 왕 아도니세덱이 듣고(1절) 크게 두려워하였으니 이는 기브온은 왕도와 같은 큰 성임이요 아이보다 크고 그 사람들은 다 강함이라(2절) 예루살렘 왕 아도니세덱이 헤브론 왕 호함과 야르뭇 왕 비람과 라기스 왕 야비아와 에글론 왕 드빌에게 보내어 가로되(3절) 내게로 올라와 나를 도우라 우리가 기브온을 치자 이는 기브온이 여호수아와 이스라엘 자손으로 더불어 화친하였음이니라 하매(4절) 이러므로 아모리 다섯 왕 곧 예루살렘 왕과 헤브론 왕과 야르뭇 왕과 라기스 왕과 에글론 왕이 함께 모여 자기들의 모든 군대를 거느리고 올라와서 기브온에 대진하고 싸우니라(5절) 기브온 사람들이 길갈 진에 보내어 여호수아에게 전언하되 당신의 종들 돕기를 더디게 마시고 속히 우리에게 올라와서 우리를 구조하소서 산지에 거하는 아모리 사람의 왕들이 다 모여 우리를 치나이다 하매(6절)

1. 이스라엘이 가나안을 공격하는 것은 그렇게 빠른 속도로 진행되지 않았다. 하나님은 여리고 전투를 적극적으로 인도하셨으며 아이 성

을 공격하는 데에도 주관적으로 개입하셨다. 그런 다음 기브온 사람들에게 속임을 당한 사건이 있는데, 그 후로는 급박하게 돌아가던 전쟁의 상황이 멈추는 듯하다. 하나님은 때때로 모든 일을 속전속결하지 않으시는 것처럼 보인다. 가나안은 하루아침에 완전히 정복되지 않는다. 하나님께서는 차츰차츰 가나안 족속을 몰아내겠다고 미리 말씀하셨다. 출애굽기 23장 30절에서 하나님은 "네가 번성하여 그 땅을 기업으로 얻을 때까지 내가 그들을 네 앞에서 조금씩 쫓아내리라"고 하셨다. 이것은 그들이 기업을 차지할 수 있는 역량에 따른 것이리라. 그러므로 믿는이와 사역자들은 하나님께서 그분의 약속을 기대한 만큼 속히 이루어주시지 않는다 하여 원망하거나 조급해할 필요가 없다. 그리고 이루어지지 않을 것이라 여겨 포기할 필요도 없다. 그분을 믿고 그분의 응답을 받아온 사람들은 그분이 조만간 다 이루신다는 확신을 갖게 된다. 그러나 그분은 사람처럼 서두르거나 조급해하지 않으신다. 여기서 여호수아는 오히려 가나안 부족들이 쳐들어오기를 기다린 듯하다.

성도들은 하나님의 성전이다(고전 3:16). 그러므로 우리 속에 있는 악한 관념, 기질, 습관, 이론들은 가나안 부족처럼 다 내쫓아야 한다. 그러나 하나님이 우리를 변화시킬 때 어떤 것들은 천천히 내쫓는 경우가 있다. 또 환경이 일어나서 자연히 싸우면서 처리하는 경우도 있다. 예를들어 갓 믿은 성도가 술 마시는 일을 끊지 못하고 계속 탐닉하는 경우가 있다. 우리의 몸은 그리스도의 영이 거하는 하나님의 거룩한 처소이므로 그 안에 술을 취하도록 담아서는 안 된다. 그러나 처음 믿은 성도에게는 그 즐거움을 한 번에 끝낼 수 없다. 그의 온 몸은 응당 하나님의 거처로서 성령으로만 충만해야 하고 술로 충만해서는 안 되지만(엡 5:18) 그 습관에서 벗어나지 못한다. 우리가 때때로 그러한 성도들의 상황을 볼때 그를 원래 점령하고 있던 가나안의 술마귀는 쉽게 떠나지 않는 것을 볼 수 있다. 주위의 사람들은 주님을 믿었으니 그만 술을 마시기를 기대하지만 소용이 없는듯 하다. 그렇지만 우리는 그들의 형편에 동정이 가는 때가 있다. 그는 때때로 술을 마시지 않으면 인생의 재미가 하나도 없다. 이제부터 그는 무슨 낙으로 살겠는가? 아무런 낙없는 듯 하다. 일주일에 한 두번 교회에 오는 것으로 그가 교회생활과 말씀과 그 누림에 만족스러워 술을 끊을 수 있다고 보여지지 않는다. 자동적으로 그런 형제는 아주 곤란한 세월을 보내게 된다. 그가 술을 더 이상 마시지 않을 때는 그의 속 사람이 성령으로 충만케 되어 더 이상 술을 마시지 않아도 만족을 누릴 수 있을 때이다. 그는 이미 말씀과 성령으로 충만되며, 하나님을 섬기며, 주님으로 더불어 먹고 마시며, 하나님으로부터 오는 만족감과 즐거움으로 술의 즐거움을 갖지 않아도 된다. 비로서 그 때 그는 술마귀를 쫓아내기에 좋은 것이다.

그러나 어떤 경우 너무 일찍 술마귀를 내쫓아서 다른 귀신, 술보다 더 흉악한 것이 들어와서 진치는 수가 있다. 하나님은 바로 이런 것을 염려하여 조금씩 쫓아낸다고 하신 것이다. 이스라엘의 하나님을 기업으로 얻는 역량만큼 쫓아내는 것이다. 어떤 형제는 너무 일찍 술과 세상의 쾌락을 쫓아내고 안좋게 되는 경우가 있다. 그의 영 안에 진리와 생명이 부족한데 교회의 봉사나 행정과 재정을 관심하며, 흥미를 붙이게 된다. 그는 변화받은 생명이나 진리가 없이 과거에 술 마시고 즐기던 바로 그 육체로 교회의 여러 가지 일을 자신의 제 일차 관심거리와 흥미로 삼아 섬기게 되었다. 결과는 어떻게 되었는가? 많은 사람에게 큰 어려움의 요인이 되고 결국 실족하여 교회생활을 접게 되는 것이다. 그런 사람은 다음에 회복되기가 더 어렵게 된다. 그러므로 하나님은 하나님의 성전인 우리 몸에서 각종 가나안 부족인 대적들을 쫓아내실 때 조금씩 조금씩 쫓아낸다고 하신 것이다.

2. 10장의 내용은 가나안의 남부 다섯 왕이 동맹하여 기브온을 공격한 것과(1-5절) 기브온이 여호수아에게 구조를 요청한 것과 여호수아가 다섯 왕의 군대를 격파한 것과(6-11절) 태양과 달이 여호수아의 기

도로 멈춘 사건과(12-15절) 막게다 굴에 숨어 있는 다섯 왕을 멸한 것과(16-27절) 남부 가나안을 정복한 것을 담고 있다(28-43절).

가나안의 남부 다섯 왕이 동맹하게 된 것은 여리고 성의 멸망과 아이성의 패망, 그리고 기브온의 화친 항복에 따른 것이다. 이들이 기브온을 공격하려 한 것은 실상 이스라엘을 공격하려 한 것과 같은데, 그것은 기브온이 왕도(王都)와 같은 큰 도성이고 그 거민들도 강했는데(2절) 만일 그들이 이스라엘과 한편이 되면 이스라엘이 더 강해지고 따라서 자신들의 멸망은 불 보듯 뻔한 일이 될 것이기 때문이다. 이들은 기브온을 쳐서 여리고와 아이의 패배를 만회함으로 이스라엘의 가나안 정복의 기세를 꺾으려 한 것이다.

3. 헤브론은 우정(友情) 또는 교통(fellowship)이라는 뜻이며, 예루살렘 남방(22마일 거리)에 위치하고 거기에 아브라함 일가(一家)의 분묘인 막벨라 굴이 있다(창 23:19). 야르못은 높은 언덕 위에 있는 성읍이고 예루살렘 서방에 있으며 라기스는 서남방, 에글론은 유다의 낮은 지대에 위치해 있다. 이 남방의 다섯 왕이 동맹하여 기브온을 치려 하자 기브온은 이스라엘에게 구조를 요청하였고 이스라엘은 그들을 구조하기 위해 병력을 출동하였다. 이 다섯 왕들은 기브온을 가나안 왕국들의 반역자로 여겨 그들을 멸하기로 하였다. 그들은 기브온의 화친 항복이 가나안 땅의 여러 왕국들에 상당한 타격과 사기 저하를 가져올 것을 염려한 것이다. 그들은 이 싸움을 세력의 다툼으로 보았다. 하나님을 대적하는 사람들은 종종 공통의 목표를 갖고 쉽게 연합하고 동맹하여 하나님의 역사를 대적하나 반드시 패하고 만다. 여호수아는 즉시 전투에 나섰다. "여호수아가 모든 군사와 용사로 더불어 길갈에서 올라가니라"(7절). 길갈에서 올라가는 사람들이 결국은 승리하는 것이다. 아무리 연합군의 수가 많고 강하다 하나 길갈에서 올라간 이스라엘은 주님의 죽음과 부활을 근거로 싸우는 자들이니 그들을 당할 자 없는 것이

다. 하나님은 죽음과 부활에 연합하여 싸우는 그분의 자녀들과 언제나 함께 하신다.

7-14절, 여호수아가 모든 군사와 용사로 더불어 길갈에서 올라가니라(7절) 때에 여호와께서 여호수아에게 이르시되 그들을 두려워 말라 내가 그들을 네 손에 붙였으니 그들의 한 사람도 너를 당할 자 없으리라 하신지라(8절) 여호수아가 길갈에서 밤새도록 올라가서 그들에게 갑자기 이르니(9절) 여호와께서 그들을 이스라엘 앞에서 패하게 하시므로 여호수아가 그들을 기브온에서 크게 도륙하고 벧호론에 올라가는 비탈에서 추격하여 아세가와 막게다까지 이르니라(10절) 그들이 이스라엘 앞에서 도망하여 벧호론의 비탈에서 내려갈 때에 여호와께서 하늘에서 큰 덩이 우박을 아세가에 이르기까지 내리우시매 그들이 죽었으니 이스라엘 자손의 칼에 죽은 자보다 우박에 죽은 자가 더욱 많았더라(11절) 여호와께서 아모리 사람을 이스라엘 자손에게 붙이시던 날에 여호수아가 여호와께 고하되 이스라엘 목전에서 가로되 태양아 너는 기브온 위에 머무르라 달아 너도 아얄론 골짜기에 그리할지어다 하매(12절) 태양이 머물고 달이 그치기를 백성이 그 대적에게 원수를 갚도록 하였느니라 야살의 책에 기록되기를 태양이 중천에 머물러서 거의 종일토록 속히 내려가지 아니하였다 하지 아니하였느냐(13절) 여호와께서 사람의 목소리를 들으신 이 같은 날은 전에도 없었고 후에도 없었나니 이는 여호와께서 이스라엘을 위하여 싸우셨음이니라(14절)

1. 이 큰 전투에서 첫째로 하나님은 여호수아에게 확실한 승리의 약속의 말씀을 주신다. 사단이 아무리 많은 대군을 이끌어 우리에게 대든다 해도 우리가 하나님의 약속의 말씀을 신뢰함으로 전신갑주를 입고 있다면 우리는 결국 큰 승리를 거두게 된다. 문제는 주님의 말씀에 대한 확고한 신뢰이다. 대적이 아무리 강하다 하나 주님은 더욱 강하시

다. 그분의 약속의 말씀을 믿고 신뢰하라! 곧 승리할 것이다. "우리 주 예수 그리스도로 말미암아 이김을 주시는 하나님께 감사하노라"(고전 15:57), "항상 우리를 그리스도 안에서 이기게 하시고"(고후 2:14), "내게 능력 주시는 자 안에서 내가 모든 것을 할 수 있느니라"(빌 4:13) 등은 이미 우리에게 주신 승리의 말씀들이다. 그러나 우리의 승리는 조건이 충족될 때만이 보장된다. "여호와는 나의 목자시니 내게 부족함이 없으리로다"(시 23:1)라는 말씀에 의하면 우리에게는 부족함이 없다. 그러나 다윗의 그러한 체험은 그가 여호와를 목자로 모시고 있기에 가능한 것이다. 역대하 16장 9절은 "여호와의 눈은 온 땅을 두루 감찰하사 전심으로 자기에게 향하는 자를 위하여 능력을 베푸시나니"라고 한다. 빌립보서 4장 13절에서는 "…내가 모든 것을 할 수 있다"고 하였지만 그 비결은 역대하 16장 9절에 있다. 즉 바울은 전심으로 하나님을 향하는 자였기에 그러한 능력을 힘입어 행할 수 있었던 것이다. 빌립보서 4장 19절 말씀에서는 "나의 하나님이 그리스도 예수 안에서 영광 가운데 그 풍성한 대로 너희 모든 쓸 것을 채우시리라"고 하였는데, 이렇게 '모든 쓸 것'을 채워주시는 하나님의 축복은 모든 사람이 다 얻을 수 있는 것이 아니다. 그것은 빌립보 성도들이 사도의 궁핍함을 채우는 향기로운 제물을 드렸기 때문에 그러한 축복을 얻을 수 있었던 것이다(10-18절). 이 구절의 '모든 쓸 것을 채우신다'는 말은 매우 인상적이며, 정상적으로 드리며 헌신한 믿는이라면 다 체험할 수 있는 은혜이다. 이는 비단 물질적인 필요만이 아니라 영적인 면에도 적용된다.

2. 이스라엘이 즉시 그들 다섯 왕을 치러 나선 것은 겉으로 보기에 기브온의 구조 요청에 의한 것이지만 사실은 어차피 싸워 차지해야 할 영역의 사람들이었기 때문이다. 아모리 다섯 왕은 연합하여 기브온을 공격하였다. 기브온은 이스라엘에게 구조 요청을 하였고 이스라엘은

즉시 출동하였다. 이스라엘은 길갈로부터 밤새 달려와 기브온 외곽에서 아모리 연합군을 기습하였다. 이스라엘의 기습 작전은 성공하였고 기브온에서 적군을 대파하였다. 이스라엘은 도망치는 아모리 연합군을 아얄론 골짜기로부터 막게다와 아세가에 이르기까지 추격하여 완전히 격파하였다. 벧호론 골짜기부터, 즉 아모리 연합군이 도망하는 시점부터 큰 덩이 우박이 내렸는데 아세가와 막게다까지 그러했다. 그때 이스라엘의 칼에 죽은 사람보다 우박에 죽은 사람이 더 많았다. 즉 사람이 한 일보다 하나님이 하신 일이 더 많다는 말이다. 언제나 기독교의 큰 부흥 역사가 있는 곳에는 사람의 역사보다 하나님의 하시는 일이 더 많았던 것을 본다. 역대에 가장 놀라운 전쟁은 바로 여호수아 10장에 기록된 전쟁이며, 이 전쟁은 하나님이 사람의 일을 기뻐하실 때 과연 얼마만큼 역사하시는가를 보여주는 바가 된다.

3. 여호수아는 이 전투에서 그날 하루의 낮이 너무나 소중하다는 것을 알았다. 이 기회에 섬멸하지 않으면 밤이 오고 그러면 그들에게 반격의 여지를 줄 수 있다고 보았다. 이것은 우리가 몽골을 복음화할 때 취했던 전략과 비슷하다. 우리는 몽골의 복음화를 위해 90년부터 사역을 시작했으나 95년도가 되었을 때 몽골이 점점 물질 문명으로 점유되어가고 있음을 보았고 그 이후에는 복음 전하기가 그 시점보다 몇 배 더 어려워질 것임을 예감했다. 그래서 우리는 성도들에게 1년 동안 온 몽골 땅을 복음화하기 위해 나서자고 외쳤다. 그때 학생들은 휴학하고 직업을 가진 사람들은 직업을 내려놓고 복음을 위해 온 몽골 각 지방으로 나아갔다. 그 결과로 하나님은 우리에게 놀라운 열매들을 주셨다. 당시 여호수아는 그날 하루의 전투가 너무 중요하고 그 낮을 길게 해서라도 대적을 완전 섬멸하지 않으면 안 된다는 것을 직감했으며 그러한 인식에 근거하여 기도를 드렸다. 그는 먼저 여호와께 기도하고 다음에 이스라엘 목전에서 태양과 달에게 명령했다. 먼저 여호와께 구함이 없

었다면 그는 결코 그러한 담대함으로 태양과 달에게 명령하지 못했을 것이다. 주님은 우리에게 "누구든지 이 산더러 들리어 바다에 던지우라"하고 믿고 의심치 않으면 그대로 된다고 하셨다(막 11:23). 이러한 기도는 하나님께 구하는 기도가 아니라 명령하는 기도이다('던지우라!'). 믿는이가 하나님과의 온전한 동역 안에서 하나 되어 있을 때 하나님과 하나로 어떤 사물에게 명령할 수 있다. 이를 우리는 '명령하는 기도'라고 말할 수 있다. 우리는 어떤 일을 위하여 하나님께 구할 수 있지만 동시에 명령할 수도 있다.

4. 여호수아가 기도하고 외친 대로 태양은 머물고 달도 멈추어 있었는데, 대적에게 원수를 갚기까지 그리하였다. 야살의 책에 기록되기를 "태양이 중천에 머물러 종일토록 내려가지 않았다"고 했다. 우리는 하나님께서 태양을 머물게 하신 것에 대하여 그것이 자연법칙을 초월한 이적의 역사인 만큼 성경이 말하는 대로 믿을 뿐이다. 이는 여호수아가 한 일이 아니고 해와 달을 지으신 하나님이 하신 일이므로 믿을 수 있다. 하박국 3장 11절은 하나님의 크신 능력(영광의 광채)으로 인하여 해와 달이 그 처소에서 멈추었다고 말한다. 해리 림머(Harry Rimmer) 박사는 유대인의 달력으로 4월 11일(양력 7월 22일)은 만일 해가 사람의 육안으로 보기에 기브온(북위 31도 51분)에서 멈춘 것이라면 달은 아얄론 골짜기에 있는 것이 매우 정확하다고 말했다. 또한 트로터(C. A. Trotter) 교수는 1890년에 한 권의 전문서적을 저술했는데, 정밀한 천문 계산으로 지구의 규칙적인 운동에 비추어 볼 때 24시간의 차이가 난다고 증명했다. 즉 24시간이 뒤떨어진 것이다. 이것은 "태양이 중천에 머물러서…거의 종일토록…"이라는 기록과 부합하는 것이다. 어떤 과학자는 이 일을 연구한 결과 낮의 길이가 23시간 20분 더 길어졌다고 말하기도 한다. 어쨌든 하나님은 이스라엘이 이기도록 낮의 길이를 늘이기도 하시고 우박을 쏟기도 하셨다.

5. 하나님은 사람의 기도를 들으시되 특히 지도자들의 기도를 잘 들으신다. 이는 성경의 전체적인 흐름 속에서 읽을 수 있다. 지도자는 모든 사람의 필요를 구하는 위치에 서 있기 때문일 것이며 많은 사람을 위해 수고하며 일하는 사람이기 때문일 것이다. 루터는 기도하다가 '이겼다, 이겼다' 하고 소리쳤다. 이는 기도의 응답을 받았다는 확신이 있다는 뜻이고 종교개혁의 큰 역사가 성공할 것이며 따라서 많은 사람이 그 혜택을 받으리라는 뜻이다. 물론 하나님께서 지도자들의 기도만 들으시는 것은 아니다. 하나님께서 지도자들의 기도를 더욱 존중하여 들으신다는 것뿐이다.

6. '야살의 책(세펠 하야솰)' 이란 의로운 자의 책이라는 뜻이며 이곳과 사무엘 하 1장 18절에 언급되어 있다. 민수기에 나오는 '여호와의 전쟁기' (21:14)와 맥락을 같이 하는 책일 것이다. 이 책의 기원은 알 수 없고('여호와의 전쟁기' 를 야살이 보완하고 완성한 것일 수도 있다—매튜 헨리) 오늘날에는 남아 있지 않다. 다만 정경 외에 이스라엘 역사와 민족적 자료들을 연대기를 따라 수록한 고대 역사 수집 문서라고 할 수 있다(Keil). 이렇게 하나님이 사람의 목소리를 들으신 것이 전에도 없고 후에도 없다고 하신 것은 유사한 일이 다시는 일어날 가능성이 없다는 것이 아니라 이 사건의 위대성을 강조하는 표현일 것이다. 히스기야 시대에 다시금 유사한 사건이 일어났다(왕하 20:9-11). 하나님은 지금도 전무후무한 일을 얼마든지 하실 수 있는 위대한 분이시다. 우리는 우리 시대에 그러한 일이 있기를 소망해야 한다.

15-27절, 여호수아가 온 이스라엘로 더불어 길갈 진으로 돌아왔더라(15절) 그 다섯 왕이 도망하여 막게다의 굴에 숨었더니(16절) 혹이 여호수아에게 고하여 가로되 막게다의 굴에 그 다섯 왕의 숨은 것을 발견하였나이다(17절) 여호수아가 가로되 굴 어귀에 큰 돌을 굴려 막고 사람을 그 곁에

두어 그들을 지키게 하고(18절) 너희는 지체 말고 너희 대적의 뒤를 따라
가 그 후군을 쳐서 그들로 자기들의 성읍에 들어가지 못하게 하라 너희 하
나님 여호와께서 그들을 너희 손에 붙이셨느니라 하고(19절) 여호수아와
이스라엘 자손이 그들을 크게 도륙하여 거의 진멸시켰고 그 남은 몇 사람
은 견고한 성으로 들어간 고로(20절) 모든 백성이 평안히 막게다 진으로
돌아와 여호수아에게 이르렀으나 혀를 놀려 이스라엘 자손을 대적하는
자가 없었더라(21절) 때에 여호수아가 가로되 굴 어귀를 열고 그 굴에서
그 다섯 왕을 내게로 끌어내라 하매(22절) 그들이 그대로 하여 그 다섯 왕
곧 예루살렘 왕과 헤브론 왕과 야르뭇 왕과 라기스 왕과 에글론 왕을 굴에
서 그에게로 끌어내니라(23절) 그 왕들을 여호수아에게로 끌어내매 여호
수아가 이스라엘 모든 사람을 부르고 자기와 함께 갔던 군장들에게 이르
되 가까이 와서 이 왕들의 목을 발로 밟으라 가까이 와서 그들의 목을 밟
으매(24절) 여호수아가 군장들에게 이르되 두려워 말며 놀라지 말고 마음
을 강하게 하고 담대히 하라 너희가 더불어 싸우는 모든 대적에게 여호와
께서 다 이와 같이 하시리라 하고(25절) 그 후에 여호수아가 그 왕들을 쳐
죽여 다섯 나무에 매어 달고 석양까지 나무에 달린 대로 두었다가(26절)
해질 때에 여호수아가 명하매 그 시체를 나무에서 내리어 그들의 숨었던
굴에 들여 던지고 굴 어귀를 큰 돌로 막았더니 오늘날까지 있더라(27절)

1. 다섯 왕을 철저히 패배시킨 후에 여호수아는 길갈 진으로 돌아왔다. 여리고의 큰 승리 후에 막바로 아이를 공격한 것과는 매우 대조적이다. 길갈은 부흥과 휴식과 회복의 장소이다. 그곳은 할례와 유월절을 기념한 장소이다. 여호수아는 한두 번의 실패를 계속적으로 반복하는 사람이 아니었다. 그는 지난 날의 패배를 거울 삼을 수 있는 인물이었다. 한 번의 승리는 사람에게 자만심을 가져올 수 있고 자신을 신뢰할 여지를 줄 수 있다. 그는 여리고의 승리 후의 실패와 아이의 승리 후에 기만당한 사실을 잊지 않는다. 그는 초기의 실수를 반복하여 용납하지

않는 좋은 지도자였다.

2. 여호수아의 지도자적인 자질이 잘 나타나는 부분이다. 어떤 사람이 막게다 굴에 다섯 왕이 숨어 있다고 말했다. 그때 여호수아는 그들을 죽이는 데 시간을 많이 쓰지 않았다. 일단 그들은 더 이상 갈 곳 없이 잡힌 몸이었다. 그러므로 여호수아는 더 중하고 급한 일에 전념하기 위해 그 굴을 큰 돌로 막고 사람들을 곁에 두어 일단 지키게 하였다. 그런 다음 긴급한 필요를 돌보았다. 여호수아는 즉시 대적의 뒤를 따라가 후군을 쳐서 자기들의 성읍에 들어가지 못하게 하라고 지시했다. 몇 사람 빼놓고는 이스라엘이 크게 도륙하고 진멸시켰다. 이미 여호수아는 승리의 기세를 올렸고 그러한 승리를 기반으로 하여 다섯 왕을 처리하였다. 전쟁은 기회의 문제이며 기선제압의 문제이다. 여호수아는 이 두 가지 문제에서 승리했다. 일단 패주하는 무리를 놓아두지 않았다. 그때 완전히 진멸하는 것이 완전히 전세를 가름한다. "감히 혀를 놀려 이스라엘을 대적하는 자가 없었다"는 말이 기선제압의 문제를 나타내고 있다. 하나님은 그분의 백성들이 사탄에 대하여 이렇게 견고한 승리의 위치에 서 있기를 원하신다.

3. 여호수아는 후퇴하는 적을 다 진멸한 후에 굴에 숨어있는 다섯 왕을 끌어내게 했다. 그는 그 다섯 왕을 혼자서 죽이지 않았다. 그는 이스라엘 모든 사람을 부르고 그와 함께한 군장들에게 그들의 목을 밟으라고 명령했다. 그리고 그는 하나님께서 자기에게 명하시고 격려하신 메시지를 반복하여 말해주었다. "두려워 말며 놀라지 말고 마음을 강하게 하고 담대히 하라 너희가 더불어 싸우는 모든 대적에게 여호와께서 다 이와 같이 하시리라"(25절). 그는 싸움에 이기기 위해서 모든 일을 자신이 다 하지 않고 자신이 할 수 있는 일을 다른 사람들에게 위임해 주었다. 물론 그는 자신이 친히 다섯 왕을 국문하고 죽일 수 있었다. 그

러나 여호수아는 그렇게 하지 않고 젊은 군장들로 하여금 친히 그들의 목을 밟으며 그들로 승리가 무엇인지를 알게 하려 했다. 자신이 할 수 있는 일을 부하들도 할 수 있게 함으로써 그들의 믿음과 용기를 강화시킨 것이다. 이것이 여호수아의 지도자로서의 탁월한 자질이다.

4. 할 일을 다 한 후에 여호수아는 다섯 왕을 쳐 죽이고 다섯 나무에 각각 한 사람씩 매달았다가 해질 때에 내렸다. 이는 언약의 땅 가나안이 시체로 더럽혀지지 않게 하려는 것이었다(신 21:22, 23). 그들은 결국 그들이 숨어 있던 곳에 묻히게 되었다. 죄는 이와 같이 나무에 매달아 저주하는 것이 마땅하다. 이것은 은밀하게 감추인 우리의 죄악들을 처리하는 것에 비할 수 있다. 우리의 죄 중에는 나타난 것도 있지만 위선과 간음, 자만심, 이기심, 은밀한 미움, 시기, 적대감 등 다른 사람이나 심지어 자신도 알지 못하는 숨은 죄들이 있다. 이러한 죄악들을 어떻게 처리해야 하는가? 먼저 그 죄악들을 다섯 왕들처럼 지하 동굴에서 나오게 해야 한다. 사도는 어떤 은밀한 죄들은 말하기도 부끄럽다고 했으며 책망을 받는 모든 것이 빛으로 나타나며 나타나지는 것마다 빛이라고 하였다(엡 5:12-13). 이렇게 은밀한 죄들을 처리하는 길은 먼저 깊이 숨어 있는 동굴에서 끄집어내는 것이다. 이러한 은밀한 죄들은 감춰어진 상태에서 힘과 효력을 발한다. 그러나 그것이 어느 날 책망을 받고 밖으로 드러날 때 힘을 잃고 패배한다. 그럴 때 신자들은 그 죄의 세력을 많은 사람 앞에서 밟을 수 있다. 그리고 나무에 전시(展示)로 매달아 놓을 때 그 죄는 더 이상 우리 몸에서 효력을 발할 수 없다. 우리는 이 부분에서 그리스도께서 우리 죄를 대속하시기 위해 나무에 달려 저주를 받은 바 되셨다는 것을 깨달을 필요가 있다. 우리의 죄악은 은밀한 것이든 공개된 것이든 십자가에서 처형되어야 할 것들임을 알아야 한다. 주 예수는 우리의 은밀한 죄, 공개적인 죄, 인간의 모든 죄와 수치를 십자가에서 담당하시고 죽으셨다. 다섯 왕들처럼 우리

는 우리의 은밀한 죄들로 인하여 나무에 달려 죽을 수 밖에 없는 죄인이었다. 그러나 하나님은 우리의 죄와 슬픔과 수치를 그에게 다 돌리셨다(사 53:4-6).

28-43절, 그날에 여호수아가 막게다를 취하고 칼날로 그 성읍과 왕을 쳐서 그 성읍과 그 중에 있는 모든 사람을 진멸하여 한 사람도 남기지 아니하였으니 막게다 왕에게 행한 것이 여리고 왕에게 행한 것과 일반이었더라(28절) 여호수아가 온 이스라엘로 더불어 막게다에서 립나로 나아가서 립나와 싸우매(29절) 여호와께서 또 그 성읍과 그 왕을 이스라엘의 손에 붙이신지라 칼날로 그 성읍과 그 중의 모든 사람을 쳐서 멸하여 한 사람도 남기지 아니하였으니 그 왕에게 행한 것이 여리고 왕에게 행한 것과 일반이었더라(30절) 여호수아가 또 온 이스라엘로 더불어 립나에서 라기스로 나아가서 대진하고 싸우더니(31절) 여호와께서 라기스를 이스라엘의 손에 붙이신지라 이튿날에 그 성읍을 취하고 칼날로 그것과 그 중의 모든 사람을 쳐서 멸하였으니 립나에 행한 것과 일반이었더라(32절) 때에 게셀 왕 호람이 라기스를 도우려고 올라오므로 여호수아가 그와 그 백성을 쳐서 한 사람도 남기지 아니하였더라(33절) 여호수아가 온 이스라엘로 더불어 라기스에서 에글론으로 나아가서 대진하고 싸워(34절) 그 날에 그 성읍을 취하고 칼날로 그것을 쳐서 그 중에 있는 모든 사람을 당일에 진멸하였으니 라기스에 행한 것과 일반이었더라(35절) 여호수아가 또 온 이스라엘로 더불어 에글론에서 헤브론으로 올라가서 싸워(36절) 그 성읍을 취하고 그것과 그 왕과 그 속한 성읍들과 그 중의 모든 사람을 칼날로 쳐서 하나도 남기지 아니하였으니 그 성읍과 그 중의 모든 사람을 진멸한 것이 에글론에 행한 것과 일반이었더라(37절) 여호수아가 온 이스라엘로 더불어 돌아와서 드빌에 이르러 싸워(38절) 그 성읍과 그 왕과 그 속한 성읍들을 취하고 칼날로 그 성읍을 쳐서 그 중의 모든 사람을 진멸하고 하나도 남기지 아니하였으니 드빌과 그 왕에게 행한 것이 헤브론에 행한 것과 일

반이요 립나와 그 왕에게 행한 것과 일반이었더라(39절) 이와 같이 여호수아가 온 땅 곧 산지와 남방과 평지와 경사지와 그 모든 왕을 쳐서 하나도 남기지 아니하고 무릇 호흡이 있는 자는 진멸하였으니 이스라엘의 하나님 여호와의 명하신 것과 같았더라(40절) 여호수아가 또 가데스 바네아에서 가사까지와 온 고센 땅을 기브온에 이르기까지 치매(41절) 이스라엘의 하나님 여호와께서 이스라엘을 위하여 싸우신 고로 여호수아가 이 모든 왕과 그 땅을 단번에 취하니라(42절) 여호수아가 온 이스라엘로 더불어 길갈 진으로 돌아왔더라(43절)

1. 여호수아가 기브온 전투의 대승리의 여세를 몰아 남부의 성을 차례차례 정복해가는 과정을 설명한 부분이다. 내용은 막게다(28절), 립나(29-30절), 라기스(31-32절), 게셀 왕(33절), 에글론(34-35절), 헤브론(36-37절) 및 드빌(38-39절) 성읍을 정복한 것의 개략이다. 이와 같이 신자들은 죄를 이기고 또 이겨야 하며 심지어 더 깊이 죄의 근원까지도 찾아내어 멸절시키는 것이 필요하다(박윤선). 기브온 전투는 한 번의 십자가의 큰 승리를 예표하며 남부(10장)와 북부(11장)의 성읍들을 하나하나 이기는 것은 세세한 죄악을 멸절시키는 것을 의미한다. 이것은 우리 몸 속의 죄의 뿌리를 근절시킨다는(eradication of the root of sin) 사상이 아니라 죄에 대한 철저한 심판을 통하여 다시는 우리가 특정한 죄에 종 노릇 하지 않는 상태를 가리키는 것이다(롬 6:6-7).

2. 이스라엘은 먼저 중부(여리고, 아이, 기브온) 지역을 정복하고 다음에는 남부(막게다, 립나, 라기스, 에글론, 헤브론, 드빌)를 정복했다. 11장은 북부 정복에 관한 기록이다.

3. 막게다와 립나와 드빌은 다섯 왕이 도망했던 장소의 인근 성읍이므로 급격하게 파멸을 당했다. 우연히든 의도적이든 악인들과 함께하

면 급히 망하게 된다. 왕을 잃어버린 라기스를 돕겠다고 나선 게셀 왕 호람은 여호수아의 진행을 막으려 하다가 자기의 모든 군대도 멸절당했다(33절). 악인이 악인을 돕는 결과는 이와 같이 조속히 멸망하는 것이다. 복 있는 사람은 악인의 자리에 앉지도 아니한다(시 1:1-2).

4. 그가 전쟁에서 죽인 왕들의 성읍은 직접 가서 취했다(라기스, 에글론, 헤브론). 이미 왕이 죽었으니 쳐부수기가 쉬웠을 것이다. 그러므로 42절 말씀은 "이스라엘 하나님 여호와께서 이스라엘을 위하여 싸우신 고로 여호수아가 이 모든 왕과 그 땅을 단번에 취하니라"고 한다. 여기서 '단번에' 라는 말은 그 전투에서 비교적 손쉽게 이길 수 있었음을 의미한다. 이 때 죽인 다섯 왕 중에 세 왕의 성읍은 쳐서 취하였지만 두 왕이 있던 성읍, 예루살렘과 야르뭇은 쳐서 취하지 않았다. 이 성읍들은 훗날 사사 시대와 다윗 시대에 싸워 점령하기 위해 어려움을 겪어야 했다(삿 1:8, 삼하 5:6). 만일 이때 이스라엘이 가나안을 완전히 진멸했다면 완전한 안식을 누릴 수 있었을 것이다. 10장의 기록을 보면 이때 매우 크게 승리한 것처럼 보이지만(승리한 것은 사실이다) 자세히 보면 완전한 영적 승리가 아닌 것을 볼 수 있다. 완전하고 철저한 승리의 역사는 신약의 교회에게 맡겨진 듯하다. 이스라엘은 당시 얻은 승리와 기업에 만족하여 일시적인 평안을 바랐던 고로 대적의 노력을 이용하려 했으며 또한 너무 계속되는 전투에 피곤하여선지 대적을 다 멸할 수 있는 절호의 기회를 잃어버렸다. 그들은 이미 얻은 승리와 기업으로 만족했던 것 같다. 이로 인해 이스라엘은 훗날 기업과 평강을 잃어버리고 하나님께 득죄하게 된다. 영적인 길에서 조기 만족은 성장을 가장 방해한다. 우리는 항상 부족한 상태임을 인식해야 한다.

5. 싸움은 가혹했다. 우리가 대적과 싸우는 일에 있어서 철저하고 가혹해야 한다는 예시이다. '모든 사람을 칼로 진멸했다' (28, 30, 32,

35절 등), '무릇 호흡이 있는 자는 모두 진멸하고' (40절) 등의 표현이 그러하다. 우리는 죄와 악에 대하여는 그 이름과 모양이라도 철저히 처리하고 멸해야 한다. 이것은 악을 미워하시는 하나님의 명령이다(40절). 우리는 이러한 철저한 파멸을 통해서 하나님께서 가나안 땅의 우상과 가증한 죄악을 얼마나 미워하시는가를 알 수 있다. 우리는 지난날 이러한 하나님의 진노 아래 있던 이방 죄인들이었다. 하나님의 아들이 죄인을 위해 나무에 달리사 심판과 저주를 다 그 몸에 받으신 것은 하나님께서 죄악을 철저하게 미워하신다는 표시이다.

여호수아 11장

Joshua

1-9절, 하솔 왕 야빈이 이 소식을 듣고 마돈 왕 요밥과 시므론 왕과 악삽 왕과(1절) 및 북방 산지와 긴네롯 남편 아라바와 평지와 서방 돌의 높은 곳에 있는 왕들과(2절) 동서편 가나안 사람과 아모리 사람과 헷 사람과 브리스 사람과 산지의 여부스 사람과 미스바 땅 헤르몬 산 아래 히위 사람들에게 사람을 보내매(3절) 그들이 그 모든 군대를 거느리고 나왔으니 민중이 많아 해변의 수다한 모래 같고 말과 병거도 심히 많았으며(4절) 이 왕들이 모여 나아와서 이스라엘과 싸우려고 메롬 물가에 함께 진쳤더라(5절) 여호와께서 여호수아에게 이르시되 그들을 인하여 두려워 말라 내일 이맘때에 내가 그들을 이스라엘 앞에 붙여 몰살시키리니 너는 그들의 말 뒷발의 힘줄을 끊고 불로 그 병거를 사르라(6절) 이에 여호수아가 모든 군사와 함께 메롬 물가로 가서 졸지에 습격할 때에(7절) 여호와께서 그들을 이스라엘의 손에 붙이신 고로 그들을 격파하고 큰 시돈과 미스르봇 마임까지 쫓고 동편에서는 미스바 골짜기까지 쫓아가서 한 사람도 남기지 아니하고 쳐죽이고(8절) 여호수아가 여호와께서 자기에게 명하신 대로 행하여 그들의 말 뒷발의 힘줄을 끊고 불로 그 병거를 살랐더라(9절)

1. 가나안의 중부와 남부를 장악한 여호수아는 북부를 정복하기 위

해 나아간다. 북부의 정벌은 남부와 같은 원칙으로 하솔 왕 야빈이 북부의 왕들을 모아 이스라엘에 대항함으로 이스라엘은 그 동맹군을 격파한다(1-9절). 하솔은 히브리어 원문에서 '카졸'이라고 발음해야 하며 그 뜻은 '요새화된 도시'이다. 그들 산지와 평지에 있는 사람들이 다 연합하였다. 그들은 각기 사는 형편이 다르고 배경과 습관이 달랐지만 이스라엘을 공격하는 데에서는 일치가 되었다. 하솔 왕 야빈은 그러한 북부 왕들 가운데 대표인 셈이다. 이는 신약 고린도 후서 10장에서 말한 견고한 진을 연상케 한다. 신약에서 영적 전쟁의 격전지는 사람의 생각인데, 사탄은 사람의 생각 속에 이론과 지식과 관념으로 철저한 진을 형성한다. 물질적인 요새처럼 단단하게 관념화된 상태를 말한다. 이러한 사람의 생각은 영적 전쟁의 참된 전쟁터이다. 사탄은 사람의 생각을 사상과 교만한 이론으로 체계화하여 하나님을 받아들이지 못하게 한다. 하나님의 진리도 사람의 새로워진 생각으로 충만해야 하는 것이다. 사람의 생각은 진리와 하나님의 영으로 충만해야 하는데 사탄도 사람의 생각을 점유하기 위해 총력을 기울이는 것이다. 사도 바울은 영의 생각이란 말을 많이 했다. 그는 하나님의 강력으로 하나님 아는 것을 대적하여 높아진 이러한 견고한 생각의 진(陣)을 파하는 전쟁을 하고 있다고 말했다.

2. '야빈'이란 '지식 있는 자(intelligent)'라는 뜻이다. 결국 하솔과 야빈은 신약에서 견고한 생각과 지식의 진을 파하는 것을 예표한다. 하솔 왕 야빈은 당시 북부 가나안 땅에서 가장 요새화되고 견고한 성읍을 왕국으로 갖고 있는 영향력 있는 왕이었다. 그는 동맹군을 모아서 메롬 물가('높은 곳의 물'이라는 뜻)에 진쳤다. 그들의 수는 남부의 다섯 왕보다 더 많아 해변의 수다한 모래 같다고 했다. 요세푸스는 그의 사기(史記)에서 당시 가나안 군(軍)이 삼십만의 보병과 일만 필의 말과 이만의 병거를 갖고 나왔다고 추산했다. 언제나 하나님의 선민을 대적하

는 자들은 다수이다. 하나님은 먼저 작은 군대를 쳐부수도록 훈련시키신 다음 이제 대군에 대응할 기회를 부여하신 것이다. 처음에는 다섯 왕이 결속한 부대였으나 이번에는 그보다 훨씬 큰 대군이다. 하나님은 교회의 힘이 커짐에 따라 영적 전쟁의 규모도 늘려 가신다.

3. 하나님은 처음에는 다만 나팔과 외침으로, 우박으로, 태양과 달이 정지되는 등 기적적인 역사로 이기게 하셨지만, 점차적으로 하나님에 대한 새로운 믿음과 능력을 진작시켜 일반적인 전투로 이기게 하신다. 복음 역사도 마찬가지이다. 초기에는 큰 기적을 베푸시어 복음을 선포하게 하셨지만 이제는 일반적인 능력과 진리의 말씀으로 각 나라와 민족 가운데서 복음을 선포하게 하시며 많은 사람으로 믿어 순종하게 하신다.

4. 여호수아는 졸지에 습격하여 동맹군을 대파하였고, 그들을 다 쳐죽이고 말 뒷발의 힘줄을 끊고 불로 병거를 살랐다. 이는 여호수아가 여호와께서 명하신 대로 행한 것이다. 영적전쟁에서 가장 중요한 것은 하나님의 명에 순종하는 것이다.

10-15절, 하솔은 본래 그 모든 나라의 머리였더니 그때에 여호수아가 돌아와서 하솔을 취하고 그 왕을 칼날로 쳐죽이고(10절) 그 가운데 모든 사람을 칼날로 쳐서 진멸하여 호흡이 있는 자는 하나도 남기지 아니하였고 또 불로 하솔을 살랐으며(11절) 여호수아가 그 왕들의 모든 성읍과 그 모든 왕을 취하여 칼날로 쳐서 진멸하여 여호와의 종 모세의 명한 것과 같이 하였으되(12절) 여호수아가 하솔만 불살랐고 산 위에 건축된 성읍들은 이스라엘이 불사르지 아니하였으며(13절) 이 성읍들의 모든 재물과 가축은 이스라엘 자손들이 탈취하고 모든 사람은 칼날로 쳐서 진멸하여 호흡이 있는 자는 하나도 남기지 아니하였으니(14절) 여호와께서 그 종 모세

에게 명하신 것을 모세는 여호수아에게 명하였고 여호수아는 그대로 행하여 여호와께서 무릇 모세에게 명하신 것을 하나도 행치 아니한 것이 없었더라(15절)

1. 이 부분에서는 하솔의 패망에 대하여 자세히 기록한다. 그 이유는 당시 가나안 북부에서 하솔이 머리 노릇을 했기 때문이다. 하솔 왕 야빈은 여호수아의 칼날에 죽임을 당했다. 그리고 하솔의 성읍은 불사름을 당했다. 야빈은 전쟁에서 패하자 자신의 성으로 도망하였던 것 같고 여호수아는 돌아와서 그를 찾아내어 죽인 것이다.

2. 여호수아가 이러한 일을 한 것은 하나님께 순종한 것이며 모세의 후계자로서 모세의 뜻을 그대로 순종한 것이다. 언제든지 하나님의 사역을 이어가는 자는 전임자가 하나님의 뜻에 따라 사역했다 할 때 그에게 맡겨진 위임을 지속하고 이어나가는 것이 바람직하다. 그러나 그것이 인위적이어서는 안 되고 하나님과 하나님의 뜻을 가장 존중하는 가운데 이루어져야 합당한 것이다. 하나님의 일은 한 단계 한 단계 이루어져 가기 때문이다. 모세와 여호수아는 많은 면이 같은 성품은 아닐지라도 그들의 영과 위임에는 본질이 같은 것임을 느낄 수 있다.

16-23절, 여호수아가 이같이 그 온 땅 곧 산지와 온 남방과 고센 온 땅과 평지와 아라바와 이스라엘의 산지와 그 평지를 취하였으니(16절) 곧 세일로 올라가는 할락 산에서부터 헤르몬 산 아래 레바논 골짜기의 바알갓까지라 그 모든 왕을 잡아 쳐죽였으며(17절) 여호수아가 그 모든 왕과 싸운 지는 여러 날이라(18절) 기브온 거민 히위 사람 외에는 이스라엘 자손과 화친한 성읍이 하나도 없고 다 이스라엘 자손에게 쳐서 취한 바 되었으니(19절) 그들의 마음이 강퍅하여 이스라엘을 대적하여 싸우러 온 것은 여호와께서 그리하게 하신 것이라 그들로 저주받은 자 되게 하여 은혜를

입지 못하게 하시고 여호와께서 모세에게 명하신 대로 진멸하려 하심이 었더라(20절) 그 때에 여호수아가 가서 산지와 헤브론과 드빌과 아납과 유다 온 산지와 이스라엘의 온 산지에서 아낙 사람을 멸절하고 그가 또 그 성읍들을 진멸하였으므로(21절) 이스라엘 자손의 땅 안에는 아낙 사람이 하나도 남음이 없고 가사와 가드와 아스돗에만 약간 남았었더라(22절) 이와 같이 여호수아가 여호와께서 모세에게 이르신 말씀대로 그 온 땅을 취하여 이스라엘 지파의 구별을 따라 기업으로 주었더라 그 땅에 전쟁이 그쳤더라(23절)

1. '여호수아가 그 모든 왕과 싸운 지는 여러 날이라' 고 하였다. 그 기간을 5년으로 계산하기도 하고 7년으로 계산하기도 한다. 아무튼 그들은 가나안에서 전쟁을 하는 데에 여러 날을 소모했다. 하나님은 우리가 그분의 나라를 위해 싸운 날들을 기억하신다. 아마도 그날 주님은 우리가 이 땅에서 많은 시간 그분의 권익을 위해 싸운 것을 기억하시며 위로해주실 것이다.

2. 이 부분의 말씀에서 우리가 유익을 얻기 위해서는 가나안 땅이 이스라엘의 기업인 것처럼 그리스도 자신이 우리의 기업이라는 것을 알아야 한다. 우리는 물질적인 가나안을 물려받는 것이 아니라 가나안 땅, 약속의 땅으로 예언된 그리스도 자신을 유업으로 얻어야 한다. 이때 여호수아는 전반적으로 크게 승리하고 매우 좋은 결과를 가져왔지만 그럼에도 기브온을 남긴 문제며 아낙 사람이 아스돗에 약간 남아 있었던 문제며 예루살렘과 몇몇 성읍들은 왕은 죽였지만 성읍 전체를 탈취하지 않은 문제가 있다. 히브리서에서는 이때 여호수아가 완전한 안식을 주지 못했다고 말한다(4:8).

3. 신약의 적용—우리는 여호수아의 이 부분의 말씀들을 신약의 빛

가운데 비춰볼 필요가 있다. 우선 우리가 짚고 넘어갈 것은 약속의 땅이 무엇을 예표하느냐 하는 것이다. 이미 지적하였지만 이는 만유에 충만이신 그리스도이다. 하나님은 우리 믿는이들에게 그리스도를 기업으로 주셨다. 실상 우리 그리스도인들은 거듭날 때 그리스도를 생명과 인격으로 얻는다(요일 5:11-13). 우리에게 기업이신 그리스도는 구약에서 축복의 땅 가나안으로 예표되었다. 골로새서 1장 12절 말씀은 빛 가운데 성도의 기업이 있음을 말하는데, 이 기업은 만유의 충만이신 그리스도이다. 신약의 믿는이들은 이 성도들의 기업인 그리스도를 풍성하게 얻도록 부르심을 받은 것이다(요 10:10, 고전 1:9, 빌 3:8). 우리는 신약의 말씀을 통하여 우리가 얻은 그리스도는 말씀이며 처음 얻었을 때에는 하나의 작은 씨로 우리 안에 들어오시지만 자라서 30배, 60배, 100배의 결실이 있게 됨을 알 수 있다.

구약의 예표를 통하여 우리가 얻은 구원의 매단계가 그리스도를 얻는 것과 관련이 있음을 알 수 있다. 유월절로 예표된 구속의 첫 단계에서 우리는 양의 피를 바르고(죄 사함을 위한 그리스도) 양고기를 먹는다(애굽으로 예표된 세상에서 벗어나기 위한 힘이 되시는 그리스도). 그러나 홍해를 건너 광야에 들어간 이스라엘 백성들은 조금 더 전진된 방식으로 그리스도를 얻고 누려야 했다. 그것은 반석에서 나오는 생수이며 하늘에서 내리는 만나였다. 어쨌든 광야의 이스라엘 백성은 생수와 만나가 없이는 생존할 수 없었다. 그리스도는 우리의 삶에서 필수불가결한 존재이시다. 우리가 물과 음식이 없이는 살 수 없는 것과 같다. 이제 요단을 건너 가나안에 들어간 이스라엘 백성들에게 그리스도는 그렇게 쉽게 얻을 수 있는 분이 아닌 것처럼 계시된다. 광야에서는 수고 없이도 누구에게나 하늘에서 만나가 내려왔다. 반석의 생수도 그러했다. 그러나 가나안에서는 모든 것이 전쟁을 통해 얻어진다. 전쟁이 없이는 얻을 수 있는 게 없다. 이것은 그리스도인의 체험에서 뭔가 전진된 체험임이 분명하다.

사실 영적으로 어린 단계에서는 큰 어려움이 없이 그리스도를 누릴 수 있다. 그러나 이것은 어디까지나 광야의 만나의 단계이다.

그러나 가나안에 올 때 이제 그리스도를 얻는 것은 단순히 우리의 필요와 누림을 위한 것만이 아니라 우리의 영원한 기업과 관계되고 사탄을 패배시키는 것과 관련된다. 즉 하나님을 위한 왕국을 세우는 것은 이스라엘이 가나안에 들어와서 한 성 한 성 정복하는 것과 관계된다. 즉 싸워서 얻는 것이다. 가나안의 음식은 싸우고 경작해서 얻어진다. 영적으로 말해서 가나안의 음식은 "그 땅 백성을 두려워하지 말라 그들은 우리 밥이라"(민 14:9)이다. 즉 싸워 이길 때 먹을 수 있는 것이다. 우리의 참된 기업의 획득은 싸움을 통한 것이다. 하나님은 그분의 자녀들이 이 땅에서 그리스도의 능력으로 강건하게 되어 영적 전쟁에 참여하기 원하시며 그분이 기업으로 주신 그리스도를 믿음으로 싸워서 얻기 원하신다. 그러므로 오늘 신자들이 영적 전쟁에 참여하는 것은 우리 편에서는 만유의 기업이신 그리스도를 얻기 위한 것이며 하나님 편에서는 대적자 사탄의 세력을 멸하고 그리스도의 왕국을 세우기 위한 것이다. 하나님은 이 일을 믿는이들 앞에 최종 코스로 두셨다.

그런데 이 싸움에 있어서 여호수아서는 믿는이들인 우리에게 많은 지침과 경고를 준다. 첫째로 이 싸움은 하나님께 달려 있다. 그리스도는 십자가에서 이미 대적을 이기시고 승리하셨으며(골 2:15) 죄를 정결케 하는 일을 하시고 위엄의 보좌 우편에 앉으셨다. 그분은 이미 승리하셨으며 하늘과 땅의 모든 권세를 소유하셨다. 그리고 하늘 보좌에 앉으셨다. 그분은 우리 믿는 자들의 영적 전쟁의 대장이신데 이미 싸움을 이기시고 승리의 보좌에 앉으신 것이다. 누구든지 어떤 왕이든지 승리하지 않으면 보좌에 앉지 못한다. 그러나 그리스도는 이미 개선하셨고 승리의 보좌에 좌정하신 것이다. 그분의 승천은 그분이 전투에서 승리하신 것을 기념하는 개선 행렬이었으며 모든 천군 천사가 그분의 개선을 축하하였다. 다음은 전쟁에서 이기시고 승천하시는 그리스도를 환영하는 개선식을 시(詩)로 읊은 것이다. 이것이 승천의 광경이다.

"문들아 너희 머리를 들지어다 영원한 문들아 들릴지어다 영광의 왕이 들어가시리로다 영광의 왕이 뉘시뇨 강하고 능한 여호와시요 전쟁에 능한 여호와시로다 문들아 너희 머리를 들지어다 영원한 문들아 들릴지어다 영광의 왕이 들어가시리로다 영광의 왕이 뉘시뇨 만군의 여호와께서 곧 영광의 왕이시로다 셀라"(시 24:7-10).

이와 같이 우리의 대장이신 그리스도께서 이미 승리하셨고 이미 가나안의 왕들을 살륙하여 나무에 달았다. 이제 우리가 성읍들에 가서 그 모든 대적의 졸개들을 진멸하는 일만 남았다. 이것을 죄로 말한다면 이미 우리의 죄는 그리스도의 십자가에서 심판받고 정죄되었다. 우리 옛사람은 이미 예수와 함께 십자가에 못박혔으며 우리는 죄에서 벗어날 수 있게 되었다(롬 6:6). 우리는 이에 근거해서 하나하나의 지체를 불의의 병기로 죄에게 드리지 말고 의의 병기로 하나님께 드려야 한다(롬 6:13). 우리는 이미 그리스도와 함께 죽었으니(이는 하나님이 그리스도 안에서 이루신 사실이다-골 3:1-3) 우리의 생활 가운데서 땅에 있는 지체를 죽이는 삶을 살아야 한다. 곧 음란과 부정과 사욕과 악한 정욕과 탐심이니 탐심은 곧 우상숭배이다(골 3:4). 그리스도께서 십자가에서 승리하지 않으셨다면 우리는 이런 것들을 이길 가능성이 없다. 그러나 우리의 대장이 이미 승리하셨고 우리에게 가서 싸우기만 하면 승리한다고 말씀하셨다.

우리는 음란과 부정, 사욕과 악한 정욕에 사로잡히지 않을 수 있다. 이것은 전적으로 그리스도의 승리에 기초한 것이다. 그분의 승리가 우리에게 승리를 가져다 주는 것이지 우리의 공로나 힘이 아닌 것이다. 그분이 이미 싸워 이기시고서 우리에게 그 승리를 확인하라고 하시는 것이다. 그러므로 우리의 싸움은 이미 이긴 싸움을 싸우는 것이다. 원수는 십자가에서 이미 패배했다. 하나님을 찬미하라! 하나님은 우리에게 다만 전신갑주를 입고 말씀과 성령의 검을 들고 나가 싸우면 반드시 이기는, 쉬운 싸움을 남겨놓으신 것이다. 하나님의 자녀들은 두려워하지 말아야 한다. 승리는 이미 우리의 것이니! 그리스도는 이 큰 싸움에서 이미 승리하셨다. 이 우주의 결정적인 전쟁판인 십자가에서 그리스도는 크게 승리를 거두신 것이다. 이 승리의 효과는 오늘과 내일만이 아니라 영세에까지 그 효능이 미칠 것이다. 예수 그리스도의 승리를 찬양할지어다! 그분은 참 여호수아로서 전쟁에 능하신 여호와이시다.

히브리서 4장에 의하면 하나님의 백성인 우리에게는 남아 있는 안식이 있다. 하나님은 믿는이들이 이 안식을 누리기 원하신다. 여호수아의 예표에서 볼 때 믿는이들이 누리는 참 안식은 싸움을 통해 얻어지며 한 성 한 성 싸워 탈취한 후에 얻을 수 있다. 이것은 비밀이다. 대적과 싸워서 얻은 안식이 아니라면 참 안식이 아니다. 그리고 이 안식은 사실상 그리스도이시다. 안식이신 그리스도가 우리의 기업이요 누림인 것이다. 오늘 우리가 주님이 주신 축복의 기업인 가나안 땅(그리스도)을 소유했다면 그 특징이 안식이다. 오늘날 어떤 그리스도인들이 충만하게 안식을 누린다는 것은 그만큼 그리스도를 얻었다는 말이며 그만큼 영적 전투에서 승리를 체험했다는 말이다. 오늘날 그리스도인들이 어떤 일이 발생하였을 때 심히 근심하고 불안해하며 당황하고 평강이 없는 것은 그만큼 아직 안식에 들어가지 못했다는 증거이다.

영적 전쟁의 비결은 에베소서 6장에 있는데, 그곳에서 우리는 전쟁을 위하여 우리가 능력으로 강건케 될 필요와 우리의 싸움이 혈과 육에 속한 것이 아니므로 하나님의 전신갑주를 입어야 할 필요와 하나님의 말씀을 가져야 할 필요를 읽는다. 여기에 기도는 필수이다. 이러한 영적 전쟁을 통해 우리는 참 축복과 기업이 되시는 그리스도를 얻게 된다. 또한 히브리서 3장과 4장에서는 안식을 얻기 위해 믿음과 순종이 필수임을 읽는다. 요한 일서 2장에서 청년들이 악한 자를 이기는 것은 그들이 가진 하나님의 말씀을 인함이다. 이러한 말씀들을 요약할 때 우리의 영적 전투에서 중요한 것은 하나님의 말씀이요 또한 믿음이다. 이스라엘이 참 안식을 얻지 못하고 광야에서 쓰러져 죽은 것은 그들의 마음이 강퍅하여 하나님의 말씀에 순종하지 않았기 때문이다.

오늘 이 땅에서 진정으로 이기는 믿는이들이 되려면 말씀에 대한 바른 이해와 풍성한 말씀을 가지는 것, 그리고 그 말씀에 믿음으로 화합하는 것이 수반되어야 한다. 우리는 영적 싸움의 결과로 승리자에게 참 안식이 선물로 주어짐을 안다. 그리고 그 안식은 그가 얻은 그리스도를 나타내는 것이다. 그리스도가 참 안식이시다. 그리스도가 있으면 안식이 있다. 원래는 불안과 시기와 정욕이 있었지만 한 단계의 전투를 통해 우리 속의 불안과 시기와 정욕이 물러가고 참 평강과 안식이 있게 된다. 이는 곧 그리스도의 승리가 있다는 표시이며 그분이 있을 때 안식이 있다. 이것은 단체적으로도 사실이다. 어떤 무리 가운데 고린도 교회와 같이 시기와 분쟁이 있다면 거기에는 아직 육체와 어둠의 세력이 주장하고 있는 표시이다. 그러므로 사도들의 섬김과 봉사는 전투이다. 그들은 물질적인 무기인 칼로 싸우는 것이 아니라 성령의 검인 말씀과 그들 마음속에 있는 하나님의 사랑과 힘을 다하는 섬김과 눈물로 싸운다. 결과적으로 우리는 고린도 후서에서 안식의 상황을 대하는데, 이것이 고린도 교회에 가져온 승리의 상황이요 안식의 상황이다.

당시 히브리 그리스도인들에게도 같은 싸움이 있었다. 유대교는 흑암의 영역이요 어둠의 세력이 다스리고 있는바 사탄의 도구였다. 그 유대교의 영향력이 하나님의 나라 안으로 들어온 히브리 그리스도인들에게도 지대하게 미치고 있었던 것이다. 그러한 상태에서는 안식이 없다. 그들은 응당 아들 안에서 말씀하시는 성령의 말씀을 듣고 순종해야 했다. 그러나 그들은 약함과 불신과 한 그릇 식물의 유혹, 소외되고 멸시당하며 빼앗기고 핍박당할 일에 대한 두려움 등으로 광야의 불순종하는 이스라엘과 같이 변절할 위기에 있었다. 그때 히브리서 기자는 그들을 향하여 말씀의 검을 들었다. 경고하며 격려하는 전쟁의 나팔을 불었다. 나는 그때 히브리서를 읽은 많은 사람들이 그 말씀을 듣고 순종하여 안식 안으로 들어갔을 것이라고 믿는다. 즉 가나안을 기업으로 얻게 된 것이다. 말씀에 대한 순종과 믿음과 인내로써 우리 앞에 어떤 유혹과 어려움이 있더라도 우리의 참 여호수아이신 그리스도의 영도 아래 전진한다면 우리는 약속의 땅을 기업으로 얻을 것이다.

여호수아 11장 마지막 구절과 13장의 첫 구절은 비교 검토가 필요한 부분이다. 11장 23절은 "이와 같이 여호수아가 여호와께서 모세에게 이르신 말씀대로 그 온 땅을 취하여 이스라엘 지파의 구별을 따라 기업으로 주었더라 그 땅에 전쟁이 그쳤더라"고 한다. 이 말씀을 보면 여호수아 때에 가나안의 모든 땅을 기업으로 얻은 것처럼 되어 있다. 그러나 13장 1절에서는 "여호수아가 나이 많아 늙으매 여호와께서 그에게 이르시되 너는 나이 많아 늙었고 얻을 땅의 남은 것은 매우 많도다"라고 한다. 그렇다면 여호수아가 가나안의 모든 땅을 아직 다 얻은 것이 아니라는 말이 된다. 어떤 그리스도인이 전쟁이 그치고 참 평안을 누릴 정도의 그리스도를 얻었다 해서 그리스도를 완전히 다 얻었다고 말할 수 있겠는가? 그렇지 않다. 전쟁이 그치고 참 평안과 안식을 누릴 정도로 그리스도를 얻은 신자가 있겠지만 주님은 여전히 그에게 이렇게 말씀하실 것이다. "얻을 땅의 남은 것은 매우 많도다". 실로 그리스도는 다함이 없는 풍성(unsearchable riches of Christ)을 가진 분이시다(엡 3:8). 그분의 너비와 깊이와 높이와 길이는 우주와 같이 제한이 없이 광대하시다. 하나님은 이러한 그리스도를 성도들의 기업이 되게 하셨다.

오늘 개인적인 그리스도인 생활의 목표나 단체적인 교회 생활의 목표는 모두 우리의 기업이신 그리스도를 얻는 것에 있다. 우리 속에 처리되지 않은 죄가 있다면 그것은 단순히 죄 문제가 아니다. 그 죄의 성분은 실상 가나안의 쳐부수지 않은 부족(部族)이다. 철저히 진멸할 수록 기업이신 그리스도의 영역이 우리 속에서 많아지는 것이며 따라서 안식과 평강도 많아진다. 이것이 승리의 결과이다. 또한 교회적으로도 동일하다. 우리는 개인적으로나 단체적으로나 영적 전쟁의 전선에 있음을 잊지 말아야 한다. 우리가 만일 어떤 죄와 적당히 타협한다면 그것은 결국 기브온 족속과 같이 되어 우리 일생 우리를 괴롭히는 가시가 될 것이다. 예루살렘과 같이 중요한 도시를 그냥 두었을 때 나중에 너무 힘을 들여서 회수해야 할 문제가 남게 된다. 만일 왕이 나무에 달려 죽어 힘이 다 빠졌을 그때 성을 정복했더라면 쉽게 이루어졌을 것이다. 우리가 시간을 단축하여 우리 앞에 놓인 경주를 경주하며 대적을 패배시키고 그리스도를 더 얻을 수 있다면 그리스도의 왕국이 더욱 속히 임할 것이다.

4. 말씀을 통한 적용—우리는 땅을 더 확장해 나가는 것이 그리스도의 말씀을 우리가 더욱 실제화해 나가는 것으로 설명할 필요를 느낀다. 그리스도의 실제는 모두 말씀 안에 있다. 우리가 안식 안에 들어간 것, 즉 가나안 땅을 정복한 정도는 신약의 말씀을 우리의 개인 생활과 교회 생활에 얼마나 적용하며 우리의 실제가 되도록 했느냐와 관계가 있다. 우리의 교회 생활은 하나님의 말씀을 적용하고 실제화하기 위한 도장이다. 이는 분명 이스라엘 백성이 단체적으로 가나안을 정복하는 것과 같은 그림이다. 오늘 우리의 교회 생활에서 한 가지 부분의 말씀을 실제화 하여 체험하고 교회의 누림이 되게 했다면 교회는 그만한 분량의 기업을 얻은 것에 비할 수 있다.

교회 성도들의 은사들의 발휘라든지, 서로 사랑하는 문제라든지, 교회로서 서로 건축되는 문제라든지 하는 것이 교회가 기업으로 다 얻어야 할 부분들이다. 내적인 생명을 누리는 것이나 십자가의 더 깊은 단계를 체험하는 것도 마찬가지이다. 자기를 부인하는 것도 있다. 철저한 헌신도 있으며 섬김도 있고 경건의 훈련도 있다. 복음을 위한 합심과 기도도 있다. 교회는 마땅히 열렬한 복음 전파가 이루어져야 한다. 진리에 대한 온전한 믿음과 개개인의 성도들의 온전케 됨도 있다. 좋은 가정들의 세워짐도 필요하다. 남편에 복종하는 아내들, 아내를 사랑하는 남편들이 있어야 한다. 잘 다스리는 장로들이 있어야 하며 잘 섬기는 집사들이 있어야 한다. 해외로 나아가 복음을 전하는 사역자들이 일어나야 한다. 이런 것들이 성경에는 있지만 교회에는 없는 것들일 수가 있다. 교회는 한 단계 한 단계 싸워 나가며 대적들이 억류하고 있는 기업을 탈취하고 얻도록 해야 한다. 그럴 때 교회는 점점 측량할 수 없는 그리스도의 풍성을 체험하고 안식을 얻는 단계로 들어가게 된다.

여호수아 12장

Joshua

1-6절, 이스라엘 자손이 요단 저편 해 돋는 편 곧 아르논 골짜기에서 헤르몬 산까지의 동방 온 아라바를 점령하고 그 땅에서 쳐 죽인 왕들은 이러하니라(1절) 헤스본에 거하던 아모리 사람의 왕 시혼이라 그 다스리던 땅은 아르논 골짜기 가에 있는 아로엘에서부터 골짜기 가운데 성읍과 길르앗 절반 곧 암몬 자손의 지경 얍복 강까지며(2절) 또 동방 아라바 긴네롯 바다까지며 또 동방 아라바의 바다 곧 염해의 벧여시못으로 통한 길까지와 남편으로 비스가 산록까지며(3절) 또 르바의 남은 족속으로서 아스다롯과 에드레이에 거하던 바산 왕 옥이라(4절) 그 치리하던 땅은 헤르몬 산과 살르가와 온 바산과 및 그술 사람과 마아가 사람의 지경까지의 길르앗 절반이니 헤스본 왕 시혼의 지경에 접한 것이라(5절) 여호와의 종 모세와 이스라엘 자손이 그들을 치고 여호와의 종 모세가 그 땅을 르우벤 사람과 갓 사람과 므낫세 반 지파에게 기업으로 주었더라(6절)

1. 1절부터 6절까지는 모세의 지휘 아래서 요단 동편의 두 왕인 헤스본 왕 시혼과 바산 왕 옥 및 그들의 영토를 정복한 것을 말하며, 이 땅은 르우벤 지파, 갓 지파, 므낫세 반 지파에게 기업으로 주었다. 이 서술된 내용은 민수기 21장 24절 이하에 있는 모세의 증언과 일치한다.

민수기 21장에서도 모세가 아르논부터 얍복까지 점령한 것을 서술하고 있고 여호수아도 동일한 것을 말하고 있다. 여호수아는 자기 시대에 전쟁에서 큰 승리를 거두고 그것을 기록하기 전에 먼저 전 시대에 하나님이 사용하시어 역사하신 종의 업적을 기록한다. 이는 이전 모세 시대의 정복사이며 바산 왕 옥과 헤스본 왕 시혼에 관계된 것이다. 여호수아는 자신의 시대의 놀라운 축복과 승리의 영광에 도취하여 이전 시대의 축복을 잊지 않았다. 그 결과에 대하여도 조금도 축소하거나 멸시하지 않았다. 새로운 축복 아래 있는 주의 종들은 지난 날의 위대한 종들의 역사와 성공을 말살하거나 축소해서는 안 된다.

2. 점령한 지경에 대한 자세한 설명이다. 남으로는 아르논 강으로부터 북으로는 헤르몬 산까지이다. 바산 왕 옥은 에스다롯과 에드레이에 거했다. 아마도 그곳에 왕도가 있었던 것 같다. 아마도 옥은 이 두 곳에 궁전을 짓고 여름과 겨울을 오가며 지냈던 것 같다. 이스라엘은 그 땅을 모두 옥으로부터 빼앗았다. 시혼은 원래 모압의 성읍이었으나 시혼이 이를 탈취하여 그의 왕도로 삼았는데 르우벤의 기업이 되었고 후에 갓이 재건하기도 하였다(민 32:37). 시혼의 영토는 남으로는 아로엘이고 북으로는 얍복 강이었다(민 21:24). '아로엘' 이란 '벌거벗었다'는 뜻이고 아르논 강 북편 언덕에 위치해 있다. 시혼 왕 옥의 영토에 있는 긴네롯 바다는 갈릴리 바다의 별칭이다. 긴네렛 바다(신 3:17)로도 불리운다. 벧여시못이란 모압 평지에 있는 헤스본 성읍 중 하나이며 나중에 르우벤의 성읍으로 할당되었다. 비스가 산록은 모압 평지가 내려다보이는 곳이며 서쪽으로는 사해가 내려다보인다. 후에 비스가 영토는 르우벤의 것이 되었으며 모세는 말년에 이 비스가 산에서 멀리 언약의 땅을 바라보라고 명령받았다. 모세는 그곳에서 약속의 땅을 바라보며 그 땅에 들어가기를 간절히 원하였지만 하나님께서 안 된다고 하시어 다만 바라볼 뿐이었는데, 그에 비하여 르우벤 지파 등은 들어갈 수

있는데도 굳이 그곳에 머물겠다고 간청하여 요단 동편 비스가 산록을 택한 것을 보면 도무지 납득이 가지 않는다. 길르앗은 요단 동편의 산지이다. 넓게는 요단 동편 전 지역을 가리키는 말로 사용된다. 좁게는 요단 강 동편의 중앙부 지역만을 가리키기도 한다. 아스다롯은 바산 왕 옥의 고향이다(신 1:4, 3:10).

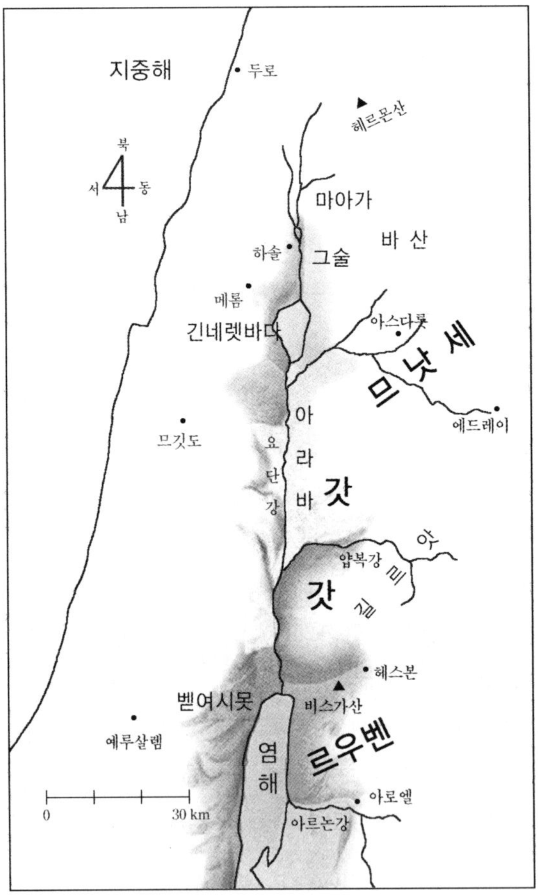

3. 세 지파가 얻은 요단 동편 지역은 나중에 결국 빼앗겼다. 자기들이 정복했다고 여겼던 원주민들에게 흡수되고 만 것이다. 여기서 우리는 영적 교훈 한 가지를 배워보자. 이것은 매우 의미심장하다. 모세는 율법의 수여자이다. 만일 당신이 율법의 분위기 아래서 유업을 얻고자 투쟁한다면 얻기는 얻겠지만 그것은 언젠가 안타깝게도 빼앗기고 말 것이다. 즉 헛수고가 되며 인생을 낭비할 것이다. 이 땅에서 바람에 날아가든지 그날 주님 앞에서 불에 태워질 것이다. 스스로의 노력과 결심으로 얻은 것은 무엇이든 마침내 실패로 돌아간다는 것이다. 모든 영적인 축복은 예수 그리스도와의 직접적이고도 친밀한 교제 속에서만 참되게 얻을 수 있다. 우리가 그렇게 믿음으로 수고한 것만이 헛된 수고가 되지 않는다. 참 여호수아이신 주님과 믿음의 교제 안에서 얻은 공적만이 그분의 것이므로 영원히 사라지지 않는 것이다.

예레미야 17장 11절은 "불의로 치부하는 자는 자고새가 낳지 아니한 알을 품음 같아서 그 중년에 그것이 떠나겠고 필경은 어리석은 자가 되리라"고 한다. 불의로 치부한다는 것은 부정직한 방식으로 돈을 벌거나 지위에 오르는 것을 의미한다. 그렇게 되면 자고새가 자신이 낳지 않은 엉뚱한 새의 알을 품어서 새끼를 부화시켜서 잘 키워 놓으면 중년쯤 되어 도망간다는 뜻이다. 따라서 어리석은 사람이 한 일의 결과를 말함이다. 많은 사람들이 오늘날 혈기의 노력으로 많은 성공적인 일을 벌려 놓는다. 그리고 힘을 다해 성공을 이루기도 한다. 그러나 결과는 다 실패로 돌아가게 되는 것이다. 그 이유는 무엇인가? 합당한 기초 위에서 일을 시작한 것이 아니기 때문이다. 그것은 하나님의 말씀의 근거 위에서 시작한 것이 아니다. 세 지파는 당시 다른 지파보다 약삭빠르게 상황을 판단했다. 그리고 머리 좋게 움직였다. 자신들의 상황을 볼 때 그 요단 동편 땅이 매우 적절하고 안성맞춤의 땅이었던 것이다. 그들은 다른 지파가 그것을 욕심낼까봐 먼저 선수를 쳐서 그 땅을 위하여 청원하였고 모세는 그것을 들어주었던 것이다. 이는 하나님의 언약의 말씀이나 믿음에 기초한 것이 아니고 보이는 것을 기초로 움직인 것이다. 그들은 어느 정도 순종하였지만 거기에 약간의 행위를 가미하였다. 때로는 약간의 행위를 가미하는 것이 온전히 믿음만으로 하는 것보다 결과를 빨리 발생시킨다. 그러나 아쉽도다! 이러한 일의 성공은 오래가지 않는다. 자고새는 실컷 수고하여 새끼를 부화하고 키웠건만 다 키워놓으니 날아 가버리고 말았던 것이다.

7-24절, 여호수아와 이스라엘 자손이 요단 이편 곧 서편 레바논 골짜기의 바알갓에서부터 세일로 올라가는 곳 할락 산까지에서 쳐서 멸한 왕들은 이러하니 그 땅을 여호수아가 이스라엘의 구별을 따라 그 지파에게 기업으로 주었으니(7절) 곧 산지와 평지와 아라바와 경사지와 광야와 남방 곧 헷 사람과 아모리 사람과 가나안 사람과 브리스 사람과 히위 사람과 여부스 사람의 땅이라(8절) 하나는 여리고 왕이요 하나는 벧엘 곁의 아이 왕이요(9절) 하나는 예루살렘 왕이요 하나는 헤브론 왕이요 하나는 야르뭇 왕이요(10절) 하나는 라기스 왕이요(11절) 하나는 에글론 왕이요 하나는 게셀 왕이요(12절) 하나는 드빌 왕이요 하나는 게델 왕이요(13절) 하나는 호르마 왕이요 하나는 아랏 왕이요(14절) 하나는 립나 왕이요 하나는 아둘람 왕이요(15절) 하나는 막게다 왕이요 하나는 벧엘 왕이요(16절) 하나는 답부아 왕이요 하나는 헤벨 왕이요(17절) 하나는 아벡 왕이요 하나는 랏사론 왕이요(18절) 하나는 마돈 왕이요 하나는 하솔 왕이요(19절) 하나는 시므론 므론 왕이요 하나는 악삽 왕이요(20절) 하나는 다아낙 왕이요 하나는 므깃도 왕이요(21절) 하나는 게데스 왕이요 하나는 갈멜의 욕느암 왕이요(22절) 하나는 돌의 높은 곳의 돌 왕이요 하나는 길갈의 고임 왕이요(23절) 하나는 디르사 왕이라 도합 삼십 일 왕이었더라(24절)

1. 7절부터 24절까지는 여호수아의 인도 아래서 정복한 땅들이다. 모세가 정복한 땅은 요단 동편의 땅이고 여호수아는 가나안 땅 자체를

정복한 것이다. 우리는 때때로 우리가 지난 날 은혜로 정복한 것들을 헤아려 볼 필요가 있다. 이것은 자만하고 자족하기 위한 것이나 업적을 기리기 위한 것이 아니라 우리를 통해 역사하시고 우리에게 승리를 가져다주신 주님의 은혜를 기리며 감사하기 위한 것이다. 우리는 아직도 싸워서 빼앗을 땅이 남아 있음을 시인해야 하며 이미 얻은 땅이 너무 적은 것을 인해 한탄하지 않을 수 없다. 우리는 모든 싸움을 다 싸우고 우리가 얻도록 되어 있는 영토를 다 탈취하여 그리스도께 드려야 한다. 우리의 심령 모든 부분이 임마누엘 그리스도의 땅이 되어야 한다. 교회의 모든 영역이 그리스도께서 통치하시는 영역이 되어야 한다. 모든 부분이 다 그리스도의 통치 아래 들어가도록 하는 것이 우리의 남아 있는 싸움이다. 싸워 얻은 부분이 그리스도께 되돌려진 부분이요 그리스도의 통치의 영역이요 안식의 영역이다. 우리도 인생의 끝날 "내가 선한 싸움을 싸우고 나의 달려갈 길을 마치고 믿음을 지켰으니"라고 말할 수 있기 바란다.

2. 이 부분은 여호수아의 영도 아래 정복한 31명의 왕들의 이름이 기록되어 있다. 이들은 요단 서편의 사람들로서 서편의 남부 십육 왕과(7-16절) 북부의 십오 왕(17-24절)으로 도합 삼십 일 왕이다. 서편 땅은 아홉 지파와 반 지파에게 할당되었다. 이 나라에서 발견되는 여러 종류의 땅은 기쁨과 풍요의 땅이다. 우리가 이 땅이 기쁨과 풍요의 땅임을 알 수 있는 것은 여기 12장 8절과 신명기 8장 7-10절을 비교함으로써이다. 본문 8절은 산지와 골짜기와 광야와 샘과 광야 등을 기록했다(흠정역 참조). 신명기 8장은 그 아름다운 땅에 대하여 "그곳은 골짜기든지 산지든지 시내와 분천과 샘이 흐르고 밀과 보리의 소산지요 포도와 무화과와 석류와 감람들의 나무와 꿀의 소산지라 너의 먹는 식물의 결핍함이 없고 네게 아무 부족함이 없는 땅이며 그 땅의 돌은 철이요 산에서는 동을 캘 것이라"고 한다. 이로 보건대 여호수아가 얻은 요

단 서편의 땅은 산물이 풍성한 땅이었다. 그런데 이상한 것은 르우벤과 갓과 므낫세 반 지파의 눈에는 그 땅이 그렇게 보이지 않았다는 것이다. 그것은 믿음의 눈으로 보아야 볼 수 있기 때문이다. 우리는 오늘날 왜 세상의 모든 보화가 작게 보이는가? 그것은 보이지 않는 세계이지만 믿음으로 그 부요한 소망을 보기 때문이다. 그러므로 우리는 보이는 아무리 큰 보화도 작은 한 부분의 주님의 말씀과도 바꿀 수 없다.

이것은 신약에서 말하는 만유의 충만이신 그리스도(엡 1:23 참조)를 예표한다. 우리가 얻은 그리스도는 무한하시고 측량할 수 없는 풍성을 가지신 분이다. 바울은 그리스도에 대하여 지혜와 지식의 모든 보화가 그 안에 감춰어 있다고 하였다. 그리고 그는 그러한 측량할 수 없는 그리스도의 풍성을 이방인들에게 전하는 사역자가 되었다고 말했다. 그러나 우리가 말한 바와 같이 이러한 그리스도를 얻으려면 전쟁은 필수이다. 우리가 어린 신자였을 때에는 사탄의 대적이 많지 않다. 그러나 점점 진보하여 그리스도를 더 얻고자 힘쓸 때 대적의 공격이 더 강해지고 심해진다. 이것은 여호수아서를 통해 볼 수 있다. 이스라엘이 가나안에 들어올 때 비로소 가장 격렬한 대적의 공격을 받은 것을 볼 수 있으며 여기서 이길 때 그리스도를 영원한 안식과 기업으로 얻게 되는 것이다.

3. 이 단계에서의 승리가 결국 예루살렘과 헤브론과 디르사 등 하나님이 사랑하시고 사용하시는 요지들을 얻게 한다. 즉 가나안의 영적 전쟁은 하나님의 왕국과 처소를 세울 수 있는 입지를 얻는 데 있어서 결정적인 교두보가 되었다는 데 의의가 있다. 나는 오늘 우리가 이 마지막 시대에 참 여호수아이신 주님과 더욱 충성되게 동역하여 대적과 싸움으로써 우리를 통해 얻어지는 성읍들이 주님의 교회와 그분의 영원한 왕국을 세우는 데 있어서 결정적인 입지를 얻는 일들이 되기를 바란다.

여호수아 13장

Joshua

1-7절, 여호수아가 나이 많아 늙으매 여호와께서 그에게 이르시되 너는 나이 많아 늙었고 얻을 땅의 남은 것은 매우 많도다(1절) 이 남은 땅은 이러하니 블레셋 사람의 온 지방과 그술 사람의 전경(2절) 곧 애굽 앞 시홀 시내에서부터 가나안 사람에게 속한 북방 에그론 지경까지와 블레셋 사람의 다섯 방백의 땅 곧 가사 사람과 아스돗 사람과 아스글론 사람과 가드 사람과 에그론 사람과 또 남방 아위 사람의 땅과(3절) 또 가나안 사람의 온 땅과 시돈 사람에게 속한 므아라와 아모리 사람의 지경 아벡까지와(4절) 또 그발 사람의 땅과 동편 온 레바논 곧 헤르몬 산 아래 바알갓에서부터 하맛에 들어가는 곳까지와(5절) 또 레바논에서부터 미스르봇마임까지의 산지 모든 거민 곧 모든 시돈 사람의 땅이라 내가 그들을 이스라엘 자손 앞에서 쫓아내리니 너는 나의 명한 대로 그 땅을 이스라엘에게 분배하여 기업이 되게 하되(6절) 너는 이 땅을 아홉 지파와 므낫세 반 지파에게 나누어 기업이 되게 하라 하셨더라(7절)

1. 여호수아는 크게 두 부분으로 나눌 수 있다. 1장부터 12장까지는 이스라엘의 가나안 정복에 관한 것이며, 13장부터 24장까지는 땅을 기업으로 분배해주는 것을 다룬다.

'여호수아가 나이 많아 늙으매' —여호수아가 정탐꾼으로 보내심 받았을 때의 나이는 40세였고(민 13장, 수 14:7) 전쟁이 끝나고 그의 분깃을 받았을 때는 85세였다(수 14:10). 가나안에 들어가기 이전에 광야에서 보낸 시간이 38년이었으므로 가나안 정복 전쟁은 우리의 계산으로 7년이 되는 셈이다. 광야에서의 기간을 40년으로 보는 사람들은 가나안 정복 전쟁 기간을 5년으로 본다. 여기서 그가 나이 많아 늙었다고 할 때의 나이는 대략 90세로 본다(몽고메리 보이스).

2. '얻을 땅의 남은 것은 매우 많도다' —여호수아는 가나안의 주요 부분들을 얻는 데에는 성공했지만 아직 얻지 못한 땅이 많이 남아 있었다. 2절부터 6절까지의 내용은 그들이 가나안에서 아직 얻지 못한 부분의 지명을 기록하고 있다. 간단히 말해서 1) 서남 구역, 즉 블레셋 땅(2-3절), 2) 두로와 시돈 땅(4절) 3) 북쪽 지역, 즉 그발 사람의 땅과 레바논 지역이다. 이 땅들은 아직 취하지 못했지만 하나님은 여호수아에게 그 거민들을 반드시 쫓아낼 터이니 이스라엘 자손에게 그 땅을 분배하라고 명령하신다. 이는 기업에 대한 하나님의 약속을 믿음으로 취하라는 명령인 것이다.

3. 13장 이전에 이스라엘은 여호수아를 인도자로 삼아 가나안 정복 전쟁에서 많이 이겼다. 그들은 매우 성공적이었고 7년이란 긴 기간을 싸웠다. 그러나 하나님은 아직 얻어야 할 남은 땅이 많다고 하신다. 이는 신약의 믿는이들인 우리에게 마치 이렇게 말씀하시는 것과 같다. "내가 이미 얻었다 함도 아니요 온전히 이루었다 함도 아니라 오직 내가 그리스도 예수께 잡힌 바 된 그것을 잡으려고 좇아가노라…오직 우리가 어디까지 이르렀든지 그대로 행할 것이라"(빌 3:12, 16). 이스라엘 백성들은 이미 많이 얻었고 큰 승리를 거두었지만 과거의 얻은 것과 승리에 만족해서는 안 되었다. 하나님은 그분의 자녀들이 얻을 기업이

무한한 것임을 계시하고 있다.

4. 성령께서 선민들에게 약속하시고 기업으로 책정하신 범위와 역사적으로 이스라엘이 얻어 지경으로 삼은 영역에는 차이가 있다. 하나님은 우리가 가나안 땅 전체를 누리고 얻기를 원하신다. 그러나 우리가 현실적으로 얻어 누리는 땅의 범위는 결국 우리의 믿음과 순종의 분량에 달려 있다. 휴식과 평안이 있는 평원과 초장이 있는가 하면(어떤 믿는이들은 이러한 초장만을 원한다. 그들이 아는 그리스도의 누림은 오직 이것뿐이다) 낙심과 탄식의 골짜기들과 깊은 절망의 계곡들이 있다. 또는 우리 안에 잠재되어 있는 두더지와 같은 정욕들이 있다. 이는 마치 아낙 자손과도 같이 철저히 잡아 죽이기가 어렵다. 성질, 교만, 변덕스러움, 악한 습관, 견고한 왕들의 요새와 같이 하나님을 대적하는 관념들, 특이한 민족성과 같은 기질들은 모두가 가나안에 살고 있는 대적들로서 그리스도께서 점령하고 통치하는 것을 방해하기 위해 우리 속에 남아 있다. 이것들 때문에 우리가 얻은 기업은 아직도 너무나 작은 부분에 불과하다. 여전히 정복해야 할 성읍들과 쳐부숴야 할 대적들이 산재해 있다.

하나님은 우리가 그리스도를 온전히 기업으로 얻어 누리기를 원하신다. 그러나 우리가 실제로 취하여 누리는 것은 우리가 믿음으로 청구하는 분량에 국한된다. 우리는 이미 지난 날 아이 성과 같은 패배를 경험했고 조급하고 경솔하게 대처하여 '기브온 사람들'의 기만전술에 속아 넘어간 경우도 많았다. 그렇기 때문에 우리가 얻은 그리스도의 분량이 많지 않음을 시인할 수밖에 없다. 우리는 지난 날 우리가 마땅히 싸워서 취해야 할 것들을 그만 포기함으로 얻지 못한 경우가 많았다. 그렇기에 주님은 우리에게 "아직 얻을 땅이 많이 남아 있도다"라고 말씀하시는 것이다.

8-14절, 므낫세 반 지파와 함께 르우벤 사람과 갓 사람은 요단 동편에서 그 기업을 모세에게 받았는데 여호와의 종 모세가 그들에게 준 것은 이러하니(8절) 곧 아르논 골짜기 가에 있는 아로엘에서부터 골짜기 가운데 있는 성읍과 디본까지 이르는 메드바 온 평지와(9절) 헤스본에 도읍하였던 아모리 사람의 왕 시혼의 모든 성읍 곧 암몬 자손의 지경까지와(10절) 길르앗과 및 그술 사람과 마아갓 사람의 지경과 온 헤르몬 산과 살르가까지 이른 온 바산(11절) 곧 르바의 남은 족속으로서 아스다롯과 에드레이에 도읍하였던 바산 왕 옥의 온 나라라 모세가 이 땅의 사람들을 쳐서 쫓아내었어도(12절) 그술 사람과 마아갓 사람은 이스라엘 자손이 쫓아내지 아니하였으므로 그술과 마아갓이 오늘날까지 이스라엘 가운데 거하더라(13절) 오직 레위 지파에게는 여호수아가 기업으로 준 것이 없었으니 이는 이스라엘 하나님 여호와께 드리는 화제물이 그 기업이 됨이 그에게 이르신 말씀과 같음이었더라(14절)

1. 이 부분의 말씀은 모세가 일찍이 르우벤과 갓과 므낫세 반 지파에게 요단 동편 땅을 분배해준 일에 대한 서론적인 설명이다. 그 본론은 15절부터 33절까지에 자세히 기록되어 있다. 평지든 골짜기든 성읍들이든 그 지경들은 하나님이 할당하신다. 레위 지파에게는 기업으로 준 땅이 없고 오직 여호와께서 그들의 기업이 되셨다. 어떤 성도는 왜 나에게는 하나님께서 아무개와 같이 평지나 초원을 주시지 않고 골짜기를 할당해주시는지 이해할 수 없다고 할 것이다. 또 어떤 성도는 왜 자신에게는 이 땅에서 누릴 만한 아무 기업도 주시지 않느냐고 불평할 것이다. 그러나 여기에 하나님의 공평과 의가 없는 것이 아니다. 아무 것도 주시지 않은 레위 지파에게는 여호와께 드리는 화제물이 그들의 기업이 된다고 하셨다.

여기서 우리는 먼저 하나님께서 우리에게 할당해주신 기업은 창세전에 예정된 것임을 이해해야 한다. 이는 그들이 이 땅을 분배받을 때 사람의 선택이 아닌 제비뽑는 방식으로 이루어진 것을 통해 알 수 있다. 우리는 우리 인생의 모든 환경과 당하는 일들에 대해, 그것이 건강이든, 병이든, 좋은 일이든 나쁜 일이든, 굽은 길이든 평탄한 길이든, 가난하게 되는 것이든 부하게 되는 것이든, 생명이든 사망이든 모든 일체의 환경이 이 기업을 얻도록 할당해주신바 하나님의 섭리임을 깨달을 필요가 있다. 이 모든 지파들(모든 성도들)이 얻은 것을 함께 모아 놓을 때 풍성한 그리스도를 나타낸다. 이것이 결국 신약의 교회이다(엡 3:18-19).

2. 이 거룩한 기록에서 두 지파 반이 쫓아내지 못한 그술과 마아갓 사람들을 언급한다. 이들은 결국 이스라엘 중에 어엿하게 거하게 되었다. 물론 바산 왕 옥과 아모리 시혼왕의 주요부분은 다 정복하였다. 그러나 얼마의 이방인들이 살아남겠다는 것을 용인한 것이다. 즉 이스라엘이 그 땅을 기업으로 얻긴 하였지만 뭔가 미진한 부분이 있다는 말이다. 오늘날 우리들과 함께 교회 생활하는 성도들에게도 어쩌면 '그술과 마아갓' 이 있을 것이다. 우리가 오늘 신약의 교회로서 복음 전파와 성도들의 양육과 진리를 전파하는 사역을 하며, 유기적인 그리스도의 몸으로서의 교회의 건축 역사를 하고 있지만 거기에 뭔가 완전히 성령과 진리로 정복되지 않은 가나안의 요소가 따라 다니는 것을 본다. 이는 어느 정도 우리의 거룩한 역사를 이루는 데 진리적으로 바른 것이 아니고 없어져야 할 것임을 알면서도 어쩔 수가 없다. 나는 여기서 박윤선 박사의 코멘트를 감상하며 기록한다. "그러나 그런 요소 때문에 교회는 겸손해질 기회를 얻기도 한다. 사람이 모든 것을 잘하고 교만해짐보다 부족한 것 때문에 낮아져서 회개하면 오히려 유익을 얻기도 한다."(박윤선 주석)

3. 이 일에 있어서 여호수아는 그리스도의 예표이다. 그리스도는 그

분의 백성들을 이끌고 싸우시는 구원의 대장(히 2:10)이시며 장래 우리가 약속의 땅을 기업으로 물려받는 일에 분배자가 되실 것이다. 오늘 우리의 싸움과 충성과 섬김은 그날 주님에게서 상속받게 될 유업과 관계 있다. 르우벤과 갓과 므낫세 반 지파는 기업을 얻는 일에 있어서 자신들의 선택이 개입되었다. 절반의 충성을 드리는 자들이 있는가 하면 완전한 충성을 드리는 자들도 있다. 하나님 앞에 어떠한 충성과 순종이 더 가치가 있을 것인지 생각해볼 필요가 있다. 주님이 우리를 위해 예비하시고 할당해 주시는 것을 다만 감사함으로 기꺼이 받는 것이 가장 모범적인 신앙생활인 것은 두말할 나위가 없다.

15-33절, 모세가 르우벤 자손의 지파에게 그 가족을 따라서 주었으니(15절) 그 지경은 아르논 골짜기 가에 있는 아로엘에서부터 골짜기 가운데 있는 성읍과 메드바 곁에 있는 온 평지와(16절) 헤스본과 그 평지에 있는 모든 성읍 곧 디본과 바못 바알과 벧 바알 므온과(17절) 야하스와 그데못과 메바앗과(18절) 기랴다임과 십마와 골짜기 가운데 산에 있는 세렛 사할과(19절) 벧브올과 비스가 산록과 벧여시못과(20절) 평지 모든 성읍과 헤스본에 도읍한 아모리 사람 시혼의 온 나라라 모세가 시혼을 그 땅에 거하는 시혼의 방백 곧 미디안의 귀족 에위와 레겜과 술과 훌과 레바와 함께 죽였으며(21절) 이스라엘 자손이 그들을 도륙하는 중에 브올의 아들 술사 발람도 칼날로 죽였었더라(22절) 르우벤 자손의 서편 경계는 요단과 그 강가라 이상은 르우벤 자손의 기업으로 그 가족대로 받은 성읍과 촌락이니라(23절) 모세가 갓 지파 곧 갓 자손에게도 그 가족을 따라서 주었으니(24절) 그 지경은 야셀과 길르앗 모든 성읍과 암몬 자손의 땅 절반 곧 랍바 앞의 아로엘까지와(25절) 헤스본에서 라맛 미스베와 브도님까지와 마하나임에서 드빌 지경까지와(26절) 골짜기에 있는 벧 하람과 벧니므라와 숙곳과 사본 곧 헤스본 왕 시혼의 나라의 남은 땅 요단과 그 강가에서부터 요단 동편 긴네렛 바다의 끝까지라(27절) 이는 갓 자손의 기업으로 그 가

족대로 받은 성읍과 촌락이니라(28절) 모세가 므낫세 반 지파에게 주었으되 므낫세 자손의 반 지파에게 그 가족대로 주었으니(29절) 그 지경은 마하나임에서부터 온 바산 곧 바산 왕 옥의 전국과 바산 경내 야일의 모든 고을 육십 성읍과(30절) 길르앗 절반과 바산 왕 옥의 나라 성읍 아스다롯과 에드레이라 이는 므낫세의 아들 마길의 자손에게 돌린 것이니 곧 마길 자손의 절반이 그 가족대로 받으니라(31절) 요단 동편 여리고 맞은편 모압 평지에서 모세가 분배한 기업이 이러하여도(32절) 오직 레위 지파에게는 모세가 기업을 주지 아니하였으니 이는 그들에게 말씀하심같이 이스라엘 하나님 여호와께서 그 기업이 되심이었더라(33절)

1. 15절부터 33절까지는 르우벤과 갓과 므낫세 반 지파의 받은 경계에 대하여 기록했다. 르우벤 지파는 주로 모압 땅을 받았고(15-23절) 갓 지파는 암몬 족속의 땅을 받았으며(24-28절) 므낫세 반 지파는 바산 왕 옥의 영토를 취하게 되었다(29-33절). 르우벤 지파는 요단 강가를 그 서편 경계로 하고 남편으로는 아르논 골짜기와 북으로는 헤스본과 그 주변의 촌락들을 경계로 하고 사해 동편 지역을 그 기업으로 분배받았다. 갓은 요단 계곡의 동편이며 남쪽은 르우벤과 접하고 동쪽은 암몬과 접하며 남북으로 길게 뻗어 얍복 강에 이른다. 이들은 가장 먼저 기업을 차지하였고(신 33:20-21) 르우벤보다 넓은 땅을 차지하였다. 므낫세 반 지파는 바산 왕 옥의 전 영토를 차지하였는데, 갓의 동쪽이고 길르앗의 북쪽이며 갈릴리 바다의 동북쪽이었다. 요단 동편 기업으로는 가장 광활한 지역이었다. 전국적으로 보면 유다 지파 다음으로 그 영토가 넓다.

2. 이 기록에서 특이한 것 한두 가지만 보겠다. 첫째는 발람의 죽음이다. 돈에 매수된 이방 선지자 발람은 결국 비참한 최후를 맞는다. 그는 할 수만 있다면 이스라엘을 망하게 하고 저주하려 했다. 그러나 결

국 그는 모세에 의해 미디안 다섯 방백과 함께 죽임을 당하고 말았다(민 22장, 25장, 31:8 참조). 이러한 거룩한 역사의 기록에 교묘한 술사의 죽음을 재확인하는 부분이 있다. 그는 결국 이렇게 불명예스럽게 죽을 것인데, 부끄럽게도 살려고 돈에 매수되었다. 이것은 하나의 경고가 되어야 한다. 어떤 자들은 축복으로 유업을 얻는가 하면 어떤 이는 부끄러운 죽음을 당한다.

3. 르우벤 지파에 속한 영토에 비스가 산이 있다. 이 산 꼭대기에서 모세는 다만 요단 건너편의 가나안 땅을 바라볼 수밖에 없었다. 이 지파와 다른 지파 사이에는 요단이 가로질러 있었다. 결국 이들 두 지파 반은 다른 열 지파보다 20년 먼저 포로가 되어 바벨론으로 이주하게 되었다. 모세가 바라보며 소원했던 땅을 마다하고 르우벤 지파가 그곳을 택하여 머문 것을 우리는 이해하기 어렵다. 그 결과는 먼저 망하는 것이었다.

여호수아 14장

Joshua

1-5절, 이스라엘 자손이 가나안 땅에서 취한 기업 곧 제사장 엘르아살과 눈의 아들 여호수아와 이스라엘 자손 지파의 족장들이 분배한 것이 이 아래와 같으니라(1절) 여호와께서 모세에게 명하신 대로 그들의 기업을 제비 뽑아 아홉 지파와 반 지파에게 주었으니(2절) 두 지파와 반 지파의 기업은 모세가 요단 저편에서 주었음이요 레위 자손에게는 그들 가운데서 기업을 주지 아니하였으니(3절) 요셉 자손은 므낫세와 에브라임의 두 지파가 되었음이라 이 땅에서 레위 사람에게 아무 분깃도 주지 아니하고 오직 거할 성읍들과 가축과 재물을 둘 들만 줄 뿐으로(4절) 이스라엘 자손이 여호와께서 모세에게 명하신 것과 같이 행하여 그 땅을 나누었더라(5절)

1. 구약에서 신약까지 하나님의 한 가지 정하심은 사람으로 땅을 정복하고 다스리는 것이다(창 1:26, 시 8:4-8). 주님은 온유한 자는 땅을 기업으로 얻는다고 하셨다. 가나안의 땅을 기업으로 얻는 것은 하나의 예표이다. 물론 땅은 사람이 살고 누리며 다스리는 영역을 가리키는 것이고 그 땅을 기업으로 얻는 것이 축복된 일임을 성경이 말하고 있다. 분명 우리에게 약속하신 기업의 땅은 오늘 우리가 안식으로 누리는 성령 안에서의 그리스도에 대한 누림이요, 장래 올 참 안식의 나라에서

새롭게 된 땅을 기업으로 얻는 일일 것이다.

2. 땅을 분배하는 일에 있어서 제사장 엘르아살이 필요하다는 것은 그 일이 하나님의 신령한 뜻 안에서 되어져야 함을 나타낸다. 엘르아살은 아론의 셋째 아들이며 그 위의 두 아들은 여호와께 다른 불을 드리다가 불에 삼켜져 죽었다. 그러므로 셋째 아들 엘르아살이 아론을 이어 제사장직을 승계한 것이다. 여호수아의 모든 일은 하나님께서 모세에게 명하신 것과 같다. 후에 일으켜진 사역자가 아무리 훌륭하다 해도 이전의 사역자들에게 하나님이 지시하시고 말씀하신 것들을 멸시해서는 안 된다. 하나님의 역사하시는 원칙은 항상 전에 사역하던 사람에게 말씀하신 것을 이어서 더욱 전진하게 하는 방식이다. 여호수아의 땅 분배하는 일은 엘르아살과 족장들과 함께 시행했지만 그 규범은 이미 모세 때 주어진 것이다. 이것이 곧 '여호와께서 모세에게 명하신 대로'의 뜻이다.

3. 모세 시대에 이미 두 지파 반은 요단 동편에서, 아홉 지파 반은 요단 건너편 가나안 땅에서 땅을 분배하는 일이 결정되었다. 설령 두 지파 반의 사람들이 가나안 땅을 정복하는 전투에 참여하고서 그 후에 마음이 바뀌어 전의 선택을 바꾸려 할지라도 이미 때는 늦은 것이다. 그러므로 약속을 기업으로 받는 자들은 믿음과 함께 인내가 필요하다(히 6:12).

4. 하나님이 그들의 기업을 제비뽑아 주었다는(2절) 것은 그들의 기업 분배가 그들의 선택이나 원함에 의한 것이 아니라 하나님의 정하심임을 암시한다. 잠언 16장 33절 말씀에 의하면 "사람이 제비는 뽑으나 일을 작정하기는 여호와께 있느니라"고 하였다. 사도행전 1장에서 열두 사도 중 한 사람이 궐이나 그를 대신할 사람을 선출할 때에도 제비

뽑기를 실행한 것은 그들의 인식에서 사도를 뽑는 일이 사람에 달려 있지 않다는 것이 분명했기 때문이었다(26절).

하나님은 이미 성도들에게 하늘에 속한 기업을 축복으로 할당하셨다. 우리는 여호수아서에서 이 일을 예표로 볼 수 있고 신약 에베소서와 골로새서에서 그에 대한 해석을 볼 수 있다. 골로새서 1장에서 바울은 '빛 가운데서 성도의 기업의 부분을 얻기에 합당하게 하신' 이라는 표현을 쓰는데, 이 '성도의 기업의 부분' 이란 틀림없이 여호수아서에 있는 이스라엘의 기업을 분배받는 일을 두고 한 말이다. 즉 이 부분에 대한 신약의 주석인 것이다. 그런데 이러한 하늘에 속한 기업을 주심에 있어서 하나님은 그분의 선민들에게 이미 창세 전에 그들의 기업의 부분들을 예정해 놓고 계셨다. 하나님은 아브라함의 자손이 애굽에 있을 것도, 모세가 애굽에서 그들을 인도하여 탈출할 것도 다 예정해 놓고 계셨다. 하나님의 세계에서는 하나도 우연히 일어난 일이 없다. 하나님께서는 그분의 자녀들을 위하여 하늘에 속한 기업을 축복으로 예비해 놓으시고 분배해 주시고자 한다. 그런데 그 축복의 땅은 결국 그리스도이다. 우리는 그리스도가 땅이라고 말할 때 이해하기가 어려움을 느낀다. 그러나 구약의 젖과 꿀이 흐르는 땅 가나안은 우리가 누리는 풍성한 그리스도를 예표함에 틀림없다. 하나님은 우리를 택하셔서 그분의 아들 그리스도를 우리의 누림과 축복과 기업으로 주기 원하신다. 구약에도 이러한 표현과 암시는 얼마든지 있다. "여호와는 나의 산업과 나의 잔의 소득이시니 나의 분깃을 지키시나이다" (시 16:5).

그러나 이러한 그리스도를 우리의 기업으로 얻는 비결은 믿음에 있으며 또한 싸움을 통한 것이다. 먼저 싸우고 이겨서 취한 다음 분배하는 것이다. 더 자세히 말한다면 먼저는 정탐하는 것이 있고(열두 정탐꾼들의 일), 담대한 믿음이 있으며, 성도들이 하나님의 말씀에 입각하여 나아가 싸우는 전쟁이 있다. 그런 다음 취한 땅을 기업으로 분배받는 것이다. 이러한 한 가지 한 가지 일이 모두 신약의 믿는 이들인 우리를 위한 예표이며 그 적용은 신약에 있다.

5. 레위는 땅에 그의 분깃이 없고 하나님만이 그들의 분깃이 되었다. 하나님은 그들을 따로 세우사 그분의 백성을 섬기는 특별한 지파가 되게 하셨으며 그들에게는 땅의 어떤 분깃도 허락지 않으셨다. 요셉은 므낫세와 에브라임 두 지파를 이루었다. 야곱이 요셉의 두 아들을 자신의 양자로 삼았기 때문이다. 그러므로 요셉의 분깃은 므낫세와 에브라임 두 지파가 각각 얻게 된 것이다. 결과적으로 요셉은 두 배의 땅을 분배받는 축복을 얻게 되었다. 레위 지파가 기업을 분배받는 일에서 빠졌어도 지파의 수는 열둘을 유지하게 되었다. "레위 자손에게는 기업을 주지 아니하셨으니 요셉 자손이 두 지파가 되었음이라"(4절).

6-15절, 때에 유다 자손이 길갈에 있는 여호수아에게 나아오고 그니스 사람 여분네의 아들 갈렙이 여호수아에게 말하되 여호와께서 가데스 바네아에서 나와 당신에게 대하여 하나님의 사람 모세에게 이르신 일을 당신이 아시는 바라(6절) 내 나이 사십 세에 여호와의 종 모세가 가데스 바네아에서 나를 보내어 이 땅을 정탐케 하므로 내 마음에 성실한 대로 그에게 보고하였고(7절) 나와 함께 올라갔던 내 형제들은 백성의 간담을 녹게 하였으나 나는 나의 하나님 여호와를 온전히 좇았으므로(8절) 그날에 모세가 맹세하여 가로되 네가 나의 하나님 여호와를 온전히 좇았은즉 네 발로 밟는 땅은 영영히 너와 네 자손의 기업이 되리라 하였나이다(9절) 이제 보소서 여호와께서 이 말씀을 모세에게 이르신 때로부터 이스라엘이 광야에 행한 이 사십오 년 동안을 여호와께서 말씀하신 대로 나를 생존케 하셨나이다 오늘날 내가 팔십오 세로되(10절) 모세가 나를 보내던 날과 같이 오늘날 오히려 강건하니 나의 힘이 그때나 이제나 일반이라 싸움에나 출입에 감당할 수 있사온즉(11절) 그날에 여호와께서 말씀하신 이 산지를 내게 주소서 당신도 그날에 들으셨거니와 그곳에는 아낙 사람이 있고 그

성읍들은 크고 견고할지라도 여호와께서 혹시 나와 함께하시면 내가 필경 여호와의 말씀하신 대로 그들을 쫓아내리이다(12절) 여호수아가 여분네의 아들 갈렙을 위하여 축복하고 헤브론을 그에게 주어 기업을 삼게 하매(13절) 헤브론이 그니스 사람 여분네의 아들 갈렙의 기업이 되어 오늘날까지 이르렀으니 이는 그가 이스라엘의 하나님 여호와를 온전히 좇았음이며(14절) 헤브론의 옛 이름은 기럇 아르바라 아르바는 아낙 사람 가운데 가장 큰 사람이었더라 그 땅에 전쟁이 그쳤더라(15절)

1. 가나안 땅을 분배한 장소는 길갈이었고 가장 먼저 나아온 지파는 유다였다. 그들은 전쟁에서 항상 먼저 나아간 용감하고 담대한 지파였다. 그들 가운데서도 갈렙이 먼저 와서 헤브론 땅을 요청하였다. 갈렙은 그니스(Kenizzite) 사람인데, 그니스(겐) 사람이란 창세기 36장에 기록된바 에서의 자손 중 그나스 족장의 자손이다(11, 15절). 그들은 이스라엘 가운데 거하다가 출애굽 때 함께 떠난 잡종이었다(출 12:48). 이러한 족속의 사람인 갈렙은 이스라엘에 귀화할 때 유다 지파에 속하였고 모세가 가데스 바네아에서 열두 정탐꾼을 보낼 때 유다 지파의 대표로 선발되었다. 출신이 이방이요 잡종인 사람이 유다 지파의 대표가 될 수 있었던 것이나 유일하게 두 사람—여호수아와 갈렙—만 가나안에 들어갈 특권을 갖게 된 것이 놀라울 뿐이다. 그리고 그가 제비를 뽑을 것도 없이 그 기업은 결정되어 있었다.

2. 현재 그는 85세이고 가데스 바네아에서 정탐으로 파견되었을 때에는 40세 청년이었다. 여호수아와는 동년배이다. 출애굽 당시 그의 나이는 39세였던 것이다. 그는 45년 전에 약속된 기업의 분깃을 잊지 않고 있었다. 그는 잊지 않을 뿐 아니라 담대히 요청했다. 우리는 하나님께서 약속의 땅에 이 두 위대한 인물만 들어가게 하고 나머지는 광야에서 쓰러져 죽게 하신 것에서 경고와 배움을 얻는다. 그것은 하나님께

서 약속을 유업으로 받는 자들이 과연 누구이며 어떠한 자들인가를 분명히 알려주시는 것이다. 오직 갈렙과 여호수아 같은 믿음과 순종의 사람들만이 성공한다. 역대로 하나님은 동년배의 사람들을 들어 사용하시는 예가 많이 있다. 루터와 칼빈은 12년 정도 밖에 차이가 나지 않는다. 웨슬레와 휫트필드도 동년배들이요, 같은 학교 출신들이다. 다비와 함께 했던 한 무리의 사람들도 그러하다. 갈렙과 여호수아는 같은 년배로서 온전히 주님을 따른 좋은 본보기이다.

우리도 갈렙처럼 온전히 주 하나님을 따르면 같은 결과를 얻을 수 있을 것이라 확신한다. 갈렙은 우리에게 인생의 좋은 비젼을 주고 있다. 그는 85세가 되었어도 젊었을 때의 좋았던 신앙을 회상하며 사는 사람이 아니었다. 오늘날 어떤 사람들이 젊었을 때 위대한 업적을 쌓고서 노년에 가서는, 아니 중년부터도 그가 젊었을 때 이룬 큰 일을 회상하며 그 꿈을 되새기는 맛으로 사는 것을 본다. 그러한 모습은 전형적인 이기는 자의 모습이 아니다. 갈렙은 젊었을 때에나 늙었을 때에나 여전히 같은 영과 믿음을 소유했고 여전히 싸우며 전진하고자 했다. 그는 소위 은퇴를 모르는 사람이었다.

우리는 이 하나님의 사람을 더 보기로 하자! 가데스 바네아에서 백성들이 애굽으로 돌아가자고 아우성치며 반역할 때 그는 여호수아와 함께 하나님과 하나님의 종 편에 섰다. 하나님께서는 갈렙에 대하여 이렇게 말씀하셨다. "오직 내 종 갈렙은 그 마음이 그들과 달라서 나를 온전히 좇았은즉 그의 갔던 땅으로 내가 그를 인도하여 들이리니"(민 14:24). 그는 그 후로도 결코 반역적인 무리 속에 낀 적이 없었다. 주님을 온전히 따르기 위해 확고한 목표를 가지고 전진한 사람이다.

3. 7절에서 그는 '내 마음에 성실한 대로' 모세에게 보고하였다고 했다. 70인 역에서는 '그의 마음에'로 번역했는데, '그의'란 '모세의' 또는 '하나님의'로 읽을 수 있다. 따라서 그의 마음은 하나님과 모세의

마음과 일치되었다고 볼 수 있다. 다른 사람들은 그들의 참된 마음과 양심대로 보고하지 않았다. 그들은 그들의 양심에 하나님이 없었다. 그들은 가나안 땅을 하나님의 마음이나 모세의 영으로 보지 않고 그들의 위축되고 소심한 마음으로 보았다. 그러나 갈렙은 하나님을 믿는 믿음의 마음으로 보았기에 그의 본 것이 하나님의 마음으로 본 것이 될 수 있었던 것이다. 열 정탐 중 혹 어떤 사람은 그들의 양심대로 보았다 하더라도 아우성치는 민중을 바라보면서 참되게 양심에 따라 보고할 수 없었을 것이다. 그것은 하나님의 마음이 아니고 참다운 사람의 양심도 아니다. 그것은 대세에 기울어진 약하고 간사한 마음이다. 그러나 갈렙은 '내 마음의 성실한 대로' 보고했다. 갈렙이 승리자의 특징을 지닌 것은 바로 이런 마음의 소유자이기 때문이다.

14장 14절에서 갈렙이 헤브론을 기업으로 얻을 수 있었던 것은 그가 온전히(wholeheartedly) 좇았기 때문이라고 하였다. 14절만 아니라 이 '온전히'라는 말은 갈렙의 인생을 대표하는 말이 되었다(7, 8, 9, 14절). '온전히'란 마음을 다한다는 말이다. 이는 주 예수님의 첫째 되는 계명이기도 하다. 이기는 자 곧 하나님의 유업을 받는 그리스도인이 되려면 온 마음으로(with all heart) 섬기기를 배워야 한다. 온 마음으로 섬기는 자가 아니면 이기는 자가 아니다. 목숨을 다하여 섬기는 것이 아니면 이기는 자의 영이 아니다. 힘을 다하지 않는 것도 이기는 자의 태도가 아니다. 우리는 갈렙에게서 이러한 이기는 자의 전형을 볼 수 있음을 인해 감사한다.

4. 여호수아서를 훌륭하게 강해한 레드파스나 몽고메리는 갈렙의 성품이 단순하였다는 것을 지적했다. 그리고 그들은 위대한 영적 인물들이 동일하게 이러한 성품의 소유자들임을 지적했다. 몽고메리가 한 몇 마디 말을 인용해보겠다. "위대한 사람들은 결코 복잡하지 않다. 복잡한 사람들은 심약한 사람들이다. 그들은 수많은 갈등과 동기들에 에워

싸여 있으며 그것을 어떻게 모두 함께 해결할지를 모르는 사람들이다. 그들은 문제의 한 면만 보는 것이 아니라 다른 면까지 보았다. 그들은 하나의 행동에서 이 점을 보지만 그것을 달리 취하면 더 나아지리라는 것을 인정만 할 따름이다. 위대한 사람들은 이러한 사람들이 아니며 그들은 교활하지 않다. 그들은 여러 가지 문제가 복잡하더라도 취할 수 있는 다른 길이 있다는 것을 안다. 그러나 그들은 중요한 요인과 최선의 길을 보고 그것을 일관성 있게 따라가는 사람들이다." 그러면서 몽고메리는 교부 시대의 위대한 인물인 아타나시우스와 루터, 링컨 등을 예로 들었다. 그들은 어려움이 있었지만 끝까지 그들의 소명을 지키고 나아가 결국은 승리를 거둔 인물들이다. 교회 역사는 그들에 의해 엄청난 도움을 얻었음을 증명하고 있다. 결국 진리는 승리하고 역사는 그들의 정당성을 입증하였다.

5. 그는 또한 85세지만 여전히 싸울 것을 제의한다. 이 역시 이기는 자의 특징이다. "나의 힘이 그제나 이제나 일반이라 싸움에나 출입에 감당할 수 있사온즉"(11절). 실상 가나안 전쟁은 이미 종료되었다(11:23). 그러니 갈렙이 꼭 현재 싸워야 할 긴급한 필요가 있었던 것은 아니다. 그러나 여기서 헤브론을 갈렙에게 줄 때 반드시 마지막 전투가 있게 될 것임을 알 수 있다(15:13-19). 그는 약속된 그 땅을 얻자, 거기 있던 아낙의 소생, 세새와 아히만과 달매를 좇아내었고 드빌 거민을 쳤다. 드빌 곧 기럇세벨은 갈렙의 아우 그나스의 아들인 옷니엘이 취하자 갈렙이 약속대로 그의 딸 악사를 아내로 주었다. 이러한 위대한 믿음의 사람의 주위에는 같은 믿음의 영을 가진 사람들이 생기게 마련이고 그들은 같이 동역하여 하나님의 역사를 승리로 이끄는 주역들이 된다. 이는 교회사의 많은 사실들이 증명한다. 교회사에 위대한 영적인 인물들이 나올 때마다 주위에 한두 명, 또 그 이상 매우 위대하고 귀한 조력자들이 있어왔던 것이다. 이는 매우 신기한 일이다.

6. 그는 85세지만 쉬려 하거나 피동적이 아니었다. 그가 얻으려는 땅은 전쟁을 치르지 않으면 얻을 수 없는 땅이었다. 그런 땅을 갈렙은 원했던 것이다. "이 산지를 내게 주소서 당신도 그날에 들으셨거니와 그곳에는 아낙 사람이 있고 그 성읍들은 크고 견고하다 할지라도 여호와께서 혹시 나와 함께하시면 내가 필경 여호와의 말씀하신 대로 그들을 쫓아내리이다."(12절). 15절에 의하면 갈렙에게 할당된 땅은 헤브론이며 "기럇 아르바라 하였는데 아르바는 아낙 사람 가운데 가장 큰 사람이었더라"고 한다. 갈렙은 적극적인 보고를 하는 사람만이 아니었다. 그는 여호수아와 함께 "저들을 두려워하지 말라 그들은 우리의 밥이라"고 보고했을 뿐 아니라 그가 믿은 대로 행한 사람이었다. 그는 노년에 가장 큰 아낙 사람들을 쫓아내는 위대한 일을 한 것이다. 이기는 자의 한 가지 두드러진 특징은 그들이 믿고 말하는 바를 행하며 그러한 길을 일생토록 곧게 걸어간다는 것이다.

7. 그가 구한 곳은 헤브론이었는데, 헤브론은 '교통(fellowship)'이라는 뜻이다. 그는 최상의 상태를 원했다. 그것은 하나님과의 교통 안에 머무는 것이다. 이곳은 아브라함이 영적 체험으로 말하자면 세겜(능력)과 벧엘(하나님의 집)을 거쳐 가장 최고봉에 이르렀던 장소이다. 믿음의 사람, 승리의 사람에게 주어진 최상의 기업은 하나님과의 간격 없는 교통이다. 이러 최상의 기업을 얻는 사람을 본보기로 보는 것은 매우 가치가 있는 일이다. 갈렙과 같이 단일하고 온 마음으로 하나님을 추구한 자만이 하나님과의 온전한 교통 안에 들어갈 수 있다.

여호수아 15장

Joshua

1-12절, 유다 자손의 지파가 그 가족대로 제비뽑은 땅의 극남단은 에돔 지경에 이르고 또 남으로 신 광야까지라(1절) 그 남편 경계는 염해의 극단 곧 남향한 해만에서부터(2절) 아그랍빔 비탈 남편으로 지나 신에 이르고 가데스 바네아 남편으로 올라가서 헤스론을 지나며 앗달로 올라가서 돌이켜 갈가에 이르고(3절) 거기서 아스몬에 이르고 애굽 시내에 미치며 바다에 이르러 경계의 끝이 되나니 이것이 너희 남편 경계가 되리라(4절) 그 동편 경계는 염해니 요단 끝까지요 그 북편 경계는 요단 끝에 당한 해만에서부터(5절) 벧호글라로 올라가서 벧 아라바 북편을 지나 르우벤 자손 보한의 돌에 이르고(6절) 또 아골 골짜기에서부터 드빌을 지나 북으로 올라가서 강 남편에 있는 아둠밈 비탈 맞은편 길갈을 향하고 나아가 엔 세메스 물을 지나 엔로겔에 이르며(7절) 또 힌놈의 아들의 골짜기로 올라가서 여부스 곧 예루살렘 남편 어깨에 이르며 또 힌놈의 골짜기 앞 서편에 있는 산 꼭대기로 올라가나니 이곳은 르바임 골짜기 북편 끝이며(8절) 또 이 산 꼭대기에서부터 넵도아 샘물까지 이르러 에브론 산 성읍들에 미치고 또 바알라 곧 기럇 여아림에 미치며(9절) 또 바알라에서부터 서편으로 돌이켜 세일 산에 이르러 여아림 산 곧 그살론 곁 북편에 이르고 또 벧 세메스로 내려가서 딤나로 지나고(10절) 또 에그론 북편으로 나아가 식그론에

이르러 바알라 산에 미치고 얍느엘에 이르나니 그 끝은 바다며(11절) 서편 경계는 대해와 그 해변이니 유다 자손이 그 가족대로 얻은 사면 경계가 이러하니라(12절)

1. 15장 1절부터 12절까지는 유다 지파의 분배받은 땅의 범위를 기술한다. 르우벤이 장자권을 잃어버린 결과 통치권은 유다에게로, 두 배의 땅의 몫은 요셉에게로 돌아갔다. 한 순간의 정욕을 자제하지 못한 르우벤의 실수는 치명적이었다. 15장과 16장에는 이 두 지파—유다와 요셉—에 대한 분배가 먼저 기록되어 있다. 유다 지파는 남부의 가장 중요한 지역을 할당받았고 요셉은 북부를 분배받았다. 그 중 한 지파는 여호수아가 속한 지파이고(요셉 지파) 다른 한 지파는 갈렙이 속한 지파였다(유다 지파). 제비뽑는 방식에 대해서는 우리가 알 수 없지만 민수기 33장 54절에 따르면 땅을 분배할 때 참작되어야 할 점들이 있으므로 뭔가 특별한 방법이 도입되었던 것 같다. 그것은 "너희의 가족을 따라서 그 땅을 제비뽑아 나눌 것이니 수가 많으면 많은 기업을 주고 적으면 적은 기업을 주되 각기 제비뽑힌 대로 그 소유가 될 것인즉"이라는 말씀에 암시되어 있다. 어쩌면 이 탁월한 두 지파가 인수가 많은 고로 먼저 남과 북의 중요한 구역을 제비뽑아 할당받고 나머지 일곱 지파는 따로 제비뽑았을 수도 있다(매튜 헨리). 그러기에 다윗의 왕도(王都) 헤브론이 유다 지파에 편성되고 영원한 이스라엘의 수도 예루살렘에 인접한(베냐민 지파 소속이나 거의 함께 공유하는 정도이다) 땅이 그 지파에게 할당되었으며 그 땅에는 비옥한 목초지와 풍성한 포도원이 있어(창 49:11, 12) 가나안의 요지로서 왕국의 중심을 이루는 지역이었음에 분명하다. 그러므로 제비뽑는 것이 사람 편에서는 우연한 것으로 보일지라도 거기에는 하나님의 정하심과 주권이 들어있다.

2. 제비뽑은 땅(1절)이란 할당, 혹은 분깃(the lot)라고 번역하는 것

이 옳다. 이는 하나님의 주권과 은혜로 분배된 것이므로 기업(inheritance)이라 불리운다. 구약에서는 하나님의 백성이 물질적인 가나안 땅을 기업으로 받았지만 신약의 믿는이들은 '영생의 기업', '그 나라의 기업'을 얻게 된다. 그러므로 우리는 구약의 가나안 땅이 오늘 우리 믿는이들에게 약속된 하늘에 속한 기업을 예표하는 것임을 이해할 수 있다. 신약의 여러 곳에서, 특히 히브리서는 그 나라를 유업으로 받는 문제를 많이 언급하였다. 심지어 구약의 아브라함, 이삭, 야곱도 장막에 거하며 더 좋은 본향을 기대하였다고 말하니 그들이 약속받은 것은 물질적인 가나안 땅이 아니었음이 분명하다. 신약에서 사도들은 성도들이 하나님과 그리스도의 나라에서 유업을 얻는 문제를 매우 강조하였다(갈 5:21, 엡 5:4-5, 골 3:24, 히 12:15-17).

가정에서 남편과 아내가 그리스도인으로서 생활을 잘 하는 것도 생명의 은혜를 유업으로 얻는 일에 도움이 된다(벧전 3:7). 서로 마음을 같이 하고 체휼하며 형제를 사랑하고 불쌍히 여기며 욕하고 원망하지 않는 것도 복을 유업으로 얻기에 필요한 일이다(벧전 3:7). 에서는 한 그릇 식물을 인하여 장자의 명분을 팔았는데 이는 기업을 잃는 행위였던 것이다. 그리스도인은 반드시 주님이 다시 오실 때 주실 유업의 상이 있다는 것을 알고 달려야 한다. 사도는 이에 대하여 하늘에 쌓아둔 소망이라고 말했다(골 1:5). 오늘날 많은 그리스도인들은 장래 우리에게 얻은 바 될 유업이 전혀 없는 것처럼 아무렇게나 생활하는 그리스도인이 너무나 많다. 그들은 이에 대한 어떤 의식이 없는 것이다. 이는 매우 큰 손실이다. 죄인이 구원받지 못하는 것도 안타까운 일이거니와 거듭난 그리스도인들이 하나님의 뜻을 행하지 아니하고 함부로 일생을 낭비하는 것 역시 매우 안타까운 일이다.

3. 유다에게는 강력한 적수인 에돔 족속이 그 남단의 변경에 위치했는데, 이것은 그들의 강함으로 인해 그에 맞는 지경을 맡은 것이라 할

수 있다. 사방의 변경을 표현할 때 어디서부터 어디까지라고만 말하지 않고 '이르고', '나아가', '지나', '올라가서', '내려가서', '돌이켜' 등의 표현을 사용한 것은 다만 고착된 지형을 그린 것이 아니라 생명에 속한 유업을 분배받는 사상을 암시하는 뜻있는 표현이다(C. Vonk). 우리가 장래 받는 생명의 유업은 유기적인 생명의 역사의 결과이다. 그러므로 그 경계가 그렇게 유기적으로 표현되어 있다. 이는 매우 인상적이다. 구약과 신약은 다 한 가지를 말하고 있다. 다만 하나는 예표와 그림자요 다른 하나는 실제인 것이다.

전체적으로 유다에 할당된 땅들의 이름은 저명하고 의미 있는 도시들이 많다. 싸움에 용맹한 자들에게 좋은 유업의 땅이 할당되었다는 감을 준다. 6절에는 북쪽 경계선에 대해 보한의 돌(stone of Bohan)이라는 말이 나오는데, 그는 르우벤 지파의 사람이다. 그는 어쩌면 요단강을 건너온 르우벤 지파의 위대한 지휘관으로 길갈에 있는 진에서 죽어 길갈에서 멀지 않은 이곳에 매장되었고 그의 이름을 기념하기 위해 돌을 세웠던 것 같다. 마찬가지로 아골 골짜기도 이 변경에 위치하고 있는데, 이 골짜기가 유다 지파에 소속된 것은 그들 지파의 한 사람(아간은 유다 지파 사람임)이 이스라엘에게 준 고통을 기억함으로 용맹한 유다 사람들을 겸손하게 하려는 것이라고 보여진다(매튜 헨리).

13-19절, 여호와께서 여호수아에게 명하신 대로 여호수아가 기럇 아르바 곧 헤브론 성을 유다 자손 중에서 분깃으로 여분네의 아들 갈렙에게 주었으니 아르바는 아낙의 아비였더라(13절) 갈렙이 거기서 아낙의 소생 곧 그 세 아들 세새와 아히만과 달매를 쫓아내었고(14절) 거기서 올라가서 드빌 거민을 쳤는데 드빌의 본 이름은 기럇 세벨이라(15절) 갈렙이 말하기를 기럇 세벨을 쳐서 그것을 취하는 자에게는 내가 내 딸 악사를 아내로 주리라 하였더니(16절) 갈렙의 아우요 그나스의 아들인 옷니엘이 그것을 취함으로 갈렙이 그 딸 악사를 그에게 아내로 주었더라(17절) 악사가 출

가할 때에 그에게 청하여 자기 아비에게 밭을 구하자 하고 나귀에서 내리매 갈렙이 그에게 묻되 네가 무엇을 원하느냐(18절) 가로되 내게 복을 주소서 아버지께서 나를 남방 땅으로 보내시오니 샘물도 내게 주소서 하매 갈렙이 윗 샘과 아랫 샘을 그에게 주었더라(19절)

1. 여기에 갈렙이 헤브론을 기업으로 취한 이야기가 나온다. 헤브론의 옛 이름은 기럇 아르바인데, 아르바란 아낙의 아비의 이름이었다. 즉 기럇 아르바란 거인 아낙을 기념하기 위해 지어진 이름으로서 '아르바의 도시' 라는 뜻이다. 헤브론은 아낙 자손의 본거지인 셈이다. 갈렙은 아낙의 본거지요 가장 강한 대적의 소굴인 기럇 아르바를 쳐서 자신의 기업으로 만든셈이다. 그는 거기서 아낙의 소생, 세새와 아히만과 달매를 쫓아내었다. 85세의 노장은 죽지 않았다. 그는 나이가 들었지만 믿음에서 조금도 위축됨이 없었다. 결과적으로 가장 요지인 헤브론을 기업으로 얻는 영예를 안았다.

2. 갈렙은 드빌을 공격하는 일을 자신이 직접하지 않고 함께하는 자들이 전과(戰果)를 올릴 수 있도록 기회를 주었다. 그는 자신이 용맹스러운 사람이었을 뿐 아니라 함께하는 사람들도 잘 길러내었다. 드빌이란 기럇 세벨인데 기럇 세벨이란 '책의 도시' 라는 뜻이다. 오늘날로 말하면 지식과 철학의 도시라는 말이다. 그러한 이론과 지식의 성(城)을 공격하여 차지하기란 쉽지 않다. 이 일에 있어서 갈렙은 '인센티브' 를 걸었다. 그것은 그 성을 공격하여 차지하는 자에게 딸 악사를 주겠다는 것이다. 이 일에 나타난 인물이 옷니엘이다. 옷니엘은 그나스의 아들이요 갈렙의 아우라고 되어 있는데, 친동생이 아닌 사촌 동생쯤 될 것이다. 갈렙은 여분네의 아들이라고 나와 있기 때문이다(14:6). 이 말씀은 사사기 1장에 다시 반복하여 나온다. 그는 이러한 일에 쓰임을 받은 것이 전기가 되어 결국 이스라엘의 첫 번째 사사로서 이스라엘을 메소

포다미아 왕 구산 리사다임의 손에서 구원하게 된다. 이렇게 볼 때 갈렙은 가나안에 들어간 믿음의 영웅이 되었을 뿐 아니라 사사 시대의 첫 번째 사사를 일으키는 일을 한 셈이다. 위대한 영웅의 집에서 또 한 사람의 영웅이 나왔다. 그가 바로 옷니엘이다.

그가 훌륭할 뿐 아니라 그의 아내이자 갈렙의 딸인 악사 또한 출중하다. 갈렙은 여호수아에게 헤브론을 기업으로 요청하면서 "이 산지를 내게 주소서"라고 하였는데, 갈렙의 딸 악사는 아비에게 밭을 구하는 동시에 샘물도 구하였다. 갈렙은 윗 샘과 아랫 샘을 그녀에게 주었다. 합당한 사람의 기도는 구하지 않은 것까지 넘치게 받게 한다. 악사가 옷니엘의 아내로서 아버지 갈렙에게 처신한 것은 옷니엘의 성품을 간접적으로 시사해준다. 옷니엘이 직접 갈렙에게 구하지 않고 아내에게 구하는 일을 맡긴 점, 아버지에게 청원하기 위해 정중하게 말에서 내린 점 등이 옷니엘의 훌륭한 지도자로서의 덕성을 보여주는 대목이다. 즉 자기의 아내를 어떻게 다룰 줄 아는 것이다. 그녀가 행한 것은 그녀의 남편 옷니엘과의 상의를 통해서 나온 것으로 보는 것이 합당하다. 이러한 갈렙의 선견 있고 여유로운 나눠줌이 결국 한 사람의 위대한 사사가 출현하는 데에 밑거름이 되었다고 본다.

20-63절, 유다 자손의 지파가 그 가족대로 얻은 기업은 이러하니라(20절) 유다 자손의 지파의 남으로 에돔 경계에 접근한 성읍들은 갑스엘과 에델과 야굴과 기나와 디모나와 아다다와 게데스와 하솔과 잇난과 십과 델렘과 브알롯과 하솔 하닷다와 그리욧 헤스론 곧 하솔과 아맘과 세마와 몰라다와 하살갓다와 헤스몬과 벧 벨렛과 하살 수알과 브엘세바와 비스요댜와 바알라와 이임과 에셈과 엘돌랏과 그실과 홀마와 시글락과 맛만나와 산산나와 르바옷과 실힘과 아인과 림몬이니 모두 이십구 성읍이요 또 그 촌락이었으며(21-32절) 평지에는 에스다올과 소라와 아스나와 사노아와 엔간님과 답부아와 에남과 야르뭇과 아둘람과 소고와 아세가와

사아라임과 아디다임과 그데라와 그데로다임이니 모두 십사 성읍이요 또 그 촌락이었으며(33-36절) 스난과 하다사와 믹달갓과 딜르안과 미스베와 욕드엘과 라기스와 보스갓과 에글론과 갑본과 라맘과 기들리스와 그데롯과 벧다곤과 나아마와 막게다니 모두 십육 성읍이요 또 그 촌락이었으며(37-41절) 립나와 에델과 아산과 입다와 아스나와 느십과 그일라와 악십과 마레사니 모두 아홉 성읍이요 또 그 촌락이었으며(42-44절) 에그론과 그 향리와 촌락과 에그론에서부터 바다까지 아스돗 곁에 있는 모든 성읍과 그 촌락이었으며(45-46절) 아스돗과 그 향리와 촌락과 가사와 그 향리와 촌락이니 애굽 시내와 대해 가에 이르기까지였으며 산지는 사밀과 얏딜과 소고와 단나와 기럇 산나 곧 드빌과 아납과 에스드모와 아님과 고센과 홀론과 길로니 모두 십일 성읍이요 또 그 촌락이었으며(47-51절) 아랍과 두마와 에산과 야님과 벧 답부아와 아베가와 훔다와 기럇 아르바 곧 헤브론과 시올이니 모두 아홉 성읍이요 또 그 촌락이었으며(52-54절) 마온과 갈멜과 십과 윳다와 이스르엘과 욕드암과 사노아와 가인과 기브아와 딤나니 모두 열 성읍이요 또 그 촌락이었으며(55-57절) 할훌과 벧 술과 그돌과 마아랏과 벧 아놋과 엘드곤이니 모두 여섯 성읍이요 또 그 촌락이었으며(58-59절) 기럇 바알 곧 기럇 여아림과 라빠니 모두 두 성읍이요 또 그 촌락이었으며(60절) 광야에는 벧 아라바와 밋딘과 스가가와 닙산과 염성과 엔 게디니 모두 여섯 성읍이요 또 그 촌락이었더라(61-62절) 예루살렘 거민 여부스 사람을 유다 자손이 쫓아내지 못하였으므로 여부스 사람이 오늘날까지 유다 자손과 함께 예루살렘에 거하니라(63절)

1. 에돔 경계에 접한 성읍이 29개라고 기록되어 있으나 이름은 38개이다. 이는 이 중 아홉 개 성읍이 후에 시므온의 분깃으로 넘어갔기 때문이다. 평지는 열 다섯 이름이 있으나 실제는 열 넷이라고 한다. 스난과 하다사 등의 성읍은 열여섯으로 적혀 있고 산지의 성읍은 11개이다. 거기에 추가된 곳들이 있다.

2. 이 이름들은 유다 지파의 성읍들이며 많이 나오는 지명들이 있다. 아둘람, 십, 그일라, 마온, 엔게디, 시글락 등은 다윗이 사울을 피하여 도망다닐 때 기거한 지명들이다. 사울은 힘을 다해 다윗을 그 기업에서 쫓아내려 했지만 다윗은 힘을 다해 그 기업의 땅에다 자신을 두기를 힘썼다. 거기서 많은 찬송시가 나왔다.

3. 주 예수님의 출생지 베들레헴이 여기서는 거명되지 않는다. 아마 그 도시는 처음부터 알려진 큰 도시가 아니었을 것이다. 구주께서는 그런 작은 도시에서 출생하셨다.

여호수아 16/17장

Joshua

16장 1절-17장 13절, 요셉 자손이 제비 뽑은 것은 여리고 곁 요단 곧 여리고 물 동편 광야에서부터 나아가 여리고로 말미암아 올라가서 산지를 지나 벧엘에 이르고(1절) 벧엘에서부터 루스로 나아가 아렉 사람의 경계로 지나 아다롯에 이르고(2절) 서편으로 내려가서 야블렛 사람의 경계에 이르러 아래 벧 호론 곧 게셀에 미치고 그 끝은 바다라(3절) 요셉의 자손 므낫세와 에브라임이 그 기업을 얻었더라(4절) 에브라임 자손의 그 가족대로 얻은 것의 경계는 이러하니라 그 기업의 경계는 동으로 아다롯 앗달에서 윗 벧 호론에 이르고(5절) 또 서편으로 나아가 북편 믹므다에 이르고 동편으로 돌아 다아낫 실로에 이르러 야노아 동편을 지나고(6절) 야노아에서부터 아다롯과 나아라로 내려가서 여리고에 미치며 요단으로 나아가고(7절) 또 답부아에서부터 서편으로 지나서 가나 시내에 미치나니 그 끝은 바다라 에브라임 자손의 지파가 그 가족대로 얻은 기업이 이러하였고(8절) 그 외에 므낫세 자손의 기업 중에서 에브라임 자손을 위하여 구별한 모든 성읍과 촌락도 있었더라(9절) 그들이 게셀에 거하는 가나안 사람을 쫓아내지 아니하였으므로 가나안 사람이 오늘날까지 에브라임 가운데 거하며 사역하는 종이 되니라(10절) 므낫세 지파를 위하여 제비 뽑은 것은 이러하니라 므낫세는 요셉의 장자이었고 므낫세의 장자 마길은 길르앗의 아비라 그는 무사이어서 길르앗과 바산을 얻었으므로(17장 1절) 므낫세의 남은 자손을 위하여 그 가족대로 제비를 뽑았는데 그들은 곧 아비에셀의 자손과 헬렉의 자손과 아스리엘의 자손과 세겜의 자손과 헤벨의 자손과 스미다의 자손이니 그들의 가족대로 요셉의 아들 므낫세의 남 자손이며(2절) 헤벨의 아들 길르앗의 손자 마길의 증손 므낫세의 현손 슬로브핫은 아들이 없고 딸 뿐이요 그 딸들의 이름은 말라와 노아와 호글라와 밀가와 디르사라(3절) 그들이 제사장 엘르아살과 눈의 아들 여호수아와 방백들 앞에 나아와서 말하기를 여호와께서 모세에게 명하사 우리 형제 중에서 우리에게 기업을 주라 하셨다 하매 여호와의 명령을 따라 그들에게 기업을 그 아비 형제 중에서 주므로(4절) 요단 동편 길르앗과 바산 외에 므낫세에게 열 분깃이 돌아갔으니(5절) 므낫세의 여손들이 그 남 자손 중에서 기업을 얻은 까닭이었으며 길르앗 땅은 므낫세의 남은 자손에게 속하였더라(6절) 므낫세의 경계는 아셀에서부터 세겜 앞 믹므닷에 미치고 우편으로 가서 엔답부아 거민의 땅에 이르나니(7절) 답부아 땅은 므낫세에게 속하였으되 므낫세 경계에 있는 답부아 읍은 에브라임 자손에게 속하였으며(8절) 또 경계가 가나 시내로 내려가서 그 시내 남편에 이르나니 므낫세의 성읍 중에 이 성읍들은 에브라임에게 속하였으며 므낫세의 경계는 그 시내 북편이요 그 끝은 바다며(9절) 그 남편은 에브라임에 속하였고 북편은 므낫세에 속하였고 바다가 그 경계가 되었으며 그들의 땅의 북은 아셀에 미쳤고 동은 잇사갈에 미쳤으며(10절) 잇사갈과 아셀에도 므낫세의 소유가 있으니 곧 벧 스안과 그 향리와 이블르암과 그 향리와 돌의 거민과 그 향리요 또 엔돌 거민과 그 향리와 다아낙 거민과 그 향리와 므깃도 거민과 그 향리들 세 높은 곳이라(11절) 그러나 므낫세 자손이 그 성읍들의 거민을 쫓아내지 못하매 가나안 사람이 결심하고 그 땅에 거하였더니(12절) 이스라엘 자손이 강성한 후에야 가나안 사람에게 사역을 시켰고 다 쫓아내지 아니하였더라(13절)

1. 16장과 17장은 에브라임과 므낫세 반 지파의 차지한 땅에 대하여 개괄적으로 말한다. 요셉 지파는 다른 지파보다 땅을 두 배로 받았는데, 이는 야곱의 예언에 따른 것이다(창 48:22). 이들의 기업은 가나안 땅의 심장부가 되는 곳에 위치한다. 그곳은 동(東)으로는 요단에서부터 시작하여 서(西)로는 지중해에 이르는 북부이다. 이 구절들에는 유다 지파나 다른 지파들에서 볼 수 있는 자세한 성읍들의 기술이 없다. 여호수아는 이 지파의 사람이다.

2. 16장 9절은 그 외에 므낫세의 기업 중에도 에브라임 자손을 위한 성읍들이 있었다고 한다. 에브라임은 필경 그 땅을 필요로 하였고 그들과 사랑 안에서 함께 살아나갈 수 있었을 것이다. 이 책에서는 언급되지 않지만 에브라임 지역에는 유명한 성읍들이 있었다. 사무엘의 고향 라마가 있고 성막이 세워진 실로가 있다. 디르사와 사마리아도 이 지파의 경내에 위치한다.

17장 14-18절, 요셉 자손이 여호수아에게 말하여 가로되 여호와께서 지금까지 내게 복을 주시므로 내가 큰 민족이 되었거늘 당신이 나의 기업을 위하여 한 제비, 한 분깃으로만 내게 주심은 어쩜이니이까(14절) 여호수아가 그들에게 이르되 네가 큰 민족이 되므로 에브라임 산지가 네게 너무 좁을진대 브리스 사람과 르바임 사람의 땅 삼림에 올라가서 스스로 개척하라(15절) 요셉 자손이 가로되 그 산지는 우리에게 넉넉지도 못하고 골짜기 땅에 거하는 가나안 사람에게는 벧 스안과 그 향리에 거하는 자든지 이스르엘 골짜기에 거하는 자든지 다 철병거가 있나이다(16절) 여호수아가 다시 요셉의 족속 곧 에브라임과 므낫세에게 일러 가로되 너는 큰 민족이요 큰 권능이 있은즉 한 분깃만 가질 것이 아니라(17절) 그 산지도 네 것이 되리니 비록 삼림이라도 네가 개척하라 그 끝까지 네 것이 되리라 가나안 사람이 비록 철병거를 가졌고 강할지라도 네가 능히 그를 쫓아내리라(18절)

1. 요셉 자손은 가장 넓고 큰 땅을 다른 지파의 두 배로 받았지만 여전히 그것이 한 분깃이라고 하면서 더 달라고 요청했다. 그들이 한 분깃이라고 하는 데에는 일리가 없는 것이 아니다. 에브라임과 므낫세는 레위가 기업 분배에서 제외됨으로 두 지파가 되었고 또 강성했다(므낫세는 52,000 명으로 숫자적으로 많았고 에브라임은 실력면에서 강했다). 에브라임과 므낫세는 하나의 제비로 기업을 할당받았고 이에 대해 이들은 두 지파를 왜 한 지파로 여겨 기업을 분배해주느냐고 불만스러워하는 것이었다. 이것도 이유 있는 불만이겠으나 이미 그들에게는 유다 지파 다음으로 광활한 땅이 분배되었다. 인구수에 비례해도 다른 지파 못지않게 분배되었던 것이다(므낫세 지파 반과 에브라임 지파를 합해서 58,850 명이고 단 지파는 64,400 명, 잇사갈 지파는 64,300 명 등이다). 므낫세 지파의 다른 반(半)은 동편에서 이미 넓은 땅을 차지하였다. 그런데도 요셉 자손은 그들의 불만이 이유 있는 것이라 주장했고 여호수아는 그들이 만일 좁다면 스스로 개척하라고 하였다. 여호수아는 그들을 격려하여 그 산지를 쳐서 얻으라고 말했지만 그들은 그 산지를 마땅치 않게 여겼다. 손쉽게 얻을 수 있는 땅, 누릴 수 있는 땅을 구한 것이다. 이것은 그날 우리가 아무리 땅을 많이 얻었다 해도 여전히 부족함을 느낀다는 암시이다. 그러므로 우리는 이 시대에 더욱 충성하여 더 넓은 땅을 얻도록 힘써야 한다. 그날 더 넓은 땅을 차지하고자 원한다면 오늘 더 많은 산지를 경작하고 철병거와 싸워서 이겨야 할 것이다. 우리가 믿음만 있다면 이 모든 일이 가능하다. 다른 형제들이 얻은 것을 바라보지 말고 새로 개척해서 당신 자신의 분깃을 많아지게 할 가능성은 얼마든지 있는 것이다. 그날 우리에게 참되게 땅을 분배하실 분은 참 여호수아이신 예수 그리스도시다.

2. "그 산지도 네 것이 되리니 비록 삼림이라도 네가 개척하라 그 끝까지 네 것이 되리라 가나안 사람이 비록 철병거를 가졌고 강할지라도

네가 그를 쫓아내리라"(18절). 이스라엘 자손들은 가나안에 들어가서 안식을 하지 못했는데 그 원인은 그 가나안 부족을 다 멸절하지 못하였기 때문이다. 그들은 가나안 사람들을 쫓아낸 후에야 완전히 그 나라를 차지하고 안식을 누릴 수 있었던 것이다.

가나안 사람들은 하나님께 버림을 받은 자들이며 무서운 범죄를 저지르는 자들로서 그 종족들을 심판하여 파멸에 처하셨다. 너무나 무섭게 타락한 종족들을 세상으로부터 제거하는 것이 땅의 정화를 위한 것이었다. 이스라엘은 하나님으로부터 보내심을 받아 이 위대한 일을 하도록 되었었다. 이는 믿음으로 구원을 받았지만 아직은 죄로부터 완전한 구원을 누리지 못하는 신자들에게 적용할 수 있다. 그 원수들은 오랫동안 사람들의 본성 속에 거주하던 자들이다. 구원을 받았다는 것은 그 전투 안으로 들어왔다는 것을 의미한다. 이 가운데 가장 강력한 것이 죄이고 특이한 기질들이며 악한 습관들이다. 이런 것들이 우리 안에 자리 잡고 있으면서 가나안의 풍성을 누리지 못하게 한다.

첫째 알아야 할 것은 우리는 그들을 반드시 쫓아내야 한다는 사실을 알아야만 한다. 여호수아와 갈렙이 가나안 진입에 성공한 것은 그들이 반드시 정복해야한다는 영이 충만했기 때문이다. 그러나 다른 사람들은 그러한 영이 부족했던 것이다. 우리의 속에 거주하는 죄에 대하여 반드시 내쫓고자 하는 영이 부족하다면 우리는 실제적으로 가나안 땅으로 예표된 천국을 우리의 기업으로 얻지 못할 것이다. 우리가 불법적으로 우리 집이나 건물 안에 들어와 사는 자들을 본다면 당장 나가야 한다고 할 것이다. 우리는 대적에게 이를 강하게 공식적으로 통보하는 것이 필요한 것이다. 이는 우리의 믿음의 선포이기도 하다. 우리는 어떤 죄에 대하여도 우리 안에 머물러도 좋다는 입장을 취해서는 안 된다. 성도들이 때로 죄를 짓기는 하지만 그 죄를 사랑하고 그 죄 속에 살려고 해서는 안 된다. 죄는 하나님과 철천지 원수인 것이다. 골리앗은 머리가 잘려져야 하고 시스라는 그의 관자놀이에 말뚝이 박혀야 하고 에글론은 심장이 찔려야 한다. 주님은 죄로 실족케 하는 눈을 빼어버리라, 팔을 찍어버리라고 하신다.

우리는 신약성경에서 "죄가 너희를 주관하지 못하리니"의 말씀을 안다. 그리스도는 우리가 죄에게 종 노릇하지 않도록 모든 것을 다 이루셨다. 그러므로 우리 안에서는 죄가 아니라 은혜가 우리를 다스리고 있는 것이다(롬 5:21). 술취하는 죄가 있으며 도적질하는 것, 간음하는 자나, 거짓말하는 자들은 하나님의 나라를 유업으로 얻지 못한다. 여러분이 예수를 믿은 뒤에 술취하는 것 한 가지를 쫓아냈다 하더라도 거짓말과 간음을 처리하지 않았다면 천국에 들어갈 수 없다. 가나안인 하나를 쫓아냈지만 나머지는 철병거를 갖고 살고 있는 것이다. 어떤 사람은 술을 끊고 담배를 끊었지만 성질을 이기지 못하고, 어떤 이는 성질을 이겼지만 음란함을 이기지 못한다. 어떤 이는 거짓말을 증오하지만 호색을 이기지 못해서 실패한다. 우리가 믿음의 관문을 통과해서 많은 것들을 이겼지만 탐욕을 해결하지 못했다면 천국을 상실하게 된다. 어떤 이는 돈을 너무나 사랑하고 인색하여 비열한 수전노의 근성을 갖고 있다. 돈을 위한 일이면 복음과 교회와 예배와 많은 것들은 뒷전이다. 결국은 많은 것을 이기고 쫓아냈지만 돈에 대한 사랑만큼은 해결하지 못하고 천국을 상실하는 것이다. 이러한 말씀은 누가복음 18장의 젊은 관원의 비유에서도 잘 말해준다. 그는 어려서부터 간음하지 않고 도적질하지 않으며 거짓증거하지 않고 부모를 공경하는 등 많은 항목들을 지켜나갔다. 그러나 주님은 그를 만나 재물을 다 팔아 가난한 자들에게 나눠주어야 한다고 말씀하셨다. 그런 뒤에 천국의 보화가 있을 것이라고 하셨다. 그러나 그는 재물을 너무 사랑하므로 근심하면서 돌아갔던 것이다. 주님은 재물이 있는 자는 하나님 나라에 들어가기가 어렵다고 말씀하셨다. 어느 정도 어려우냐하면 약대가 바늘귀로 들어가는 것보다 부자가 천국에 들어가기가 더 어렵다.

또 어떤 사람은 물질적인 문제, 돈을 사랑하는 문제도 이겼다. 그러나 그는 신앙에 있어서 위선적이다. 바리새인 같은 것이다. 다른 그리스도인들을 멸시하고 자기를 높인다. 이런 사람은 마치 누가복음 18장의 바리새인 같이 "나는 다른 사람들 곧 토색, 불의, 간음을 하는 자들과 같지 아니하고 이 세리와도 같지 아니함을 감사합니다"라고 기도한다. 또 이레에 두 번씩 금식하고 소득의 십일조도 드린다. 그러나 이 바리새인은 자신의 고상한 신앙으로 다른 사람을 멸시하는 것이다. 이것은 외식이요 교만인 것이다. 주님은 이런 자에게 "이 사람(세리)이 저(바리세인)보다 의롭다하심을 받고 내려갔느니라 무릇 자기를 높이는 자는 낮아지고 자기를 높이는 자는 낮아지리라"고 하셨다. 이와같이 돈을 사랑하는 본성을 처리하지 않는 자뿐만 아니라 교만과 외식과 위선의 신앙자들도 천국 진입에 실패한다.

다음은 사람을 용서하지 못하고 원망스런 마음을 풀지 않는 마음이다. 이들이 비록 외식과 교만은 없으나 우리에게 죄를 지은 사람에 대하여 용서하는 마음이 없는 것이다. 끝까지 자기에게 죄를 지은, 즉 빚을 진 사람의 목을 잡고 빚을 갚을 때까지 흔들어대는 것이다. 이러한 자들에 대하여도 하나님은 "주인이 노하여 그 빚을 다 갚도록 옥졸들에게 붙이니라"고 한다. 이런 자들도 결국은 천국진입에 실패하는 자들이다. 많은 일들이 한 부류의 죄는 제거하였지만 다른 부류의 죄를 남겨놓았다. 이는 가나안에 들어가서 여리고와 아이와 많은 성들을 정복하였지만 아직도 철병거를 가진 많은 대적들을 남겨 둔 것과 같다. 사람이 단 하나의 죄의 종이기라도 한다면 죄로부터 완전한 자유를 누릴 수가 없다. 스펄젼은 50개의 쇠고리로 기둥에 매여진 죄수가 49개의 고리를 제거하였다 해도 나머지 한 개의 고리로 죄의 기둥에 매여있다면 여전히 죄에 매여 있는 죄수라고 하였다. 그 사람은 여전히 포로로 붙잡혀 있기 때문이다.

여호수아를 통해서 어떤 죄들은 주님을 믿자 마자 쉽게 정복이 되지만 어떤 죄들은 훨씬 더 제거하기 어려운 죄들도 있다. 이것이 바로 철병거가 의미하는 것이다. 아무리 죽이려고 해도 죽일 수가 없는 것같다. 이들은 죽었다고 생각하면 다시 살아나는 것같다. "구스인이 그 피부를 표범이 그 반점을 변할 수 있는가(렘 13:23)" 그러나 하나님의 능력과 은혜는 할 수 있다. "무릇 사람의 할 수 없는 그것을 하나님은 하실 수 있다"고 하셨다. 인생 가운데 오랜 세월의 습관과 기질이 되어 자라난 죄의 뿌리를 뽑는 것은 쉬운 일이 아니다. 그러므로 이런 기질과 습관들이 철병거가 되는 것이다. 그것들은 그 사람의 체질과 유전, 기질들과 연합하여 고칠 수 없는 듯이 보인다. 사람들은 그런 특이한 성격을 "타고난 것"이라 하여 치유할 수 없는 것으로 여긴다. 그러나 하나님의 은혜는 모든 것을 다 이기고 남는다.

죄가 우리를 시험하는 방식은 두 가지가 있다. 하나는 급작스럽게 닥치는 것이고 다른 하나는 서서히 임하는 것이다. 서서히 임하는 죄와 유혹은 비교적 이기기가 쉽다. 그러나 갑자기 닥치는 것은 당하기가 쉬우므로 항상 깨어있어야 하는 이유가 여기에 있는 것이다. 항상 하나님의 은혜로 보호받도록 기도해야 한다. 어떤 사람들은 화형도 감당할 만한 믿음이 있지만 사람들의 조롱과 멸시를 받기는 어려워한다. 그들은 조롱을 당하기보다는 매를 맞고자 할 것이다. 또 어떤 사람들에게는 물질의 유혹과 시험은 이기지만 질병과 연약함을 이기지 못한다. 그러므로 각 사람에게 철병거는 다른 것이다. 나는 여러분이 여러분을 가장 괴롭히는 죄로부터 구원되기를 바란다. 그날이 여러분이 가나안의 가장 강력한 대적을 정복하는 날이며, 영광의 승리의 날이며, 참 안식 안으로 들어가는 날이다.

여호수아 18/19장

Joshua

18장 1-10절, 이스라엘 자손의 온 회중이 실로에 모여서 거기 회막을 세웠으니 그 땅이 이미 그들의 앞에 돌아와 복종하였음이나(1절) 이스라엘 자손 중에 그 기업의 분배를 얻지 못한 자가 오히려 일곱 지파라(2절) 여호수아가 이스라엘 자손에게 이르되 너희가 너희 열조의 하나님 여호와께서 너희에게 주신 땅을 취하러 가기를 어느 때까지 지체하겠느냐(3절) 너희는 매 지파에 삼 인씩 선정하라 내가 그들을 보내리니 그들은 일어나서 그 땅에 두루 다니며 그 기업에 상당하게 그려 가지고 내게로 돌아올 것이라(4절) 그들이 그 땅을 일곱 부분에 나누되 유다는 남편 자기 경내에 거하고 요셉의 족속은 그 북편 자기 경내에 거한즉(5절) 그 남은 땅을 일곱 부분으로 그려서 이곳 내게로 가져올지니 내가 여기서 너희를 위하여 우리 하나님 여호와 앞에서 제비뽑으리라(6절) 레위 사람은 너희 중에 분깃이 없나니 여호와의 제사장 직분이 그들의 기업이 됨이며 갓과 르우벤과 므낫세 반 지파는 요단 저편 동편에서 이미 기업을 받았나니 이는 여호와의 종 모세가 그들에게 준 것이니라(7절) 그 사람들이 일어나 떠나니 여호수아가 땅을 그리러 가는 그들에게 명하여 가로되 가서 그 땅으로 두루 다니며 그려 가지고 내게로 돌아오라 내가 여기 실로에서 여호와 앞에서 너희를 위하여 제비뽑으리라(8절) 그 사람들이 가서 그 땅으로 두루 다니

며 성읍들을 따라서 일곱 부분으로 책에 그리고 실로 진에 돌아와 여호수아에게 나아오니(9절) 여호수아가 그들을 위하여 실로 여호와 앞에서 제비뽑고 그가 거기서 이스라엘 자손의 분파대로 땅을 분배하였더라(10절)

1. 요단 동편에서 르우벤과 갓과 므낫세 반 지파에게 기업이 분배되었고(13:8-33), 길갈에서 가나안 땅의 두 지파 반의 기업도 분배되었으며(14-17장), 이제 남은 일곱 지파의 기업이 실로에서 분배된다. 이 부분에서 이스라엘은 본영을 길갈에서 실로로 옮겨 회막을 세우고 아직도 기업을 얻지 못한 일곱 지파를 권면하여 기업을 얻게 한다. 이들은 주어진 기업을 받는 일에 열심이 부족한 사람들을 대표한다. 그들은 신약으로 말하면 히브리의 믿는이들처럼 머뭇거리는 상황에 있었다(히브리서 참조). 주님은 우리에게 전적이고 온전한 안식을 주기 원하시나 사람들은 때로 자신의 혈기나 육체, 또는 자아의 뜻을 보류한 채 그것을 빨리 처리하려 하지 않는다. 주님은 십자가에서 우리를 위해 완전한 구원을 이루셨으나 문제는 우리가 십자가의 완전한 구원을 생활에 적용하여 우리의 특정한 습관이나 행실을 처리하려 하지 않는 것이다. 그렇게 처리하기를 보류하고 지연함으로 죄와 공존하게 되며 그 결과 대적의 올무에 떨어져 안식과 기업을 얻는 일에 실패하게 된다.

2. 여기의 '회중' 이나 '회막' 이라는 말은 신약의 교회를 예표하는 말이다. 지금까지 언약궤는 진행할 때 언제나 그들의 중앙에 위치했다. 그러나 이제는 땅을 분배받고 정착함으로 인하여 몇 지파가 자신들의 기업의 땅으로 돌아가 군대처럼 함께 움직이는 편성 대열이 깨어지고 언약궤를 모시는 일이 지역 중심의 체제로 바뀌게 되었다. 이 상황에서 당시 이스라엘의 중심부에 있는 실로에 성막을 세우는 일은 합당한 결정이었다고 볼 수 있다. 실로의 성막은 엘리 제사장 때 이스라엘이 블레셋 군대와 싸울 때 실로의 성막에서 언약궤를 내어 와서 전쟁에서 이

겨보려고 하다가, 언약궤를 빼앗긴 후로도 언약궤가 없이 빈 채로 그곳에 300여 년 간 더 존재해 있었다. 하나님이 실로의 성막을 떠나신 것은 그들이 하나님을 버린 결과였다. "하나님이 들으시고 분내어 이스라엘을 크게 미워하사 실로의 성막, 곧 인간에 세우신 장막을 떠나시고"(시 78:59-60). 언약궤는 한 번 실로를 떠나서는 다시 실로의 장막으로 돌아가지 않았다. 이는 한 번 주님의 함께 하심을 잃어버린 경륜은 다시 회복되지 않음을 예시한다.

3. 기업을 얻는 일은 또 한 면에서 흩어지는 일이었다. 그러므로 당시 남은 일곱 지파는 그렇게 빨리 흩어지는 것을 원치 않았던 것 같다. 여기서 여호수아는 그들에게 책망의 말을 한다. "너희가 너희 열조의 하나님이 주신 땅을 취하러 가기를 어느 때까지 지체하겠느냐". 교회가 어느 시점에 이르면 성도들이 서로 너무 친밀하게 되어 확장을 위해 이주하고 흩어지는 것을 어려워하고 지연하게 된다. 이것은 주님의 책망을 받을 행위이다. 당시 예루살렘 교회는 이러한 국면에 처했었다. 그러나 그 때 핍박이 일어났고 성도들은 사방으로 흩어졌다. 흩어진 성도들에 의해 자연히 복음이 사마리아로, 이방세계로 전파되는 길이 열렸다.

4. 여호수아는 이미 유다와 요셉의 땅을 제외한 나머지 땅을 탐사하라고 지시했다. 각 지파에서 세 명씩을 보낸 것이다. 영적 원칙에서 새롭게 그리스도의 어떤 부분을 얻고자 한다면 탐사하는 것이 필요하다. 이는 많은 경우 사역자들의 몫이다. 사역자들은 사람들이 그리스도의 어떤 부분들을 얻고자 갈망하도록 새로운 갈급함을 창출할 수 있어야 한다. 탐사가 있은 후에 갈급함과 갈망이 일어나고 그럴 때 구하고 찾으며 결국 얻게 된다. 얻으러 나서라고만 명령하는 것은 지혜로운 사역이 아니다. 여러 지혜로운 방법을 사용하여 성도들의 전진하려는 갈망

을 창출하여야 한다. 틀림없이 여호수아의 지시를 받아 나선 사람들은 그 지형을 탐사하는 가운데서 기업을 얻고자하는 갈망이 타올랐을 것이다.

베냐민 지파의 분깃

18장 11-28절, 베냐민 자손 지파를 위하여 그 가족대로 제비를 뽑았으니 그 제비뽑은 땅의 경계는 유다 자손과 요셉 자손의 중간이라(11절) 그 북방 경계는 요단에서부터 여리고 북편으로 올라가서 서편 산지를 넘어서 또 올라가서 벧아웬 황무지에 이르며(12절) 또 그 경계가 거기서부터 루스로 나아가서 루스 남편에 이르나니 루스는 곧 벧엘이며 또 그 경계가 아다롯 앗달로 내려가서 아래 벧 호론 남편 산 곁으로 지나고(13절) 벧 호론 앞 남편 산에서부터 서방으로 돌아 남편으로 향하여 유다 자손의 성읍 기럇 바알 곧 기럇 여아림에 이르러 끝이 되나니 이는 서방 경계며(14절) 남방 경계는 기럇 여아림 끝에서부터 서편으로 나아가 넵도아 물 근원에 이르고(15절) 르바임 골짜기 북편 힌놈의 아들 골짜기 앞에 있는 산 끝으로 내려가고 또 힌놈의 골짜기로 내려가서 여부스 남편에 이르러 엔 로겔로 내려가고(16절) 또 북향하여 엔 세메스로 나아가서 아둠밈 비탈 맞은편 글릴롯으로 나아가서 르우벤 자손 보한의 돌까지 내려가고(17절) 북으로 아라바 맞은편을 지나 아라바로 내려가고(18절) 또 북으로 벧 호글라 곁을 지나서 요단 남단에 당한 염해의 북편 해만이 그 경계의 끝이 되나니 이는 남편 경계며(19절) 동방 경계는 요단이니 이는 베냐민 자손이 그 가족대로 얻은 기업의 사면 경계이었더라(20절) 베냐민 자손의 지파가 그 가족대로 얻은 성읍들은 여리고와 벧 호글라와 에멕 그시스와 벧 아라바와 스마라임과 벧엘과 아윔과 바라와 오브라와 그발 암모니와 오브니와 게바니 십이 성읍이요 또 그 촌락이며 기브온과 라마와 브에롯과 미스베와 그비라와 모사와 레겜과 이르브엘과 다랄라와 셀라와 엘렙과 여부스

곧 예루살렘과 기부앗과 기랏이니 십사 성읍이요 또 그 촌락이라 이는 베냐민 자손이 그 가족대로 얻은 기업이었더라(21-28절)

베냐민 지파는 남으로는 유다 지파를, 북으로는 요셉 지파를 인접하고 있다. 동으로는 요단강, 서쪽으로는 단 지파와 접경한다. 이 지파의 스물여섯 성읍이 소개되고 있다. 가나안 땅 첫 번째 정복지 여리고는 베냐민 지파의 성읍이 되었다. 길갈이 이 지파에 속해 있다. 사무엘 때만 해도 길갈을 수도처럼 여겼다(삼상 11:15). 그러나 이렇게 유서 깊고 영적 의미가 가득한 길갈이 후에는 악이 가득하게 되었다(호 9:15). 영적이고 뛰어난 그리스도인 단체가 후에는 도리어 악이 가득하게 되는 것은 얼마든지 가능한 일이다. 그러므로 서 있다 하는 자들은 넘어질까 조심하고 경계해야 한다. 벧엘이 이 지파에 속했고 기브온도 이 지파에 속했다. 솔로몬은 이 기브온에서 제단을 세우고 제사를 드렸다(대하 1:3). 예루살렘도 북쪽 부분은 이 지파에 포함되었다.

시므온의 기업

19장 1-9절, 둘째로 시므온 곧 시므온 자손의 지파를 위하여 그 가족대로 제비를 뽑았으니 그 기업은 유다 자손의 기업 중에서라(1절) 그 얻은 기업은 브엘세바 곧 세바와 몰라다와 하살 수알과 발라와 에셈과 엘돌랏과 브둘과 호르마와 시글락과 벧 말가봇과 하살수사와 벧 르바옷과 사루헨이니 십삼 성읍이요 또 그 촌락이며(2-6절) 또 아인과 림몬과 에델과 아산이니 네 성읍이요 또 그 촌락이며(7절) 또 남방 라마 곧 바알랏 브엘까지 이 성들을 둘러 있는 모든 촌락이니 이는 시므온 자손의 지파가 그 가족대로 얻은 기업이라(8절) 시므온 자손의 이 기업은 유다 자손의 기업 중에서 취하였으니 이는 유다 자손의 분깃이 자기들에게 너무 많으므로 시므온 자손이 자기의 기업을 그들의 기업 중에서 얻음이었더라(9절)

시므온 지파는 유다 지파의 기업 중에서 제비를 뽑았다. 유다 지파는 자신들이 얻은 기업이 너무 많다는 것을 깨달았다. 그러므로 그들은 그것을 다른 지파와 함께 나누기 원했다. 주 안에서 많이 가진 자들은 적게 가진 자들과 그 기업을 나눌 줄 알아야 한다. 유다는 이 일에 좋은 본이 되었다. 자신들만 많이 섬기고 많이 축복을 받으려 하는 태도는 그렇게 아름답지 않다. 나는 최근에 성공적인 목회를 한 어떤 사역자가 자신의 교회의 사역을 내려놓고 다른 이름 없는 작은 교회에 가서 자신의 분량과 체험을 투입하여 그들이 일어나도록 도와주는 것을 보고 감명을 받았다. 진정으로 순수한 의미로 그러한 일을 할 수 있다면 그것은 놀라운 일이다. 우리는 자신이 주님 안에서 유업을 얻는 것을 관심할 뿐 아니라 다른 사람들의 얻음을 관심해야 한다. 시므온 지파가 얻은 기업 중에서 비교적 이름 있는 도시는 브엘세바와 시글락이다.

10-16절, 셋째로 스불론 자손을 위하여 그 가족대로 제비를 뽑았으니 그 기업의 경계는 사릿에 미치고(10절) 서편으로 올라가서 마랄라에 이르러 답베셋에 미치고 욕느암 앞 시내에 미치며(11절) 사릿에서부터 동편으로 돌아 해 뜨는 편을 향하고 기슬롯 다볼의 경계에 이르고 다브랏으로 나가서 야비아로 올라가고(12절) 또 거기서부터 동편으로 가드 헤벨을 지나 엣 가신에 이르고 네아까지 연한 림몬으로 나아가서(13절) 북으로 돌아 한나돈에 이르고 입다엘 골짜기에 이르러 끝이 되며(14절) 또 갓닷과 나할랄과 시므론과 이달라와 베들레헴이니 모두 십이 성읍이요 또 그 촌락이라(15절) 스불론 자손이 그 가족대로 얻은 기업은 이 성읍들과 그 촌락이었더라(16절)

이 지파는 서쪽으로는 지중해가 있고 동으로는 디베랴 바다가 있다. 그러므로 야곱의 예언이 이루어진 셈이다(창 49:13—"스불론은 배 매는 해변이 되어"). 이 지파 경내에 나사렛이 있다. 그러므로 이 지파는 주로 신약에서 주님의 사역의 출발점이 되는 영예를 안았다(마 4:13).
15절의 베들레헴은 주 예수님이 출생하신 유다 베들레헴이 아니다. 나사렛 서북부에 위치한 갈릴리 베들레헴이다.

17-23절, 넷째로 잇사갈 곧 잇사갈 자손을 위하여 그 가족대로 제비를 뽑았으니(17절) 그 지경 안은 이스르엘과 그술롯과 수넴과 하바라임과 시온과 아나하랏과 랍빗과 기시온과 에베스와 레멧과 언간님과 엔핫다와 벧 바세스며 그 경계는 다볼과 사하수마와 벧 세메스에 미치고 그 끝은 요단이니 모두 십육 성읍이요 또 그 촌락이라(18-22절) 잇사갈 자손 지파가 그 가족대로 얻은 기업은 이 성읍들과 그 촌락이었더라(23절)

잇사갈은 숫자가 많은 지파였다(민 26:25). 아합의 궁전과 나봇의 포도원이 있던 이스르엘이 여기에 있고 기손 강이 여기 있으며 길보아 산과 므깃도 계곡도 여기에 있다. 수넴 여인이 살던 수넴도 여기에 있다.

24-31절, 다섯째로 아셀 자손의 지파를 위하여 그 가족대로 제비를 뽑았으니(24절) 그 지경 안은 헬갓과 할리와 베덴과 악삽과 알람멜렉과 아맛과 미살이며 그 경계의 서편은 갈멜에 미치며 시홀 림낫에 미치고(25-26절) 꺾여 해 돋는 편을 향하여 벧 다곤에 이르며 스불론에 달하고 북편으로 입다 엘 골짜기에 미쳐서 벧에멕과 느이엘에 이르고 가불 좌편으로 나가서 에브론과 르홉과 함몬과 가나를 지나 큰 시돈까지 이르고(27-28절) 돌아서 라마와 견고한 성읍 두로에 이르고 돌아서 호사에 이르고 악십 지방 곁 바다가 끝이 되며 또 움마와 아벡과 르홉이니 모두 이십이 성읍과 그 촌락이라(29-30절) 아셀 자손의 지파가 그 가족대로 얻은 기업은 이 성읍들과 그 촌락이었더라(31절)

아셀 지파는 갈멜 산에서 베니게에 이르는 기다란 영토를 할당받았다. 그 영토 내에 두로와 시돈이 있었지만 그 영토를 완전히 장악하지는 못했다. 신약의 여선지자 안나가 이 지파 출신이다(눅 2:36). 그 외에는 구약이나 신약에서 뛰어난 인물이 없다. 성읍도 특이할 만한 게 없다. 그렇게 유명하게 나타난 지파가 아닐지라도 여전히 귀한 지파로서 존재한다. 이는 신약에서 몸의 원리로 설명할 수 있다. "몸의 더 약하게 보이는 지체가 도리어 요긴하고"(고전 12:22). 사람 앞에 유용하게 나타난 것이 없을지라도 하나님께는 여전히 중요한 지파이다.

32-39절, 여섯째로 납달리 자손을 위하여 납달리 자손의 가족대로 제비를 뽑았으니(32절) 그 경계는 헬렙과 사아난님의 상수리나무에서부터 아다미 네겝과 얍느엘을 지나 락굼까지요 그 끝은 요단이며(33절) 서편으로 돌아 아스놋 다볼에 이르고 그 곳에서부터 나가 훅곡에 이르러는 남은 스불론에 접하였고 서는 아셀에 접하였으며 해 돋는 편은 유다에 달한 요단이며(34절) 그 견고한 성읍들은 싯딤과 세르와 함맛과 락갓과 긴네렛과 아다마와 라마와 하솔과 게데스와 에드레이와 엔 하솔과 이론과 믹다렐과 호렘과 벧 아낫과 벧 세메스니 모두 십구 성읍이요 또 그 촌락이라(35-38절) 납달리 자손의 지파가 그 가족대로 얻은 기업은 이 성읍들과 그 촌락이었더라(39절)

납달리는 모든 지파의 가장 북편에 기업을 받았으나 후에 단 지파가 지배하게 되었다. 그래서 단이라고 불리우게 된 것이다. 그러므로 이스라엘을 남북으로 길이를 말할 때 단에서 브엘세바까지라고 한다. 이 지파의 남편에는 스불론이 있고 서편에는 아셀이 있으며 요단 쪽으로는 유다가 있었다.

40-48절, 일곱째로 단 자손의 지파를 위하여 그 가족대로 제비를 뽑았으니(40절) 그 기업의 지경은 소라와 에스다올과 이르세메스와 사알랍빈

과 아얄론과 이들라와 엘론과 딤나와 에그론과 엘드게와 깁브돈과 바알랏과 여훗과 브네브락과 가드 림몬과 메얄곤과 락곤과 욥바 맞은편 경계까지라(41-47절) 그런데 단 자손의 지경이 더욱 확장되었으니 이는 단 자손이 올라가서 레센을 쳐서 취하여 칼날로 치고 그것을 얻어 거기 거하였음이라 그 조상 단의 이름을 따라서 레센을 단이라 하였더라(47절) 단 자손의 지파가 그 가족대로 얻은 기업은 이 성읍들과 그 촌락이었더라(48절)

이 지파의 영토에 삼손의 이야기에 나오는 소라와 에스다올이 있고 딤나가 있다. 욥바가 이 지파에 속한다. 이들은 남방에서 제비 뽑아 얻은 기업 외에 북방으로 가서 레센을 얻었다. 그러므로 단은 기업의 최북단에 땅을 갖게 된 것이다. 47절에 의하면 최북단의 땅은 그들의 힘과 노력으로 얻은 것이다. 땅을 기업으로 받는 일에 있어서 제비를 뽑는 것만이 아니라 사람 편에서의 충성과 용기와 노력도 감안되는 것은 의미 있는 일이다. 그날 우리는 심판대에서 다양한 국면이 일어날 것을 미리 생각해 볼 수 있다. 예외적이고 특별하고 긍휼에 속한 많은 일들이 있게 될 것이다. 분명 사람 편에서의 천국에 대한 침노의 영은 필요한 것이다. 하나님 앞에서는 그분의 일을 위하여 적극적인 사람들이 뭔가를 더 얻게 될 것임에는 분명한 일이다.

49-51절, 이스라엘 자손이 그 경계를 따라서 기업의 땅 나누기를 마치고 자기들 중에서 눈의 아들 여호수아에게 기업을 주었으되(49절) 곧 여호와의 명령대로 여호수아의 구한 성읍 에브라임 산지 딤낫 세라를 주매 여호수아가 그 성읍을 중건하고 거기 거하였었더라(50절) 제사장 엘르아살과 눈의 아들 여호수아와 이스라엘 자손 지파의 족장들이 실로에서 회막 문 여호와 앞에서 제비뽑아 나눈 기업이 이러하니라 이에 땅 나누는 일이 마쳤더라(50절)

1. 갈렙은 기업을 얻는 일에서 가장 먼저 요구할 수 있었던 반면 여호수아는 가장 나중에 받게 된다. 이 또한 아름다운 일이다. 여호수아에게 기업을 준 사람은 누구인가? 하나님께서 모세를 통해 갈렙에게 기업을 주라고 지시하셨을 때 여호수아에 대한 지시도 있었을 것이다. 그는 에브라임 산지에 있는 딤나 세라를 기업으로 받았다. 그 땅은 자기 지파의 땅이었기 때문이다.

2. 그에게 기업을 준 것은 이스라엘 자손이었다. 그는 유능하고 훌륭한 인도자였지만 결코 백성들보다 높은 데 자처하지 않았다. 그가 최종적으로 기업을 받을 때 그는 백성들의 선택에 자신을 맡겼다. 이는 집사들의 손에 교회의 물질이 맡겨져 있는 것을 예로 들 수 있다. 사역자들이 어떤 면에서 교회의 주된 인도자일지라도 사역자의 필요를 위한 물질이 사역자의 손에 있지 않고 자신이 챙기지도 않으며 교회의 장로들이나 집사들의 손에 맡겨지는 것은 매우 합당한 일이다. 재정을 위하여 수고하는 집사들은 교회의 모든 실제적인 경비의 지출의 필요를 돌보고 최종적으로 사역자의 생활을 관심하여 물질을 분배하는 것이 가한 것이다. 가난한 성도들이나 전적으로 하나님을 섬기는 사역자들의 물질적인 공급을 분배하거나 얻을 때에 가장 앞선 사역자는 다른 모든 도움이 필요한 사람들의 필요를 다 돌본 연후에 자신의 것을 받으려 하는 것이 합당한 태도인 것이다. 물론 영적인 축복에 대하여도 가장 장성한 자들은 다 이와 같은 태도를 가져야 한다. 자신의 영적인 유익이나 상급을 먼저 고려하기 전에 항상 다른 지체들의 필요를 관심해야 하는 것이다.

여호수아 20장

Joshua

1-9절, 여호와께서 여호수아에게 일러 가라사대(1절) 이스라엘 자손에게 고하여 이르라 내가 모세로 너희에게 말한 도피성을 택정하여(2절) 부지중 오살한 자를 그리로 도망하게 하라 이는 너희 중 피의 보수자를 피할 곳이니라(3절) 그 성읍들의 하나에 도피하는 자는 그 성읍에 들어가는 문 어귀에 서서 그 성읍 장로들의 귀에 자기의 사고를 고할 것이요 그들은 그를 받아 성읍에 들여 한 곳을 주어 자기들 중에 거하게 하고(4절) 피의 보수자가 그 뒤를 따라온다 할지라도 그들은 그 살인자를 그의 손에 내어주지 말지니 이는 본래 미워함이 없이 부지중에 그 이웃을 죽였음이라(5절) 그 살인자가 회중의 앞에 서서 재판을 받기까지나 당시 대제사장의 죽기까지 그 성읍에 거하다가 그 후에 그 살인자가 본 성읍 곧 자기가 도망하여 나온 그 성읍의 자기 집으로 돌아갈지니라(6절) 무리가 납달리의 산지 갈릴리 게데스와 에브라임 산지의 세겜과 유다 산지의 기럇 아르바 곧 헤브론을 구별하였고(7절) 또 여리고 동 요단 저편 르우벤 지파 중에서 평지 광야의 베셀과 갓 지파 중에서 길르앗 라못과 므낫세 지파 중에서 바산 골란을 택하였으니(8절) 이는 곧 이스라엘 모든 자손과 그들 중에 우거하는 객을 위하여 선정한 성읍들로서 누구든지 부지중 살인한 자로 그리로 도망하여 피의 보수자의 손에 죽지 않게 하기 위함이며 그는 회중 앞에 설

때까지 거기 있을 것이니라(9절)

1. 도피성에 대한 말씀은 출애굽기 21장 12-13절에서 처음으로 모세를 통해 말해졌고 거기서 하나님은 의도성이 없는 살인자를 돌보셨다. 이것이 도피성의 기원으로서 민수기 35장에도 나와 있으며 신명기 4장 41-43절까지에는 요단 동편의 도피성이 정해지고 신명기 19장에서는 그 제도의 시행에 대하여 다소 보완하면서 반복하고 있다. 즉 원혐이 없이 죽인 경우를 실례를 들어 보완한 것이다.

2. 우리는 도피성의 제도를 보면서 하나님은 언제나 죄인을 관심하신다는 것을 알 수 있다. 죄인 중에서도 고의성이 없는 죄인은 해를 당하지 말아야 한다는 것이다. 사람은 실수가 있는 법이다. 신명기 말씀처럼(4:41-43) 어떤 의도도 없었는데 손에 도끼를 들고 벌목을 하다가 도끼가 자루에서 빠져 그 이웃을 맞춰 죽게 한 경우이다. 이러한 경우는 복수자가 그를 죽이지 못하도록 도피성으로 피하게 하라고 했다. 우리는 주님이 기업을 분배한 후에 맨 먼저 죄인을 관심하신다는 데에 큰 감명을 받는다. 주님은 죄인을 긍휼히 여기시는 하나님이시다.

3. 율법은 '눈에는 눈, 이에는 이' 이므로 살인한 자는 죽어야 했다. 그러나 이 경우는 부지중에 실수하여 저지른 살인이니 살려주어야 한다는 것이다. 우리는 여기서 율법과 은혜의 원칙을 본다. 복음을 순종하고 믿는 자는 결과적으로 그의 죄가 자신의 의도에 따라 행한 것이 아닌 것으로 간주된다. 그는 사탄에게 속아서 범죄한 것이 되며 모르고 사탄에게 종 노릇 한 것이 된다. 그러므로 바울은 자신이 훼방자요 핍박자요 포행자였으나 긍휼은 입은 것은 믿지 아니할 때에 알지 못하고 행하였기 때문이라고 고백하였다(딤전 1:13). 그는 예수 믿는 사람들을 핍박하고 죽이는 일에도 동참한 적이 있었다. 그러나 그는 그때 그

것을 알지 못하고 행하였다고 말한다. 그러므로 하나님께서는 바울 같은 사람을 도피성으로 피하도록 길을 열어주셨으니 그것이 바로 복음이다.

그러나 어떤 사람이 같은 죄를 지었다 하더라도 그가 회개하고 복음을 받아들이지 않는다면 그의 죄과는 고의적인 것이 된다. 정죄받은 죄들은 로마서 1장 21절 말씀과 같이 "하나님을 알되 하나님으로 영화롭게도 아니하고 감사치도 아니하는" 것이다. 이들은 알면서도 하나님을 믿지 않고 감사하지 않는 자들이다. 이러한 자들은 정죄와 멸망을 당한다. 이들은 사탄의 고의적인 죄에 동참한 자들이므로 그들의 죄가 고의로 인정될 수밖에 없는 것이다. 이와 같이 복음에는 죄를 용서하는 은총이 있을 뿐 아니라 범한 죄를 의도성 없는 것으로 바꾸는 능력이 있다.

예를 들어, 어떤 자녀가 아버지의 돈을 훔쳐 가지고 달아났다 하자. 그런 경우 그가 나중에 아버지께 돌아와서 회개하며 잘못했다고 할 때 아버지는 그의 죄를 용서한다. 용서할 뿐 아니라 아버지에게 그 자녀의 죄는 당시 철이 없고 너무 어려서 잘못한 것으로 간주된다. 그러나 10년이고 20년이고 그가 회개하지 않고 아버지에게 그 잘못을 고백하지 않는다면 그의 과거의 죄는 고의적인 것이었다고 인정할 수밖에 없는 것이다. 그러므로 신약에서는 도피성이 어떤 죄인이라도 피할 수 있는 도피처가 된다.

4. 아더 핑크나 아이언 사이드 같은 학자들은 여호수아에 나오는 도피성의 이름을 해설하여 그 뜻이 복음적인 성격을 갖고 있음을 증명했다. 그들은 도피성이 그리스도를 뜻하는 것이라고 주장했다. 그들은 게데스는 성소 혹은 거룩을 의미하고, 세겜은 어깨, 헤브론은 교통, 베셀은 요새, 라못은 높은 곳, 고지(高地), 골란은 기쁨 또는 환희를 뜻하는데, 그리스도는 우리의 거룩 또는 성소이시며(요 2:19), 정사를 멘 어깨와 같으시고(사 9:6), 아버지와 사귐을 갖게 해주시는 분이며(고후

5:18-19), 신자들의 피할 요새시며(시 91:2), 높은 하늘에 앉게 해주시는 높은 곳이며(엡 2:6), 기쁨(롬 5:11)이라고 하였다. 그러므로 그리스도가 우리의 참된 도피성이시라는 말이다.

5. 죄인이 살기 위해서는 일정한 법칙이 있다. 이는 그가 도피할 곳의 성읍 장로들에게 나아가 자신의 사고를 고백하는 것이다. 이와 같이 복음을 믿고 죄 사함과 칭의를 얻는 일에 있어서도 원칙이 있다. 그것은 곧 행위가 아닌 믿음의 법이다(롬 3:27). 어떤 사람이 죄를 용서받고자 하는 마음이 있다 하더라도 만일 그가 행위에 의지한다면 용서함을 받을 길이 없다. 여기서 의도 없이 사람을 죽인 자가 자신의 방법대로 살려 한다면 그 길을 발견할 수 없으며 도피성의 혜택을 누릴 수 없다.

6. 6절에 의하면 대제사장의 죽기까지 도피성에 있어야 한다고 하는데, 여기서 대제사장은 주 예수 그리스도를 가리킴에 틀림없다. 우리는 우리의 참 대제사장이신 그리스도께서 십자가에서 죽으셨을 때 자유케 되었다. 또한 이 도피성은 하나님께서 지정하신 장소이다. 7절의 '구별하였다(set apart)' 라는 말은 원문에서 지명하였다는 뜻이다. 그리스도는 하나님께서 지명하시고 세우신 유일한 속죄자이시다(계 13:8).

7. 도피성은 이스라엘 백성들의 기업 내에 동편에 셋, 서편에 셋이 고루 분포되어 있었다. 아무리 먼 곳에 있는 사람이라도 한 나절이면 도달할 수 있는 거리에 도피성들이 있었던 것이다. 이는 복음의 편재성을 가리킨다. 오늘날 하나님은 누구든지 원하는 자는 믿을 수 있도록 복음이 편만하게 전파되도록 역사하셨다. 또한 성경이 세계 각국의 언어로 번역되어 읽혀지도록 하셨다. 우리가 성경을 주의 깊게 읽는다면 성경에 계시된 하나님은 복음의 하나님이심을 알 수 있다. 우리는 이 부분의 글을 읽으면서 위대하시고 전능하신 하나님이 죄인을 사랑하시

는 복음의 하나님이시라는 것에 인상을 받는다. 그리스도의 복음의 말씀은 오늘날 누구든지 원하기만 하면 믿고 받아들일 수 있도록 가까이, 즉 마음에 있고 입에 있다. 그러므로 누구든지 주의 이름을 부르는 자는 구원을 얻게 된다(롬 10:8-13).

그분은 그분의 백성들이 가나안에 들어가 기업을 분배받고 살아갈 때 혹 죄를 지어 멸망하게 될까 염려하셨다. 이곳저곳에 세워진 도피성을 볼 때 이스라엘 사람들은 죄인을 관심하시는 하나님을 생각할 수 있었을 것이다. 하나님께서 죄인들의 살길을 마련해 주신 것이다. 우리는 출애굽기, 민수기, 신명기, 여호수아서에 이르기까지 반복되는 도피성에 관한 규례를 생각하면서 우리 하나님이 죄인을 배려하시고 사랑하시며 구원하기를 기뻐하시는 하나님이시라는 깊은 인상을 받게 된다. 이러한 복음의 하나님을 찬양하자!

8. 살인하여 죽을 죄를 지었다 해도 도피성으로 피하면 안전하다. 이와 같이 오늘도 죽을 죄인이 믿음으로 그리스도 안에 거하기만 하면 정죄를 받지 않는다(롬 8:1). 9절 말씀에 의하면 이스라엘 자손만이 아니라 그들 중에 우거하는 객이라도 도피성을 이용할 수 있었는데 이는 그리스도 안에 있는 자는 유대인이나 이방인이나 차별 없이 보호를 받는다는 의미이다(수 20:9).

여호수아 21장
Joshua

1-3절, 때에 레위 사람의 족장들이 제사장 엘르아살과 눈의 아들 여호수아와 이스라엘 자손의 지파 족장들에게 나아와(1절) 가나안 땅 실로에서 그들에게 말하여 가로되 여호와께서 모세로 명하사 우리의 거할 성읍들과 우리의 가축 먹일 그 들을 우리에게 주라 하셨었나이다 하매(2절) 이스라엘 자손이 여호와의 명을 따라 자기의 기업에서 이 아래 성읍들과 그 들을 레위 사람에게 주니라(3절)

1. 21장 내용은 레위인들이 거할 성읍들을 얻은 것을 말한다. 레위인들은 땅을 기업으로 얻을 수는 없었지만 그들이 거할 성읍들과 가축을 먹일 들은 얻도록 허용되었다. 그들의 거할 성읍은 요단 동편과 서편에 산재하게 되었고 모두 48 성읍이었다. 20장에 나온 여섯 개 도피성(동에 셋, 서에 셋)은 모두 레위인의 성읍들에 포함된 것이었다. 레위인들이 땅을 기업으로 얻지 않은 것은 신약의 믿는이들을 위한 것이다. 신약의 믿는이들은 다 레위인이며 제사장이므로 물질적인 땅의 기업이 아니라 신령한 분깃인 것이다. 이는 레위인의 분깃이 하나님 자신이라고 말한 것에서 알 수 있다. 물질적인 것에 비하여 영적인 분깃이며, 생명의 은혜의 분깃은 훨씬 더 귀한 것이다.

2. 지난 18장에서 일곱 지파가 기업을 얻는 일에서 지체하여 여호수아의 책망을 들은 것과는 대조적으로 레위는 여호수아와 족장들에게 자신들의 거할 성읍과 가축 먹일 들을 요청했다. 여기서 '때에' 란 땅의 분배가 모두 완료된 시점을 말한다. 그때 레위인들은 자신들의 필요를 말한 것이다. 이것은 그들이 말한 시점이 매우 알맞았음을 나타낸다. 그리고 그들이 여호와의 말씀에 입각하여 요구한 것은 옳았다. 그들은 마땅한 때에 마땅한 말로 자신들의 필요 사항을 요구한 것이다. 그러자 이스라엘 자손은 자기 기업에서 레위 사람들에게 줄 것을 나눠주었다.

3. 그들은 창세기 34장 25-29절에 기록된 세겜 사람들을 죽인 사건에 의거하여 49장 7절에서 야곱이 말한 "내가 그들을 야곱 중에서 나누며 이스라엘 중에서 흩으리로다"라는 예언대로 흩어져 살게 되었다. 그러나 출애굽기 32장에서의 그들의 충성으로 인해 저주가 축복으로 바뀌었다. 흩어짐으로 그들이 이스라엘을 섬기기에 편리하게 된 것이다.

4. 그들이 이를 요구한 장소는 당시의 본영이 위치한 실로였다. 전에는 길갈이었는데 지금은 실로로 바뀌었다.

4-7절, 그핫 가족을 위하여 제비를 뽑았는데 레위 사람 중 제사장 아론의 자손들은 유다 지파와 시므온 지파와 베냐민 지파 중에서 제비대로 십삼 성읍을 얻었고(4절) 그 남은 그핫 자손들은 에브라임 지파의 가족과 단 지파와 므낫세 반 지파 중에서 제비대로 열 성읍을 얻었으며(5절) 게르손 자손들은 잇사갈 지파의 가족들과 아셀 지파와 납달리 지파와 바산에 있는 므낫세 반 지파 중에서 제비대로 십삼 성읍을 얻었더라(6절) 므라리 자손들은 그 가족대로 르우벤 지파와 갓 지파와 스불론 지파 중에서 십이 성읍을 얻었더라(7절)

레위의 아들들은 게르손과 고핫과 므라리인데, 여기서는 고핫부터 시작하였다. 이는 고핫이 둘째 아들일지라도 모세와 아론이 속한 가문이며 특히 아론의 제사장 종족이기 때문이다. 고핫은 제사장 족과 비(非)제사장 족이 구분하여 기업을 받았다. 고핫의 자손은 아론의 제사장 종족이 유다와 시므온과 베냐민 지파 중에서 열세 성읍을 얻었고 비제사장 종족이 에브라임과 단과 므낫세 반 지파 중에서 열 성읍을 얻어 도합 이십삼 성읍을 얻었다. 게르손은 십삼 성읍, 므라리는 십이 성읍을 얻었다. 따라서 아론의 제사장 종족이 비율로 해서 가장 많이 얻은 셈이다.

8-42절, 여호와께서 모세로 명하신 대로 이스라엘 자손이 제비뽑아 레위 사람에게 준 성읍들과 그 들이 이러하니라(8절) 유다 자손의 지파와 시므온 자손의 지파 중에서는 이 아래 기명한 성읍들을 주었는데(9절) 레위 자손 중 그핫 가족들에 속한 아론 자손이 첫째로 제비뽑혔으므로(10절) 아낙의 아비 아르바의 성읍 유다 산지 기럇 아르바 곧 헤브론과 그 사면 들을 그들에게 주었고(11절) 오직 그 성읍의 밭과 촌락은 여분네의 아들 갈렙에게 주어 소유가 되게 하였더라(12절) 제사장 아론 자손에게 준 것은 살인자의 도피성 헤브론과 그 들이요 또 립나와 그 들과 얏딜과 그 들과 에스드모아와 그 들과 홀론과 그 들과 드빌과 그 들과 아인과 그 들과 윳다와 그 들과 벧 세메스와 그 들이니 이 두 지파에서 아홉 성읍을 내었고(13-16절) 또 베냐민 지파 중에서는 기브온과 그 들과 게바와 그 들과 아나돗과 그 들과 알몬과 그 들 곧 네 성읍을 내었으니(17-18절) 제사장 아론 자손의 성읍이 모두 십삼 성읍과 그 들이었더라(19절) 그 남은 레위 사람 그핫 자손의 가족 곧 그핫 자손에게는 제비뽑아 에브라임 지파 중에서 그 성읍들을 주었으니(20절) 곧 살인자의 도피성 에브라임 산지 세겜과 그 들이요 또 게셀과 그 들과 깁사임과 그 들과 벧 호론과 그 들이니 네 성읍이요(21-22절) 또 단 지파 중에서 준 것은 엘드게와 그 들과 깁브돈과

그 들과 아얄론과 그 들과 가드 림몬과 그 들이니 네 성읍이요(23-24절) 또 므낫세 반 지파 중에서 준 것은 다아낙과 그 들과 가드 림몬과 그 들이니 두 성읍이요 그핫 자손의 남은 가족의 성읍이 모두 열과 그 들이었더라(25-26절) 레위 가족의 게르손 자손들에게는 므낫세 반 지파 중에서 살인자의 도피성 바산 골란과 그 들을 주었고 또 브에스드라와 그 들을 주었으니 두 성읍이요(27절) 잇사갈 지파 중에서는 기시온과 그 들과 다브랏과 그 들과 야르뭇과 그 들과 언 간님과 그 들을 주었으니 네 성읍이요(28-29절) 아셀 지파 중에서는 미살과 그 들과 압돈과 그 들과 헬갓과 그 들과 르홉과 그 들을 주었으니 네 성읍이요(30-31절) 납달리 지파 중에서는 살인자의 도피성 갈릴리 게데스와 그 들을 주었고 또 함못 돌과 그 들과 가르단과 그 들을 주었으니 세 성읍이라(32절) 게르손 사람이 그 가족대로 얻은 성읍이 모두 열세 성읍과 그 들이었더라(33절) 그 남은 레위 사람 므라리 자손의 가족들에게 준 것은 스불론 지파 중에서 욕느암과 그 들과 가르다와 그 들과 딤나와 그 들과 나할랄과 그 들이니 네 성읍이요(34-35절) 르우벤 지파 중에서 준 것은 베셀과 그 들과 야하스와 그 들과 그데못과 그 들과 므바앗과 그 들이니 네 성읍이요(36-37절) 갓 지파 중에서 준 것은 살인자의 도피성 길르앗 라못과 그 들이요 또 마하나임과 그 들과 헤스본과 그 들과 야셀과 그 들이니 모두 네 성읍이라(38-39절) 이는 레위 가족의 남은 자 곧 므라리 자손이 그 가족대로 얻은 성읍이니 그 제비뽑아 얻은 성읍이 십이 성읍이었더라(40절) 레위 사람의 이스라엘 자손의 기업 중에서 얻은 성읍이 모두 사십팔 성읍이요 또 그 들이라(41절) 이 각 성읍의 사면에 들이 있었고 모든 성읍이 다 그러하였더라(42절)

1. 아론의 자손들이 제비뽑아 얻은 결과는 매우 특별하다. 아론 자손이 첫 번째로 제비뽑은 것부터가 특이하다. 그들은 장차 예루살렘 성전이 세워질 유다와 베냐민 지파 중에서 성읍들을 얻었다. 그들은 제사장 족속이었고 장래 성전에서 섬기기에 편리한 위치에 있게 된 것이다. 이

일은 하나님께서 그분의 백성들이 제비뽑기를 할 때 초자연적으로 개입하신 것이라고밖에 할 수 없다. 우리는 이로써 우리의 모든 환경과 지리적인 경계와 출생 연대에 이르기까지 거기에 하나님의 주권적인 손이 있음을 알고 경배 드려야 한다. 모두가 다 그분을 섬기기에 알맞은 환경으로 주어진 것임을 믿는 것이다. 우리나라의 불같은 정열의 부흥사였던 이성봉 목사는 생전에 D. L. 무디가 1899년에 인생을 마쳤고 자기는 1900년도에 출생했으니 무디에게 역사하신 주님이 자기에게 역사하시는 것이라고 말했다. 그의 말대로 그는 '한국의 무디' 라는 칭호를 얻을 정도로 많은 부흥의 역사를 일으켰다.

2. 5절에서 남은 그핫 자손 중에는 모세의 자손들도 있는데 그들은 열 성읍만 얻었다. 모세는 자신의 자손들을 위한 성읍이나 들에 대하여는 어떤 명령도 남기지 않고 갔다. 따라서 그들은 일반 레위인들과 똑같이 이곳저곳(에브라임, 단, 므낫세 반)에 흩어져 하나님의 백성들을 섬기며 살게 되었다(20-26절). 위대한 영적 지도자가 자신의 후손을 위하여 특별한 유산을 지정하거나 상속하지 않고 간 아름다운 모습을 우리는 모세와 그 후손에게서 볼 수 있다.

3. 27-42절은 게르손 자손과 므라리 자손이 얻은 성읍과 들을 표시했다. 이들은 이스라엘 전역에 흩어져 살며 이스라엘 백성들의 하나님을 섬기는 일을 도왔다. 그들이 흩어진 바로 그 지점에 있는 사람들이 그들이 섬겨야 할 대상들이 된 것이다.

43-45절, 여호와께서 이스라엘의 열조에게 맹세하사 주마 하신 온 땅을 이와 같이 이스라엘에게 다 주셨으므로 그들이 그것을 얻어 거기 거하였으며(43절) 여호와께서 그들의 사방에 안식을 주셨으되 그 열조에게 맹세하신 대로 하셨으므로 그 모든 대적이 그들을 당한 자가 하나도 없었으

니 이는 여호와께서 그들의 모든 대적을 그들의 손에 붙이셨음이라(44절) 여호와께서 이스라엘 족속에게 말씀하신 선한 일이 하나도 남음이 없이 다 응하였더라(45절)

이 부분의 말씀은 하나님의 말씀의 신실성을 증명하고 있다. 여호와께서는 그분이 맹세하사 열조에게 주마 하신 온 땅을 이스라엘에게 다 주셨다. 그리고 그들의 사방에 안식을 주셨다. 말씀하신 선한 일이 하나도 남음이 없이 다 응하였다. 이 모든 말씀이 그분의 말씀의 신실함을 나타낸다. 그럼에도 구약의 여호수아가 하나님의 백성에게 준 안식은 그림자에 불과하다. 다음에 이어지는 사사기부터 우리는 이스라엘의 안식이 깨어지기 시작하는 것을 보게 된다. 참 안식은 참 여호수아이신 그리스도께서 주신다. 그러므로 우리는 그분이 주시는 안식에 들어가기를 힘써야 한다(히 4:1-11). 참 안식에 들어가는 것은 하나님의 말씀을 믿음으로 화합하며 순종하는 데 달려 있다.

여호수아 22장

Joshua

1-9절, 그때에 여호수아가 르우벤 사람과 갓 사람과 므낫세 반 지파를 불러서(1절) 그들에게 이르되 여호와의 종 모세가 너희에게 명한 것을 너희가 다 지키며 또 내가 너희에게 명한 모든 일에 내 말을 너희가 청종하여(2절) 오늘날까지 날이 오래도록 너희가 너희 형제를 떠나지 아니하고 오직 너희 하나님 여호와의 명하신 그 책임을 지키도다(3절) 이제는 너희 하나님 여호와께서 이미 말씀하신 대로 너희 형제에게 안식을 주셨으니 그런즉 이제 너희는 여호와의 종 모세가 요단 저편에서 너희에게 준 소유지로 가서 너희의 장막으로 돌아가되(4절) 크게 삼가 여호와의 종 모세가 너희에게 명한 명령과 율법을 행하여 너희 하나님 여호와를 사랑하고 그 모든 길로 행하며 그 계명을 지켜 그에게 친근히 하고 너희 마음을 다하며 성품을 다하여 그를 섬길지니라 하고(5절) 여호수아가 그들에게 축복하여 보내매 그들이 자기 장막으로 갔더라(6절) 므낫세 반 지파에게는 모세가 바산에서 기업을 주었고 기타 반 지파에게는 여호수아가 요단 이편 서편에서 그 형제 중에서 기업을 준지라 여호수아가 그들을 그 장막으로 돌려 보낼 때에 그들에게 축복하고(7절) 일러 가로되 너희는 많은 재산과 심히 많은 가축과 은, 금, 동, 철과 심히 많은 의복을 가지고 너희의 장막으로 돌아가서 너희 대적에게서 탈취한 것을 너희 형제와 나눌지니라 하매(8

절) 르우벤 자손과 갓 자손과 므낫세 반 지파가 가나안 땅 실로에서 이스라엘 자손을 떠나 여호와께서 모세로 명하신 대로 얻은 땅 곧 그 소유지 길르앗으로 가니라(9절)

1. 이스라엘 백성들은 7년에 걸친 긴 가나안 정복 전쟁을 치렀다. 몇 번 실패와 실수도 있었지만 기본적으로 그들은 여호수아를 인도자로 하여 잘 순종하였고 하나님은 그들로 승리하게 하셨다. 그리고 이제는 모든 땅을 다 분배받았다. 22장에서 여호수아는 요단 동편에서 기업을 얻은 르우벤, 갓, 므낫세 반 지파에게 그들의 지경으로 돌아가도록 명령을 해야 할 시점에 이르렀다. 그들은 비록 자신들이 할당받을 땅은 아니었지만 형제들이 얻을 기업을 위하여 가나안 땅을 정복하는 전쟁을 함께 치렀고 이제는 전우들과 작별할 때가 된 것이다. 여호수아는 두 지파 반의 형제들을 불러 그들이 지금까지 그들의 형제들을 떠나지 아니하고 여호와의 명하신 책임을 다한 것에 대하여 칭찬했다(3절). 그들은 모세와 여호수아의 명을 성실하게 잘 지켜온 것이다(2절). 이제 여호수아는 그들에게 요단 동편의 그들의 소유지로 돌아가라고 말하고 있다.

2. 여호수아는 떠나는 그들을 축복하였으며(6절) 여호와께서 그들에게 명하신 명령과 율법을 지킬 것을 강조하였다—"너희 하나님 여호와를 사랑하고 그 모든 길로 행하며 그 계명을 지켜 그에게 친근히 하고 너희 마음을 다하며 성품을 다하여 그를 섬길지니라"(5절). 7절에서는 특별히 므낫세 지파의 이별을 기록한다. 므낫세 반 지파는 요단 동편 바산을 기업으로 받았고 다른 반 지파는 요단 서편 가나안 땅을 기업으로 받았다. 그리고 8절에서는 특별히 떠나는 므낫세 반 지파에게 많은 재산과 가축과 은, 금, 동, 철과 심히 많은 의복을 가지고 장막으로 돌아가서 형제들과 나누라고 명했다. 여호수아는 자기의 지파 형제들과 이

별하는 므낫세 반 지파를 격려하는 듯하다. 그것은 그들에 대한 배려와 동정이었을 것이다. 이와 같이 그리스도의 몸 안에서의 율(律)은 부족한 지체에게 존귀를 더하는 것이다. 어떤 지체가 약하고 힘이 없을 때 다른 강한 지체들은 약한 지체를 돌보고 동정하는 것이 마땅하다. 여호수아는 이와 같이 이들을 온전케 하여 길르앗 땅으로 보내었다(9절).

10-20절, **르우벤 자손과 므낫세 반 지파가 가나안 땅 요단 언덕 가에 이르자 거기서 요단 가에 단을 쌓았는데 볼 만한 큰 단이었더라(10절) 이스라엘 자손이 들은즉 이르기를 르우벤 자손과 갓 자손과 므낫세 반 지파가 가나안 땅의 맨 앞편 요단 언덕 가 이스라엘 자손에게 속한 편에 단을 쌓았다 하는지라(11절) 이스라엘 자손이 이를 듣자 곧 이스라엘 자손의 온 회중이 실로에 모여서 그들과 싸우러 가려 하니라(12절) 이스라엘 자손이 제사장 엘르아살의 아들 비느하스를 길르앗 땅으로 보내어 르우벤 자손과 갓 자손과 므낫세 반 지파를 보게 하되(13절) 이스라엘 각 지파에서 한 방백씩 열 방백을 그와 함께하게 하니 그들은 각기 이스라엘 천만인 중 족속의 두령이라(14절) 그들이 길르앗 땅에 이르러 르우벤 자손과 갓 자손과 므낫세 반 지파에게 나아가서 그들에게 말하여 가로되(15절) 여호와의 온 회중이 말하기를 너희가 어찌하여 이스라엘 하나님께 범죄하여 오늘날 여호와를 좇는 데서 떠나서 자기를 위하여 단을 쌓아 여호와를 거역하고자 하느냐(16절) 브올의 죄악으로 인하여 여호와의 회중에 재앙이 내렸으나 오늘날까지 우리가 그 죄에서 정결함을 얻지 못하였거늘 그 죄악이 우리에게 부족하여서(17절) 오늘날 너희가 돌이켜 여호와를 좇지 않고자 하느냐 너희가 오늘날 여호와를 배역하면 내일은 그가 이스라엘 온 회중에게 진노하시리라(18절) 그런데 너희 소유지가 만일 깨끗지 아니하거든 여호와의 성막이 있는 여호와의 소유지로 건너와 우리 중에서 소유를 취할 것이니라 오직 우리 하나님 여호와의 단 외에 다른 단을 쌓음으로 여호와께 패역하지 말며 우리에게도 패역하지 말라(19절) 세라의 아들 아간이**

바친 물건에 대하여 범죄하므로 이스라엘 온 회중에 진노가 임하지 아니하였었느냐 그 죄악으로 망한 자가 그 사람뿐이 아니었느니라(20절)

1. 우리는 여호수아서를 통해 가나안 정복 전쟁에서는 교회 생활의 영적 전투를 볼 수 있고 22장의 상황에서는 평화시의 정상적인 교회 생활의 본을 볼 수 있다. 여기서 우리는 먼저 요단 동편으로 돌아가는 므낫세 반 지파에 대한 관심어린 배려를 본다. 여호수아는 그들이 길르앗 땅으로 돌아갈 때 외로워하지 않고 기쁨으로 갈 수 있도록 그 동안 전쟁에서 얻은 노획물을 충분히 가져가도록 배려해 준다.

2. 르우벤 지파와 므낫세 반 지파가 가나안 땅 요단 언덕에 이르렀을 때 제단을 크게 쌓았는데 볼만한 큰 단이었다. 이스라엘 자손은 요단 동편으로 떠난 두 지파 반의 사람들이 가나안 땅 편의 요단 언덕에 큰 단을 쌓았다는 말을 듣고 온 회중이 실로에 모였다. 그들은 유일한 경배의 중심지가 실로에 있는데 두 지파 반의 형제들이 돌아가서 또 다른 경배의 중심지를 만들어 분열을 일으키는 것이 아닌가 하고 오해했다. 그러므로 그들은 두 지파 반의 형제들과 싸우러 갈 것을 결정했다. 그들은 제사장 엘르아살의 아들 비느하스를 이스라엘 각 지파의 열 방백과 함께 그들에게 보내어 먼저 그들의 의도를 알아보았다. 이스라엘 열 방백과 비느하스가 두 지파 반의 사람들에게 말한 내용은 매우 감동적이다. "여호와의 온 회중이 말하기를 너희가 어찌하여 이스라엘 하나님께 범죄하여 오늘날 여호와를 좇는 데서 떠나서 자기를 위하여 단을 쌓아 여호와를 거역하고자 하느냐 브올의 죄악으로 인하여 여호와의 회중에 재앙이 내렸으나 오늘날까지 우리가 그 죄에서 정결함을 얻지 못하였거늘 그 죄악이 우리에게 부족하여서 오늘날 너희가 돌이켜 여호와를 좇지 않고자 하느냐 너희가 오늘날 여호와를 배역하면 내일은 그가 이스라엘 온 회중에게 진노하시리라 그런데 너희 소유지가 만일

깨끗지 아니하거든 여호와의 성막이 있는 여호와의 소유지로 건너와 우리 중에서 소유를 취할 것이니라 오직 우리 하나님 여호와의 단 외에 다른 단을 쌓음으로 여호와께 패역하지 말며 우리에게도 패역하지 말라 세라의 아들 아간이 바친 물건에 대하여 범죄하므로 이스라엘 온 회중에 진노가 임하지 아니하였었느냐 그 죄악으로 망한 자가 그 사람뿐이 아니었느니라"(16-20절).

3. 여기서 우리는 오늘날 교회 생활의 또 다른 좋은 본을 보게 된다. 첫째로 우리가 조심해야 할 것은 선한 의도로 한 일이라 하더라도 형제들과 합당한 교제를 갖지 않고 뭔가를 행할 때 다른 형제들에게 쓸데없는 오해를 불러일으킬 수 있다는 것이다. 21절 후반부터 우리는 두 지파 반의 형제들이 선한 의도로 단을 세웠다는 것을 듣게 된다. 비록 그들이 그러한 선한 의도로 단을 세웠다 할지라도 오랫동안 유일한 제단을 가지고 있었던 대다수 이스라엘 백성들은 그들의 선한 의도를 이해할 수 없었다. 그러므로 믿는이들은 어떤 일을 하기 전에 자세히 주의하는 것이 필요하다(엡 5:15, 고후 8:21).

또 한 가지 우리가 여기서 배울 수 있는 것은 나머지 아홉 지파 반의 행동이다. 비느하스와 열 명의 방백들은 그들이 입수한 정보에 대하여 자기들의 관념으로 해석하여 결정을 내리고 막바로 전쟁에 돌입하지 않았다. 그들은 먼저 자기들의 염려와 생각을 충분히 그들에게 제출하였다. 그들의 염려와 심지어 분노는 하나님 앞에서 거룩한 것이라고 할 수 있다. 그렇다 하더라도 그들은 먼저 그들과의 교제를 추구한 것이다. 교제로 먼저 오해된 문제를 풀려고 시도한 것은 매우 위대한 일이다. 이것이 오늘날 믿는이들이 깊이 숙고해야 할 점이다. 교회 안에서 어떤 소수 무리의 사람들에 대한 염려스러운 소문이 들린다고 할 때 들은 대로 사태를 파악하고 해결 방안까지 결정하여 일을 해결하는 것은 너무 성급하고 위험한 처사이다.

4. 또 한 가지, 이스라엘 열 지파의 대표들이 19절에서 자기들이 생각한 최선의 대안(代案)을 제시한 것이 있다. 이것 또한 매우 배울 만한 태도이다. 그들은 "너희 소유지가 깨끗지 아니하거든 여호와의 성막이 있는 여호와의 소유지로 건너와 우리 중에서 소유를 취할 것이니라"고 하였다. 이것이 열 지파의 형제들이 두 지파 반의 형제들에게 내놓은 하나의 대안이다. 오늘날 많은 곳에서 형제들이 신앙 문제로 대립과 갈등을 겪는 것을 본다. 그런데 우리는 안타깝게도 많은 경우 이스라엘의 아홉 지파 반의 형제들의 생각만큼 깊거나 넓지 못한 것을 본다. 이들에게는 두 지파 반의 형제들에 대하여 깊이 생각해본 흔적이 있다. 그들은 다만 저들이 하나님을 배반하고 또 다른 경배 중심지를 세우려 한다고만 생각한 것이 아니라 혹 자신들이 살게 될 땅에 대해 만족스럽지 못한 느낌이 있어서 그런 일을 행하지 않았나 하고 고려해본 것이다. 그리고 그들은 거기에 따른 대안을 준비했다. 그 대안이 바로 "여호와의 성막이 있는 여호와의 소유지로 건너와 우리 중에서 소유지를 취할 것이니라"이다. 그들은 자신들의 기업을 희생할 각오를 하였다. 만일 그들이 건너온다면 두 지파 반을 위한 기업을 자기들이 취한 땅에서 떼어주려고 마음먹은 것이다.

오늘 어떤 그리스도인들은 한 무리의 성도들이 자신들을 떠났다 할 때 한 면으로는 돌아오기를 바란다고 하고 또 기도한다고 하면서 그들이 돌아왔을 때 처하게 될 상황은 전혀 고려하지 않는 것을 본다. 오히려 떠나기 전 그들의 위치도 직분도 고려하지 않고 돌아오면 마땅히 백의종군하여 말단에서부터 새로 시작해야 한다는 야박한 심정을 갖고 있다. 그것은 떠나서 새로운 경배의 중심지를 만들었다고 오해하며 염려하는 형제들의 대안 없는 생각일 뿐이다. 이것은 구약 이스라엘 백성들의 수준에도 미치지 못한 것이다. 이스라엘 아홉 지파 반 대표들은 그들에게 갈 때 대안을 가지고 갔다. 그들은 자신들의 땅이 줄어들망정 신앙 안에서의 통일성만큼은 훼손시킬 수 없다는 충성심을 갖고 있었다.

21-29절, 르우벤 자손과 갓 자손과 므낫세 반 지파가 이스라엘 천만인의 두령에게 대답하여 가로되(21절) 전능하신 자 하나님 여호와, 전능하신 자 하나님 여호와께서 아시나니 이스라엘도 장차 알리라 이 일이 만일 여호와께 패역함이거나 범죄함이거든 주는 오늘날 우리를 구원치 마시옵소서(22절) 우리가 단을 쌓은 것이 돌이켜 여호와를 좇지 아니하려 함이거나 혹시 그 위에 번제나 소제를 드리려 함이거나 혹시 화목제물을 드리려 함이어든 여호와는 친히 벌하시옵소서(23절) 우리가 목적이 있어서 주의하고 이같이 하였노라 곧 생각하기를 후일에 너희 자손이 우리 자손에게 말하여 이르기를 너희가 이스라엘 하나님 여호와와 무슨 상관이 있느냐(24절) 너희 르우벤 자손 갓 자손아 여호와께서 우리와 너희 사이에 요단으로 경계를 삼으셨나니 너희는 여호와께 분의가 없느니라 하여 너희 자손이 우리 자손으로 여호와 경외하기를 그치게 할까 하여(25절) 우리가 말하기를 우리가 이제 한 단 쌓기를 예비하자 하였노니 이는 번제를 위함도 아니요 다른 제사를 위함도 아니라(26절) 우리가 여호와 앞에서 우리 번제와 우리 다른 제사와 우리 화목제로 섬기는 것을 우리와 너희 사이와 우리의 후대 사이에 증거가 되게 할 뿐으로서 너희 자손으로 후일에 우리 자손에게 이르기를 너희는 여호와께 분의가 없다 못하게 하려 함이로라(27절) 우리가 말하였거니와 만일 그들이 후일에 우리에게나 우리 후대에게 이같이 말하면 우리가 말하기를 우리 열조가 지은 여호와의 단 모형을 보라 이는 번제를 위한 것도 아니요 다른 제사를 위한 것도 아니라 오직 우리와 너희 사이에 증거만 되게 할 뿐이라(28절) 우리가 번제나 소제나 다른 제사를 위하여 우리 하나님 여호와의 성막 앞에 있는 단 외에 단을 쌓음으로 여호와께 패역하고 오늘날 여호와를 좇음에서 떠나려 함은 결단코 아니니라 하리라(29절)

우리는 두 지파 반의 형제들의 답변에서도 매우 감동적이고 배울 만한 것이 있음을 본다. 이들은 형제들의 오해에 대하여 감정으로 대응하지 않았다. 이들은 그들이 충분히 그렇게까지 오해할 수 있다는 것을 인정하는 심정으로 자신들의 심정을 차분하게 진술해 나갔다. 그들은 자신들이 그들의 말대로 잘못된 것이라면 어떤 벌도 받을 것이라고 말했다. 그리고 그들이 이렇게 한 데에는 분명한 목적이 있다는 것을 말했다. 그것은 곧 자신들이 또 다른 제사를 드리기 위한 번제단을 만든 것이 아니라 오히려 자신들이 여호와 하나님을 섬기는 백성임을 증명하는 증표로 이 단을 만들었다는 것이다. 그들은 후에 가나안 땅에 사는 형제들이 요단 동편의 소수 형제들에게 여호와 하나님을 섬기는 직분을 멈추게 할까 염려함으로 이러한 일을 했다고 변명했다. 그래서 이 단은 여호와께 번제나 화목제를 드리기 위한 것이 아니라 다만 후대에 자기들도 여호와께 분깃이 있는 백성임을 증명하기 위한 것이라는 말이다. 즉 이 단은 분열의 표시가 아니라 오히려 열두 지파의 연합을 상징하기 위한 것이라는 뜻이다.

30-34절, 제사장 비느하스와 그와 함께한 회중의 방백 곧 이스라엘 천만인의 두령들이 르우벤 자손과 갓 자손과 므낫세 자손의 말을 듣고 좋게 여긴지라(30절) 제사장 엘르아살의 아들 비느하스가 르우벤 자손과 갓 자손과 므낫세 자손에게 이르되 우리가 오늘날 여호와께서 우리 중에 계신 줄을 아노니 이는 너희가 이 죄를 여호와께 범치 아니하였음이라 너희가 이제 이스라엘 자손을 여호와의 손에서 건져내었느니라 하고(31절) 제사장 엘르아살의 아들 비느하스와 방백들이 르우벤 자손과 갓 자손을 떠나 길르앗 땅에서 가나안 땅에 돌아와 이스라엘 자손에게 이르러 회보하매(32절) 그 일이 이스라엘 자손을 즐겁게 한지라 이스라엘 자손이 하나님을 찬송하고 르우벤 자손과 갓 자손의 거하는 땅에 가서 싸워 그것을 멸하자 하는 말을 다시 하지 아니하였더라(33절) 르우벤 자손과 갓 자손이 그 단을 엣이라 칭하였으니 우리 사이에 이 단은 여호와께서 하나님이 되시는 증거라 함이었더라(34절)

1. 제사장 비느하스와 함께한 회중의 방백들은 두 지파 반의 형제들의 말을 듣고 좋게 여겼다. 결과는 다행스럽게도 화목이요 평강이었다. 이들이 서로 이러한 화합과 평강을 이끌어 낼 수 있었던 것은 양편 모두 한 분 하나님을 경외하는 영으로 충만했기 때문이다. 이것이 없이 이러한 귀한 결과는 생각할 수 없다. 그들 모두에게는 하나님 앞에 죄를 범하는 것, 다른 중심지를 세우는 것을 매우 두렵게 여기는 분위기가 있었다. 31절 말씀은 이것을 입증한다. "제사장 엘르아살의 아들 비느하스가 르우벤 자손과 갓 자손과 므낫세 자손에게 이르되 우리가 오늘날 여호와께서 우리 중에 계신 줄을 아노니 이는 너희가 이 죄를 여호와께 범치 아니하였음이라 너희가 이제 이스라엘 자손을 여호와의 손에서 건져내었느니라 하고". 이러한 두 무리의 선한 의도와 교제는 그들 서로를 죄에서 지켜주었다. 비느하스는 두 지파 반의 형제들에게 먼저는 너희가 이 죄를 여호와께 범치 아니하였다고 말하고 다음은 너희가 아홉 지파 반의 형제들이 죄를 범하지 않도록 여호와의 손에서 건져내었다고 말한다. 그들이 그렇게 건져내어진 것은 첫째로는 그들의 의도가 선하였기 때문이고 둘째로는 그들의 교제 내용이 참되었기 때문이다. 31절의 하나님의 손은 일반적으로 하나님의 능력을 뜻하지만 여기서는 하나님의 징계를 가리킨다(Lias).

2. 비느하스는 두 지파 반의 형제들을 떠나 가나안 땅에 돌아와 이스라엘 자손들에게 이 모든 내용들을 회보하여 이스라엘 자손 모두를 즐겁게 하였다. 이때 이스라엘 자손은 하나님을 찬송하였고 다시는 그들과 싸워 그 단을 멸하자는 말을 하지 않았다. 이러한 일은 다시 말하지만 그들 모두에게 여호와 하나님 한 분만을 높이고 경외하는 분위기가 있었기 때문에 가능했던 것이다. 한 가지 덧붙인다면, 아홉 지파 반의 형제들에 대한 칭찬이다. 그들은 소위 옳다는 교리나 지식을 붙잡지 않았다. 그들이 만일 밖의 규례와 지식을 붙잡은 사람들이었다면 여하튼

또 하나의 단을 세운 것은 불법으로 간주했을 것이다. 그리고 어찌하든 그 단을 때려 부셔야 한다고 주장했을 것이다. 즉 '당신들이 선한 의도로 그렇게 했다면 우리 눈앞에서 그 단을 헐어버리라' 는 것이다. 대개의 경우 아홉 지파 반은 다수이기 때문에 세력을 행사하려는 대세주의에 빠지기가 쉽다. 즉 소수의 형제들을 배려하는 마음이 없는 것이다. 오늘날 그리스도인들 가운데 소수 단체의 형제들이 궁여지책을 만들어 나름대로 하나님을 섬기는 일에서 떨어지지 않고자 애쓸 때 그 심정을 깊이 헤아릴 수 있는 다수 단체의 사람들은 그렇게 많지 않을 것이다.

우리 모두가 이 구절들을 대할 때 유쾌하고 감동적인 것은 다수의 형제들이 소수의 형제들에 대하여 소위 진리만이 아니라 사정을 헤아리는 깊은 사랑의 심정을 갖고 있었다는 것이다. 진리와 사랑이 함께 어우러질 때 그 결과로 커다란 화평이 있게 되었다. 온 이스라엘 백성에게 큰 기쁨이 임했던 것이다. 그리고 다시는 싸우자고 하는 분쟁의 말이 있지 않게 되었다. 두 지파 반의 형제들은 그 단 이름을 '엣' (히브리어)이라 하였는데, 그 뜻은 증거(witness)이다. 즉 동편 두 지파 반의 형제들은 이 단이 다수의 서편 형제들이 그들을 소외시키지 못하게 하는 증거로 남기를 바라면서 이렇게 명명한 것이다(이상근 주석).

여호수아 23장

Joshua

1-10절, 여호와께서 이스라엘의 사방 대적을 다 멸하시고 안식을 이스라엘에게 주신 지 오랜 후에 여호수아가 나이 많아 늙은지라(1절) 여호수아가 온 이스라엘 곧 그 장로들과 두령들과 재판장들과 유사들을 불러다가 그들에게 이르되 나는 나이 많아 늙었도다(2절) 너희 하나님 여호와께서 너희를 위하여 이 모든 나라에 행하신 일을 너희가 다 보았거니와 너희 하나님 여호와 그는 너희를 위하여 싸우신 자시니라(3절) 보라 내가 요단에서부터 해지는 편 대해까지의 남아 있는 나라들과 이미 멸한 모든 나라를 내가 너희를 위하여 제비뽑아 너희 지파에게 기업이 되게 하였느니라(4절) 너희 하나님 여호와 그가 너희 앞에서 그들을 쫓으사 너희 목전에서 떠나게 하시리니 너희 하나님 여호와께서 너희에게 말씀하신 대로 너희가 그 땅을 차지할 것이라(5절) 그러므로 너희는 크게 힘써 모세의 율법책에 기록된 것을 다 지켜 행하라 그것을 떠나 좌로나 우로나 치우치지 말라(6절) 너희 중에 남아 있는 이 나라들 중에 가지 말라 그 신들의 이름을 부르지 말라 그것을 가리켜 맹세하지 말라 또 그것을 섬겨서 그것에게 절하지 말라(7절) 오직 너희 하나님 여호와를 친근히 하기를 오늘날까지 행한 것같이 하라(8절) 대저 여호와께서 강대한 나라들을 너희 앞에서 쫓아내셨으므로 오늘날까지 너희를 당한 자가 하나도 없었느니라(9절) 너희 중

한 사람이 천 명을 쫓으리니 이는 너희 하나님 여호와 그가 너희에게 말씀하신 것같이 너희를 위하여 싸우심이라(10절)

1. 23장과 24장은 여호수아의 마지막 고별 설교이다. 23장은 먼저 장로들과 족장들과 유사들에게 한 최후의 말이고 24장은 모든 백성에게 한 말이다. 이 말씀에서 '안식을 준다'는 표현은 이스라엘의 가나안 입주가 성도들이 영원한 내세의 기업과 축복을 얻은 것에 대한 예표임을 알려준다(히 4:8-9, 박윤선 주석). 이는 현 시대에 그 실제를 영적으로 미리 맛보고, 장차 올 왕국에서 그 실현을 누리게 되며, 영세에는 성도들의 영원한 축복으로 얻게 되는 것이다.

2. 이때는 이스라엘이 그 땅을 점령하고 오랜 시간이 지난 시점이었다. 이제 여호수아가 나이 들고 그들의 상황은 안주하려는 경향이 있어서 뭔가 안일과 타협에 빠질 위험에 처해 있었다. 이때 하나님의 백성 가운데 최고의 책임을 짊어진 하나님의 종으로서 여호수아는 함께 싸웠던 백성의 인도자들에게 경고의 말을 해줄 필요를 느낀 것이다. 그 자리에는 갈렙도 있었을 것이고 비느하스도 있었을 것이고 그의 사위 옷니엘도 있었을 것이다.

3. 어떤 그리스도인 무리든지 영적으로 싸움이 있고 힘이 들 때는 살아 있고 활기 있는 기도도 있지만 어떤 대적의 공격이 없고 도전도 없는 안주하는 상황은 그 자체가 위험하기가 그지없다. 가장 위험한 것은 그러한 때에 사람들이 지금까지 신실하게 믿었던 참 하나님에 대한 신앙을 배반하고 떠난다는 것이다.

4. 먼저 여호수아는 여호와만이 홀로 구원자이심을 상기시킨다. 이것이 그리스도인의 길을 가는 것과 하나님을 섬기는 것과 온갖 충성을

다하는 것의 기초이다. 하나님이 홀로 역사하셨기에 우리는 모든 감사를 그분께만 드리는 것이다. "너희 하나님 여호와께서 너희를 위하여 이 모든 나라에 행하신 일을 너희가 다 보았거니와 너희 하나님 여호와 그는 너희를 위하여 싸우신 자시니라"(3절). 예수 그리스도, 우리의 참 하나님만이 우리를 위해 죽고 부활하심으로 우리를 구원하셨으니 우리는 그분만을 섬겨야 마땅하다. 여기에 그분만을 섬겨야 할 당위성이 있는 것이다.

5. 여호수아가 이러한 상황에서 자신들을 지킬 수 있는 몇 가지를 제시한다. 첫째는 말씀에 대한 순종이다. "그러므로 너희는 크게 힘써 모세의 율법책에 기록된 것을 다 지켜 행하라 그것을 떠나 좌로나 우로나 치우치지 말라"(6절). 이 말씀을 볼 때 여호수아 또한 모세로부터 동일한 것을 물려받았음을 알 수 있다. 오늘날도 교회가 부패에서 지켜지는 비결은 하나님의 말씀에 대한 순종이다. 성경을 잘 읽고 그 말씀에 순종하는 생활을 하는 것이 영적으로 사는 비결이라는 말이다. 여기에 몇 가지 주의할 것들이 있다. 그것은 성경을 하나의 지식으로 습득하는 데에 만족하고 할 일을 다 했다고 여기는 것과 그 말씀을 매일 생활의 지표로 삼지 않는 것이다. 오늘날은 가히 성경 지식의 홍수 시대이다. 설교자들이 말씀에 대하여 모르는 것이 없을 정도로 저마다 뛰어난 지식을 갖고 있다. 그래서 성도들은 이곳저곳으로 탁월한 설교자들의 뛰어나고 감동적인 말씀을 들으러 다닌다. 또 감화도 받고 은혜도 얻는다. 그런데 문제는 실생활에서는 아무런 적용과 순종이 없다는 것이다. 말씀을 한 마디라도 순종하려면 거기에는 대가와 손실이 지불되어야 하고 어려움과 핍박과 환난이 따라온다. 그러므로 많은 신자들이 그저 좋은 말씀 듣는 것으로 그리스도인 생활을 구축하고 있는 것이다. 또 어떤 단체의 사람들은 아예 지식이 신앙생활의 전부인 것처럼 사역하기도 한다. 즉 지식 위주의 사역을 하는 것이다. 그럴 때 성도들은 지식으

로 인해 교만해지고 생활에는 아무런 변화가 없게 된다.

주님은 마태복음 7장에서 "열매를 보고 그 나무를 알라"고 하셨다. 열매가 생활의 나타남이라면 나무는 그 가르침이다. 어떤 사람들은 자신과 주위 그리스도인들의 생활 가운데서 매우 비정상적인 요소를 발견할 때 그것이 다만 그 사람의 개성이나 특이한 종교성에 기인한 것일 뿐 가르침과는 아무 문제가 없다는 견해를 갖는데 이는 어리석은 판단이다. 그러한 사람들의 생각은 그 가르침이 성경에 있는 것을 말하는 한 문제가 없으리라는 것이다. 주님은 가르침이 과연 성경적인가 아닌가의 문제를 판별하기가 쉽지 않음을 아셨다. 그러므로 주님은 우리에게 어떤 가르침이 참된 것인지를 알려면 그 열매를 보라고 하신 것이다. 양의 탈을 쓴 이리와 실지 양과는 겉으로 볼 때 차이가 없다. 오히려 고린도 후서의 사도 바울의 말에 의하면 사탄의 일꾼들도 광명의 천사로 가장한다. 그러니 어떻게 외모를 보고 판단할 수 있겠는가? 그것은 불가능하다.

그러면 그 열매 중에서 가장 현저하게 검증할 수 있는 것이 무엇일까? 그것은 주님의 가장 큰 계명인 사랑이다. 요한 일서 2장 3절은 "하나님을 아노라 하고 그의 계명을 지키지 아니하는 자는 거짓말하는 자요 진리가 그 속에 있지 아니하되"라고 말한다. 사람들이 하나님을 잘 안다고 거짓말할 수는 있어도 그의 계명을 지키는 것은 속이지 못한다. 그의 계명은 곧 그의 형제를 사랑하는 것이다(요일 2:9). 요한 일서 3장 23절은 이렇게 정의하고 있다. "그의 계명은 이것이니 곧 그 아들 예수 그리스도의 이름을 믿고 그의 계명대로 서로 사랑할 것이니라". 오늘날 그리스도인들 가운데 특별난 열심과 높은 진리로 하나님을 섬긴다고 하지만 바로 곁에 있는 한 형제를 사랑하지 않는 경우는 허다하다. 그들에게는 곁에 있는 작은 형제보다 더 중요하게 여겨지는 많은 해야 할 일들이 있는 것이다. 그런 사람들의 마음속에는 형제를 위한 여지가 많지 않다. 그러면서도 가장 하나님을 잘 알고 잘 섬긴다고 자부한다. 간단하게 말해서 어떤 사람이 대단한 신앙을 갖고 있다 하며 하나님을 위하여 열심을 낸다고 하는데 바로 곁에 있어 돌봄을 필요로 하는 형제나 자매에게는 애정어린 보살핌을 주지 않을 때 필경 그가 받은 가르침은 잘못된 가르침이라는 말이다. 그러한 그가 바른 가르침을 갖고 있다고 주장한다면 그것은 거짓말이다. 이 모든 것이 속임을 당하는 것이요 거짓된 신앙이다. 이렇게 우리는 열매로써 그 나무가 과연 어떤 나무인지를 분별할 수 있다. 어떤 나무가 어떤 열매를 맺듯이 어떤 가르침은 어떤 삶의 모습을 산출하게 되어 있기 때문이다.

또 한 가지는 말씀을 적용하고 실천하되 치우친 방식으로 하는 경우이다. 그러한 사람들은 중요하다고 생각되는 일부만을 중요시하고 전체적이고 보편적인 말씀의 가르침을 소홀히한다. 이 또한 사탄이 파놓은 함정이다. 종합적이고 보편적인 견해로 성경을 읽는 것이 안전하다. 여기서 여호수아는 여호와의 모든 계명을 다 지키고 행하되 좌로나 우로나 치우치지 말 것을 주의하라고 권면한다. 불순종하는 것도 문제지만 치우치는 것 또한 문제이다. 성도들이 받은 신앙은 일반으로 받은 것이다(유 3절).

6. 두 번째는 분별이다. 믿는이가 어려움 없이 안일한 가운데 처할 때 생기는 것이 세상과의 연합이다. 그저 돈을 벌어서 더 편리한 생활을 하고 장래를 위해 대책을 세워두려 한다. 결국 이 세상 신은 매몬(mammon) 곧 재물이다. 여호수아는 그 신들의 이름을 부르지 말고 그것에 절하지 말라고 하였다. 오늘 유감스럽게도 많은 그리스도인들이 모여서 돈과 사업의 음조를 낸다. 또 그 위력에 절하는 것을 본다. 그러면서도 그들은 자신들이 하나님을 섬기기 위해 이렇게 저렇게 한다고 외친다. 그러나 실상은 돈의 세력에 끌려 다니는 것이다. 이것은 그리스도인의 타락의 한 단면이다. 주님은 "너희가 하나님과 재물을 겸하여 섬기지 못한다"고 하셨다. 또 이를 중히 여기면 저를 경히 여기게 되

어 있다고 하셨다. 재물을 중히 여기는 자가 하나님도 중히 여긴다고 하는 것은 불가능하다는 말이다. 따라서 여호수아는 여호와를 친근히 하라고 명한다. 이렇게 말씀과 주님 자신을 친근히 한다면 여호와께서는 그들과 함께 싸우시겠다고 약속하셨다. 승리의 생활의 비결이 여기에 있다. 사람이 얼마나 주님을 친근히 하는가에 달려 있는 것이다.

11-16절, 그러므로 스스로 조심하여 너희 하나님 여호와를 사랑하라(11절) 너희가 만일 퇴보하여 너희 중에 빠져 남아 있는 이 민족들을 친근히 하여 더불어 혼인하며 피차 왕래하면(12절) 정녕히 알라 너희 하나님 여호와께서 이 민족들을 너희 목전에서 다시는 쫓아내지 아니하시리니 그들이 너희에게 올무가 되며 덫이 되며 너희 옆구리에 채찍이 되며 너희 눈에 가시가 되어서 너희가 필경은 너희 하나님 여호와께서 너희에게 주신 이 아름다운 땅에서 멸절하리라(13절) 보라 나는 오늘날 온 세상이 가는 길로 가려니와 너희 하나님 여호와께서 너희에게 대하여 말씀하신 모든 선한 일이 하나도 틀리지 아니하고 다 너희에게 응하여 그 중에 하나도 어김이 없음을 너희 모든 사람의 마음과 뜻에 아는 바라(14절) 너희 하나님 여호와께서 너희에게 말씀하신 모든 선한 일이 너희에게 임한 것같이 여호와께서 모든 불길한 일도 너희에게 임하게 하사 너희 하나님 여호와께서 너희에게 주신 이 아름다운 땅에서 너희를 멸절하기까지 하실 것이라(15절) 만일 너희가 너희 하나님 여호와께서 너희에게 명하신 언약을 범하고 가서 다른 신들을 섬겨 그에게 절하면 여호와의 진노가 너희에게 미치리니 너희에게 주신 아름다운 땅에서 너희가 속히 망하리라(16절)

1. 세 번째 중점은 하나님을 사랑하는 것이다. 주님을 사랑하는 길만이 우리를 타락에서 지켜준다. 말씀에 대한 순종과 분별, 그리고 주님 자신에 대한 사랑이 비결이다.

2. 실상 주님을 사랑하는 자는 그분의 말씀을 지키는 자이다. 사랑이란 하나님의 길로 행하고 계명들을 순종하고 하나님을 견고하게 붙드는 것을 의미한다(몽고메리 보이스).

3. 가장 경계해야 할 일은 그들과의 혼인이다. 이러한 가르침은 신약에도 있다. "너희는 믿지 않는 자와 멍에를 같이 하지 말라…믿는 자와 믿지 않는 자가 어찌 함께하며"(고후 6:14-15). 이러한 말씀을 순종하지 않은 결과는 첫째로 하나님이 이스라엘과 함께 싸워 대적을 쫓아 내지 않으심이고 둘째는 그들이 이스라엘에게 올무와 덫이 되며 옆구리에 가시가 된다는 것이다. 오늘날에도 믿는이들이 불신자들과 결혼하여 일생토록 어려움을 겪는 일은 허다하다. 이는 다 하나님의 말씀에 불순종한 것에 대한 징벌의 결과로 볼 수 있다.

4. 14절과 15절에는 '이 모든 선한 일'이라는 표현이 있다. 이는 하나님께서 그분의 약속을 지키는 자들에게 베푸실 축복들을 가리킨다. 여기서 우리는 하나님이 선하신 분임을 알 수 있다. "너희는 여호와의 선하심을 맛보아 알지어다"(시 34:8), "여호와는 선하시며 환난 날에 산성이시라"(나훔 1:7), "하나님의 선하시고 기뻐하시고 온전하신 뜻이 무엇인지 분별하도록 하라"(롬 12:2). 여호수아는 이스라엘 백성들을 '하나님의 진실성'으로 위로했다. 이것이 그가 100여 년 하나님을 섬기면서 체험한 것이다. 그러므로 그는 사람들을 하나님의 선하심과 진실하심으로 권면할 수 있었고 위로할 수 있었다. 그러므로 그는 이제 죽음을 목전에 두고서도 안심하며 기뻐할 수 있었던 것이다(창 50:24).

여호수아 24장

Joshua

1-13절, 여호수아가 이스라엘 모든 지파를 세겜에 모으고 이스라엘 장로들과 그 두령들과 재판장들과 유사들을 부르매 그들이 하나님 앞에 보인지라(1절) 여호수아가 모든 백성에게 이르되 이스라엘 하나님 여호와의 말씀에 옛적에 너희 조상들 곧 아브라함의 아비, 나홀의 아비 데라가 강 저편에 거하여 다른 신들을 섬겼으나(2절) 내가 너희 조상 아브라함을 강 저편에서 이끌어 내어 가나안으로 인도하여 온 땅을 두루 행하게 하고 그 씨를 번성케 하려고 그에게 이삭을 주었고(3절) 이삭에게는 야곱과 에서를 주었으며 에서에게는 세일 산을 소유로 주었으나 야곱과 그 자손들은 애굽으로 내려갔으므로(4절) 내가 모세와 아론을 보내었고 또 애굽에 재앙을 내렸나니 곧 내가 그 가운데 행한 것과 같고 그 후에 너희를 인도하여 내었었노라(5절) 내가 너희 열조를 애굽에서 인도하여 내어 바다에 이르게 한즉 애굽 사람이 병거와 마병을 거느리고 너희 열조를 홍해까지 따르므로(6절) 너희 열조가 나 여호와께 부르짖기로 내가 너희와 애굽 사람 사이에 흑암을 두고 바다를 이끌어 그들을 덮었었나니 내가 애굽에서 행한 일을 너희가 목도하였으며 또 너희가 여러 날을 광야에 거하였었느니라(7절) 내가 또 너희를 인도하여 요단 저편에 거하는 아모리 사람의 땅으로 들어가게 하매 그들이 너희와 싸우기로 내가 그들을 너희 손에 붙이매 너희가 그 땅

을 점령하였고 나는 그들을 너희 앞에서 멸절시켰으며(8절) 때에 모압 왕 십볼의 아들 발락이 일어나 이스라엘을 대적하여 사람을 보내어 브올의 아들 발람을 불러다가 너희를 저주케 하려 하였으나(9절) 내가 발람을 듣기를 원치 아니한 고로 그가 오히려 너희에게 축복하였고 나는 너희를 그 손에서 건져내었으며(10절) 너희가 요단을 건너 여리고에 이른즉 여리고 사람과 아모리 사람과 브리스 사람과 가나안 사람과 헷 사람과 기르가스 사람과 히위 사람과 여부스 사람들이 너희와 싸우기로 내가 그들을 너희의 손에 붙였으며(11절) 내가 왕벌을 너희 앞에 보내어 그 아모리 사람의 두 왕을 너희 앞에서 쫓아내게 하였나니 너희 칼로나 너희 활로나 이같이 한 것이 아니며(12절) 내가 또 너희의 수고하지 아니한 땅과 너희가 건축지 아니한 성읍을 너희에게 주었더니 너희가 그 가운데 거하며 너희가 또 자기의 심지 아니한 포도원과 감람원의 과실을 먹는다 하셨느니라(13절)

1. 온 백성을 향한 여호수아의 마지막 권면이다. 그 장소는 세겜이다. 세겜은 아브라함이 가나안에 들어왔을 때 첫 번째로 머문 장소이다. 에발 산과 그리심 산 사이에 있으며 이곳에서 여호수아는 이스라엘 백성을 여섯 지파씩 둘로 나누어 세우고 율법의 축복과 저주를 선포하게 한 적이 있다(8:30-35). 야곱이 하란에서 돌아왔을 때에도 이곳에 단을 쌓고 이방 신상들을 묻어버렸다(창 33:19, 35:2-4). 여호수아는 이 역사적인 장소에서 이스라엘 전체를 소집하고 마지막 고별 설교를 하고 있다.

2. 그 중점은 모든 이방신들을 버리고 여호와만을 섬기도록 촉구하는 것인데, 그 이유는 그분이 그들을 조상 때부터 인도하며 이끄신 분이기 때문이다. 하나님만이 홀로 그들을 불러내시고 그들을 위해 모든 것을 하신 분이니 마땅히 그분을 섬겨야 한다는 말이다.

14-28절, 그러므로 이제는 여호와를 경외하며 성실과 진정으로 그를 섬

길 것이라 너희의 열조가 강 저편과 애굽에서 섬기던 신들을 제하여 버리고 여호와만 섬기라(14절) 만일 여호와를 섬기는 것이 너희에게 좋지 않게 보이거든 너희 열조가 강 저편에서 섬기던 신이든지 혹 너희의 거하는 땅 아모리 사람의 신이든지 너희 섬길 자를 오늘날 택하라 오직 나와 내 집은 여호와를 섬기겠노라(15절) 백성이 대답하여 가로되 여호와를 버리고 다른 신들 섬기는 일을 우리가 결단코 하지 아니하오리니(16절) 이는 우리 하나님 여호와 그가 우리와 우리의 열조를 인도하여 애굽 땅 종 되었던 집에서 나오게 하시고 우리 목전에서 그 큰 이적들을 행하시고 우리가 행한 모든 길에서, 우리의 지난 모든 백성 중에서 우리를 보호하셨음이며(17절) 여호와께서 또 모든 백성 곧 이 땅에 거하던 아모리 사람을 우리 앞에서 쫓아내셨음이라 그러므로 우리도 여호와를 섬기리니 그는 우리 하나님이심이니이다(18절) 여호수아가 백성에게 이르되 너희가 여호와를 능히 섬기지 못할 것은 그는 거룩하신 하나님이시요 질투하는 하나님이시니 너희 허물과 죄를 사하지 아니하실 것임이라(19절) 만일 너희가 여호와를 버리고 이방 신들을 섬기면 너희에게 복을 내리신 후에라도 돌이켜 너희에게 화를 내리시고 너희를 멸하시리라(20절) 백성이 여호수아에게 말하되 아니니이다 우리가 정녕 여호와를 섬기겠나이다(21절) 여호수아가 백성에게 이르되 너희가 여호와를 택하고 그를 섬기리라 하였으니 스스로 증인이 되었느니라 그들이 가로되 우리가 증인이 되었나이다(22절) 여호수아가 가로되 그러면 이제 너희 중에 있는 이방 신들을 제하여 버리고 너희 마음을 이스라엘의 하나님 여호와께로 향하라(23절) 백성이 여호수아에게 말하되 우리 하나님 여호와를 우리가 섬기고 그 목소리를 우리가 청종하리이다 한지라(24절) 그 날에 여호수아가 세겜에서 백성으로 더불어 언약을 세우고 그들을 위하여 율례와 법도를 베풀었더라(25절) 여호수아가 이 모든 말씀을 하나님의 율법책에 기록하고 큰 돌을 취하여 거기 여호와의 성소 곁에 있는 상수리나무 아래 세우고(26절) 모든 백성에게 이르되 보라 이 돌이 우리에게 증거가 되리니 이는 여호와께서 우리에게 하신 모든 말씀을 이 돌이 들었음이

라 그런즉 너희로 너희 하나님을 배반치 않게 하도록 이 돌이 증거가 되리라 하고(27절) 백성을 보내어 각기 기업으로 돌아가게 하였더라(28절)

1. 여기서 여호수아는 이스라엘 백성에게 이방신들을 버리고 여호와를 경외하며 성실과 진정으로 그분만 섬기라고 하면서 그와 그 집은 여호와 섬기기를 택하겠다고 하였다. 우리는 여기서 얼마나 사람이 자신의 배경에서 벗어나기가 쉽지 않은가를 깨닫는다. 그 당시 이스라엘 백성 중에는 애굽의 신이나 아모리 사람들의 우상이나 강 저편의 섬기던 신들이 있었다는 말이다. 그래서 그는 그들에게 그런 우상들을 버려야 한다는 것을 역설한 것이다. 그렇게 많은 일을 거치면서 하나님의 기적과 역사를 체험한 이스라엘 가운데 그러한 일들이 있었다는 것은 믿기 어렵지만 사실이었다. 오늘날에도 우리가 얼만큼 영적으로 진보하였다 하더라도 조심하지 않으면 안 되는 것이 있다. 그것은 바로 우리가 거쳐온 인생 가운데서 묻어 있는 과거의 흔적들이다. 이것이 우상과 관련된 요소들일 가능성이 있다.

2. 15절의 "나와 내 집은 여호와를 섬기겠노라"는 말은 우리 귀에 익은 말씀이다. 이 구절에서 여호수아는 하나님을 섬기는 단위를 가정으로 삼았다. 하나님은 온 가정이 합력하여 하나님을 섬기는 모습을 보기 원하신다. 나는 개인적으로 나의 온 가족이 하나님을 섬길 수 있음이 얼마나 감사한지 모른다. 그런데 여호수아는 이 일이 '선택'의 문제임을 강조했다. "여호와를 섬기는 것이 너희에게 좋지 않게 보이거든…너희 열조가 강 저편에서 섬기던 신이든지 혹 너희의 거하는 땅 아모리 사람의 신이든지 너희 섬길 자를 오늘날 택하라". 문법학자들은 여기서 선택하는 것에 관하여 사용된 시제가 지속적인 행동을 의미한다고 했다. 이것은 과거를 포함하며 또 현재와 미래를 포함하는 시제이다. 즉 여호수아가 이렇게 말한 것으로 읽을 수 있다. "나는 여호와만을 섬기

기로 선택하였다. 그리고 지금도 여호와만을 섬기고 있으며 앞으로도 죽을 때까지 계속 여호와 하나님만을 섬길 것이다." 이것이 여호수아의 특징이고 우리가 배워야 할 점이다. 그는 스스로 선택하는 사람이었다.

"너희는 머뭇거릴지 모르지만 나의 마음은 단번에 영구히 결정되었노라. 너희는 너희 마음대로 판단하라. 나의 판단은 이미 정해졌으며 나의 자녀들도 거기에 동의하였노라. 나와 내집에 대하여 말한다면, 우리는 여호와를 섬기겠노라. 우리는 가나안의 귀신들이나 애굽의 가공의 신들을 조금도 존경하지 않노라. 그들은 그들 자신의 예배자들조차 보호할 수 없었노라. 우리의 마음은 아브라함과 이삭과 야곱의 하나님께 대하여 충실하노라. 그분은 우리를 애굽으로부터 이끌어내셨으며, 우리에게 이 땅을 주어 우리의 유업으로 삼게 하신 분이로다. 내 자신과 나의 아들들과 딸들이 관여하는 한, 주사위는 이미 던져졌노라. 우리는 여호와만을 섬길 것이니라". 여호수아의 이런 말은 웅변술로의 기교가 아니었고 청중들을 감복시키기 위한 말이 아니었다. 그는 그런 식으로 살아왔기에 그의 공언은 듣는 사람들에게 힘을 전달할 수 있었다. 그는 확고하게 길을 걷는 사람이었고 굳건한 결심의 사람이었다. 아마도 이것은 모세가 그를 선택하여 자신의 종을 삼고 그로 하여금 모세를 직접 수종들게 한 하나의 이유가 되었을 것이다(스펄전). 그는 갈렙과 마찬가지로 온전히(fully) 여호와를 좇았던 것이다(민 14:24).

3. 우리는 심지어 믿음조차도 우리의 선택에 달려 있음을 안다. 하나님은 우리 인간에게 자유 의지를 주시어 그분을 믿는 것까지도 우리 인간의 선택에 맡기셨다. 그러므로 복음 전도자들은 죄인들에게 그리스도를 잘 설명하여 그분을 믿기를 선택하도록 중매하는 중매쟁이인 것이다. 물론 그들의 설명 그 자체에 능력이 있는 것은 아니다. 성령님이 도와주시지 않으면 안 된다. 하나님은 거저 큰 구원의 은혜를 주시지만 그 은혜를 받아들이는 일은 우리의 선택에 맡기셨다. 그러므로 사람은

마땅히 감사함으로 마음을 열어 그리스도의 구원을 받아들여야 한다. 우리는 이렇게 믿기를 선택하여 구원받게 된 것이다. 물론 이 선택도 성령께서 도와주셔서 그렇게 된 것이다. 그러므로 성령님은 우리의 모든 믿음의 과정에서 도와주시는 분이시다. 조금이라도 믿을 마음이 있다면 성령은 믿도록 도와주시는 분이다. 그러면 한 번 믿음을 선택하였으니 다 되었는가? 그렇지 않다. 믿음의 길은 일생토록 가야 한다. 이는 신약의 여러 곳에서 읽을 수 있다. 처음 믿은 것을 끝까지 견고히 붙잡아야 하는 것이다. 신자들은 믿은 후에도 계속적으로 믿을지 안 믿을지를 도전받고 있으며 선택의 결정자임을 잊어서는 안 된다. 여호수아는 이런 면에서 우리에게 도움을 주었다. 오늘도 우리는 한 분 하나님만을 섬기기로 결심하자!

4. 여호수아는 그들의 조상들이 갈대아 우르에서 섬겼던 신들이든지 애굽 신이든지 아모리인의 신들(모두 거짓된 우상들이다)과 이스라엘을 자기 백성으로 삼고 애굽에서 이끌어내고 모든 싸움을 다 싸워 이기게 하시고 그 땅을 기업으로 얻게 하신 참 하나님 중에서 섬길 자를 택하라고 말한다. 그는 자신의 경우("나와 내 집은 여호와를 섬기겠노라")를 제시하면서 억지로 하나님을 섬기도록 강요하지 않고 선택할 것을 요청한다.

5. 이스라엘 백성들은 주저하지 않고 즉시 대답했다. "백성이 대답하여 가로되 여호와를 버리고 다른 신들 섬기는 일을 우리가 결단코 하지 아니하오리니 이는 우리 하나님 여호와 그가 우리와 우리의 열조를 인도하여 애굽 땅 종 되었던 집에서 나오게 하시고 우리 목전에서 그 큰 이적들을 행하시고 우리가 행한 모든 길에서, 우리의 지난 모든 백성 중에서 우리를 보호하셨음이며 여호와께서 또 모든 백성 곧 이 땅에 거하던 아모리 사람을 우리 앞에서 쫓아내셨음이라 그러므로 우리도 여

호와를 섬기리니 그는 우리 하나님이심이니이다"(16-18절). 이 말을 들은 여호수아는 즉시로 그들의 말을 받아들이지 않았다. 여호수아는 "너희가 여호와를 능히 섬기지 못할 것은"라고 하면서 "여호와 하나님은 거룩하신 분이요 질투하시는 하나님이시니"라고 선포했다. 그때 백성은 여호수아에게 다시 말했다. "아닙니다. 우리가 정녕 여호와를 섬기겠나이다." 그제서야 여호수아는 그들의 선택을 진정한 것으로 받아들여 주었다—"여호수아가 백성에게 이르되 너희가 여호와를 택하고 그를 섬기리라 하였으니"(22절).

여기서 우리는 하나님을 위한 시기(猜忌)로 가득한 한 사람을 본다. 여기서 여호수아는 백성들이 여호와 하나님을 선택하는 일에 있어서 그들에게 낮은 방식으로 애걸하듯 선택하기를 요청하지 않았다. 여호수아는 사람들의 자유 의지를 중요시하면서도 또 한편 하나님과 이스라엘의 중매자로서 하나님의 품격을 떨어뜨리지 않았다. 그는 한 면에서 이스라엘 백성 가운데 하나님께서 이방의 여러 우상들과 비교 당하신다는 사실조차 참을 수 없었다. 그래서 그는 이스라엘 백성들이 즉시 하나님을 선택한다고 말할 때 그들의 대답을 쉽게 받아들이지 않은 것이다. 그리고 그는 즉시 '하나님은 거룩하신 분이다' 라고 말했다. 사도 바울은 고린도 전서 11장 2절에서 자기가 하나님의 시기로 너희를 위하여 시기한다고 말하였다. 어떤 사람들이 고린도 성도들에게 사도들이 전파하지 아니한 다른 예수를 전파하거나 다른 영을 받게 하거나 다른 복음을 받게 하는 것을 볼 때 그는 거룩한 시기로 가득하게 되었다. 바울의 사역은 성도들을 정결한 처녀로 한 남편이신 그리스도께 중매하는 한 가지 일에 초점이 맞추어져 있었다. 누구든지 하나님을 섬기고자 하는 사람들은 여호수아나 사도 바울과 같이 하나님의 명예와 영광을 생각하는 사람들이어야 한다.

6. 여호수아는 그들의 대답을 들었을 때 그들 중에 있는 이방신들을

제하여 버리고 마음을 오로지 이스라엘의 하나님 여호와께로 향하라고 요청했다. 참으로 이해할 수 없고 안타까운 사실은 이 지점에 이를 때까지 이스라엘 백성들 가운데 이방신들과 우상들이 존재하고 있었다는 사실이다. 그들은 그제서야 이방신들을 완전히 제할 수 있었다. 그때에 여호수아는 세겜에서 백성들과 언약을 세우고 그들을 위하여 율례와 법도를 베풀었다. 그리고 이 모든 말씀을 하나님의 율법책에 기록하고 큰 돌을 취하여 여호와의 성소 곁에 있는 상수리나무 아래에 세우고 증거로 삼았다. 사람의 마음은 시간이 지날 때 변할 수 있어도 세워진 돌은 변하지 않고 그대로 존재하고 있기 때문이다. 오늘날 많은 사람들이 세월이 지날 때 처음 가졌던 주님에 대한 사랑과 믿음에서 변하는 것을 볼 수 있다. 그렇지만 그들 주위에 있는 산과 들과 강과 바다는 변치 않고 그대로 존재하고 있다. 참으로 변화무쌍한 것이 인간의 마음이다. 우리는 끝까지 신실한 믿음과 변함없는 마음으로 하나님 한 분을 섬기는 길을 가야 할 것이다.

29-33절, 이 일 후에 여호와의 종 눈의 아들 여호수아가 일백십 세에 죽으매(29절) 무리가 그를 그의 기업의 경내 딤낫 세라에 장사하였으니 딤낫 세라는 에브라임 산지 가아스 산 북이었더라(30절) 이스라엘이 여호수아의 사는 날 동안과 여호수아 뒤에 생존한 장로들 곧 여호와께서 이스라엘을 위하여 행하신 모든 일을 아는 자의 사는 날 동안 여호와를 섬겼더라(31절) 이스라엘 자손이 애굽에서 이끌어 낸 요셉의 뼈를 세겜에 장사하였으니 이곳은 야곱이 세겜의 아비 하몰의 자손에게 금 일백 개를 주고 산 땅이라 그것이 요셉 자손의 기업이 되었더라(32절) 아론의 아들 엘르아살도 죽으매 무리가 그를 그 아들 비느하스가 에브라임 산지에서 받은 산에 장사하였더라(33절)

1. 여기서 여호수아에 대해 여호와의 종이라고 불렀는데, 이는 모세

가 죽었을 때에도 동일하게 주어졌던 영예로운 칭호였다(1:1). 물론 여호수아는 여러 면에서 모세보다 부족했지만 성령께서는 모세와 동일한 영예로운 칭호를 그에게도 붙여주셨다. 모세가 다섯 달란트라면 그는 다섯 달란트에 충성함으로 주님으로부터 칭찬을 받았고 여호수아는 두 달란트를 성실하게 수행함으로 동일한 칭찬을 받았다고 할 수 있다(마 25:20-23).

2. 여호수아는 일백십 세를 향수하였고 그의 기업의 산 딤낫 세라에 묻혔다. 여호수아의 사는 날 동안 이스라엘 백성들은 그들이 약속한 대로 여호와를 섬겼다. 역대로 위대한 하나님의 종들이 이 땅에 존재할 때 당대의 사람들은 그의 부흥 역사를 통하여 은혜를 입고 여호와를 섬기지만 이대, 삼대로 가면서 조상들의 신앙을 버리는 예는 허다하다.

3. 이 시점까지 이스라엘 백성들은 애굽에서 가져온 요셉의 유해를 운반하고 다녔다. 이제 드디어 요셉의 유해를 안치하는 장례식을 거행한다. 그들은 그 뼈를 세겜에 장사하였다. 요셉의 장례는 어쩌면 24장에 있는 여호수아의 마지막 고별 설교와 함께 집행되었을 것이다.

4. 아론의 아들 엘르아살도 죽었으며 무리가 그를 에브라임 산지에 장사하였다. 학자들은 아론이 모세와 같은 해에 죽은 것처럼 엘르아살도 여호수아와 같은 해에 죽은 것으로 본다. 이를 통해서 우리는 하나님의 백성들 가운데 인도자의 지위는 매우 중요하고도 큰 것임을 다시 한 번 인식하게 된다.

여호수아 강해를 마치면서

1. 여호수아서는 하나님께서 택한 백성들에게 약속하신 땅을 기업으

로 분배하는 문제를 다루는 책이다. 이 약속의 땅이 예표하는 바는 그리스도이다. 하나님은 사람들이 그리스도를 얻도록(빌 3:8) 축복하셨다. 우리가 얻어 누리는 그리스도가 얼마나 풍성하고 놀라운지를 그림으로 보여주는 것이 가나안 땅의 풍성이며(신 8:6-10) 성도들은 그 귀하시고 풍성하신 그리스도를 기업으로 얻어 누리도록 예정된 존재이다(골 1:12).

우리의 모든 환경을 통과하면서 고난과 역경이 유익이 되는 것은 모든 것이 합력하여 선을 이루기 때문이다. 선을 이룬다는 말은 우리가 그리스도의 형상을 본받게 됨을 말하며 그리스도를 더 얻을 수 있음을 의미한다.

가나안 땅을 기업으로 얻는 문제는 다만 장래 천국에서 성도들이 얻을 기업만을 상징하는 것은 아니다. 이 시대에 우리가 성도로서 얻는 기업이 있다. 이는 전쟁을 통해 얻어지기 때문이다. 믿음과 인내, 그리고 싸움이 필요한 것은 장차 오는 시대가 아니라 현 시대이다. 성도들은 이 시대에 더욱 그리스도를 얻기 위해 영적 전쟁을 벌이는 것이다. 대적은 우리 안에도 있고 밖에도 있다. 우리 안에 있는 대적도 공격 대상이고 밖에 있는 대적도 공격 대상이다. 거기에 많은 견고한 성읍들이 존재한다. 고린도 후서 10장의 많은 이론들(speculations)과 하나님 아는 것을 대적하여 높아진 것들은 다 파해져야 할 대적의 견고한 진들이다(4-5절).

이 시대에 여호수아와 갈렙처럼 기업의 땅을 얻기 위해 전쟁하는 사람들은 바로 이렇게 신약의 바울같이 악하고 견고하게 사탄이 세워놓은 많은 진들을 파하여 그리스도께 돌리는 자들이다. 그 기업의 땅을 다만 개인적으로만 적용하는 것은 부족하다. 오늘날 어떤 이들은 여호수아의 영적 전쟁과 그 기업의 땅을 얻는 문제를 개인이 얻고 체험하는 그리스도에 국한하는데, 그것으로는 부족하다. 당시 여호수아가 그 땅을 취할 때 그것은 단체의 문제였다. 고린도 교회를 보라! 그들 가운데도 그 기업을 얻지 못하도록 좌절시키는 많은 요소들이 들어왔다. 그것은 많은 육체의 일들과 죄들과 혼란시키는 비(非)진리들이었다. 바울은 교회가 그러한 것들에 사로잡혀 실패할 위기에 처할 때 여호수아같이 기업의 땅을 취하도록 돕는 사역을 한 것이다(고전 6:9). 당시 골로새 교회 안에도 많은 가나안의 대적들이 들어와 성도들로 그 기업을 얻지 못하도록 방해하고 있었다. 그것들은 철학과 문화와 율법주의와 천사 숭배 사상 등이었다. 요한 서신이 씌어질 당시에는 영지주의와 같은 이단들이 있었다. 이런 것들은 다 성도들이 응당 얻기로 된 기업을 찬탈하기 위해 사탄이 교회에 침투시키는 병기들이다.

사도 바울은 골로새서 1장에서 특별히 성도들이 얻을 기업의 분깃이 빛 가운데서 얻는 것이라고 했다. 교회에 교묘하게 들어온 율법주의와 금욕주의 등은 어둠의 요소들이다. 철학과 영지주의도 어둠이다. 교회가 어두울 때 이런 것에 미혹되고 그 가운데 떨어져버린다. 그 결과는 기업을 상실하는 것이다. 그러나 구약의 여호수아와 신약의 사도들과 같은 빛의 사자들이 있음을 하나님께 감사한다. 그들은 일어나서 성도들이 잃어버릴 위기에 있는 약속의 기업을 얻도록 가르치며 격려하며 인도한다. 이와 같이 여호수아는 이 시대에 적용할 수 있는 책이다.

그러나 이런 영적 전쟁은 아무나 할 수 있는 것이 아니다. 적어도 그리스도와 함께 죽고 함께 장사한 바 되고 함께 부활하여 하늘에 앉힌 바 된 사람들에 의해 수행된다. 이것이 요단을 건넌 이스라엘 백성의 체험이다. 그 이후에라야 그들은 가나안 전투에 돌입할 수 있었던 것이다. 그러면서도 그들은 거듭거듭 길갈로 돌아가야 했는데, 그 길갈은 전쟁을 위한 휴식과 재충전의 장소였다. 그곳은 요단 강 바닥에서 가져온 열두 돌을 세운 곳으로서 신약으로 말하면 로마서 6장 11절의 위치와 같다. 또한 에베소서 2장 6절의 위치이기도 하다. 믿는이들이 견고하게 그리스도의 죽음과 부활과 승천의 위치에 서 있지 않으면 영적 전쟁에서 승리할 길이 없다. 나는 이 책을 통하여 독자들이 하나님께서 신자들에게 주신 약속의 기업을 얻는 길에 대하여 깊은 인식을 갖기를 바란다. 다시 한 번 요점을 정리해보겠다.

2. 여호수아서는 약속의 땅을 기업으로 얻는 문제를 다룬다. 이 일의 인도자는 여호수아이다. 여호수아는 이 일을 위해 마음을 강하게 하고 극히 담대히하여 모든 율법과 규례를 지켜 행하라는 명령을 받으며 두려워하지 말고 놀라지 말라는 권면을 받는다.

약속의 땅을 기업으로 받는 문제는 다만 물질적인 가나안 땅을 얻는 것을 가리키는 것이 아니다. 이것은 히브리서 11장에서 아브라함과 이삭과 야곱이 그 약속된 유업의 땅에 들어왔을지라도 그곳을 영구한 기업으로 생각하지 않고 장막에 거하며 장차 올 것을 바랐다고 기록한 데에서도 알 수 있다(8-10절). 그러면 이 땅을 신약에서 실제로 무엇에 적용할 수 있는가? 이에 대한 답은 의심할 여지없이 그리스도이다. 그분 자신이 약속의 땅이시고 우리는 구원받을 때 그분을 풍성히 얻도록 정해졌다(요 10:10下). 시편에서도 '주 여호와는 나의 기업이시요 내 잔의 소득' 이라고 했다. 바울은 이 그리스도 한 분을 더 알고 더 얻기 원했다(빌 3:7-8). 가나안 땅은 젖과 꿀이 흐르는 풍성한 땅이며 신약에서 그리스도 외에는 그 무엇도 그 땅으로 예표될 만한 것이 없으며 신자들이 얻어야 할 그런 위대한 목표도 없다.

3. 그러나 우리가 그리스도를 기업으로 얻는다고 말할 때 그것이 매우 참되고 올바른 해석이라 할지라도 추상적이게 된다. 그리스도를 어떻게 얻는가? 어떻게 더 풍성히 얻을 수 있는가? 우리는 이에 대한 각주를 신약에서 보아야 한다. 신약의 몇 구절을 보기로 하겠다.

"우리로 하여금 빛 가운데서 성도의 기업의 부분을 얻기에 합당하게 하신 아버지께 감사하게 하시기를 원하노라"(골 1:12), "너희도 이것을 정녕히 알거니와 음행하는 자나 더러운 자나 탐하는 자 곧 우상 숭배자는 다 그리스도와 하나님 나라에서 기업을 얻지 못하리니"(엡

5:5), "육체의 소욕은 성령을 거스르고 성령의 소욕은 육체를 거스르나니 이 둘이 서로 대적함으로 너희의 원하는 것을 하지 못하게 하려 함이니라 너희가 만일 성령의 인도하시는 바가 되면 율법 아래 있지 아니하리라 육체의 일은 현저하니 곧 음행과 더러운 것과 호색과 우상 숭배와 술수와 원수를 맺는 것과 분쟁과 시기와 분냄과 당 짓는 것과 분리함과 이단과 투기와 술 취함과 방탕함과 또 그와 같은 것들이라 전에 너희에게 경계한 것같이 경계하노니 이런 일을 하는 자들은 하나님의 나라를 유업으로 받지 못할 것이요"(갈 5:17-21). 이상의 구절들에서 우리는 신약의 저자들이 약속의 기업을 얻는 문제를 다룬 것을 볼 수 있다. 간단히 요약하면 신약의 우리가 만일 어둠 가운데 행하고 육체의 일을 행하며 죄악 속에 자신을 둘 때 결코 그 나라의 기업을 얻지 못하게 된다. 그 기업은 결국 빛과 생명과 진리 가운데 행하는 사람들이 얻을 수 있다는 말이다.

4. 우리가 단순히 그 기업이 그리스도라고 말할 때 세세하게 그 기업을 얻는 문제를 놓칠 수 있다. 나는 과거에 훌륭한 성경교사로부터 이 땅이 그리스도를 예표한다는 것을 듣고 매우 감명을 받았다. 그리고 그 땅을 점령하는 것은 우리의 일이라고 많이 외치기도 하였다. 그러나 구체적으로 그 땅을 어떻게 점령하는가에 대하여는 많이 알지도 체험하지도 못했다.

성경은 하나님의 축복과 약속이 가득한 책이다. 간단히 말하면 그 기업의 땅은 말씀 안에 감춰어 있다고 할 수 있다. "그(예수) 안에는 신성의 모든 충만이 육체로 거하시고"(골 2:9)라 하였고 그 안에 지혜와 지식의 모든 보화가 감취어 있다고 하였다(골 2:3). 여기서 그 안이란 그리스도 안이지만 또 한 면에서는 말씀이다. 성경의 모든 말씀은 표현된 그리스도라고 해도 된다. 그러니 우리가 그 모든 축복을 기업으로 얻는 비결은 약속의 말씀을 믿는 것이다. 기업의 모든 풍성한 축복이 이 말씀 안에 들어 있다.

5. 이 말씀 속에 풍성한 축복이 들어 있을지라도 우리가 믿음으로 취하는 것을 알지 못하면 하나도 얻지 못할 수 있다. 그러므로 여호수아서는 그 약속을 기업으로 취하려 하는 자들에게 길을 제시해준다. 먼저는 믿음으로 그 땅을 점령해야 한다. 두려워하지 않고 놀라지 않음으로 나아가는 것이다.

우리가 이 말씀을 나누면서 우리나라 복음성가 중 이 구절에 해당하는 찬송을 하나 불러보자.

> "주님이 주신 땅으로 한 걸음씩 나아갈 때에/ 수많은 적들과 견고한 성이 나를 두렵게 하지만/ 주님을 신뢰함으로 주님을 의지함으로 주님이 주시는 담대함으로 큰 소리 외치며 나아가네/ 이 산지를 내게 주소서 그 날에 주께서 말씀하신/ 이제 내가 주님의 이름으로 그 땅을 취하리니"(홍진호 作).

나는 이 찬송의 가사도 곡도 좋으니 나의 독자들이 이 강해서를 다 읽고서 이 찬송을 한 번 불러보기를 요청한다.

하나님의 말씀은 축복이 가득한 약속으로 성경에 기록되어 있지만 우리가 믿음으로 나아가 취하지 않으면 하나도 내 것이 되지 못한다. 복음서에서 씨 뿌리는 비유를 보면 말씀을 받을 때 새, 환난과 핍박, 염려와 근심 등 많은 사탄적인 방해 요소들이 있어 그 씨앗으로 자라지 못하게 한다. 그러나 주님을 찬양하자! 우리는 한 걸음씩 나아가면서 이 기업의 땅을 얻을 수 있다.

6. 이를테면 우리 육신의 건강 문제를 말해보자. 주님의 말씀에 우리 몸은 음란을 위하지 않고 주를 위하며 주님은 몸을 위하신다고 했다

(고전 6:13). 우리가 만일 이 말씀을 은혜와 축복으로 얻는다면 우리 몸의 이상(異狀) 현상에 대하여 그렇게 염려하지 않을 것이다. 또 사도는 너희는 너희 것이 아니라 값으로 산 것이 되었으니 그런즉 너희 몸으로 하나님께 영광을 돌리라고 하였다(고전 6:20). 또한 그리스도 예수를 죽은 자 가운데서 살리신 이의 영이 너희 안에 거하시는 그의 영으로 말미암아 너희 죽을 몸도 살리시리라고 하셨다(롬 8:11). 이는 우리의 부활만을 두고 한 말씀이 아니다. 우리가 만일 이런 말씀들을 진실로 믿음으로 취했다면 우리는 우리의 인생 가운데 상당한 평강을 누릴 것이다. 사탄은 각종 질병의 징후와 이상 현상을 일으켜 믿는이를 불안과 공포 속으로 밀어넣고 조롱한다. 그러나 이 말씀을 진실로 믿음으로 취하는 날, 주님을 우리의 몸을 위하시는 분으로 얻게 될 것이다. 이 말씀을 약속으로, 기업으로 얻었다는 것을 어떻게 증명할 수 있는가? 거기에 안식이 있고 두려움과 놀람이 없는 것이다.

또한 여호와는 치료자이시다(출 15:26, 여호와 로페카). 이 말씀을 믿음으로 취한다면 자신의 질병에 대하여도 주님을 의뢰하고 염려하지 않을 것이다. 그러나 만일 이런 말씀을 얻지 못했다면 어떤 증상이 있고 심각한 병의 진단이 내려질 때 놀라고 좌절하며 하나님께 영광을 돌리지 못할 것이다. 그러나 믿음으로 약속의 말씀을 취한 자들은 안식하며 평안 가운데 모든 것을 주님께 맡길 수 있다. 내 몸은 나의 것이 아니요, 주님의 것이니…. 이렇게 우리는 말씀을 하나씩 얻어간다. 여기에 담대함이 필수이다. 말씀을 얻기 위해서는 사탄의 장난에 흔들리지 말아야 하며 놀라지 말아야 하며 두려워하지 말아야 한다. 불안해하고 두려워하면서 동시에 믿을 수는 없는 법이다. 이때 필요한 것이 용단이요 용기이다. 믿음은 용기와 함께 역사한다. 나는 나같이 약한 사람이 믿을 수 있고 담대함을 얻을 수 있다면 다른 사람은 더욱 그럴 수 있다고 믿는다. 자신을 연민하던 것을 과감히 내려놓고 믿기를 결심하라! 그때 믿음은 우리의 것이 될 것이다. 우리는 이렇게 해서 불신으로 원수에게 빼앗겼던 임마누엘 땅을 한 평씩 찾아 우리의 것이 되게 하는 것이다. 믿음의 전사들이여, 진군하라! 또 하나 함께 기쁘게 부르고 싶은 찬송가는 397장이다.

> "주 믿는 사람 일어나 다 힘을 합하여/ 이 세상 모든 마귀를 다 쳐서 멸하세/ 저 앞에 오는 적군을 다 싸워 이겨라/ 주 예수 믿는 힘으로 온 세상 이기네/ 믿음이 이기네 믿음이 이기네/ 주 예수를 믿음이 온 세상 이기네".

7. 골로새서 1장 12절에서 바울은 하나님께서 빛 가운데 성도의 기업의 부분을 얻게 하셨다고 말한다. 우리는 고린도 교회나 골로새 교회나 많은 초기 교회들이 성도의 기업의 부분을 얻도록 부르심을 받았지만 어둠과 비(非)진리와 많은 악한 가르침의 영향 아래 그 기업을 얻는 것을 좌절당할 위기에 처해 있음을 본다. 그때 사도들은 다시금 성도들을 진리의 빛 아래로, 그 기업의 축복을 얻을 수 있는 위치로 되돌려놓는 일을 하는 것을 볼 수 있다. 고린도 교회를 보라! 많은 죄악과 우상숭배적인 일들, 육체에서 나온 분열적인 일들, 사도를 폄론하는 일들, 많은 율법적인 가르침들, 진리를 가장한 비진리들이 교회 속에 침투되었다. 결국은 이런 것들이 성도들의 영적인 축복을 앗아가는 요소들이다. 사도들은 진리로 이런 어둠의 요소들과 사탄적인 역사를 물리치고 빛 가운데서 성도들이 받도록 되어 있는 기업을 위해 싸웠던 것이다.

8. 여호수아서에서 요단을 건넘과 길갈에서의 할례 등 많은 것들이 십자가를 예표하고 또 여호와의 군대장관 등은 성령을 예표한다. 영적 전쟁을 통하여 약속의 땅을 온전히 기업으로 얻기 위해서는 그리스도와 함께 죽고 함께 부활한 위치에 서는 것이 필수 요소이다(롬 6:6-11). 우리는 끝까지 충성을 다해 그 기업을 얻은 여호수아와 갈렙에게

서 큰 교훈을 얻을 수 있다. 갈렙은 나이가 들어 팔십오 세가 되었을 때에도 "이 산지를 내게 주소서!"라고 말했다. 그는 끝까지 싸웠다. 그리고 가장 좋은 헤브론을 기업으로 얻었다. 우리 또한 충성스럽게 전진하여 이 축복된 기업을 풍성히 얻을 수 있기 바란다.

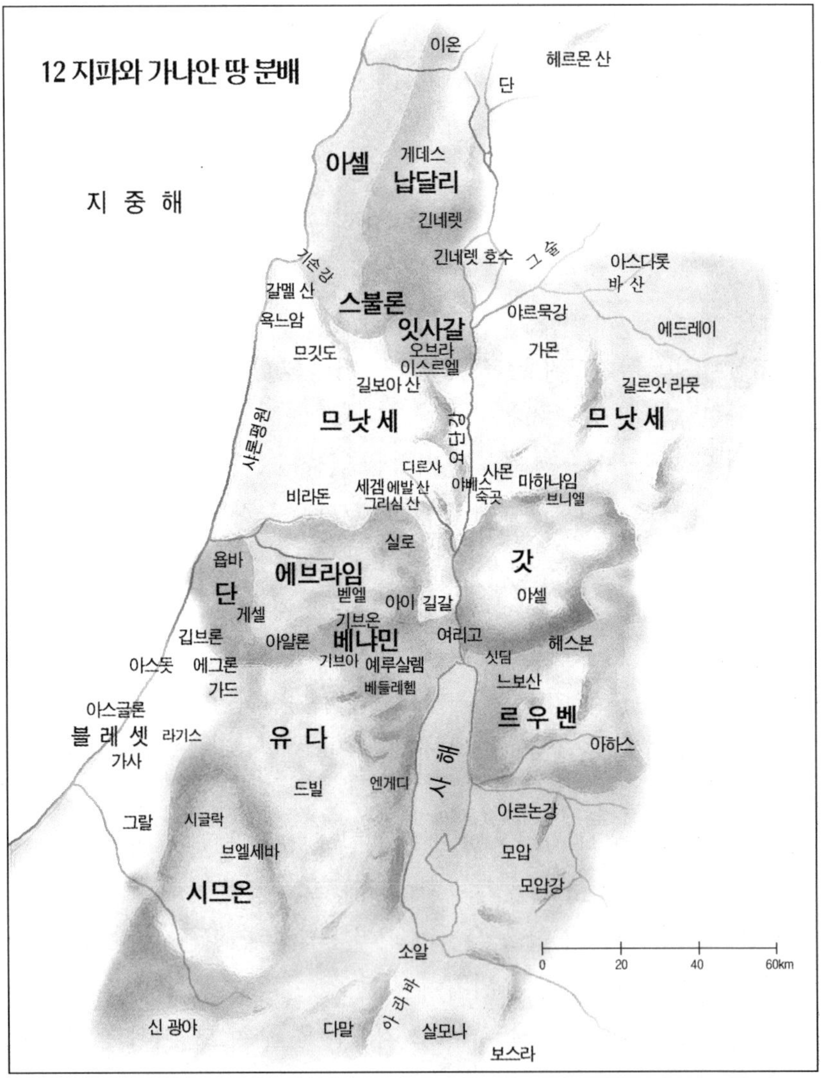

사사기
Judges

사사기 1장

Judges

이 책의 제목은 사사기(쇼페팀)인데, 그 뜻은 재판장(judge) 또는 지도자(leader)이다. 이들 사사들은 여호수아가 죽은 후로 400여 년 간을 다스렸다. 이 시대를 사사 시대라 하는데 이스라엘 역사 중에 가장 어둡고 암울한 시대이다. 민수기는 40년 간 광야에서 방황한 비참한 역사를 말하지만 사사기는 그 열 배가 되는 400여 년 간의 비참한 역사를 말한다. 그것은 가장 비참하고 극도로 타락한 역사라고 할 수 있다.

이 책은 이스라엘이 여호수아의 영도 아래 가나안 땅을 기업으로 취한 후에도 여러 번 하나님께 득죄했고 하나님께서 수차 경고하신 대로 나라가 망하여 이방 열국의 압제 아래 들어간 상황을 말한다. 그럴 때마다 이스라엘은 하나님께 회개했고 하나님은 그들의 기도를 들으시고 사사들을 일으키시어 구원하셨다.

이 책에 나온 사사는 14명인데(옷니엘, 에훗, 삼갈, 드보라, 바락, 기드온, 아비멜렉, 돌라, 야일, 입다, 입산, 엘론, 압돈, 삼손), 그 중 아비멜렉은 하나님이 일으키신 사사로 볼 수 없고 왕위를 찬탈한 악한 독재자일 뿐이다. 그는 스스로 왕이 되었다. 하나님은 아직 이스라엘에 왕이 세워지는 것을 허락지 않으셨다. 하나님은 사울 때에 비로소 이스라엘에 왕을 세우는 일을 허락하셨다. 그러나 그는 자기 족속인 세겜 사람들과 결탁하여 스스로 왕이 되었다. 그러므로 사사기의 사사는 13명으로 간주된다. 그 외에 사사기에 언급되지 않은 사사들도 있다. 엘리(삼상 4:18), 사무엘(삼상 7:13)은 한 사람은 제사장이고 또 한 사람은 선지자이지만 그들은 내내 사사의 연장선상에 있다. 아직 왕정이 시작되지 않았기 때문이다. 사무엘의 아들들 가운데 요엘과 아비야(삼상 8:2)도 잠시 사사로 세움을 받았었다. 그러나 그들은 도덕적으로 좋지 않아서 사사의 일을 했다고 볼 수 없다.

사사기의 내용은 3부로 나누어지는데, 첫째는 서론적으로 이스라엘의 가나안 정복사의 계속이고(1:1-2:5), 본론으로는 13명의 사사들의 역사가 있고(2:6-16:31), 나머지 다섯 장에는 사사들이 치리하던 시대에 있었던 끔찍한 종교적 타락의 사건과 도덕적인 타락과 그로 인한 지파들 간의 큰 싸움을 기술하고 있다(17장-21장). 룻기도 사사들이 치리하던 때의 일이나 룻기를 통해서는 그 타락한 시대에도 하나님의 생명의 노선에 있는 자들이 있었다는 것을 알 수 있다.

사사기의 정치 형태가 다윗 시대의 왕정 형태보다 못한 것은 아니다. 오히려 하나님께서 그들을 우대하신 것이다. 그들이 만일 하나님의 말씀과 명령을 준행하고 하나님을 왕으로 모시고 살았더라면 그들은 가장 높은 수준의 삶을 살았을 것이고 하나님은 그들을 위하여 모든 것을 하실 수 있었을 것이다. 그러나 그들은 한 차례 한 차례 아래로 내려갔고 점점 부패하고 타락하게 되었다. 그리고 그들은 하나님의 직접적인 통치 체제로 그들을 우대하시는 데에서 간접적으로 통치하시는 상태로 떨어졌다. 그들은 강력한 인간의 통치가 없이는 대적을 당해낼 수 없다고 생각하게 되었다. 그러므로 그들은 자신들에게도 열국과 같이 왕이 있어야 하겠다고 외친 것이다. 하나님은 그들의 건의에 대하여 기뻐하지 않으셨을지라도 허락하셨다. 그들에게 그런 필요성이 있다고 판단하신 것이다. 그리하여 그들은 이방 열국과 마찬가지로 강력한 인간의 통치 체제를 갖춘 왕국을 갖게 되었다. 그리고 하나님의 마음에 합한 사람, 다윗 시대에 이스라엘은 전성기를 누리게 되었다.

1-8절, 여호수아가 죽은 후에 이스라엘 자손이 여호와께 묻자와 가로되 우리 중 누가 먼저 올라가서 가나안 사람과 싸우리이까(1절) 여호와께서 가라사대 유다가 올라갈지니라 보라 내가 이 땅을 그 손에 붙였노라 하시니라(2절) 유다가 그 형제 시므온에게 이르되 나의 제비뽑아 얻은 땅에 나와 함께 올라가서 가나안 사람과 싸우자 그리하면 나도 너의 제비뽑아 얻은 땅에 함께 가리라 이에 시므온이 그와 함께 가니라(3절) 유다가 올라가매 여호와께서 가나안 사람과 브리스 사람을 그들의 손에 붙이신지라 그들이 베섹에서 일만 명을 죽이고(4절) 또 베섹에서 아도니 베섹을 만나서 그와 싸워 가나안 사람과 브리스 사람을 죽이니(5절) 아도니 베섹이 도망하는지라 그를 쫓아가서 잡아 그 수족의 엄지가락을 끊으매(6절) 아도니 베섹이 가로되 옛적에 칠십 왕이 그 수족의 엄지가락을 찍히고 내 상 아래서 먹을 것을 줍더니 하나님이 나의 행한 대로 내게 갚으심이로다 하니라 무리가 그를 끌고 예루살렘에 이르렀더니 그가 거기서 죽었더라(7절) 유다 자손이 예루살렘을 쳐서 취하여 칼날로 치고 성을 불살랐으며(8절)

1. 여호수아가 죽은 후에 하나님은 모세나 여호수아와 같은 인도자를 일으키지 않으셨다. 그것은 하나님께서 사람을 일으키시는 것이 그분의 필요에 따른 것임을 암시한다. 하나님은 시대마다 그분의 그릇들을 일으키셨는데 이는 그분의 필요에 따른 것이다. 그 시대에 그런 필요가 있었던 것이다. 모세와 같은 그릇이 필요할 때(출애굽과 홍해를 건넘, 광야의 40년)는 하나님이 그런 인도자를 찾으셨다. 가나안 정복을 위해서는 장군 출신인 여호수아가 필요했다. 이스라엘은 이제 가나안에 입성하고 정착하게 되었는데, 출애굽은 모세를 통해서, 가나안 정복은 여호수아의 인도 아래 행하여졌고 그들은 가나안에서 모세와 여호수아를 통해서 주어진 하나님의 말씀과 명령을 지키며 살면 되었다.

2. 그들은 여호수아가 죽은 후에도 여전히 제비뽑아 얻은 땅을 다 차지하기 위해 전투를 벌여야 했다. 이 일을 위해 그들은 먼저 여호와께 물었다. 그 방법은 우림과 둠밈을 통해서인지, 예언자를 통해서인지, 아니면 단순히 기도를 통해서인지는 알 길이 없다. 다만 그들은 하나님의 뜻에 순종하고자 하는 의지를 갖고 있었고 하나님은 그들의 질문에 성실하게 답해주셨다. '유다가 먼저 올라갈지니라' 는 유다 지파가 가장 수도 많고 용맹하기 때문이다. 하나님은 사람이 가진 능력과 은사에 따라 일을 부여하신다. 바울은 그가 가진 은사가 베드로보다 탁월하기 때문에 더 많은 방면에서 하나님께 쓰임받았다.

3. 가장 강한 자인 유다일지라도 보다 약한 자인 시므온의 도움을 필요로 하였다. 시므온은 가장 약한 지파였다. 그러나 유다는 약한 지체인 시므온을 멸시하지 않았다. 하나님의 자녀들이 서로 동역하여 섬기는 것은 하나님의 기뻐하시는 바이다. 혼자보다는 둘이 낫다. 또한 시므온은 유다 지파의 경내에서 기업을 받도록 되어 있었으니 그들이 함께하는 것은 자연스러운 일이었다. 그리스도의 몸 안에서 모두가 유다와 같이 강한 지체는 아닐지라도 강한 다른 지체와 함께 할 수 있다. 함께 싸우면 분깃을 함께 취할 수 있다. 당신이 시므온 같은 약한 지체라면 다른 강한 유다와 같은 지체와 동역할 수 있는 것이다. 혼자 큰 일을 할 수 없다고 좌절할 필요없다. 몸 안에서는 모든 지체들이 함께 하여 큰 일을 할 수 있는 것이다.

4. 그러한 유다와 시므온의 연합 부대의 지휘는 갈렙이 맡았을 것이다(매튜 헨리). 강한 부대와 강한 인도자가 있었을지라도 그 전쟁의 승패는 여호와께 있었다. 하나님이 그 전쟁을 이기게 하신 분이시다(4절).

5. 당시 아도니 베섹은 강한 왕이었다. 베섹은 지명이고 아도니 베섹

이란 베섹의 왕이라는 뜻이다. 이스라엘은 그때 베섹에서 일만 명을 죽이고(큰 전쟁이었다), 아도니 베섹을 잡아 수족의 엄지가락을 끊었다. 즉 승전한 것이다. 아도니 베섹이 과거 70왕들의 수족의 엄지가락을 찍었다고 한 것은 그가 당시 그만큼 막강한 자였음을 나타낸다. 그는 자신의 수족의 엄지가락이 잘림을 당했을 때 과거에 자기가 한 일에 대한 보응이라고 생각했다. 가나안의 이방 왕일지라도 일말의 양심이 살아 있음을 나타낸다. 대적의 수족의 엄지가락을 자른 것은 다시는 전쟁을 일으키거나 도망하지 못하게 하기 위함이다.

6. 8절은 유다 자손이 예루살렘을 쳐서 취하였다고 기록했지만 온전히 정복한 것은 아니다. 다만 그 성의 일부를 정복한 것이고 그 성중의 여부스인들도 정복하지 못했다(21절, 수 15:63). 여부스는 후에 다윗이 평정하였고 다윗 시대에 완전 정복하여 수도로 삼았다(삼하 5:6). 사사기 1장의 내용에서 유다 지파와 한두 지파만 승리하고(그것도 부분적인 승리임) 대부분은 대적을 쫓아내지 못한 것을 본다. 이는 사사 시대의 하락의 조짐으로도 보여지는 대목이다.

9-20절, 그 후에 유다 자손이 내려가서 산지와 남방과 평지에 거한 가나안 사람과 싸웠고(9절) 유다가 또 가서 헤브론에 거한 가나안 사람을 쳐서 세새와 아히만과 달매를 죽였더라 헤브론의 본 이름은 기럇 아르바이었더라(10절) 거기서 나아가서 드빌의 거민들을 쳤으니 드빌의 본 이름은 기럇 세벨이라(11절) 갈렙이 말하기를 기럇 세벨을 쳐서 그것을 취하는 자에게는 내 딸 악사를 아내로 주리라 하였더니(12절) 갈렙의 아우요 그나스의 아들인 옷니엘이 그것을 취한 고로 갈렙이 그 딸 악사를 그에게 아내로 주었더라(13절) 악사가 출가할 때에 그에게 청하여 자기 아비에게 밭을 구하자 하고 나귀에서 내리매 갈렙이 묻되 네가 무엇을 원하느냐(14절) 가로되 내게 복을 주소서 아버지께서 나를 남방으로 보내시니 샘물도

내게 주소서 하매 갈렙이 윗샘과 아랫샘을 그에게 주었더라(15절) 모세의 장인은 겐 사람이라 그 자손이 유다 자손과 함께 종려나무 성읍에서 올라가서 아랏 남방의 유다 황무지에 이르러 그 백성 중에 거하니라(16절) 유다가 그 형제 시므온과 함께 가서 스밧에 거한 가나안 사람을 쳐서 그곳을 진멸하였으므로 그 성읍 이름을 호르마라 하니라(17절) 유다가 또 가사와 그 경내와 아스글론과 그 경내와 에그론과 그 경내를 취하였고(18절) 여호와께서 유다와 함께하신 고로 그가 산지 거민을 쫓아내었으나 골짜기의 거민들은 철병거가 있으므로 그들을 쫓아내지 못하였으며(19절) 무리가 모세의 명한 대로 헤브론을 갈렙에게 주었더니 그가 거기서 아낙의 세 아들을 쫓아내었고(20절)

1. 이 부분은 유다의 승리의 국면들을 보여준다. 유다는 예루살렘을 친 다음 얼마 후 산지에 내려가서 남방과 평지에 거하는 가나안 사람들과 싸웠다. 이스라엘 중에 유다는 매우 용감하고 이기는 특성을 지닌 지파였다. 그들은 계속 대적과 싸우며 나아갔다. 그들은 예루살렘을 정복하기 위해 애썼을 뿐 아니라 헤브론을 위해서도 힘을 들였다. 그들은 헤브론에 거하는 가나안의 용사들 중 세새와 아히만과 달매를 죽였다. 그들은 틀림없이 헤브론의 강자들이었을 것이다. 세새는 태양을 뜻하고 아히만은 운명의 형제들이라는 뜻이며 달매는 가레로 땅을 일구는 자를 의미한다. 모두가 다 우상과 관련된다. 그들은 더 나아가 기럇세벨도 쳤는데 기럇세벨은 책의 도시라는 뜻이다. 현재도 기럇세벨은 도서관으로 유명하다고 한다. 지식 또한 하나님의 경륜을 방해하는 한 가지 큰 대적이다. 이러한 가나안의 성읍과 산지들과 족속들을 하나하나 멸하는 것이 그들이 해야 할 가장 큰 일이었다.

2. 11절부터 15절은 특별히 기럇세벨을 정복한 이야기를 자세하게 기록한다. 이는 아마도 기럇세벨이라는 도시가 매우 정복하기 어려운

도시였을 것이기 때문이다. 오늘날도 지식으로 가득한 성읍을 무너뜨리는 작업이 가장 어렵다(고후 10:4-5). 이를 위해서는 하나님의 강한 능력이 필요하다. 갈렙은 그 성읍을 정복하는 자에게 자신의 사랑하는 딸을 주겠다고 약속하였다. 우리는 여기서 유다 지파 사람들의 적극성을 본다. 오늘날에도 많은 나라의 선교지들을 정복하는 사람들은 이와 같이 적극적이고 신선하며 흥미 있는 일들을 많이 만들어내는 사람들 가운데 있다. 갈렙이 기럇세벨을 정복하는 자에게 자기의 딸을 주겠다고 한 것은 그의 마음에 가나안 땅을 정복하는 유일한 사업 외에는 가치 있고 중대한 일이 없었음을 시사한다. 옛 우리나라의 어른들 중에도 자신의 평생 소원을 이루어내는 젊은이가 있다면 딸을 주겠다고 호언하던 분들이 있었다. 당시 갈렙은 이와 같았다. 기럇세벨을 정복하는 것은 그의 일생 소원이었고 가장 큰 일 중 하나였다.

3. 그때 갈렙의 아우이자 그나스의 아들인 옷니엘이 그것을 쳐서 취한 고로 갈렙은 약속대로 그 딸 악사를 그에게 주었다. 그는 결국 이스라엘의 첫 번째 사사가 되었다. 첫 번째 사사는 강하고 용맹한 유다 지파에서 나왔다. 결국 이스라엘의 첫 번째 사사는 갈렙의 사위인 셈이다. 그들은 승리하는 지파의 사람들이었으며 그 지파의 주역들이었다. 우리는 여기서 성경의 영을 만질 수 있다. 성경은 실로 이기는 자들에게 초점을 맞추는 책이다. 하나님은 이 땅에서 그분의 자녀들이 원수를 이기고 정복하는 것을 가장 기뻐하신다. 갈렙은 누가 과연 기럇세벨을 쳐서 취할 것인가를 물으면서 그 사람에게 자기의 가장 사랑하는 딸을 주겠다고 약속했고 또 그렇게 했다. 옷니엘은 그러한 갈렙의 영과 하나된 사람이었다. 그러기에 이기는 자의 반열에 들 수 있었고 그러한 가족의 일원이 될 수 있었던 것이다. 하나님은 이 시대에 과연 누가 하나님의 백성들을 사로잡고 있는 이론과 지식과 철학의 성을 쳐서 취하는지를 보고자 하신다.

4. 우리는 여기서 갈렙의 딸 악사(Achsah) 또한 그녀의 아비 갈렙처럼 적극적인 영을 갖고 있음을 본다. 갈렙은 여호수아 14장에서 큰 용기와 담력을 가지고 여호수아에게 "여호와께서 말씀하신 이 산지를 내게 주소서"(12절)라고 말했다. 그의 딸 악사도 아비를 닮아 적극적으로 기업을 취하려는 영을 갖고 있었으며 "아버지께서 나를 남방으로 보내시니 샘물도 내게 주소서"라고 청원했다. 따라서 갈렙은 윗샘과 아랫샘을 그녀에게 주었다. 하나님은 이와 같이 적극적으로 취하려는 자에게 구하는 것보다 더욱 넘치게 주신다(엡 3:20). 천국은 침노하는 자의 것이다. 침노하는 자가 빼앗는다. 반면에 하나님의 일에 충성되지 않고 추구하지 않는 자는 있는 것까지도 빼앗긴다. 갈렙의 딸이 나귀에서 내린 것은 부친에 대한 존경의 자세였다. 침노하는 영이 있어야 하지만 여전히 겸손과 경외함이 필요하다.

5. 16절은 모세의 장인 겐 사람이 유다 지파의 경내에 거한 것을 말하고 있다. 이러한 구절을 포함시킨 것은 한편으로 모세의 장인 이드로의 후예들이 이스라엘에 거하여 귀화민이 된 유래를 말해주고 동시에 그것이 유다 지파의 경내임을 알려주기 위해서이다. 곧 유다 지파의 승리와 융성함을 나타내는 것이다. 오늘날도 과거의 유력하고 공로 있는 가문의 친척들을 부양하고 자기 경내에 살게 하는 사람들은 현재 가장 능력 있고 출세한 사람들의 몫이다. 그들은 자신들이 노력하여 얻은 성공의 그늘로 많은 사람들을 덮어준다. 이와 같이 유다 지파는 모세의 장인의 자손들까지도 포함해주었는데 그들은 종려나무 성읍(여리고를 지칭함)에서 올라가 아랏 남방의 유다 황무지에 이르러 유다 백성들과 함께 거하였다.

6. 17절에서는 유다가 시므온과 함께 스밧을 공략하고 다 진멸한 다음 그 성읍을 호르마라 하였으며 18절에서는 가사와 아스글론과 에그

론 경내를 취한 것을 볼 수 있다. 가사와 아스글론과 에그론은 아스돗과 가드와 더불어 블레셋의 5대 성읍이다. 가사는 5대 성읍 중에서도 대표적인 성읍이다. 이때 유다가 완전 블레셋을 점령하고 취한 것은 아니지만 주요 도시를 공략하고 승리를 쟁취한 것은 의미가 크다고 하겠다. 17절 시작의 "유다가 그 형제 시므온과 함께 가서"라는 표현은 3절의 "시므온이 유다와 함께 가서"라는 구절과 대구(對句)를 이루는데, 이는 처음 부분은 유다가 기업을 얻는 데에 시므온이 돕는 입장이었기 때문이고 나중 부분은 시므온의 기업을 얻는 공략에 유다가 돕는 입장이었기 때문이다.

7. 19절에는 유다 지파의 한계를 나타내는 한 구절이 기록되어 있다. 그것은 그들이 골짜기에 있는 철병거를 가진 사람들을 쫓아내지 못했다는 것이다. 그들이 만일 믿음에 있어서 더욱 강건하고 충성되었다면 철병거일지라도 이기지 못할 리가 없었을 것이다. 20절은 무리가 갈렙에게 헤브론을 준 것과 그가 거기서 아낙의 세 아들을 쫓아낸 것을 기록한다. 그는 분명 유다 지파의 전투 사령관이었을 것이지만 모든 전쟁을 다 마치고 유다 지파의 기업을 다 취할 때까지는 자신의 분깃을 차지하려 하지 않았다. 자기 것부터 챙기는 사람은 진정한 리더(leader)가 될 수 없다. 먼저 남을 위하고 자신과 함께한 사람들부터 챙긴 뒤에 자신의 것을 돌아보는 것이 합당하다. 또한 마땅히 자신에게 돌아올 분깃일지라도 다른 사람들이 줄 때 받는 것이 더욱 아름답다.

21-36절, 베냐민 자손은 예루살렘에 거한 여부스 사람을 쫓아내지 못하였으므로 여부스 사람이 베냐민 자손과 함께 오늘날까지 예루살렘에 거하더라(21절) 요셉 족속도 벧엘을 치러 올라가니 여호와께서 그와 함께하시니라(22절) 요셉 족속이 벧엘을 정탐케 하였는데 그 성읍의 본 이름은 루스라(23절) 탐정이 그 성읍에서 한 사람의 나오는 것을 보고 그에게 이

르되 청하노니 이 성읍의 입구를 우리에게 가르치라 그리하면 너를 선대하리라 하매(24절) 그 사람이 성읍의 입구를 가르친지라 이에 칼날로 그 성읍을 쳤으되 오직 그 사람과 그 가족을 놓아 보내매(25절) 그 사람이 헷 사람의 땅에 가서 성읍을 건축하고 그 이름을 루스라 하였더니 오늘날까지 그곳의 이름이더라(26절) 므낫세가 벧스안과 그 향리의 거민과 다아낙과 그 향리의 거민과 돌과 그 향리의 거민과 이블르암과 그 향리의 거민과 므깃도와 그 향리의 거민들을 쫓아내지 못하매 가나안 사람이 결심하고 그 땅에 거하였더니(27절) 이스라엘이 강성한 후에야 가나안 사람에게 사역을 시켰고 다 쫓아내지 아니하였더라(28절) 에브라임이 게셀에 거한 가나안 사람을 쫓아내지 못하매 가나안 사람이 게셀에서 그들 중에 거하였더라(29절) 스불론은 기드론 거민과 나할롤 거민을 쫓아내지 못하였으나 가나안 사람이 그들 중에 거하여 사역을 하였더라(30절) 아셀이 악고 거민과 시돈 거민과 알랍과 악십과 헬바와 아빅과 르홉 거민을 쫓아내지 못하고(31절) 그 땅 거민 가나안 사람 가운데 거하였으니 이는 쫓아내지 못함이었더라(32절) 납달리가 벧세메스 거민과 벧아낫 거민을 쫓아내지 못하고 그 땅 거민 가나안 사람 가운데 거하였으나 벧세메스와 벧아낫 거민들이 그들에게 사역을 하였더라(33절) 아모리 사람이 단 자손을 산지로 쫓아들이고 골짜기에 내려오기를 용납지 아니하고(34절) 결심하고 헤레스 산과 아얄론과 사알빔에 거하였더니 요셉 족속이 강성하매 아모리 사람이 필경은 사역을 하였으며(35절) 아모리 사람의 지계는 아그랍빔 비탈의 바위부터 그 위였더라(36절)

1. 이스라엘 백성들은 하나님께로부터 가나안에 들어가면 가나안 일곱 족속과 싸워 그들을 멸하라는 명령을 받았다(신 7:1-26). 하나님은 그들을 쫓아내고 진멸할 것을 강력하게 명하시고 선포하셨다. 그리고 그들을 긍휼히 여기지 말고 그들과 혼인하지도 말라고 하셨다. 그러나 이 부분의 말씀(21-36절)에서 우리는 그들이 하나님의 말씀을 순종치

못한 것을 보게 된다. 베냐민 자손은 예루살렘에 거하는 여부스 사람을 쫓아내지 못했다. 그러므로 '지금까지 여부스 사람이 베냐민 자손과 함께 예루살렘에 거하더라' 고 했다. 베냐민은 오른손의 아들이라는 뜻이다. 사실 오른손의 아들은 그리스도이시다. 교회의 부흥은 오른손의 아들이신 그리스도가 힘있게 되고 높여질 때 일어난다. 시편 기자는 주의 우편에 있는 자, 곧 주를 위하여 힘있게 하신 인자 위에 주의 손을 얹어달라고 간구했다. 그리하면 주에게서 물러가지 않을 것이라고 하면서 새롭게 부흥되기를 원했다(시 80:15-18)). 그의 인식에 교회가 살고 소생될 수 있음은 그리스도께서 교회에서 힘있게 되시는 데에 달려 있는 것이다. 반대로 교회의 하락은 그리스도의 권위가 교회에서 약화될 때이다. 그들이 만일 오른손의 아들을 높였다면 여부스 사람을 정복했을 것이다.

2. 22절부터 26절까지는 요셉 지파가 벧엘을 공격하여 취한 것을 기록하고 있다. 22절은 "요셉이 벧엘을 치러 올라가니 여호와께서 그와 함께하시니라"고 한다. 이는 매우 의미심장한 말씀이다. 후에 열거된 지파들은 가나안 사람들을 쫓아내지 못했다. 그러나 요셉 족속의 사람들은 한 성을 정복했다. 차이가 있다면 요셉 지파의 사람들은 벧엘을 치러 올라갔지만 다른 지파 사람들은 정복하기 위해 치러 갈 의도가 없었던 것이다. 그리고 그들은 그저 가나안 사람들과 공존했다. 다시 말하지만 그 차이는 하나님의 말씀에 순종하여 취하러 나아갔느냐의 여부에 있다. 오늘날도 그리스도인의 가장 큰 문제는 대적을 정복하는 영이 부족하여 대적들과 공존하는데 있다. 많은 그리스도인들이 이겨야 할 세상과 짝하며 그 속에 부속되어 산다. 그리고 그들은 그것이 잘못된 사실도 모르고 사는 것이다. 내가 깊은 속에서 하나님의 백성들을 바라보면서 가장 염려하는 것이 바로 이것이다.

요셉 지파는 전투하기 전에 벧엘을 정탐케 하였다. 벧엘은 '하나님의 집' 이라는 뜻이고 벧엘의 원래 이름인 루스는 '분리' 라는 뜻이다. 세상과 분리됨이 없이는 하나님의 집이 될 수 없다. 하나님의 집의 가장 큰 특징은 부르심받아 나와 세상과 분별된 것이다. 교회라는 헬라어가 '에크레시아' 로서 부르심을 받아 나온 자들이다. 세상과 분별된 간증이 없다면 더 이상 부르심 받아 나온 자들인 교회라고 말할 수 없다. 교회는 죄와 세상에서 분별되어 나온 자들인 것이다. 요셉 지파는 유감스럽게도 정탐에게 벧엘 성읍의 입구를 알려준 사람을 살려주었다. 그는 요셉 지파에 귀화하지 않고 헷 사람의 땅(수리아 북방)에 가서 성읍을 건축하였다. 그리고 그 성의 이름을 과거 자기가 살았던 도시의 이름을 따서 루스라고 지었다. 이 사건은 라합을 살려줄 때의 상황과 같이 적극적으로 해석할 수 없다. 라합은 회개하고 이스라엘을 영접했지만 이 자는 단지 전쟁의 필요를 위해 이용당한 셈이다. 그런 자를 살려준 것은 타협의 일환이라고 말하지 않을 수 없다. 요셉이 뒤에 나오는 다른 지파에 비해 강하고 적극적으로 싸우러 나아간 것은 매우 좋았지만 충분히 강하지는 않았다. 영이 충분히 강하지 않은 전쟁에서는 타협이 들어온다. 그리고 이러한 타협의 결과 또 다른 문제의 씨앗을 뿌리게 된다. 가나안의 한 성(루스)을 정복했지만 결국 또 다른 곳(루스)에 같은 종류의 독초가 자라나오게 만들었다. 하나의 문제를 없앴지만 또 다른 문제를 낳은 것이다. 이것이 충분히 강하지 못한 상태에서 일어나는 일이다. 충분히 강하지 못하면 반드시 타협의 상황이 발생한다. 이러한 중간적인 상태는 비록 대적과 싸울지라도 절대적임과 단호함이 부족한 것이다. 사실 요셉이 충분히 강했다면 정탐조차 필요로 하지 않았을 것이다. 어차피 전쟁은 하나님의 능력으로 이기는 것이기 때문이다. 전반부에서 유다는 정탐을 보내지 않고도 많은 곳을 정복했다.

3. 27절부터 36절까지는 그 외 여섯 지파들의 연약함과 패배의 상황을 말해준다. 므낫세와 에브라임, 스블론과 아셀, 납달리와 단 지파는

가나안 사람들을 쫓아내지 못하였다. 하나님은 그들을 쫓아내라고 하셨지 같이 살라고 하지 않으셨다. 이 말씀에서 "쫓아내지 못하였고", "쫓아내지 아니 하였더라"는 매우 큰 아쉬움으로 읽어야 할 말씀이다. 그들은 응당 쫓아내야 할 대적들을 두고 편안하게 살고자 했던 것이다. 당시 그들에게는 하나님의 말씀이 흐려지고 믿음이 약해진 나머지 그들과의 공존을 모색했다. 그들은 굳이 그렇게 어려운 전쟁을 치러가면서 살 필요가 있겠느냐고 생각했을 것이다. 즉 가나안 사람들의 편안한 삶에 영향을 받은 것이다. 오늘날도 교회 안에 있어서는 안 될 육체와 죄악과 불의를 두고도 쫓아내지 못하고 공존한다는 것은 매우 슬픈 일이다. 이런 일에 대하여 사도 바울은 고린도 전서 5장에서 상당한 책망을 하였던 것이다. 특히 수치스러운 한 가지 일은 단 지파가 가나안 사람을 쫓아내기는 고사하고 그들에게 쫓겨 산지로 들어가게 되었다는 것이다. 아모리 사람들은 단 지파가 골짜기로 내려오는 것조차 용납하지 않았다. 그들은 결심하고 헤레스 산과 아얄론과 사알림에 거하였다. 주객이 전도된 것이다. 하나님의 백성이 약해질 때 교회 안에서도 인간적인 권력이 영적인 권위를 실추시키고 자리를 굳게 잡게 된다. 육체의 사람들과 마귀의 권세도 만만하지 않다. 하나님의 나라는 성령의 능력으로 원수의 권세가 쫓겨난 곳에서만 실행될 수 있는 것이다(마 12:28, 계 12:10).

이 구절은 아모리 사람들이 결심하고 골짜기의 도시들에 거주했다고 말한다. 아무래도 모든 풍요로운 소출은 평지와 골짜기에 있지 산지에 있지 않다. 산지로 쫓겨난 이스라엘은 약속된 소망의 기업에 들어왔을지라도 그들의 체험이 빈약하기 짝이 없다. 아모리 사람들은 평지인 골짜기에 거하면서 산지로 몰아낸 이스라엘이 아래로 내려오지 못하게 함으로 그들을 산에 가두어 버렸다. 이스라엘은 정복자의 위업을 잃어버리고 만 것이다. 36절에서 아모리 사람들은 그들의 지계를 표시했다. 아모리 사람이 하나님의 백성의 유업의 땅인 가나안에 자신들의 지계를 갖고 있다는 자체가 아이러니한 일이 아닐 수 없다. 그들은 다 쫓겨나야 할 자들이고 진멸되어야 할 자들이다. 오늘날 교회 안에 제해져야 할 육체나 세상이 자리를 잡고 있다면 어떻게 할 것인가? 하나님은 이런 자들을 쫓아내야 한다고 말씀하신다(고전 5:2, 13, 6:9).

사사기 2장

Judges

1-5절, 여호와의 사자가 길갈에서부터 보김에 이르러 가로되 내가 너희로 애굽에서 나오게 하고 인도하여 너희 열조에게 맹세한 땅으로 이끌어 왔으며 또 내가 이르기를 내가 너희에게 세운 언약을 영원히 어기지 아니하리니(1절) 너희는 이 땅 거민과 언약을 세우지 말며 그들의 단을 헐라 하였거늘 너희가 내 목소리를 청종치 아니하였도다 그리함은 어찜이뇨(2절) 그러므로 내가 또 말하기를 내가 그들을 너희 앞에서 쫓아내지 아니하리니 그들이 너희 옆구리에 가시가 될 것이며 그들의 신들이 너희에게 올무가 되리라 하였노라(3절) 여호와의 사자가 이스라엘 모든 자손에게 이 말씀을 이르매 백성이 소리를 높여 운지라(4절) 그러므로 그곳을 이름하여 보김이라 하니라 무리가 거기서 여호와께 제사를 드렸더라(5절)

1. 1절의 여호와의 사자는 그리스도이다. 피조물인 천사라는 견해도 있으나 구약의 이곳저곳에 나타난 메시아로 보는 것이 지배적인 견해이다(창 16:7, 9, 11, 출 3:2). 그리스도께서는 택하신 백성들의 상태에 매우 관심이 많으시다. 이러한 주님은 우리에게 얼마나 사랑스러운 분이신지! 그분이 그리스도임에 틀림이 없는 것은 "내가 너희로…열조에게 맹세한 땅으로 이끌어왔으며 또 내가 이르기를 내가 너희에게 세

운 언약…"이라고 하셨기 때문이다. 그분 자신이 이스라엘을 가나안으로 이끄신 분이며 언약을 세우신 분이다.

2. 길갈에서 보김에 이르렀다는 것은 그분이 과거에는 길갈에 계셨다는 뜻이다. 실지로 여호수아 시대에 이스라엘 백성들은 전쟁을 시작하거나 마칠 때 반드시 그곳에 가서 새롭게 주님과의 관계를 정립하곤 했다. 그곳에는 그리스도와 그분의 백성들이 연합하여 죽고 부활했음을 상징하는 돌이 세워져 있었다. 그러나 지금 이스라엘 백성들은 길갈을 떠나 높은 상태에 이르렀다. 길갈은 십자가의 지점이므로 높은 곳이 아니라 가장 낮은 지대였다. 그러나 보김은 '여호와의 사자가 올라갔다(came up)' 고 표현하는 것으로 보아 높은 곳임에 틀림없다.

1장에서 이스라엘은 영적으로 그렇게 높은 상태에 있지 않았다. 비록 유다 지파의 승리가 있긴 하지만 다른 대다수의 지파들은 패배한 상태에 있었다. 그러나 그들은 신약의 고린도 교회 성도들이 저열한 죄악이 있었음에도 교만했던 것처럼 높은 위치에 있었다. 그러므로 주님은 그들을 만나기 위해 보김으로 올라오시지 않으면 안 되었다.

3. 주님은 1장의 이스라엘 백성의 상태를 기뻐하지 않으셨다. 하나님은 그들이 여호와의 언약을 지키지 않은 것과 단들을 헐지 않은 것을 책망하셨다. 그분은 그들이 쫓아내지 않으므로 그분도 쫓아내지 않겠다고 하셨다. 여기서 우리는 사람이 마땅히 하나님의 명령을 청종하고 지켜야 함을 본다. 오늘날 많은 사람들이 영적인 것을 잘못 가르쳐 사람을 완전히 피동적이 되게 한다. 하나님께서 다 하시니 사람은 아무것도 할 필요가 없다는 것이다. 그러나 이 말씀을 보라! 하나님께서 대적들을 쫓아내지 않으시는 것은 이스라엘이 그들을 쫓아내지 않기 때문이라고 하신다. 1장에서 유다 지파나 요셉 족속이 적극적인 영을 갖고 대적을 치겠다고 할 때에는 여호와께서 즉각 함께하겠다고 나서셨

다. 대적을 공격하고 쫓아내는 것은 여호와의 명령이었다. 그러나 이스라엘은 하나님의 말씀을 매우 소홀히하고 있었다. 그러면서도 그들의 마음은 겸비치 않고 높은 데 있었던 것이다.

4. 여호와의 사자가 그들의 상태를 지적하고 책망하시면서 그 쫓아내지 않은 가나안 족속이 그들의 올무가 되며 옆구리의 가시가 될 것이라고 하자 그들은 슬피 울었다. 그들의 울음이 비록 효과없는 울음이었을지라도(후에 이어지는 사사기의 역사는 진정한 회개의 열매가 없음을 증명한다) 그들은 그 말씀이 얼마나 엄중한 말씀인지를 알았다. 물론 그들이 진정으로 회개했다기 보다는 자신들에게 닥칠 불행을 예감하고 우는 성분이 많았을 것이다. 보김(학자들은 그곳이 벧엘-칠십인 역 참조-이라고도 하며 실로와 동일 지명이라고도 한다)은 후회의 눈물이 있는 곳이다(이 사건을 언약궤의 이동—길갈에서 보김—으로 보기도 한다). 누구든지 실제가 없이 허황되게 높은 곳에 있게 되면 주님의 음성이 들릴 때 통한의 눈물이 있게 된다. 그것은 지난날의 잘못된 생활에 대한 것이요 또 장래에 닥칠 어려움으로 인한 것이다. 당시 이스라엘은 실제는 없이 마음만 높은 정상적이 아닌 영적인 상태에 처해 있었다.

5. 그들은 그곳에서 제사를 드렸다(5下절). 눈물과 회개와 제사, 모두 귀한 것이다. 그러나 죄에 대한 처리는 철저하지 않으면 소용이 없다. 오늘날도 한 순간 주의 음성을 듣고 눈물을 흘리며 과거의 잘못된 삶을 회개하는 사람은 많지만 진정으로 옛 생활을 청산하고 새로운 삶 안으로 들어가 새로운 인생을 사는 사람은 희귀하다.

6-23절, 전에 여호수아가 백성을 보내매 이스라엘 자손이 각기 그 기업으로 가서 땅을 차지하였고(6절) 백성이 여호수아의 사는 날 동안과 여호수아 뒤에 생존한 장로들 곧 여호와께서 이스라엘을 위하여 행하신 모든

큰 일을 본 자의 사는 날 동안에 여호와를 섬겼더라(7절) 여호와의 종 눈
의 아들 여호수아가 일백십 세에 죽으매(8절) 무리가 그의 기업의 경내 에
브라임 산지 가아스 산 북 딤낫 헤레스에 장사하였고(9절) 그 세대 사람도
다 그 열조에게로 돌아갔고 그 후에 일어난 다른 세대는 여호와를 알지 못
하며 여호와께서 이스라엘을 위하여 행하신 일도 알지 못하였더라(10절)
이스라엘 자손이 여호와의 목전에 악을 행하여 바알들을 섬기며(11절) 애
굽 땅에서 그들을 인도하여 내신 그 열조의 하나님 여호와를 버리고 다른
신 곧 그 사방에 있는 백성의 신들을 좇아 그들에게 절하여 여호와를 진노
하시게 하였으되(12절) 곧 그들이 여호와를 버리고 바알과 아스다롯을 섬
겼으므로(13절) 여호와께서 이스라엘에게 진노하사 노략하는 자의 손에
붙여 그들로 노략을 당케 하시며 또 사방 모든 대적의 손에 파시매 그들이
다시는 대적을 당치 못하였으며(14절) 그들이 어디를 가든지 여호와의 손
이 그들에게 재앙을 내리시매 곧 여호와께서 말씀하신 것과 같고 여호와
께서 그들에게 맹세하신 것과 같아서 그들의 괴로움이 심하였더라(15절)
여호와께서 사사를 세우사 노략하는 자의 손에서 그들을 건져내게 하셨
으나(16절) 그들이 그 사사도 청종치 아니하고 돌이켜 다른 신들을 음란
하듯 좇아 그들에게 절하고 여호와의 명령을 순종하던 그 열조의 행한 길
을 속히 치우쳐 떠나서 그와 같이 행치 아니하였더라(17절) 여호와께서
그들을 위하여 사사를 세우실 때에는 그 사사와 함께 하셨고 그 사사의 사
는 날 동안에는 여호와께서 그들을 대적의 손에서 구원하셨으니 이는 그
들이 대적에게 압박과 괴롭게 함을 받아 슬피 부르짖으므로 여호와께서
뜻을 돌이키셨음이어늘(18절) 그 사사가 죽은 후에는 그들이 돌이켜 그
열조보다 더욱 패괴하여 다른 신들을 좇아 섬겨 그들에게 절하고 그 행위
와 패역한 길을 그치지 아니하였으므로(19절) 여호와께서 이스라엘에게
진노하여 이르시되 이 백성이 내가 그 열조와 세운 언약을 어기고 나의 목
소리를 청종치 아니하였은즉(20절) 나도 여호수아가 죽을 때에 남겨둔 열
국을 다시는 그들의 앞에서 하나도 쫓아내지 아니하리니(21절) 이는 이스

라엘이 그 열조의 지킨 것같이 나 여호와의 도를 지켜 행하나 아니하나 그들로 시험하려 함이라 하시니라(22절) 그 열국을 머물러 두사 속히 쫓아내지 아니하시며 여호수아의 손에 붙이지 아니하셨음이 이를 인함이었더라(23절)

1. 6절부터가 사사기의 본론의 시작이라고 말할 수 있다. 우선 그들은 여호수아와 함께 해산식을 갖고 다 각기 자신들에게 할당된 기업의 땅으로 돌아갔다(6절). 그때만 해도 그들의 영적인 상태는 좋았다. 이제 여기서부터는 여호수아의 죽음과 그 후 이스라엘의 영적 상태의 변모에 대하여 기술한다. 이스라엘은 여호수아의 사는 날 동안에, 그리고 그가 죽은 후 그 역사의 현장을 보았던 장로들의 생존시까지는 여호와를 섬겼지만 그 세대 사람들이 다 죽은 후 다음 세대가 일어나자 그들은 여호와를 알지 못했고 여호와의 목전에 악을 행하며 바알과 아스다롯을 섬겼다. 여호수아는 110세를 향수하였으며 그를 장사지낸 곳은 그의 기업의 경내인 딤낫 헤레스였다. 여호수아 24장 30절에는 딤낫 세라라고 표기되어 있는데 사사기의 기록은 딤낫 헤레스로 되어 있다. 딤낫 세라는 풍성한 기업이라는 뜻이고 딤낫 헤레스는 한 줌의 흙이라는 뜻이다. 영적으로 상승되었을 때 그들에게 여호수아의 위치는 풍성한 유산이고 보배이었지만 하락의 일로에 있을 때 그의 무덤은 한 줌의 흙에 불과했다. 우리 개인에게도, 교회에게도 앞선 훌륭한 종들의 유산이 우리가 좋을 때는 풍성한 유산이 되지만 우리가 하락할 때 그들의 유산은 한 줌의 흙이 되는 것이다.

이 모든 구절들이 영적 지도자의 중요성을 일깨워준다. 영적 지도자가 성도들에게 끼치는 영향은 매우 큰 것이다. 그러므로 대다수의 부흥운동에서 영적 지도자가 살아 있을 때와 죽은 후는 차이가 큰 것을 볼 수 있다. 오늘날까지 이 땅에서 모든 부흥의 역사의 패러다임은 거의 예외 없이 1대는 부흥, 2대는 유지, 3대는 타락이었다. 여호수아와 장로들이 살아있을 때는 이스라엘 백성들이 외견상으로라도 하나님을 섬기며 살았다. 그러나 그가 죽은 후에 간접적으로 말씀을 받은 후예들은 첫 세대의 사람들과 그 마음이 달랐다. 후의 사람들은 첫 세대가 가졌던 절실한 마음과 진리를 위해 대가를 지불할 마음이 충분하지 않았던 것이다. 대부분 다음 세대의 사람들은 첫 세대의 진리를 다만 머리에서 머리로 전수받는다. 거기에는 전 시대가 지불한 것과 같은 진리를 위한 고난과 희생이 없다. 다만 지식으로 훌륭한 영적 조상들이 남긴 유산을 이어받는 것이다. 여호수아 시대의 사람들은 여리고 성의 전투와 아이 성의 전투, 실패와 성공, 길갈로 돌아감, 아얄론 골짜기의 전투와 대승 등의 많은 체험을 갖고 있었다. 그리고 장로들의 생존시만 해도 그들은 생생한 증인들에 의하여 그들의 믿음이 붙잡아졌다. 그러나 이제는 요단을 건넌 체험이나 길갈의 체험이나 여리고와 아이 성의 전투와 아얄론의 대접전, 심지어 보김의 통한의 눈물도 몇 권의 책 속에 넣어졌고 후의 사람들은 그것을 다만 읽고 누리기만 하면 되었다. 하나님을 믿는 신앙을 이젠 지식으로 머릿속에 간직하기만 하면 다 되었던 것이다. 이럴 때 그들의 전 시대의 훌륭한 지도자 여호수아의 업적은 '풍성한 유산' 에서 '한 줌의 흙' 이 되어버린 것이다.

2. 11절은 이스라엘 자손이 여호와의 목전에 악을 행하였다고 말한다. 그리고 그 악은 그들을 인도해내신 여호와를 버리고 바알들을 섬긴 것과 아스다롯을 섬긴 것이었다. 그들은 그들을 애굽에서 인도해내신 하나님을 버린 것이다. 오늘날의 용어로 말한다면 그들의 신관(神觀)에 문제가 생긴 것이다. 여기서 '바알' 이란 이름은 오늘날 성서적으로 매우 악한 우상의 이름이지만 당시의 용어를 연구해보면 다만 소유주(所有主) 또는 주인(lord)이라는 뜻이다. 아마도 오늘날 신자들에게 바알을 섬기려느냐고 묻는다면 절대로 그럴 수 없다고 할 것이다. 그것은 성서를 통해서 바알이나 아스다롯 등은 이미 기성화되고 알려진 우상

이 되었기 때문이다. 그렇다고 오늘날 성도들에게는 우상의 위험성이 없는가? 사도 요한은 요한 일서 5장 21절에서 "자녀들아 너희 자신을 지켜 우상에서 멀리하라"고 명한다. 당시 사도 요한이 말하고 있는 우상의 위험성은 분명 바알 신과 같은 것은 아니었다. 그러나 당시 요한 사도는 성도들에게 여전히 우상의 위험성이 있다고 보았다. 우상은 살아 계신 하나님을 대치하는 모든 종류의 신들(lords)이다. 우리는 살아 계시며 보이지 않는 하나님을, 보이고 뭔가 믿음이 없이도 가까이하고 체험할 수 있는 하나님으로 바꿀 때 그것이 우상임을 안다. 보이지 않는 하나님의 음성을 듣고 그분의 인도를 따르는 것이 힘들게 느껴진 것이다.

출애굽기 32장에서 이스라엘 백성은 아론과 함께 금송아지 우상을 만들었다. 그들은 그 금송아지를 무어라고 불렀는가? 그들은 그 금송아지가 "너희를 애굽 땅에서 인도하여 낸 너희 신(lord)이로다"(4절)고 하였다. 보이는 하나님을 그들이 스스로 개발한 것이다. 게다가 백성들의 대세에 눌린 아론은 이스라엘 백성들에게 그 금송아지를 여호와 하나님으로 인식하도록 하는 말을 했다—"내일은 여호와의 절일이니라"(5절). 이스라엘 백성들은 그 금송아지를 여호와로 인식하게 된 다음 그 앞에서 번제와 화목제를 드리고 먹고 마시며 일어나서 뛰놀았다. 밖으로 볼 때 그들의 종교 행위는 과거 여호와 하나님 앞에 제사를 드리며 섬기는 것과 별반 다를 것이 없었다. 그러나 그들이 섬기는 대상은 분명 살아 계신 하나님에게서 금송아지로, 바알로 바뀐 것이다.

금송아지나 바알은 우상이며, 우상의 특징은 듣지도 말하지도 못하는 것이다. 이스라엘은 더 이상 하나님의 간섭하심과 금하심을 받아들이려 하지 않았으며 유일하신 하나님께 굴복하는 신앙을 싫어하게 되었다. 어쨌든 이 시점에서 이스라엘 백성들은 가나안의 풍족하고 안락한 삶에 안주하며 더 이상 전진하려는 마음이 없었다. 자신들의 육체와 마음의 원하는 대로 행하며 살고 싶었다. 다른 것은 다 간섭이요 통제이며 불필요하게 자신들의 삶을 방해하는 것이라고 여기게 된 것이다. 그렇지만 그들은 명목상 조상 때부터 이어져 내려오는 하나님에 대한 신앙을 가진 자의 후손이라는 명분을 잃고 싶지도 않았다. 그 결과 그들은 자신들에게 잘잘못을 말해주거나 행동을 하나하나 규제하는 살아계신 하나님보다는 자신들의 삶과 행동에 아무런 부담을 주지 않으면서도 동시에 받들 수 있는 신인 바알을 택하게 된 것이다. 요한 일서의 배경에는 영지주의가 있었다. 그들은 지식을 최고도로 숭상하는 이단이었다. 그들은 사람에게 아무런 제재나 통제를 가하지 않고 다만 머릿속으로 심오한 학문을 연구하고 말하기만 하면 되는 지식으로 살아 계신 하나님을 대치했다. 그것이 당시의 우상이었던 것이다. 그들은 살아계신 하나님을 섬긴다고 말하지만 실지로는 머릿속에 들어있는 죽은 지식으로 살아계신 하나님을 대치했던 것이다. 그들이 의지하는 것은 살아계신 하나님이 아니라 머릿속에 있는 하나님에 대한 지식이었다. 이것은 오늘날에도 여전히 성도들이 하나님과 살아 있는 관계를 맺지 못하도록 좌절시키는 데에 사용되는 사탄의 전술이요 도구이다.

신관(神觀)에 대해서 조금 더 말하겠다. 바르지 않은 신관을 갖는 것이야말로 우상 숭배의 지름길이다. 유일하신 여호와 하나님은 모든 선한 속성들(attributes)을 가지신 하나님이시다. 그러나 사람이 그렇게 전능하시고 모든 선한 속성들을 가지신 하나님을 하나님으로 모시지 않고 오히려 그의 편의에 따라 다른 어떤 피조물을 하나님으로 바꿀 때 그것이 우상이 되고 마는 것이다. 가령, 하나님은 지혜와 지식이 부요하신 분이다. 하나님은 그러한 속성을 갖고 계신다(골 2:3). 그러나 믿음생활에서 더 이상 대가를 지불하고 싶지 않고 희생이나 고난의 삶을 살기를 원치 않을 때 사람들은 하나님의 지혜와 지식의 속성은 받아들이지만 하나님의 선하시고 인자하심과 긍휼히 여기심과 죄인을 위해 자신을 다 주시는 사랑의 속성은 받아들이고 싶어하지 않는다. 그러기 때문에 '지식'이라는 우상으로 사신 하나님을 대치하는 것이다. 또 어떤 사람들은 하나님의 전능하심과 그분이 복 주시는 분임을 믿고 좋아하지만 그분의 성결하시고 의로우신 속성은 받아들이고 싶어하지 않는다. 그들은 하나님께서 자신들의 질병을 고쳐주시고 삶에 풍족함과 기쁨을 주시는 분으로는 믿지만 하나님께서 모든 속된 것과 일반적인 것에서 분별된 지극히 거룩한 분이시며 하나님의 자녀들은 마땅히 육체와 세상적인 것에서 벗어나 거룩한 하나님과 일치된 삶을 살아야 하는 방면에 대해서는 번거로운 일로 여긴다. 그러므로 많은 사람들이 나름대로 하나님을 믿으므로 부지불식간에 우상숭배에 빠지게 되는 것이다. 그 가장자리에는 자기 사랑과 육신적인 삶의 평안을 추구하는 것이 있다.

3. 11절부터 3장 6절까지의 내용은 사사기의 서론과도 같다. 그 중점은 '4S 사이클'로 말할 수 있을 것이다. 그것은 첫째로 범죄함(Sin)이고, 둘째로 이방 민족의 노예가 됨(Slavery)이며, 셋째로 간구함(Supplication)이고, 마지막은 여호와 하나님께서 긍휼히 여기심으로 사사를 일으켜 구원하심(Salvation)이다. 사사기의 이스라엘 백성들은 이러한 '4S'를 되풀이하면서 점점 타락해 가고 있었다.

많은 성경 독자들은 구약에서 사사기 때보다 이스라엘이 더 타락한 때가 없었다고 알기 때문에 사사기에 나온 이스라엘의 정치 형태, 즉 하나님의 다스리심의 방식이 낮으며 부적절하다고 여기는 잘못에 빠진다. 실상 사사기의 이스라엘은 정치 형태에 있어서는 최상이었다. 하나님은 모세가 떠나고 여호수아가 죽은 후에 더 이상 특출한 리더를 세우지 않으셨다. 하나님께서는 그들을 통해 이스라엘에게 하실 일을 다 하셨다. 법도를 주시고 그들을 목적지까지 이끄셨다. 그들은 이제 그 훌륭한 종들을 통해 주신 명령과 법도에 따라 그곳에서 살면 축복을 받게 되어 있었다.

이후 사무엘 때 이스라엘은 왕을 세우게 해달라고 하나님께 요청한다. 그것은 이방의 풍속이지 하나님의 정치 스타일이 아니다. 이스라엘은 하나님이 직접 왕이 되셔서 다스리시게 되어 있는 신정(神政) 국가이다. 백성들 모두가 하나님을 왕으로 모시고 그분을 사랑하고 순종하며 그분의 명령과 법도를 지키고 살면 된다. 그러한 정치 형태를 주신 것은 하나님께서 이스라엘을 우대하심이요, 그들의 가능성을 인정하심이요, 심지어 인격을 존중하심이었다. 그러나 그들은 스스로 하나님의 백성 되기를 포기하고 차라리 이방 열국처럼 사람의 통치 아래 들어가겠다고 한 것이다. 간단히 말해서 이스라엘은 가장 좋은 여건에서 하나님을 하나님으로 모시지 못하고 가장 타락하게 된 셈이다.

오늘날 기독교의 현실이 이와 동일하다. 교회 역사가 2000년이 지난 지금 하나님의 백성 가운데에는 가히 열리지 않은 진리가 없다고 할 수 있다. 이제는 하나님의 뜻을 몰라서 못 지킨다고 말할 수 없을 것이다. 주님의 길을 몰라서 가지 못한다고 말할 수도 없을 것이다. 오늘날 최고 수준의 문화와 문명의 발전은 당시 이스라엘의 가나안 생활과 흡사하다. 당시 평지와 골짜기의 비옥한 삶을 영위하던 가나안 부족들의 삶은 매우 안락하고 풍요로웠다. 역사학자들은 당시 가나안 부족들이 최고의 문화를 가지고 있었다고 말한다. 굉장한 기둥들이 30여 개나 발견되고 큰 제방을 쌓은 것도 발견되었다. 그러니 이스라엘의 신세대들은 광야와 가나안 전쟁만을 보고 자라다가 그러한 문화와 풍부함을 보고 마음이 빼앗겼을 것이다.

오늘날 기독교에서 젊은이들이 찬양이나 율동하는 것을 보면 완전히 가나안의 음악과 무용을 그대로 가져온 것 같은 느낌이 든다. 이러한 것들은 일종의 가나안 문화의 침투라고 할 수 있다. 교회들 가운데의 강력한 리더쉽과 조직과 치리 형태도 이방 풍습에서 따온 것이다. 사사기의 역사는 이러한 가운데 이스라엘이 점점 더 타락해 갔다는 것을 말하며, 하나님께서 때마다 그들의 간구와 탄원을 들으시고 사사들을 일으켜 한 차례 한 차례 부흥을 일으키셨다는 것을 말한다.

그러나 그것은 근본적인 해결책이 되지 못했으며 어디까지나 임시방편의 처방이었을 뿐이다. 근본적인 치료는 그리스도에 의한 것으로서 빌라델비아 같은 교회의 부흥, 곧 모든 지체들이 받은 은사대로 하나님을 섬기는 가운데 일어나는 생명의 부흥에 있다. 우리는 사사기에 이어 나오는 룻기에서 조용한 가운데 그리스도의 생명의 맥을 이어가는 부흥의 예시(例示)를 대하게 된다. 이것이야말로 하나님께서 그리스도로 말미암아 완성하시려는 진정한 이스라엘의 부흥의 전조(前兆)라 여겨진다.

사사기 3장

Judges

1-7절, 여호와께서 가나안 전쟁을 알지 못한 이스라엘을 시험하려 하시며(1절) 이스라엘 자손의 세대 중에 아직 전쟁을 알지 못하는 자에게 그것을 가르쳐 알게 하려 하사 남겨 두신 열국은(2절) 블레셋 다섯 방백과 가나안 모든 사람과 시돈 사람과 바알 헤르몬 산에서부터 하맛 어구까지 레바논 산에 거하는 히위 사람이라(3절) 남겨 두신 이 열국으로 이스라엘을 시험하사 여호와께서 모세로 그들의 열조에게 명하신 명령들을 청종하나 알고자 하셨더라(4절) 이스라엘 자손은 마침내 가나안 사람과 헷 사람과 아모리 사람과 브리스 사람과 히위 사람과 여부스 사람 사이에 거하여(5절) 그들의 딸들을 취하여 아내를 삼으며 자기 딸들을 그들의 아들에게 주며 또 그들의 신들을 섬겼더라(6절) 이스라엘 자손이 여호와 목전에 악을 행하여 자기들의 하나님 여호와를 잊어버리고 바알들과 아세라들을 섬긴지라(7절)

1. 1절의 "이스라엘 자손 중에 전쟁을 알지 못하는 자에게 그것을 가르쳐 알게 하려 하사"라는 말씀은 그리스도인이 이 땅에 사는 동안 반드시 전쟁을 알아야 하고 전쟁에 참여해야 함을 함축하고 있다. 하나님은 이 땅에 그분의 자녀들을 두시고 그들이 전쟁에 능한 자들이 되기를 원

하신다. 신자들은 어려운 상황에 부딪칠 때 당황하지 않고 마땅히 모든 능력으로 능하게 되어 어떤 고난이라도 기쁨으로 오래참고 견디어야 한다(골 1:11). 또한 고통스런 상황을 견디는 능력도 배양해야 한다.

2. 하나님은 이스라엘 백성들의 유익을 위하여 대적들을 그들 곁에 남겨두셨다고 말한다. 우리 사람의 생각에는 어떤 대적도 남기지 않고 멸절시키는 것이 그들을 위한 것이라고 하겠지만 하나님께서는 무엇이 그들을 위해 가장 좋은 것인지를 아셨다. 하나님은 그분의 백성들을 얼마나 사랑하시는지! 그러나 많은 성도들이 이러한 하나님의 사랑하심을 이해하지 못한다. 사실 많은 성도들의 온전케 됨은 소위 그들의 대적에 의해 이루어진다. 만일 어떤 사람이 아무런 어려움이나 대적하는 사람이 없다고 할 때 과연 훌륭한 영적 전사가 될 수 있겠는가? 그것은 불가능한 일이다. 그가 전쟁을 해보지 않았기 때문이다. 하나님은 우리에게 필요한 대로 반대 세력을 일으켜주신다. 우리는 우리 주위에 반대 세력이 존재하는 것이 결국 하나님께서 우리를 위해 예비해주신 것임을 안다. 그것을 통하여 우리는 싸우는 법을 배우고 훈련되며, 또 한편으로 하나님께서는 그것으로 우리를 시험하신다.

대적과 공존하는 생활 속에서 어떤 사람들은 약하여져 타협하기도 하고 그 상황에 굴복하기도 하나 어떤 사람은 오히려 그로 인하여 강해지고 대적을 이기는 지혜와 힘을 얻게 되니 한 면으로는 시험이요 한 면으로는 훈련인 것이다.

3. 블레셋 다섯 방백은 아스돗, 가사, 아스글론, 가드, 에그론이다(삼상 6:17). 가나안 모든 사람이란 가나안 일곱 족속 중에 잔류자를 말하는 것이며 시돈 사람은 베니게인을 가리킨다. 여기서 대적들의 이름의 뜻을 살펴보면 다 의미가 있다. 가나안은 무역상을 뜻하며 아모리 사람은 수다장이, 브리스 사람은 지배자들, 히위 사람은 시골 사람, 여부스

사람은 짓밟는 사람들을 뜻한다. 가나안 사람은 상업적인 거래의 관념을 가진 대적이다. 천국은 상업 원리에 지배받지 않는다. 다만 은혜의 원리, 긍휼의 원리에 따라 다스려진다. 순수하게 주님을 사랑함으로 받은 은혜를 사람들에게 나눠주며 섬기는 것이다. 여기에 대가의 원리가 작용해서는 안 된다. 수다장이는 말이 많은 것인데, 우리의 입은 열린 무덤이요 속에서 악한 것이 나온다. 우리의 입은 많은 문제의 근원이다. 또 하나님의 백성 가운데는 지배하고 정복하려는 영이 없어야 한다. 모든 이가 다 섬기는 자여야 한다. 주님은 니골라 당의 행위를 미워하신다(계 2:6). 니골라 당의 원뜻은 '백성들 위에 정복하는 무리'이다. 신약의 성도들은 다 왕 같은 제사장들이다.

4. 결국 5절은 "이스라엘이 마침내 가나안 사람과 헷 사람과 아모리 사람과 브리스 사람과 히위 사람과 여부스 사람 사이에 거하였다"고 말한다. 가나안 땅에서 누가 주인처럼 살고 있었는가? 다 진멸당해야 할 가나안 사람과 이방 족속들이다. 이스라엘은 그들을 쫓아내지 못할 뿐 아니라 그들 틈에 끼어서 근근이 사는 형편이 된 것이다. 오늘 우리 개개인 속에서도 주의 성령이 왕 노릇 하고 그분이 주인 되셔야 함에도 불구하고 육과 자아가 주인 행세하며 주님은 손님처럼 한켠에 계시는 경우가 많다.

5. 결과적으로 이스라엘은 완전히 타락하고 말았다. 그들은 그 가나안 족속들과 결혼하고 그들의 우상들을 섬기는 상태에 떨어졌다. 과거 젊은 그리스도인일 때 세상과 장래를 버리고 함께 그리스도인 생활을 시작했던 많은 사람들이 있었다. 세월이 흐른 요즈음 나는 많은 이들이 그 옛날 버렸던 세상과 물질의 유혹을 이기지 못하고 다시 그리로 돌아가버린 것을 보게 된다. 어떠한 타락인지! 참으로 안타깝기 그지없다. 그 누구도 보장할 수 없는 것이 이 길이다. 이 부분에서 진정으로 하나

님의 긍휼이 필요하다. 7절의 '하나님을 잊어버리고 바알들과 아세라들을 섬긴지라' 에서 '잊어버리다' 의 히브리어 '솨카흐' 는 '잘못 놓다' 라는 뜻이다(호크마 주석). 그들은 하나님을 마음 중심에 두지 않고 마음 밖에 두었다. 대신에 그들 마음에는 많은 우상들(바알들, 아세라들)을 두었다. 이러한 상황은 사사기의 전주곡이라고 볼 수 있다. 그러므로 하나님은 진노하사 이스라엘이 이방 열국들의 손에 팔려 고난받도록 허락하셨다.

8-11절, 여호와께서 이스라엘에게 진노하사 그들을 메소보다미아 왕 구산 리사다임의 손에 파셨으므로 이스라엘 자손이 구산 리사다임을 팔 년을 섬겼더니(8절) 이스라엘 자손이 여호와께 부르짖으매 여호와께서 그들을 위하여 한 구원자를 세워 구원하게 하시니 그는 곧 갈렙의 아우 그나스의 아들 옷니엘이라(9절) 여호와의 신이 그에게 임하셨으므로 그가 이스라엘 사사가 되어 나가서 싸울 때에 여호와께서 메소보다미아 왕 구산 리사다임을 그 손에 붙이시매 옷니엘의 손이 구산 리사다임을 이기니라(10절) ("주의 영이 그에게 임하시어 그가 이스라엘을 재판하고 싸우러 나갔더니 주께서 메소포타미아의 쿠산 리사다임 왕을 옷니엘의 손에 넘기시어 그의 손이 쿠산 리사다임을 이겼더라(10절)"—흠정역) 그 땅이 태평한 지 사십 년에 그나스의 아들 옷니엘이 죽었더라(11절)

1. 로마서 1장에 의하면 사람들이 썩지 않는 하나님의 영광을 썩을 우상으로 바꾸었을 때 저희를 내어버려 두신다(23-24절). 즉 사람이 하나님을 버릴 때 하나님도 그를 버리신다는 뜻이다. 그들은 가나안에 들어와서 편안해지자 살아계신 하나님을 버리고 우상을 붙잡았다. 그 때 하나님은 진노하셔서 그들을 메소보다미아 왕 구산 리사다임의 손에 파셨다. 그 이방 왕은 이스라엘을 8년 동안 압박했다. 이스라엘은 힘들고 어렵게 되자 자기들이 멸시하고 버렸던 여호와 하나님을 생각

했다. 그리고 그들은 비로소 여호와께 부르짖었다. 그들이 가나안에 들어와서 문제가 된 것은 편안함이요 안주하는 것이었다. 그때 그들은 자신들의 삶이 위주가 되어 살아계신 하나님의 뜻을 좇기보다는 죽은 우상으로 하나님을 대치하여 편안하게 살고자 했다. 오늘날에도 풍요로운 나라의 사람들의 우상은 대개 지식 속에만 있는 하나님이다. 그들은 하나님을 지식 속에만 가두어두고 죽은 지식을 하나님으로 섬긴다. 얼마나 많은 사람들이 더 좋은 지식을 얻으려고 이리저리 다니는지 모른다. 그들에게는 살아계신 하나님의 인격 앞에 무릎 꿇고 대가를 지불하며 살려는 마음이 없다. 다만 지식적으로 교리를 알면 된다는 식의 신앙 생활을 하면서 편안한 삶을 누리려 하는 것이다. 그러다가 하나님이 그러한 사람에게 고난과 질병을 허락하시면 비로소 모든 이론과 지식이 무익함을 깨닫게 되는 것이다. 그때 많은 그리스도인들이 지식의 우상을 버리고 살아계신 하나님을 향해 부르짖게 된다.

2. 여호와께서는 한 구원자를 예비하셔서 그들을 구원하셨다. 하나님은 끝까지 진노를 품지 않으신다. 그들이 진정 회개한다면 하나님은 구원의 은혜를 허락하시는 것을 볼 수 있다. 옷니엘은 여호수아 시대의 인물로서 갈렙의 아우요 그나스의 아들이다. 그는 이미 여호수아 시대에 이름을 얻은 장군이다. 그는 기럇세벨을 쳐서 정복한 일로 갈렙의 사위가 되었다. 첫 번째 사사가 된 옷니엘은 여호수아 시대와 사사 시대를 잇는 사람이 되었다. 하나님은 어떤 전력이 전혀 없는 사람을 들어 쓰시지 않는다. 모세는 바로의 왕궁에서 많은 학술을 배우고 히브리인 부모 밑에서 히브리 종교를 배운 사람이다. 그리고 미디안 광야에서 40년 간 양치기를 하며 예비되었다. 그는 그런 과거의 연단과 훈련을 통해 40년 동안 광야에서 하나님의 백성을 인도하는 중대한 책임을 부여받을 수 있었던 것이다. 다윗 또한 양떼를 치면서 사자나 곰을 때려 잡는 용기와 담대함을 기른 청년이었다. 그러므로 그는 골리앗을 죽이

고 이스라엘을 통치하는 사람이 될 수 있었다. 바울은 가말리엘 문하에서 배웠으며 다메섹에서 주님을 만난 뒤 아라비아에서 3년을 있었고, 그 후 안디옥에서 바나바와 교사의 일을 하며 교회를 섬기는 일을 한 사람이다. 그런 연후에 그는 성령의 보내심을 받아 사도의 일을 수행했던 것이다. 옷니엘은 갈렙에게서 배웠고 기럇세벨을 정복하였으며 좋은 배필(갈렙의 딸 악사는 그 아비 갈렙을 닮아 윗샘과 아랫샘을 달라고 구한 현숙한 여인이었다)을 얻은 사람으로서 이스라엘을 구원하도록 잘 예비된 그릇이었다.

3. 사람이 예비되었다 하더라도 주의 영이 없이는 아무 것도 할 수 없다. 예비된 그릇인 옷니엘에게 사사의 일을 할 수 있도록 주의 영이 임하였다(10절). 그는 나가 대적과 싸우기 전에 먼저 이스라엘을 심판하였다. 사역하려는 분들을 위하여 한 마디 하겠다. 먼저 일하러 나가기 전에 자신과 가정을 재판해야 한다. 가정과 자신 안에 하나님이 기뻐하시지 않는 죄가 있는데 나가서 싸워 이기리라고 생각하는가? 옷니엘은 먼저 이스라엘을 심판하였다. 먼저 자신들의 죄악을 판단한 것이다. 그런 연후에 싸우러 나갔다. 결과는 승리였으며 그의 사역으로 40년 동안의 평화가 왔다. 40년 후에 옷니엘은 죽었다. 그가 죽은 후에 평화와 안식에 대한 보장이 없게 되었다.

12-30절, 이스라엘 자손이 또 여호와의 목전에 악을 행하니라 이스라엘 자손이 여호와의 목전에 악을 행하므로 여호와께서 모압 왕 에글론을 강성케 하사 그들을 대적하게 하시매(12절) 에글론이 암몬과 아말렉 자손들을 모아가지고 와서 이스라엘을 쳐서 종려나무 성읍을 점령한지라(13절) 이에 이스라엘 자손이 모압 왕 에글론을 십팔 년을 섬기니라(14절) 이스라엘 자손이 여호와께 부르짖으매 여호와께서 그들을 위하여 한 구원자를 세우셨으니 그는 곧 베냐민 사람 게라의 아들 왼손잡이 에훗이라 이스

라엘 자손이 그를 의탁하여 모압 왕 에글론에게 공물을 바칠 때에(15절) 에훗이 장이 한 규빗 되는 좌우에 날선 칼을 만들어 우편 다리 옷 속에 차고(16절) 공물을 모압 왕 에글론에게 바쳤는데 에글론은 심히 비둔한 자이었더라(17절) 에훗이 공물 바치기를 마친 후에 공물을 메고 온 자들을 보내고(18절) 자기는 길갈 근처 돌 뜨는 곳에서부터 돌아와서 가로되 왕이여 내가 은밀한 일을 왕에게 고하려 하나이다 왕이 명하여 종용케 하라 하매 모셔 선 자들이 다 물러간지라(19절) 에훗이 왕의 앞으로 나아가니 왕은 서늘한 다락방에 홀로 앉아 있는 중이라 에훗이 가로되 내가 하나님의 명을 받들어 왕에게 고할 일이 있나이다 하매 왕이 그 좌석에서 일어나니(20절) 에훗이 왼손으로 우편 다리에서 칼을 빼어 왕의 몸을 찌르매(21절) 칼자루도 날을 따라 들어가서 그 끝이 등뒤까지 나갔고 그가 칼을 그 몸에서 빼어내지 아니하였으므로 기름이 칼날에 엉기었더라(22절) 에훗이 현관에 나와서 다락문들을 닫아 잠그니라(23절) 에훗이 나간 후에 왕의 신하들이 와서 다락문이 잠겼음을 보고 가로되 왕이 필연 다락방에서 발을 가리우신다 하고(24절) 그들이 오래 기다려도 왕이 다락문을 열지 아니하는지라 열쇠를 취하여 열고 본즉 자기 주가 이미 죽어 땅에 엎드러졌더라(25절) 그들의 기다리는 동안에 에훗이 피하여 돌 뜨는 곳을 지나 스이라로 도망하니라(26절) 그가 이르러서는 에브라임 산지에서 나팔을 불매 이스라엘 자손이 산지에서 그를 따라 내려오니 에훗이 앞서 가며(27절) 무리에게 이르되 나를 따르라 여호와께서 너희 대적 모압 사람을 너희의 손에 붙이셨느니라 하매 무리가 에훗을 따라 내려가서 모압 맞은편 요단 강 나루를 잡아 지켜 한 사람도 건너지 못하게 하였고(28절) 그 때에 모압 사람 일만 명 가량을 죽였으니 다 역사요 용사라 한 사람도 피하지 못하였더라(19절) 그 날에 모압 사람이 이스라엘의 수하에 항복하매 그 땅이 팔십 년 동안 태평하였더라(30절) 에훗의 후에 아낫의 아들 삼갈이 사사로 있어 소 모는 막대기로 블레셋 사람 육백 명을 죽였고 그도 이스라엘을 구원하였더라(31절)

1. 두 번째 사사는 에훗이다. 이스라엘이 다시 악을 행하니(우상 숭배) 하나님께서는 그들을 모압의 수하에 두어 18년 간 종노릇하며 그에게 공물을 바치게 하셨다. 사사 에훗이 모압 왕 에글론을 칼로 찔러 죽이고 일만 명의 모압 병사들을 죽임으로 80년 태평성대가 오게 되었다. 이들이 어떤 우상을 섬겼는지는 나와 있지 않지만 당시 그들이 공물을 바치고 지배를 받아오던 나라가 모압이니 모압과 암몬의 신이었을 가능성이 있다. 모압의 주신은 그모스라고 하고 암몬의 신은 몰록이라고 하는데, 모압과 암몬의 신은 어린 아이를 불 가운데로 지나가게 하는 신이다. 매우 끔찍한 우상숭배인 것이다. 여기서 우리는 참 하나님을 섬기는 자들이 아니면서 어떻게 그렇게 지독한 헌신(?)을 할 수 있는지 의아해하게 된다. 오늘날 누가 종교적으로 잘못되어 미쳤다 해도 자기의 아들이나 딸을 제물로 드려 불 가운데로 지나가게 할 수 있겠는가? 그러나 종교심이란 참 신앙이 아닌 경우에도 얼마든지 엄청난 헌신과 자기 부정을 할 수 있다는 것이 그 답이다. 굉장한 헌신의 모양이 있다해서 그 신앙의 대상이 반드시 옳다고 인정할 수는 없는 법이다.

2. 당시 이스라엘이 다시 죄를 짓고 모압에게 다스림 받게 되는 일에 관해서 이렇게 반복적으로 죄를 짓고 타락하곤 하는 원인을 자세히 살펴볼 필요가 있는데, 그것은 하나님의 말씀에 대한 순종이 완전하지 않았기 때문이다. 절반의 순종과 타협의 정신이 급속한 타락을 가져온 것이다. 하나님은 가나안 일곱 부족을 전멸하라고 명하셨다. 그러나 하나님께서는 그 일을 단 번에 하지 않고 점진적으로 하겠다고 하셨다. 그런데 이 점진적으로 쫓아낸다는 말씀이 그들에게 문제가 될 수 있다. 하나님의 점진적이심과 이스라엘의 타협적인 신앙인들의 점진적임은 그 해석이 다를 수 있다. 하나님의 말씀은 전적으로 하나씩 하나씩 쫓아낼 때에 점차적으로 이루어진다는 뜻이지 여유롭게 천천히 사정을 봐가면서 쫓아낸다는 뜻이 아니다. 그런데 이스라엘은 그 가나안 사람

들을 조금씩 용납하고 그들과 연혼도 해가며 천천히 쫓아내자고 생각했을 것이다. 그러므로 그러한 나태하고 타협적인 사상이 온 이스라엘에 퍼져 있었던 것이다. 그들의 이방 배우자들은 자연히 그들 족속의 우상을 가져오고 이스라엘 자손들은 그 우상의 유혹에 떨어지게 됨으로 그들은 점차적으로 우상화가 되었다. 결과는 온 이스라엘에 우상이 가득하게 된 것이다.

하나님의 말씀은 때로 타협적이고 절대적이지 않은 자들에 의해 왜곡되어 사용되곤 하였다. 오늘날도 어떤 그리스도인들은 자신들의 절대성이 부족한 상태에 대해 아직 변화와 성장의 과정에 있으니 장래 시간이 지나다 보면 바람직한 수준에 이를 것이라고 낙관론을 편다. 그것이 매우 좋게 들리지만 사실은 타협이고 온전한 순종과 절대성이 부족한 절반의 순종 정신에서 나온 말이다. 그런 사람들은 조만간 세상과 육체를 받아들일 뿐 아니라 죄와 육체의 지배 아래 떨어지게 된다. 이 길은 절대적인 영으로 나아가지 않으면 언젠가 대적에게 진을 내어주게 되어 있다. 가나안 족속을 진멸해야 한다는 하나님의 명령에 대한 이스라엘의 온전치 않은 순종과 전쟁에 있어서 절대적이지 않고 타협적인 태도가 결국 그들과 연혼을 하게 했고, 그 결과 그들 가정에 가나안 사람들의 종교 관념과 안주하는 세상살이 방식과 우상이 점차 들어오게 되었으며, 결국은 모압에 복속되었다. 그들은 모압에게 18년 간 종살이 하고 공물을 바치는 일을 하였다. 그 땅의 주인이 되어야 할 사람들이 도리어 그들의 종이 되어버린 것이다. 모압은 가나안 땅에 들어와서 이스라엘이 최초로 정복한 '종려나무의 성(여리고)' 을 점령해 버렸다.

3. 이스라엘은 모압에게 공물을 바쳤는데 그 일에 에훗이 책임자였다. 에훗은 당시 이스라엘을 구원하기에 가장 적합한 자리에 있었다. 그는 그가 해야 할 일이 무엇인지 알았다. 그것은 모압의 권세를 무력

하게 하여 그들의 억압으로부터 이스라엘을 구출해내는 일이었다. 그는 그러한 일을 수행함에 있어서 자세한 전략을 갖고 있었다. 그것은 먼저 모압 왕 에글론을 없애버리는 것이었다. 그는 공물 바치는 일로 에글론을 쉽게 만날 수 있었으므로 그 일을 수행하는 것이 가능했다. 그를 없애는 일에는 우선 치밀한 작전이 필요했는데, 에훗은 일단 그 시기를 공물을 바치는 때로 잡았다. 그때가 에글론이 가장 경계를 소홀히할 때이기 때문이다. 둘째는 알맞은 크기의 칼(장이 한 규빗)을 날카롭게 갈아서 준비했다. 그리고 다른 사람들과 함께 돌아가는 것처럼 가다가 길갈의 돌 뜨는 곳에서 되돌아왔다. 틀림없이 그는 길갈에서 주님과 새로운 관계를 갖고 하나님께로부터 새로운 힘을 얻었을 것이다. 길갈은 이스라엘에게 항상 영적인 소생과 회복의 장소가 되었다. 그리고는 왕에게 나아와서 은밀한 일로 왔으니 주위 사람들을 물려달라고 주문했다. 당시 이스라엘이 비록 모압의 통치 아래 있는 속국이었을지라도 에훗은 이스라엘의 재판자였으며 모압 왕을 독대할 기회가 많았으므로 에훗은 그런 위치를 십분 이용한 것이다. 그리고 그는 칼을 자기의 오른편 다리에 숨겨가지고 들어가 에글론이 서늘한 다락방에서 홀로 쉬고 있을 때 접견하게 되었다. 그가 오른편 다리에 칼을 숨긴 것은 그가 왼손잡이이므로 칼을 빼기에 수월하기 때문이다. 다른 사람들은 그러한 때 왼쪽 다리에 칼을 숨기는 것이 상례이지만 에훗은 자신의 장점을 알고 상대의 약점을 알고 있었다. 에훗은 그가 비둔한 것을 알았으며 자기가 어떻게 말할 때 그다지 경계하지 않고 들어줄 것도 예상하고 있었다. 모든 일은 에훗의 판단대로 되어갔다.

이는 영적 전쟁을 하는 오늘날의 우리 모든 성도에게 해당되는 본이다. 물론 하나님은 이 시대에 결코 칼을 가지고 가서 사람을 죽이라고 명하지 않으신다. 주 예수님은 베드로에게 '네 칼을 칼집에 도로 꽂으라' 고 하시면서 칼을 쓰는 자는 칼로 망하리라고 하셨다. 그러나 당시 사사 에훗의 사명은 에글론을 죽이는 것이었고 하나님께서는 그 일을 명하셨다. 어쨌든 영적 전쟁에 임하는 자들은 이와 같이 자신이 하나님으로부터 받은 사명, 즉 해야 할 일이 무엇인지를 분명하게 아는 것이 중요하다. 또한 다른 사람의 행동을 그대로 모방하여 싸운다고 되는 것이 아니다. 에훗은 왼손잡이이므로 오른쪽 다리에 칼을 차야 빼기가 쉬웠다. 자기의 장점이 무엇인지, 특징이 무엇인지를 모르고는 싸울 수가 없다. 여기서 에훗은 승리하는 장군의 조건을 잘 갖추었다고 말할 수 있다. 분명한 목표의식과 지혜는 영적 전쟁에서 승리를 가져다 준다.

4. 에훗이 에글론 왕에게 자기가 왕께 전할 하나님의 전갈이 있다고 하니 그가 일어났다. 에글론 왕은 에훗이 말할 때 그래도 경외하는 표시로 일어난 것이다. 그때 에훗은 우편다리에서 칼을 빼어 에글론의 배를 찔렀다. 그리고 그 칼날은 날을 따라 들어가 등 끝까지 나아갔고 기름과 오물이 흘러나왔다. 개역 성경에는 오물이라는 말이 없지만 흠정역에는 '오물이 나왔더라(the dirt came out)' 는 말이 있다. 에글론은 살이 많이 찐 비둔한 상태에서 칼에 찔려 죽었고 피와 분뇨 위에 나뒹굴어진 수치스런 모습이 되어버렸다.

5. 에훗은 현관문을 통해 나오면서 거실의 문을 잠궈 버렸다. 그래서 신하들로 왕이 거실에서 휴식을 취하고 있다고 예상하게 만든 것이다. 여기서 우리는 통치자가 너무 위압적이면 막상 위급할 때 주위 사람들이 가까이 오기가 어렵다는 것을 교훈 삼을 수 있다. 인도하는 자들이 너무 위압적이어서 주위 사람들로 그를 어려워하게 만들면 정작 위기가 닥칠 때 긴밀한 도움을 얻기가 어렵다. 에훗은 이러한 사실을 참작해서 그런 일을 행했는가? 그렇다면 그의 지혜는 하나님의 주신 영적 지혜임에 틀림없다. 결국 에훗은 도망하여 에브라임 산에서 나팔을 불고 이스라엘 자손을 모아 전투하여 요단의 개울을 점령하여 한 사람도 건너지 못하게 하고 모압 사람 일만 명 가량을 죽였다. 그 길목을 지켜

서 다 잡을 수 있었던 것이다. 모압 사람들이 매우 용맹한 자들이었음에도 말이다(29절).

6. 에훗의 전투에서 우리가 느낄 수 있는 것은 에훗이라는 사람이 매우 지혜롭고 치밀하고 모략이 가득하다는 것이다. 그는 철저했다. 그의 철저한 승리가 결국 이스라엘에게 80년의 긴 안식을 가져다준 것이다.

7. 삼갈의 때는 아직 에훗이 죽지 않은 때일 수도 있다(4장 1절의 '에훗이 죽은 후에' 로 다음 사사의 이야기가 이어지는 것으로 추측할 수 있다). 어쩌면 너무 늙어서 사사로서의 직분을 수행하지 못하는 때일 것이다. 그때 이미 이스라엘에는 다시 하락의 기운이 있었고 대적의 극심한 공격이 있었다. 그때 일어난 대적은 블레셋이고 그들은 이스라엘 백성들이 큰 길로 다니지 못할 정도로 압박하고 괴롭혔다. 5장의 드보라와 바락의 노래에는 "아낫의 아들 삼갈의 날에는 대로가 비었고 행인들이 소로로 다녔다"는 구절이 있다. 그러니 그때의 상황이 얼마나 어려웠는가를 생각해볼 수 있다. 그때 하나님이 일으키신 또 하나의 사사가 삼갈이다. 삼갈은 소 모는 막대기로 블레셋 사람 600 명을 죽였고 이스라엘을 구원했다. 소 모는 막대기로도 이스라엘을 구원할 수 있다. 소 모는 막대기가 무슨 힘이 있겠는가? 그것으로 어떻게 600 명을 죽일 수 있겠는가? 이는 충성된 자에게 역사하는 하나님의 능력이다. 하나님은 왼손잡이 에훗이나 소 모는 막대기 밖에 없는 삼갈을 통해서도 원하시기만 하면 이스라엘을 구원할 수 있으시다. 약한 자를 들어 강한 자를 부끄럽게 하시는 이가 바로 하나님이시다. 우리는 우리의 부족한 재능으로 어떻게 이 시대의 필요를 채울 수 있겠느냐고 한탄한다. 그러나 하나님은 그러한 것에 제한받지 않으신다. 우리의 작은 물질일지라도 드려서 그분의 큰 필요를 채울 수 있다. 그분은 오병이어로 오천 명을 먹이고도 남는 일을 하실 수 있다. 에훗이 잘 예비된 사사라

면 삼갈은 잠시나마 그의 작은 역량이 하나님께 사용되어 이스라엘의 큰 필요를 채운 종이다. "하나님, 막대기만도 못한 우리를 어찌하든 사용하여 주옵소서!"

사사기 4장

Judges

1-10절, 에훗의 죽은 후에 이스라엘 자손이 또 여호와의 목전에 악을 행하매(1절) 여호와께서 하솔에 도읍한 가나안 왕 야빈의 손에 그들을 파셨는데 그 군대 장관은 이방 하로셋에 거하는 시스라요(2절) 야빈 왕은 철병거 구백 승이 있어서 이십 년 동안 이스라엘 자손을 심히 학대한 고로 이스라엘 자손이 여호와께 부르짖었더라(3절) 그때에 랍비돗의 아내 여선지 드보라가 이스라엘의 사사가 되었는데(4절) 그는 에브라임 산지 라마와 벧엘 사이 드보라의 종려나무 아래 거하였고 이스라엘 자손은 그에게 나아가 재판을 받더라(5절) 드보라가 보내어 아비노암의 아들 바락을 납달리 게데스에서 불러다가 그에게 이르되 이스라엘 하나님 여호와께서 이같이 명하지 아니하셨느냐 이르시기를 너는 납달리 자손과 스불론 자손 일만 명을 거느리고 다볼 산으로 가라(6절) 내가 야빈의 군대 장관 시스라와 그 병거들과 그 무리를 기손 강으로 이끌어 네게 이르게 하고 그를 네 손에 붙이리라 하셨느니라(7절) 바락이 그에게 이르되 당신이 나와 함께 가면 내가 가려니와 당신이 나와 함께 가지 아니하면 나는 가지 않겠노라(8절) 가로되 내가 반드시 너와 함께 가리라 그러나 네가 이제 가는 일로는 영광을 얻지 못하리니 이는 여호와께서 시스라를 여인의 손에 파실 것임이니라 하고 드보라가 일어나 바락과 함께 게데스로 가니라(9절) 바

락이 스불론과 납달리를 게데스로 부르니 일만 인이 그를 따라 올라가고 드보라도 그와 함께 올라가니라(10절)

1. 80년 간 태평성대를 누린 이스라엘은 다시 악에 빠졌다. 그때 하나님은 그들을 하솔에 도읍한 가나안 왕 야빈의 손에 파셨다. 하솔 왕 야빈은 여호수아 11장에 나오는 인물과 동일한 이름을 가진 자로서 그는 여호수아에 의해 멸망당하고 불사름을 당한 나라의 왕이었다. 아마도 같은 가문의 사람이 새로 일으켜져 다시 야빈이란 이름을 갖고 도읍을 하솔에 정하였을 것이며, 그는 철병거를 구백 승이나 둔 막강한 전력을 갖춘 자였다. 그들은 20년 동안 이스라엘을 몹시 학대했다. 그들은 그 동안 이스라엘에게 종노릇 하던 원주민들이었고 하나님의 명령에 따르면 이스라엘에게 진멸당해야 할 사람들이었다. 그런데 지금 하나님의 정하심과는 전혀 반대로 이스라엘이 종노릇 하게 되었을 뿐 아니라 심하게 앙갚음을 당하고 있는 것이다. 더욱이 이스라엘에 대한 압력이 점점 거세어지고 있었다. 또 그들이 억압당하는 기간도 8년에서 18년으로, 20년으로 점점 길어지고 있었다. 그것은 그만큼 그들의 죄의 양이 증가하고 있다는 의미이다(이상근 주석). 이스라엘은 여호와께 부르짖었다. 당시의 사사는 여자였고 그 이름은 드보라였다.

2. 야빈의 히브리어 의미는 '이해'이다. 사람의 천연적인 이해는 언제나 거룩한 하나님의 계시를 방해함으로 하나님의 역사에 대적이 된다. 약 100년 전에 여호수아에 의해 철저히 진멸된 야빈이 100년 후에 더 강한 모습으로 하나님의 백성을 정복하고 다스리기 위해 출현했다. 이스라엘은 그에게 20년 동안 괴롭힘을 당했다. 기간이 길어진 것은 처음에는 그것이 그렇게 해롭지 않다고 여겨져 속임을 당했기 때문일 것이다. 계시를 받아들이는 신앙과 사람의 탁월한 지식으로 대치된 믿음이 처음에는 구분하기가 쉽지 않다. 그러므로 대부분 어린 신자들은

성경의 오묘한 지식의 세계를 접할 때 매우 호기심을 가지고 받아들인다. 그러나 그런 것은 전혀 삶에 양식과 힘이 되지 않는 건초와 같다. 하나님의 자녀들은 젖을 먹는 기간이 있으나 오래 젖을 먹지 말고 단단한 음식을 먹는 단계로 전진해야 한다. 단단한 음식이란 남이 영양분을 만들어 주는 음식이 아니라 하나님으로부터 직접 빛을 얻을 수 있는 것이다. 성도들은 누구든지 자신이 직접 말씀의 깨달음을 얻기를 힘써야 한다.

순전한 말씀으로부터 양육을 받기 위해서는 모든 악독과 궤휼과 외식과 시기와 비방하는 말을 버려야 한다(벧전 2:1). 사람의 천연적인 이해 속에는 사람의 악독과 궤휼과 외식과 시기가 숨겨져 있다. 이러한 천연적인 인간의 이해력은 하나님의 말씀을 받아들이는데 방해가 된다. 또한 인간은 지식을 흠모하고 추구하는 경향을 갖고 있다. 그러므로 예로부터 많은 지식주의 이단들이 생겨나서 사람의 이해로 하나님의 계시를 대치했다. 사람의 지혜가 얼마나 매혹적이고 사람들을 확신하게 만드는지 모른다. 그들이 일단 소위 깨달았다 하면 견고한 울타리가 생기고 자신들만 최고라는 함정에 빠지게 되는데 마치 야빈이 하솔이란 곳에 강한 울타리를 치고 살았던 것과 같다. 그들의 강함은 철병거 900승을 갖고 있는 것과 같다. 일단 인간의 탁월한 지식으로 신앙을 대치하면 그들의 성읍은 철병거로 무장한 것 같아서 하나님의 강력이 아니면 결코 정복할 수 없다. 그러나 하나님 앞에서 순종하는 삶을 통해서 직접적으로 얻은 진리가 아닌 그저 머리에서 머리로 전수되는 식의 진리는 헛된 지식에 불과하다. 바울 시대에도 이미 교회 가운데 이런 일이 있었다. 바울 사도는 이런 자들을 대항하여 싸웠다. 이것이 에베소서 4장에 있는 사람의 궤술이요 교훈의 풍조이며(14절) 골로새서에 나오는 철학과 헛된 속임수이다(골 2:8).

3. 사사기의 열두 사사 중에 여자 사사가 하나 있는데 그녀가 드보라

이다. 4절에서 랍비돗의 아내 드보라라고 말하는데, 랍비돗의 아내란 히브리어로 '번갯불의 아내(wife of lightning)' 라는 뜻이다. 그리고 드보라는 '꿀벌' 을 뜻한다. 꿀벌은 꿀같이 단 하나님의 말씀을 생각나게 한다. 즉 드보라는 비록 여인이지만 말씀을 풍성하게 갖고 있었으며 빛이 충만하였다. 결국 사람의 이해의 성읍을 전복시킬 수 있는 것은 하나님의 말씀의 빛이다. 벌과 꿀의 관계를 생각하면 말씀과 말씀을 사랑하는 성도와의 관계를 알 수 있다. 어떤 사람들이 사람의 이해의 큰 성벽을 무너뜨릴 수 있는가? 그것은 의심할 여지없이 꿀벌이 꽃들을 찾듯이 말씀을 찾는 사람들에 의해서이다. 가장 강력한 무기는 하나님의 말씀인 것이다(엡 6:17). 에베소서 6장에서 다른 것은 다 방어용 무기일지라도 하나님의 말씀만은 검으로서 공격용 무기인 것이다. 대적을 섬멸할 수 있는 무기는 사람의 혈기가 아니라 하나님의 말씀인 것이다. 도보라는 어떻게 대단한 야빈을 물리칠 수 있었는가? 그것은 꿀벌의 근성이 있기 때문이었다. 오늘날도 이 땅에서 하나님 위에 높아진 견고한 진을 파할 수 있는 자들은 말씀을 사랑하는 자들에 의해서이다. 말씀으로 돌아가라! 말씀으로 돌아가는 길만이 대적을 파할 수 있는 유일한 길임을 잊어서는 안 된다.

그렇지만 그녀는 사사의 직분을 수행함에 있어서 여자의 위치를 알았다. 여자는 하나님의 정하심에서 남자의 권위 아래 있다. 고린도 전서 11장 2절에서 바울은 각 남자의 머리는 그리스도요 여자의 머리는 남자요 그리스도의 머리는 하나님이시라고 했다. 디모데 전서 2장 12절은 "여자의 가르치는 것과 남자를 주관하는 것을 허락지 아니하노니 다만 종용할지니라"고 했다. 이렇게 성경에는 하나님께서 정하신 여자의 위치가 있다. 그러므로 여 사사였던 드보라는 말씀에 있어서 풍성했으며 자격을 갖추었고 사사로서 많은 일을 했지만 전쟁에서 많은 사람을 공적으로 이끌고 전투를 명하고 다스리는 일에 있어서 남자인 바락을 의뢰한 것이다. 그녀는 아비노암의 아들 바락을 납달리 게데스에서 불러다가 납달리 자손과 스블론 일만 명을 거느리고 다볼 산으로 가라고 했다. 이것도 자신이 명한다고 하지 않고 이스라엘의 하나님 여호와께서 이같이 명하지 아니하셨느냐고 했다. 하나님의 빛이 가득한 그녀는 누가 이런 일을 할 수 있는가도 알았고 어떤 지파의 사람들이 나가 싸워야 하는가도 알았다. 또 얼마나 많은 군대가 동원되어야 하는가도 알고 적군을 어디로 이끌어내야 하는가도 알았다. 그녀가 말씀의 풍성이 있었기에 그러한 지혜와 여유를 가질 수 있었다는 것을 잊어서는 안 된다. 대부분 명예나 권력이나 큰 힘을 의지하는 자들은 말씀의 풍성이 부족한 자들이다. 말씀의 풍성이 부족한 자들이 다른 것을 의지하고 다른 사람 위에 솟아나려 한다. 그러나 드보라는 이미 많은 풍성을 갖고 있기에 자기를 내려놓을 수 있는 은혜가 충분하였던 것이다.

이렇게 좋은 사사가 있는 때에 좋은 동역자가 있었다. 교회사를 통해 하나님이 귀하고 좋은 인재를 하나 얻으시면 반드시 한 두명의 매우 좋은 동역자들이 붙여졌다. 이는 매 시대 공통적인 일이다. 루터 시대에도 멜랑톤이라는 좋은 동역자가 있었으며, 웨슬레에게는 휫필드, 무디에게는 토레이 박사가 있었다. 어쩌면 한 시대에 한 번 나올까 말까 한 사람들이 동시기에 함께 나타나서 좋은 동역을 하였다. 여기서 바락의 좋은 점은 자신이 할 일과 드보라의 역할을 알았다는 것이다. 그리고 그녀의 말을 따랐다. 바락은 8절에서 "당신이 나와 함께 가면 내가 가려니와"라고 조건을 내걸었었는데, 이는 서로 의뢰하는 좋은 동역을 보여준다. 우리는 드보라와 바락의 예를 통해서 영적 전쟁에서는 각각 위치를 지키고 은사에 따라 동역해야 함을 볼 수 있다. 그러한 좋은 동역이 큰 승리를 가져온 것이다. 10절에서 스불론과 납달리를 부른 것은 바락이다. 그가 부를 때 일만 명이 따라 나왔다. 그 일을 하는데 적격은 바락이었던 것이다. 그렇지만 모든 일은 드보라의 말대로 되었다. 드보라의 말은 하나님의 계시였고 바락은 그녀의 계시와 은사를 십분 존중했다. 드보라 또한 바락의 요청대로 그 전투에 참여하기 위해 함께 게데스로 올라갔다. 히브리서 기자는 믿음으로 승리한 영예로운 사사들을 언급할 때 기드온, 삼손, 입다와 함께 오히려 바락을 언급했다(히 11:32).

4. 야빈의 군대장관은 시스라였다. 드보라는 바락에게 시스라의 군대를 기손 강으로 이끌어내라 하였고 거기서 그들이 전멸될 것이라는 확신을 주었다. 그리고 그녀는 시스라가 바락이 아닌 여인의 손에 죽임을 당할 것임도 알려주었다. 즉 드보라는 전쟁을 하기 전에 전쟁의 전개와 결말에 대해서 분명한 그림을 갖고 있었던 것이다. 이는 이 일이 하나님의 계시로 인한 것이기 때문이다. 계시는 하나님께 속한 것이지 사람이 알려주는 것이 아니다. 계시는 하나님의 전지(全知)하심과 관련된다. 하나님의 미련한 것이 사람의 지혜로움보다 낫고 하나님의 약한 것이 사람의 강함보다 낫다(고전 1:25). 드보라는 바락의 말을 듣고 바락과 함께 게데스로 전투하러 올라갔다. 우리는 드보라가 삼국지에서 읽는 제갈량과 같다고 볼 수 있다. 진정한 천하의 제갈량은 하나님의 계시를 받은 자 밖에는 없다.

11-24절, 모세의 장인 호밥의 자손 중 겐 사람 헤벨이 자기 족속을 떠나 게데스에 가까운 사아난님 상수리나무 곁에 이르러 장막을 쳤더라(11절) 아비노암의 아들 바락이 다볼 산에 오른 것을 혹이 시스라에게 고하매(12절) 시스라가 모든 병거 곧 철병거 구백 승과 자기와 함께 있는 온 군사를 이방 하로셋에서부터 기손 강으로 모은지라(13절) 드보라가 바락에게 이르되 일어나라 이는 여호와께서 시스라를 네 손에 붙이신 날이라 여호와께서 너의 앞서 행하지 아니하시느냐 이에 바락이 일만 명을 거느리고 다볼 산에서 내려가니(14절) 여호와께서 바락의 앞에서 시스라와 그 모든 병거와 그 온 군대를 칼날로 쳐서 패하게 하시매 시스라가 병거에서 내려 도보로 도망한지라(15절) 바락이 그 병거들과 군대를 추격하여 이방 하로

셋에 이르니 시스라의 온 군대가 다 칼에 엎드러졌고 남은 자가 없었더라(16절) 시스라가 도보로 도망하여 겐 사람 헤벨의 아내 야엘의 장막에 이르렀으니 하솔 왕 야빈은 겐 사람 헤벨의 집과 화평이 있음이라(17절) 야엘이 나가 시스라를 영접하며 그에게 말하되 나의 주여 들어오소서 내게로 들어오시고 두려워하지 마소서 하매 그 장막에 들어가니 야엘이 이불로 덮으니라(18절) 시스라가 그에게 말하되 청하노니 내게 물을 조금 마시우라 내가 목이 마르도다 하매 젖부대를 열어 그에게 마시우고 그를 덮으니(19절) 그가 또 가로되 장막문에 섰다가 만일 사람이 와서 네게 묻기를 여기 어떤 사람이 있느냐 하거든 너는 없다 하라 하고(20절) 그가 곤비하여 깊이 잠든지라 헤벨의 아내 야엘이 장막 말뚝을 취하고 손에 방망이를 들고 그에게로 가만히 가서 말뚝을 그 살쩍에 박으매 말뚝이 꿰뚫고 땅에 박히니 시스라가 기절하여 죽으니라(21절) 바락이 시스라를 따를 때에 야엘이 나가서 그를 맞아 가로되 오라 내가 너의 찾는 사람을 네게 보이리라 바락이 그에게 들어가 보니 시스라가 죽어 누웠고 말뚝은 그 살쩍에 박혔더라(22절) 이와 같이 이 날에 하나님이 가나안 왕 야빈을 이스라엘 자손 앞에 패하게 하신지라(23절) 이스라엘 자손의 손이 가나안 왕 야빈을 점점 더 이기어서 마침내 가나안 왕 야빈을 진멸하였더라(24절)

1. 이 전투에서 전공을 세운 사람은 결국 모세의 장인 호밥의 자손이었다. 그들은 원래 유다 자손과 함께 유다 황무지에 거하였는데 헤벨이란 사람이 북방으로 이주하여 게데스와 다볼산 중간 쯤 되는 곳에 장막을 치고 살게 되었다. 그리고 하솔 왕 야빈은 이 헤벨의 집과 화평 조약을 맺고 있었던 터였다. 11절에 이 말씀을 삽입한 것은 이번 기손 강 전투에서 큰 전공을 세운 야엘이라는 여자(시스라를 죽임)가 바로 이 헤벨의 아내이기 때문이다.

2. 바락이 다볼 산에 가서 전투 태세를 갖추고 있다는 것을 시스라가

듣고 모든 군사와 철병거 900승을 거느리고 기손 강으로 나왔다. 무엇을 의존한 사람들의 전투 방식은 즉시 그들의 대응에서 나타난다. 그들은 철병거 900승이었다. 철병거 900승은 그들이 지식을 통해 모은 지적 재산과 같은 것이었다. 이는 사람의 이해력을 동원하여 만들어낸 신학이요 철학이었다. 이런 무기가 전쟁이 일어나자 즉시 앞에 나왔다. 우리는 많은 경우 사람들과 성경을 갖고 토론하는 것을 볼 때 즉시 철병거 900승을 갖고 나오는 것을 보는데 이들은 매우 강하게 보인다. 14절에서 바락은 드보라를 통해 하나님의 말씀을 듣고("여호와께서 너희 앞서 행하지 않으시느냐 이는 시스라를 네 손에 붙인 날이라") 다볼 산에서 일만 명을 데리고 싸우러 내려갔다. 바락에게는 하나님의 말씀이 있고 시스라에게는 철병거 밖에 없었으니 과연 누가 이기겠는가? 하나님의 말씀이 승리의 비결이다. 말씀을 믿고 나아간 자는 언제나 승리를 거둔다. 15절에서 결국 싸우신 분은 여호와시라고 말한다—"여호와께서 바락의 앞에서 시스라와 그 모든 병거와 온 군대를 칼날로 쳐서 패하게 하시므로". 결국 시스라는 병거에서 내려 도보로 도망하게 되었다. 바락은 그를 추격하여 하로셋까지 이르렀다. 하로셋은 시스라가 철병거 900승을 가지고 거만하게 거하던 곳이다. 바락과 이스라엘 군대는 하로셋까지 쫓아가면서 나머지 모든 대적을 전멸시켰다. 하나님의 미련한 것이 사람보다 지혜있고 하나님의 약한 것이 사람보다 강하다(고전 1:25).

3. 시스라는 도보로 도망하여 겐 사람 헤벨의 아내 야엘의 장막에 피신했다. 당시 야빈과 헤벨의 집안은 서로 평화롭게 지내는 사이였다. 그들은 아마도 그들이 이스라엘의 인도자였던 모세의 집안인 줄은 몰랐을 것이다. 야엘이라고 하는 헤벨의 아내는 사태를 직감하고 시스라를 안심시킨 다음("나의 주여 들어오소서 두려워하지 마소서") 목말라 하는 그에게 우유를 따라 대접하고 이불로 덮었다. 시스라는 야엘에게

누가 찾으면 아무도 없다 하라고 당부하고 피곤하여 깊이 잠들었다. 헛된 망상에 빠진 사람들은 때로 누구든지 자기 편으로 착각하는 우를 범한다. 진리가 아닌 망상에 사로잡힌 사람들의 결과이다. 야엘은 장막 말뚝을 취하여 손에 방망이를 들고 시스라에게 가서 말뚝을 그의 살쩍에 놓고 박아버렸다. 말뚝이 시스라를 꿰뚫고 땅에 박히니 시스라가 기절하여 죽었다.

바락은 시스라를 쫓다가 야엘의 집까지 왔다. 그때 야엘은 바락에게 "오라 내가 너의 찾는 사람을 네게 보이리라"고 하였다. 그리고 바락은 그 연약한 여인에 의해 말뚝에 박혀 죽어있는 적장을 보게 되었다. 하나님께서는 주권적으로 헤벨의 집을 그 지점에 두시고 그들로 하솔 왕 야빈과 친밀한 관계를 갖게 하셨다가 결정적일 때 이스라엘을 위하여 그 일을 하게 하신 것이다. 여기서 이런 말을 한 마디 해보겠다. 모세의 장인의 가족이 유다 지파와 함께 남방에 거했는데 헤벨이 북방으로 이주한다고 할 때 그 가족들은 찬성하지 않았을 수도 있다. 그들 가운데 상황을 잘 아는 몇몇 사람들은 헤벨의 집이 그쪽으로 이주하면 가나안 대적 야빈에 의해 많은 어려움을 당하게 될 것이니 가지 말라고 간곡히 권했을 것이다. 또 어려움을 당하지 않으면 그들에게 동화되어 잘못될 수 있으니 조심하라고 충고했을 것이다. 그러나 우리의 경험상 성도들의 이주에 대해 너무 염려하고 통제할 것이 없다. 어떤 경우는 자신들의 원함에 따라 결정한 것일 수 있었겠지만 그 발걸음을 인도하시는 분은 하나님이신 경우가 있다(잠 16:9).

그들이 그곳에 가서 처음에는 가나안 사람들과의 충돌도 있었을 것이고, 의심도 받았을 것이며 너무 섞여서 생활하는 잘못도 범했을 것이다. 그러한 시행착오를 거치면서 야엘과 헤벨은 자신들이 어떤 삶을 살아야 하는지에 대해 그들의 정체성을 갖게 되었을 것이다. 어떤 사람들은 자신들이 철저히 체험해 보지 않으면 깨닫지 못한다. 그들은 말씀만으로는 믿음과 순종이 부족하여 몸으로 부딪혀 본 후에 깨닫게 되는 것이다. 신약으로 말하면 도마의 믿음과도 같은 것이다. 헤벨의 사람들은 바로 이런 자들의 종류이다. 그들은 자신들이 이방인 속에 들어가서의 위험을 그렇게 심각하게 몰랐을 것이고 그들의 상태도 잘 몰랐을 것이나 체험을 통해서 철저히 깨닫게 된 케이스이다. 그리고 상황이 닥쳤을 때 자기들이 과연 어떻게 행해야 하는지를 밝히 알게 되었던 것이다. 그들은 드보라처럼 밝은 말씀의 빛 아래서 산 사람도 아니고 이스라엘 진중에서 그들과 일치된 신앙을 갖고 생활한 사람도 아니었지만 체험적으로 가나안 사람들의 악을 깨닫고 이스라엘의 참되고 귀한 신앙과 그들이 믿는 하나님에 대한 인식을 갖게 되었을 것이라 여겨진다. 그러므로 5장에 나오는 드보라와 바락의 노래에서 야엘의 행위를 칭찬했다. "겐 사람 헤벨의 아내 야엘은 다른 여인보다 복을 받을 것이니"(5:24). 결국 가나안 왕 야빈을 물리친 분은 하나님이시다(23절).

사사기 5장

Judges

1-5절, 이 날에 드보라와 아비노암의 아들 바락이 노래하여 가로되(1절) 이스라엘의 두령이 그를 영솔하였고 백성이 즐거이 헌신하였으니 여호와를 찬송하라(2절) 너희 왕들아 들으라 방백들아 귀를 기울이라 나 곧 내가 여호와를 노래할 것이요 이스라엘의 하나님 여호와를 찬송하리로다(3절) 여호와여 주께서 세일에서부터 나오시고 에돔 들에서부터 진행하실 때에 땅이 진동하고 하늘도 새어서 구름이 물을 내렸나이다(4절) 산들이 여호와 앞에서 진동하니 저 시내 산도 이스라엘 하나님 여호와 앞에서 진동하였도다(5절)

1. 이는 여사사 드보라가 지은 것이며('나 드보라가 일어났고'—7절) 사사기에서 유일한 승리의 노래이다. 그녀는 하나님의 큰 역사를 체험하고 노래를 남겨 하나님의 하신 일을 이스라엘 자손 대대로 찬미하게 만들었다. 그녀의 찬송은 모세의 노래처럼 그 역사의 현장에서 바로 지은 것이다. 꿀벌처럼 말씀의 풍성 안에 살았던 그녀가 그 위대한 영적 승리의 체험을 거쳤을 때 찬양을 하며 시를 지을 수 있다는 것은 가히 상상할 수 있는 일이다. 1절의 '그날에'라는 표현이 그것을 말해준다. 시간이 지나면 그 찬미의 영감이 식어질 수 있을 것이다. 또 이

찬미에서 드보라의 좋은 점은 실지로는 자신이 지은 시일지라도 바락과 함께 노래했다고 말한 것이다. 그는 이러한 위대한 시를 노래하는데 있어서 함께 싸운 바락을 잊지 않았다. 1절의 "이 날에 드보라와 아비노암의 아들 바락이 노래하여 가로되", 12절의 "깰지어다 깰지어다…너는 노래할지어다…깰지어다 깰지어다 너는 노래할지어다 일어날지어다 바락이여…"라는 구절이 이를 증명한다. 하나님을 섬기는 사람들은 함께 섬기는 사람들의 수고와 업적과 영광을 가로채거나 홀로 독차지하지 않기를 배워야 한다. 특히 드보라와 같이 가장 앞선 위치에 있는 인도자는 더욱 그러하다. 가장 앞에 있는 인도자는 언제나 사람들의 주목과 칭송을 받는 일에 부족하지 않게 된다. 그러나 함께하는 자들은 곧잘 뒷전에 있게 된다. 이러한 부분은 앞서 인도하는 사람이 배려해주어야 할 몫일 것이다.

2. 드보라의 찬미 대상은 하나님 자신이다. 그녀는 이 전쟁에서 승리한 후에 승리케 하신 분이 다름 아닌 하나님이심을 알고 그 놀라우신 업적과 공로와 하신 일의 기이함을 찬미하지 않을 수 없었다. 그러나 또 한편 드보라는 하나님이 그렇게 축복하시고 역사하셔서 이길 수 있었던 것은 이스라엘 두령의 좋은 영솔이 있고 백성들의 즐거운 헌신이 있었기 때문이라고 말한다. 역대로 하나님의 백성들 가운데 좋은 부흥의 상황이 있기 위해서는 반드시 좋은 인도자들(leaders)이 있어야 했다. 이는 이미 말한 바와 같다. 오늘 어떤 사람들은 별도의 인도자가 필요치 않음을 강조하기도 한다. 즉 하나님의 백성들에게 별도로 인도자가 필요 없다는 관념이다. 이것이 어떤 면에서는 일리가 있지만 온전히 균형 잡힌 관념이 아니다. 하나님의 교회에는 언제나 맡은 자들과 인도자들이 존재해왔다(고전 4:1, 히 13:7). 성도들과 인도자들이 좋은 관계성 안에서 전진할 때만이 부흥의 상황이 올 수 있다(살전 5:12-13). 당시 드보라와 바락, 그리고 이스라엘의 헌신된 백성들이 한 목표를 향하여

헌신함으로 하나님의 역사를 이끌어올 수 있었고 승리할 수 있었다.

3. 부흥과 승리의 역사(진동함)는 여호와로 말미암는다. 지금까지 이 땅에 있었던 부흥의 특징들은 오순절을 필두로 하여 하늘에서 하나님이 시작하셨다는 것이다. 오늘 많은 그리스도인들이 자신들의 노력과 힘으로 부흥을 이끌어오려 하지만 그것은 통하지 않을 것이다. 여기서 드보라는 '나오시고 진행하신 분'이 여호와시라고 말한다. 나는 1900년대 초에 있었던 중국의 부흥에 대해서 그 현장에 있었던 사람들로부터 당시의 상황을 들을 기회가 있었다. 한 나이드신 자매님의 간증에 의하면 그 당시의 부흥은 어느 누가 설교를 잘 하고 복음을 잘 전해서라기보다는 '주님이 시작하셨다'고 말할 수밖에 없다는 것이었다. 나는 젊었을 때 그 말을 들었는데 매우 인상적이었다. 그 후로 웨일즈의 부흥과 그 외의 많은 나라에서 일어난 부흥에 대해서도 듣게 되었는데 그 원칙은 언제나 동일했다. "주께서 세일 산에서부터 나오시고 에돔 들에서부터 진행하실 때"였다. 사람의 일보다 하나님의 하시는 일이 크고 많을 때 그런 상황을 우리는 부흥이라고 한다. 오순절이 그랬다. 하늘로부터의 성령의 강력한 바람이 역사한 것이지 베드로의 뛰어난 설교가 부흥의 원동력이라고 믿지 않는다.

6-11절, 아낫의 아들 삼갈의 날에 또는 야엘의 날에는 대로가 비었고 행인들은 소로로 다녔도다(6절) 이스라엘에 관원이 그치고 그쳤더니 나 드보라가 일어났고 내가 일어나서 이스라엘의 어미가 되었도다(7절) 무리가 새 신들을 택하였으므로 그때에 전쟁이 성문에 미쳤으나 이스라엘 사만 명 중에 방패와 창이 보였던고(8절) 내 마음이 이스라엘의 방백을 사모함은 그들이 백성 중에서 즐거이 헌신하였음이라 여호와를 찬송하라(9절) 흰 나귀를 탄 자들, 귀한 화문석에 앉은 자들, 길에 행하는 자들아 선파할지어다(10절) 활 쏘는 자의 지꺼림에서, 멀리 떨어진 물 긷는 곳에서도 여

호와의 의로우신 일을 칭술하라 그의 이스라엘을 다스리시는 의로우신 일을 칭술하라 그때에 여호와의 백성이 성문에 내려갔도다(11절)

1. 드보라가 사사로 일으켜진 때는 에훗 시대 말이며 삼갈의 때 직후로 생각해 볼 수 있다. 그 황폐한 때를 드보라는 삼갈의 날과 야엘의 날로 표현했다. 이로써 우리는 드보라의 영성을 다시 한 번 생각해본다. 그녀는 과연 영적 깊이가 있는 사람이었다. 그녀가 바락을 머리 삼고 전쟁을 한 것이나 자신의 노래에서 자신을 앞세우지 않고 바락을 내세우며 심지어 삼갈과 야엘의 날이라고 표현한 것에서 우리는 그녀의 겸비를 볼 수 있다. 그녀는 야엘의 날이라고 함으로 야엘을 사사의 수준으로 끌어올려 칭찬했다. 그때 이스라엘의 황폐한 상태에 대하여 드보라의 기술은 이러하다. "대로가 비었고 행인들은 소로로 다녔도다". 이것은 블레셋(삼갈의 날)과 가나안 야빈(야엘의 날)의 압제가 얼마나 심했는지를 말해준다. 이스라엘 백성들은 감히 대로로 다닐 수 없고 소로로만 다녀야 했다. 일반적으로 나쁜 일을 하는 자들은 골목 어두운 데에서 하는데 당시의 대적들은 대로에서 거침없이 악행들을 행하였다는 말이다. 도리어 이스라엘 백성들이 골목길로 피하여 다녀야만 했다. 가나안 사람들이 대로에서 공개적으로 이스라엘 사람들을 욕보이고 탈취하고 핍박했기 때문이다. 그야말로 공포의 시간들이었다. 그런 때에 이스라엘에는 관원이 끊어졌다.

교회에서 악이 판을 치고 육체가 세력을 점하며 어둠의 권세가 교권을 장악하게 되면 참된 영적 인도자들은 어딘가로 숨어서 보이지 않게 된다. 그 황폐한 시대에 이스라엘에는 합당한 인도자들이 사라졌다. 드보라는 그때 하나님이 자기를 일으키셨다고 선포했다. 물론 하나님이 특별히 일으키신 종들은 겸비하겠지만 그렇다고 자신이 일으켜진 것도 모르는 것은 아니다. 그러기에 그들은 시대를 품고 하나님의 대변자가 될 수 있었던 것이다.

드보라는 말한다. 그때 무리가 새 신들을 섬기므로 전쟁이 임했다는 것이다. 이스라엘이 황폐하게 된 원인을 지적한 것이다. 그것은 참 하나님을 섬기고 경배하기를 그치고 새 신들로 하나님을 바꾼 것이다. 사람에게는 새 것을 좋아하는 성향이 있다. 바울 사역 당시 우상의 도시 아덴의 사람들은 새로 된 것을 보고 듣는 것 외에는 달리 시간을 쓰지 않는다고 하였다. 그들이 바울로 하여금 아레오바고에서 설교를 하게 한 것은 무슨 새로운 교에 대한 것이 있나 하는 호기심 때문이었다(행 17:19-21). 드보라는 당시 이스라엘 사람들이 새 신들에 혹하여 하나님을 떠나 블레셋과 가나안 왕 야빈에게 20년 간 억눌려 고생하는 것을 보았다. 그녀는 그로 인하여 심히 마음 아파했다. 그녀는 이스라엘이 압제당하고 그러한 전쟁을 치러야 했던 것은 그들이 새 신을 섬겼기 때문이라고 분명히 말하고 있다. 가나안의 하솔 왕 야빈과 그 군대장관 시스라의 전력은 당시로 말하면 막강하였다. 철병거 900승이라면 오늘날로 말하면 전차나 핵무기를 갖고 있는 것에 비할 수 있다.

그에 비해 이스라엘은 4만 군대였고(스불론과 납달리는 만 명이었지만 이스라엘 전체에서 나온 사람을 합하면 4만 명이 된다는 말이다) 그들 중에는 방패와 창이 없었다. 이는 당시 이스라엘의 군에는 창이나 방패가 없었기 때문이다. 드보라는 이를 시적(詩的)으로 이렇게 표현했다. "그때에 성문에 전쟁이 미쳤으나 이스라엘 사만 명 중에 방패와 창이 보였던고". 전쟁은 시작되었건만 이스라엘 진영은 전쟁할 만한 준비가 되어 있지 않았다. 조총으로 훈련되고 장비된 왜구가 쳐들어왔을 때 맨손으로, 혹은 겨우 돌이나 약간의 무기로 맞섰던 조선과 같다. 그러니 그 전투는 하나님께서 개입하시지 않으면 이길 수 없는 상황이었던 것이다. 그럼에도 드보라는 방백들이 함께하고 백성들이 즐거이 헌신한 것에 대하여 감사해한다. 매튜 헨리는 그의 주석에서 드보라의 감사를 이렇게 표현했다. "나는 참으로 그들을 사랑하며 존경한다. 그들은 영원토록 내 마음을 차지할 것이다. 나는 결단코 그들을 잊지 못할 것이다." 드보라의 노래가 없었다면 우리는 여성 사사인 드보라가 이렇게 큰 전쟁에서 이기고 어떤 느낌을 가졌을지 추측하기 어렵다. 그녀는 확실히 영적이고 좋은 느낌을 가졌다. 그녀가 어떻게 여자로서 이스라엘을 재판하는 사사의 일을 할 수 있었는가에 대한 답이 이 노래에 들어 있다. 과연 그녀는 합당한 영성을 소유하고 있었다. 그녀는 방백들이 함께하고 그들이 백성들 가운데서 헌신적이었던 점을 매우 감사하고 소중히 여겼다. 그것은 당시 방백들이 비록 여성 사사였을지라도 드보라를 절대적으로 신뢰하고 따라주었음을 의미한다. 그들은 과연 드보라의 감사와 칭찬을 받을만했다.

2. 여기서 드보라는 찬양하면서 또 많은 사람들에게 찬양하는 데에 동참하라고 외친다. 오늘날 찬송시의 작자들이 그들의 시에서 산들과 바다와 많은 섬들과 천군 천사를 불러 여호와를 찬양하라고 일깨우는 것과 같다. 그분은 너무 광대하고 위대하신 분이므로 온 천지만물과 모든 사람과 천군천사가 찬미하지 않으면 그 찬송의 질과 양이 너무 부족할 것이다. 높은 자리에 있는 사람이나 부자나 귀족들이(흰 나귀를 탄 자들, 귀한 화문석에 앉은 자들) 찬미해야 하고 일반 백성도(길에 행하는 자들) 찬미해야 한다. 11절의 '칭술하라'는 히브리어 표현으로서 찬양하라는 말의 또 다른 표현이다. 흠정역은 '자세히 말하라(rehearse)'로 번역했다. 활 쏘는 자의 지꺼림에서, 멀리 떨어진 물 긷는 곳에서도 여호와의 의로운 일을 칭술하며 그의 이스라엘을 다스리신 의로우신 일을 칭술하라고 했다. 드보라는 하나님께서 이스라엘을 구원하시어 원래의 평화로운 상태로 되돌려놓으신 업적을 감상하며 찬양하고 있다. 활 쏘는 자의 지껄이는 소리란 지금으로 말하면 점령군들의 대포와 총을 쏘는 훈련장에서 나오는 고함소리에 비할 수 있다. 또 과거 이스라엘이 야빈 군대의 점령 아래 있을 때에는 함부로 물을 길러도 못 갔다. 그러나 이제 그들은 우물가에서 평화롭게 물을 길으며 여유를 누리

고 있다. 그래서 드보라는 물 긷는 곳에서 여호와를 칭술하라고 한 것이다.

또 여호와의 백성이 성문에 내려갔다고 말하는데, 이 또한 평화와 자유를 회복한 광경이다. 성문이란 고대에 백성들이 함께 모여 민의를 결정하던 장소였다. 그들이 과거 압제 하에 있을 때에는 성문에 모여 무언가를 논의하고 결정한다는 것을 꿈도 꾸지 못했다. 이제 이스라엘은 이 모든 광경을 처음과 같이 회복한 것이다. 그러니 찬양하고 칭술해야 하지 않겠느냐는 것이다. 그녀는 특히 하나님께서 의로우심을 칭술하며 그분의 다스리심을 칭술하라고 했다. 그녀는 하나님께서 그분의 백성을 대하심에 있어서 의로우심을 체험했으며 또 그 다스리심을 체험했다. 그래서 자신이 체험하고 감상한 여호와의 행동들(acts)을 칭술하고자 한 것이다.

3. 드보라는 또한 "멀리 떨어진 물긷는 곳에서 의로우신 여호와의 일을 칭술하라"고 한다. 대적이 있을 때 이스라엘은 대적들의 강한 위세에 밀려 우물물에도 함부로 내려가지 못했다는 말이다. 이제 그 주변에 원수들이 하나도 없게 된 것이다. 이스라엘은 원래 엘림에서 물을 마셨고, 족장들은 브엘세바에서 마셨으며, 반석에서 나오는 생수를 마셨다. 주님이 이 땅에 오셔서 목마른 사마리아 여인에게 생수를 주기 원하셨다. 오늘날 교회의 예배와 성도들의 교제는 생수를 공급하며 나누는 것이어야 한다. 그러나 대적에게 탈취되고 세상과 연합한 결과는 생수를 얻는 우물이 점령되어 더 이상 평화롭게 우물물을 마실 수 없게 된 것이다. 사람들은 교회에 와서 더 이상 사랑의 우물물을 마실 수 없는 것이다. 교회는 마땅히 병들고 가난하고 지친 영혼들에게 생수를 줄 수 있어야 하건만 더 이상 그러한 일을 할 수 없게 되는 것이다. 옛날에는 원수들이 우물물을 막곤 하였다고 기록하고 있다. 교회 안에서 평화롭게 성도들이 우물물을 길수 없게 하는 활 쏘는 자들의 지껄임을 갖는

것은 매우 유감스러운 일이다. 이것은 대적에게 교회가 상당히 점유된 모습인 것이다. 활쏘는 자들이란 다른 것이 아니라 성도들의 죄와 육체, 십자가를 거치지 않은 기질들이다. 이런 것들이 성도들의 심정에 불화살을 쏘아대어 그리스도로부터 얻는 생수의 누림을 송두리째 앗아가는 것이다. 그렇지만 이들은 이 우물에서 물을 길으면서 여호와를 찬양할 수 있게 된 것이다. 오늘날 건강한 교회 생활의 모임에 참여하는 것은 일종의 구원의 물을 길으러 가는 것이다.

이사야 12장의 말씀을 노래해보자!

> 주 여호와는 나의 힘이시며 나의 노래시며 나의 구원이심이라
> 그러므로 너희가 기쁨으로 구원의 우물들에서 물을 길으리로다
> 그 날에 너희가 말하기를 여호와께 감사하라 그 이름을 부르며
> 그 행하심을 만국 중에 선포하며 그 이름이 높다 하리라(2b-4절)

4. 그들은 또한 "여호와의 백성이 성문에 내려갔도다" 라고 노래한다. 당시의 사람들은 권위와 재판권을 행사하기 위해 성문으로 내려가곤 했다. 이전 야빈의 군대에 점령되었을 때 하나님의 백성은 성문에 내려가서 합당한 재판권과 영적인 권위를 행사할 수 없었다. 그러나 이제 그들은 할 수 있다. 이는 매우 중요한 일이다. 교회가 죄와 불법을 처리하고 권징할 수 없는 상태에 떨어졌다는 것은 심각한 타락인 것이다. 이들이 대적에게서 놓여졌을 때 그들은 비로소 성문 집회를 회복한 것이다. 이제 그들은 합당한 권위를 갖고 불법을 처리할 수 있게 되었고 재판권을 행사할 수 있는 것이다. 또한 성경은 성문으로 내려가는 것이 전장으로 내려가는 것을 의미했다. 성도들이 대적에게서 해방되었다면 다른 사로잡힌 자들을 이끌어내고 구원하기 위해 싸워야 하는 것이다. 당시 백성들이 성문에 내려간 것은 바로 이러한 연유에서이다.

12-23절, 깰지어다 깰지어다 드보라여 깰지어다 깰지어다 너는 노래할지어다 일어날지어다 바락이여 아비노암의 아들이여 네 사로잡은 자를 끌고 갈지어다(12절) 그때에 남은 귀인과 백성이 내려왔고 여호와께서 나를 위하여 용사를 치시려고 강림하셨도다(13절) 에브라임에게서 나온 자는 아말렉에 뿌리 박힌 자요 그 다음에 베냐민은 너희 백성 중에 섞였으며 마길에게서는 다스리는 자들이 내려왔고 스불론에게서는 대장군의 지팡이를 잡은 자가 내려왔도다(14절) 잇사갈의 방백들이 드보라와 함께하니 잇사갈의 심사를 바락도 가졌도다 그 발을 좇아 골짜기로 달려 내려가니 르우벤 시냇가에 큰 결심이 있었도다(15절) 네가 양의 우리 가운데 앉아서 목자의 저 부는 소리를 들음은 어찜이뇨 르우벤 시냇가에서 마음에 크게 살핌이 있도다(16절) 길르앗은 요단 저편에 거하거늘 단은 배에 머무름은 어찜이뇨 아셀은 해빈에 앉고 자기 시냇가에 거하도다(17절) 스불론은 죽음을 무릅쓰고 생명을 아끼지 아니한 백성이요 납달리도 들의 높은 곳에서 그러하도다(18절) 열왕이 와서 싸울 때에 가나안 열왕이 므깃도 물 가 다아낙에서 싸웠으나 돈을 탈취하지 못하였도다(19절) 별들이 하늘에서부터 싸우되 그 다니는 길에서 시스라와 싸웠도다(20절) 기손 강은 그 무리를 표류시켰으니 이 기손 강은 옛 강이라 내 영혼아 네가 힘 있는 자를 밟았도다(21절) 그때에 군마가 빨리 달리니 말굽소리는 땅을 울리도다(22절) 여호와의 사자의 말씀에 메로스를 저주하라 너희가 거듭거듭 그 거민을 저주할 것은 그들이 와서 여호와를 돕지 아니하며 여호와를 도와 용사를 치지 아니함이니라 하시도다(23절)

1. 11절부터 23절까지는 전쟁의 내용을 시(詩)로 표현한 부분이다. 드보라의 마음에 하나님과 함께하는 싸움은 노래이다. 그러나 중요한 것은 영이 일어나는 것이다. 먼저 그녀는 자신의 영이 일어나야 한다고 부르짖고 있다. 그녀는 온 이스라엘을 구원할 수 있기 위해 자신이 깨어날 필요가 있음을 알고 있었고 이를 위해 부르짖고 있었다. "깰지어

다, 깰지어다, 드보라여, 깰지어다 너는 노래할지어다 일어날지어다 바락이여!" 이 구절은 전쟁을 위해서는 먼저 인도자들의 영이 깨어나야 함을 일깨워주는 말씀이기도 하다. 오늘날 교회 안에서 몇몇 성도들이 깨어 기도한다고 되는 것이 아니다. 가장 중요한 것은 인도자들이 먼저 깨어나는 것이다. 아비노암의 아들 바락에게 "네 사로잡은 자를 끌고 가라"고 한 것은 그가 시스라 군을 격파할 때 생포한 포로들을 끌고 이스라엘 진으로 돌아가라는 말이다. 이는 바락의 승리가 더욱 빛나도록 하기 위함이다.

13절의 남은 귀인과 백성이 내려왔다는 것은 얼마 되지 않는 귀인들이 전투에 참여했다는 것을 가리킨다. 어쩌면 당시 많은 귀인들이 20년 간의 야빈의 억압을 피해 먼 곳으로 도망하여 살았거나 죽임을 당했을 것이다. 그러므로 남은 귀인과 굳게 살아남은 백성들이 이스라엘을 위해 싸웠다고 말한다. 드보라에게는 그들 모두가 너무 귀하게 보였던 것이다. 더 나아가 드보라는 여호와께서 나를 위하여 용사(대적의 군대)들을 치시려고 강림하셨다고 말한다. 여기서 우리는 드보라의 책임 정신을 볼 수 있다. 인도자는 마땅히 그래야 한다. 더 이상 다른 누구에게 책임을 떠 넘길 사람이 없는 그가 최고 책임자인 것이다. 그녀는 여기서 이 전투를 자신의 전투로 여겼음을 알 수 있다. 그녀가 '나를 위하여' 여호와께서 싸우셨다고 했기 때문이다. 그리고 그녀는 모든 전투 참여자에게 감사의 마음을 표시하고 있다. 하나님 나라를 위한 어떠한 책임 정신인가!

2. 14절부터는 전투에 참여한 지파별 실제 상황을 그리고 있다. 에브라임 지파 중 전투에 참여한 사람들은 아말렉 족속이 거주했던 지역의 사람들이었다(에브라임에게서 나온 자는 아말렉에 뿌리 박힌 자요). 베냐민 사람들이 너희 백성 중에 섞여 있다는 것은 베냐민 사람들이 단체적으로 참전한 것이 아니라 개인적으로 백성 가운데 섞여 전쟁에 참여

하였다는 것이다. "마길에게서는 다스리는 자들이 내려왔고"—마길은 므낫세의 독자였고 므낫세 지파는 요단 동편과 서편으로 절반씩 나누어졌는데, 여기서는 요단 서편 곧 가나안에 들어온 므낫세 지파를 가리킨다. 그들은 군 지휘관들이 군을 이끌고 참전하였다. 스불론에서는 대장군의 지팡이를 잡은 자가 내려왔다고 했는데, 그것은 장군들이 와서 군대를 모집하고 계수하는 일에 종사하였다는 의미이다. 대장군에 해당하는 히브리어 '소페르'는 문자적으로 계수하는 자이다. 흠정역에서는 '글 쓰는 자의 펜을 다루는 자(that handle of the pen of the writer)'로 번역하였는데, 그렇다면 그들이 전쟁 경비를 계산하는 병참 행정을 맡았으리라는 해석이 가능하다. 어떻게 해석하더라도(계수하는 자이든 펜을 잡은 자이든) 스불론이 군 행정에 종사한 것은 사실이다. 마길의 지도자들이 용맹한 사람들이라면 스불론의 펜은 지식 있고 행정력이 있는 사람들을 뜻한다. 신약으로 말하면 교회 안에 다양한 은사가 있어야 몸의 봉사가 이루어지고 영적 전쟁을 할 수 있다는 것이다.

15절은 잇사갈 방백들이 드보라와 함께하였다고 말한다. 잇사갈 지파의 지도자들은 드보라와 완전히 하나 되어 싸웠다. 잇사갈의 심사를 바락이 가졌다는 것은 바락의 영과 잇사갈 사람들의 영이 하나로 합하여졌다는 뜻이다. 개정 표준역 성경에서는 잇사갈이 바락에게 충성하였다고 번역한다. 이렇게 전쟁은 지도자와 완전히 하나 된 자들이 있을 때 승리할 수 있다. 그 발을 좇아 골짜기로 내려갔다는 것은 잇사갈이 바락과 함께 시스라 군을 치기 위해 다볼 산에서 기손 강가로 내려갔다는 것을 의미한다. 여사사 드보라는 그들의 치러 내려가는 모습에 감동을 받았다.

3. 르우벤 시냇가에 큰 결심이 있었다는 말은 적극적인 표현이 아니다. 큰 결심을 했다는 것이 매우 좋게 들리지만 그들은 결국 참전하지 않았다. 16절에서 드보라는 르우벤 지파가 요단 동편에 거하면서 다른

지파가 전쟁할 때 양의 우리 가운데 앉아서 목자의 저 부는 소리를 듣고 있음이 어찜이냐고 했다. 그런 행동이 과연 합당한 것이냐고 묻는 것이다. 드보라는 온 이스라엘이 전쟁 중에 있을 때 르우벤 지파가 평안히 앉아서 목자의 저 부는 소리를 들으며 탁상공론을 하는 것은 옳지 않다고 말하고 있는 것이다(호크마 주석). 르우벤 지파가 거주했던 요단 동편에는 시내가 많았다. 그러므로 그들은 시냇가에서 큰 결심, 또는 큰 살핌(16절)을 가졌는데, 이는 참전에 대한 열띤 토론이 있었다는 것을 암시한다. 큰 살핌과 큰 결심은 같은 의미를 전달한다. 'great searching of heart'란 르우벤 자손들이 요단 동편 시냇가에 모여 큰 토론을 하면서 주저함이 있었다는 말이고 많은 살핌 끝에 참전하지 않게 되었다는 의미이다.

4. 17절은 전투에 전혀 무관심했던 몇몇 지파들을 거론한다. 15절과 16절은 토론하고 관심을 보였지만 주저하다가 결국 참전을 포기한 지파들을 말하는 반면, 17절은 아예 관심조차 갖지 않고 자신들의 생업에만 충실했던 지파들을 서술한다. '길르앗은 요단 저편에 거하거늘'이란 요단 동편의 사람들 중 르우벤을 제외한 므낫세 반 지파와 갓 지파를 가리킨다. 그들도 참전하지 않았다. 단은 배에 머물렀고 아셀은 해빈에 머물렀다고 했다. 해빈과 시냇가는 지중해 연안을 가리키며 단과 아셀이 생업에만 몰두했다는 뜻이다.

5. 18절의 스불론과 납달리는 앞의 르우벤, 갓, 므낫세, 단, 아셀 등과는 달리 목숨을 걸고 싸운 지파이다. 그들은 처음부터 바락에게 소집되었고 가장 가나안의 압제를 많이 받은 지파이다. 대적으로부터 공격을 많이 받은 자들 가운데서 이기는 자들이 나오고 영적 전사들이 나오는 것은 교회사가 증명하는 바이다. 스불론은 생명을 걸고 싸웠고 납달리는 시스라의 철병거를 향하여 돌진하였다.

6. 19절부터 22절까지의 내용은 전쟁의 실제 상황을 그린 것이다. 열왕은 가나안 야빈의 동맹군을 말한다. 19절의 내용은 그들이 므깃도 물가 다아낙에서 싸웠으나 전리품을 얻지 못하였다는 뜻이다. 20절의 내용은 시스라 군은 결국 하늘의 별들과 싸웠다는 뜻이다. 이는 그들이 하늘을 대항하여 싸웠다는 것으로 이해할 수 있다. 21절에서는 기손 강의 범람을 말하는데, 야빈 군은 기손 강에서 강의 범람으로 패하게 되었다는 것이다. 그러므로 드보라는 그들이 하늘의 별을 맞아 싸웠다고 말하는 것이다. "내 영혼아 네가 힘 있는 자를 밟았도다"라고 한 것은 드보라가 피동적으로 그저 하늘의 하나님의 개입하심을 바라본 것이 아니라 능동적으로 그의 영혼이 하나님과 합심하여 기도함으로 또한 이스라엘 군을 지휘하고 통솔함으로(바락을 통해) 하나님의 싸우심과 더불어 역사한 것을 가리킨다.

7. 22절은 적군의 도주하는 광경과 이스라엘 군의 추격하는 광경을 그린 것이다("그때에 군마가 빨리 달리니 말굽소리는 땅을 울리도다").

8. 메로스를 저주하라고 한 것은 야엘에 대한 축복과 대조를 이룬다. 그들은 어쩌면 기손 강 부근에 있었을 것이며 응당 이스라엘을 도와야 할 위치에 있었던 사람들임에도 용사를 치지 않았다는 것이다. 그들은 길목에서 야빈 군을 만났는데, 만일 그때 그들이 그 군대를 쳤더라면 이스라엘에게 통쾌한 승리를 가져다줄 수 있었을 것이다. 그러나 그들은 그러한 절호의 기회를 지나치고 무시해버렸으며 그 결과 이스라엘은 힘들게 이기게 된 것이다. 그러므로 드보라는 메로스를 저주하라고 거듭 외치고 있다.

24-31절, 겐 사람 헤벨의 아내 야엘은 다른 여인보다 복을 받을 것이니 장막에 거한 여인보다 더욱 복을 받을 것이로다(24절) 시스라가 물을 구

하매 우유를 주되 곧 엉긴 젖을 귀한 그릇에 담아주었고(25절) 손으로 장막 말뚝을 잡으며 오른손에 장인의 방망이를 들고 그 방망이로 시스라를 쳐서 머리를 뚫되 곧 살쩍을 꿰뚫었도다(26절) 그가 그의 발 앞에 꾸부러지며 엎드러지고 쓰러졌고 그의 발 앞에 꾸부러져 엎드러져서 그 꾸부러진 곳에 엎드러져 죽었도다(27절) 시스라의 어미가 창문으로 바라보며 살창에서 부르짖기를 그의 병거가 어찌하여 더디 오는고 그의 병거 바퀴가 어찌하여 더디 구는고 하매(28절) 그 지혜로운 시녀들이 대답하였겠고 그도 스스로 대답하기를(29절) 그들이 어찌 노략물을 얻지 못하였으랴 그것을 나누지 못하였으랴 사람마다 한두 처녀를 얻었으리로다 시스라는 채색옷을 노략하였으리니 그것은 수놓은 채색옷이리로다 곧 양편에 수놓은 채색옷이리니 노략한 자의 목에 꾸미리로다 하였으리라(30절) 여호와여 주의 대적은 다 이와 같이 망하게 하시고 주를 사랑하는 자는 해가 힘있게 돋음 같게 하시옵소서 하니라 그 땅이 사십 년 동안 태평하였더라(31절)

1. 24절은 메로스의 저주와 완전 대조되는 부분이다. 그것은 헤벨의 아내 야엘에 대한 것이다. 겐 사람 헤벨의 아내 야엘은 이스라엘 사람이 아니며 모세의 장인 르우엘의 일족일 것이다. 그 남편 헤벨은 이스라엘과 야빈 왕의 중간 쯤에 서 있었다. 그러나 결정적일 때 그의 아내 야엘은 강력하게 이스라엘 편을 들었다. 그러한 행동이 하나님을 기쁘시게 했다.

2. 그녀는 시스라가 물을 구할 때 우유를 주고 안심시킨 후 잠잘 때 그의 머리를 뚫었는데 곧 살쩍, 관자놀이를 꿰뚫었던 것이다. 이는 강한 확신의 표시이다. 즉 확실하게 죽인 것이다. 그는 교만한 머리로 하나님의 택하신 백성들을 압제하며 자랑하다가 가장 수치스런 방식으로, 즉 칼이나 무기가 아닌 여인의 장막 말뚝과 방망이로 죽임을 당했다. 이것이 공의의 하나님의 보수하심이다.

3. 26절부터는 시스라 어머니의 상상적인 기다림을 묘사한 것이다. 그의 어머니는 살창 밖으로 바라보며 기다리다 지쳐 있었다. 왜 이렇게 더디 오느냐면서 마음을 졸이는 것이다. 지혜로운 처녀들이 대답하였을 것이다. 이는 모두 상상이지만 시(詩)이기 때문에 가능한 것이다. "그들이 어찌 노략물을 얻지 못하였으랴 그것을 나누지 못하였으랴 사람마다 한두 처녀를 얻었으리로다 시스라는 채색옷을 노략하였으리니 그것은 수놓은 채색옷이리로다". 이 모두가 그들의 헛된 망상을 묘사한 것이다.

31절은 기도로 끝마친다. 주의 대적이 이와 같이 망하게 하시고 주를 사랑하는 자는 해가 힘있게 돋음 같게 하옵소서! 이는 드보라의 마지막 소원으로서 앞으로 있을 모든 대적이 시스라와 같이 망하며 주님을 사랑하는 자는 야엘처럼 해가 힘있게 돋음 같게 되기를 바라는 것이다. 그 땅에 40년의 평화가 있게 되었다.

사사기 6장

Judges

1-10절, 이스라엘 자손이 또 여호와의 목전에 악을 행하였으므로 여호와께서 칠 년 동안 그들을 미디안의 손에 붙이시니(1절) 미디안의 손이 이스라엘을 이긴지라 이스라엘 자손이 미디안을 인하여 산에서 구멍과 굴과 산성을 자기를 위하여 만들었으며(2절) 이스라엘이 파종한 때면 미디안 사람, 아말렉 사람, 동방 사람이 치러 올라와서(3절) 진을 치고 가사에 이르도록 토지소산을 멸하여 이스라엘 가운데 식물을 남겨 두지 아니하며 양이나 소나 나귀도 남기지 아니하니(4절) 이는 그들이 그 짐승과 장막을 가지고 올라와서 메뚜기 떼같이 들어오니 그 사람과 약대가 무수함이라 그들이 그 땅에 들어와 멸하려 하니(5절) 이스라엘이 미디안을 인하여 미약함이 심한지라 이에 이스라엘 자손이 여호와께 부르짖었더라(6절) 이스라엘 자손이 미디안을 인하여 여호와께 부르짖은 고로(7절) 여호와께서 이스라엘 자손에게 한 선지자를 보내사 그들에게 이르되 이스라엘 하나님 여호와의 말씀에 내가 너희를 애굽에서 인도하여 내며 너희를 그 종되었던 집에서 나오게 하여(8절) 애굽 사람의 손과 너희를 학대하는 모든 자의 손에서 너희를 건져내고 그들을 너희 앞에서 쫓아내고 그 땅을 너희에게 주었으며(9절) 내가 또 너희에게 이르기를 나는 너희 하나님 여호와니 너희의 거하는 아모리 사람의 땅의 신들을 두려워 말라 하였으나 너희

가 내 목소리를 청종치 아니하였느니라 하셨다 하니라(10절)

1. 훌륭한 여사사 드보라의 죽음 이후 이스라엘은 다시 범죄하였고 하나님은 그들을 미디안의 손에 붙이사 7년 간 압제를 받게 하셨다. 미디안은 아브라함의 후처 그두라의 소생이므로(창 25:1-4) 이스라엘과는 혈연관계가 있지만 점점 멀어져 적대 관계에 있게 되었다. 그들은 이스마엘 자손들과 의논하여 요셉을 애굽에 판 자들이다(창 38:28, 29, 36). 민수기 22장에서 이스라엘이 모압 평지에 도착했을 때에만 해도 모압과 미디안은 이스라엘을 두려워함으로 결탁해서 발람을 고용하여 이스라엘을 저주하려 했던 약한 나라였다(민 22:1-8). 그러다 민수기 31장 7절에서 이스라엘에 의해 철저히 진멸당한 바 있다. 그때 하나님은 모세에게 미디안을 쳐서 원수를 갚으라고 하셨고 모세는 비느하스를 보내서 미디안의 모든 남자를 죽이라고 했다. 그 전쟁에서 미디안의 다섯 왕이 죽임을 당했고 발람도 그때 죽었다(민 31:1-10). 그러한 미디안이 약 200년이 지난 지금 남은 무리들이 힘을 증강시켜 이스라엘을 압박하는 정도가 되었다. 2절은 "미디안의 손이 이스라엘을 이긴지라"고 말한다. 이스라엘이 미디안에게 압박받는 정도가 심해서 산에다 구멍을 뚫고 굴을 팠으며 요새들을 만들었다. 지금 말로 하면 산 이곳저곳에 그들이 쳐들어오면 숨을 벙커를 만들어 놓은 것이다. 하나님의 백성들이 죄를 짓고 약해지면 이러한 비참한 상태에 떨어지게 되어 작은 대적에게도 당할 수 없을 만큼 되어버린다.

2. 당시 미디안 사람들은 유목민이었기 때문에 짐승을 데리고 이스라엘 사람들이 사는 곳에 들어와 이스라엘이 파종한 토지소산들을 멸절하였고 또 양이나 소나 나귀도 다 없애 버렸는데, 이때 미디안은 자신들만 들어온 것이 아니라 아말렉과 동방 사람과 함께 이스라엘에 들어왔다. 아말렉은 출애굽기 17장에서 이스라엘에게 한 번 패한 적이

있다. 그러나 이스라엘이 범죄하고 하나님을 떠나자 약체였던 자들이 다 강성하게 되어 쳐들어왔던 것이다. 이들이 첫째로 메뚜기처럼 들어왔다고 했는데, 이는 정규 군대편성으로 인한 전면적인 공격이 아니라 그저 사람들이 물밀듯 들어와 마구 공격하고 필요한 대로 빼앗고 했다는 뜻이다. 우리는 농촌에서 메뚜기들이 논밭을 한 번 휩쓸고 갔을 때를 연상해볼 수 있다. 메뚜기들은 전체가 명령 체계에 따라 움직이기보다는 자신들의 먹이를 따라 임의로 움직인다. 원래 메뚜기는 왕이 없는 곤충이다(잠 30:27). 그러므로 그들은 조직적인 규율에 따라 공격한 것은 아니고 그저 산발적으로 공격을 감행한 것이다. 그렇다 하더라도 이스라엘은 그들에게 대항할 수 없었다. 이것에 대해 성경은 "이스라엘의 미약함이 심한지라"고 했다(6절). '미약하다'는 것은 '쇠하게 되다', '가난하게 되다', '황폐하게 되다'라는 뜻이다.

이스라엘은 미디안에게 모든 것을 빼앗겼으므로 쇠하게 되고 가난하게 되고 황폐하게 되었다. 하나님의 자녀들이 영적인 힘을 잃어버리면 이렇게 된다. 하나님의 자녀들이 이렇게 약해지는데는 여러 가지 이유가 있다. 첫째는 죄를 짓고 회개하지 않는데도 있고, 상습적인 죄에 빠지는데도 원인이 있으며 마음속에 하나님 외에 다른 것을 두고 있는 경우도 그러하다. 가장 힘을 잃는 것이 하나있다. 그것은 성도가 하나님이 정하신 길 위에 있지 않은 것이다. 이것은 어쩌다가 죄를 짓는 죄보다 더 심각한 경우이다. 이는 성도가 주님을 순종하지 않는 길 위에 있는 것이고 하나님을 떠나 있는 것이기 때문이다. 이러한 경우는 돌이켜야 한다. 돌이키되 그 길을 돌이켜야 하는 것이다. 예레미야나 에스겔 선지자는 이스라엘에게 그 죄악의 길에서 돌이키라고 촉구했던 것이다(렘 18:23, 겔 33:8). 길을 돌이키는 것은 한 가지 죄악을 처리하는 것보다 더욱 심각하고 중대한 것이다. 성도가 잘못 들어선 길을 돌이킨 후에야 자신이 왜 그렇게 약했었던지를 깨닫게 될 것이다. 이를테면 예레미야 당시의 유다 제사장이나 선지자들은 가증하게 거짓 예언을 하였으며 자신들의 육신적 삶과 쾌락을 추구하였다. 이는 그들의 길이 잘못되었음을 증명한다. 당시 잘못된 길 위에 있었던 자들은 더 있다. 이는 바벨론의 침략을 피해 애굽을 의탁하려 했던 자들이나 예루살렘에 남아있으려 한 자들이다. 이들은 다 하나님의 뜻과 그 길 위에 있지 않고 자신들의 길을 정하고 간 사람들이었다. 결과로 저들은 나쁜 무화과로 판명이 되고 치욕과 저주와 조롱거리가 되게 하였다(렘 23-24장).

3. 그러자 이스라엘은 비로소 여호와께 부르짖었다. 그들이 편안할 때에는 여호와를 잊어버리고 바알과 아스다롯과 여러 우상들을 섬겼다. 이것이 그들이 여호와의 목전에 악행을 한 것이다(1절). 그들이 우상을 섬기게 된 것은 아모리 신들을 두려워했기 때문이다(10절). 사람이 참 하나님을 버리고 우상을 섬기게 되는 것은 아모리 사람을 두려워했기 때문이라는 것이다. 오늘날 하나님 아닌 것들을 섬기는 사람들은 그 대상이 사람이든 물건이든 두려움 때문에 거기서 벗어나지 못한다. 하나님 자신이 아닌 어떤 사람을 두려워하여 빠지게 되는 이단도 많다. 그런 이단은 영이요 진리이신 하나님을 두려움으로 섬기게 하지 않고 사람을 두려워함으로 그를 좇게 만든다. 그렇게 신격화되고 우상화된 사람이나 사물을 떠나거나 버리면 큰 재앙을 당하고 벌을 받을 것이라는 두려움을 갖게 하기 때문이다.

이스라엘은 그런 우상들을 두려워하며 섬겼지만 칠 년이라는 시간이 흐를 때 미디안으로부터 많은 핍박을 받으며 궁핍한 가운데 산과 굴에 숨어 지내면서 그 우상을 두려워하며 사로잡혔던 것에 대하여 회의가 일어났을 것이다. 악한 자가 우상으로 사람들을 사로잡는 방식은 대개 유사한데, 처음에는 사람에게 매우 편리하고 유익한 것처럼 다가와서 점점 끌어들여 깊이 빠지게 한 다음 그 단체나 어떤 주목할 만한 사람을 숭앙하고 두려워하게 만든다. 그리고서 그곳을 감히 떠날 수 없게 만들어 버린다. 그러나 대적으로부터 많은 착취와 압박을 당하면서 괴로운 나날들을 지내다보면 그 모든 상황을 다시 생각해보게 된다. 과연 그 우상이 자기에게 준 것이 무엇인가를 생각할 때 실상 아무 것도 없다는 것을 알게 된다. 그리고 헛된 것에 속았다는 것을 깨닫는다. 이렇게 속임당한 것을 알고 우상에서 벗어날 때 비로소 살아계시고 참되신 하나님을 찾게 된다. 지난 날 하나님을 순수하게 사랑하고 섬기며 교제하던 때를 기억하게 된다. 그리고 돌아올 마음을 갖게 된다. 뿐만 아니라 하나님은 선지자를 보내어 그들이 무엇을 잘못하였는지를 일깨워주신다(8절). 그리고 그 선지자를 통하여 그들의 죄를 책망하신다. 하나님은 그들의 불신과 악행에도 불구하고 그들이 돌이킬 수 있도록 최선을 다하신다. 그들의 가장 큰 죄악은 하나님의 목소리를 청종치 않은 것이다.

11-24절, 여호와의 사자가 아비에셀 사람 요아스에게 속한 오브라에 이르러 상수리나무 아래 앉으니라 마침 요아스의 아들 기드온이 미디안 사람에게 알리지 아니하려 하여 밀을 포도주 틀에서 타작하더니(11절) 여호와의 사자가 기드온에게 나타나 이르되 큰 용사여 여호와께서 너와 함께 계시도다(12절) 기드온이 그에게 대답하되 나의 주여 여호와께서 우리와 함께 계시면 어찌하여 이 모든 일이 우리에게 미쳤나이까 또 우리 열조가 일찍 우리에게 이르기를 여호와께서 우리를 애굽에서 나오게 하신 것이 아니냐 한 그 모든 이적이 어디 있나이까 이제 여호와께서 우리를 버리사 미디안의 손에 붙이셨나이다(13절) 여호와께서 그를 돌아보아 가라사대 너는 이 네 힘을 의지하고 가서 이스라엘을 미디안의 손에서 구원하라 내가 너를 보낸 것이 아니냐(14절) 기드온이 그에게 대답하되 주여 내가 무엇으로 이스라엘을 구원하리이까 보소서 나의 집은 므낫세 중에 극히 약하고 나는 내 아비 집에서 제일 작은 자니이다(15절) 여호와께서 그에게 이르시되 내가 반드시 너와 함께 하리니 네가 미디안 사람 치기를 한 사람을 치듯 하리라(16절) 기드온이 그에게 대답하되 내가 주께 은혜를 얻었

사오면 나와 말씀하신 이가 주 되시는 표징을 내게 보이소서(17절) 내가 예물을 가지고 다시 주께로 와서 그것을 주 앞에 드리기까지 이곳을 떠나지 마시기를 원하나이다 그가 가로되 내가 너 돌아오기를 기다리리라(18절) 기드온이 가서 염소 새끼 하나를 준비하고 가루 한 에바로 무교전병을 만들고 고기를 소쿠리에 담고 국을 양푼에 담아서 상수리나무 아래 그에게로 가져다가 드리매(19절) 하나님의 사자가 그에게 이르되 고기와 무교전병을 가져 이 반석 위에 두고 그 위에 국을 쏟으라 기드온이 그대로 하니(20절) 여호와의 사자가 손에 잡은 지팡이 끝을 내밀어 고기와 무교전병에 대매 불이 반석에서 나와 고기와 무교전병을 살랐고 여호와의 사자는 떠나서 보이지 아니한지라(21절) 기드온이 그가 여호와의 사자인 줄 알고 가로되 슬프도소이다 주 여호와여 내가 여호와의 사자를 대면하여 보았나이다(22절) 여호와께서 그에게 이르시되 너는 안심하라 두려워 말라 죽지 아니하리라 하시니라(23절) 기드온이 여호와를 위하여 거기서 단을 쌓고 이름을 여호와살롬이라 하였더라 그것이 오늘까지 아비에셀 사람에게 속한 오브라에 있더라(24절)

1. 11절의 여호와의 사자는 구약 시대에도 그분의 백성들을 권념하시고 때때로 구원의 역사를 하시며 돌보신 성육신 이전의 그리스도를 가리킨다(출 3장 참조). 그분이 그리스도이심은 14절과 16절에서 그분이 여호와로 불리우고 있는 것으로 보아 알 수 있으며, 22절과 23절을 볼 때 기드온은 여호와의 사자를 본 것으로 인하여 슬퍼했는데, 이는 그에게 사람이 하나님을 보면 죽는다는 상식이 있었기 때문이다. 분명 하나님께서는 그분을 보는 자는 죽는다고 하셨지만(출 33:20) 그분이 장차 인자로 나타나실 그리스도의 전조(前兆)로서 이 땅에 사람을 접촉하기 위하여 나타나신 하나님(manifested God)으로서는 보고도 죽지 않을 수 있다는 것을 암시하신 것이라 생각할 수 있다. 사람을 구하기 위해 인자로 오신 하나님을 찬양하자.

2. 여호와의 사자이신 주님은 요아스의 아들 기드온을 찾으셨다. 이와 같이 하나님께서는 그분 스스로 사람을 택하여 사용하신다. 그분은 이스라엘을 구출하시기 위해 합당한 사람을 찾으셨는데, 요아스의 아들 기드온이 바로 하나님이 사용하시기에 적합한 그릇이었다. 많은 이스라엘 사람들 중에 왜 그가 하나님 눈에 띄었을까? 첫째로 그가 미디안에 맹종하는 사람이 아니었기 때문이다. 그는 미디안이 이스라엘을 압제하여 곡물이든 뭐든 착취하여 가는 것이 불법이라는 것과 그들의 그러한 행사가 옳지 않음을 알고 매우 못마땅하게 여기는 사람이었다. 12절에서 여호와의 사자는 기드온을 "큰 용사여"라고 불렀다. 당시 미약한 므낫세 지파 중에서도 매우 작은 요아스 가족의 한 사람인 그를 어떤 사람도 큰 용사라고 보지 않았으며 기드온 자신도 스스로를 큰 용사로 보지 않았다. 그러나 하나님께서 사람을 보시는 눈은 다르다. 주님은 누가 큰 일을 할 수 있는지를 아신다. 하나님께서 아시는 것이 참된 것이다.

기드온은 자신이 경작하여 얻은 곡식을 포도주틀에서 비밀리에 타작하였다. 미디안에게 알려지지 않게 하려는 것이었다. 그는 비록 자신이 당시 약체였던 이스라엘의 사람으로서 미디안에게 압제를 받고 있었지만 그 불법적인 미디안의 권세를 인정하지 않았다. 그들은 하나님의 말씀에 따라 철저히 진멸되어야 할 대상이지 이스라엘이 굴복해야 할 대상이 아니었다. 그러나 당시 많은 이스라엘 사람들이 순진하게도 미디안 사람들에게 곡물을 바쳐가며 그들이 조금 남겨주는 것을 받아 근근이 살아가고 있었다. 그들은 미디안의 압제를 받더라도 타협하며 사는 것이 편하다고 생각한 것이다. 대다수의 사람들이 그저 현실에 순응하며 살겠다는 것이다. 그러나 기드온은 달랐다. 기드온은 발각될 때 핍박과 어려움을 당할 것을 각오하고 비밀리에 타작을 한 것이다. 기드온은 귀한 곡식을 미디안 사람들에게 주는 것을 아깝게 여겼을 것이다. 기드온은 밀을 포도주틀에서 타작할 때 미디안 대적을 타작하는 심정이었으리라. 그것이 여호와의 사자가 그를 큰 용사로 본 이유였을 것이다.

또한 여호와의 사자와 기드온의 대화 속에서도 그의 심중을 알 수 있다. 12절에서 여호와의 사자가 기드온에게 "큰 용사여 여호와께서 너와 함께하시도다"라고 했을 때에 한 기드온의 대답은 그의 심중에 무엇이 들어있는지를 나타낸다. "나의 주여, 여호와께서 우리와 함께 계시면 어찌하여 이 모든 일이 우리에게 미쳤나이까…이제 여호와께서 우리를 버리사 미디안의 손에 붙이셨나이다". 기드온의 이 말이 겉으로는 원망처럼 들리지만 사실 하나님의 마음을 기쁘게 하였다. 그의 말 속에는 개인의 안녕과 평안이 아닌 이스라엘을 위한 심정이 들어 있다. 그것은 기드온이 하나님의 나라인 이스라엘을 위하여 대적 미디안에 대한 적개심이 가득하고 나라가 구출되기 위해서는 미디안을 쳐부수고 현실 상황을 근본적으로 개선하지 않으면 안 된다는 영으로 가득하기 때문이다. 실상 그러한 기드온의 마음은 하나님의 마음과 일치된 것이기도 하다. 이스라엘 전체에 대한 동족애와 적에 대한 공정한 관점이 그로 하여금 네 번째 사사가 되어 미디안 손에서 이스라엘을 건져내는 일을 하게 한 것이다. 어떤 사람들은 그저 자신들만 무난하게 살면 된다는 식의 안일함에 빠져 미디안 사람들과 좋게 지내며 자신들의 안녕과 편안함을 추구했을 것이다. 그러한 정신은 하나님이 기뻐하지 않으실 뿐 아니라 하나님께서 그런 안일무사한 사람을 쓰실 리도 없다.

3. 14절은 하나님께서 그에게 직무를 부여하시는 장면이다. "너는 이 네 힘을 의지하고 가서 이스라엘을 미디안의 손에서 구원하라 내가 너를 보낸 것이 아니냐?" 여기서 하나님은 기드온에게 네 힘을 의지하고 미디안을 치라고 하신다. 하나님은 물론 기드온과 함께하심으로 싸우시겠지만 먼저 기드온에게 네 힘을 의지하여 싸우라고 하신다. 하나님은 우리 힘이 약하다는 것을 아시지만 그럼에도 먼저 우리의 약한 힘을 사용하라고 하신다. 사람 편에서 먼저 사모하고 갈망하여 헌신하지

않으면 하나님께서도 사람을 사용하실 수 없다. 한 어린아이가 오병이어를 드릴 때 주님은 오천 명(여자와 아이 외의 숫자)을 먹이실 수 있었다. 오병이어만으로 먹이신 것은 아니지만 하나님은 사람 편에서의 드림을 근거로 하여 역사하신다. 사람 편에서는 싸울 마음도, 용기도 없는데 하나님께서 역사하시지는 않는다.

4. 15절의 기드온의 대답에서 우리는 기드온이 어떤 사람인가를 볼 수 있다. 실상 그는 크게 내세울 것이 없는 므낫세 지파의 사람이었다. 그러한 므낫세 지파 중에서도 기드온의 집은 결코 문벌 있는 집이 아니었다. 또 그 중에서도 기드온은 가장 작은 자였다. 모든 면에서 기드온은 결코 두드러진 인물이 아니었지만 하나님은 그런 약한 자를 들어 강한 자를 부끄럽게 하고자 하신다(고전 1:27). 하나님은 지파 중에서도 탁월하지 않고 집안에서도 별로 눈에 띄지 않은 자를 일으키셨다. 그리고 그를 통해 대적을 물리치기로 작정하셨다. "내가 반드시 너와 함께 하리니 네가 미디안 사람 치기를 한 사람을 치듯 하리라"(16절). 기드온이 하나님께 쓰임을 받은 것은 그가 하나님의 나라와 권익을 사랑하되 자신의 연약함을 알았기 때문이다. 그는 이스라엘의 형편을 걱정하고 미디안을 향하여 적개심이 가득했지만 자신이 무엇을 할 수 있는 사람이라고 여기지 않았다. 하나님은 이렇게 자신을 신뢰하지 않는 사람을 좋아하신다.

그러나 또 한 면으로는 하나님께서 일을 맡기시고 함께하시겠다고 약속하실 때 즉시 듣고 순종하는 사람이어야 쓰임받을 수 있다. 기드온은 여호와의 사자의 말씀을 듣자 곧 그 표징을 달라고 구하였다. 그리고 예물을 가지고 다시 왔다. 그는 드리고자 했고 섬기고자 했다. 어쩌면 그는 이미 기다리고 있었다. 즉 예비된 사람이었다는 것이다. 때가 왔을 때 즉시 그는 나타나신 주님께 드릴 준비가 되어 있었다. 여호와의 사자는 기드온이 가져온 예물을 지팡이로 열납하신 다음(불이 반석에서 나와 고기와 무교전병을 사름) 떠나가시고 보이지 않으셨다. 기드온은 그분이 떠난 후에야 그분이 여호와 하나님 자신이라는 것을 깨닫고 죽을까봐 두려워하였다. 그때 주님은 기드온에게 이렇게 말씀하셨다. "너는 안심하라 두려워 말라 죽지 아니하리라"(23절). 그는 하나님을 경외하고 순종하는 데 있어서 예비된 자였다. 기드온은 하나님의 위로를 받은 후 그곳을 '여호와 살롬'이라 불렀는데, 이는 '여호와의 평강'이라는 뜻이다. 처음에는 그가 두려워했지만 하나님의 음성을 들은 후 마음이 편해졌다. 누구든지 하나님을 만난 자는 그분이 평강이시라는 것을 안다. 아직도 많은 면에서 두려움에 사로잡힌 사람이 있다면 그는 아직 깊이 하나님을 접하지 못한 자임에 틀림없다. 우리 하나님은 평강의 하나님이시다(빌 4:9).

5. 기드온은 평화를 열망하는 사람이었다. 이는 여호와의 사자를 대면하여 본 곳을 '여호와 살롬'으로 칭한 것에서 알 수 있다. 그는 분명 싸운 자였지만 깊은 심령에 평화에 대한 강렬한 열망이 있었던 것이다. 기드온은 친구들과 이웃들의 경우에서 전쟁의 황폐케 하는 효과들을 오랫동안 보아왔다. 그는 이스라엘의 남은 자들이 산중의 자고새들처럼 사냥을 당하고 있을 때 슬픔과 분노가 끓어올랐던 것이다. 그러한 전쟁의 공포와 해악은 기드온 자신의 산록(山麓)에 까지 미쳤던 것이다. 포도즙틀은 타작하기가 매우 불편한 곳이었지만 그는 그 포도주틀 곁에서 밀을 타작하고 있었던 것이다. 기드온은 이런 상태가 이스라엘이 하나님과의 바른 관계를 갖지 않음으로 오는 것임도 알고 있었다. 그 시대에 분명 기드온 같은 사람은 다른 사람들과 다른 통찰력을 갖고 있었던 것이다.

그러나 그가 그렇게 좋은 형제였지만 그는 전통에 의해 그릇된 가르침을 갖고 있었다. 그것은 그 어떤 사람도 하늘의 존재를 보고 살 수가 없다는 것이었다. 하나님은 그 종 모세에게 그분의 얼굴을 보고서는 살

자가 없다고 말한 적이 있으시다. 그러나 그것은 성부 하나님을 말한 것이다. 그분은 "네가 한 천사를 보고도 살 수 없을 것이다"라고 말씀하신 것이 아니다. 우리가 하나님을 볼 수 없을지라도 예수의 얼굴을 볼 수 없는 것이 아니다. 우리가 하나님을 볼 수 없을지라도 예수의 얼굴에 나타난 하나님을 볼 수 있는 것이다. 주님은 기드온의 관념을 깨뜨리셨다. 주님은 "안심하라 네가 죽지 아니하리라"고 하셨다. 기존 관념을 고집하는한 이기는 자들이 될 수 없다. 진정한 평화를 가져오고자 하는 하나님의 사람들의 승리의 역사는 기존관념과 전통적인 사고를 뛰어넘어선 초월한 체험이 있는 자들 가운데서 발견된다.

25-32절, **이날 밤에 여호와께서 기드온에게 이르시되 네 아비의 수소 곧 칠 년 된 둘째 수소를 취하고 네 아비에게 있는 바알의 단을 헐며 단 곁의 아세라 상을 찍고(25절) 또 이 견고한 성 위에 네 하나님 여호와를 위하여 규례대로 한 단을 쌓고 그 둘째 수소를 취하여 네가 찍은 아세라나무로 번제를 드릴지니라(26절) 이에 기드온이 종 열을 데리고 여호와의 말씀하신 대로 행하되 아비의 가족과 그 성읍 사람들을 두려워하므로 이 일을 감히 백주에 행하지 못하고 밤에 행하니라(27절) 성읍 사람들이 아침에 일찌기 일어나 본즉 바알의 단이 훼파되었으며 단 곁의 아세라가 찍혔고 새로 쌓은 단 위에 그 둘째 수소를 드렸는지라(28절) 서로 물어 가로되 이것이 누구의 소위인고 하고 그들이 캐어물은 후에 가로되 요아스의 아들 기드온이 이를 행하였도다 하고(29절) 성읍 사람들이 요아스에게 이르되 네 아들을 끌어내라 그는 당연히 죽을지니 이는 바알의 단을 훼파하고 단 곁의 아세라를 찍었음이니라(30절) 요아스가 자기를 둘러선 모든 자에게 이르되 너희가 바알을 위하여 쟁론하느냐 너희가 바알을 구원하겠느냐 그를 위하여 쟁론하는 자는 이 아침에 죽음을 당하리라 바알이 과연 신일진대 그 단을 훼파하였은즉 스스로 쟁론할 것이니라 하니라(31절) 그날에 기드온을 여룹바알이라 하였으니 이는 그가 바알의 단을 훼파하였은즉**

바알이 더불어 쟁론할 것이라 함이었더라(32절)

1. 먼저 기드온은 명령을 준행하기 전에 해야 할 일이 있었다. 두 가지인데, 첫째는 제물을 드리는 일이고 둘째는 아버지 집에 있는 바알의 단과 아세라 상을 찍는 것이었다. 그리고 그 찍은 아세라 상을 땔 나무로 삼아 둘째 수소를 하나님께 제물로 드려야 했다. 여기에서 우리는 기드온의 아버지 집이 그 공동체에서 바알을 섬기는 일을 주도하는 위치에 있었다는 사실에 놀라움을 금할 수 없다. 그런데 더욱 놀라운 것은 비록 아버지가 그렇게 이방 신을 섬기고 미디안 또는 이방 열국과 연루되어 혼돈 속에 빠져있을지라도 아들 기드온만큼은 그렇지 않았다는 것이다. 그는 신앙에 관한 한 하나님 중심이요 하나님 우선이었다. 비록 그의 부친은 우상과 연루되었어도 그는 우상 숭배하는 일에 따르지 않았다. 그러기에 그는 하나님의 말씀을 듣고 당장 바알의 단을 훼파할 수 있었던 것이다. 누구든지 그 마음에 우상을 두고 바깥의 우상을 훼파할 수 있는 사람은 없다. 그러기에 기드온이 준비된 사람이라고 말하는 것이다. 하나님은 사람을 외모로 보시지 않는다. 밖으로 볼 때에는 부친이 바알을 섬기는 일에 대표적인 위치에 있고 아세라 신을 섬기고 있었지만 하나님은 그런 가정에서 우상의 일에 연루되지 않고 하나님의 백성을 사랑하는 한 젊은이를 찾으셨다. 그는 그런 우상의 가정에서 하나님에 의해 예비된 자였다.

하나님께서는 기드온이 미디안을 치고 이스라엘을 구원하기 위해서는 적어도 자기 아버지 집의 우상의 단을 헐어야 함을 아셨다. 기드온은 그 아비의 가족과 성읍 사람들을 두려워했으며 만일 자기가 바알의 단을 헐고 아세라 상을 찍는다면 핍박과 공격이 있을 것을 알았다. 그러나 그는 하나님의 말씀을 순종했다. 다만 두려움 때문에 대낮에 그 일을 하지 못하고 밤에 했을 뿐이다. 이 구절에서 그가 아비의 집을 두려워한 것으로 보아 그는 자기 집안에서도 결코 큰 자가 아니었다. 기드온은 바알의 단을 훼파하고 아세라 상을 찍었으며 새로 여호와의 단을 쌓고 그 위에 그 둘째 수소를 제물로 드렸다. 그가 미디안을 치고 온 이스라엘을 구하기 위해서는 먼저 자신의 아비 집의 우상을 제거해야 했는데, 이는 너무나 당연한 일이다. 국가를 구하기에 앞서 가정을 구해야 한다. "사람이 자기 집을 다스릴 줄 알지 못하면 어찌 하나님의 교회를 돌아보리요"(딤전 3:5).

2. 그가 밤에 행했을지라도 결국 그의 행위(바알의 단을 훼파한 일)는 온 성읍에 드러났다. 예상대로 성읍 사람들은 기드온의 집에 와서 아버지 요아스에게 기드온을 끌어내라고 외쳤다. 우상 숭배를 포함하여 종교적인 열심은 세력을 수반한다. 군중심리도 있고 대세도 있고 명분도 있다. 한마디로 종교적인 세계도 일종의 세상 조직이다. 그러한 결집된 힘은 약자나 그러한 세력 판도에 위해를 가하는 사람을 용납하지 않는다. 그런 사람들은 종교를 중심으로 자신들의 입지나 지위나 명성 등을 구축하여 놓기 때문에 그것이 흔들릴 때에 가장 예민하게 반응한다. 기드온은 바로 이런 중심을 허물어버린 것이다. 그 다음 날 아침 성읍 사람들은 그 우상을 두둔하면서 기드온을 죽이자고 외쳤다. 이렇게 하는 그들이 단순히 바알을 위하는 것 같지만 실상은 하나님을 대적하고 자신들의 편안함과 안녕과 질서를 위하고 있는 것이다.

아버지 요아스는 이 결정적인 때에 아들을 위했다. 그가 비록 바로 전까지 바알 단에서 섬기는 자였을지라도 그의 아들이 죽임당할 수 있는 급박한 상황에서 그는 지금까지 바알과 아스다롯을 섬겼지만 그로부터 아무 것도 얻지 못하고 고통만 당해왔다는 것을 깨달았을 것이다. 그리고 이제는 더 이상 속임당할 필요가 없다고 느꼈을 것이다. 이때 아버지 요아스는 군중을 따르지 않고 기드온과 하나님을 위했다. 기드온의 아버지 요아스는 성난 군중들을 향하여 이렇게 말했다. "너희가 바알을 위하여 쟁론하느냐? 너희가 바알을 구원하겠느냐?" 매우 설득력 있는 말이었다. 그러면서 "바알이 과연 신일진대 그 단을 훼파하였은즉 스스로 쟁론할 것이니라"고 했다.

오늘날 이단적인 단체에 빠진 많은 사람들이 그들의 교주나 인도자를 신격화하고 높이는 것은 흔히 있는 일이다. 그리고 그들 단체의 주요 교리를 강하게 신뢰하고 주장한다. 그러다 어떤 사람들이 그들 단체나 교리를 비판하면 격렬하게 반발하며 방어하려 한다. 때로 방송국까지 점거하는 등의 소동을 벌이기도 한다. 그들은 사람의 육체의 손으로, 또는 법의 힘으로, 때로는 무력으로 자신들의 종교가 무너지지 않도록 붙잡으려고 애쓴다.

당시 그 성읍 사람들은 바알이 스스로 쟁론하고 스스로 자기를 지키도록 맡기지 못했다. 사실 그들은 바알이 무능하다는 것을 어느 정도는 알고 있었다. 그런데 왜 바알을 위하여 쟁론하려 했는가? 왜 생명 없는 바알을 위하여 유능한 청년을 죽여야 한다고 생각했는가? 그것은 결국 자신들의 지위와 체계와 생존과 명성과 행복을 위한 것이다. 그들은 자신을 위하여 하나님을 버리고 우상을 택한 것이다. 여룹바알이란 기드온이 그날 얻은 별명인데 그 뜻은 바알이 스스로 쟁론한다는 것이다.

33-40절, 때에 미디안 사람과 아말렉 사람과 동방 사람들이 다 모여 요단을 건너와서 이스르엘 골짜기에 진을 친지라(33절) 여호와의 신이 기드온에게 강림하시니 기드온이 나팔을 불매 아비에셀 족속이 다 모여서 그를 좇고(34절) 기드온이 또 사자를 온 므낫세에 두루 보내매 그들도 모여서 그를 좇고 또 사자를 아셀과 스불론과 납달리에 보내매 그 무리도 올라와서 그를 영접하더라(35절) 기드온이 하나님께 여짜오되 주께서 이미 말씀하심같이 내 손으로 이스라엘을 구원하려 하시거든(36절) 보소서 내가 양털 한 뭉치를 타작마당에 두리니 이슬이 양털에만 있고 사면 땅은 마르면 주께서 이미 말씀하심같이 내 손으로 이스라엘을 구원하실 줄 내가 알겠나이다 하였더니(37절) 그대로 된지라 이튿날 기드온이 일찌기 일어나

서 양털을 취하여 이슬을 짜니 물이 그릇에 가득하더라(38절) 기드온이 또 하나님께 여짜오되 주여 내게 진노하지 마옵소서 내가 이번만 말하리이다 구하옵나니 나로 다시 한 번 양털로 시험하게 하소서 양털만 마르고 사면 땅에는 다 이슬이 있게 하옵소서 하였더니(39절) 이 밤에 하나님이 그대로 행하시니 곧 양털만 마르고 사면 땅에는 다 이슬이 있었더라(40절)

1. 미디안 사람과 아말렉 사람과 동방 사람들은 기드온이 몰래 타작한 것도 알았을 것이고 바알의 단을 훼파한 사실도 알았을 것이다. 때로 지나친 종교심을 가진 자들은 가족이나 국가나 진리보다는 자신들과 동질감 있는 자들과 더욱 긴밀하게 관계를 유지한다. 아마 이런 자들이 자신의 가족이나 나라에 어떤 해가 돌아갈 줄 모르고 다만 기드온이 한 일을 괘씸하게 생각하여 미디안 대적들에게 그들의 주된 우상인 바알과 아스다롯을 무너뜨린 사실을 전해주었을 수 있다. 아마 그들은 기드온을 그들 종교의 대적으로 여겨 그가 몰래 밀을 타작한 사실까지도 보고했을 것이다. 때에 그들이 이스라엘을 치러 들어왔다.

2. 이때 여호와의 영이 기드온에게 강림하여 나팔을 부니 아비에셀 족속이 다 모여 그를 좇았다. 또 온 므낫세에 사자를 보내니 므낫세 지파 사람들이 기드온을 따랐다. 먼저 기드온은 자기 지파 사람들을 모았다. 다음에는 사자들을 아셀과 스블론과 납달리에 보내어 많은 무리를 모았다. 그때 기드온은 큰 전쟁을 앞두고 하나님께서 과연 함께 해주실 것인지 아닌지를 확인하고 싶었다. 그래서 하나님께 구했다. 타작마당에 양털 한 뭉치가 있는데 물이 그 양털에는 적셔지고 사면 땅에는 마르게 된다면 기드온은 과연 하나님이 미디안과 연합군을 제거할 수 있다는 확신을 가질 수 있다. 하나님은 기드온의 요청대로 그렇게 해 주셨다. 그런 다음 기드온은 다시 한 번 반대로 요청했다. 그러나 하나님은 번거롭게 여기지 않으시고 다시 그 반대도 들어 주셨다. 하나님은

때로 이러한 기적을 통해 믿는이들의 믿음을 강화시켜주신다.

3. "기드온이 하나님께 여짜오되 주께서 이미 말씀하심같이 내 손으로 이스라엘을 구원하려 하시거든 보소서 내가 양털 한 뭉치를 타작마당에 두리니 이슬이 양털에만 있고 사면 땅은 마르면 주께서 이미 말씀하심같이 내 손으로 이스라엘을 구원하실 줄 내가 알겠나이다 하였더니 그대로 된지라 이튿날 기드온이 일찌기 일어나서 양털을 취하여 이슬을 짜니 물이 그릇에 가득하더라 기드온이 또 하나님께 여짜오되 주여 내게 진노하지 마옵소서 내가 이번만 말하리이다 구하옵나니 나로 다시 한 번 양털로 시험하게 하소서 양털만 마르고 사면 땅에는 다 이슬이 있게 하옵소서 하였더니 이 밤에 하나님이 그대로 행하시니 곧 양털만 마르고 사면 땅에는 다 이슬이 있었더라".

이러한 이상한 기드온의 요청과 응답은 분명 기드온의 체험이었을 것이다. 이 징조는 분명 그 동안 기드온이 미디안의 압제 아래 있으면서 혼자서 생각하고 느끼며 괴로워하던 체험이었으므로 주님께 물은 것이리라! 당시 기드온 주변에 있던 모든 사람들은 미디안의 압제 아래서, 압제자의 정권이 잘 해주므로 조금 좋으면 흥분하고 좋아하며 타작 마당과 같이 열을 받아 바짝 말랐을 것이다. 그러나 그는 그러한 상태에서도 도저히 완전히 물기가 말라붙지 않는 심정, 서늘하고 침착한 심정을 지니고 있었을 것이다.

그리고 압제자가 정책을 바꾸어 압박을 가할 때 이스라엘 백성들은 젖은 마당과 같아서 낙담하여 축축해져 있을 때 그는 조금도 위축됨이 없이 일상적인 상태 안에 있으면서 장래를 위해 한 발씩 예비하고 있었던 것이다. 실제의 전투에서 가장 담대한 사람들은 대개 다가오는 전투를 심각하게 바라보면서도 가볍고 경망스럽게는 전투에 나아가지 않으려는 사람들 가운데서 발견된다. 그런 사람들은 분명 주위의 사람들과 다른 방식으로 생활하는 사람들인 것이다. 그들은 자기가 할 수 있는 일들을 찾아 한 걸음씩 준비하며 나아가는 것이다. 기드온은 그렇게 행동하면서도 아직 큰 확신이 없었던 고로, 다른 많은 사람들의 생각과 처신과는 다른 자신의 생각을 주님께 확인하고 싶었던 것이다. 주님은 그것이 맞다고 확인해주시는 의미로 그 기적을 들어주신 것이다. 이것은 기드온을 크게 격려하고 힘을 주었을 것이다.

사사기 7장

Judges

1-8절, 여룹바알이라 하는 기드온과 그를 좇은 모든 백성이 일찌기 일어나서 하롯 샘 곁에 진 쳤고 미디안의 진은 그들의 북편이요 모레 산 앞 골짜기에 있었더라(1절) 여호와께서 기드온에게 이르시되 너를 좇은 백성이 너무 많은즉 내가 그들의 손에 미디안 사람을 붙이지 아니하리니 이는 이스라엘이 나를 거스려 자긍하기를 내 손이 나를 구원하였다 할까 함이니라(2절) 이제 너는 백성의 귀에 고하여 이르기를 누구든지 두려워서 떠는 자여든 길르앗 산에서 떠나 돌아가라 하라 하시니 이에 돌아간 백성이 이만 이천 명이요 남은 자가 일만 명이었더라(3절) 여호와께서 또 기드온에게 이르시되 백성이 아직도 많으니 그들을 인도하여 물가로 내려가라 거기서 내가 너를 위하여 그들을 시험하리라 무릇 내가 누구를 가리켜 이르기를 이가 너와 함께 가리라 하면 그는 너와 함께 갈 것이요 내가 누구를 가리켜 이르기를 이는 너와 함께 가지 말 것이니라 하면 그는 가지 말 것이니라 하신지라(4절) 이에 백성을 인도하여 물가에 내려가매 여호와께서 기드온에게 이르시되 무릇 개의 핥는 것같이 그 혀로 물을 핥는 자는 너는 따로 세우고 또 무릇 무릎을 꿇고 마시는 자도 그같이 하라 하시더니(5절) 손으로 움켜 입에 대고 핥는 자의 수는 삼백 명이요 그 외의 백성은 다 무릎을 꿇고 물을 마신지라(6절) 여호와께서 기드온에게 이르시되 내

가 이 물을 핥아 먹은 삼백 명으로 너희를 구원하며 미디안 사람을 네 손에 붙이리니 남은 백성은 각각 그 처소로 돌아갈 것이니라 하시니(7절) 이에 백성이 양식과 나팔을 손에 든지라 기드온이 이스라엘의 모든 사람을 각각 그 장막으로 돌려보내고 그 삼백 명은 머물러 두니라 미디안 진은 그 아래 골짜기 가운데 있었더라(8절)

1. 기드온이 진을 친 하롯 샘의 하롯은 떨림이라는 뜻이다. 이 지명을 통해 추측할 수 있는 것은 이스라엘이 당시 미디안 군 앞에서 떨고 있었다는 것이다. 여호와께서는 기드온의 나팔소리를 듣고 모여온 32,000 명의 군대가 너무 많다고 하셨다. 두려워 떠는 한 무리의 사람들은 이미 전쟁을 할 수 있는 상태가 아니다. 영적 전쟁을 이기기 위해서는 먼저가 영적으로 속사람 안에서 강건케 되어야 한다(엡 6장). 또한 하나님은 이스라엘이 인수가 많으면 그들이 이긴 후에 자신들의 능력으로 이겼다고 자긍할 것을 우려하셨다.

2. 영적 전쟁에 참여할 수 있는 자격은 담대함이다. 두려워하는 자들은 영적 전쟁에 참여할 수 없다. 베드로 전서 5장 8절은 "너희 대적 마귀가 우는 사자같이 삼킬 자를 찾나니"라고 말한다. 마귀는 먼저 으르렁거리는 소리로 신자들을 두렵게 하여 꼼짝 못하게 한 뒤에 삼켜버리곤 한다. 가령 어떤 사람이 맹수를 만났을 때 문제는 순간 두려움으로 온 몸이 얼어붙어서 꼼짝 못하게 되는 것이다. 그럴 때 잡아먹히는 것이다. 그러므로 우리 옛말에 호랑이에게 물려가더라도 정신만 차리면 산다는 말이 있다.

영적 전쟁에서는 우선 두려워 떨지 말아야 한다. 두려워하는 자들은 이기지 못한다. 여호와께서는 두려워하는 자들을 돌려보내라고 하셨다. 그때 22,000 명이 돌아갔다. 심약한 자들은 다른 군인들에게도 영향을 미친다. 이제 10,000 명이 남았는데 여호와께서는 기드온에게 일만 명도 아직 너무 많다고 하셨다. 그리고 이번에는 물을 마시는 것을 보고 전쟁할 자와 돌아갈 자를 구분하라고 하셨다. 물을 마시되 손으로 물을 움켜 개같이 핥아먹는 자와 무릎 꿇고 마시는 자를 구분해야 했다. 정병을 구분하는 비결은 목이 마를 때 물을 마시는 태도에 있다.

극심히 목마르면 너무 견디기 어렵고 절박하기까지 하다. 그렇게 목마르다가 물을 마실 수 있는 상황이 주어지면 평소에 나타나지 않던 그 사람의 됨됨이가 나타나게 된다. 사람들이 함께 있고 긴장한 상태에 있을 때에는 그의 진상을 알기 어렵다. 그러다 어느 날 자유로운 여건이 주어질 때 그의 원래 모습이 그대로 드러나게 된다.

손으로 물을 움켜 개처럼 핥아먹는 자는 전쟁 중 짧은 시간이라도 대적에 대해 깨어있는 자이다. 군대 용어로 물을 마실 때에도 사주경계를 하며 물을 마시는 것이다. 그러나 물을 마실 때 무릎을 꿇고 마시는 자는, 군사로서 단체 행동을 할 때에는 제법 싸우는 자같이 보일지라도 일단 자유로운 시간이 주어지고 물을 마실 일이 벌어지면 다 잊어버리고 그저 물 마시는 일에만 정신이 팔리는 자들이다. 하나님께서는 어떤 상황에서도 깨어 있는 그러한 자들을 정병으로 선발하라고 하셨다. 기드온은 그렇게 개처럼 핥아 물을 마시는 300 명만을 미디안 정복군으로 삼아야 했다.

3. 성경은 이기는 자들을 중심으로 씌어진 책이다. 이기는 자들이란 자신들을 위한 자들이 아니라 이스라엘의 구원을 위하여 싸우는 자들이다. 우리는 특히 사사기에서 이기는 자들의 노선을 볼 수 있다. 여러 사사들을 통해서 이기는 자들의 특징을 보게 된다. 기드온과 함께 선발된 300 명의 용사들은 이기는 자들의 전형이다. 과연 이기는 자들은 어떤 특징을 가지고 있으며 반대로 실패자들은 어떠한 특징을 가지고 있는가? 가장 먼저 돌아간 20,000 명은 싸움 자체를 두려워한 자들이다. 이러한 자들은 말할 것도 없이 낙제이다. 그러나 선발된 300 명 외에도

10,000 명은 두려워하지 않는 자들이었다. 그렇다 하더라도 한 가지 더 시험해 볼 것이 있다. 그들이 여유로운 시간에 가장 기본적이고 절실한 문제에 부닥쳤을 때 어떤 식으로 반응하느냐는 것이다. 어떤 사람은 생계 문제가 이러한 시험이 된다. 어떤 사람은 자녀들의 교육 문제이며 또 어떤 사람은 남편과 아내의 문제이다. 이러한 시험이 닥칠 때 정병으로 발탁될 사람들은 그런 일들을 돌보되 거기에 완전히 빠지지는 않는다. 어디까지나 주님의 일을 주의하고 돌보는 것을 중심으로 모든 것을 행한다. 그러나 어떤 사람들은 생계 문제와 자녀 문제, 배우자의 반대 등에 부딪힐 때 무릎을 꿇어버린다. 그들은 그 일을 일단 해결한 다음 섬기겠다고 하지만 하나님께서는 그런 사람은 이기는 자들의 전투에서 제외해야 한다고 하실 것이다. 무릎 꿇고 물을 마신 자들은 자신들이 왜 자격이 없느냐고 따질지 모른다. 그러면서 물을 마신 다음 바로 싸움에 임하면 되지 않느냐고 할 것이다. 그러나 참 군대장관이신 주님은 물을 마시는 그 순간에도 대적을 주의하며 자신의 전투태세를 흐트러뜨리지 않는 자들을 주목하신다. 사탄은 결코 졸지 않기 때문에 영적 전투에 참여하는 자들은 언제나 깨어있는 자들이 아니면 안 된다.

9-15절, 이 밤에 여호와께서 기드온에게 이르시되 일어나 내려가서 적진을 치라 내가 그것을 네 손에 붙였느니라(9절) 만일 네가 내려가기를 두려워하거든 네 부하 부라를 데리고 그 진으로 내려가서(10절) 그들의 하는 말을 들으라 그 후에 네 손이 강하여져서 능히 내려가서 그 진을 치리라 기드온이 이에 그 부하 부라를 데리고 군대가 있는 진 가에 내려간즉(11절) 미디안 사람과 아말렉 사람과 동방의 모든 사람이 골짜기에 누웠는데 메뚜기의 중다함 같고 그 약대의 무수함이 해변의 모래가 수다함 같은지라(12절) 기드온이 그곳에 이른즉 어떤 사람이 그 동무에게 꿈을 말하여 이르기를 내가 한 꿈을 꾸었는데 꿈에 보리떡 한 덩어리가 미디안 진으로 굴러 들어와서 한 장막에 이르러 그것을 쳐서 무너뜨려 엎드러뜨리니

곧 쓰러지더라(13절) 그 동무가 대답하여 가로되 이는 다른 것이 아니라 이스라엘 사람 요아스의 아들 기드온의 칼날이라 하나님이 미디안과 그 모든 군대를 그의 손에 붙이셨느니라 하더라(14절) 기드온이 그 꿈과 해몽하는 말을 듣고 경배하고 이스라엘 진중에 돌아와서 이르되 일어나라 여호와께서 미디안 군대를 너희 손에 붙이셨느니라 하고(15절)

1. 결국 전쟁은 믿음의 문제라는 것을 알 수 있다. 하나님은 그 전날 밤 기드온의 믿음이 더 굳게 될 필요가 있음을 보셨다. 그리고 그에게 미디안 진영에 내려가서 어떤 말을 듣고 오라고 하셨다. 만일 혼자 가는 것이 두려우면 부하 중에 부라라는 자를 데리고 가라고 하셨다. 여기서 우리는 하나님의 사람에 대한 배려와 사랑을 볼 수 있다. 하나님은 기드온에게 미디안을 물리치고 이스라엘을 구하라는 명령을 주실 뿐 아니라 그가 싸울 수 있는 믿음을 주시는 분이다. 이전에 기드온은 하나님께서 이스라엘을 구원하시겠다는 것에 대한 증표로 사면 땅은 마르고 흰 양털 한 뭉치에만 이슬이 내리게 해달라고 했고, 또 반대로 사면 땅에는 이슬이 맺히고 흰 양털만은 마르게 해달라고 했다. 결국 하나님께서는 기드온의 요청대로 해주심으로 그분의 위임을 확인시켜 주셨다. 그러나 막상 결전을 앞두었을 때 하나님께서는 기드온에게 더욱 확고한 믿음이 필요함을 아셨다. 그러므로 미디안 진중에 내려가 그들이 하는 말을 들으라고 하신 것이다.

2. 하나님은 당신의 백성의 연약함을 아시며 작은 일로도 얼마나 큰 위로를 받는지 알고 계신다(매튜 헨리 주석). 우리는 기드온을 대단한 사람으로 알지만(300 명으로 미디안 대군을 대파한 사람으로) 그 배후에는 하나님의 애정어린 배려가 있었던 것이다. 그렇게 큰 일을 하는 사람에게 이렇게 작은 말 한 마디가 결정적인 영향을 끼친다는 것에 우리는 매우 공감한다. 우리는 실상 그렇게 크지 않다. 크신 분은 하나님

이시다. 하나님이 누군가에게 믿음을 주신다면 그는 싸울 수 있고 승리할 수 있다. 우리도 많은 일에서 싸워 이기고 싶고 효과적으로 주님을 섬기고 싶을 때가 얼마나 많은가? 그러면서도 모든 것이 뜻대로 되지 않을 때 좌절한 적이 얼마나 많은가? 그러나 주님께 감사드리는 것은 조만간 주님께서 이런저런 면에서 우리의 필요를 채워주시고 돌보아주시며(매우 작은 일일지라도) 그렇게 해서 믿음과 담력을 갖도록 도와주신다는 것이다. 주님은 마치 우리에게 이렇게 말씀하시는 것 같다. "보아라, 나의 자녀야, 내가 너를 이렇게 섬세하게 지키고 돌봐주고 있다." 우리는 지난 날 죽을 것만 같았고 더 이상 소망이 없다고 생각했다. 그래서 "내가 지금까지 주님을 위해 한 일이 너무 보잘것없는데, 주님을 위해 적어도 이런저런 일은 해야 할 것이 아닌가? 여기서 끝이란 말인가?"하며 탄식했다. 그러나 주님께 감사하자. 주님은 우리에게 주신 소원을 이룰 수 있도록 기회와 힘과 모든 것을 부여해 주신다. 그리고 그러한 약함과 질병과 어려움에서 돌보시고 지키시고 치료하신 하나님은 그로 말미암아 우리의 장래 섬김과 싸움에 승리의 밑거름이 되는 믿음을 주신다. 그러므로 많은 작은 일 가운데서의 하나님의 돌보심은 장래 큰 일을 위한 하나님의 예비적인 공급임을 알 수 있다.

3. 기드온이 미디안과 아말렉과 동방 사람의 진영에 가보니 그 인수가 메뚜기같이 많고 낙타가 해변의 모래와 같이 많았다. 그런데 그들 가운데 어떤 사람이 자기의 꿈 이야기를 했다. 그 꿈은 보리떡 한 덩어리가 미디안 진영으로 들어와 한 장막을 쳐 무너뜨리니 장막이 넘어졌다는 이야기였다. 그리고 그 말을 들은 친구가 말하기를 "이는 다른 것이 아니라 요아스의 아들 기드온의 칼이라 하나님이 미디안과 그의 진영을 기드온에게 넘겨주셨느니라"고 했다. 즉 한 사람은 자기가 꾼 꿈을 말하고 다른 한 사람은 그것을 해석한 것이다. 그런데 여기서 보리떡을 칼로 해석한 것은 매우 기이하다. 보리떡은 아주 보잘것없는 것이

다. 결국 미디안은 보잘것없는 한 덩어리 보리떡에 의해 패배한 것이다. 보잘것없어 보이는 보리떡(부활하신 그리스도의 말씀)이 그들에게는 칼이 된 것이다. 결국 미디안 진중에 쳐들어간 것은 기드온 자신이 아니라 기드온과 함께한 그리스도의 말씀이었다. 결국 영적 전쟁에서 대적을 쳐부술 수 있는 것은 말씀의 검인 것이다. 좌우에 날선 검인 하나님의 말씀 만이 영적인 전쟁을 이길 수 있는 검인 것이다. 우리가 이 혼탁한 세상에서 싸워 이기려면 하나님의 말씀을 가져야 한다. 말씀을 갖는 것만이 전쟁에서 이길 수 있는 힘이다.

그렇지만 말씀은 믿음으로 취해야 한다. 기드온은 말씀을 가지고 나아가기 전에 확고한 믿음을 가져야 했다. 하나님은 기드온으로 하여금 믿음의 담력을 먼저 갖게 하려고 미디안 진중에 들어가 그들의 말을 듣게 하시고 믿음을 갖게 하셨다. 하나님은 기드온으로 하여금 이 말을 듣고 충분한 믿음을 갖게 하시려고 진중에 보내신 것이다. 이 말을 들은 후 기드온은 더 머뭇거릴 게 없었다. 이것이야말로 확실한 승리의 증표였다. 기드온은 그 자리에서 하나님을 경배했다. 그리고 진에 돌아와서 이스라엘 군(300 명)에게 진군 명령을 내렸다—"일어나라 미디안과 모든 진영을 너희 손에 넘겨 주셨느니라". 전쟁은 여호와께 속한 것이다. 전쟁의 승패는 인수에 있지 않고 하나님이 누구에게 승리를 주시는가에 있다. 그리고 그 전투에서 요구되는 승리의 요건은 굳건한 믿음이다.

4. 보리떡에 대하여 당시의 상황으로는 음식으로서 큰 가치가 없는 것이었다. 사람들이 밀을 얻을 수 없을 때 보리를 먹는다. 평상시 보리는 사람이 먹는 음식이라기보다도 개들이나 가축의 음식이었다. 즉 다른 한편으로 보리떡이란 사람들, 특히 대적 미디안이 알아주지 않는 기드온을 상징했을 것이다. 미디안이나 혹 이스라엘도 기드온과 그의 무기와 실력에 대하여 생각했을 것이다. 그가 과연 이 전투에 무엇을 할

수 있단 말인가? 그러므로 하나님이 보리떡으로 미디안 장막을 쓰러뜨렸다는 것은 하나님은 사람들이 보기에 아무 쓸모없고 무익한 도구를 가지고도 일하실 수가 있음을 나타내는 그림인 것이다. 그분은 가장 연약한 수단을 가지고도 친히 영광을 받으시며 많은 대적을 무너뜨린다는 것을 기억하기 바란다.

16-22절, 삼백 명을 세 대로 나누고 각 손에 나팔과 빈 항아리를 들리고 항아리 안에는 횃불을 감추게 하고(16절) 그들에게 이르되 너희는 나만 보고 나의 하는 대로 하되 내가 그 진 가에 이르러서 하는 대로 너희도 그리하여(17절) 나와 나를 좇는 자가 다 나팔을 불거든 너희도 그 진 사면에서 또한 나팔을 불며 이르기를 여호와를 위하라, 기드온을 위하라 하라 하니라(18절) 기드온과 그들을 좇은 일백 명이 이경 초에 진 가에 이른즉 번병의 체번할 때라 나팔을 불며 손에 가졌던 항아리를 부수니라(19절) 세 대가 나팔을 불며 항아리를 부수고 좌수에 횃불을 들고 우수에 나팔을 들어 불며 외쳐 가로되 여호와와 기드온의 칼이여 하고(20절) 각기 당처에 서서 그 진을 사면으로 에워싸매 그 온 적군이 달음질하고 부르짖으며 도망하였는데(21절) 삼백 명이 나팔을 불 때에 여호와께서 그 온 적군으로 동무끼리 칼날로 치게 하시므로 적군이 도망하여 스레라의 벧 싯다에 이르고 또 답밧에 가까운 아벨므홀라의 경계에 이르렀으며(22절)

1. 여기서 우리는 에베소서 6장에 있는 사도 바울의 말을 생각해볼 수 있다. 기드온은 혈과 육으로 싸우지 않았다—"우리의 싸움은 혈과 육에 속한 것이 아니요". 기드온이 만일 자신을 의지하여 싸웠거나 혈과 육으로 싸웠다면 나팔과 빈 항아리에 횃불을 감추어가지고 나아가는 방식을 취하지 않았을 것이다. 대적이 만일 기드온과 그의 군대가 휴대한 전쟁 도구들을 보았다면 비웃었을 것이다. 그런 것은 싸움에 관련된 도구들이 아니다. 오히려 사람들에게 기쁨과 소망을 주는 도구들

이다. 나팔이 그러하고 빈 항아리가 그러하며 횃불이 그러하다. 그 세 항목 중 어느 것도 전쟁에서 쓰이는 병기가 아니다.

2. 그렇지만 중요한 것 한 가지는 기드온의 명령을 절대로 따르는 것이었다—"내가 하는 대로 너희도 그리하여". 영적 전쟁에서는 질서가 가장 중요하다. 권위에 대한 절대적인 순복이 없이는 전쟁에서 승리할 수 없다. 오순절 부흥도 120 명이 온전히 마음을 함께한 결과이다. 따라서 수많은 영혼들을 얻을 수 있었던 것이다. 권위와 질서, 이는 그리스도의 교회가 영적 전쟁에서 싸워 이기기 위한 가장 중요한 요건이다. 기드온은 300 명을 삼 대로 나누어 자기가 100 명을 인솔하였으며 나머지 두 부대는 각각 다른 사람들에게 맡겼을 것이다. 그 두 부대는 절대로 기드온이 하는 대로 따라야 했다. 의견이 분분한 라오디게아의 상태로는 영적 전쟁에서 절대 승리할 수 없다. 좋은 질서와 한 마음 한 뜻은 사도들이 언제나 강조하는 바이다.

3. 그들은 "여호와를 위하라 기드온을 위하라"고 외쳤다. 그것은 적들을 두렵게 하기 위한 것이었다. 적들은 여호와를 두려워했고 기드온을 두려워했다. 성도들이 하나님의 말씀을 전달해주는 하나님의 종을 신뢰하는 것은 영적 전쟁에서 매우 중요하다. 당시 고린도나 에베소의 성도들이 영적인 대적을 이기기 위해서 바울을 신뢰하지 않고도 이길 수 있었겠는가? 그들은 결코 이길 수 없었을 것이다. "여호와를 위하라 기드온을 위하라"는 매우 중요한 말이다. 사람들은 여호와를 위하는 것으로 충분하다고 할 것이다. 그러나 사탄은 안다. 하나님의 말씀을 전하는 종에 대한 신뢰를 무너뜨리면 교회는 혼란에 빠진다는 것을… 그러므로 성경에서 사도 바울은 고린도 교회에게 자신에 대한 변명을 그렇게 했던 것이다. 바울은 교회가 자신으로 인한 자랑이 있기를 원했다. 그렇지 않다면 그들은 영적인 사기를 가질 수 없었을 것이다. 이는

성도들이 전쟁을 할 수 있는 담대함과 사기를 결정해주는 요인 중 하나이다.

그러한 용기를 가진 후 그들은 나팔을 불며 항아리를 깨고 횃불을 높이 쳐들었다. 시점은 제 이경으로 보초가 교대하는 바로 그 시각이었다. 모든 것은 기드온이 명령했다. 그것은 그들을 혼란시켜 멸망케 하자는 것이다. 그들은 기드온이 그렇게 적은 인수로 나타날 것을 예상하지 못했다. 그들은 다만 나팔소리와 외치는 소리를 듣고 횃불을 보았을 뿐이다. 그러나 그 소리는 하늘을 찌를 듯했다. 미디안 군은 혼비백산할 수밖에 없었다. 기드온 군대는 비록 300 명이었지만 100 명씩 삼대로 나누어 받은 임무가 분명하고 일사분란하게 움직였던 반면 미디안은 135,000 명이나 되는 큰 병력이었으나 기드온의 나팔소리와 횃불과 외치는 소리에 완전히 혼란되었다. 군은 지휘 체계가 무너지고 혼란되면 전쟁에서 진다. 이는 영적전쟁에서 필수이다. 오늘날 교회가 3,000 명, 5,000 명 모일지라도 거기에 합당한 질서가 없고 혼란스러우면 사탄을 이기지 못한다. 차라리 열 명, 스무 명이 모일지라도 절대적으로 일사분란하게 움직이면 사탄을 이긴다.

23-25절, 이스라엘 사람들은 납달리와 아셀과 므낫세에서부터 모여서 미디안 사람을 쫓았더라(23절) 기드온이 사자를 보내어 에브라임 온 산지로 두루 행하게 하여 이르기를 내려와서 미디안 사람을 치고 그들을 앞질러 벧 바라와 요단에 이르기까지 나루턱을 취하라 하매 이에 에브라임 사람들이 다 모여서 벧 바라와 요단에 이르기까지 그 나루턱을 취하고(24절) 또 미디안 두 방백 오렙과 스엡을 사로잡아 오렙은 오렙 바위에서 죽이고 스엡은 스엡 포도주 틀에서 죽이고 미디안 사람을 추격하고 오렙과 스엡의 머리를 가지고 요단 저편에서 기드온에게로 나아오니라(25절)

1. 전세가 승리로 돌아서자 많은 이스라엘 사람들이 도망하는 미디

안을 추격하였다. 납달리와 아셀과 므낫세가 부름을 받고 적을 추격하는 데 동참하였다. 에브라임에게는 온 산지를 다니며 미디안을 치게 하고 그들을 앞질러 요단 강에 이르는 수로를 점령하라고 명했다. 그들은 기드온의 말대로 수로를 점령하고 미디안의 두 방백 오렙과 스엡을 사로잡았다. 오렙은 오렙 바위에서 죽이고 스엡은 스엡 포도주틀에서 죽였다. 승전의 상황이다.

2. 여기서 우리는 이기는 자의 원칙을 본다. 오늘날도 하나님은 교회 중에서 이기는 자들을 필요로 하신다. 하나님은 이스라엘 전체가 다 전쟁할 수 없다는 것을 아신다. 그러므로 하나님께서는 교회 중에서 기드온과 삼백 용사처럼 싸울 수 있는 충성된 사람들을 뽑으신다. 그리고 그들로 사탄을 대적하여 싸우게 하신다. 성경은 이기는 자들의 책이다. 하나님은 교회 시대에 이기는 자들을 중요시하신다. 모든 성도가 다 싸워 이길 수는 없지만 시대마다 소수의 충성된 자들을 선발하시어 온 이스라엘을 대신하여 싸우게 하신다. 우리가 만일 하나님의 택하심을 입어 그분의 백성을 위해 싸우는 자들이라면 어떠한 긍휼을 얻은 자들이겠는가! 기드온은 당시 이스라엘을 미디안의 손에서 구출하는 데에 하나님께 쓰임받은 이기는 자이다. 그리고 그와 함께한 삼백 용사가 있다. 그들이 먼저 싸워 기선을 제압한 후에는 많은 이스라엘 사람들이 싸움에 동참하여 승전가를 불렀다.

하나님은 언제나 이와 같이 먼저 싸움에 나아가는 소수의 정예를 원하신다. 이들이 이기는 자들이며 계시록 2, 3장에서는 특별히 이기는 자들에게 주님의 보상이 약속된다. 그들은 주님이 다시 오실 때 이루어질 왕국에서 보좌에 앉으며 주님과 함께 다스릴 권세를 얻을 것이다. 이기는 자들에 대한 이러한 약속은 이 시대에 하나님의 자녀들이 더욱 충성되게 길을 걸어가도록 힘을 주는 격려제(incentive)이다.

주님은 이 시대에 사탄을 어떻게 처리하시는가? 사탄은 전체 이스라엘인 교회에는 다소 수치와 실패와 부패를 가져다준다. 겉으로 보기에 하나님은 길이 없으신 것 같다. 얼마나 많은 교회가 실패의 길을 걷고 있는가? 좋은 상황은 잠간이고 다툼과 부패의 상황이 주를 이룬다. 사탄은 참소하며 교회를 비웃는다. 그러나 하나님은 실패하지 않는 하나님이시다. 그분에게는 언제나 감추어둔 충성된 자가 있다. 그들도 원래는 약한 자들이요 사탄의 압제를 받던 자들이지만 기드온처럼 사탄의 압제 아래서 통분함을 키워온 것이다. 하나님은 이러한 소수의 이기는 자들을 부르시어 영적 싸움에 임하게 하신다. 그리고 그들로 승리하게 하시며 그들의 승리를 이스라엘 전체의 승리로 여기신다. 기드온과 삼백 용사의 승리는 결국 이스라엘의 승리인 것이다. 미디안은 온 이스라엘을 우상으로 가득하게 하고 여러 모로 약탈하고 정복하고 수치스럽게 했지만 여기 한 사람이 일어나 바알을 깨고 미디안 군을 혼란케 함으로 자중지란하여(친구끼리 서로 치게 하심으로) 멸망하게 한 것이다.

우리는 1500년대의 교회를 생각해본다. 사탄 마귀는 교회를 카톨릭으로 조직화하고 부패케 하여 각종 우상과 누룩을 집어넣었다. 그때 하나님에 의해 일어난 기드온과 같은 사람이 루터이다. 비록 많은 하나님의 자녀들이 우상숭배와 부패에 사로잡혀 있었지만 루터와 당시 기드온 300 용사와 같은 충성된 자들이 일어나 당시의 하나님의 자녀들을 그러한 어둠의 세력에서 구출해 내었다. 이들이 이스라엘을 구출한 사사와 같은 일을 한 것이다. 그를 통해서 수많은 하나님의 자녀들이 빛과 진리로 돌아오게 되었다.

3. 마지막으로 기드온이 하나님께 쓰임받을 수 있었던 것은 그가 믿음의 사람이었기 때문이다. 그가 큰 용사로 불리울 수 있었던 것, 작은 인수로 대승을 거둘 수 있었던 것은 그가 하나님의 말씀을 그대로 따랐기 때문이다. 그는 자신의 방법대로 싸우지 않았다. 그는 철저히 자신의 생각을 내려놓았다. 그리고 하나님의 방법을 따랐다. 그는 32,000

명 중 두려워 떠는 사람 22,000 명을 보내라고 하실 때 의견 없이 하나님의 말씀에 순종했다. 또 남은 10,000 명 중에서 물 마시는 태도를 시험하여 300 명만 남기라고 하실 때에도 의견을 제출하지 않았다. 전쟁에 300 명을 데리고 나팔과 횃불과 빈 항아리만을 들고 나가라고 하실 때에도 다만 순종했다. 그는 하나님께 싸우려면 적어도 칼이 있어야 되지 않겠느냐고 따져 묻지도 않았다. 그는 싸우는 일과 승리하는 일보다 하나님께 순종하는 일을 가장 중대하게 여겼다. 그러므로 그는 하나님께 크게 쓰임받을 수 있었던 것이다.

쉽게 말해서 기드온이 큰 용사가 될 수 있었던 것은 그가 하나님께서 명령하시고 인도하실 때 그 음성을 분별하여 어떻게 행해야 할지를 정확히 알고 순종했기 때문이다. 그러한 명령이 매우 이해하기 어렵고 또 따르기가 쉽지 않았음에도 불구하고 그는 머뭇거리거나 물러서지 않고 다만 이행했다. 하나님께서 그에게 미디안 진에 들어가 보라고 하셨을 때 그는 부라 한 사람만 데리고 가는 것이 매우 위험하게 느껴질 수 있었지만 다만 순종하여 미디안 진중에 들어가서 그들의 꿈 이야기와 해몽을 듣고 용기를 얻을 수 있었다. 이 모든 것이 순종의 문제이다. 그가 큰 용사인 것은 하나님께 순종하는 사람이었기 때문이요, 하나님의 명령을 받을 줄 아는 사람이었기 때문이다.

사사기 8장

Judges

1-3절, 에브라임 사람들이 기드온에게 이르되 네가 미디안과 싸우러 갈 때에 우리를 부르지 아니하였으니 우리를 이같이 대접함은 어찌 됨이냐 하고 그와 크게 다투는지라(1절) 기드온이 그들에게 이르되 내가 이제 행한 일이 너희가 한 것에 비교되겠느냐 에브라임의 끝물 포도가 아비에셀의 맏물 포도보다 낫지 아니하냐(2절) 하나님이 미디안의 방백 오렙과 스엡을 너희 손에 넘겨 주셨으니 내가 한 일이 어찌 능히 너희가 한 것에 비교되겠느냐 하니라 기드온이 이 말을 하매 그때에 그들의 노여움이 풀리니라(3절)

1. 8장은 당시 이스라엘 사람들의 영성이 그렇게 좋지 않았음을 보여주는 대목이다. 첫째로, 에브라임 사람들이 기드온에게 따졌다. 에브라임은 7장 24절에서 전쟁 원조의 부름을 받고 참전하여 미디안의 두 방백 오렙과 스엡을 죽이는 전공을 세웠다. 그런 다음 그들은 기드온이 300 명으로 미디안을 친 것과 그가 승전한 것에 대하여 그 전공이 기드온에게만 치우칠까 염려하였다. 그들은 진작 자기들을 불렀다면 자기들도 싸웠을 것이고 또 능히 승리할 수 있었을 것이라고 말한 것이다. 그들은 실상 기드온이 다 이겨놓은 싸움 막판에 도망가는 사람 얼

마를 죽이고 명성과 공적을 얻으려 한 것이다. 그러면서 에브라임 사람들은 기드온에게 대들며 크게 다투었다. 사실 이스라엘이 이겼으면 되는 것이지 그렇게 다툴 필요가 없었다. 그러나 그들은 어떤 사람에게 공로가 돌아가고 어떤 지파가 명성과 지위를 얻게 되는가를 매우 예민하게 주의하고 있었다.

실상 일을 많이 하고 이기는 자의 길을 가며 많은 사람에게 유익을 주기 원하는 자들은 자신의 명성이나 지위에 대하여 크게 주의하지 않는 자들이다. 그러나 대부분 일은 조금하고 대가는 많이 얻고자 하는 사람들이 이렇게 에브라임 사람들 같은 반응을 나타낸다. 그러므로 이기는 자들은 일을 하고 사람들에게 구원과 유익을 주는 한편 야심가들로부터 많은 시기와 비평의 말을 들을 준비를 해야 한다. 말을 듣고 싶지 않으면 일을 하지 않으면 된다. 그러나 늘 많은 사람을 유익하게 하는 일을 하는 사람들은 아무 것도 하지 않으면서도 지위와 명예를 추구하는 사람들(그들도 쉽게 하는 일은 조금 할 것이다)로부터 시기와 공격을 받을 준비를 해야 한다.

2. 기드온은 그들을 최대한 겸손의 말로 대했다. "내가 이제 행한 일이 너희가 한 것에 비교되겠느냐 에브라임의 끝물 포도가 아비에셀의 맏물 포도보다 낫지 아니하냐 하나님이 미디안의 방백 오렙과 스엡을 너희 손에 넘겨 주셨으니 내가 한 일이 어찌 능히 너희가 한 것에 비교되겠느냐". 아비에셀은 기드온 고향의 이름이다. 즉 자기 사람들이 행한 일이 에브라임의 한 일만 못하다고 한 것이다. 기드온은 그들이 미디안의 방백 오렙과 스엡을 죽인 일이 큰 공과임을 확인해주면서 자기가 한 일보다 뛰어나다고 말해주었다. 이렇게 시기와 헛된 명예심에 관심이 많은 에브라임 사람들은 일단 기드온이 자신을 낮추는 말을 하자 안심했다. 물론 그것이 그들의 근본적인 문제를 해결하는 것은 아닐지라도 일단 그러한 말을 기저에 두고 전공에 관한 것, 즉 논공행상에 따

른 지위와 명성의 분배를 다루었다. 이들은 기드온의 말을 듣고 '과연 자신들을 제대로 평가하고 있구나' 하고 안심한 것이다. 이들은 대적을 멸하는 일이나 이스라엘을 구원하는 일보다는 자신들의 지위 향상과 헛된 영광에 사로잡혀 있으며 세상과 지위를 탐하는 사람들로 나타나고 말았다. 오늘날도 교회는 이런 자들로 인하여 상태가 하락되어가는 것이다. 어쨌든 이기는 자의 길을 가는 기드온에게서 우리는 시기하고 대적하는 자들 앞에서 자신을 낮추는 것을 배울 수 있다.

4-17절, 기드온과 그 좇은 자 삼백 명이 요단에 이르러 건너고 비록 피곤하나 따르며(4절) 그가 숙곳 사람들에게 이르되 나의 종자가 피곤하여 하니 청컨대 그들에게 떡덩이를 주라 나는 미디안 두 왕 세바와 살문나를 따르노라(5절) 숙곳 방백들이 가로되 세바와 살문나의 손이 지금 어찌 네 손에 있관대 우리가 네 군대에게 떡을 주겠느냐(6절) 기드온이 가로되 그러면 여호와께서 세바와 살문나를 내 손에 붙이신 후에 내가 들가시와 찔레로 너희 살을 찢으리라 하고(7절) 거기서 브누엘에 올라가서 그들에게도 그같이 구한즉 브누엘 사람들의 대답도 숙곳 사람들의 대답과 같은지라(8절) 기드온이 또 브누엘 사람들에게 일러 가로되 내가 평안히 돌아올 때에 이 망대를 헐리라 하니라(9절) 이 때에 세바와 살문나가 갈골에 있는데 동방 사람의 모든 군대 중에 칼 든 자 십 이만 명이 죽었고 그 남은 일만 오천 명 가량은 그들을 좇아 거기 있더라(10절) 적군이 안연히 있는 중에 기드온이 노바와 욕브하 동편 장막에 거한 자의 길로 올라가서 적군을 치니(11절) 세바와 살문나가 도망하는지라 기드온이 추격하여 미디안 두 왕 세바와 살문나를 사로잡고 그 온 군대를 파하니라(12절) 요아스의 아들 기드온이 헤레스 비탈 전장에서 돌아오다가(13절) 숙곳 사람 중 한 소년을 잡아 신문하매 숙곳 방백과 장로 칠십 칠 인을 그를 위하여 기록한지라(14절) 기드온이 숙곳 사람들에게 이르러 가로되 너희가 전에 나를 기롱하여 이르기를 세바와 살문나의 손이 지금 어찌 네 손에 있관대 우리가

네 피곤한 사람에게 떡을 주겠느냐 한 그 세바와 살문나를 보라 하고(15절) 그 성읍 장로들을 잡고 들가시와 찔레로 숙곳 사람들을 징벌하고(16절) 브누엘 망대를 헐며 그 성읍 사람들을 죽이니라(17절)

1. 피곤하나 따라가는 것이 이기는 자들의 특징이다. 기드온과 함께 한 삼백 명의 사람들은 아무 말이 없이 요단을 건너고 비록 피곤하나 추격을 계속하였다. 그들은 전쟁을 치르느라고 매우 지쳤지만 그렇다고 중단하거나 길을 바꾸지 않았다. 많은 사람들이 기운이 나고 기분도 좋고 이런저런 의미가 느껴질 때에는 열심히 일하다가 힘들어지고 먹고 살기도 어렵고 기분도 좋지 않고 하면 하던 일을 재고하면서 다른 일을 찾으려 한다. 즉 하나님이 처음에 맡기신 일을 중단하려고 하는 것이다. 기드온의 300 용사들은 큰 일을 치렀지만(일차적인 승리는 거두었다) 아직 처리해야 할 일들이 많이 남아 있었다. 그런데 문제는 피곤해진 것이다. 그럴 때 그 일이 얼마나 어려운 일인지를 알게 된다. 그러므로 많은 사람들이 그런 경우에 다시는 그런 일을 하지 않으려고 슬며시 꽁무니를 빼곤 한다. 주님의 긍휼로 300 명의 사람들은 피곤하지만 여전히 따랐으며, 그럼으로써 이기는 자의 길을 가는 사람들의 전형이 되었다.

우리와 함께 하는 사람들이 적으면 적을 수록, 외로우면 외로울 수록 우리는 하나님 앞에 굳게 서야 한다. 갈 사람은 가게 두라! 나는 사역하면서 많은 사람들을 잃어버린 적이 있다. 그리고 매우 피곤해진 적이 있지만 여전히 신실하기 위해 힘을 다했다. 기드온의 사람들은 수가 적고 피곤해졌지만 여전히 승리를 기대하고 따랐다. 이는 매우 바람직한 일이다. 그런 어려움과 곤고함이 하나님께는 하나의 더 큰 기회가 될 수 있는 것이다. "피곤하나 추격하며"는 매우 중요한 한 마디 말이다. 그들은 어느 정도 일하고서 말만하고 사라져 버린 에브라임과 같지 않았다. 여기서 우리는 이기는 자들이 어떠한 사람들이며 그렇지 않은 자들이 어떠한 사람들인지를 대조적으로 볼 수 있다. 우리는 에브라임 사람들이 다소 승리에 동참했을지라도 그들은 이기는 자의 대열에 참여할 수 없음을 안다. 그들은 조금 하고서 많은 것을 얻으려 했다. 지위와 헛된 영광을 주의하는 사람들이었던 것이다. 그들은 외모로는 이기는 자의 길을 가는 것 같지만 실상은 아닌 자들이다.

2. 이들보다 더 형편없는 사람들이 나오는데 그들이 바로 숙곳과 브누엘 사람들이다. 10절에는 당시 적군의 숫자가 기록되어 있다. 적군의 수는 전체가 십삼만 오천 명이고 그 중 십이만 명이 지난 전투에서 자중지란으로 죽었으며 아직도 일만 오천이 남아 있는데 그중에 세바와 살문나라는 적장들이 살아 있었다. 기드온은 이미 대승을 거두었지만 남은 적군과 두 적장을 죽이기 전에는 아직 완전한 승리를 거둔 것으로 여기지 않았다. 그러므로 그는 그들을 쫓고 있었는데 피곤하고 배가 고팠다. 그때 그들은 단 지파의 사람들이 살고 있는 숙곳에 이르러 그들에게 도움을 요청했다. 기드온은 숙곳 사람들에게 "나의 종자들이 피곤하여 하니 청컨대 그들에게 떡덩이를 좀 주라 나는 미디안 두 왕 세바와 살문나를 좇는다"고 하였다. 숙곳 사람들은 그렇지 않아도 응당 배고픈 동족을 먹이는 데에 인색해서는 안 되었다. 그런데 그들은 이스라엘을 위해 싸우며 수고하는 용사들이 배가 고프다고 할 때 무시하고 조롱할 뿐 접대하지 않았다.

이것이 당시 이스라엘의 종교적이고 도덕적인 상황이었다. 그들은 자기들만 무사하고 문제가 없으면 일없는 것으로 여겼다. 그래서 기드온의 싸움을 오히려 불필요한 일이라고 생각했던 것이다. 숙곳 방백들은 이렇게 말했다. "세바와 살문나의 손이 지금 네 손 안에 있다는 거냐 어찌 우리가 네 군대에게 떡을 주겠느냐". 그들은 기드온을 한껏 무시하고 있었다. 오히려 그들은 세바와 살문나의 편에 서 있었다. 아니면 적어도 그들에게 유리한 일을 하고 있었던 것이다. 그들에게는 전혀 이스라엘 전체를 위하는 생각이 없었다. 그러면서 기드온이 300 명으로 미디안 십이만 대군을 이긴 전과(戰果)를 과소평가하고 있었다. 그리고 기회주의자가 되어 세바와 살문나가 살아나면(전세가 곧 역전되어 그들이 살 것이라고 믿은 것 같다. 그것은 그들이 너무나 오랫동안 이스라엘을 지배했기 때문이다. 그래서 그들이 그렇게 쉽게 무너지리라는 것을 생각할 수 없었던 것이다) 그 우상의 나라 사람들에게 빌붙어서라도 살려고 기드온과 그 용사들에게 떡을 주지 않았던 것이다. 그들은 자기들이 우상을 섬기더라도 편안하게 먹고 살면 그뿐이라고 생각하고 있었다. 그러한 자들에게 기드온과 300 용사들은 철저히 무시당하고 있었다.

여기서 우리는 이 시대에도 진정한 이기는 자의 길을 가려면 이러한 사람들의 무시도 받을 수 있어야 함을 본다. 그것도 소위 하나님의 백성임을 자처하는 동족의 무시와 천대이다. 브누엘(야곱의 브니엘과 동일지명임) 사람들도 기드온을 숙곳 사람들과 동일하게 대하였다. 이것이 당시 이스라엘에 편만한 분위기였다. 그러나 300 명의 이기는 자들은 개의치 않고 싸워 이겼다. 그들은 많은 사람들로부터 도움과 부축을 받지 못했다. 곳곳에서 무시하고 시기할 뿐이었다. 또 피곤함과 배고픔을 견디어야 했다. 그러나 그들은 남은 적군을 멸하기까지 끝까지 쫓아가며 싸웠다.

3. 기드온은 숙곳 사람들을 징벌하겠다고 공언했다. "그러면 여호와께서 세바와 살문나를 내 손에 넘겨 주신 후에 내가 들가시와 찔레로 너희 살을 찢으리라"(7절). 마찬가지로 브누엘 사람들도 징벌하겠다고 말했다. "기드온이 또 브누엘 사람들에게 말하여 이르되 내가 평안히 돌아올 때에 이 망대를 헐리라 하니라"(8절). 물론 그 두 지방 사람들은 기드온을 과소평가하여 그의 말에 콧방귀를 뀌었을 것이다. 기드온은 나머지 일만오천의 미디안 군을 죽이고 두 왕 세바와 살문나를 사로

잡았다. 그렇게 해서 전쟁은 종료되었다. 기드온은 숙곳에 돌아와서 한 소년을 잡아 숙곳 장로들 77명의 명단을 입수했는데, 징벌하기 위해서였다. 기드온은 '어떻게 너희가 감히 그들을 잡겠다고 큰 소리치느냐' 하던 그들에게 세바와 살문나(사로잡은 채)를 보여주고 들가시와 찔레로 그들을 많이 괴롭게 하였다. 그들을 교육하기 위한 것이다. 그렇지만 극도로 반대하고 멸시했던 브누엘 사람들 일부는 죽임을 당하였다(17절). 브누엘 망대는 기드온에 의해 헐리웠는데, 그 망대는 그들이 하나님을 의지하지 않고 나름대로 자신을 지키며 평안히 살겠다는 교만과 안주의 상징이었을 것이다.

18-21절, 이에 세바와 살문나에게 묻되 너희가 다볼에서 죽인 자들은 어떠한 자이더뇨 대답하되 그들이 너와 같아서 모두 왕자 같더라(18절) 가로되 그들은 내 형제 내 어머니의 아들이니라 내가 여호와의 사심으로 맹세하노니 너희가 만일 그들을 살렸더면 나도 너희를 죽이지 아니하였으리라 하고(19절) 그 장자 여델에게 이르되 일어나 그들을 죽이라 하였으나 그 소년이 칼을 빼지 못하였으니 이는 아직 어려서 두려워함이었더라(20절) 세바와 살문나가 가로되 네가 일어나 우리를 치라 대저 사람이 어떠하면 그 힘도 그러하니라 기드온이 일어나서 세바와 살문나를 죽이고 그 약대 목에 꾸몄던 새 달 형상의 장식을 취하니라(21절)

1. 기드온은 미디안 대적에 의해 자신의 동생들을 잃어버렸다. 즉 이스라엘에 대한 미디안 대적의 공격이 심해서 기드온의 경우 자기 동생들까지 잃어버리는 상황에 처했던 것이다. 그 동생들은 다볼 산이라는 곳에 숨어 있었는데 이 세바와 살문나가 기드온의 동생들을 잔인하게 쳐 죽였다. 기드온에게는 미디안 대적이 자기 개인의 대적일 뿐 아니라(밀을 숨어서 타작해야 했다) 나라(이스라엘 전체)의 대적이요 자기 가정의 대적이었다(동생들을 잃어버렸다). 하나님은 언제든지 원수에

게 수많은 기만과 고통을 당한 사람을 일으키시어 싸워 이기게 하신다. 그들은 불의한 재판장에게 원한을 갚아달라고 밤낮으로 청원하는 과부와 같이 너무나 오랫동안 원수에게 해를 당해 왔다. 그러한 원한을 가진 사람들이 이기는 자들로서 영적 전쟁에 임하며 원수를 처리한다.

2. 기드온은 미디안 두 왕에게 다볼에서 죽인 사람들이 어떻게 생겼더냐고 묻는다. 그들은 너와 같이 모두가 왕자의 모습을 지녔다고 말했다. 이 말에서 우리는 기드온의 모습이 어떠했는가를 알 수 있다. 그의 모습은 하나님의 왕자 같았다. 위엄과 기품과 거룩함이 배어 있었던 것이다. 그들에게는 하나님의 형상을 나타내는 그 무엇이 있었다. 그러한 거룩한 하나님의 왕자들이 우상숭배자들과 비열한 족속의 사람들에게 죽임을 당한 것이다. 기드온은 그들이 동생들을 살려주었더라면 그들을 죽이지는 않았을 것이라고 말했다. 그러나 그들은 동생들을 죽였다. 그들은 하나님의 왕자 같은 모습을 보면서도 경외함이나 동정심이 없이 하나님의 백성을 멸시하는 마음으로 그들을 죽였던 것이다. 그러므로 그러한 자들에게 돌아갈 것은 죽음뿐이다.

기드온은 그들이 자기 어머니의 아들들임을 확인한 후에 그의 장자 여델에게 칼을 들어 그들을 치라고 명했다. 그러나 아들이 아직 어려서 치지 못하고 두려워했다. 그때 죽임을 당할 자들이 기드온더러 직접 죽여달라고 청했다. 기드온이 그 말대로 그들을 처리했으며, 그들이 타던 낙타목에서 초승달 모양의 장식들을 떼어서 취했다. 그것은 우상숭배와 관련이 있을 것이고 기드온은 그러한 우상숭배자들에게 하나님의 왕자들인 동생들이 당한 것을 철저히 처리하기 위해 그것들을 떼어서 취했을 것이라 생각된다. 그러나 기드온이 그것을 취한 것은 큰 실수였다. 그것은 장래 이스라엘로 우상에 빠지게 하는 올무가 되었다(26절).

22-28절, 때에 이스라엘 사람들이 기드온에게 이르되 당신이 우리를

미디안의 손에서 구원하셨으니 당신과 당신의 아들과 당신의 손자가 우리를 다스리소서(22절) 기드온이 그들에게 이르되 내가 너희를 다스리지 아니하겠고 나의 아들도 너희를 다스리지 아니할 것이요 여호와께서 너희를 다스리시리라(23절) 기드온이 또 그들에게 이르되 내가 너희에게 한 일을 청구하노니 너희는 각기 탈취한 귀고리를 내게 줄지니라 하니 그 대적은 이스마엘 사람이므로 금귀고리가 있었음이라(24절) 무리가 대답하되 우리가 즐거이 드리리이다 하고 겉옷을 펴고 각기 탈취한 귀고리를 그 가운데 던지니(25절) 기드온의 청한바 금귀고리 중수가 금 일천칠백 세겔이요 그 외에 또 새 달 형상의 장식과 패물과 미디안 왕들의 입었던 자색 의복과 그 약대 목에 둘렀던 사슬이 있었더라(26절) 기드온이 그 금으로 에봇 하나를 만들어서 자기의 성읍 오브라에 두었더니 온 이스라엘이 그것을 음란하게 위하므로 그것이 기드온과 그 집에 올무가 되니라(27절) 미디안이 이스라엘 자손 앞에 복종하여 다시는 그 머리를 들지 못하였으므로 기드온의 사는 날 동안 사십 년에 그 땅이 태평하였더라(28절)

1. 기드온은 사심이 없고 개인적인 야욕이 없었던 사람이다. 그는 지위와 권세에 관심이 없었다. 그만큼 순수한 사람이었다는 말이다(8:1-3). 미디안을 대항하여 큰 승리를 거두고 이스라엘을 구한 장군에게 백성들은 이제 자기들을 다스려달라고 요청했다. 그러나 기드온은 "내가 너희를 다스리지 아니하겠고 나의 아들들도 다스리지 아니하리라"고 하면서 여호와께서 너희를 다스리실 것이라고 하였다.

2. 그러나 사람이 온전하기란 얼마나 어려운지! 그는 지위와 권세는 탐하지 않았지만 종교적인 열심이 있었다. 그는 에봇을 하나 만들기 원했다. 그는 소위 권력에 대하여는 십자가에서 죽었지만 영적 특권 의식에 대해서는 완전히 죽지 않았다. 적어도 그는 자신이 하나님과 특별한 관계를 가짐으로 전쟁에서 이길 수 있었다는 것을 기념하고 또 사람들

에게 그것을 알게 하고 싶어서 어쩌면(사람의 생각이나 힘이 아닌 하나님의 명대로 순종함으로써 대적을 이겼다는 것을 알게 하려는 의도로) 에봇을 만들었을 것이다. 기드온은 백성들에게 탈취한 귀고리를 달라고 요청하였고 그들은 기꺼이 기드온에게 주었다. 그들은 겉옷을 펴고 즉시 금을 거두었는데, 그 금과 함께 많은 우상들이 거두어졌다. 기드온이 그 우상들을 어떻게 처리했는지는 알 수 없지만 그 금들을 모아 에봇을 하나 만들었다. 그리고 그것을 자기의 성읍 오브라에 두었는데 온 이스라엘이 그것을 음란하게 섬겼다. 그것이 기드온과 그 집에 올무가 된 것이다. 영적으로 앞서 있고 크게 주님께 쓰임받는 사람일수록 얼마나 주의 깊게 행해야 하는지 모른다.

3. 어쩌면 기드온은 처음에 우상 숭배에 대한 의식이 없이 다만 에봇을 만들려고 했을 것이다. 그가 치른 전투에서 하나님에 의해 승리한 것을 기념하고자 하여 만들었을지도 모른다. 그는 적어도 이스라엘 백성들 위에 군림하려 하지 않았다. 그는 하나님을 위했고 하나님의 권위를 대신 취하려 하지 않았다. 그러나 그를 통해 미디안을 쳐부순 하나님의 역사만큼은 소중히 여겨 기념으로 남기기를 원했다. 즉 지위와 권세는 탐하지 않았지만 자신이 주님께 쓰임받음으로 인해 세운 업적만큼은 기념하고 싶었던 것이다. 그래서 사람들에게 금을 요청하여 에봇을 만들었을 것이다. 그러니 언제든지 주님께 쓰임받은 종들은 조심해야 한다. 그들이 자신의 어떤 것을 조금이라도 남겨두면 후세 사람들은 그것을 내세워 우상을 만들게 된다. 이것이 기드온에게 있었던 일이다.

29-35절, 요아스의 아들 여룹바알이 돌아가서 자기 집에 거하였는데(29절) 기드온이 아내가 많으므로 몸에서 낳은 아들이 칠십 인이었고(30절) 세겜에 있는 첩도 아들을 낳았으므로 그 이름을 아비멜렉이라 하였더라(31절) 요아스의 아들 기드온이 나이 많아 죽으매 아비에셀 사람의 오

브라에 있는 그의 아비 요아스의 묘실에 장사하였더라(32절) 기드온이 이미 죽으매 이스라엘 자손이 돌이켜 바알들을 음란하게 위하고 또 바알브릿을 자기들의 신으로 삼고(33절) 사면 모든 대적의 손에서 자기들을 건져내신 여호와 자기들의 하나님을 기억지 아니하며(34절) 또 여룹바알이라 하는 기드온의 이스라엘에게 베푼 모든 은혜를 따라서 그의 집을 후대치도 아니하였더라(35절)

1. 기드온은 이스라엘을 위하여 모든 일을 마친 후에 돌아가서 자기 집에 거하였다. 그는 높아진 자신의 위상을 이용하여 고대광실로 이사하지 않았다. 그러나 그는 다른 면에서 여유를 부렸는데, 아내들을 많이 둔 것이다. 그들에게서 태어난 아들들이 70 명이나 되었다. 특히 세겜에 있는 첩에게서 난 아비멜렉이라는 아들이 있었는데 그가 후에 문제를 크게 일으키게 된다. 참으로 모든 면에서 온전한 사람을 찾기란 얼마나 어려운지! 그는 한 면으로는 좋았지만 다른 면으로는 좋지 않았다. 그가 70 명의 자식을 둔 것은 지나친 것이다. 결국 그는 죽었고 오브라에 묻혔다.

2. 기드온이 죽은 후에 이스라엘은 속히 변했다. 그들은 다시 바알을 섬기고 바알브릿을 자기들의 신으로 삼았다. 바알브릿은 전에 들어보지 못한 새로 나온 신의 이름이다. 새로운 시대가 열리고 새로운 문화가 일어나면 새로운 우상이 사람들 마음속에 생겨난다. 그리고 그들은 은혜를 쉽게 망각하여 기드온의 집에 대하여 고마운 마음을 갖지 않았다. 기드온의 가정에 감사하며 후대하는 마음이 없어진 것이다. 사람들의 마음은 얼마나 쉽게 변하는지!

❀❀❀

7-8장의 기드온 전투의 영적 전쟁에 관한 적용

우리는 기드온의 전투를 통해서 영적 전쟁의 전형을 볼 수 있다. 몇 가지의 특징들을 보고 오늘날 우리의 교회 생활에 적용할 수 있기 바란다. 실상 오늘날의 교회 생활은 사탄과의 영적 전쟁의 실제가 벌어지는 곳이다(엡 6장). 오늘날의 교회는 음부의 권세가 이기지 못하는 교회가 되어야 하는 것이다(마 16장). 마귀는 교회를 얼마나 엎드려 치려 하는지! 사도는 사탄이 교회의 발 밑에 궤멸되어야 한다고 말했다(롬 16장).

전사의 선발

1. 너를 좇은 백성이 너무 많은 즉 내가 그들의 손에 미디안 사람을 붙이지 아니하리니

교회의 강함은 인수에 있지 않다. 이는 과거부터 신실한 종들이 하던 말이다. 그러나 이 말씀에서 하나님은 명백하게 말씀하신다. 싸움에 임할 마음이 전혀 없는 그저 사람들에 떠밀려 군중심리로 모여든 병사들은 싸움에 적합하지 않다. 오늘날 많은 성도들 중에는 왜 교회 생활하는지 그 자체도 알지 못하는 채 와 앉아있는 자들이 많다. 그런 자들은 영적 전쟁에 나가 싸울 의지가 전혀 없다. 그러한 자들은 싸울 의지만 없는 것이 아니라 다른 성도들까지 싸울 의지를 가라앉히게 한다. 하나님은 두려워 떠는 자들은 돌아가라고 하셨다. 기드온 당시 모여든 삼만

이천 명 중에 이만 이천이 떠나갔다. 먼저는 강한 자들이어야 만이 전쟁의 용사로 선발된다. 성도들은 은혜 안에서 강할 때만이 전쟁에 승리할 수 있다. 강한 자들은 두려워하는 영이 아닌 사랑과 능력과 근신함 안에서 강한 영을 가진 자들이어야 하며(딤후 1장), 하나님의 은혜 안에서 강해야 하며(딤후 2장), 하나님의 말씀에서 강한 자들이어야 한다(요일 2장). 성도들이 영적 전쟁에 나가 싸울 수 있으려면 무엇보다 말씀과 기도로 무장되지 않으면 안 된다. 사도 바울은 마지막 때에 디모데에게 충성된 자들에게 말씀을 부탁하라고 말했다. 충성된 자들이 아니고서는 패역한 시대에 주님의 간증을 짊어지고 싸워 나갈 수 없다.

2. 손으로 움켜 입에 대고 핥는 자의 수는 삼백 명이요 그 외의 백성(구천 칠백 명)은 다 무릎을 꿇고 물을 마신지라

싸움에 나서는 자체를 두려워 떠는 자들 이만 이천이 떠난 후에 하나님은 그래도 인수가 많다고 하셨다. 주님은 그들에게 물을 마시도록 해 보라고 지시하셨다. 물 마시는 모습을 보시겠다는 것이다. 사람의 진정한 모습은 쉽게 인지되지 않는다. 정작 그들이 급할 때 취하는 모습, 그들의 절실한 필요가 임하였을 때 그의 진면목(眞面目)이 드러난다. 우리도 과거에 해외에 나가서 선교하는 훈련을 한 적이 있다. 그 때 어느 나라든지 두려움이 없이 나서는 사람은 많았지만 정작 자녀들의 교육과 자신들의 장래와 생계의 문제가 부닥쳤을 때는 물러서는 사람이 많았다.

또한 한참 훈련을 하다가 목이 마를 때 물을 마시는 것을 보면 사람의 진면목이 가장 쉽게 드러나는 법이다. 사람을 알려면 그가 밥 먹을 때를 보라는 말이 있다. 다른 사람을 고려하지 않고 자기 입에 들어가는 것만 고려하는 사람은 분명 남에 대한 배려정신이 없는 사람이다. 다른 때는 잘 드러나지 않아도 음식 먹을 때는 잘 드러난다. 배가 고플

때는 더 그러하다. 음식이 여러 가지 있는데 거기에 특별히 맛이 있는 것이 한두 가지 있다 할 때, 다른 사람이 먹을 것을 고려하지 않고 바로 그 맛있는 음식만을 골라서 자기 입에만 들어가게 하는 사람은 분명 남을 배려하는 정신이 없고 자신만 아는 사람인 것이다.

물을 마실 때 무릎을 꿇고 마신다는 것은 물을 마시는 동안 싸우는 정신을 잃는다는 것을 의미한다. 휴식할 때 그의 사람 됨됨이가 드러나는 법이다. 그러한 사람은 풀어져 있어서 쉽게 자신의 입지를 내어주는 사람인 것이다. 무릎을 꿇든 어찌되든 물만 마시면 된다는 사고이다. 언제나 깨어있는 사람만이 진정 전사가 될 수 있다. 예수님의 제자들은 틈만 있으면 졸고 눈 꺼플이 내려 앉곤 했다. 그러한 상태로는 싸울 수 없는 것이다. 이러한 전사가 되려면 성령이 충만하고 언제나 깨어있어야 한다.

인도자의 강화된 믿음

1. 네 손이 강하여져서

영적 전쟁에서 인도자의 강한 믿음은 필수적이다. 하나님은 기드온의 믿음을 강화시키기 위해 대적들의 말을 듣게 하셨다.

2. 이는 다른 것이 아니라 이스라엘 사람 요아스의 아들 기드온의 칼날이라

하나님은 기드온을 강화시키는 방법으로 대적들의 기드온에 대한 평가를 듣게 하셨다. 때로 하나님은 진실한 주님의 종들이 대적들로부터의 평가를 통해 그들의 진가를 확인하게 하신다. 사도 바울도 귀신들린 여종이 몇날 며칠을 그에 대하여 외치는 것을 듣게 하셨다. 스게와의 아들들도 마술로 기적을 행하였지만 악귀들도 이를 알았다. "악귀가 대답하여 가로되 예수도 내가 알고 바울도 내가 알거니와 너희는 누구냐 하며"(행전 19:15) 하나님의 종들도 때로는 대적들의 말에 의해 확증과 힘을 얻는다. 교회의 영적 전쟁에서 인도자들의 사기와 강화된 믿음은 승리를 위해 가장 중요한 요소이다. 그러므로 성도들은 전쟁을 이끄는 사역자들을 위해 언제나 기도가 필요한 것이다.

전투

1. 삼백 명을 세 대로 나누고

영적 전쟁에서 중요한 것은 질서이다. 교회도 오늘날 하나님의 군대로서 편성이 필요한 것이다. 혼란된 군대로서는 싸울 수 없다. 성도들이 각자 편성된 자기 위치에 서는 것은 매우 필요하다. 하나님은 각 지체를 그분의 뜻대로 다 위치대로 두셨다(고전 12장). 그러므로 각 성도들이 자신이 그리스도의 몸 안에서 있게 된 위치에 서서 기능을 발휘하며 싸우는 것은 매우 필요하다. 예로부터 고성(古聖)들이 영적 전쟁에 있어서 가장 중요한 것은 각자가 제 위치를 지키는 것이라 하였다. 오합지졸로서는 이길 수 있는 전투가 없다.

2. 다 나팔을 불거든

교회가 영적전쟁에서 싸우는 것은 단독적인 것이 아니다. 복음을 전하든 봉사를 하든 선교의 역사에 협력하든 교회의 모든 활동은 실상 전쟁이다. 그러한 역사를 하는데 있어서 나팔이 불려질 때 나서서 싸워야지 단독적으로 싸우는 것이 아니다. 과거에 나는 어떤 형제가 언제나 단독적으로 행하는 것을 보았는데 결국은 교회 생활에서 떨어져 나가는 것을 보았다. 그는 교회의 활동과 달리 언제나 자신의 생각 안에서 움직였다. 그는 성도들이 기도할 때 복음을 전해야 한다고 외쳤고, 복음을 전할 때 기도해야 한다고 주장했다. 이것은 나팔을 불때 싸우는 정신에 위배된다. 성도들은 자신의 견해와 의견과 주장을 세울 것이 아니라 교회의 행동과 함께 행하는 것을 배워야 한다.

3. 나팔을 불며 이르기를 여호와를 위하라 기드온을 위하라

성도들은 나팔 소리와 함께 싸우며 행하되 그들의 근본정신이 하나님을 위한 것이 되어야 한다. 오늘날 어떤 단체는 주님보다 자신의 조직과 단체를 더 위하는데 이는 잘못된 신앙이다. 이는 일종의 우상숭배이다. 하나님과 그분의 진리가 우선되지 않는 싸움은 싸울 것도 없이 이미 패한 것이다. 우리가 자신의 가족을 사랑하는 것은 합당하지만 주님보다 더 사랑할 수는 없다. 우리가 우리와 함께 생활하는 성도들을 사랑하는 것도 가하지만 주님과 진리보다 더할 수는 없는 일이다. 이들은 왜 싸우는가? 300 명의 명예와 전도(前途)를 위한 것인가? 아니다. 그들은 이스라엘 전 백성을 구하기 위한 여호와의 싸움을 싸우는 것이다. 그들은 소위 "300 명 기드온 교회"의 명예와 성공을 위해 싸운 것이 아니다. 이는 매우 중요한 문제이다.

여기에 한 가지가 더 있다. 기드온을 위하라는 것이다. 기드온은 이 싸움을 인도하는 실제적인 인도자인 것이다. 하나님은 그를 통해 전쟁의 모든 진행을 인도하게 하신다. 하나님의 교회에는 이런 자들이 있다. 성도들은 이런 자들을 알고 존중하며 따라야 전쟁에 승리할 수 있다. 어떤 사람들은 여호와를 위하라고 외치는 것은 맞지만 기드온을 위하라고 하는 것은 불필요하다고 말할 것이다. 그들은 하나님을 높이는 것은 맞지만 사역자나 교회의 인도자를 높이는 것은 위험하다고 말한다. 물론 사람이 높아지는 것은 위험성이 있는 일이다.

그러나 영적 전쟁에서 성도들이 승리하기 위해서는 인도자와 하나

됨이 절대적으로 필요하다. 당시 사도들이 교회로부터 합당한 존중과 사랑이 없었다면 교회 안에 들어와 역사하는 사탄 마귀를 쫓아낼 수 있었겠는가? 고린도 교회는 어떠했겠으며, 갈라디아 교회들은 어떠했겠는가? 우리가 감히 사람을 높이는 일을 격려하지 못할지라도 최소한 우리는 하나님의 백성들이 그분의 종들에 대한 자랑과 존중은 필요하다고 믿는다. 이것이 없이는 승리할 싸움은 없는 것이다. "여호와를 위하라 기드온을 위하라" 히브리서 기자는 "하나님의 말씀을 너희에게 이르고 너희를 인도하던 자들을 생각하며 저희 행실의 종말을 주의하여 보고 저희 믿음을 본받으라"고 하였다. 바울은 고린도 교회 성도들이 그 날에 자신이 그들의 자랑이 되기를 원했다(고후 1:13). "내가 다시 너희와 같이 있음으로 그리스도 예수 안에서 너희 자랑이 나를 인하여 풍성하게 하려 함이라"(빌 1:26). 데살로니가 성도들은 바울의 말을 들을 때에 사람의 말로 듣지 아니하고 하나님의 말씀으로 들었던 고로 들은 바 말씀이 그들 속에서 역사하였다(살전 2:13).

4. 나팔을 불며 손에 가졌던 항아리를 부수니라

항아리는 질그릇으로서 피조된 사람을 가리킨다. 전도서 12장 6절은 금 그릇이 깨어지고 항아리가 샘 곁에서 깨어진다고 하였는데 이는 흙으로 된 인간의 무너짐을 가리킨다. 전쟁에서 승리하는 비결은 자아의 파쇄에 있다. 누구든지 혈육을 의지하여서는 싸워 이길 수 없는 일이다. 그러나 자아의 파쇄도 나름대로 파쇄하는 것이 아니고 나팔을 불며 부수는 것이다. 기드온의 군대는 세 대로 나누어 나팔을 불며 항아리를 부수었다. 교회의 질서와 순종함 안에서 항아리를 부수는 것이다. 어떤 사람들은 자아의 부인이나 파쇄의 체험도 자신의 나름대로 한다. 그것은 실상 바른 파쇄가 아니고 영적 전쟁에 아무런 도움이 되지 않는다. 교회의 인도자와 성도들의 한 나팔 소리 가운데 깨어지는 항아리가 효과가 있다. 성도들 전체가 보는 그 사람의 깨어져야 할 자아가 있는 것이다. 나름대로의 자아의 문제점에 대한 진단은 거의 다 맞지 않다. 나팔 소리와 함께 항아리를 부수라! 그러면서 그들은 여호와와 기드온의 칼이여! 라고 외쳤다. 여전히 하나님의 종의 말씀대로 외치는 가운데 항아리가 부숴지는 것이다.

5. 항아리 안에는 횃불을 감추게 하고

항아리를 부술 때 횃불이 나타난다. 횃불은 의심할 여지없이 성령의 불이요 우리 안에 있는 생명 능력이다. 우리 안에는 횃불이 감취어져 있다. 그러나 그 횃불이 나타나려면 항아리가 깨져야 한다. 자아가 파쇄되지 않고는 성령의 능력이 나타날 수 없다. 오늘날 성도들이 싸워 이길 수 없는 것은 자아를 보존하기 때문이다. 용감하게 자아를 부술 때 성령의 능력은 그 속에서 나타나는 것이다. 이는 다 교회의 아름다운 질서 속에서 이루어지는 일이다. 그 생명의 질서와 순종함 안에 있는 자는 조만간 항아리가 깨어지며 그 속에서 생명능력이 표현되는 축복이 임할 것이다. 베드로는 주님이 골고다에 가시기 전 그의 항아리 안에 불이 감취어 있었으나 겟세마네와 골고다, 오순절 이후 자아의 파쇄를 체험한 후 그 속에 있는 횃불이 나타나서 수 천명을 주님께 이끌 수 있었다.

6. 미디안 두 방백 오렙과 스엡을…죽이고

전쟁의 승리란 가장 문제가 되는 대적을 처리함이다. 우리 안에 가장 강적인 오렙과 스엡이 있다. 어떤 사람은 성질이나 정욕이 오렙과 스엡이고 또 어떤 이는 다른 것들일 수 있다. 전쟁 후 이런 대단한 대적이 죽임을 당하게 된다. 이것이 참된 승리이다.

전투 후

1. 나의 이제 행한 일이 너희의 한 것에 비교되겠느냐

영적 전쟁에 참여하는 자들은 싸운 후도 중요함을 알아야 한다. 기드온은 싸운 후에 공적을 가지고 따지러 온 에브라임에게 자신을 높이지 않았다. 우리는 주의 일을 한 후에 여전히 무익한 종으로서 다만 할 일을 했을 뿐이라고 해야 한다.

2. 피곤하나 따르며

큰 싸움을 싸워 이겼다고 싸움을 다 끝낸 사람처럼 하는 것은 진정한 승리자가 아니다. 끝까지 이겨야 이기는 자인 것이다. 우리는 과거에 주 안에서 굉장한 일을 한 사람들이 말년에 전혀 다른 사람처럼 되어 있는 것을 본 일이 있다. 바울은 그런 사람이 아니었다. 지핀 불을 끝까지 끄지 않고 달렸다. 그러기에 그는 면류관을 얻을 수 있었다. 아멘.

사사기 9장

Judges

1-6절, 여룹바알의 아들 아비멜렉이 세겜에 가서 그 어미의 형제에게 이르러 그들과 외조부의 온 가족에게 말하여 가로되(1절) 청하노니 너희는 세겜 사람들의 귀에 말하라 여룹바알의 아들 칠십 인이 다 너희를 다스림과 한 사람이 너희를 다스림이 어느 것이 너희에게 나으냐 또 나는 너희의 골육지친임을 생각하라(2절) 그 어미의 형제들이 그를 위하여 이 모든 말을 온 세겜 사람들의 귀에 고하매 그들의 마음이 아비멜렉에게로 기울어서 말하기를 그는 우리 형제라 하고(3절) 바알브릿 묘에서 은 칠십 개를 내어 그에게 주매 아비멜렉이 그것으로 방탕하고 경박한 유를 사서 자기를 좇게 하고(4절) 오브라에 있는 그 아비의 집으로 가서 여룹바알의 아들 곧 자기 형제 칠십 인을 한 반석 위에서 죽였으되 오직 여룹바알의 말째 아들 요담은 스스로 숨었으므로 남으니라(5절) 세겜 모든 사람과 밀로 모든 족속이 모여 가서 세겜에 있는 기둥 상수리나무 아래서 아비멜렉으로 왕을 삼으니라(6절)

1. 기드온은 70 명의 아들을 두었고 아비멜렉은 그 중 첩의 소생이다. 그는 세겜 사람이며 아버지 기드온이 죽자 그의 고향에 가서 가족들을 충동시켜 왕이 되려 한 인물이다. 그의 아버지 기드온은 이스라엘

백성들이 요청하는데도 그들을 다스리는 왕이 되는 것을 거절하면서 하나님이 통치하셔야 한다고 말했지만 그의 첩의 아들인 아비멜렉은 아버지가 믿음과 충성으로 능력을 얻어 역사함으로 얻은 외적 영예만을 탐한 것이다. 교회 역사에도 이런 류의 사람들이 일어난 적이 많다. 원래의 부흥의 창시자들은 헌신과 희생으로 사람들을 모아 교회를 이루었으나 그의 후대들이 다만 외적인 권력과 물질적인 부를 원하여 자신들이 무리 가운데 왕이 되려고 하는 일이 있어왔다.

이러한 일은 영적 세계에서든 인간 세계에서든 다반사로 일어나는 일이다. 첫 세대의 영웅들은 자신들의 모든 재능과 노력으로 일구어낸 결과로 명성과 지위를 얻는 반면 그 자녀들이나 다음 세대의 사람들은 선조의 밖의 영예나 명성이나 지위를 얻으려 한다. 사람들은 이러한 야심가들의 속성을 잘 알지 못하는 고로 그 술수에 넘어가는 일이 허다하다.

2. 아비멜렉은 사람들의 약점을 이용했다. 여룹바알의 아들 70 명이 너희를 다스리는 것과 한 사람(자기 자신을 의미함)이 너희를 다스리는 것이 어느 것이 너희에게 나으냐 또 나는 너희의 골육지친임을 기억하라고 말했다. 그는 오늘날 정치가들이 사용하는 소위 지방색을 사용했다. 결국 이스라엘은 한 동안이나마 하나님의 통치에서 인간 통치 상태로 떨어지고 만다. 그 어미의 형제들(즉 아비멜렉의 외삼촌들)은 아비멜렉의 말에 찬동하여 세겜에 다니며 사람들에게 그의 말을 전파했다. 그의 말은 효력이 있어서 들은 사람들이 바알브릿의 묘에서 은 칠십 개를 내어 아비멜렉에게 소위 정치자금으로 주었다. 협조하겠으니 잘해보라는 이야기이다. 아비멜렉은 그 돈으로 건달들과 폭력배들을 사서 그들과 함께 오브라에 있는 기드온의 칠십 아들들을 한 반석에다 모으고 다 죽여 버렸다. 그 중 말째 아들 요담만이 도망가서 목숨을 구했다. 이와 같이 하나님께서 권위를 주셔서 자연스럽게 정권을 잡는 경우가 아닐 때에는 피를 부르게 된다.

3. 세겜 사람들과 밀로 사람들이 아비멜렉을 왕으로 세웠다. 이스라엘은 아비멜렉의 그런 악한 일에 동조하고 있었다. 요단 동편으로 건너간 두 지파 반의 사람들이 제단 하나를 세워도 싸우려 하던 그들이었다. 몇몇 베냐민 사람들이 한 레위인의 첩을 욕보이고 죽게 하자 베냐민 사람들을 대하여 전쟁을 벌이던 그들이었다. 그러나 그들의 영적 상태가 극도로 낮아지자 그들을 미디안에게서 구출해준 위대한 지도자 기드온의 칠십 아들이 한 패륜아의 야심에 의하여 무참하게 살해되었는데도 그러한 사람을 왕으로 추대하였다. 이렇게 하나님의 백성의 타락의 상태에는 정도가 있다. 이들은 극심한 어두움에 떨어졌다. 그들은 기드온의 훌륭한 영적 통치에서 아비멜렉의 인간적이고 육적이고 사악한 통치 아래 떨어져도 별 차이를 느끼지 못할 정도로 타락했던 것이다.

7-21절, 혹이 요담에게 그 일을 고하매 요담이 그리심 산 꼭대기로 가서 서서 소리를 높이 외쳐 그들에게 이르되 세겜 사람들아 나를 들으라 그리하여야 하나님이 너희를 들으시리라(7절) 하루는 나무들이 나가서 기름을 부어 왕을 삼으려 하여 감람나무에게 이르되 너는 우리 왕이 되라 하매(8절) 감람나무가 그들에게 이르되 나의 기름은 하나님과 사람을 영화롭게 하나니 내가 어찌 그것을 버리고 가서 나무들 위에 요동하리요 한지라(9절) 나무들이 또 무화과나무에게 이르되 너는 와서 우리의 왕이 되라 하매(10절) 무화과나무가 그들에게 이르되 나의 단것, 나의 아름다운 실과를 내가 어찌 버리고 가서 나무들 위에 요동하리요 한지라(11절) 나무들이 또 포도나무에게 이르되 너는 와서 우리의 왕이 되라 하매(12절) 포도나무가 그들에게 이르되 하나님과 사람을 기쁘게 하는 나의 새 술을 내가 어찌 버리고 가서 나무들 위에 요동하리요 한지라(13절) 이에 모든 나무가 가시나무에게 이르되 너는 와서 우리의 왕이 되라 하매(14절) 가시나무가 나무들에게 이르되 너희가 참으로 내게 기름을 부어 너희 왕을 삼겠거든

와서 내 그늘에 피하라 그리하지 아니하면 불이 가시나무에서 나와서 레바논의 백향목을 사를 것이니라 하였느니라(15절) 이제 너희가 아비멜렉을 세워 왕을 삼았으니 너희 행한 것이 과연 진실하고 의로우냐 이것이 여룹바알과 그 집을 선대함이냐 이것이 그 행한 대로 그에게 보답함이냐(16절) 우리 아버지가 전에 죽음을 무릅쓰고 너희를 위하여 싸워 미디안의 손에서 너희를 건져내었거늘(17절) 너희가 오늘날 일어나서 우리 아버지의 집을 쳐서 그 아들 칠십 인을 한 반석 위에서 죽이고 그 여종의 아들 아비멜렉이 너희 형제가 된다고 그를 세워 세겜 사람의 왕을 삼았도다(18절) 만일 너희가 오늘날 여룹바알과 그 집을 대접한 것이 진실과 의로움이면 너희가 아비멜렉을 인하여 즐길 것이요 아비멜렉도 너희를 인하여 즐기려니와(19절) 그렇지 아니하면 아비멜렉에게서 불이 나와서 세겜 사람들과 밀로 족속을 사를 것이요 세겜 사람들과 밀로 족속에게서도 불이 나와서 아비멜렉을 사를 것이니라 하고(20절) 요담이 그 형제 아비멜렉을 두려워하여 달려 도망하여 브엘로 가서 거기 거하니라(21절)

1. 어떤 상황에서 말을 할 수 있는 사람이 있는 것과 없는 것은 차이가 크다. 아비멜렉이 기드온의 아들 70 명을 죽일 때 맨 말째 아들인 요담이 살아남았다. 그러므로 그가 뭔가 말할 수 있었던 것이다. 그가 없었더라면 마땅히 할 말을 할 만한 사람이 없었을 것이다. 여기서 다른 어떤 사람이 말하는 것보다 요담이 말하는 것이 가장 효력이 있다. 70 명이 다 죽고 아무도 남지 않았을 때의 상황과 얼마나 큰 차이가 있는지! 첫째로 하나님께 감사드릴 것은 한 사람을 남겨두셨다는 것이고, 둘째는 그러한 적합한 시간에 적합한 장소에서 할 말을 했다는 것이다.

2. 그는 축복의 말을 하는 산인 그리심으로 올라갔다. 그리고 아비멜렉의 일을 비유로 서술했다. 축복의 말을 하게 되어 있는 그리심 산에 올라가서 아비멜렉과 세겜 사람에게 저주의 말을 하는 것은 아이러니

한 일이다. 축복의 산에 올라가서 저주의 말을 한 것이다. 이는 요담이 아비멜렉과 세겜 사람들에게 간접적인 인상을 주려 한 것이다. 즉 그들이 왕을 세워 축하하는 일이 실지로는 축복의 성분이 전혀 없다는 말일 것이다. 그는 세겜 사람들에게 자기의 말을 들어야 하나님이 그들의 말을 들으실 것이라고 했다. 이는 세겜 사람들이 아비멜렉의 일로 하나님 앞에 합당하지 않은 위치에 섬으로 하나님께서 그들의 말을 듣지 않으시게 되었다고 말해주는 것이다. 과연 그들은 하나님 앞에 죄를 지었다. 그들은 요담의 말을 들어야 했다.

3. 요담이 비유로 한 이야기는 이러하다. 나무들이 하루는 감람나무에게 가서 우리의 왕이 되어 달라고 했다. 그러자 감람나무는 "나의 기름은 하나님과 사람을 영화롭게 하나니 내가 어찌 그것을 버리고 가서 나무들 위에 우쭐대리요"(흠정역 참조) 하면서 사양했다. 또 무화과나무와 포도나무에게 왕이 되어달라고 했을 때에도 동일하게 사양했다. 이 세 나무의 어조는 모두 "내가 어찌…우쭐대리요"이다. 이것은 아비멜렉의 말이 거짓임을 드러낸다. 기드온의 70 아들들 중에는 출중한 사람들이 있어서 충분히 왕이 되어 감람기름이나 무화과나 포도를 산출할 역량을 가지고 있었지만 그들은 그것이 하나님의 기뻐하시는 바가 아님을 알고 거절한 것이다. 아비멜렉은 그들 70 명이 왕이 되는 것보다 자기 한 사람이 왕이 되어 다스리는 것이 낫다고 하였는데 요담은 자기 형제들이 오브라에 있을 때 결코 왕이 되려 한 적이 없다는 것을 밝혔다.

사도 바울은 "모든 것이 가하나 모든 것이 유익한 것이 아니요"(고전 10:23)라고 말하였다. 감람나무가 나무들 위에 군림하는 왕이 되어 달라는 부탁을 받는 것은 작은 일이 아니었다. 모든 숲을 다스리며 참나무와 백향목과 모든 과수로부터 제왕으로서의 경배를 받으라는 청을 받는 것은 작은 일이 아니었다. 이는 감람나무나 모든 숲에게 매우 바람직한 일 같이 보일지라도 과연 이 일이 하나님의 영광을 위하여 할 수 있는 최선의 일인지 고려해보아야 할 것이다. 우리가 감람나무처럼 많은 나무들에게 기름을 공급할 수 있고 포도나무처럼 달콤한 포도주를 공급하는 것은 좋은 일이나 모든 나무들 위에 우쭐대면서 왕 노릇하는 자리에 오르는 것은 또 다른 문제인 것이다. 이럴때 많은 사람들은 "하나님이 주신 기회"라고 하면서 왕이 되려할 것이다. 그러나 우리가 인생에서 할 수 있는 일은 하나님과 사람에게 유용한 사람이 되며, 그들의 필요를 채우는 사람이 될 뿐 그 이상을 구할 필요가 없음을 알아야 한다. 많은 사람들이 오두막 살이에서 감람나무 시절에는 사람들에게, 또 하나님에게 영화롭게 하며 기름을 공급할 수 있었지만 궁궐로 그 위치를 바꿨을 때 더 이상 다른 사람이나 하나님을 영화롭게 하는 기능을 상실한다. 우리에게 어떤 제안이 왔을 때 우리는 언제나 한 가지 질문을 던져야 할 것이다. "이 일이 진실로 하나님과 사람에게 영광을 돌리며 유익을 줄 수 있는 것인가?" 여기서 감람나무는 가서 왕이 될 때 그 기름공급하는 일이 멈춘다는 것을 알았던 것이다. 즉 왕 노릇하는 것과 하나님과 사람을 영화롭게 하는 일을 바꾼 것이다.

감람나무나 포도나무는 거절하였지만 가시나무는 그 요청을 받았다. 그것은 가시나무가 잃을 것이 없기 때문이다. 가시나무는 그 자체가 아무 공급이 없는 사람을 뜻한다. 감람나무나 포도나무는 이미 그 공급을 가지고 충분하게 하나님을 섬기고 있으므로 더 이상 다른 것을 구할 것이 없는 것이다. 하나님의 교회에서 헛된 영광을 구하는 자들은 대부분 속에 아무 것도 없는 자들인 것이다. 그들은 밖에 지위와 명예를 추구하며 그것을 얻으면 모든 것을 다 얻은 것으로 여겨 기뻐한다. 그러나 참된 생명의 사람들은 그런 것을 추구하지 않는다. 저들은 이미 하나님과 사람을 기쁘게 하는 공급력을 가지고 많은 사람을 섬기고 있는 것이다. 하나님의 교회는 이런 자들이 많이 필요하고 가시나무는 하나도 필요하지 않다.

4. 요담은 또한 아비멜렉이 왕이 되려는 것은 가시나무가 왕이 되려는 것과 같으며 가시나무가 다른 나무에게 줄 수 있는 것은 불(멸망)밖에 없다는 것을 알려주고 있다. 그러면서 요담은 이스라엘인들(특히 세겜 사람들)을 백향목에 비유했다. 이는 요담이 그래도 동족을 사랑한다는 뜻이다. 그는 그들이 아비멜렉에게 속임당하고 사로잡혀 그런 죄를 지은 것뿐이라고 말해주고 있다. 그들을 백향목에 비유한 것에는 세겜 사람들에게 아직 소망을 두고 있다는 것과 그들이 회개하기를 바라는 마음이 담겨 있다. 또 만일 그렇지 않으면 불이 나와 그들을 사르게 될 것이라고 경고한다.

5. 동시에 요담은 세겜 사람들의 양심을 깨우는 말을 했다. "이제 너희가 아비멜렉을 세워 왕을 삼았으니 너희 행한 것이 과연 진실하고 의로우냐 이것이 여룹바알과 그 집을 선대함이냐 이것이 그 행한 대로 그에게 보답함이냐 우리 아버지가 전에 죽음을 무릅쓰고 너희를 위하여 싸워 미디안의 손에서 너희를 건져내었거늘 너희가 오늘날 일어나서 우리 아버지의 집을 쳐서 그 아들 칠십 인을 한 반석 위에서 죽이고 그 여종의 아들 아비멜렉이 너희 형제가 된다고 그를 세워 세겜 사람의 왕을 삼았도다 만일 너희가 오늘날 여룹바알과 그 집을 대접한 것이 진실과 의로움이면 너희가 아비멜렉을 인하여 즐길 것이요 아비멜렉도 너희를 인하여 즐기려니와"(16-19절). 다른 사람이 아닌 기드온의 남은 자식이 이러한 말을 할 때 가장 사람들의 양심을 만지게 된다. 여기에 단 한 명이라도 그의 아들이 살아남은 것은 의미가 있다. 이것은 하나님의 주권적인 일로서 극한 하락과 부패 가운데서 진리와 의를 세우심으로써 죄를 정죄하시는 하나님의 공의이다. 이는 세겜 사람과 아비멜렉 모두의 양심에 타격을 가하는 말이다. 하나님은 모든 사람이 회개하고 돌이키기를 얼마나 원하시는지 모른다. 또한 요담은 선지자적인 말도 했다. 그들의 결과를 예측한 것이다. "그렇지 아니하면 아비멜렉에

게서 불이 나와서 세겜 사람들과 밀로의 집을 사를 것이요 세겜 사람들과 밀로의 집에서도 불이 나와 아비멜렉을 사를 것이니라"(20절). 결국 요담의 예언적인 저주의 말은 그대로 응하였다(57절).

22-49절, **아비멜렉이 이스라엘을 다스린 지 삼 년에(22절) 하나님이 아비멜렉과 세겜 사람들 사이에 악한 신을 보내시매 세겜 사람들이 아비멜렉을 배반하였으니(23절) 이는 여룹바알의 아들 칠십 인에게 행한 포학한 일을 갚되 그 형제를 죽여 피 흘린 죄를 아비멜렉과 아비멜렉의 손을 도와서 그 형제를 죽이게 한 세겜 사람에게로 돌아가게 하심이라(24절) 세겜 사람들이 산들 꼭대기에 사람을 매복하여 아비멜렉을 엿보게 하고 무릇 그 길로 지나는 자를 다 겁탈하게 하니 혹이 그것을 아비멜렉에게 고하니라(25절) 에벳의 아들 가알이 그 형제로 더불어 세겜에 이르니 세겜 사람들이 그를 의뢰하니라(26절) 그들이 밭에 가서 포도를 거두어다가 밟아 짜서 연회를 배설하고 그 신당에 들어가서 먹고 마시며 아비멜렉을 저주하니(27절) 에벳의 아들 가알이 가로되 아비멜렉은 누구며 세겜은 누구기에 우리가 아비멜렉을 섬기리요 그가 여룹바알의 아들이 아니냐 그 장관은 스불이 아니냐 차라리 세겜의 아비 하몰의 후손을 섬길 것이라 우리가 어찌 아비멜렉을 섬기리요(28절) 아하, 이 백성이 내 수하에 있었더면 내가 아비멜렉을 제하였으리라 하고 아비멜렉에게 네 군대를 더하고 나오라고 말하니라(29절) 그 성읍 장관 스불이 에벳의 아들 가알의 말을 듣고 노하여(30절) 사자를 아비멜렉에게 가만히 보내어 가로되 보소서 에벳의 아들 가알과 그 형제가 세겜에 이르러 성읍 무리를 충동하여 당신을 대적하게 하나니(31절) 당신은 당신을 좇은 백성으로 더불어 밤에 일어나서 밭에 매복하였다가(32절) 아침 해 뜰 때에 당신은 일찌기 일어나 이 성읍을 엄습하면 가알과 그를 좇은 백성이 나와서 당신을 대적하리니 당신은 기회를 보아 그들에게 행하소서(33절) 아비멜렉과 그를 좇은 모든 백성이 밤에 일어나 네 떼로 나눠 세겜을 대하여 매복하였더니(34절) 에벳의 아**

들 가알이 나와서 성읍문 입구에 설 때에 아비멜렉과 그를 좇은 백성이 매복하였던 곳에서 일어난지라(35절) 가알이 그 백성을 보고 스불에게 이르되 보라 백성이 산꼭대기에서부터 내려오는도다 스불이 그에게 대답하되 네가 산 그림자를 사람으로 보았느니라(36절) 가알이 다시 말하여 가로되 보라 백성이 밭 가운데로 좇아 내려오고 또 한 떼는 므오느님 상수리나무 길로 좇아 오는도다(37절) 스불이 그에게 이르되 네가 전에 말하기를 아비멜렉이 누구관대 우리가 그를 섬기리요 하던 그 입이 이제 어디 있느냐 이가 너의 업신여기던 백성이 아니냐 청하노니 이제 나가서 그들과 싸우라(38절) 가알이 세겜 사람들의 앞서 나가서 아비멜렉과 싸우다가(39절) 아비멜렉에게 쫓겨 그 앞에서 도망하였고 상하여 엎드러진 자가 많아서 성문 입구까지 이르렀더라(40절) 아비멜렉은 아루마에 거하고 스불은 가알과 그 형제를 쫓아내어 세겜에 거하지 못하게 하더니(41절) 이튿날 백성이 밭으로 나오매 혹이 그것을 아비멜렉에게 고하니라(42절) 아비멜렉이 자기 백성을 세 떼로 나눠 밭에 매복하였더니 백성이 성에서 나오는 것을 보고 일어나서 그들을 치되(43절) 아비멜렉과 그를 좇은 떼는 앞으로 달려가서 성문 입구에 서고 그 나머지 두 떼는 밭에 있는 모든 자에게 달려들어 그들을 죽이니(44절) 아비멜렉이 그날 종일토록 그 성을 쳐서 필경은 취하고 거기 있는 백성을 죽이며 그 성을 헐고 소금을 뿌리니라(45절) 세겜 망대의 사람들이 이를 듣고 엘브릿 신당의 보장으로 들어갔더니 (46절) 세겜 망대의 모든 사람의 모인 것이 아비멜렉에게 들리매(47절) 아비멜렉과 그를 좇은 모든 백성이 살몬 산에 오르고 아비멜렉이 손에 도끼를 들고 나뭇가지를 찍고 그것을 가져 자기 어깨에 메고 좇은 백성에게 이르되 너희는 나의 행하는 것을 보나니 빨리 나와 같이 행하라 하니(48절) 모든 백성도 각각 나뭇가지를 찍어서 아비멜렉을 좇아 보장에 대어 놓고 그곳에 불을 놓으매 세겜 망대에 있는 사람들도 다 죽었으니 남녀가 대략 일천 명이었더라(49절)

1. 하나님은 그러한 비정상적인 상황과 비정상적인 권세를 삼 년이나 그대로 두셨다. 여기서 우리는 어떤 일이 하나님이 매우 기뻐하지 않으시는 상태에 있다 하더라도 상당히 오랫동안 그대로 유지된다는 것을 알 수 있다. 그렇지만 불의하고 진실되지 않은 성공은 그 위치가 불안전하다. 인간의 야심으로 말미암아 스스로 취한 지위는 나무에 올라가 있는 사람처럼 언제나 안전하지 않으니 속히 내려오는 것이 편하다. 너무 빨리 어떤 지위에 올라서려고 애쓰는 것은 원칙상 아비멜렉의 길을 가는 것이다. 자격이 되지도 않는데 올라가려다 보니 무리수가 따르게 되고 다른 사람을 밟고 죽이게 되는 것이다. 그러한 일은 결국 배반과 거역을 초래한다. 하나님께서 세우시는 권위는 속도가 늦지만 안전하다. 우리는 이를 다윗에게서 볼 수 있다. 다윗이 권좌에 오른 것은 그가 기름부음을 받고서도 많은 우여곡절과 어려운 세월을 거친 후였다. 그러한 과정들이 이스라엘 백성들로 하여금 그의 왕 됨을 마음속으로부터 받아들이게 한 것이다. 아비멜렉은 오늘날로 말하면 쿠데타로 세력을 잡은 왕이다.

2. 3년이 되었을 때 하나님께서는 그 상황을 더 이상 그대로 두지 않으셨다. 하나님은 그들이 기드온의 70 아들을 죽인 것을 보수하신 것이다. 먼저 세겜 사람들이 아비멜렉을 배신했다. 남을 배신하고 거역한 사람은 언젠가 자기가 배신을 당하게 된다. 아비멜렉은 결국 자기가 선동해서 자기를 옹립하게 한 세겜 사람들로부터 배신을 당하게 된다. 그러나 세겜 사람들 또한 좋지 않았던 것은 아비멜렉의 선동을 받아 기드온의 70 아들을 죽이고 아비멜렉을 왕으로 세운 것이다. 그리고 이제는 다시 아비멜렉을 배신하고 있다. 그들의 전반적인 행위가 어둡고 악하다. 그런 세겜 사람들이 첫 번째로 화를 당하게 되었다. 세겜 사람들의 배반 행위는 이러하다. 산꼭대기에 사람을 매복시켜 아비멜렉을 엿보게 하고 그리로 지나가는 사람을 다 겁탈하였다. 그리고 그런 상황이

아비멜렉에게 알려지게 하였다. 배반의 상황은 곧 알려지게 마련이다.

3. 배역의 행위에는 언제나 주도자가 있게 되는데, 가알이란 사람이 바로 그런 자였다. 깃털이 같은 새끼리 모인다는 속담이 있다. 가알과 세겜 사람들은 아비멜렉에게 거역과 반감을 갖고 있는 점에서 서로 통했다. 세겜 사람들은 가알을 만나자마자 그가 자신들의 대표가 될 만한 인물임을 알았다. 거역과 배반의 때에 그 동안 기회가 없어 배회하고 어슬렁대던 사람은 자신에게 절호의 기회가 올 때 결코 놓치지 않는다. 이런 사람은 늘 자기가 뭔가 할 수 있으며 어느 정도 리더의 자격을 갖추고 있다고 생각하는 사람이다.

4. 아비멜렉과 가알은 둘 다 자신들이 이룩하지 않은 위치를 취하려는 야심가인 면에서 같다. 그렇다 하더라도 아비멜렉은 자기 아버지의 후광을 사용할 근거가 조금이라도 있는 반면 가알과 같은 인물은 업적으로나 족보로나 아무런 근거가 없다. 다만 아비멜렉과 같은 사람을 배반할 때 그러한 배반의 일에 앞장서기에 알맞은 인물일 뿐이다. 거역적인 권위는 또 다른 거역을 일으키되 더욱 악화된 거역적인 상황을 낳는다. 이는 음식물이 부패할 때 시간이 지날수록 더 부패하는 것과 같다.

5. 27절은 그들이 밭에 가서 포도를 거두어다가 밟아 짜서 연회를 배설하고 산당에 들어가서 먹고 마시며 아비멜렉을 저주했다고 말한다. 28절과 29절은 그들이 그 모임에서 주로 말하고 주장한 내용들이다. 이러한 일들은 타락과 부패와 거역의 상황이 있을 때마다 발생하곤 한다. 이들은 참 하나님이 아닌 자신들의 우상 바알을 섬겼으며 그런 모임에서 힘이 나고 즐거워했다. 그들은 그러한 상황을 고무시키기 위해 포도를 눌러 짜서 마실 것을 만들었다. 그들은 먹고 마시며 하나님을 찬양하거나 그리스도에 대해 말하지 않았다. 이들의 주제는 단연 아비

멜렉이었다. 그가 얼마나 나쁜가, 어떠어떠한 악한 일들을 많이 저질렀는가 하는 것을 말할 수록 서로의 공감대가 형성되었다. 악한 거역의 기운이 최고조에 달했을 때 가알이 말했다. "아비멜렉은 누구며 세겜은 누구기에 우리가 아비멜렉을 섬기리요 그가 여룹바알의 아들이 아니냐 그의 신복은 스불이 아니냐 차라리 세겜의 아버지 하몰의 후손을 섬길 것이라 우리가 어찌 아비멜렉을 섬기리요 이 백성이 내 수하에 있었더라면 내가 아비멜렉을 제거하였으리라"(27-28절).

거역의 말은 절정에 달했다. 이때 가알은 세겜 사람들의 생각에서 아비멜렉의 권위적인 존재를 완전히 말살해버린다. 그는 세겜의 순수한 혈통이 아닌 아비멜렉(아비에셀 사람 기드온과 세겜 여인 사이에서 태어난)보다는 세겜의 원 조상인 하몰(Hamor, 창 33:19)의 자손 중에서 인도자가 있으면 그를 섬기겠다고 했다. 이 역시 지방색과 혈통을 이용한 배역의 일이다. 스불은 아비멜렉이 임명한 세겜 성읍의 장관이었다. 가알은 만일 그가 다스릴 수 있다면(아마 그는 하몰의 자손일 것이다) 아비멜렉을 없애겠다고 하였다. 그리고 아비멜렉에게 군대를 불려서 나오라고 선전포고를 하였다. 이는 가알의 야심이 드러난 말인데, 결국 그가 아비멜렉 대신 왕이 되고 싶다는 말이고 그렇게 된다면 자신이 아비멜렉을 없애겠다고 한 것이다. 이것이 배역의 전개 과정이다. 오늘날도 배역의 일은 같은 절차를 밟아 진행된다. 3000여 년 전에 일어난 일이 오늘날에도 반복해서 일어나는 것을 볼 때 해 아래에 새 것이 없다는 말이 얼마나 진리인지 새삼스럽게 깨닫게 된다.

6. 그 성읍(세겜) 장관 스불이 그 말을 듣고 노했다(anger burned). 자신들도 실상 불법 정부이면서 이러한 거역의 말을 들을 때 혈압이 최고도로 오르게 된 것이다. 그러나 그는 상당히 냉철하게 대처했다. 세겜 사람들로 먼저 죽임당하도록 하기 위해서이다. 먼저 스불은 가알의 반역의 소식을 한 사람을 시켜 아비멜렉에게 전했다. "보소서 에벳의

아들 가알과 그 형제가 세겜에 이르러 성읍 무리를 충동하여 당신을 대적하게 하나니 당신은 당신을 좇은 백성으로 더불어 밤에 일어나서 밭에 매복하였다가 아침 해 뜰 때에 당신은 일찌기 일어나 이 성읍을 엄습하면 가알과 그를 좇은 백성이 나와서 당신을 대적하리니 당신은 기회를 보아 그들에게 행하소서".

7. 34절부터 45절까지는 가알과 세겜 사람들이 망한 내용이다. 가알과 그를 따른 세겜 사람들은 패하고 아비멜렉은 주로 매복 작전으로 승리를 거두었다. 36절에서 아비멜렉과 그를 좇은 백성이 일어나서 네 떼로 세겜 성을 향하여 매복하였다. 가알이 성 입구에 설 때 아비멜렉 군이 일어났다. 그때 가알이 그것을 보고 스불에게 백성이 산꼭대기에서 내려온다고 했고 스불은 네가 산 그림자를 사람으로 보았다고 하면서 속였다. 가알은 두려움 가운데 이곳저곳에서 나타나는 복병들을 보았다. 그때서야 스불은 가알에게 말한다. "자신만만하던 그 입이 어디 있느냐?" "이제 나가서 그들과 싸우라." 가알은 크게 패하였고 성에서 쫓겨나는 신세가 되었다. 아비멜렉은 세겜 성을 불로 사르고 소금을 뿌렸다. 소금을 뿌렸다는 것은 그 성을 폐허로 만들었다는 표시이다.

8. 46절부터 49절까지는 세겜 망대 사람들 일천 명이 엘브릿 신당에 모였다가 아비멜렉에게 살륙당한 내용이다. 세겜 망대 사람들은 6절에 나오는 밀로 사람들이다. 그들도 아비멜렉을 왕으로 세웠다가 배신한 사람들이다. 그들은 세겜 사람들이 아비멜렉에게 당했다는 말을 듣고 바알 신당에 숨었다. 아비멜렉은 그 말을 듣고 손에 도끼를 가지고 나무를 해 어깨에 메고서 백성들도 그처럼 따라 하게 했다. 그리고 많은 나뭇가지를 그 보장(inner chamber)에 놓고 불을 질렀다. 그래서 그 큰 신당의 방에 모여 있던 남녀 일천 명이 다 죽임을 당하였다. 아비멜렉의 잔인성을 보여주는 대목이다. 아비멜렉은 겉으로 보기에 반란군

에 대항하여 승승장구를 하는 것 같았다.

50-57절, 아비멜렉이 데베스에 가서 데베스를 대하여 진치고 그것을 취하였더니(50절) 성중에 견고한 망대가 있으므로 그 성 백성의 남녀가 모두 그리로 도망하여 들어가서 문을 잠그고 망대 꼭대기로 올라간지라(51절) 아비멜렉이 망대 앞에 이르러서 치며 망대의 문에 가까이 나아가서 그것을 불사르려 하더니(52절) 한 여인이 맷돌 윗짝을 아비멜렉의 머리 위에 내려던져 그 두골을 깨뜨리니(53절) 아비멜렉이 자기의 병기 잡은 소년을 급히 불러 그에게 이르되 너는 칼을 빼어 나를 죽이라 사람들이 나를 가리켜 이르기를 그가 여인에게 죽었다 할까 하노라 소년이 찌르매 그가 곧 죽은지라(54절) 이스라엘 사람들이 아비멜렉의 죽은 것을 보고 각각 자기 처소로 떠나갔더라(55절) 아비멜렉이 그 형제 칠십 인을 죽여 자기 아비에게 행한 악을 하나님이 이같이 갚으셨고(56절) 또 세겜 사람들의 모든 악을 하나님이 그들의 머리에 갚으셨으니 여룹바알의 아들 요담의 저주가 그들에게 응하니라(57절)

1. 아비멜렉이 데베스에 진격한 것은 그 성의 사람들도 그에게 반역했기 때문이다. 그는 데베스를 진격하여 그 성 역시 취하였다. 그 성중 사람들 남녀가 모두 견고한 망대로 도망하여 문을 잠그고 망대 꼭대기로 올라갔는데, 아비멜렉은 전과 같이 불을 지르려고 그 망대 가까이 나아갔다. 그때 한 여인이 맷돌 위짝을 그에게 내리던지니 그의 두골이 깨졌다. 아비멜렉은 그의 병기 맡은 자를 급히 불러 자기를 찌르라고 했는데, 이는 마지막까지 보여준 그의 헛된 자존심이었다.

2. 아비멜렉이 죽자 무리는 흩어졌다. 결국 하나님께서는 아비멜렉과 세겜 성 사람들이 기드온의 70 아들들을 죽인 악행을 이같이 갚으셨다. 또한 여룹바알의 살아남은 말째 아들 요담의 저주가 그들에게 응

한 것이다(57절). 그의 저주는 이유 없는 저주가 아니었기 때문이다. 왕관을 탐내던 아비멜렉의 머리가 여인이 던진 맷돌에 의해 깨졌다. 하나님은 공의로 심판하심으로 자신을 나타내시며 악인은 자신이 만든 덫에 스스로 걸려든다. 사악함은 잠시 번성하지만 영원히 지속되지는 못한다(매튜 헨리).

사사기 10장

Judges

1-5절, 아비멜렉의 후에 잇사갈 사람 도도의 손자 부아의 아들 돌라가 일어나서 이스라엘을 구원하니라 그가 에브라임 산지 사밀에 거하여(1절) 이스라엘의 사사가 된 지 이십삼 년 만에 죽으매 사밀에 장사되었더라(2절) 그 후에 길르앗 사람 야일이 일어나서 이십이 년 동안 이스라엘의 사사가 되니라(3절) 그에게 아들 삼십이 있어 어린 나귀 삼십을 탔고 성읍 삼십을 두었었는데 그 성들은 길르앗 땅에 있고 오늘까지 하봇야일이라 칭하더라(4절) 야일이 죽으매 가몬에 장사되었더라(5절)

1. 아비멜렉은 정식 사사로 볼 수 없고 정식 왕으로도 볼 수 없다. 그는 스스로 왕이 된 자일 뿐이며 잠시 이스라엘을 어지럽고 소란스럽게 한 자이다.

2. 돌라라는 사람은 잇사갈 사람이며 도도의 손자요 부아의 아들로서 아비멜렉의 학정으로 인하여 어지러워진 이스라엘을 바로잡고 평화를 가져왔다. 성경에서 돌라의 일에 대하여 침묵하니 세세한 그의 공적은 알 수 없지만 외적과의 싸움보다는 내치에 중점을 두었을 것이다. 돌라가 사사로서 치리한 연수는 23년이다.

3. 돌라 다음은 야일이며, 사사 야일에 대하여도 기록이 간단하다. 야일은 22년을 치리하였는데 그에게는 아들이 삼십이 있었고 어린 나귀 삼십을 탔고 성읍 삼십을 두었다고 기록한다. 이는 야일 사사가 부귀를 누렸음을 기술하는 것이다. 삼십 아들을 둔 것이나 삼십 나귀를 둔 것은 모두 당시 야일 사사가 부와 명예를 가졌음을 나타내며 삼십 성읍을 소유했다는 것도 그러하다. 야일은 특별히 길르앗 사람이라고 되어 있는데, 길르앗은 요단 동편이며 그는 아마 므낫세 지파의 사람일 것이다. 그가 소유했던 성읍들은 하봇야일이라 하여 야일의 성읍이라고 불리웠다. 인도자 중에는 특기할 만한 사건이 없이 다스려 나가는 사람들이 있는데 돌라나 야일이 그러한 사람이었던 것 같다. 그는 죽어 가몬이라는 곳에 장사되었다.

6-9절, 이스라엘 자손이 다시 여호와의 목전에 악을 행하여 바알들과 아스다롯과 아람의 신들과 시돈의 신들과 모압의 신들과 암몬 자손의 신들과 블레셋 사람의 신들을 섬기고 여호와를 버려 그를 섬기지 아니하므로(6절) 여호와께서 이스라엘에게 진노하사 블레셋 사람의 손과 암몬 자손의 손에 파시매(7절) 그들이 그 해부터 이스라엘 자손을 학대하니 요단 저편 길르앗 아모리 사람의 땅에 거한 이스라엘 자손이 십팔 년 동안 학대를 당하였고(8절) 암몬 자손이 또 요단을 건너서 유다와 베냐민과 에브라임 족속을 치므로 이스라엘의 곤고가 심하였더라(9절)

1. 사람의 행복은 지으신 하나님과 함께할 때 주어지는 것이다. 이는 누가복음 15장에도 잘 나타나 있다. 탕자는 아비집을 떠난 후 결국 돼지가 먹는 쥐엄 열매로 배를 채우고자 했지만 그것마저 없어서 굶주렸다. 하나님을 떠나 다른 것을 섬긴 결과는 괴로움과 고생이다. 아버지께 돌아올 때 풍성함이 있고 행복이 있다. 이스라엘은 야일이 죽자 다시 여호와의 목전에 악을 행하여 바알들과 아스다롯과 아람의 신들과

시돈의 신들과 모압, 암몬, 블레셋의 신들을 섬기고 여호와를 버렸다. 그러므로 여호와께서는 이스라엘에 대하여 진노하시고 그들을 블레셋 사람과 암몬 자손의 손에 파셨다. 사실은 이스라엘 자손들이 자신을 스스로 이방 족속들에게 팔아넘겼다고 표현해야 맞을 것이다. 따라서 길르앗 아모리 사람의 땅에 거한 이스라엘 자손들은 십팔 년 동안 학대를 받았고 요단 서편 땅에도 암몬 자손이 쳐들어와 유다, 베냐민, 에브라임 족속을 치므로 이스라엘의 곤고가 심하였다.

2. 사람은 어리석어서 자신들이 우상을 섬기고 있으면서도 하나님이 진노하시는 상태에 떨어졌다는 사실을 모를 수 있다. 그들은 살아계신 참 하나님을 버리고 죽은 우상을 섬기고 있으면서도 하나님을 최고도로 잘 섬기고 있다고 착각하는 것이다. 신약의 바리새인들이나 서기관들은 실상 돈을 사랑하고 세상 명예를 원하는 사람들이었다. 말하자면 그들은 하나님이 아닌 재물신이나 세상의 헛된 영광의 우상에 빠져 있었던 것이다. 그러면서도 그들은 자신들만이 가장 하나님을 잘 섬기는 자들이라고 자부하고 있었다. 목이 곧고 교만한 사람들에게는 하나님의 음성이 잘 들리지 않는다. 그러나 어느 날 그들에게 고난이 임하고 심한 재난이 닥칠 때 그들의 마음이 깨어나게 된다. 대개 참 믿음은 고난을 통하여 시험되는데, 거짓된 믿음과 우상을 의지하는 믿음은 어려움을 헤쳐 나가는 데에 아무런 효력을 발하지 못한다. 그럴 때 하나님의 긍휼이 있으면 자신이 자부하는 믿음에 의문부호를 붙이고 하나님께 다시 나아갈 수 있다.

10-18절, 이스라엘 자손이 여호와께 부르짖어 가로되 우리가 우리 하나님을 버리고 바알들을 섬김으로 주께 범죄하였나이다(10절) 여호와께서 이스라엘 자손에게 이르시되 내가 애굽 사람과 아모리 사람과 암몬 자손과 블레셋 사람에게서 너희를 구원하지 아니하였느냐(11절) 또 시돈 사람

과 아말렉 사람과 마온 사람이 너희를 압제할 때에 너희가 내게 부르짖으므로 내가 너희를 그들의 손에서 구원하였거늘(12절) 너희가 나를 버리고 다른 신들을 섬기니 그러므로 내가 다시는 너희를 구원치 아니하리라(13절) 가서 너희가 택한 신들에게 부르짖어서 너희 환난 때에 그들로 너희를 구원하게 하라(14절) 이스라엘 자손이 여호와께 여짜오되 우리가 범죄하였사오니 주의 보시기에 좋은 대로 우리에게 행하시려니와 오직 주께 구하옵나니 오늘날 우리를 건져내옵소서 하고(15절) 자기 가운데서 이방 신들을 제하여 버리고 여호와를 섬기매 여호와께서 이스라엘의 곤고를 인하여 마음에 근심하시니라(16절) 그때에 암몬 자손이 모여서 길르앗에 진쳤으므로 이스라엘 자손도 모여서 미스바에 진치고(17절) 길르앗 백성과 방백들이 서로 이르되 누가 먼저 나가서 암몬 자손과 싸움을 시작할꼬 그가 길르앗 모든 거민의 머리가 되리라 하니라(18절)

1. 결국 이스라엘 자손은 여호와께 회개하며 부르짖었다. 그들은 자신들이 하나님을 버리고 바알들을 섬김으로 주께 범죄하였음을 고백했다. 그들은 고난과 근심을 거쳐서 회개에 이른 것이다. 많은 사람들이 고난을 통해서도 자신들이 하나님을 떠난 것을 알지 못한다. 또한 하나님께서 그들이 깨닫고 돌이키기를 바라심으로 곤란함 가운데 두셨을 것이라고는 감히 상상하지 못한다. 이것도 사람의 교만과 자기 신뢰로 인한 것이다. 자신에게 아무 것도 없다는 것과 그러한 환경이 결국 하나님을 의지하지 않고 사람이나 단체 또는 물질을 의지함으로 인해 왔다는 것을 알기까지는 시간이 많이 걸린다. 그래서 사사기에 이스라엘 백성이 많은 해 동안 고통당한 것이 기록되어 있는 것이다. 어쨌든 이스라엘은 깨달았고 범죄했음을 자백하였다.

2. 그러나 여호와께서는 그들의 죄과가 결코 작은 것이 아님을 상기시키신다. 그들은 오랫동안 하나님의 마음을 상당히 근심케 하였다.

"여호와께서 이스라엘 자손에게 이르시되 내가 애굽 사람과 아모리 사람과 암몬 자손과 블레셋 사람에게서 너희를 구원하지 아니하였느냐 또 시돈 사람과 아말렉 사람과 마온 사람이 너희를 압제할 때에 너희가 내게 부르짖으므로 내가 너희를 그들의 손에서 구원하였거늘 너희가 나를 버리고 다른 신들을 섬기니 그러므로 내가 다시는 너희를 구원치 아니하리라 가서 너희가 택한 신들에게 부르짖어서 너희 환난 때에 그들로 너희를 구원하게 하라"(11-14절). 하나님께서는 그들에게 '다시는 너희를 구원치 아니하리라'고 하셨다. 결국은 구원해주실 것인데 하나님은 왜 이렇게 말씀하셨는가? 사람은 너무 쉽게 하나님의 은혜와 긍휼을 잊어버린다. 하나님은 물론 용서해주실 것이지만 지난 날 얼마나 많은 곤경에서 그들이 용서받고 구원받았는가를 생각해보라고 하신다. 하나님께서는 애굽에서부터 이스라엘이 고통 가운데 부르짖으며 구원해달라고 기도할 때마다 들어주셨다. 얼마나 같은 일의 반복이었는가? 하나님께서는 사람이 그들의 여러 가지 어려움에서 구원해주시고 은혜를 베푸신 일들을 잊지 않기를 원하신다. 심지어 과거 조상들에게 역사하신 것까지도 자신들과 연관시켜 기억할 수 있기를 바라신다. 많은 경우 사람은 자기에게 베푸신 은혜를 기억하는 것만으로도 족하다고 생각한다. 그러나 하나님께서는 우리의 선조들에게 베푸신 은혜도 모두 우리와 연관지어 행하신 것으로 간주하시며 우리를 위해 하신 일이라고 주장하신다.

예를 들어, 이 나라 한국에 100여년 전쯤 복음이 들어왔는데 주님은 당시 이 땅에 부흥의 상황을 허락하셨다. 그리고 수많은 신실한 종들을 일으키셨다. 충성되고 본이 되는 귀한 순교자들이 나왔다. 이 나라 순교자들의 신앙은 다른 어느 나라 못지않게 자랑스럽다. 그리고 많은 대형교회들이 일어나도록 역사하셨다. 오늘날 어떤 사람들은 대형교회의 문제점을 지나치게 걱정하지만 대국적으로 볼 때 이는 하나님의 축복의 표시라고 말하지 않을 수 없다. 우리는 해외에 선교하러 나가서 이

나라 한국을 통하여 전파되는 그리스도의 영광과 능력을 많이 보았다. 이러한 역할을 대형교회들이 감당하고 있으며 전 세계에 끼치는 영향력 또한 대단하다. 자국에 끼치는 그리스도의 빛과 말씀의 영향력 또한 무시할 수 없다. 우리는 이 모든 일이 하나님께서 우리를 위해 역사하신 것임을 알고 감사해야 한다. 거기에 우리 믿는이 개개인에게 역사하신 하나님의 은총과 사랑과 보살핌은 말로 다 할 수 없다.

이 구절들을 볼 때 하나님은 당시 이스라엘을 애굽에서 이끌어내신 일까지 언급하고 계신다. 하나님은 출애굽 때의 이스라엘과 지금 사사기 때의 그들을 별개로 보시지 않는다. 과거부터 현재까지 하나님은 이스라엘을 돌보아오셨으며 이스라엘은 마땅히 이 사실들을 기억하고 감사해야 했고, 여호와를 버리고 우상을 섬겨서는 안 되었다.

그들이 자신들의 죄과를 자백하며 돌아선다고 할 때 하나님께서는 과거부터 그들을 어떻게 돌보셨는가를 상기시키시면서 그분의 마음을 열어 보이셨다. 우리는 이런 하나님의 말씀을 읽을 때 감동되지 않을 수 없다. 그분은 마치 다정한 부부 사이에 대화하듯이 또는 사랑하는 자녀와 대화하듯이 이스라엘에게 말씀하셨다. 오랫동안 마음고생을 해온 한편이 마음을 몰라주고 함부로 행한 무지한 다른 편에게 따지듯이 말하는 것 같다. 과연 너희가 지금까지 행한 이런 일이 상식적으로 가능한 일인지 생각해보라고 하시는 것 같다. 또 하나님은 자신이 얼마나 오랫동안 이런 상황을 참고 기다리셨는지를 생각해보라고 말씀하시는 듯하다. 나는 이러한 하나님의 사랑과 은혜를 대할 때 감격스럽다. 그분은 사람을 사랑하시기에 사람에게 약점을 잡히신 분 같다. 그분은 창조주로서, 지극히 높으신 하나님으로서 사람이 잘못하면 심판하고, 잘하면 칭찬하고 상 주시는 것으로 족할 것 같은데, 어떤 일에서 사람에게 너무나 마음을 쓰신다. 시기하면서 바라보시는 듯하다. 이것이 무엇인가? 사랑이다! 아, 하나님은 사람을 시기하기까지 사랑하신다.

사람에게는 숨길 수 없는 한 가지가 있는데, 그것이 누구를 사랑하는 것이다. 누군가를 사랑하는 사람은 아무리 감추려 해도 어떤 말이나 행동에서 그것이 표현되는 법이다. 공경하는 마음으로 말하거니와 거룩하신 하나님도 이 부분에서는 이스라엘을 사랑하시는 그 마음을 우리에게 들키신 것이다. 그분은 지금 회개하면서 살려달라고 부르짖는 이스라엘에게 그들이 과거에 의지했던 이방 신들에게 구조를 요청해보라고 말씀하신다. 우리 하나님은 어려운 말을 하시는 분이 아니다. 하나님의 이런 말씀을 이해하기 위해 신학을 연구할 필요는 없다. 깊은 철학을 동원해서 깨달을 수 있는 범주의 말이 아니다. 오, 우리 하나님은 얼마나 귀하고 사랑스런 분인가!

3. 시돈 사람이 이스라엘을 압제한 것은 언제인지 알 수 없으나 가나안 사람들이 압제할 때 그들이 관여했을 가능성이 있다. 마온 사람은 이스라엘을 공격한 적이 없으므로 해석에 어려움이 있다. 그러나 하나님은 이런 상황에서 그분이 아시는 대로 말씀하시니 틀림 없는 사실일 것이다. 이런 구절들은 성경의 축자영감설과 무오성을 감소시키는 것이 아니라 오히려 증대시켜준다. 사람이 기록했다면 이런 사소한 외적 오차를 발생시키지 않았을 것이다. 어느 어느 족속이 이스라엘을 압박했는가는 앞에 나온 기록들과 사사기의 앞장들에 분명하게 나와 있기 때문이다. 12절에서 하나님은 마온 사람을 언급하셨는데, 마온 사람이 이스라엘을 압제했다는 기록이 없다. 70인역에는 마온 사람이 미디안 사람으로 번역되었다. 아말렉은 모압과(3:13) 미디안과(6:3, 33) 함께 공격했다는 기록이 있다.

4. 15절은 이스라엘의 진심어린 회개이다. 하나님은 사람이 진심으로 회개할 때 일흔 번씩 일곱 번이라도 용서하신다. “이스라엘 자손이 여호와께 여짜오되 우리가 범죄하였사오니 주의 보시기에 좋은 대로 우리에게 행하시려니와 오직 주께 구하옵나니 오늘날 우리를 건져내옵

소서". 그들은 그들의 죄과를 생각할 때 하나님께서 그들에게 어떻게 하셔도 다 받아야 한다고 생각했다. "주의 보시기에 좋은 대로 우리에게 행하시려니와"란 그들이 죽어 마땅하다는 뜻이다. 그러면서도 이스라엘은 "오직 주께 구하옵나니 오늘날 우리를 건져내옵소서"라고 하였다. 그들은 그들의 범죄를 시인하면서 그들이 죽어 마땅하고 하나님께서 그들을 어떻게 처분하셔도 아무 할 말이 없는 자들임을 자백하였다. 그러나 이스라엘은 또한 그 동안의 과정을 통해 어느 정도 긍휼과 사랑의 하나님을 알았다. 그리고 자기들 가운데서 이방신들을 제하여 버리고 여호와를 섬겼다. 오늘날로 말하면 모든 우상들을 제하고 세상의 죄악된 쾌락을 버리고 예배에 참석하며 복음을 전하고 주님을 섬긴다는 말이다. 이러한 모습은 하나님의 마음을 움직였다. 물론 이때에 그들은 암몬 사람의 괴롭힘 아래 심히 고생스러운 상황에 있었다. 하나님은 그들을 보시고 마음이 아프셨다. 16절은 "여호와께서 이스라엘의 곤고를 인하여 마음에 근심하시니라"고 말한다. 여기서 근심하셨다는 말은 원문에서 '견딜 수 없어 하시는 것(impatient)'을 의미한다. 즉 이스라엘의 고통당함을 보시고 견딜 수 없는 긍휼의 마음을 가지신 것이다(박윤선 주석).

5. 당시 암몬 사람이 길르앗에 진을 쳤고 이스라엘도 대항하기 위해서 미스바에 진을 쳤다. 그런데 당시 이스라엘에는 전투에 앞장서는 사람이 없었다. 길르앗 백성들과 장로들은 앞장서서 싸우는 자가 나오면 그를 길르앗 거민의 머리로 삼겠다고 조건을 내걸었다. 이때의 사사는 하나님이 미리 예비하신 것이 아니라 백성이 천거했다. 이전의 사사들—에훗, 바락, 기드온 등—은 먼저 하나님의 세우심을 받고 나아갔다. 그러나 입다의 경우는 사람들이 천거하고 다음에 하나님이 기름을 부어 세우셨다. 하나님이 사람을 세우시는 방식은 획일적이지 않음을 볼 수 있다. 때와 상황이 사람을 일으키는 방식을 결정하는 것 같다.

사사기 11장

Judges

1-11절, 길르앗 사람 큰 용사 입다는 기생이 길르앗에게 낳은 아들이었고(1절) 길르앗의 아내도 아들들을 낳았더라 아내의 아들들이 자라매 입다를 쫓아내며 그에게 이르되 너는 다른 여인의 자식이니 우리 아버지 집 기업을 잇지 못하리라 한지라(2절) 이에 입다가 그 형제를 피하여 돕 땅에 거하매 잡류가 그에게로 모여와서 그와 함께 출입하였더라(3절) 얼마 후에 암몬 자손이 이스라엘을 치려 하니라(4절) 암몬 자손이 이스라엘을 치려 할 때에 길르앗 장로들이 입다를 데려오려고 돕 땅에 가서(5절) 입다에게 이르되 우리가 암몬 자손과 싸우려 하나니 당신은 와서 우리의 장관이 되라(6절) 입다가 길르앗 장로들에게 이르되 너희가 전에 나를 미워하여 내 아버지 집에서 쫓아내지 아니하였느냐 이제 너희가 환난을 당하였다고 어찌하여 내게 왔느냐(7절) 길르앗 장로들이 입다에게 대답하되 이제 우리가 당신을 찾아온 것은 우리와 함께 가서 암몬 자손과 싸우게 하려 함이니 그리하면 우리 길르앗 모든 거민의 머리가 되리라(8절) 입다가 길르앗 장로들에게 이르되 너희가 나를 데리고 본향으로 돌아가서 암몬 자손과 싸우게 할 때에 만일 여호와께서 그들을 내게 붙이시면 내가 과연 너희 머리가 되겠느냐(9절) 길르앗 장로들이 입다에게 이르되 여호와는 우리 사이의 증인이시니 당신의 말대로 우리가 반드시 행하리이다(10절) 이에

입다가 길르앗 장로들과 함께 가니 백성이 그로 자기들의 머리와 장관을 삼은지라 입다가 미스바에서 자기의 말을 다 여호와 앞에 고하니라(11절)

1. 길르앗 사람이란 길르앗 땅에 사는 거민을 가리키거나 아니면 므낫세 지파 중 마길의 아들인 길르앗 가문의 후손을 가리킬 것이다(민 26:29). '입다' 라는 이름의 뜻은 '열린 자' 이며 그는 이름대로 열린 생각을 가진 자였다. 입다는 길르앗에게서 태어났는데 정실부인의 소생이나 첩의 소생도 아닌 기생에게서 태어난 자였다. 그런데 입다는 여러 면에서 다른 아들들보다 뛰어났던 것 같다. 그는 비록 기생의 아들이었지만 장자이었을 것이고 부친의 기업을 유업으로 얻는 데 가장 유리한 위치에 있었을 것이다. 그러므로 정실부인의 아들들이 위협을 느껴 입다를 쫓아내지 않으면 안 되겠다고 생각한 것이다. 모든 면에서 입다에게 미치지 못한 다른 길르앗의 아들들은 단체의 힘으로 입다를 몰아내는 데 성공했다.

2. 능력 있는 자는 어디를 가도 그 능력을 발휘한다. 그가 돕 땅으로 갔는데 그곳에서 잡류들이 그에게 모여들었다. 여기서 잡류란 문자 그대로 무가치한 사람들(worthless fellows-R.S.V)이며 일정한 직업이 없이 떠도는 불량배들을 가리킨다. 그들은 입다를 보고 의지할 만한 사람으로 여겼던 것 같다. 그는 비록 집에서는 쫓겨났지만 훌륭한 정신을 지닌 자였으므로 할일 없는 사람들이 그에게 모여들어 그를 우두머리로 삼았다. 당시 이스라엘은 하나님을 저버리고 우상을 숭배하는 상황이었으며 입다의 집안도 예외가 아니었을 것이다. 그러나 입다는 하나님을 공경하고 하나님을 신뢰하는 신앙을 가진 자였다. 실상 아무 것도 의지할 것이 없고 사람들에게 버림당한 사람이 가난한 마음으로 참 신앙을 갖기가 쉽다. 직업 없이 떠돌아다니던 사람들이 그런 입다를 만나 참된 인간애와 사랑을 맛보게 될 것은 당연하다.

3. 그때 마침 암몬 자손이 이스라엘을 공격하는 일이 발생하였다. 그때는 막 이스라엘이 회개하여 우상을 버리고 하나님께로 돌이켰으며 하나님께서는 그들의 곤란한 상황을 보시고 근심하며 마음 아파하시던 상황이었다. 그때 다급해진 이스라엘 장로들은 그들의 군대장관으로서 입다를 생각해냈다. 이와 같이 인물의 됨됨이는 일이 다급해질 때 드러나는 법이다. 평안하고 일이 없을 때에는 서로가 자신의 유익과 발전을 위하다보니 자기들을 인도해줄 인도자의 필요를 느끼지 않는다. 오히려 편안할 때는 자신들 가운데 잠재력 있는 사람을 미워하고 시기하며 쫓아내기도 한다. 그러나 막상 그 단체에 어려움이 닥치고 적의 공격이 있게 되면 실력 있는 사람의 필요성을 절감하게 된다. 우리나라 역사에도 훌륭한 장군이 평화시에는 간신배들의 모함을 받아 죄인이 되어 갇혀 있다가 외적이 쳐들어오자 그를 풀어주고 다시 직위를 회복시켜 전쟁에 내보내지 않을 수 없었던 적이 있다. 이것은 이스라엘 장로들도 이미 입다의 인물 됨됨이를 알고 있었다는 말이다. 전에 그들에게 별 필요성이 느껴지지 않을 때에는 식구들에 의해 돕 땅으로 쫓겨가는 것을 방관하고 또 일면 찬성하고 있었지만 지금 그들의 상황이 다급해지니 입다가 생각났던 것이다. 그가 장군이 되어 싸우면 암몬을 대적할 수 있다고 여겼다.

4. 장로들은 입다에게 하기 어려운 말을 하였다. "우리가 암몬 자손과 싸우려 하나니 당신은 와서 우리의 장관이 되라". 입다는 한 마디로 거절하였다. "너희가 전에 나를 미워하여 내 아버지 집에서 쫓아내지 아니하였느냐 이제 너희가 환난을 당하였다고 어찌하여 내게 왔느냐". 장로들은 입다를 쫓아내는 일에 직접 가담하지는 않았다 하더라도 책임이 없다고 말할 수 없었다. 입다는 이렇게 할 말을 장로들에게 담대히 하였다. 그러자 장로들이 말했다. "이제 우리가 당신을 찾아온 것은 우리와 함께 가서 암몬 자손과 싸우게 하려 함이니 그리하면 우리 길르

앗 모든 거민의 머리가 되리라". 입다는 장로들의 말을 확인하였다. "너희가 나를 데리고 본향으로 돌아가서 암몬 자손과 싸우게 할 때에 만일 여호와께서 그들을 내게 붙이시면 내가 과연 너희 머리가 되겠느냐". 여기서 입다가 그들의 머리가 되겠느냐고 재차 물은 것은 하나의 확인이지 그가 그 지위를 원하는 것으로 해석할 필요가 없다.

실상 지도자는 자신을 위해서가 아니라 주님과 백성들을 위해서 지도자의 위치를 확실히 해둘 필요가 있는 경우가 있다. 그것을 야심 운운하면서 일괄 몰아붙일 것은 없다. 적어도 히브리서 기자는 믿음으로 승리한 선진들의 대열에 사무엘, 다윗 등과 함께 입다를 포함시켰다. 입다는 야심 때문에 그들의 머리가 될 기회를 얻으려고 전장에 나간 것은 아니지만 적어도 자신이 그들의 지도자가 되어야 한다는 것은 알았을 것이다. 그리고 그 상황이 주님의 인도하심 아래 있다는 것도 알았을 것이다. 그래서 그러한 제안을 받아들인 것이다. 그들은 상황이 촉급할 때에는 이렇게 말하고 나중에 상황이 달라지면 달리 말할 수 있는 사람들이라고 생각했기 때문에 확실하게 확인을 해두고자 한 것이다.

어떤 상황이든 '인도자가 되려는 것은 좋지 않다'라고 보는 견해는 치우친 것이다. 고린도 전서 12장을 보면 몸 가운데 머리가 되는 지체도 있다(21절). 머리 되는 지체는 분명 다스리고 관할하는 기능을 가진 자이다. 이때 이스라엘에는 하나님을 위하여 재판과 다스림을 베풀 사사가 필요했다. 하나님은 그 시대에 사사를 통하여 그분의 백성을 구원하고 다스리기 원하셨던 것이다. 그러므로 입다의 수락을 인간적인 야심에서 비롯된 것으로 보아서는 안 된다는 뜻이다. 적어도 11절에서 입다는 미스바에서 자기의 모든 말을 다 여호와 앞에 고했다. 이는 그가 모든 일을 하나님 앞에서 행하는 사람이었다는 것을 보여준다. 입다는 그들의 제안을 확실하게 하기 위해 다짐을 받은 것이고 그것은 올바른 것이었다고 보아야 한다. 장로들은 다시 확실한 말로 입다의 말을 확인해주었다. "장로들이 입다에게 이르되 여호와는 우리 사이의 증인이시니 당신의 말대로 우리가 반드시 행하리이다". 결국 하나님은 이스라엘을 구원하기 위해 형제들에게 버림받고 쫓겨난 자를 택하여 사용하셨다. 또한 그를 높이사 사람들로 우러러보게 만드셨다. 원수를 갚으시는 하나님이시라는 뜻이다. 결국 입다는 자기를 버린 사람들에게 부름을 받고 가서 장관이 된 것이다.

12-28절, 입다가 암몬 자손의 왕에게 사자를 보내어 이르되 네가 나와 무슨 상관이 있기에 내 땅을 치러 내게 왔느냐(12절) 암몬 자손의 왕이 입다의 사자에게 대답하되 이스라엘이 애굽에서 올라올 때에 아르논에서부터 얍복과 요단까지 내 땅을 취한 연고니 이제 그것을 화평히 다시 돌리라(13절) 입다가 암몬 자손의 왕에게 다시 사자를 보내어(14절) 그에게 이르되 입다가 말하노라 이스라엘이 모압 땅과 암몬 자손의 땅을 취하지 아니하였느니라(15절) 이스라엘이 애굽에서 올라올 때에 광야로 행하여 홍해에 이르고 가데스에 이르러서는(16절) 이스라엘이 사자를 에돔 왕에게 보내어 이르기를 청컨대 나를 용납하여 네 땅 가운데로 지나게 하라 하였으나 에돔 왕이 이를 듣지 아니하였고 또 그같이 사람을 모압 왕에게 보내었으나 그도 허락지 아니하므로 이스라엘이 가데스에 유하였더니(17절) 그 후에 광야를 지나 에돔 땅과 모압 땅을 둘러 행하여 모압 땅 동편으로부터 와서 아르논 저편에 진쳤고 아르논은 모압 경계이므로 그 경내에는 들어가지 아니하였으며(18절) 이스라엘이 헤스본 왕 곧 아모리 왕 시혼에게 사자를 보내어 그에게 이르되 청컨대 우리를 용납하여 당신의 땅으로 지나 우리 곳에 이르게 하라 하였으나(19절) 시혼이 이스라엘을 믿지 아니하여 그 지경으로 지나지 못하게 할 뿐 아니라 그 모든 백성을 모아 야하스에 진치고 이스라엘을 치므로(20절) 이스라엘의 하나님 여호와께서 시혼과 그 모든 백성을 이스라엘의 손에 붙이시매 이스라엘이 쳐서 그 땅 거민 아모리 사람의 온 땅을 취하되(21절) 아르논에서부터 얍복까지와 광야에서부터 요단까지 아모리 사람의 온 지경을 취하였었느니라(22절) 이스

라엘 하나님 여호와께서 이같이 아모리 사람을 자기 백성 이스라엘 앞에서 쫓아내셨거늘 네가 그 땅을 얻고자 하는 것이 가하냐(23절) 네 신 그모스가 네게 주어 얻게 한 땅을 네가 얻지 않겠느냐 우리 하나님 여호와께서 우리 앞에서 어떤 사람이든지 쫓아내시면 그 땅을 우리가 얻으리라(24절) 이제 네가 모압 왕 십볼의 아들 발락보다 나은 것이 있느냐 그가 이스라엘로 더불어 다툰 일이 있었느냐 싸운 일이 있었느냐(25절) 이스라엘이 헤스본과 그 향촌들과 아로엘과 그 향촌들과 아르논 연안에 있는 모든 성읍에 거한 지 삼백 년이어늘 그 동안에 너희가 어찌하여 도로 찾지 아니하였느냐(26절) 내가 네게 죄를 짓지 아니하였거늘 네가 나를 쳐서 내게 악을 행하고자 하는도다 원컨대 심판하시는 여호와는 오늘날 이스라엘 자손과 암몬 자손의 사이에 판결하시옵소서 하나(27절) 암몬 자손의 왕이 입다의 보내어 말한 것을 듣지 아니하였더라(28절)

1. 1절에서 입다를 큰 용사(a valiant warrior)라고 한 것은 특히 이곳에서 나타난다. 물론 그는 이미 돕 땅에 가서 잡류들을 모아 우두머리 노릇을 하고 있었기 때문에 옛날 일을 생각하면 얼마든지 그를 쫓아낸 길르앗의 아들들에게 복수할 수 있었다. 아비멜렉 같으면 벌써 일을 벌이고 사람을 여럿 죽였을 것이다. 그러나 입다는 그렇지 않았다. 그는 자신을 쫓아낸 사람들에게 보복할 만한 힘이 있었지만 그렇게 하지 않았다.

그럴 뿐 아니라 그들이 와서 그들을 위해 싸워달라고 할 때에도 거절하지 않았다. 결국은 허락했다. 물론 그가 그들의 머리가 되려는 목적으로 싸운 것은 아니다. 그는 그들의 머리가 되는 일이 하나님께 달린 일이라고 생각했다. 그는 이런 면에서 큰 사람의 면모를 보여주었다. 그는 비록 태생이 비천했지만 그릇만큼은 작지 않았다. 하나님은 사람을 외모로 보지 않고 중심을 보신다.

또 한 가지, 그가 큰 사람이라는 것은 암몬 왕에게 한 말에서 나타난다. 첫째로 그는 자기가 힘이 있다고 해서 싸움을 최선의 방책으로 취하지 않았다는 것이다. 그는 대화로 해결할 수 있기를 원했다. 우리나라에도 중국 원 나라 공격시에 대화로 적을 물리친 서희라는 장군이 있었다. 피를 흘리지 않고 대화로 문제를 해결할 수 있다면 가장 좋은 것이다. 입다는 신분적으로는 가장 천한 사람이 가장 큰 사람의 면모를 보여주었다. 그는 암몬 왕에게 이렇게 말했다. "네가 나와 무슨 상관이 있기에 내 땅을 치러 왔느냐?" 이 말은 얼핏 듣기에는 시비조 같지만 원문을 살펴보면 대화의 의지가 들어있다. "당신과 내가 무슨 관계가 있기에", 즉 당신과 우리 사이에 우리 땅을 가지고 싸워야 할 이유가 무엇이냐는 뜻이다.

그랬더니 암몬 왕은 300년 전의 고리타분한 옛 이야기를 하면서 침공의 변을 늘어놓았다. 어떤 비열한 공격자도 이유는 다 말할 수 있을 것이다. 어떤 식으로든 자신들의 행하는 일을 그럴듯하게 설명하면 이유가 된다. 한일합병을 계기로 36년 간 한국을 식민지 삼은 일본에게 왜 그렇게 했느냐고 물으면 일본 군국주의자들 나름대로의 변이 있다. 물론 한국의 애국지사들이 들으면 말도 안 되는 소리이다. 암몬 왕은 이스라엘이 애굽에서 올라올 때에 아르논에서 얍복 강까지 그의 땅을 취한 연고라고 말했다. 그러면서 암몬 왕도 겉으로는 화평을 말한다. "이제 그것을 화평히 다시 돌리라". 그는 불법적으로 쳐들어왔으면서도 말에 약점을 잡히지 않으려고 수를 쓰고 있는 것이다.

이 부분에서 우리는 입다의 귀한 점들을 발견한다. 첫째로, 그는 하나님의 말씀을 잘 알고 지키고 있었으며 또한 조상들의 역사를 잘 알고 있었다. 그가 만일 이스라엘의 역사를 잘 알지 못했다면 암몬 왕의 말에 효과적으로 대항할 수 없었을 것이다. 입다는 비록 기생의 아들이었지만 영적 지식에 있어서는 매우 탁월하였다. 암몬 왕이 말한 아르논에서 얍복과 요단까지는 암몬의 땅이라고 말할 수 없다. 아마도 암몬 왕이 말한 것은 그들이 아모리 사람들에게 빼앗긴 '암몬 자손의 땅 절반 곧 랍바 앞의 아로엘까지'를 가리킬 것이다(수 13:25).

2. 입다가 큰 사람이라는 것은 또한 끝까지 포기하지 않고 대화해 나간 것에서 볼 수 있다. 그는 할 수 있는 대로 대화로 상황을 풀어보려 했으며 암몬 왕이 되지 않는 이유를 들고 나와도 포기하지 않고 또 답변을 보냈다. 입다는 암몬 왕의 주장이 맞지 않다고 말한다. 보통 사람 같으면 말도 안 되는 소리라고 하면서 더 이상 그런 사람과는 말할 필요도 없다고 할 것이다. 그리고 무력으로 물리치는 길밖에 없다고 할 것이다. 그러나 큰 용사 입다는 다시 한 번 상황을 소상히 설명한다. 그 설명이 15절부터 27절까지이다. 대부분의 사람들이 이런 상황에서 사자를 보내어 자기 땅을 탈취하려는 적장에게 이런 식으로 길게 말하지 않을 것이다. 도저히 안 되겠다면서 싸울 준비를 할 것이다. 그러나 입다가 큰 용사인 것은 싸움을 잘하는 것에만 있지 않고 일을 처리하는 데에 있다. 거기서 그가 큰 그릇임이 나타나는 것이다.

입다는 다시 사람을 보내어 이스라엘이 그들의 땅을 취하였다는 암몬 왕의 말을 부정한다. "입다가 암몬 자손의 왕에게 다시 사자를 보내어 그에게 이르되 입다가 말하노라 이스라엘이 모압 땅과 암몬 자손의 땅을 취하지 아니하였느니라"(15절). 그리고 16절부터는 그렇게 말하는 이유를 상세하게 말한다. 첫째로, 이스라엘이 다른 민족을(에돔이나 모압) 침략하여 땅을 빼앗은 적이 없다는 것을 말하는데(이는 하나님의 말씀을 지키기 위한 것이었음—16-18절), 헤스본 왕 곧 아모리 왕 시혼과도 이스라엘이 싸우고자 한 것이 아니라 그들이 먼저 싸우러 온 것이며 그들이 이스라엘의 길을 막고 선제공격을 해왔기 때문이라고 말한다. 그러므로 하나님께서 시혼과 그 모든 백성을 이스라엘 손에 붙이시어 이스라엘의 땅이 되게 하신 것이다. 그렇게 해서 아르논에서부터 얍복까지와 광야에서부터 요단까지 아모리 사람의 온 지경을 이스라엘이 취하게 된 것이다. 즉 입다의 말은 그 땅은 하나님께서 주신 것이고 일이 그렇게 된 것은 이스라엘의 침략에 의한 것이 아니라 그들의 공격에 의한 것이었다는 뜻이다. 그렇게 해서 하나님이 주신 땅은 우리의 땅이며, 같은 원칙으로 그들의 신 그모스가 주어 그들로 얻게 한 땅이 있다면 그 땅을 얻으라고 말했다. 또한 입다는 모압 왕 발락을 언급하면서 암몬 왕에게 "네가 발락보다 나으냐"고 묻는다. 사실 모압 왕 발락은 이스라엘이 두려워 감히 공격할 생각도 못하고 다만 발람을 고용하여 이스라엘을 저주하려 하였다.

여기서 입다는 모압과 암몬을 같이 취급한다. 그들은 원래 롯의 딸들의 근친상간으로 인하여 태어난 족속으로서 모압이 앞서 있으므로 그모스(모압의 신)를 암몬 사람들에게 대입한 것이고 모압 왕 발락도 언급한 것이다. 그리고 입다는 이스라엘이 헤스본에 거한 지가 300년이 되었는데 지금까지 조용하다가 이제 와서 그 땅을 자기 것이라고 주장하는 의도가 무엇이냐고 물었다. 27절은 그의 위대함을 보여주는 매우 인상적인 구절이다. "내가 네게 죄를 짓지 아니하였거늘 네가 나를 쳐서 내게 악을 행하고자 하는도다 원컨대 심판하시는 여호와는 오늘날 이스라엘 자손과 암몬 자손의 사이에 판결하시옵소서". 입다는 어디까지나 하나님을 심판자와 중재자로 모시고 말했다.

어떤 사람들은 이런 때에 입다에게 듣지도 않을 사람에게 무엇 하러 그렇게 성의껏 긴 이야기를 하느냐, 영적인 말, 참된 말, 경우에 바른 말을 그 도둑이 듣겠느냐고 할 것이다. 그러면서 그런 말을 들을 사람 같으면 쳐들어 왔겠느냐고 할 것이다. 그러나 입다는 듣는 사람을 고려한 것이 아니라 다만 하나님 앞에서 말한 것이다. 그는 암몬 왕이 듣든지 안 듣든지 하나님 앞에서 해야 할 말을 한 것이며 끝까지 대화로, 평화적으로 사태를 풀어 나가려고 했다. 여기서 그의 그릇이 크다는 것을 알 수 있다.

물론 암몬 왕은 입다의 말을 듣지 않았다(28절). 그의 거만함과 강팍함은 멸망을 자초했다.

29-40절, 이에 여호와의 신이 입다에게 임하시니 입다가 길르앗과 므낫세를 지나서 길르앗 미스베에 이르고 길르앗 미스베에서부터 암몬 자손에게로 나아갈 때에(29절) 그가 여호와께 서원하여 가로되 주께서 과연 암몬 자손을 내 손에 붙이시면(30절) 내가 암몬 자손에게서 평안히 돌아올 때에 누구든지 내 집 문에서 나와서 나를 영접하는 그는 여호와께 돌릴 것이니 내가 그를 번제로 드리겠나이다 하니라(31절) 이에 입다가 암몬 자손에게 이르러 그들과 싸우더니 여호와께서 그들을 그 손에 붙이시매(32절) 아로엘에서부터 민닛에 이르기까지 이십 성읍을 치고 또 아벨 그라밈까지 크게 도륙하니 이에 암몬 자손이 이스라엘 자손 앞에 항복하였더라(33절) 입다가 미스바에 돌아와 자기 집에 이를 때에 그 딸이 소고를 잡고 춤추며 나와서 영접하니 이는 그의 무남독녀라(34절) 입다가 이를 보고 자기 옷을 찢으며 가로되 슬프다 내 딸이여 너는 나로 참담케 하는 자요 너는 나를 괴롭게 하는 자 중의 하나이로다 내가 여호와를 향하여 입을 열었으니 능히 돌이키지 못하리로다(35절) 딸이 그에게 이르되 나의 아버지여 아버지께서 여호와를 향하여 입을 여셨으니 아버지 입에서 낸 말씀대로 내게 행하소서 이는 여호와께서 아버지를 위하여 아버지의 대적 암몬 자손에게 원수를 갚으셨음이니이다(36절) 아비에게 또 이르되 이 일만 내게 허락하사 나를 두 달만 용납하소서 내가 나의 동무들과 함께 산에 올라가서 나의 처녀로 죽음을 인하여 애곡하겠나이다(37절) 이르되 가라 하고 두 달 위한하고 보내니 그가 그 동무들과 함께 가서 산 위에서 처녀로 죽음을 인하여 애곡하고(38절) 두 달 만에 그 아비에게로 돌아온지라 아비가 그 서원한 대로 딸에게 행하니 딸이 남자를 알지 못하고 죽으니라 이로부터 이스라엘 가운데 규례가 되어(39절) 이스라엘 여자들이 해마다 가서 길르앗 사람 입다의 딸을 위하여 나흘씩 애곡하더라(40절)

1. 길르앗은 르우벤과 갓의 땅이고 므낫세 반 지파의 땅은 바산이었다. 입다가 길르앗과 므낫세를 지나 길르앗 미스베로 나아간 것은 이스

라엘 군을 모집하기 위한 것이었을 터이고 길르앗 미스베는 암몬 군과 대치하기 위한 곳이었다(10:17). 사람들이 이끌렸던 것은 그에게 하나님의 영이 임했기 때문이었다. 하나님의 영은 그가 싸울 수 있도록 강화시키는 동시에 많은 사람을 이끌 수 있는 능력을 주신다. 많은 사람을 주님께 인도하고자 하는 사람은 성령의 능력을 힘입어야 한다(행 1:8).

2. 그는 암몬 군과 싸우러 나가기 전에 서원을 하였다. 그 서원의 내용은 30절, 31절에 있다. "주께서 과연 암몬 자손을 내 손에 붙이시면 내가 암몬 자손에게서 평안히 돌아올 때에 누구든지 내 집 문에서 나와서 나를 영접하는 그는 여호와께 돌릴 것이니 내가 그를 번제로 드리겠나이다". 그런데 그가 이기고 돌아왔을 때 그의 무남독녀 외동딸이 맨 먼저 나와 소고 치고 춤추며 아버지를 영접하였다. 그러자 입다는 옷을 찢으며 당황해했다. 학자들마다 입다의 서원에 대하여 매우 조심스럽게 말한다. 15세기 전까지는 이 일을 주로 입다가 서원한 번제물(사람)을 죽여서 드린 것으로 해석하였다. 그러나 그 이후 대다수의 학자들이 성전에서 일생 수절하며 섬기는 자로 만든 것이라고 해석했다. 어떤 학자들은 이 두 가지를 다 어려운 일로 여겨 입다가 서약한 것이 짐승의 희생을 의미하는 것이라고 해석하였다(A. C. Hervey). 이 견해는 취할만하지 않다.

많은 신학자들이 입다가 출애굽기의 내용을 잘 아는(15-26절 참조) 사사로서, 또 하나님의 영을 받은 사람으로서 율법에서 금한 인간 제물을 드리기로 서약했다는 점을 믿을 수 없다고 말한다(레 18:21, 20:1-5, 신 12:29-32, 18:9-12). 학자들은 또한 이 전투를 앞두고 그의 행한 바를 미루어볼 때 침착한 성격의 입다가 그런 서원을 했을 리 만무하다고 말한다. 그러나 우리는 이 내용에 관하여 본문대로 해석하는 것이 자연스럽다고 믿는다. 우리는 기드온이나 삼손이나 다른 사사들의 경우에 그들이 하나님께 쓰임받았던 귀한 점과 더불어 그들의 불완전성 또한 그대로 기록된 것을 본다. 하나님은 사람이 완전하다고 사용하시는 것은 아니다. 하나님은 그분이 세우신 사람에게 약점이 있다 하더라도 어떤 특별하고 귀한 점을 들어 사용하신다. 하나님의 백성은 반드시 이것을 알아야 한다. 그러므로 어떤 사람이 훌륭한 점이 있다 해서 다른 약점을 좋게 포장할 필요가 없다. 이것은 그 반대의 논리도 성립된다. 어떤 사람이 여러 면에서 좋지 않다 해서 좋은 점까지 나쁘게 해석할 필요는 없다.

입다는 아마도 그때 대적들을 앞에 두고 확실한 승리를 간구하는 심정으로 가장 위대한 헌신의 표시로 인간제물을 생각했을 것이다. 당시 인간제물은 근동의 제사 가운데 가장 큰 제물로 여겨졌다. 아마도 입다는 돕 땅에 거하는 동안 이러한 이방인들의 인신제물 풍습에 영향을 받았던 것 같다(호크마 주석 참조). 이는 그가 하나님께 대한 충성과 열심의 표시로서, 또한 자신이 이 전쟁에 얼마나 간절한 마음으로 임하는지를 말씀드림으로써 반드시 승리하도록 도와주시기를 청원하는 서원이었을 것이다. 그는 어쩌면 하나님께서 이번 전쟁에 이기게만 해주시면 자기 집의 유용한 종들이나 심지어 권속까지라도 드릴 것이라고 말한 것이리라. 이런 입다의 마음을 이해하지 못하는 바는 아니지만 이는 분명 지나치게 고양된 심리에서 나온 잘못된 헌신이었다. 여기서 우리는 영적 능력을 가진 사람이라 하더라도 냉철하지 못하고 조심하지 않으면 실수할 수 있음을 본다.

만일 성전에서 수절하며 봉사하는 것이라면 35절, 36절의 말씀과 37절부터 40절까지의 말씀을 이해하기 어렵다. 즉 그들의 반응이 지나치다는 것이다. 입다가 승전한 후 집에 돌아왔을 때 그 딸이 소고를 잡고 춤추며 나와 영접하자 자기 옷을 찢었다. 그리고 "슬프다 내 딸이여, 너는 나를 참담하게 하는 자로다"라고 하였다. 이에 대하여 어떤 학자는 히브리어로 '슬프다'라는 감탄사는 다만 단순 감탄사 '아하' 이며 '참담케 하다'는 '당황케 하다'로서 결코 지나친 반응이 아니라고 하는데, 그러면 입다가 나중에 한 말—"내가 여호와를 향하여 입을 열었으니 돌이키지 못하리로다"—은 어떻게 해석하겠는가? 이는 입다의 심한 갈등을 표현하는 말이다. 주님을 극도로 사랑하는 입다에게 자신의 딸을 성전 섬기는 자가 되도록 처녀로 드리는 일이 그렇게 심한 갈등을 일으키는 일이겠는가? 즉 입다의 말은 이럴 줄 알았더라면 번복할 수 있으면 좋으련만 여호와께 한 일이니 그렇게 할 수 없다는 말이다. 또한 친구들의 슬픔이 그러하다. 한 처녀가 성전에 드려졌다 해서, 즉 여자가 시집을 못 간다 해서 두 달 동안이나 함께 울어줄 필요가 있겠으며 이스라엘 여자들이 기념일을 정해놓고 나흘씩이나 울 필요가 있었겠는가? 여자가 남자를 알지 못하고 시집을 못 가는 일이 어찌 그리 큰 일이겠으며 부모와 떨어지는 일이 어찌 그리 큰 일이겠는가? 딸이 수절하고 일생 성전에서 봉사하는 자가 되는 것이라면 이는 주님을 사랑하는 집에서 도리어 축하해야 할 일이 아닌가?

인간제물을 바친 것이라고 해석하는 사람으로서는 교부 중에 적어도 어거스틴과 오리겐, 개혁자 루터와 주석가 매튜 헨리가 있다. 그렇지만 그가 딸을 어떻게 제물로 바쳤을까 하는 문제는 여전히 의문점으로 남아 있다. 과연 양을 잡듯이 딸을 칼로 잡아 죽이고 불로 태워 제물로 드렸을까? 상상하기가 어렵다. 그럼에도 문맥은 어떤 죽음이든지 딸을 죽게 한 쪽으로 해석해야 자연스럽다. 어쨌든 그는 잘못된 서원을 한 것이고 하나님은 그의 서원에 따라서가 아니라 그분의 이스라엘에 대한 사랑과 구원 계획에 따라서 이기도록 도와주신 것이라고 본다. 그가 그런 성급하고 무모한 서원을 한 것이 잘못이라 하더라도 이스라엘에 대한 그의 충성과 열의는 영원히 기억될 만한 일이다. 이런 유사한 일은 사울의 전쟁기에서도 찾을 수 있다. 사무엘 상 14장 24절에서 사울은 블레셋과의 전쟁에서 이길 때까지 아무 식물이라도 먹는 자는 저주를 받을 것이라 맹세하여 자기 아들 요나단을 죽이지 않으면 안 될 상황에 처했던 적이 있다(44-45절). 이런 맹세 또한 사울의 과격하고 성급한 발언에서 나온 것이다.

3. "여호와를 향하여 입을 열었으니 돌이키지 못하리로다"(35절). 스펄젼은 이 말씀에 대하여 "그는 성급한 서원을 하였는데, 그런 일들은 지키기보다 깨는 것이 훨씬 좋다"고 하였다. 그는 덧붙이기를 "어떤 사람이 범죄를 하기로 서원을 하였다면 그런 그의 서원은 본질상의 죄이고, 그의 서원을 행하는 것은 배나 더 죄가 된다"고 하였다. 그는 "어떤 사람이 도적질하기로, 간음하기로, 또는 살인하기로 서약하고 자신이 서약하였기 때문에 이행하는 것이 정당하다고 할 수 없다"고 하였다. 그러므로 우리는 어떤 일에 있어서 성급하게 서원을 잘못했다면 그것을 지키려고 애를 써서는 안 된다. 물론 그 일에 있어서 죄를 초래할, 신중하지 못하게 서원한 것을 회개해야 할 것이다. 나는 과거에 젊은 형제가 한 번 집회에서 큰 감동을 받고 바울처럼 독신으로 하나님을 섬기겠다고 서약했다는 것을 들은 적이 있다. 그는 막상 결혼 할 때가 되어 사랑하는 자매를 앞에 두고 망설이고 있었다. 나는 그 때 형제에게 합당한 권면을 주었어야 했다. 서원을 지키기 위해 결혼을 하지 말라고 할 것인가? 서원을 무시하고 결혼하라고 할 것인가? 나는 그에게 진정 결혼하고자 하는 마음이 있다면 과거의 성급한 서원에 대하여 진지하게 회개하는 것이 좋겠다고 말해주었다. 그런 후 그 형제는 결혼을 했고 좋은 가정을 이루고 사는 것을 보았다.

어떤 이는 물을 것이다. "나의 서원을 깨뜨리는 것은 죄가 되지 않을까?" 비록 입다가 하나님 앞에서 입을 열기는 했지만 그가 그 일을 행하리라고 서원했다해서 그 일이 정당화되지 않는다. 그런 경우 서약을 깨는 것이 죄가 될 수 있겠지만 서약을 지키기 위해서 자기의 무남독녀 딸을 희생시키는 것은 더 큰 죄를 짓게 되는 것이다. 우리는 작은 죄를 회피하기 위해서 보다 더 큰 죄를 지어서는 안 된다. 여러분의 어리석은 서원을 깨뜨린다면 작은 죄를 짓게 되겠지만 그 서원을 이행하기 위해 더 큰 죄를 저질러서도 안 된다. 오히려 무지하고 어리석은 때의 조심스럽지 않게 입을 벌린 것에 대하여 회개하는 것이 옳을 것이다. 그렇지만 이는 우리가 하나님 앞에 선포하고 시인한 것을 언제든지 소홀하게 번복할 수 있다는 말은 절대 아니다. 오히려 우리는 하나님 앞에서 믿음으로 고백한 신앙에 대하여는 죽음으로도 변개할 수 없다는 것을 알아야 할 것이다. 이는 배교에 해당하는 것이다. 고문과 형벌을 받는 한이 있어도 우리가 한 번 여호와를 위하여 입을 연 신앙고백에 대하여는 절대 돌이킬 수 없는 것이다. 그러므로 원칙상 입다의 하나님을 향한 태도 자체에 있어서는 숭고한 자세요 태도라고 할 수 있는 것이다. "여호와를 향하여 입을 열었으니 돌이키지 못하리로다". 우리는 이 양면을 고려하여 이 말씀을 상고해야 할 것이다.

4. 시편 15편은 다윗의 시로서 주의 장막에 유할 자와 주의 성산에 거할 자의 자격을 말해준다. 즉, 어떠한 자들이 하나님의 장막인 교회의 구성원들로서의 특징이냐 하는 말이다. 4절에는 "그 마음에 서원한 것은 해로울지라도 변치않는 자"라고 하였다. 또한, 전도서 5장 4-5절은, "네가 하나님께 서원하였거든 갚기를 더디게 말라 하나님은 우매자를 기뻐하지 아니하시나니 서원한 것을 갚으라 서원하고 갚지 아니하는 것보다 서원하지 아니하는 것이 나으니"라고 한다. 주님은 신약 마태복음 5장 34절에서, "도무지 맹세하지 말라"고 하셨다. 겉으로 보기에는 구약의 말씀과 신약의 주님의 말씀은 모순되는 것 같이 보인다. 그러나, 주님이 맹세하지 말라고 하시는 것은 사람이 그 맹세를 지킬 수 없는 것을 알기 원하신 것이다. 그러므로, 헛 맹세를 하지말라고 하신 것이다.

오늘날 어떤 성도들은 서약이나 맹세에 대하여 매우 느슨한 관념을 가지고 있다. 우리는 서약이나 맹세하는 것을 권장하자는 말이 아니라 우리의 삶가운데 때로 사람들과 서약에 준하는 약속의 말들을 입에서 낼 때가 있다. 그런데 문제는 이것이다 . 많은 사람들이 이 부분에 있어서 구약의 말씀은 그렇게 꼭 지킬 필요가 없다고 쉽게 단정한다는 것이다. 그러므로 어떤 사람들은 자신이 사람들에게 서약한 것을 깨는데에 있어서 아무런 자책을 느끼지 않는다. 그들의 행동은 구약의 서원을 별로 지킬 필요가 없다는 어떤 막연하고 잘못된 영적지식에 기인된 것 같다. 그러나, 성도들이 반드시 알아야 할 것은 신약의 은혜는 구약의 도덕률을 폐기하지 않는다는 것이다. 오히려 그보다 더 높은 도덕의 표준을 지키는 것이 신약의 특징이다(마 5장 참조).

그러면 사람들이 서원한 것을 왜 성실하게 지키려 하지 않는가? 다만 성경에 대한 오해때문인가? 그보다는 서원을 한 후에 여러가지의 생각을 하다보면 그 서원을 수행하게 될 경우 자기에게 불리하거나 문제가 일어날 소지가 있다고 판단을 하게 되는 것이다. 그러므로 상대방의 기대나 준비나 신뢰 등을 아랑곳하지 않고 서원을 깬다. 그러므로 시편 기자는 "주의 장막에 거하는 자들은 그 마음에 서원한 것은 해로울 지라도 변치 아니하며"라고 한 것이다. 그리스도인들이 자신이 말한 것을 쉽게 뒤집고 번복하고 하는 것을 주위의 사람들은 결코 아름답게 보지 않는다. 그것이 서약이든 약속이든 서원이든 다른 사람들과 어떤 것에 대하여 하겠다고 결심한 것에 대하여 쉽게 요동하고 변개하고 뒤집고 하는 것은 절대 그리스도인으로서의 바람직한 성품이 아니다. 그런 실행을 하는 사람들은 자신의 천연적인 생명과 육체안에서 자신을 중심삼아 사는 사람들임을 스스로 증명하는 것이다. 이것은 참된 그리스도인으로서 반드시 심각하게 배워야할 한 가지 공과이다.

5. 전쟁은 입다의 서원에 근거해서 승리한 것이 아니다. 이는 순전히 하나님의 긍휼의 역사이며, 또한 10장 15절의 이스라엘의 기도와 부르짖음에 근거한 것이요 16절의 이스라엘의 곤고함을 보시고 여호와

하나님께서 근심하여 돌아보심으로 인한 것이다. 여호와께서 그들을 그 손에 붙이시매 야로엘에서부터 민닛에 이르기까지 이십 성읍을 쳤고 아벨 그라밈까지 크게 도륙하여 암몬 자손의 항복을 받아냈다.

사사기 12장

Judges

1-7절, 에브라임 사람들이 모여 북으로 가서 입다에게 이르되 네가 암몬 자손과 싸우러 건너갈 때에 어찌하여 우리를 불러 너와 함께 가게 하지 아니하였느냐 우리가 반드시 불로 너와 네 집을 사르리라(1절) 입다가 그들에게 이르되 나와 나의 백성이 암몬 자손과 크게 다툴 때에 내가 너희를 부르되 너희가 나를 그들의 손에서 구원하지 아니한 고로(2절) 내가 너희의 구원치 아니하는 것을 보고 내 생명을 돌아보지 아니하고 건너가서 암몬 자손을 쳤더니 여호와께서 그들을 내 손에 붙이셨거늘 너희가 어찌하여 오늘날 내게 올라와서 나로 더불어 싸우고자 하느냐 하고(3절) 입다가 길르앗 사람을 다 모으고 에브라임과 싸웠더니 길르앗 사람들이 에브라임을 쳐서 파하였으니 이는 에브라임의 말이 너희 길르앗 사람은 본래 에브라임에서 도망한 자로서 에브라임과 므낫세 중에 있다 하였음이라(4절) 길르앗 사람이 에브라임 사람 앞서 요단 나루턱을 잡아 지키고 에브라임 사람의 도망하는 자가 말하기를 청컨대 나로 건너게 하라 하면 그에게 묻기를 네가 에브라임 사람이냐 하여 그가 만일 아니라 하면(5절) 그에게 이르기를 십볼렛이라 하라 하여 에브라임 사람이 능히 구음을 바로 하지 못하고 씹볼렛이라 하면 길르앗 사람이 곧 그를 잡아서 요단 나루턱에서 죽였더라 그 때에 에브라임 사람의 죽은 자가 사만 이천 명이었더라(6

절) 입다가 이스라엘 사사가 된 지 육년이라 길르앗 사람 입다가 죽으매 길르앗 한 성읍에 장사되었더라(7절)

1. 입다가 암몬과의 전투에서 승리한 후 에브라임은 조바심이 났다. 에브라임은 기드온이 미디안을 쳐부수고 대승을 거두었을 때도 가서 따진 적이 있다. 기드온이나 입다는 므낫세의 사람들이다. 에브라임은 야곱이 축복할 때 장자인 므낫세보다 앞세움을 받았던 자였다. 그러므로 에브라임은 언제나 므낫세보다 앞서야 한다는 강박관념이 있었던 것 같다. 또한 그들은 단체적으로 이스라엘에서 지도력을 가진 지파가 되기를 힘쓰는 중에 있었던 것 같다. 그들이 기드온에게 갔을 때에는 어느 정도 기드온의 말로 안심이 되었다. 기드온이 그들의 한 일에 대해 자기가 한 일보다 뛰어난 것이라고 높여주었기 때문이다.

에브라임은 이번에 입다가 암몬과의 전투에서 승리한 것을 보고 또 조바심이 났다. 입다가 길르앗의 머리가 되어 이스라엘에서 두각을 나타내는 날이 곧 올 것인데, 그렇게 되는 것은 자신의 지파에 바람직하지 않으므로 빨리 가서 입다와 단판을 벌려야 한다고 생각했다. 에브라임은 자신들이 앞서야 이스라엘이 잘되고 모든 것이 안정될 것이라는 생각을 가진 듯하다. 그들은 기드온이나 입다 같은 사람이 전쟁에서 한두 번 이긴 것 가지고 이스라엘 가운데 두각을 나타내는 것을 그냥 간과할 수 없었다. 그들 눈에는 기드온이나 입다의 승리가 매우 작은 일로 여겨졌고 그들이 나가면 더 손쉽게 이길 것인데 불러주지 않아서 못 나간 것이라고 말했다. 그리고 도리어 그들을 부르지 않은 것에 대해 입다를 꾸짖었다. 에브라임은 이미 화가 난 상태였다. 그들은 기드온 때에도 그랬지만 지금 입다 때에도 작은 한 무리가 싸워 이겨서 명성과 지위를 얻은 것에 대하여 매우 불쾌해했으며 그 모든 것은 자신들에게 돌아와야 할 것들인데 입다의 농간으로 인하여 자기들이 기회를 잃게 된 것이라고 항의했다. 그들은 입다와 그를 따르는 한 무리가 18년 이상 괴롭혀온 암몬을 토벌하기 위해 수고하고 힘든 대가를 지불한 것은 아랑곳하지 않고 그들이 지금 얻은 명성과 지위만을 크게 본 것이다. 그들은 사람들의 칭찬과 명성과 지위가 자기들에게 돌아와야 할 것이라고 생각했다. 그런데 입다가 자기들을 제치고 혼자 싸움에 나가서 그것을 가로챘다는 것이다. 그렇게 생각하자 에브라임 사람들은 매우 화가 났다—"에브라임 사람들이 모여 북으로 가서 입다에게 이르되 네가 암몬 자손과 싸우러 건너갈 때에 어찌하여 우리를 불러 너와 함께 가게 하지 아니하였느냐 우리가 반드시 불로 너와 네 집을 사르리라"(1절).

2. 입다의 답변을 보면 입다는 사전에 분명히 그들을 불렀다. 그런데 그들이 오지 않은 것이다. "입다가 그들에게 이르되 나와 나의 백성이 암몬 자손과 크게 다툴 때에 내가 너희를 부르되 너희가 나를 그들의 손에서 구원하지 아니한 고로 내가 너희의 구원치 아니하는 것을 보고 내 생명을 돌아보지 아니하고 건너가서 암몬 자손을 쳤더니 여호와께서 그들을 내 손에 붙이셨거늘 너희가 어찌하여 오늘날 내게 올라와서 나로 더불어 싸우고자 하느냐"(2절). 입다의 말은 사실이었을 것이다. 사실이 아니라면 따지러 온 그들에게 그렇게 분명히 말할 수 없을 것이다. 다만 그들이 그때는 싸우러 가는 데에 피동적이었고 그 말을 못들은 척한 것이다. 그러나 이제 전공을 나누고 탈취물을 분배하는 시점에서는 에브라임이 양보할 수 없었다. 그들은 참되게 수고하기보다는 그 결과로 얻어지는 권력과 지위와 명성을 더 위했다.

오늘날에도 이런 일은 비일비재하게 인간세상에서 벌어지고 있다. 이런 일이 소위 사람들 가운데 있는 세력 다툼(struggling for power)이다. 이것은 또한 타락한 교회의 서글픈 상황이기도 하다. 즉 사람들이 주님을 위해 수고하고 애쓰는 일에는 별로 주의를 기울이지 않고 있다가 막상 어떤 사람이 직분자로 세워질 일이 있을 때에는 촉각을 곤두세운다. 그들은 성령의 권위와 다스림에 자신을 맡기지 못하고 사람의 지위와 명성에 끌리는 것이다. 그럴 때 과연 성도들이 누구의 말을 더 중히 여기고 따르는가가 중요한 이슈가 된다. 많은 때 사람들은 어떤 방법으로든지, 그것이 합당하지 않은 방법이라도, 임명되고 세워진 새로운 지위자에게 굴복하는 것이다. 그러므로 사람들은 지위를 원하고 진정한 수고를 기피하는 것이다. 교회 안에 이러한 일이 있다면 많이 타락한 상태라고 보면 된다. 교회가 주님에 대한 진정한 사랑과 복음에 대한 열정이 식고, 교리 중심, 지식 중심, 일 중심, 인간 중심의 단체로 화할 때 나타나는 현상들로서 이런 상태에 있는 교회는 교만할 것이 아니라 철저하고 온전하게 회개해야 한다.

3. 입다의 대답은 매우 정상적이고 합당한 것이었다. "내가 너희의 구원치 아니하는 것을 보고 내 생명을 돌아보지 아니하고 건너가서 암몬 자손을 쳤더니 여호와께서 그들을 내 손에 붙이셨거늘 너희가 어찌하여 오늘날 내게 올라와서 나로 더불어 싸우고자 하느냐". 입다는 생명을 돌아보지 않고 싸웠다. 그가 비록 어려운 처지에서 성급하게 과도한 서원을 했지만 그런 서원의 배후에는 그가 심히 절박한 심정으로 전쟁에 나아간 정황이 있다. 그는 자신도 살아 돌아올지 모르는 형국에 처해 있었다. 10장 31절은 그의 심정을 보여준다. "내가 만일 암몬 자손에게서 평안히 돌아온다면…" 그는 당시에는 에브라임이고 므낫세고 뭐고 생각할 여지가 없었다. 사실 입다가 그들에게 기회를 주지 않은 것이 아니다. 그들이 싸우자고 해도 별 반응을 보이지 않자 더 이상 강요하지 않은 것뿐이다. 그는 전투에서 이기면 에브라임이 와서 트집잡을 것을 고려하지 않았으며 다만 이스라엘을 위해 자기 목숨을 걸고 가서 암몬을 정복해야 한다고 생각했다.

4. 입다는 기드온과 같지 않았다. 기드온은 그들이 나중에라도 참여한 전공을 높이 평가해주고 자기를 낮추었다. 그래서 에브라임이 수그

러들었던 것이다. 그런데 이번에도 에브라임은 수고도 없이 입다 앞에 나타나 전공만 챙기려고 했다. 입다는 기드온과 달리 입장을 분명히했다. 더욱이 에브라임은 입다와 길르앗 사람들의 분을 격발시키는 말을 했다. "에브라임의 말이 너희 길르앗 사람은 본래 에브라임에서 도망한 자로서 에브라임과 므낫세 중에 있다 하였음이라". 이것은 분명 입다를 격하시키기 위해 한 말이다. 그들은 입다가 사사가 되는 것을 매우 경계했기 때문에 입다의 신분 문제를 들고 나왔다. 길르앗 사람 모두가 에브라임에게서 도망한 자라는 것은 역사적으로 납득할 수 없는 말인 고로 그들이 길르앗 사람 운운한 것은 입다를 겨냥하여 한 말일 것이다. 입다는 에브라임 중에서 도망한 사람에 불과하다는 말이다. 그러나 입다는 실상 길르앗에서 쫓겨났던 사람이지 도망한 사람이 아니다. 그를 도망한 사람이라고 하는 것은 거짓이고 인신공격성 발언인 셈이다.

입다가 쫓겨났던 사람으로서 그런 위대한 일을 했다면 그 쫓겨난 것은 그를 사람들 앞에 비열하게 보이게 하는 것이 아니라 더 위대하게 보이게 한다. 그러니 에브라임을 도망간 자라고 표현한 것이다. 오늘날에도 어떤 단체들이 자신들에게서 나간, 바르고 훌륭한 사람에 대하여 정당하지 않은 이유를 걸어 쫓아내고도 스스로 도망가듯이 나갔다고 표현하는 것은 그의 품격을 떨어뜨리려는 것이다. 입다와 길르앗 사람들은 그 말을 듣고 더 이상 참을 수 없었다. 결국 동족상잔의 비극적인 전쟁이 벌어졌다.

5. 사실 에브라임은 싸울 준비까지는 하지 않고 다만 실리만 챙기려고 했던 것 같다. 그러나 입다는 참지 않았다. 그들은 기드온 때 손쉽게 얻었던 대의명분과 실리를 챙기지 못한 채 입다와 길르앗의 공격을 마주해야 했다. 에브라임 사람들은 외적인 지위와 평판을 위해 목숨까지 걸 마음은 없었을 것이다. 그러나 그들은 사태가 그쯤 되자 싸움에 응

하지 않을 수도 없었다. 가만히 있는 입다와 길르앗에게 와서 분을 내며 싸움을 건 것이 자기들이었기 때문이다. 막상 싸움이 터지자 그들은 도망가기에 바빴다. 암몬을 정복하고 돌아온 용맹한 길르앗 병사들은 요단 나루턱을 지키고 있다가 도망하는 에브라임 사람들을 하나하나 잡아 죽였다. 길르앗 사람들은 도망가는 길목에 지켜 서서 강을 건너려는 사람들에게 에브라임 사람이냐고 물었다. 에브라임은 철저히 수치를 당했다. 그들은 도리어 자신들의 지파를 숨기고 도망하는 꼴이 되었다. 에브라임 사람이 아니라고 하면, '쉽볼렛' (Shibboleth:시냇물 혹은 곡식 이삭이라는 뜻)을 발음해보게 하여 그가 쉽볼렛을 발음하지 못하고 '씹볼렛' (Sibboleth)이라고 하면 에브라임 사람으로 인정하고 그를 죽였다. 그때 죽은 에브라임 숫자가 42,000 명이었다. 그들은 헛된 영광과 명예를 추구하고 시기심으로 쟁투하다가 동족에게 죽임당하게 된 것이다. 사도 야고보는 이런 자들에게 경고한다. "너희가 욕심을 내어도 얻지 못하고 살인하며 시기하여도 능히 취하지 못하나니 너희가 다투고 싸우는도다 너희가 얻지 못함은 구하지 아니함이요 구하여도 받지 못함은 정욕으로 쓰려고 잘못 구함이니라"(약 4:2-3).

6. 입다의 치세 기간은 다른 사사에 비해 짧았다(6년). 그는 자녀도 없이 매우 외롭게 살다가 죽었을 것이다. 그는 죽어 길르앗 한 성읍에 장사되었다.

8-15절, 그의 뒤에는 베들레헴 입산이 이스라엘의 사사이었더라(8절) 그가 아들 삼십과 딸 삼십을 두었더니 딸들은 타국으로 시집 보내었고 아들들을 위하여는 타국에서 여자 삼십을 데려왔더라 그가 이스라엘 사사가 된 지 칠년이라(9절) 입산이 죽으매 베들레헴에 장사되었더라(10절) 그의 뒤에는 스불론 사람 엘론이 이스라엘의 사사가 되어 십 년 동안 이스라엘을 다스렸더라(11절) 스불론 사람 엘론이 죽으매 스불론 땅 아얄론에 장

사되었더라(12절) 그의 뒤에는 비라돈 사람 힐렐의 아들 압돈이 이스라엘의 사사이었더라(13절) 그에게 아들 사십과 손자 삼십이 있어서 어린 나귀 칠십 필을 탔었더라 압돈이 이스라엘의 사사가 된 지 팔년이라(14절) 비라돈 사람 힐렐의 아들 압돈이 죽으매 에브라임 땅 아말렉 사람의 산지 비라돈에 장사되었더라(15절)

1. 입산은 베들레헴 사람인데 어느 베들레헴(유다 지파의 베들레헴도 있고 스불론 지파의 베들레헴도 있다)인지는 분명치 않다. 그의 특징은 자녀가 많다는 것인데, 아들 삼십과 딸 삼십을 두었으며 딸들은 타국으로 시집을 보내었고 아들들을 위해서는 타국에서 며느리들을 데려왔다. 여기서 타국이라 함은 단순히 외지를 의미한다고 보는 것이 타당하다. 그가 만일 이방나라와 혼합하는 일을 이렇게 열심히 했다면 이스라엘이 아무리 타락했다 하더라도 지도자가 될 수 없었을 것이다. 다만 그는 동족 간의 단합을 위하여 다른 지파와의 결혼을 추진했던 것 같다. 우리나라에도 고려 태조 왕건이 나라 전체를 융화하려고 여러 지방의 호족의 딸들을 왕비들로 삼은 역사가 있다. 입산이 사사로 지낸 기간은 7년이다.

2. 입산 다음은 스불론 사람 엘론이 사사가 되어 10년을 다스렸다. 그에 대하여는 특별한 기록이 없다. 다만 그가 스불론 사람이라는 것이다. 이와 같이 당시의 사사는 세습이 아니었고 자연스럽게 이곳저곳에서 일으켜졌다. 한 지파에서만 고정적으로 사사가 일어나거나 계승될 수 없었던 것이다. 에브라임은 아마 그들 지파에서 계속 사사가 일어나기를 원하였던 것 같다. 그러나 하나님께서는 주권적으로 이곳저곳에서 자연히 일으켜진 사람들로 사사가 되게 하셨다. 오늘날 기독교의 상황과 비슷하다고 보아야 할 것이다. 실상 이렇게 하는 것이 세습적인 것보다 바람직할 것이다. 보다 유기적이고 자연스럽기 때문이다.

3. 엘론 다음에 사사가 된 비라돈 사람 힐렐의 아들 압돈은 에브라임 지파일 것이다. 비라돈이 에브라임 지파의 구역이기 때문이다. 그에 대해서도 어떤 자세한 역사가 없다. 압돈은 아들이 사십이고 손자가 삼십이었는데 어린 나귀 칠십 필을 탔었다고 말한다. 이는 그가 누린 부와 지위를 말한다. 압돈이 마지막 소(小) 사사이다. 압돈 다음은 삼손이다. 압돈의 장지(葬地)는 그의 고향인 비라돈이다.

사사기 13장

Judges

1-7절, 이스라엘 자손이 다시 여호와의 목전에 악을 행하였으므로 여호와께서 그들을 사십년 동안 블레셋 사람의 손에 붙이시니라(1절) 소라 땅에 단 지파의 가족 중 마노아라 이름하는 자가 있더라 그 아내가 잉태하지 못하므로 생산치 못하더니(2절) 여호와의 사자가 그 여인에게 나타나시고 그에게 이르시되 보라 네가 본래 잉태하지 못하므로 생산치 못하였으나 이제 잉태하여 아들을 낳으리니(3절) 그러므로 너는 삼가서 포도주와 독주를 마시지 말지며 무릇 부정한 것을 먹지 말지니라(4절) 보라 네가 잉태하여 아들을 낳으리니 그 머리에 삭도를 대지 말라 이 아이는 태에서 나옴으로부터 하나님께 바치운 나실인이 됨이라 그가 블레셋 사람의 손에서 이스라엘을 구원하기 시작하리라(5절) 이에 그 여인이 가서 그 남편에게 고하여 가로되 하나님의 사람이 내게 임하였는데 그 용모가 하나님의 사자의 용모 같아서 심히 두려우므로 어디서부터 온 것을 내가 묻지 못하였고 그도 자기 이름을 내게 이르지 아니하였으며(6절) 그가 내게 이르기를 보라 네가 잉태하여 아들을 낳으리니 포도주와 독주를 마시지 말며 무릇 부정한 것을 먹지 말라 이 아이는 태에서 나옴으로부터 죽을 날까지 하나님께 바치운 나실인이 됨이라 하더이다(7절)

1. 사사기는 반복의 역사이다. 그러나 여기의 상황은 단순한 반복이라고 보기 어려운 부분이 있다. 그 4S 사이클에서 하나가 빠졌다. 즉 이스라엘의 부르짖음과 회개가 빠진 것이다. 이스라엘은 사사가 죽으면 다시 하나님을 버리고 우상을 숭배하는 데에 떨어지게 된다. 그럴 때 하나님은 열국을 일으키시어 그들을 압제하게 하시며 그들은 회개하고 돌이킨다. 그리고 하나님은 새롭게 사사를 일으키시어 그들을 대적의 손에서 구원하신다. 1절에서 이스라엘 자손이 다시 여호와의 목전에 악을 행하였다고 말한다. 그것은 물론 그들의 우상 숭배이다. 그 결과 하나님은 그들을 40년 동안 블레셋 사람의 손에 파셨다. 이들은 40년 동안 우상 숭배에 빠져 있고 블레셋의 압제 아래 있으면서 거의 그 상황에 동화되어 가고 있었다.

이런 상황은 말라기 이후의 이스라엘과 흡사했다. 그들은 로마의 식민지 아래서 말할 수 없는 고통을 당하고 있었지만 스스로 회개할 힘조차 없게 되었다. 이때 구원의 계획을 세우고 역사를 시작하신 분은 하나님이시다. 이스라엘은 블레셋에게 40년 간을 당하고 있었는데도 돌이켰다거나 구원해달라고 부르짖었다는 기록이 없다. 그래서 4S 사이클에서 한 부분이 빠진 것이다. 그들은 압제와 고통의 상황에 익숙해 가는 듯했다. 이때 마음을 졸인 편은 하나님이셨다. 하나님은 이 상황을 해결하시기 위해 좀 특수한 사람을 필요로 하셨다. 그는 다만 이스라엘을 블레셋의 물리적인 억압으로부터 구하는 일 외에 그들을 영적으로 회복시키고 회개를 촉구할 수 있어야 했다. 삼손 이전에 우리는 나실인의 원칙을(민 6:1-21) 들을 뿐 나실인의 적용과 실례를 보지 못한다. 삼손이 도덕성에서 매우 낮은 상태에 있음에도 다른 사사보다 더욱 감동을 주고 아픔과 회개의 영을 만질 수 있게 하는 것은 바로 이 때문이다.

우리는 삼손 당시의 시대상과 그의 일으켜짐에서 신약의 개시자인 세례 요한과 주 예수님의 출생을 느끼게 된다. 마노아 부부에게 나타나신 하나님의 사람이 그러하고, 그를 나실인으로 구별하시는 것이 그러하며, “이제 잉태하여 아들을 낳으리니”(3절), “보라 네가 잉태하여 아들을 낳으리니”(5절), “보라 네가 잉태하여 아들을 낳으리니 포도주와 독주를 마시지 말며”(7절), “아이가 자라매 여호와께서 그에게 복을 주시더니”(24절) 등의 구절이 구주의 선주자인 세례 요한의 출생과 주 예수님의 나심을 미리 준비하는 듯한 음조이다. 특히 “그가 블레셋 사람의 손에서 이스라엘을 구원하기 시작하니라”는 말씀은 이스라엘 백성을 죄에서 구원하도록 보내심받은 구주의 모습을 연상하게 한다.

여기서 우리가 공경하는 뜻으로 말하거니와 이런 삼손의 출생은 구주를 이 땅에 보내시는 하나님 아버지의 연습인 것 같다. 그분은 그분의 택한 백성이 죄악에 사로잡혀서 그 극한 어둠 속에서 아예 구원의 손길마저 찾지 않을 때가 올 것을 아셨다. 그래도 앞의 사사들의 출현에서는 이스라엘이 그 고난 중에 하나님께 구원해달라고 울고 부르짖고 돌이키고 회개할 줄은 알았다. 그러나 이제 이스라엘은 범죄와 우상에 친숙해져서 그대로 지내겠다는 태도를 취하고 있는 것이다. 하나님께서 40년 동안 이스라엘을 블레셋 사람의 손에 파셔서 고통을 당하게 하셨지만 그들은 회개와 돌이킴의 기운조차 보이지 않았다. 그리고 점점 어둡고 침침한 상황으로 굳어져 가고 있었다. 이때 하나님은 구원만이 아니라 그들의 회개와 돌이킴까지도 주관해 주시지 않으면 안 되었다.

주 예수님이 이 땅에 오실 때가 그러했다. 온 세상은 죄악에 파묻혔고 사람들은 구원자에 대한 여망까지도 잃어버린 상태에 있었다. 말라기 선지자 이후 침묵 속에 400년 가까이 세월이 흘렀다. 그리고 하나님은 그 사랑하는 백성을 구원하시기 위해 구원자를 보내기로 하셨다. 그러나 그들에게는 먼저 회개하고 돌이켜 구원자를 바라고 받아들이려는 마음을 갖게 하는 예비 사역이 필요했다. 하나님은 그때 그 사역을 위하여 사가랴와 엘리사벳을 방문하셨고 그들에게서 요한이라는 나실인을 얻으셨는데(눅 1:5-20), 이는 그로 하여금 먼저 회개의 사역을 하게 하시어 구원자이신 그리스도를 받아들이게 하려는 것이었다. 우리는 삼손이 일으켜진 상황에서 주 예수님께서 이 땅에 오셨을 당시를 이해하는 한 폭의 그림을 갖는다. 우리 하나님은 사사 삼손을 일으키시면서 그분의 아들을 이 땅에 보내시는 연습을 하신 것이다. 다시금 공경하는 심정으로 말하거니와 우리 하나님은 그때(사람들이 죄에 빠져서 구원자를 찾지도 않았을 때) 동정과 사랑이 가득한 심정으로 그분의 아들을 세상에 보내실 것을 생각하며 깊은 상념에 빠지셨을 것이다.

2. 우리는 삼손의 이야기에서 단지 그가 머리털을 깎지 않고 힘이 센 것에서만 나실인의 의미를 찾아서는 안 된다. 나실인은 근본적으로 그의 삶이 하나님께 성별되어 사람들을 회개케 하는 영성의 면을 책임지고 있음을 잊어서는 안 된다. 사사 사무엘이 그러했다. 사무엘은 이스라엘을 회개케 하는 일을 성공적으로 수행한 사사이다(삿 7:3-14 참조). 세례 요한도 동일하게 그러한 일을 수행한 사람이었다. 독주와 포도주를 멀리하고 성별된 사람이 되는 것은 특히 죄악에 빠진 사람들을 회개케 하기 위한 것이다. 그러나 우리는 삼손에게서 소위 성별된 삶을 보지 못한다. 다만 사사 삼손의 생애에서 우리는 이전의 다른 사사들에게서 보지 못하는 한 가지를 느끼게 되는데, 그것은 그의 일생 전체가 드려졌다는 것이다. 그는 비록 도덕성에서 부족한 면을 보였다 할지라도 그의 온 마음과 온 정신은 하나님과 이스라엘을 위했다. 그리고 온 몸을 드려 이스라엘을 원수에게서 구했다. 우리는 삼손의 역사를 통해서 다만 이스라엘이 구출을 받았다는 것 이상의 뭔가를 더 느끼게 된다. 한 마디로 삼손의 생애와 역사는 슬픔 그 자체이다. 이 면에서 다른 사사들과 다른 것이다. 삼손의 비참한 죽음은 하나님에게서 멀어진 이스라엘을 깨어나게 했다. 그의 죽음은 많은 사람을 구원하기 위해 죽는 대속적이고도 포괄적인 죽음(vicarious & inclusive death)의 인상을 준다. 이스라엘 백성은 분명 위대한 한 시대의 사사 삼손의 죽음에서

구출 이상의 무언가를 더 느꼈을 것이다. 왜 삼손은 힘 있고 능력 있고 성별된 사사로서 그토록 수치를 당하며 비참하게 고생만 하다가 죽어야 했는가? 이스라엘 백성들은 자신들이 하나님에게서 멀리 떠나갔기 때문에 삼손이 그들 전체의 죄악된 상태를 인하여 그처럼 극도의 수치와 아픔을 겪었다는 것을 인식했을 것이다. 우리는 이 모든 사사들의 반복되는 구원의 역사, 특히 삼손의 역사가 참 구원자에 대한 은은한 예표로 세워졌다는 것을 잊어서는 안 된다.

3. 삼손은 단 지파 출신이다. '단' 이라는 이름이 사사 또는 심판이라는 의미를 갖고 있다(창 30:6). 창세기 49장 17절은 "단은 이스라엘의 한 지파같이 그 백성을 심판하리로다"라고 말한다. 단 지파에 관한 야곱의 예언은 삼손에게서 이루어졌다고 볼 수 있다. 우리는 사사기에서 가장 주목할 만한 사사가 삼손임을 인정한다. 유다 지파가 왕의 지파라면 사사시대에 주목할 만한 지파는 단 지파이다. 많은 사람들이 사사 삼손을 소홀히 대우한다. 그러나 사사기는 삼손에 대하여 가장 많은 장을 할애한다. 큰 용사인 기드온이나 입다보다도 삼손에 대해 가장 자세하고 길게 기술했다.

삼손과 같은 나실인 사사도 없으며 그렇게 특별한 잉태도 없다. 다른 사사들을 위해서는 그렇게 자세한 스토리도 전달하지 않는다. 삼손같이 끝까지 충성을 다해 자신의 목숨을 다한 사사가 없다. 그는 과연 사사로서의 대표가 될 만큼 힘을 다했던 것이다.

그가 사사로서 일을 수행한 장소인 소라(Zorah)는 처음에는 단 지파에 속했으나(수 19:41) 후일에는 유다 지파에 속했다(대하 11:10). 단 지파는 수함 가족 하나뿐이었으므로(민 26:42-43) 지파라고도 할 수 있고 가족이라고도 할 수 있다. 단 지파에서는 삼손의 나타남이 가장 탁월하고 주목할 만한 일이다. 그러므로 야곱이 단 지파가 이스라엘을 심판한다고 예언한 것은 작은 일이 아니다. 유다 지파에서 다윗이 출중한 인물이듯이 단 지파에서는 삼손이 출중한 인물이다. 그는 마지막 사사인 동시에 사사로서 이스라엘에게 가장 큰 족적과 인상을 남긴 인물이 되었다. 나실인에 대하여는 민수기 6장의 강해를 참고하기 바란다.

8-23절, **마노아가 여호와께 기도하여 가로되 주여 구하옵나니 주의 보내셨던 하나님의 사람을 우리에게 다시 임하게 하사 그로 우리가 그 낳을 아이에게 어떻게 행할 것을 우리에게 가르치게 하소서(8절) 하나님이 마노아의 목소리를 들으시니라 여인이 밭에 앉았을 때에 하나님의 사자가 다시 그에게 임하셨으나 그 남편 마노아는 함께 있지 아니한지라(9절) 여인이 급히 달려가서 그 남편에게 고하여 가로되 보소서 전일에 내게 임하였던 사람이 또 내게 나타났나이다(10절) 마노아가 일어나 아내를 따라가서 그 사람에게 이르러 그에게 묻되 당신이 이 여인에게 말씀하신 사람이니이까 가라사대 그로라(11절) 마노아가 가로되 당신의 말씀대로 되기를 원하나이다 이 아이를 어떻게 기르오며 우리가 그에게 어떻게 행하오리이까(12절) 여호와의 사자가 마노아에게 이르시되 내가 여인에게 말한 것들을 그가 다 삼가서(13절) 포도나무의 소산을 먹지 말며 포도주와 독주를 마시지 말며 무릇 부정한 것을 먹지 말아서 내가 그에게 명한 것은 다 지킬 것이니라(14절) 마노아가 여호와의 사자에게 말씀하되 구하옵나니 당신은 우리에게 머물러서 우리가 당신을 위하여 염소 새끼 하나를 준비하게 하소서(15절) 여호와의 사자가 마노아에게 이르시되 네가 비록 나를 머물리나 내가 너의 식물을 먹지 아니하리라 번제를 준비하려거든 마땅히 여호와께 드릴지니라 하니 이는 마노아가 여호와의 사자인 줄 알지 못함을 인함이었더라(16절) 마노아가 또 여호와의 사자에게 말씀하되 당신의 이름이 무엇이니이까 당신의 말씀이 이룰 때에 우리가 당신을 존숭하리이다(17절) 여호와의 사자가 그에게 이르시되 어찌하여 이를 묻느냐 내 이름은 기묘니라(18절) 이에 마노아가 염소 새끼 하나와 소제물을 취하여 반석 위에서 여호와께 드리매 사자가 이적을 행한지라 마노아와 그 아내**

가 본즉(19절) 불꽃이 단에서부터 하늘로 올라가는 동시에 여호와의 사자가 단 불꽃 가운데로 좇아 올라간지라 마노아와 그 아내가 이것을 보고 얼굴을 땅에 대고 엎드리니라(20절) 여호와의 사자가 마노아와 그 아내에게 다시 나타나지 아니하니 마노아가 이에 그가 여호와의 사자인 줄 알고(21절) 그 아내에게 이르되 우리가 하나님을 보았으니 반드시 죽으리로다(22절) 그 아내가 그에게 이르되 여호와께서 우리를 죽이려 하셨더면 우리 손에서 번제와 소제를 받지 아니하셨을 것이요 이 모든 일을 보이지 아니하셨을 것이며 이제 이런 말씀도 우리에게 이르지 아니하셨으리이다 하였더라(23절)

1. 삼손 시대에는 이스라엘이 너무나 오랫동안 타락 가운데 있었기 때문에 고통 중에 부르짖지도 않았다. 그러므로 하나님께서 먼저 그들을 위하여 역사를 시작하셨다. 이스라엘이 아무리 부패하고 타락했어도 하나님은 여전히 경건하고 신실한 부부를 남겨두시어 그분의 명령에 귀기울일 수 있게 하셨다. 극심한 타락의 때에도 하나님은 여전히 그분의 사람들을 갖고 계신다. 삼손의 부모가 여호와의 사자를 대한 것을 보면 그들이 당시 매우 경건한 가정이었음을 알 수 있다. 이는 은혜 시대를 여는 그리스도의 시대를 연상케 하기에 충분하다.

2. 여기서 우리는 마노아 아내의 행함이 매우 성경적이고 하나님 보시기에 합당한 것임을 알 수 있다. 그녀는 여호와의 사자가 자기에게 나타났을 때 자기 남편에게 가서 잘 설명을 했다. 그러므로 8절의 마노아의 기도가 있게 된 것이다. 아내에게 계시가 있다고 할 때 남편과 좋은 교제를 나눔으로 남편이 하나님께 기도할 수 있도록 하는 것은 매우 귀한 일이다. 여기서 마노아의 아내는 남편을 가르치듯 하지 않았다. 다만 자기에게 일어난 하나님의 역사를 간증했을 뿐이다. 그럴 때 남편도 속에서 직접 주님을 만나서 말씀을 듣고 순종하고자 하는 마음이 일

어난 것이다. 하나님은 마노아의 목소리를 들으셨다(9절).

3. 하나님이 마노아의 기도를 들으시고 응답으로 다시 나타나셨으나 이번에도 마노아의 아내가 혼자 있을 때 나타나셨다. 그러자 여인은 급히 달려가 마노아를 데려왔다. 마노아는 그분에게 아내에게 나타나셨던 바로 그인지를 확인하였다. 그리고 그 아이를 어떻게 길러야 하느냐고 물었다. 하나님은 다시 그에게 친절하게 말씀해 주셨다. 여기서 우리는 은사의 원칙을 볼 수 있다. 주님은 남편인 마노아보다 그의 아내를 먼저 찾으셨다. 어쩌면 영적인 면에서 아내가 더 예민했을 것이다. 그럴 때 주님의 인도에 대한 인식을 아내가 먼저 갖게 된다. 그러나 하나님의 행정의 면에서는 남편에게 권위가 있다. 그러므로 아내는 자신이 먼저 주님을 보았다 해서 교만하거나 자신이 남편보다 우위에 있다는 입장을 취하지 않았다. 그녀는 다만 자신의 위치에서 그녀의 직분을 성실히 수행한 것이다. 오늘 얼마나 많은 사람들이 자신에게 더 계시가 있다 하여 위치상의 권위를 업신여기고 올라서려 하는지 모른다. 마노아 아내는 그런 면에서 좋은 간증을 지녔다. 또한 마노아는 그녀가 자기보다 먼저 주님을 보았다 하여 시기하거나 낙심하지 않았다. 하나님께서 두 번째 나타나실 때에도 왜 자기에게 먼저 나타나시지 않았느냐고 따지지 않았다. 그는 그저 하나님의 하시는 일을 경외하며 순종하는 태도를 지녔다.

4. 그럴 뿐 아니라 마노아는 자기에게 좋은 소식을 전하러 온 사자(그때까지 누구인지 몰랐다. 다만 좋은 소식을 전하는 귀한 선지자, 곧 하나님의 사람이라고 생각했을 것이다—8절)를 접대하고자 했다. 그것은 그의 감사의 표시였다. 16절에서 여호와의 사자는 자신을 조금씩 나타내려 하신다. 그분은 그가 준비한 식물을 먹지 않겠다고 하시며 드리려거든 여호와께 번제로 드리라고 하신다. 마노아가 여호와의 사자

에게 그의 이름을 알려주시면 그분을 존숭하겠다고 말하자 여호와의 사자는 그분의 이름이 기묘자라고 하셨다. '기묘자'란 '비밀'이라는 뜻으로서 절대적이고도 기이하신 하나님께만 적용되는 이름이다. 이때 나타나신 분은 성육신하기 전의 그리스도이시다(사 9:6, 델리취, 랑게, 매튜 헨리, 박윤선). 그분은 자신이 하나님의 그리스도이신 것을 나타내셨는데, 첫째는 제물을 불로 사른 것으로(19절의 이적은 틀림없이 기드온 때처럼 제물을 불로 사른 이적일 것이다—6:21), 둘째는 불꽃 가운데로(제물을 사른 불꽃) 좇아 올라간 것이다.

5. 21절에서 마노아는 이 광경을 보고서야 그분이 여호와의 사자인 줄을 알았다. 21절에서는 마노아가 그분을 여호와의 사자라고 했고 22절은 그분을 하나님이라고 말한다. 결국 여호와의 사자는 하나님이시다. 이스라엘을 구원하기 위해 여호와의 사자로서 마노아를 접촉하시며 삼손을 일으키신 주님이 어느 날 친히 육신을 입고 이 땅에 오셨다. 마노아는 자신이 뵈온 분이 하나님이신 것을 깨닫고 죽을 줄 알고 두려워하였다. 출애굽기에서 하나님은 누구든지 그분의 얼굴을 보고 살 자가 없다고 하셨다(33:20). 그러나 그 아들을 통하여 아버지를 볼 수 있다. 아들은 사람에게 나타난 하나님이시다. 그분을 하나님의 아들로 보는 사람은 죽는 것이 아니라 영생을 얻는다(이상근 주석).

6. 스펄젼은 이 마노아의 말에서 심오한 영적 의기소침이 어떤 놀라운 축복의 전조가 된다고 하였다. "우리가 하나님을 보았으니 반드시 죽으리라". 축복을 잔뜩 실은 하나님의 커다란 마차들이 여러분의 문간으로 다가 오고 있을 때 우리의 귀에는 덜거덕거리며 굴러가는 무시무시한 바퀴소리들이 오래전부터 들릴 것이라고 했다. 마노아는 이스라엘의 구원자인 삼손을 얻기 전에 "우리는 죽을 것 같다"라는 소리를 지르게 된 것이다. 비록 그가 위대한 믿음을 갖고 있지만 말이다. 이렇

듯 한 마디 잘못된 말로 사람을 판단할 수 없는 것이다. 가장 용감한 사람도 가장 겁쟁이가 될 수 있기 때문이다. 신앙에 있어서 위대하였던 루터도 낙심에 가까운 우울의 시기가 있었다고 한다. 곧 이스라엘의 왕이 될 다윗도 시편에 이런 심정을 토로한 적이 있다. "여호와여 어느 때 까지니이까 나를 영영히 잊으시나이까 주의 얼굴을 나에게서 언제까지 숨기시겠나이까". 이런 말씀은 진실한 신자들이 흔히 경험하는 일이며, 이러한 우울한 시기에 안타까워하면서도 하나님의 도우심을 기다리는 태도를 보게 한다. 이러한 시기에 낙심과 원망이 없이 오직 하나님만 찾으면 멀지 않아 큰 축복을 받는다. 능력의 선지자 엘리야도 로뎀나무 아래로 도망가서 우울한 낙담의 때가 있었다(왕상 19:4). 그러나 그들이 오래 그렇게 하지는 않았다. 곧 하나님의 격려와 예기된 축복이 있는 것이다.

루터(Luter)는 매일 세 시간씩 눈물의 기도를 드리며 승리의 생활을 가졌지만 개혁당시 그의 조력자였던 멜랑톤(Melanchthon)은 낙심과 공포 가운데 지냈다. 그때 루터는 멜랑톤에게 편지하기를 "만일 우리의 주장이 옳지 않다면 내어 던지라! 그러나 만일 우리가 말하는 것이 옳다면 무엇이 두려우랴!…만일 그리스도께서 우리와 함께 계시지 않다면 이 우주에 어디에 계시겠는가! 우리가 교회가 아니라면 교회는 어디에 있겠는가? 바바리아의 귀족들일까? 페르난도일까? 교황일까? 터어키 사람들일까? 누가 교회가 될 수 있겠는가? 우리가 실패한다면 그리스도도 함께 실패하신다. 곧 우주의 대 주재께서 실패하신다는 말이다. 그러하다면 나는 이 세상 권세잡은 가이사와 함께 머물러 사는 것보다 그리스도와 함께 실패하기 원한다." 루터도 이와같이 자신에 대하여, 자신의 일에 대하여 깊은 회의와 고려 속에, 또 기도 속에서 주님의 확증을 받으며 다른 사람을 확신케 하는 은혜를 얻었던 것이다.

그러므로 혹 낙심되는 일, 돌발적인 기분의 변화가 올때, 너무 오래 그렇게 있지 않도록 해야 한다. 우리는 우리 자신에게 물어보아야 할 것이다. "내 영혼아 네가 어찌하여 낙망하며 어찌하여 내 속에서 불안해 하는고 너는 하나님을 바라라 나는 내 얼굴을 도우시는 내 하나님을 오히려 찬송하리로다"(시 42:11). 마노아는 좋은 아내를 조언자로 가지고 있었다. 남편은 떨면서 "우리가 반드시 죽으리로다"라고 할때 아내는 건전한 판단력을 갖고 남편의 돕는 배필이 되었다. 그녀의 주장은 매우 논리적이며 설득력이 있었다. 이로 보건대 하나님은 논리적으로나 모든 면으로 맞게 행사를 하신다는 것이다. 많은 경우 여성들은 남성들에 비해 상황에 대하여 이론적으로 분명하고 사건의 진상을 꿰뚫어보는 직관이 있다. 그녀는 하나님이 뭔가를 보여주시고 들려주신 후에 죽일 리가 없다고 주장했다. 우리도 어떤 자매나 형제가 낙담하고 약해졌다면 과거에 그에게 베풀어주시고 지금까지 인도해오신 그분의 일을 상기시키며 격려해 줄 수 있을 것이다. 그녀가 죽지 않을 것이라고 생각한 데는 세 가지 이유가 있었다. 첫째, 죽이시려면 희생제물을 받으셨겠는가 하는 것이며, 둘째는 이 모든 일들을 보여주신 것이며, 셋째는 삼손을 어떻게 키워야 한다는 것에 대하여 모든 말씀을 해주셨다는 것이다. 여호와의 사자는 마노아에게 장차 태어날 아이에게 포도주나 부정한 것들을 먹여서는 안 된다고 하셨다. 이런 말씀을 하시고서는 죽일 리가 없다는 것이 아내의 논리였다. 좀 전에 말한 루터의 부인도 루터가 낙담하여 죽을까봐 두려워할 때 "루터의 하나님은 죽었는가?"하고 질문하여 오히려 루터를 일깨운 일이 있다.

이것을 복음에 비추어 해석한다면 이러하다. "여러분은 예수를 믿었다. 지금도 그분을 믿고 있다. 그렇다면 여러분은 하나님의 약속을 갖고 있는 것이다. 왜냐하면 예수는 자신을 믿는 모든 사람을 위해 자기 생명을 버리심으로 그들로 하여금 다시는 멸망치 않게 하셨기 때문이다. 그분이 여러분의 대속물로 고난을 당하셨는데 이것이 어떻게 효과가 없겠으며 어떻게 여러분이 다시 쫓겨나게 될 수 있겠는가?

마노아의 주장은 이것이다. "우리가 염소 새끼를 바위위에 갖다 놓지 않았는가? 그리고 그 제물은 삼킨바 되지 않았는가? 그렇다면 그 불은 우리를 다시 태우지 않을 것이다". 만일 하나님이 우리를 죽이기로 작정하셨다면 그분이 어찌 자기의 아들을 또 죽이셨겠는가? 하나님께서 아들로 고통을 당하게 만드셨으며, 의인으로서 불의한 자를 대신하여 고통을 당하게 만드셨는데 이제 신자 또한 고통을 당하게 만드실 이유가 없는 것이다. 하나님은 우리를 위한 그리스도의 희생제물을 가납하셨으므로 그분이 우리를 파멸시킨다고 상상할 수 없게 하셨다.

7. 기도에 있어서도 동일하게 우리가 하나님께 드린 기도가 응답을 받았다는 확신을 가질 수 있다. 요한 웨슬레는 이런 말을 했다. "만일 과거의 불신앙 때문에 나를 파멸시키려고 목적하셨다면 하나님께서 나를 사용해주셨겠으며 여전히 그렇듯 신기하게 축복해주셨겠는가?" "자기 아들을 아끼지 아니하시고 우리 모든 사람을 위하여 내어주신 이가 어찌 그 아들과 함께 모든 것을 은사로 주지 아니하시겠느뇨?" (롬 8:32) 하나님은 그리스도의 위대한 희생제물을 받으셨으므로 그분은 우리를 죽일 의사를 갖고 계시지 않은 것이다. "하나님의 사랑이 우리에게 이렇게 나타난바 되었으니 하나님이 자기의 독생자를 세상에 보내심은 저로 말미암아 우리를 살리려 하심이니라"(요일 4:9). 여러분이 그리스도의 면전에서 기도드리고 골방에서 나오자마자 사탄은 말할 것이다. 하나님께서 여러분을 저버리셨다고…. 왜냐하면 그 자는 원래가 거짓말쟁이기 때문이다. 우리는 그 자의 거짓말에 응대할 가치조차 없지만 이러한 부분의 말씀은 사탄의 거짓말을 대응하는데 좋은 말씀들이다.

8. 23절에서 마노아의 아내는 두려워하는 남편에게 죽지 않을 것이라고 말한다. 죽이려 하셨다면 번제를 받지 않으셨을 것이고 이 모든 말씀도 하지 않으셨을 것이라고 했다. 말하자면 아내가 더 주님을 아는

데 진보해 있었다. 그러나 마노아는 매우 착하고 순박한 남편이었고 그 가정은 타락한 사사시대에 별과 같이 빛나는 깨끗하고 아름다운 가정이었다. 현명한 아내의 현명한 조언은 많은 때 남편의 부족한 어떤 면을 보충한다. 이런 일은 개혁가 루터나 우리나라의 순교자들의 아내에게서도 볼 수 있다. 대부분 훌륭한 주님의 종들에게는 좋은 보필을 하는 아내들이 있게 마련이다.

24-25절, 여인이 아들을 낳으매 이름을 삼손이라 하니라 아이가 자라매 여호와께서 그에게 복을 주시더니(24절) 소라와 에스다올 사이 마하네단에서 여호와의 신이 비로소 그에게 감동하시니라(25절)

'삼손' 은 태양, 강한 자 등의 뜻을 갖고 있다. 그가 사사의 일을 훌륭하게 수행할 수 있었던 것은 여호와의 신이 그를 감동하셨기 때문이다.

사사기 14장

Judges

1-4절, 삼손이 딤나에 내려가서 거기서 블레셋 딸 중 한 여자를 보고(1절) 도로 올라와서 자기 부모에게 말하여 가로되 내가 딤나에서 블레셋 사람의 딸 중 한 여자를 보았사오니 이제 그를 취하여 내 아내를 삼게 하소서(2절) 부모가 그에게 이르되 네 형제들의 딸 중에나 내 백성 중에 어찌 여자가 없어서 네가 할례받지 아니한 블레셋 사람에게 가서 아내를 취하려 하느냐 삼손이 아비에게 이르되 내가 그 여자를 좋아하오니 나를 위하여 그를 데려오소서 하니(3절) 이 때에 블레셋 사람이 이스라엘을 관할한 고로 삼손이 틈을 타서 블레셋 사람을 치려 함이었으나 그 부모는 이 일이 여호와께로서 나온 것인 줄은 알지 못하였더라(4절)

1. 14장에는 삼손의 결혼에 관한 기록이 있다. 그는 블레셋 딤나의 한 여자를 보고 결혼할 마음을 가졌다. 그리고 그를 아내로 취하게 해 달라고 부모에게 말했다. 삼손의 부모는 당연히 반대하였는데, 이는 이스라엘 사람에 대한 하나님의 명령에 위배될 뿐 아니라 더욱이 사사이자 나실인으로 헌신한 사람이 이방 여인과 혼인한다는 것은 생각할 수 없는 일이었다. 자녀의 결혼이 부모의 허락 아래 이루어지는 것은 성경

적이며 또한 부모가 자녀의 결혼에 대해 합당치 않다고 여겨 반대 의사를 표하는 것도 가한 일이다. 자녀들은 부모의 동의와 찬성을 얻지 못할 경우에 그 결혼 자체를 하나님께서 인도하지 않으시는 것으로 여겨 그 결혼을 재고할 필요가 있다. 삼손의 경우 하나님의 선택된 백성으로서 이방인과 결혼해서는 안 된다는 율법이 있는데 그의 부모가 그런 결혼을 찬성하지 않은 것은 당연한 일이었다. 그러나 삼손은 간곡한 부모의 권면에도 불구하고 그녀를 사랑하니 데려다 달라고 고집하였다. 그의 부모는 어쩔 도리가 없었다. 이런 일로 자녀와 부모 사이에 다툼까지 벌어지는 것은 결코 아름다운 일이 아니다. 많은 때 소위 옳은 일을 위하여 육체와 혈기를 사용하는 것을 보는데 이는 경건한 사람들의 행할 바가 아니다. 부모는 필요할 때 바른 말을 해주고 합당한 가르침을 주어야 할 것이다. 또 필요할 때에는 하나님의 말씀으로 엄히 책망과 훈계를 해야 할 것이다. 그럴지라도 충돌보다는 하나님께 맡기고 그 일을 기도로 하나님 앞에 가져가는 것이 가장 온당하다. 4절은 "그 부모는 이 일이 여호와께로서 나온 것인 줄은 알지 못하였더라"고 말한다.

2. 우리는 여기서 삼손 시대의 배경을 좀 생각해볼 필요가 있다. 앞에서 언급했듯이 삼손 때에는 40년 동안 블레셋의 통치를 받아왔고 이스라엘은 그 분위기에 마취되어 가고 있었다. 이제 그들은 그 압제에서 벗어날 힘도, 마음도 없을 정도가 되었다. 그런 때에 태어난 나실인 삼손에게는 그와 마음을 같이하여 일할 만한 조력자도 도울 용사들도 없었다. 기드온에게는 그래도 끝까지 따르는 300 명이 있었고 입다도 길르앗 사람들이 힘을 다하여 도왔지만 삼손에게는 아무도 없었고 홀로 블레셋을 대항하여 싸워야 할 판이었다. 이스라엘 사람들은 삼손을 도와줄 마음은 고사하고 블레셋에게 종 노릇 하며 사는 것을 당연시한 나머지 삼손이 이스라엘을 구원하기 위해 블레셋과 충돌하는 것을 불필요한 것으로 여겼다. 그래서 그들은 삼손의 일을 방해하거나 적대하는

입장에 섰던 것이다. 그들은 블레셋에게 삼손을 잡아다 준 적이 있다(15:9-13 참조). 하나님은 그렇게 외로운 싸움을 해야 하는 삼손을 나실인이 되게 하시고 긴 머리털과 더불어 강한 힘을 가진 장사가 되게 하셨다. 일당백으로 적을 물리칠 수 있는 용사로 만드신 것이다. 이와 같이 하나님이 사람을 일으켜서 사용하시는 방법은 때에 따라 다르다. 사사시대의 마지막 때에 올때 이제는 사사와 조력하여 함께 대적과 싸울 사람들도 없었다는 것은 의미하는 바가 크다. 이런 때의 싸우는 방법은 이전과 많이 다를 수 밖에 없다.

3. 우선 그는 블레셋을 칠 근거가 필요했다. 이 일을 위해서 블레셋 여자와 결혼하려고 한 것이다. 이 일에 있어서 삼손이 영적 통찰력을 가지고 행했는지 아니면 인식과 이해가 불충분한 상태에서 다만 성령께 이끌려 행했는지는 알 수 없다. 어쨌든 이스라엘 사람이 이방인과 결혼하는 것은 옳지 않으며 하나님의 금하신 바였다. 그런데 이 구절에 의하면 이 일이 여호와께로서 나왔다고 말한다. 이것이 어찌된 일인가? 영적인 세계에는 이와 같이 깊이 있게 이해하지 않으면 안 되는 일이 있다.

하나님께서 이스라엘에게 이방인과 혼인하지 말라고 하신 것에는 이유가 있다. 이는 분별의 원칙으로서 이스라엘 가운데 이방인의 우상과 풍습이 들어오지 않도록 하기 위함이다. 그런데 당시 삼손에게는 블레셋과의 전투를 위해 그러한 결혼의 문제를 통해 싸움의 요건을 끌어내는 것이 필요했다. 여기서 삼손은 그러한 여인과 결혼해서 일생 편안히 살면서 이방 여자의 우상과 생활 습관을 이스라엘 영내에 가져오려는 것이 아니었다. 뒤에 나오지만 그는 다만 이스라엘을 구하기 위해 블레셋을 칠 구실을 얻고자 결혼하려는 것이었다. 우리는 여기서 하나님의 말씀을 지키는 문제는 어떤 자구(字句)를 붙잡는 것보다 그 말씀의 영을 중히 여기는 것임을 배워야 한다. 만일 하나님이 이방 여인과 결혼하는 것 자체를 반대하신 것이라면 모압 여인 룻은 그 거룩한 족보에 들어가서는 안 되었고 아무리 그가 시어미를 붙좇았다 하더라도 경건한 사람 보아스는 그녀를 아내로 맞아서는 안 되었다. 그러나 여기에 말씀 자구가 아닌 말씀의 영의 문제가 있다. "이때에 블레셋 사람이 이스라엘을 관할한 고로 삼손이 틈을 타서 블레셋 사람을 치려 함이었으나". 블레셋 사람이 이스라엘을 관할하는 상태에서 블레셋을 치려 하니 이러한 방법 외에는 길이 없었던 것이다. 느헤미야 시대에는 많은 이스라엘 사람들이 이방 여인과 결혼한 것을 회개했다. 그때에 이방 여인과 결혼한 것은 하나님의 말씀을 위반한 것이었다. 그러나 여기 삼손의 경우는 다른 각도에서 이 일을 읽어야 한다. 이 일은 여호와께로 말미암은 것이었다(4절).

5-20절, **삼손이 그 부모와 함께 딤나에 내려가서 딤나의 포도원에 이른즉 어린 사자가 그를 맞아 소리지르는지라(5절) 삼손이 여호와의 신에게 크게 감동되어 손에 아무 것도 없어도 그 사자를 염소 새끼를 찢음같이 찢었으나 그는 그 행한 일을 부모에게도 고하지 아니하였고(6절) 그가 내려가서 그 여자와 말하며 그를 기뻐하였더라(7절) 얼마 후에 삼손이 그 여자를 취하려고 다시 가더니 돌이켜 그 사자의 주검을 본즉 사자의 몸에 벌떼와 꿀이 있는지라(8절) 손으로 그 꿀을 취하여 행하며 먹고 그 부모에게 이르러 그들에게 그것을 드려서 먹게 하였으나 그 꿀을 사자의 몸에서 취하였다고는 고하지 아니하였더라(9절) 삼손의 아비가 여자에게로 내려가매 삼손이 거기서 잔치를 배설하였으니 소년은 이렇게 행하는 풍속이 있음이더라(10절) 무리가 삼손을 보고 삼십 명을 데려다가 동무를 삼아 그와 함께하게 한지라(11절) 삼손이 그들에게 이르되 이제 내가 너희에게 수수께끼를 하리니 잔치하는 칠 일 동안에 너희가 능히 그것을 풀어서 내게 고하면 내가 베옷 삼십 벌과 겉옷 삼십 벌을 너희에게 주리라(12절) 그러나 그것을 능히 내게 고하지 못하면 너희가 내게 베옷 삼십 벌과 겉옷 삼**

십 벌을 줄지니라 그들이 이르되 너는 수수께끼를 하여 우리로 듣게 하라(13절) 삼손이 그들에게 이르되 먹는 자에게서 먹는 것이 나오고 강한 자에게서 단 것이 나왔느니라 그들이 삼 일이 되도록 수수께끼를 풀지 못하였더라(14절) 제 칠 일에 이르러 그들이 삼손의 아내에게 이르되 너는 네 남편을 꾀어 그 수수께끼를 우리에게 알리게 하라 그렇지 아니하면 너와 네 아비의 집을 불사르리라 너희가 우리의 소유를 취하고자 하여 우리를 청하였느냐 그렇지 아니하냐(15절) 삼손의 아내가 그의 앞에서 울며 가로되 당신이 나를 미워할 뿐이요 사랑치 아니하는도다 우리 민족에게 수수께끼를 말하고 그 뜻을 내게 풀어 이르지 아니하도다 삼손이 그에게 대답하되 보라 내가 그것을 나의 부모에게도 풀어 고하지 아니하였거든 어찌 그대에게 풀어 이르리요 하였으나(16절) 칠 일 잔치할 동안에 그 아내가 앞에서 울며 강박함을 인하여 제 칠일에는 그가 그 아내에게 수수께끼를 풀어 이르매 그 아내가 그것을 그 민족에게 고하였더라(17절) 제 칠일 해 지기 전에 성읍 사람들이 삼손에게 이르되 무엇이 꿀보다 달겠으며 무엇이 사자보다 강하겠느냐 한지라 삼손이 그들에게 대답하되 너희가 내 암송아지로 밭 갈지 아니하였더면 나의 수수께끼를 능히 풀지 못하였으리라 하니라(18절) 여호와의 신이 삼손에게 크게 임하시매 삼손이 아스글론에 내려가서 그곳 사람 삼십 명을 쳐죽이고 노략하여 수수께끼 푼 자들에게 옷을 주고 심히 노하여 아비 집으로 올라갔고(19절) 삼손의 아내는 삼손의 친구 되었던 그 동무에게 준 바 되었더라(20절)

1. 어떤 사람들은 5절에서 삼손의 부모가 함께 딤나로 내려갔는데 삼손이 사자를 만나 찢어 죽인 것을 부모가 알지 못했다고 말한 것을 놓고 이 사건의 역사적 진실성을 의심하는데, 부모가 삼손과 함께 딤나에 간 것이 한 가지 사건이고 삼손이 딤나의 포도원에 이른 것이 또 하나의 사건이라고 이해하면 된다. 부모가 딤나에 함께 간 것이 사실이지만 포도원에는 삼손만 갔다고 볼 수 있기 때문이다. 삼손의 첫 번째 은

사의 표출이다. 어린 사자란 젊은 사자(young lion)로서 완전히 자란 힘이 가장 좋은 사자를 말한다. 삼손은 포도원에 나타나 그를 향해 표호하는 사자를 염소 찢듯이 찢었다. 이는 삼손이 장차 이스라엘을 위하여 블레셋을 찢을 것을 암시하는 사건으로 볼 수 있다. 신구약 성경 많은 곳에서 이스라엘을 포도원에 비유하셨고 또한 대적을 사자로 비유하셨다. 어떤 사역자는 송곳을 호주머니에 넣고 다니면 언젠가는 찌르는 일이 있다고 하였다. 성도가 가진 은사는 언젠가 나오게 되는 법이다. 삼손은 그의 은사가 사자를 찢는 일로 표출되었다. 이는 그가 어떤 능력을 가진 사람이라는 것을 보여준 사건이다.

2. 삼손은 그렇게 대단한 일을 하였지만 부모에게 그 일을 말하지 아니하였다. 그리고 그 아내 될 사람에게도 말하지 않았다. 죽은 사자에게서 꿀이 나왔다는 것은 이해하기 어렵다. 상식적으로 죽은 사자에게서는 부패한 것밖에 나오지 않는다. 그런데 이 사자에게서는 먹을 수 있는 꿀이 나온 것이다. 삼손은 그것을 먹고 부모님에게도 가져다 드렸다. 우리는 가나안 땅이 젖과 꿀이 흐르는 땅이라는 말을 듣는데, 꿀에 대하여는 이곳에서와 요나단이 블레셋과의 전투 때에 땅에 흐르는 꿀을 먹었다는 기록을 볼 뿐이다(삼상 14장 참조). 그런데 이 두 곳에서 공히 꿀은 싸워 이기는 때에 주어졌다. 그러므로 우리는 가나안의 꿀과 양식이 싸워서 이긴 자들에게 주어진다는 것을 알 수 있다. 삼손의 참된 양식은 대적을 찢을 때 거기서 나왔으며 삼손은 이 일에서 이것을 배워야 했다(뒤의 이야기를 읽어보면 삼손은 잘 배우지 못했던 것 같다). 여호수아와 갈렙도 가나안의 대적들을 그들의 밥이라고 말한 적이 있다. 그들의 양식은 대적과 싸워 이긴 데에서 생겨난다. 꿀은 말씀의 맛이다. 참된 말씀의 공급은 대적과 싸워서 이길 때 얻을 수 있다. 그런 양식만이 남을 공급할 수 있다. 말씀의 참된 공급은 생활 가운데서 승리하는 많은 일들을 통해 주어지며, 그럴 때 강해지고 다른 사람

들의 필요도 채워줄 수 있는 것이다. 삼손은 자신만이 아니라 부모에게도 꿀을 갖다 드렸다. 부모는 먹으면서도 그 꿀이 어디서 나왔는지 몰랐다. 그가 만일 이 원칙을 알았더라면 더 많은 양식을 먹었을 것이고 더 많은 대적을 쳐부수었을 것이다. 삼손은 그 꿀의 출처도 부모에게 고하지 아니하였다.

3. 이런 투쟁들, 즉 삼손이 소리 지르는 어린 사자를 만나는 것과 같은 사건들은 성도들의 신앙 초기에 임한다. 즉 그것들에 대하여 대비가 되어 있지 않을 때 임하는 것이다. 당시 삼손은 야생 동물을 사냥하기 위해 훈련하고 있을 때가 아니었다. 성도들이 주님 안에 들어와서 그것들에 대하여 전혀 대비되어 있지 않을 때 어린 사자가 물어뜯으려고 대드는 것이다. "삼손이 딤나의 포도원에 이른즉 어린 사자가 그를 맞아 소리 지르는지라"(5절). 이 일은 전혀 예상치 않은 삼손에게 기절할 만한 사건이었다. 그는 사자에 대하여는 전혀 예상치 않고 딤나의 포도원에서 일하고 있었다. 그리고 주변에는 삼손을 도와줄 수 있는 사람이 하나도 없는 상태였다. 이것은 그를 사사로 키우는 첫 번째의 냉혹한 훈련이었다. 이런 시련은 삼손을 강한 사사가 되는가, 아니면 무너지고 끝나는가를 시험하는 계기가 되었다.

당시 삼손에게는 아무 무기도 대비도 없었다. 그렇지만 그는 아무 것도 없으니 싸울 수 없다고 할 수 없었다. 거기서 끝나면 삼손이라는 사사는 이스라엘 역사에서 없는 것이다. 그러나 그는 하나님의 영에 의해 그 싸움에서 승리하였다. "삼손이 여호와의 신에게 크게 감동이 되어 손에 아무 것도 없어도 그 사자를 염소새끼를 찢음같이 찢었도다"(6절) 우리가 싸울 때 성령이 도우신다면 친구도, 무기도 필요가 없을 것이다. 홀(Hall)주교는 이런 말을 했다. "으르렁거리는 사자가 계속해서 잡아먹으려고 돌아다닐 때 우리가 포도원 가운데 홀로 있는 것을 발견했다면 우리의 소망과 힘은 우리의 빠른 발에 있는 것도 아니고, 무기에 있는 것도 아니다. 우리는 아무 무장도 없고 우리의 손은 너무 나약하고 연약하기 때문이다. 우리의 소망과 힘은 하나님의 영께 있음이니 우리는 그분을 의지하여 모든 것을 할 수 있기 때문이다. 만일 하나님이 우리 안에서 싸우신다면 누가 우리를 대적할 수 있겠는가? 우리는 우리 안에 우리를 대적하고 있는 사자보다 더 강력한 사자가 있다."

그는 유다지파의 사자인 것이다(계 5:5). 바울은 늘 이렇게 승리했다. "내게 능력주시는 자 안에서 내가 모든 것을 할 수 있느니라"(빌 4:13). 언제나 의인의 길에는 고난이 있는 법이다. "의인은 고난이 많으나 여호와께서 그 모든 고난에서 건지시는도다"(시 34:19). 그러므로 성도들은 어리다 하더라도 원수가 삼키려고 올 때 아무리 대적이 사납다 하더라도 염려할 필요가 없다. 다만 용감한 담력을 갖고 삼키려고 소리지르며 오는 어린 사자를 대적하라!

하나님이 어린 이기는 자 후보생들에게 이런 일을 주는 것은 그들로 달콤함을 얻게 하려는 것이다. 그러므로 그리스도인들이 주를 위해 쟁투하는 것은 즐거운 일이다. 왜냐하면 그 일이 우리에게 달콤한 꿀을 가져다 주기 때문이다. 우리는 많은 인내와 온전케함과 은혜가 이러한 시련을 통해서 온다는 것을 체험적으로 안다. 우리가 만난 고난들, 우리가 거치며 체험하며 승리한 경험들은 우리가 남에게 공급할 수 있는 달콤한 꿀을 생산한다. 그리스도인의 인생에서 전혀 고통을 맛보지 못한 자들은 행복한 사람이 아니다. "시험을 참는 자는 복이 있도다 이것에 옳다 인정함을 받은 후에 주께서 자기를 사랑하는 자들에게 약속하신 생명의 면류관을 얻을 것임이라"(약 1:12). 하나님의 백성들에게는 이렇게 싸워서 얻은 풍성한 꿀이 저장되어 있다. 많은 앞서간 성도들이 이렇게 싸워서 꿀을 예비한 것이다.

4. 삼손은 꿀을 얻은 직후 멀리 떨어지지 않은 부모님에게 꿀을 가지고 갔다. 우리가 먼저 이겼다면 우리는 먼저 가장 가까운 자들에게 꿀

을 전달해 주어야 한다. 그런데 삼손은 그런 꿀을 전달해줄 때 아주 겸비한 태도로 전해주었다. 그는 "내가 달려오는 사자를 죽이고 이 꿀을 얻은 것이라"고 광고하지 않았다. 우리는 가까운 사람들에게 복음과 진리와 생명을 공급할 때, 내가 얻은 꿀을 공급할 때 매우 주의해야 한다. 다만 우리 속에서부터 나오는 기쁨과 행복(꿀)을 드러내며 말해주어야 한다. 주님이 우리에게 하신 일은 많이 말해도 좋으나 우리가 주를 위해서 한 일은 많이 말하지 않는 것이 좋다. 삼손은 자기의 어머니나 아버지에게조차 그것은 그가 죽인 사자에게서 얻었노라고 자랑하며 꿀을 전달하지 않았다. 우리가 성령의 기쁨이나 위로를 갖고 있다면 사람들에게 겸손하게 전달하기를 배우면 좋다. 오늘날 우리 주위에는 사자는 그만두고 생쥐 한 마리를 죽이고도 대서특필하는 방식으로 은혜를 전하려는 사람들이 많다. 다만 겸손하게 여러분의 손에 사랑의 꿀을 들고 나가서 다른 사람의 필요를 채워주기 바란다. 따라서 여러분이 영혼의 투쟁을 겪게 될 때 여러분의 고민을 너무 많은 사람들에게 공표하지 말고 하나님의 영을 의지하여 용감히 싸우고 그 승리로 얻은 기쁨과 성령의 소식을 주위의 모든 사람들에게 전하도록 하라!

5. 당시 풍습에 따라 삼손은 그 여자의 집에서 잔치를 하였고 블레셋 청년 삼십 명이 혼인 집 친구들이 되었다. 이로써 우리가 알 수 있는 것은 이미 블레셋과 이스라엘 사람들의 혼인이 예사로운 일이 되었다는 것이다. 삼손은 그들에게 수수께끼를 내었는데, 수수께끼에서 지는 쪽이 베옷 삼십 벌과 속옷 삼십 벌을 주어야 한다고 하였다. 삼손이 낸 수수께끼는 먹는 자에게서 먹는 것이 나오고 강한 자에게서 단 것이 나왔다는 것이다. 그들이 수수께끼를 풀어야 하는 기간은 칠 일이었다. 삼 일까지 그들이 풀지 못하고 칠 일이 되어도 풀지 못하자 그들은 삼손의 아내에게 남편을 꾀어 그 수수께끼를 알아내라고 하면서 그러하지 않으면 너와 너의 집을 불사르겠다고 협박을 하였다. 그들은 옷 한 벌씩

생길 것을 기대하다가 오히려 물어주어야 할 입장이 되자 매우 불쾌하게 변한 것이다.

결국 그들의 사주를 받은 아내는 울면서 삼손에게 졸라댔고 삼손은 부모에게도 알리지 않은 수수께끼의 비밀을 아내에게 말해주고야 말았다. 그리고 그 아내는 그들에게 알려주었다. 결국 삼손이 진 것이 되었다. 삼손은 그들이 자기의 암송아지(그의 아내)로 밭을 갈아서 답을 알아낸 것이라고 말하였다. 여호와의 신이 삼손에게 임하였고 삼손은 아스글론 땅에 가서 사람 30 명을 쳐죽이고 노략하여 수수께끼를 푼 자들에게 옷을 가져다 주었다. 그리고 삼손은 심히 노하여 아비 집으로 갔다. 그때 삼손의 아내는 삼손의 친구 되었던 사람 중 하나에게 준 바 되었다.

이 모든 일이 블레셋 사람들과의 충돌을 불가피하게 만들었고 삼손에게 그들을 치고 공략할 수 있는 근거를 제공해주었다. 삼손의 방법은 겉으로 보기에 매우 유치한 것 같아도 사실 블레셋 사람들의 어떠함을 드러내는 데 있어서는 매우 현실적인 방법이었다. 블레셋이 이스라엘을 압제하고 공격한 것은 사실상 물질적인 탐욕에서였다. 그러나 밖으로는 그런 속셈이 드러나지 않았는데 이 수수께끼 사건이 그들의 탐욕을 드러낸 것이다. 그들이 수수께끼에 참여한 것은 옷을 얻고 싶어서일 뿐 삼손에게 무언가를 줄 마음은 조금도 없었다. 아마 이때 이스라엘은 블레셋을 좋은 친구로 여기고 서로 혼인도 하면서 잘 지내고 있었을 것이다. 그러나 삼손은 그들과 이스라엘간의 관계의 실상을 드러내는 일을 주도하였다. 그들은 이스라엘을 먹이로 생각하였고 삼손은 그들을 먹이로 생각하였다. 그 수수께끼는 삼손의 먹이(사자)에서 단 것이 나왔다는 것이다. 삼손의 음식은 실상 블레셋이었고 그들을 쳐서 이기는 것은 하나님의 뜻이었다. 하나님의 뜻을 행할 때 언제나 꿀과 같은 말씀을 얻는다. 그러나 블레셋 사람들은 이스라엘에게서 물질적인 것을 취하려 했다. 그들은 비록 놀이일지라도 조금도 삼손에게 주려는 마음이 없었다. 그래서 옷을 삼십 벌씩 요구한 것이다. 받으려는 블레셋 사람 위주로 수수께끼를 낸 것이다. 그러나 그러한 실상은 숨겨져 있었다.

많은 경우 거짓과 위선은 숨겨져 있다. 어떤 사건이 일어날 때 비로소 그 내면의 진상을 알 수 있게 된다. 삼손의 수수께끼는 그들의 감추인 본색을 드러내었다. 그들은 삼일이 되어도 알아내지 못하고 칠일이 되어도 알아내지 못하자 그 아내를 협박했다. 남편에게서 알아내어 주지 않으면 그와 그 집을 불사르겠다고 했다. 그들은 무엇이든지 조금도 삼손(피정복민인 이스라엘 사람)에게 주어서는 안 된다는 사고방식을 갖고 있었다. 블레셋은 취해야 했고 이스라엘은 바쳐야 했다. 그들은 삼손의 아내에게 "너희가 우리의 소유를 취하고자 하여 우리를 청하였느냐"고 했다. 결국 그들을 좌우하는 것은 탐욕이었다. 그들은 언제나 이스라엘을 자신들의 유익을 위하여 불공평하게 빼앗고 탈취하는 대상으로 여기고 있었고 이스라엘은 이런 사실을 알면서도 모르는 채 하며 우유부단한 상태에 있었다. 많은 세월이 그들을 이렇게 동화시켜버린 것이다. 사실 고린도 교회도 그런 상태에 있었다. 이단적인 교사들이 그들을 때리고 잡아먹고 삼키고 하는 데도 성도들은 그들을 너무나 좋은 사람들이라고 하면서 계속 그들에게서 배워야 한다는 태도를 갖고 있었다. 삼손은 이런 현실을 매우 통분히 여겼던 것이다. 실상 선지자들이 아니면 자신들이 당하고 있으면서도 그 현실을 알지 못하는 수가 많다. 당시 고린도 성도들은 그들에게 당하고 있으면서도 그들을 용납하고 있었던 것이다. 바울만은 그러한 상황을 꿰뚫고 있었다.

삼손의 아내를 다른 남자에게 준 것은 또 한 번 삼손을 무시하는 처사였다. 블레셋 사람들은 언제나 이스라엘 사람들을 이렇게 무시하였다. 어떻게 하든 자기 민족 사람들이 우선이고 이스라엘은 차선이었다. 이것이 대부분 정복자들의 피정복자들에 대한 사고방식이다. 주는 것 같지만 진실로 주는 것이 아니고 양보하는 것 같지만 참되게 양보하는 것이 아니다. 이스라엘은 블레셋과의 이러한 관계성 속에서 참된 것을 잃어가고 있었다. 자신들이 취해야 할 존귀와 영광을 다 잃어버린 것이다. 15장에서 삼손이 다시 가서 아내를 달라고 하자 그 동생을 주겠다고 하였다. 이것이 정복자의 자세이다. 이스라엘을 문화적으로 흡수해서 한 나라를 만들려고 했던 블레셋은 은연중에 이스라엘 사람을 무시하는 것을 내비치었던 것이다. 블레셋 사람의 강압적인 정책은 언제나 그들이 우선이고 무엇이든 가장 좋은 것은 그들 차지였다. 다음으로는 이스라엘 사람이 순응하도록 그들을 달래고 어르는 방식을 취했다. 많은 이스라엘 사람들이 이런 정책에 동화되어 버렸다.

신약의 하나님의 교회에는 이와 같은 니골라 당의 행위가 없어야 한다. 주님은 자신이 니골라 당의 행위를 미워한다고 하셨다. 니골라 당이란 일반 성도들 위에 군림하는 특권층을 말한다. 신약에서는 하나님의 모든 자녀가 왕 같은 제사장들이다. 모든 성도들이 존귀한 하나님의 자녀로서 대우를 받아야 한다. 블레셋 사람들은 자신들의 실력으로 수수께끼를 맞추기가 어렵게 되자 협박과 폭력으로 나왔다. 실상 그것이 그들의 현 주소였다. 그들은 그런 식으로 이스라엘을 지배하며 억압하고 있었다. 겉으로는 30 명씩이나 이스라엘 사람의 혼인집 친구가 되어주는 등 매우 융화가 잘 되는 것처럼 보였지만 그들은 결코 기득권의 위치를 내려놓지 않았다. 그리고 어렵게 되면 그 위치를 사용하는 것이다.

16절에서 삼손의 아내가 자기 민족을 언급한 것은 이 문제가 민족간의 문제임을 시사한다. "우리 민족에게 수수께끼를 말하고 그 뜻을 내게 풀어 이르지 아니하는도다". 그들은 삼손의 결혼식에도 오고 매우 친밀하게 지내는 것처럼 보였다. 수수께끼도 하고 서로 좋은 화목을 유지하는 것 같았다. 그러나 그 모든 것이 자신들의 민족의 우위성과 집권을 전제로 한 화목인 것이요 친교인 것이다. 실상 블레셋은 수단과 방법을 가리지 않고 이스라엘을 탈취하여 자기 민족을 배불리려는 욕심을 가진 자들이었다. 40여 년이 지나면서 이런 실상은 교묘하게 은폐되어 가고 있었고 이스라엘은 그 속임수 속에서 진정한 해방과 구원을 찾지도 않게 되었다. 이것은 사단의 고단수 공격이다. 삼손은 이런 상황속에서 그러한 블레셋 여인과의 결혼과 혼인 잔치를 통해 무언가를 하지 않으면 안 되었고 그들의 참된 상황을 수수께끼를 통해 분명히 드러냈다. 결과적으로 그들 중 삼십 명은 죽임을 당했다. 그들의 그러한 악함과 불법에 대한 응징인 것이다. 이렇게 이해할 때 그의 결혼이 왜 하나님으로부터 나왔는지를 이해할 수 있을 것이다.

사사기 15장

Judges

1-8절, 얼마 후 밀 거둘 때에 삼손이 염소 새끼를 가지고 그 아내에게로 찾아가서 가로되 내가 침실에 들어가 아내를 보고자 하노라 장인이 들어오지 못하게 하고(1절) 가로되 네가 그를 심히 미워하는 줄로 내가 생각한 고로 그를 네 동무에게 주었노라 그 동생이 그보다 더욱 아름답지 아니하냐 청하노니 너는 그의 대신에 이를 취하라(2절) 삼손이 그들에게 이르되 이번은 내가 블레셋 사람을 해할지라도 그들에게 대하여 내게 허물이 없을 것이니라 하고(3절) 삼손이 가서 여우 삼백을 붙들어서 그 꼬리와 꼬리를 매고 홰를 취하고 그 두 꼬리 사이에 한 홰를 달고(4절) 홰에 불을 켜고 그것을 블레셋 사람의 곡식밭으로 몰아 들여서 곡식단과 아직 베지 아니한 곡식과 감람원을 사른지라(5절) 블레셋 사람이 가로되 누가 이 일을 행하였느냐 혹이 대답하되 딤나 사람의 사위 삼손이니 장인이 삼손의 아내를 취하여 그 동무 되었던 자에게 준 연고니라 블레셋 사람이 올라가서 그 여인과 그의 아비를 불사르니라(6절) 삼손이 그들에게 이르되 너희가 이같이 행하였은즉 내가 너희에게 원수를 갚은 후에야 말리라 하고(7절) 블레셋 사람을 크게 도륙하고 내려가서 에담 바위 틈에 거하니라(8절)

1. 삼손이 아내에게 염소새끼를 가지고 간 것은 화해를 위한 것이었

다. 지난 번 삼손은 아내의 배신으로 수수께끼에서 지게 되었고 블레셋 사람을 쳐서 삼십 벌의 옷을 노략하여 혼인집 친구들에게 주었다. 그리고 그는 노하여 아비 집으로 갔다. 여기서 삼손은 다시 아내와 화해할 목적으로 온 것이다. 그런데 아내의 아버지가 이미 그녀를 지난 번 잔치에 참석했고 어쩌면 수수께끼에 참여했을 한 남자에게 주어버렸다. 장인이 보기에 비록 삼손이 힘이 장사라고 하지만 그들(블레셋)이 더욱 세력이 있고 의지할 만했을 것이다. 또한 그들에게 자기의 딸을 맡기는 것이 안전하다고 판단했을 것이다. 그리고 장인은 다시 찾아온 삼손을 들어오지 못하게 거절하면서 "네가 그를 심히 미워하는 줄로 내가 생각한 고로 그를 네 동무에게 주었노라"고 하였다. 어쩌면 그 동무라고 하는 자는 수수께끼의 일로 그녀를 접촉하여 압박하고 겁을 주던 자였을 것이다. 그렇다고 해서 장인은 힘이 강한 삼손도 함부로 대할 수 없었으므로 타협적으로 동생을 취할 것을 제의했다.

2. 삼손은 지난번보다 이번이 블레셋을 치는 데 더 명분이 있다고 생각했다. "삼손이 그들에게 이르되 이번은 내가 블레셋 사람을 해할지라도 그들에게 대하여 내게 허물이 없을 것이니라". 확실히 삼손은 블레셋을 치려는 한 가지 일에 결혼의 목적을 두었다. 삼손은 여우 삼백을 붙들어서 꼬리와 꼬리를 매고 홰를 취하여 그 두 꼬리 사이에 한 홰를 달고 홰에 불을 붙여서 곡식단과 아직 베지 아니한 곡식이 있는 밭과 감람원으로 여우들을 몰아넣었다. 그는 매우 희한한 방식으로 일을 했다. 여우 삼백 마리를 어디서 어떻게 잡을 수 있었을까? 어떤 사람이 원한다고 해서 여우 한 마리라도 잡을 수 있겠는가? 이는 삼손의 범인(凡人)을 초월하는 능력을 나타낸다. 이는 하나님이 함께하시지 않으면 할 수 없는 일이다. 그는 블레셋을 벌하는 일에서 하나님의 능력을 나타내었다. 그들로 하나님을 두려워하게 하고 이스라엘에게는 블레셋을 징벌하는 것이 하나님의 역사임을 시사하는 방식으로 일하였다. 삼

손이 여우들을 사용한 것은 또한 그들의 일하는 방식이 여우 같다는 것을 간접적으로 시사하는 것이라 하겠다. 그들이 그의 아내를 이용하여 수수께끼를 맞춘 일이며, 삼손을 무시해도 될 만한 상황이 오자 그 아내를 친구에게 주어버린 일이며, 더욱이 블레셋이 이스라엘을 다스리는 방식은 다 여우같이 교활한 것이었다. 삼손은 여우꼬리를 묶어 홰를 달아 불을 붙여 곡식밭에 들여보냄으로 그들 속에 있는 습성과 그들의 실행이 어떠한가를 보여주었다. 즉 블레셋이 이스라엘에게 하는 모든 일이 여우처럼 교활하다는 것이다. 그들은 여우처럼 이스라엘의 곡식밭을 망치고 있었던 것이다. 삼손은 그들의 이스라엘에 대한 간교한 술책을 이러한 모습을 통해 보여주었던 것이다. 이렇게 보면 그의 이상한 행동 하나 하나가 뜻이 있음을 알 수 있다.

3. 블레셋 사람들은 곡식밭과 감람원의 큰 화재로 인한 손실을 입자 누가 그렇게 하였는지를 물었고 삼손의 장인 가족이 삼손에게 잘못해서 일어난 일이라는 것을 알았다. 그때 그들은 그 아비와 여인을 불살라 버렸다. 이 일은 다시금 삼손에게 보복할 길을 제공했다. 결국 삼손은 원수를 갚는 양으로 많은 블레셋 사람을 쳐 죽였다. 그리고 에담 바위 틈에 거했다.

9-13절, 이에 블레셋 사람이 올라와서 유다에 진을 치고 레히에 편만한지라(9절) 유다 사람들이 가로되 너희가 어찌하여 올라와서 우리를 치느냐 그들이 대답하되 우리가 올라오기는 삼손을 결박하여 그가 우리에게 행한 대로 그에게 행하려 함이로라(10절) 유다 사람 삼천 명이 에담 바위 틈에 내려가서 삼손에게 이르되 너는 블레셋 사람이 우리를 관할하는 줄을 알지 못하느냐 네가 어찌하여 우리에게 이같이 행하였느냐 삼손이 그들에게 이르되 그들이 내게 행한 대로 나도 그들에게 행하였노라(11절) 그들이 삼손에게 이르되 우리가 너를 결박하여 블레셋 사람의 손에 붙이려

고 이제 내려왔노라 삼손이 그들에게 이르되 너희는 친히 나를 치지 않겠다고 내게 맹세하라(12절) 그들이 삼손에게 일러 가로되 아니라 우리가 다만 너를 단단히 결박하여 그들의 손에 붙일 뿐이요 우리가 결단코 너를 죽이지 아니하리라 하고 새 줄 둘로 결박하고 바위 틈에서 그를 끌어내니라(13절)

1. 삼손의 블레셋에 대한 보복이 점점 심해지자 블레셋은 이스라엘을 공격하기 위해 레히라는 곳에 진쳤다. 그러자 유다 사람들은 그 전쟁의 원인이 삼손에게 있음을 알고 삼천 명이 동원되어 삼손을 잡으러 왔다. 용맹을 자랑하던 유다 사람들이 이젠 완전히 날개가 꺾여 자기 나라의 구원을 위해 목숨을 걸고 싸우는 전사를 잡아 대적에게 넘겨주고자 하는 것이다. 이것은 극한 타락의 국면이다. 이들 눈에는 자신의 나라를 위해 싸우는 자가 대적으로 보이는 것이다. 그리고 대적의 편이 되어 하나밖에 없는 자기편의 용감한 장군을 적군에 넘겨주려는 것이다. 그들은 하나님의 나라의 독립을 원하는 것이 아니라 차라리 블레셋의 편에 있었던 것이다. 삼손은 그들에게 진솔하게 대답했다. 그는 자기가 큰 애국자로서 자기 나라를 위해 이렇게 일하고 있다고 하지 않았다. 다만 자기의 원수를 갚은 것이라고 했다. "삼손이 그들에게 이르되 그들이 내게 행한 대로 나도 그들에게 행하였노라". 그러자 그들은 삼손에게 그를 결박하여 블레셋 사람의 손에 붙이겠다고 하였고 삼손은 그들이 친히 자기를 치지 않겠다고만 맹세해달라고 했다. 이는 삼손이 자기 동족에게는 어떤 원한이 없으니 그들과 싸우지 않겠다는 것이다. 삼손은 이스라엘을 구원할 사사였다. 그들을 구출해내기 위해서 그는 어찌하든지 블레셋과 싸워야 했다. 유다 사람 3,000 명은 블레셋과 싸우려는 정신은 조금도 없고 오히려 자기들을 위해 싸우고 있는 장군을 붙잡아 적에게 넘기기에 급급해 있었다. 이는 우리 구주 예수님에게 일어난 일과 매우 흡사하다. 삼손 때 이미 우리 주님은 사랑하는 제자에

게 팔리고 동족에게 잡히어 이방 군대에게 넘겨지는 그림을 은은하게 보여주고 계셨다.

2. 삼손은 사실 유다 사람들에게 잡히지 않을 수도 있었다. 그에게는 그런 힘이 있고도 남았다. 그러나 그는 동족 형제들에게 순순히 잡히었다. 결박을 당했으며 대적에게 끌려갔다. 이 또한 우리 주 예수님과 같다. 주님은 실상 열두 영도 더 되는 천군을 불러서 로마군을 물리치심으로 그 상황을 바꿀 만한 충분한 힘을 갖고 계셨다. 그러나 우리의 구원을 위해서 주 예수님은 기꺼이 자신을 내어주신 것이다. 그와 같이 삼손은 자신의 능력을 동족 형제들에게는 보이지 않았으며 다만 그들을 사랑했다. 그리고 그들에게 순순히 잡혔다. 그는 더 많은 이리와 여우를 잡기 위해 어린 양처럼 잡힌 것이다. 그들은 새 줄 둘로 그를 결박하고 바위 틈에서 끌어내었다.

14-20절, 삼손이 레히에 이르매 블레셋 사람이 그에게로 마주 나가며 소리지르는 동시에 여호와의 신의 권능이 삼손에게 임하매 그 팔 위의 줄이 불탄 삼과 같아서 그 결박되었던 손에서 떨어진지라(14절) 삼손이 나귀의 새 턱뼈를 보고 손을 내밀어 취하고 그것으로 일천 명을 죽이고(15절) 가로되 나귀의 턱뼈로 한 더미, 두 더미를 쌓았음이여 나귀의 턱뼈로 내가 일천 명을 죽였도다(16절) 말을 마치고 턱뼈를 그 손에서 내어던지고 그곳을 라맛 레히라 이름하였더라(17절) 삼손이 심히 목마르므로 여호와께 부르짖어 가로되 주께서 종의 손으로 이 큰 구원을 베푸셨사오나 내가 이제 목말라 죽어서 할례받지 못한 자의 손에 빠지겠나이다(18절) 하나님이 레히에 한 우묵한 곳을 터치시니 물이 거기서 솟아나오는지라 삼손이 그것을 마시고 정신이 회복되어 소생하니 그러므로 그 샘 이름은 엔학고레라 이 샘이 레히에 오늘까지 있더라(19절) 블레셋 사람의 때에 삼손이 이스라엘 사사로 이십 년을 지내었더라(20절)

1. 유다 사람들은 삼손을 블레셋 사람들에게로 데려갔다. 블레셋 사람들은 묶여져 있는 삼손을 보고 잡으려고 소리를 지르며 달려들었다. 그때 삼손에게 여호와의 영의 권능이 임하여 그 팔 위의 줄이 불탄 삼과 같아서 그 결박되었던 손에서 떨어져나갔다. 그리고 삼손은 나귀의 턱뼈를 보고 손을 내밀어 취하여 그것으로 일천 명을 죽였다. 나귀의 턱뼈는 문자 그대로 아무 것도 아닌 것이다. 결코 싸우기에 좋은 무기가 될 수 없다. 그러나 그러한 하찮은 도구로 일천 명의 블레셋 사람을 쳐 죽인 것이다. 관건은 하나님께서 함께하시는가에 있지 우리의 가진 도구나 솜씨나 재능에 있지 않다. 우리는 얼마나 많은 때 우리의 가진 도구나 재능이 보잘것 없어서 하나님의 일에 효과가 없다고 생각하는가! 하나님께서 함께하시면 나귀의 턱뼈로도 큰 일을 행할 수 있다. 아낫의 아들 삼갈이 소 모는 막대기로 블레셋 사람 육백 명을 죽인 일이 있다(3:31). 여기서 나귀의 턱뼈나 소 모는 막대기는(우리의 가진 것이나 재능) 아무 것도 아니지만 하나님의 함께하심이('여호와의 신의 권능이 삼손에게 임하매') 큰 능력을 나타내는 것이다.

2. 그는 일천 명을 죽이고서 간단하게 스스로 자축하는 노래를 지어 불렀다. "나귀의 턱뼈로 한 더미, 두 더미를 쌓았음이여 나귀의 턱뼈로 내가 일천 명을 죽였도다". 마치 고린도 교회를 사역하던 바울이 스스로를 천거하고 칭찬할 수 밖에 없었듯이 삼손이 그러했다. 이때 이렇게 많은 대적을 죽이고 승리를 거두었지만 이스라엘의 여자들이나 젊은이들이 노래하고 칭송할 분위기가 아니었다. 아무도 그의 일에 관심이나 호의를 갖지 않았던 것이다. 그는 외로운 시대의 외로운 사사였다. 그래서 그는 하나님이 자신을 통해 이루신 큰 역사를 홀로 찬미하고 기념했다. "나귀의 턱뼈로 한 더미, 두 더미를 쌓았음이여 나귀의 턱뼈로 내가 일천 명을 죽였도다". 그리고 그는 그의 손에 있던 나귀의 턱뼈를 내던졌다. 나귀의 턱뼈 자체가 큰 힘을 발휘한 것이 아니라는 뜻이다.

능력과 승리는 여호와의 것이다. 레맛레히란 '턱뼈의 산'이라는 뜻이며 그 승리를 기념하는 이름이다.

3. 삼손은 싸울 때에는 기세 좋게 일천 명을 쳐 죽였지만 일을 다 치른 후엔 충족한 은혜가 없었다. 이는 외적인 큰 일에 종사하는 사람들의 한계이다. 내적인 은혜가 결여된 채 주님을 위해 이런저런 많은 일을 하다 보면 기진맥진하여 쓰러지는 수가 있다. 그는 목마름의 정도가 극심하여 죽을 지경이 되었다. 그는 주님께 부르짖었다. "삼손이 심히 목마르므로 여호와께 부르짖어 가로되 주께서 종의 손으로 이 큰 구원을 베푸셨사오나 내가 이제 목말라 죽어서 할례받지 못한 자의 손에 빠지겠나이다". 그는 주께서 그의 손으로 큰 구원을 베푸셨지만 이제 목말라 죽을 지경에 처했다고 부르짖는다. 그는 블레셋을 대항해서는 용맹하였고 얼마든지 그들을 죽일 수 있는 힘이 있었으나 자신의 목마름을 해결하는 데에는 속수무책이었다. 오늘날도 어떤 사람들이 큰 능력을 행하고 많은 일을 하지만 자신의 영성을 부지하는 데에는 속수무책이어서 넘어지는 수가 있다. 밖으로는 큰 일을 행하여 하나님께 영광을 돌렸지만 정작 자신은 곤고하고 공허하고 좌절하고 어두워짐으로 큰 낭패를 보는 것이다. 삼손은 목말라 죽으므로 블레셋 사람들의 손에 떨어질 것을 염려하는 지경에 이르렀다. 하나님은 삼손의 간구를 들으시고 레히에 우묵한 곳을 터치시어 물이 솟아나게 하심으로 갈증을 해소시켜 주셨다. 그러자 삼손은 정신이 소생되었다. 그 샘의 이름을 '엔학고레'라 했는데 이는 '부르짖는 자의 샘'이라는 뜻이다. 하나님은 부르짖는 자에게 그 필요를 채워주신다. 당신은 많은 주의 일을 한 연고로 곤고한가? 부르짖으라! '엔학고레'의 공급이 있을 것이다.

4. 그렇게 삼손을 무시하던 이스라엘도 결국은 삼손을 인정하기에 이르렀다. 그러므로 그는 20여 년을 사사로 지내었다. 이때는 블레셋

의 때로서 어떤 이기는 자든지 그 시대의 대적을 알고 이겨야 한다. 즉 그 시대의 이기는 자는 블레셋을 알고 그 대적을 이기는 것이다. 신약의 교회의 이기는 자들도 요한 계시록 2, 3장에 의하면 그 여러 양상의 상황을 이기는 자들이어야 하는 것과 같다.

사사기 16장

Judges

1-3절, 삼손이 가사에 가서 거기서 한 기생을 보고 그에게로 들어갔더니(1절) 혹이 가사 사람에게 고하여 가로되 삼손이 여기 왔다 하매 곧 그를 에워싸고 밤새도록 성문에 매복하고 밤새도록 종용히 하며 이르기를 새벽이 되거든 그를 죽이리라 하였더라(2절) 삼손이 밤중까지 누웠다가 그 밤중에 일어나 성문짝들과 두 설주와 빗장을 빼어 그것을 모두 어깨에 메고 헤브론 앞산 꼭대기로 가니라(3절)

가사(Gaza)는 블레셋의 5대 성읍 중 가장 으뜸가는 성읍이다. 사무엘 상의 언약궤 사건에서 보면 블레셋은 다섯 개의 주요 성읍의 다섯 방백이 집단 지도 체제를 구축하여 나라를 이끌어가는 것 같다(6:4, 27절 참조). 블레셋에 관하여는 그 왕의 이름이 나와 있지 않다. 삼손은 당시 블레셋의 수도격인 성읍에 단신으로 가서 기생의 집에 들어갔다. 그가 기생의 집에 들어간 것은 하나님의 사람으로서 합당한 처사가 아니다. 그럼에도 그가 그렇게 용감하게 그 성읍에 들어가 그의 엄청난 힘을 발휘하여 블레셋의 심장부에 일격을 가한 것은 매우 의미 있는 일이라 하겠다. 블레셋으로 하여금 이스라엘을 함부로 할 수 없는 존재로 인식하게 한 것이다.

블레셋 사람들은 삼손이 가사에 왔다는 말을 듣고 그를 잡으려고 매복하였다. 그들은 나름대로 작전을 세워 조용히 하며 밤새 기다렸다. 그러나 삼손은 그것을 이미 알았다. 그들은 새벽이 되면 삼손을 죽이려 하였지만 삼손은 한 밤 중에 일어나서(아마 삼손은 이 일을 위해 그 성읍에 왔을 것이다) 성 문짝과 두 설주와 빗장을 빼어 모두 어깨에 메고 헤브론 앞산 꼭대기로 갔다. 블레셋 사람들은 충격과 고민에 휩싸였을 것임에 틀림없다. 그들이 외적으로는 이스라엘을 점령하고 있었지만 그들의 뜻대로 해볼 수 없는 강력한 하나님의 능력이 존재하고 있음을 감지한 것이다. 가사 성읍은 견고하였을 것이고 그 성문의 크기며 그 두 문짝과 설주 등 전체가 어마어마한 무게였을 것이다. 삼손은 블레셋의 자랑이며 심장부인 가사를 비웃기라도 하듯이 그 모든 것을 부서뜨려 헤브론으로 메고 갔다. 그 성의 문짝과 설주와 빗장을 빼버린 것은 블레셋이 이스라엘에 의해 강타내지는 패배당했다는 상징적인 의미를 지닌다(Lange).

우리는 여기서 삼손이 도덕적으로 잘못된 행동을 했음에도 그 결과는 이스라엘을 위한 것이었음을 보게 된다. 아마 그는 자신이 잘못된 사람처럼 보일지라도 이스라엘을 구하기 위해서는 어떤 것이라도 불사했는지 모르겠다. 모든 면에서 올바르게 행하는 것처럼 보이지만 하나님의 백성에게 아무런 도움도, 구원도 주지 못하는 영성과 대조를 이루는 듯하다. 이것을 통해 우리는 사람을 외면적으로 판단하기가 어렵다는 것을 보게 된다. 물론 삼손에게 성적(性的)으로 부패한 부분이 있다는 것은 인정하지 않을 수 없다. 그럼에도 그에게는 이스라엘 전체의 구원과 해방을 위해 온 몸과 마음을 드린 귀중한 섬김이 있었다. 가사와 헤브론 간의 거리는 약 62km 정도이니 상당히 먼 거리이다. 블레셋 중심 도시의 성문을 떼어다가 유다 중심부인 헤브론에 옮겨놓은 것은 완전한 승리의 상징이다(Cassel). 하나님은 그분의 백성 전체가 하락하고 무력할 때 한 사람이라도 일으키시어 그분의 승리와 능력을 전시하신다.

4-17절, 이후에 삼손이 소렉 골짜기의 들릴라라 이름하는 여인을 사랑하매(4절) 블레셋 사람의 방백들이 그 여인에게로 올라와서 그에게 이르되 삼손을 꾀어서 무엇으로 말미암아 그 큰 힘이 있는지 우리가 어떻게 하면 그를 이기어서 결박하여 곤고케 할 수 있을는지 알아보라 그리하면 우리가 각각 은 일천일백을 네게 주리라(5절) 들릴라가 삼손에게 말하되 청컨대 당신의 큰 힘이 무엇으로 말미암아 있으며 어떻게 하면 능히 당신을 결박하여 곤고케 할 수 있을는지 내게 말하라(6절) 삼손이 그에게 이르되 만일 마르지 아니한 푸른 칡 일곱으로 나를 결박하면 내가 약하여져서 다른 사람과 같으리라(7절) 블레셋 사람의 방백들이 마르지 아니한 푸른 칡 일곱을 여인에게로 가져오매 그가 그것으로 삼손을 결박하고(8절) 이미 사람을 내실에 매복시켰으므로 삼손에게 말하되 삼손이여 블레셋 사람이 당신에게 미쳤느니라 하니 삼손이 그 칡 끊기를 불탄 삼실을 끊음같이 하였고 그 힘의 근본은 여전히 알지 못하니라(9절) 들릴라가 삼손에게 이르되 보라 당신이 나를 희롱하여 내게 거짓말을 하였도다 청컨대 무엇으로 하면 당신을 결박할 수 있을는지 이제는 내게 말하라(10절) 삼손이 그에게 이르되 만일 쓰지 아니한 새 줄로 나를 결박하면 내가 약하여져서 다른 사람과 같으리라(11절) 들릴라가 새 줄을 취하고 그것으로 그를 결박하고 그에게 이르되 삼손이여 블레셋 사람이 당신에게 미쳤느니라 하니 삼손이 팔 위의 줄 끊기를 실을 끊음같이 하였고 그때에도 사람이 내실에 매복하였었더라(12절) 들릴라가 삼손에게 이르되 당신이 이때까지 나를 희롱하여 내게 거짓말을 하였도다 내가 무엇으로 하면 당신을 결박할 수 있을는지 내게 말하라 삼손이 그에게 이르되 그대가 만일 나의 머리털 일곱 가닥을 위선에 섞어 짜면 되리라(13절) 들릴라가 바디로 그 머리털을 단단히 짜고 그에게 이르되 삼손이여 블레셋 사람이 당신에게 미쳤느니라 하니 삼손이 잠을 깨어 직조틀의 바디와 위선을 다 빼어내니라(14절) 들릴라가 삼손에게 이르되 당신의 마음이 내게 있지 아니하면서 당신이 어찌 나를 사랑한다 하느뇨 당신이 이 세 번 나를 희롱하고 당신의 큰 힘이 무

엇으로 말미암아 있는 것을 내게 말하지 아니하였도다 하며(15절) 날마다 그 말로 그를 재촉하여 조르매 삼손의 마음이 번뇌하여 죽을 지경이라(16절) 삼손이 진정을 토하여 그에게 이르되 내 머리에는 삭도를 대지 아니하였나니 이는 내가 모태에서 하나님의 나실인이 되었음이라 만일 내 머리가 밀리우면 내 힘이 내게서 떠나고 나는 약하여져서 다른 사람과 같으리라(17절)

1. 삼손의 여성 편향의 행동은 여전했다. 이는 분명 죄이고 잘못된 처사이다. 맨 처음에 블레셋 여인을 아내 삼은 것은 십분 이해할 수 있다 하더라도 두 번째로 기생집에 간 것은 잘못된 것이고 세 번째 들릴라를 사랑한 것은 완전한 올무에 걸려든 것이다. 삼손은 점점 깊은 수렁에 빠져들고 있었다. 들릴라는 아마 블레셋 여인이었을 것이다. 성경에는 그가 블레셋 여인이라는 것이 명기되어 있지 않지만 적어도 그녀는 블레셋 편의 사람이었다. 그녀는 전적으로 블레셋 사람들에게 이용당하고 있었고 삼손은 그녀에게 농락당하고 있었다.

2. 또 한편 그녀는 돈에 매수된 여자였다. 하나님의 역사를 대적하는 원수의 역사는 많은 때 돈에 매수당한 데에서 일어난다. 다시 말하면 돈을 사랑하고 돈의 위력 앞에 꼼짝 못하는 사람들이 사탄에게 사용된다는 말이다. 블레셋 방백들은 들릴라라는 여자를 은 일천 일백에 매수했다. 들릴라는 블레셋 방백들에게 가시 같은 존재인 삼손을 가까이하고 있었기 때문에 돈을 벌 수 있는 호기를 만난 것이다. 즉 들릴라는 스스로 사람들 앞에서 자신의 가치를 향상시킨 것이 아니라 블레셋 사람들의 주된 적을 가까이하고 있었기에 주가가 올라간 것이다. 6절의 들릴라의 질문은 자신의 질문이 아니라 다른 사람에게 사주받은 질문이다. 돈으로 매수된 자는 자기가 하나님께 받은 것을 말할 수 없고 매수자의 말을 하게 된다. "들릴라가 삼손에게 말하되 청컨대 당신의 큰 힘

이 무엇으로 말미암아 있으며 어떻게 하면 능히 당신을 결박하여 곤고케 할 수 있을는지 내게 말하라". 음녀의 마음속에는 순수한 사랑 대신 돈의 힘이 작용하고 있었고 육체의 정욕의 노예가 되어버린 삼손의 속에는 하나님의 백성에 대한 사랑은 있지만 유감스럽게도 정욕을 이길 힘이 없었다.

3. 여기서 우리는 사탄의 전략 중 몇 가지를 볼 것이다. 첫째는 사탄이 가까운 사람을 통해 역사한다는 것이다. 즉 친구나 가까이 있는 사람, 소위 가장 신뢰하기 때문에 모든 비밀을 주고받을 수 있는 사람을 통해 마귀는 역사한다는 것이다. 둘째는 사람의 약점을 공략한다. 삼손은 특히 육체의 정욕면에서 약했다. 셋째는 그 공격이 집요하다는 것이다. 한 번 해서 안 되면 두 번, 세 번, 네 번, 넘어뜨릴 때까지 계속한다는 것이다. 제아무리 힘센 삼손이라 하더라도 집요한 공격 앞에서는 넘어지고 만 것이다.

4. 먼저는 푸른 칡 일곱으로 결박하라고 했고 두 번째는 쓰지 아니한 새 줄로 결박하라고 했다. 삼손이 들릴라의 조르는 말에 이렇게 거짓으로 알려주었다는 것은 알려주어서는 안 된다는 것을 스스로 알고 있었다는 말이다. 죄를 짓고 잘못 길을 가는 사람이 전혀 자신이 잘못되는 것을 모르고 빠져들어 가는 일은 없다. 알면서도 유혹에 못 이겨 죄악의 수렁으로 깊이깊이 빠져 들어가는 것이다. 세 번째 답변은 위험수위에 가까이 왔는데 이는 그의 나실인으로서의 특징인 머리털을 언급했기 때문이다. 머리털 일곱 가닥을 위선에 섞어 짜면 힘이 없어진다고 알려주었다. 위선이란 베를 짤 때 날줄을 의미하는데 머리가닥을 날줄에 섞어 짜면 그 힘이 없어진다는 것이다. 삼손의 머리털은 날 때부터 삭도를 대지 않은 나실인의 머리털로서 매우 귀한 것이었다. 삼손은 이것이 자신의 하나님 앞에서의 용도가 끝나는 일인데도 마음눈이 어두

워져 냉철한 판별력을 잃은 채 지금 부주의한 태도로 여인과 대화를 하고 있는 것이다. 그의 육체의 정욕과 인간적인 애정이 하나님의 일과 은사를 압도하고 있었다.

5. 15절에서 들릴라는 필사적으로 삼손을 압박했다. "들릴라가 삼손에게 이르되 당신의 마음이 내게 있지 아니하면서 당신이 어찌 나를 사랑한다 하느뇨 당신이 이 세 번 나를 희롱하고 당신의 큰 힘이 무엇으로 말미암아 있는 것을 내게 말하지 아니하였도다 하며 날마다 그 말로 그를 재촉하여 조르매". 삼손은 마음이 번뇌하여 죽을 지경이 되었다(16절). 애정의 포로가 된 삼손은 17절에서 진정을 토하고 말았다. 이는 주님과 아무 관계도 없는 육체의 여인에게 하나님의 비밀한 일을 누설한 것이다. 이 얼마나 슬픈 일인가! 하나님을 사랑하는 모든 종들이 슬퍼할 일이다! "삼손이 진정을 토하여 그에게 이르되 내 머리에는 삭도를 대지 아니하였나니 이는 내가 모태에서 하나님의 나실인이 되었음이라 만일 내 머리가 밀리우면 내 힘이 내게서 떠나고 나는 약하여져서 다른 사람과 같으리라". 그는 하나님의 사랑과 은혜를 한갓 여인의 애정과 육체의 향락에 내어준 꼴이 된 것이다. 그는 자기에게 닥칠 불행을 전혀 예상치 못했다고 말할 수 없다. 그러나 순간의 육체의 정욕과 향락은 그의 눈을 완전히 어둡게 만들었고 그는 비밀을 누설해버리고 말았다. 이 일과 더불어 르우벤의 간음, 에서의 실패, 발람의 죄악, 가인의 육체, 이 모든 것은 다 거룩한 하나님의 길에서 한 순간의 부주의로 말미암아 일어난 유감스러운 실패라는 점에서 매우 슬프고 안타까우며 그 성질이 유사하다.

6. 블레셋 방백들은 은을 가지고 여인에게 왔다. 그 여인에게 삼손은 돈벌이였다. 음탕한 여인 들릴라는 삼손으로 자기 무릎을 베고 잠들게 한 다음 그의 말대로 머리 일곱 가닥을 다 밀어버렸다. 일곱 가닥은 지

난 번 작업을 해놓은 것이다. 사탄은 이렇게 한 단계 한 단계 역사한다. 그리고 최종적으로 완전히 무너뜨리는 것이다.

18-31절, 들릴라가 삼손의 진정을 다 토함을 보고 보내어 블레셋 사람의 방백들을 불러 가로되 삼손이 내게 진정을 토하였으니 이제 한 번만 올라오라 블레셋 방백들이 손에 은을 가지고 여인에게로 올라오니라(18절) 들릴라가 삼손으로 자기 무릎을 베고 자게 하고 사람을 불러 그 머리털 일곱 가닥을 밀고 괴롭게 하여 본즉 그 힘이 없어졌더라(19절) 들릴라가 가로되 삼손이여 블레셋 사람이 당신에게 미쳤느니라 하니 삼손이 잠을 깨며 이르기를 내가 전과 같이 나가서 몸을 떨치리라 하여도 여호와께서 이미 자기를 떠나신 줄을 깨닫지 못하였더라(20절) 블레셋 사람이 그를 잡아 그 눈을 빼고 끌고 가사에 내려가 놋줄로 매고 그로 옥중에서 맷돌을 돌리게 하였더라(21절) 그의 머리털이 밀리운 후에 다시 자라기 시작하니라(22절) 블레셋 사람의 방백이 가로되 우리의 신이 우리 원수 삼손을 우리 손에 붙였다 하고 다 모여 그 신 다곤에게 큰 제사를 드리고 즐거워하고(23절) 백성들도 삼손을 보았으므로 가로되 우리 토지를 헐고 우리 많은 사람을 죽인 원수를 우리의 신이 우리 손에 붙였다 하고 자기 신을 찬송하며(24절) 그들의 마음이 즐거울 때에 이르되 삼손을 불러다가 우리를 위하여 재주를 부리게 하자 하고 옥에서 삼손을 불러내매 삼손이 그들을 위하여 재주를 부리니라 그들이 삼손을 두 기둥 사이에 세웠더니(25절) 삼손이 자기 손을 붙든 소년에게 이르되 나로 이 집을 버틴 기둥을 찾아서 그것을 의지하게 하라 하니라(26절) 그 집에는 남녀가 가득하니 블레셋 모든 방백도 거기 있고 지붕에 있는 남녀도 삼천 명 가량이라 다 삼손의 재주 부리는 것을 보더라(27절) 삼손이 여호와께 부르짖어 가로되 주 여호와여 구하옵나니 나를 생각하옵소서 하나님이여 구하옵나니 이번만 나로 강하게 하사 블레셋 사람이 나의 두 눈을 뺀 원수를 단번에 갚게 하옵소서 하고(28절) 집을 버틴 두 가운데 기둥을 하나는 왼손으

로, 하나는 오른손으로 껴 의지하고(29절) 가로되 블레셋 사람과 함께 죽기를 원하노라 하고 힘을 다하여 몸을 굽히매 그 집이 곧 무너져 그 안에 있는 모든 방백과 온 백성에게 덮이니 삼손이 죽을 때에 죽인 자가 살았을 때에 죽인 자보다 더욱 많았더라(30절) 그의 형제와 아비의 온 집이 다 내려가서 그 시체를 취하여 가지고 올라와서 소라와 에스다올 사이 그 아비 마노아의 장지에 장사하니라 삼손이 이스라엘 사사로 이십 년을 지내었더라(31절)

1. 삼손은 여기서 철저히 패배하였다. 그는 패배에 있어서 단계적이었다. 첫 번째, 여인에게서 기생으로, 그 다음 들릴라에게로 나아갔고, 들릴라와의 대화도 점점 죽음으로 나아갔다. 세 번째에는 머리털에까지 나아갔는데, 머리털을 일곱 가닥으로 짜 놓은 것이 결국 네 번째의 일—머리털을 미는 것—을 순조롭게 하도록 돕는 형국이 되었다. 머리털을 밀기가 간단해지게 해 놓은 것이다. 들릴라는 삼손으로 하여금 자기 무릎을 베고 자게 한 다음 사람들을 불러 그 머리털을 밀게 했다. 그런 다음 괴롭게 해보니 보통 사람처럼 아무 힘도 없는 것이었다. 그때 들릴라는 블레셋 사람을 불러들이고 삼손을 깨웠다. 삼손은 과거처럼 힘을 떨쳐보리라 하며 힘을 써봤지만 아무 힘도 나지 않았다. 그런데도 그는 자기의 힘이 없어진 것을 깨닫지 못한 것이다.

2. 두려운 일은 바로 이것이다. 그것은 곧 많은 사람들이 주님을 섬기다가 주님의 경책과 바르게 하는 명령을 듣지 않고 길을 벗어난 후에 이전의 능력과 임재를 잃어버렸어도 그것을 알지 못한다는 것이다. 그리고 더욱 두려운 사실은 그렇게 잃어버린 능력과 임재로 인하여 슬퍼하지도 않는다는 것이다. 그들은 돌이켜 하나님께로 회복되려는 마음이 없다. 이는 그들이 자신의 길이 옳다고 확정하였기 때문이다. 다시 돌이켜 자신을 부정하기에는 너무나 많이 지나쳐온 것이다. 그렇다 하

더라도 돌이켜 회개할 수만 있다면 좋으련만…. 삼손은 그래도 회개할 기회를 얻었다.

3. 블레셋 사람들은 삼손을 잡아다가 눈을 빼어버렸다. 그리고 그를 가사로 데리고 내려가서 놋줄로 묶고 연자맷돌을 돌리게 했다. 그가 범한 죄는 주로 안목의 정욕에 의한 것이었다. 그러한 그의 죄는 결국 온몸을 범죄하도록 이끈 눈을 빼게 하였다. 또한 함부로 방탕하게 사용한 몸에는 놋줄이 둘리게 되었다. 그러고서 연자 맷돌을 돌릴 때 말할 수 없는 수치를 당하게 된 것이다. 하나님은 심판하실 때 그가 행한 것을 그대로 보응하는 식을 취하시는 경우가 많다(시 7:16, 렘 25:14).

4. 22절은 머리털이 밀리운 뒤에 다시 자라기 시작했다고 말한다. 이는 하나님의 크신 긍휼의 역사이다. 이로 보건대 눈이 빠지고 놋줄로 묶이운 삼손은 자신의 죄를 철저히 회개했다. 다시 머리가 자라고 힘이 소생되었다는 것은 그가 회개한 것임에 틀림없다. 그의 초인적인 힘은 단순히 머리털의 문제가 아니라 하나님과의 관계성에서 기인한 것이기 때문이다. 그러나 블레셋 사람들은 하나님의 백성이 진정으로 회개하면 하나님과의 관계가 다시 회복될 것을 몰랐기 때문에 방심하고 삼손의 머리털이 다시 자라는 문제를 주의하지 않은 것이다. 이 말씀은 하나님의 긍휼과 자비가 한이 없음을 보여주는 구절이다. 삼손은 이미 타락하여 모든 것을 다 잃고 하나님의 영광을 가리며, 대적에게 수치를 돌리는 자가 되었지만 그래도 그의 머리털이 자라기 시작한 것이다. 머리털이 자라면서 그 옛 힘이 다시 소생됨을 느낀 것이다. 하나님은 그에게 마지막 봉사를 할 수 있는 기회와 능력을 다시 부여하신 것이다. 훌륭한 지도자였던 사람이 타락하여 자기의 토설물로 돌아간 사람이 있을 것이다. 하나님은 그런 자들에게 다시 돌아와 마지막 헌신을 쏟아부으라고 부르고 계신다. 용서받은 것이 많은 이 사람이 예수님을 더

사랑할 것이며 주님을 더 많이 섬길 것이다. 그가 사탄에게 당한 것이 크고 받은 수치가 큰 만큼 그는 대적에게 더 큰 해를 돌려주려고 할 것이다. 우리는 진정으로 진흙 가운데서 맷돌을 돌리는 많은 주의 일꾼들이 진심으로 회개하고 다시 자라난 머리털로 하나님을 위해 마지막 섬김을 쏟아 부을 것을 격려한다.

5. 블레셋 방백들은 원수 삼손을 자신들이 섬기는 신 다곤이 잡아주었다고 믿었기에 그 신당에 모여 다곤에게 제사를 드렸다. 그리고 방백들과 백성들은 자신들의 신을 찬송하고 즐거워했다. 그리고 삼손을 불러다가 재주를 부리게 했다. 이 구절은 우리를 매우 슬프게 한다. "그들의 마음이 즐거울 때에 이르되 삼손을 불러다가 우리를 위하여 재주를 부리게 하자 하고 옥에서 삼손을 불러내매 삼손이 그들을 위하여 재주를 부리니라".

6. 그들은 삼손을 두 기둥에 사이에 세웠는데 삼손이 자기를 붙든 소년에게 그 집을 버틴 기둥을 찾아서 의지하게 해달라고 부탁하고 여호와께 기도했다. "삼손이 여호와께 부르짖어 가로되 주 여호와여 구하옵나니 나를 생각하옵소서 하나님이여 구하옵나니 이번만 나로 강하게 하사 나의 두 눈을 뺀 블레셋 사람에 대한 원수를 단번에 갚게 하옵소서". 그리고 그는 두 기둥을 두 손으로 껴 의지하고 "블레셋 사람과 함께 죽기를 원하노라" 하면서 몸을 굽혔다. 그러므로 그 집에 있던 삼천여 명의 블레셋 사람과 그를 잡아 눈을 뺀 방백들과 함께 다 건물에 덮여 죽었다. 사사기의 기자는 그가 살았을 때 죽인 숫자보다 그가 죽으면서 죽인 숫자가 더 많았다고 기록했다. 이는 하나님께서 삼손의 기도를 들으셨다는 증거이다. 하나님은 실수로 범죄한 신자를 한 동안 징계하시고 고통을 당하게 허락하시지만 그 기간이 끝나고 진정으로 그가 회개할 때 다시 회개를 받아주시고 회복하여주신다. 미가 7장 8-10절

은 "나의 대적이여 나로 인하여 기뻐하지 말지어다 나는 엎드러질지라도 일어날 것이요 어두운 데 앉을지라도 여호와께서 나의 빛이 되실 것임이로다 내가 여호와께 범죄하였으니 주께서 나를 위하여 심판하사 신원하시기까지는 그의 노를 당하려니와 주께서 나를 인도하사 광명에 이르게 하시리니 내가 그의 의를 보리로다 나의 대적이 이것을 보고 부끄러워하리니 그는 전에 내게 말하기를 네 하나님 여호와가 어디 있느냐 하던 자라 그가 거리의 진흙같이 밟히리니 그것을 내가 목도하리로다"라고 말씀하였다. 이 말씀은 삼손에게 매우 실제적으로 적용되는 말씀이다(박윤선 주석).

7. 삼손의 형제들은 그의 시체를 가져다가 소라와 에스다올 사이 부친 마노아의 장지에 장사지냈다. 삼손은 이스라엘 사사로 20년을 지내었다. 16장의 기생 집에 들어간 일과 들릴라와의 사건은 삼손이 사사로 있었던 20년의 말미에 있었던 일로서 가장 큰 사건이었다.

8, 삼손의 사건을 상고할 때 여기서 우리는 몇 가지 점에서 깊은 인상을 받게 된다. 첫째, 하나님께서는 사람에게 부족한 점이 있음에도 불구하고 사용하기를 주저하지 않으신다는 것이다. 하나님은 행위가 완벽한 자를 찾아 사용하시는 것이 아니다. 그렇다고 해서 사람의 약점이나 허물이나 죄를 소홀히해도 된다는 것은 아니다. 모든 죄는 심판받아야 하고 하나님은 절대로 죄를 용납하시는 분이 아니다. 그럼에도 하나님은 삼손같이 약점이 있는 사람도 그 시대의 필요를 위해 사용하실 수 있다. 사람들은 사람의 외적인 행위의 완전함을 하나님이 기뻐하시는 표시나 증거로 삼으려 하는 편향이 있다. 그러나 하나님께서 에서와 야곱의 경우 밖의 행위가 상대적으로 좋지 않아 보이는 야곱을 택하신 것이나 나름대로 율법을 지키며 살아보겠다고 하는 바리새인이 아닌 갈릴리의 어부들을 불러 쓰신 것을 볼 때 하나님은 사람의 소위 완전한

처신보다는 그 사람의 중심을 보신다. 하나님의 부르심과 택하심에는 후회하심이 없다. 부르심받고 택하심받은 우리가 잘못되는 것은 우리 편에서는 작은 일이지만 우리 주님께는 큰 일이다.

둘째는 그의 일생이 하나님과 그분의 백성들을 위한 일생이었다는 것이다. 그가 비록 육체의 정욕을 이기지 못하고 수치를 당하였지만 그는 자신의 죽음으로 하나님과 그분의 백성에게 유익을 돌리려 했다. 과거 중세에 수도원 제도가 있었고 많은 사람들이 개인의 영성과 자신의 영적 구원에 힘을 썼다. 그런 사람들은 자신들이 어떻게 거룩케 되며 바른 삶을 사는가, 말씀을 지키는가에 치중했다. 물론 이런 일들은 의미가 있고 소홀히 해서는 안 될 것들이다. 그런 삶을 사는 사람들 중에는 '기둥 성자' 라고 불리는 사람들도 있었는데, 그들은 자신들이 영적으로 분별된 삶을 살기 위해 현실의 죄악 세상에서 멀리 떨어져 홀로 경건을 추구하며 살아갔다. 그들은 어떻게 자아와 혼적인 생명을 버리며 어떻게 깊이 십자가를 체험하는가를 중히 여겼다. 그러나 다른 사람들을 거의 돌아보지 않았다. 다른 사람이 구원을 받든지 받지 못하든지 크게 주의하지 않았다. 오로지 자신의 영성만을 주의한 것이다.

그런 사람들은 사사기 다음에 나오는 룻기와 같은 책을 좋아한다. 보아스의 경건함과 룻의 충성스러움, 이런 자들이야말로 이상적인 그리스도인이라고 말하기를 주저하지 않는다. 그러나 우리가 주님의 삶을 볼 때 주님은 결코 이 땅에서 치우친 삶을 살지 않으신 것을 볼 수 있다. 신자에게는 양면의 균형이 필요하다. 어쨌든 삼손은 영예로운 믿음의 선진들의 족보에 이름이 올라갔고(히 11:32) 성령께서는 그의 삶을 믿음으로 승리한 삶으로 인정하셨다. 그는 비록 성적인 면에서 무절제함이 있었지만 자신을 위해 살고 죽지는 않았다. 그는 온 생애를 하나님의 백성을 위해 전폭적으로 드렸다. 자기 생명을 온전히 하나님의 일을 위해 드린 것이다. 우리는 결코 이 점을 부인할 수 없다. 물론 그가 죽음으로 대적을 멸하고 하나님의 백성을 위해 살았다고 해서 그것으로 그의 죄가 상쇄된다고는 볼 수 없을 것이다. 그러나 그는 잘못된 중에서도 자기의 분량껏 하나님을 위했다. 하나님은 비록 그가 정욕에 눈이 멀어서 두 눈이 빠지는 고통과 수치를 당하는 것을 허락하셨지만 다시 회개하고 원수를 갚아달라고 기도할 때 그의 회개를 받으실 뿐 아니라 그의 소원을 들어주셨다.

셋째는 주 예수님을 예표했다는 것이다. 주님은 그렇게 완전하지 않은 사람을 통해서도 자신을 계시하시기를 주저하지 않으셨다. 삼손의 태어남부터 죽음에 이르기까지 그의 일생을 생각하면 할 수록 주님이 이 땅에서 당하신 일들이 생각난다. 삼손이 누구에게 반대를 당했는가? 동족이다. 누구에게 붙잡혀 대적에게 넘겨졌는가? 동족이다. 무엇 때문에 사슬에 묶였는가? 죄 때문이다. 그러나 주님은 그분의 죄가 아닌 그분의 백성의 죄로 인해 묶이셨다. 그가 붙잡혀서 사람들에게 조롱거리가 된 점, 수치를 당한 점, 이 모두가 그리스도를 예표한다는 데에 깊은 인상을 받는다. 그리스도께서 십자가에서 죽으실 때 많은 사람이 그리스도와 함께 죽었다(롬 6:3-6). 그리스도께서 기도하신 후 운명하심으로 많은 사람을 구원하시듯이 삼손 또한 기도하고 죽음으로 이스라엘을 구원하려 했다. 삼손이 다곤의 신전을 무너뜨렸듯이 그리스도께서는 마귀의 왕국을 파멸시키셨다(매튜 헨리 주석). 이 모든 일들이 그리스도를 예표하는 것이다.

사사기 17장

Judges

1-6절, 에브라임 산지에 미가라 이름하는 사람이 있더니(1절) 그 어미에게 이르되 어머니께서 은 일천일백을 잃어버리셨으므로 저주하시고 내 귀에도 말씀하셨더니 보소서 그 은이 내게 있나이다 내가 그것을 취하였나이다 어미가 가로되 내 아들이 여호와께 복 받기를 원하노라 하니라(2절) 미가가 은 일천일백을 그 어미에게 도로 주매 어미가 가로되 내가 내 아들을 위하여 한 신상을 새기며 한 신상을 부어 만들 차로 내 손에서 이 은을 여호와께 거룩히 드리노라 그러므로 내가 이제 이 은을 네게 도로 돌리리라(3절) 미가가 그 은을 어미에게 도로 주었으므로 어미가 그 은 이백을 취하여 은장색에게 주어 한 신상을 새기며 한 신상을 부어 만들었더니 그 신상이 미가의 집에 있더라(4절) 이 사람 미가에게 신당이 있으므로 또 에봇과 드라빔을 만들고 한 아들을 세워 제사장을 삼았더라(5절) 그때에는 이스라엘에 왕이 없으므로 사람마다 자기 소견에 옳은 대로 행하였더라(6절)

1. 에브라임 산지라면 팔레스타인의 거의 중심부이다. 이 지파 경내에 실로의 장막이 있었고(그렇게 멀지도 않았을 것이다) 이때만 하더라도 그곳에 법궤가 있었고 이스라엘 사람들은 제사를 드리기 위해서

실로로 가야 했다(삼상 1:3). 그러나 미가는 결론적으로 자기 집에 신당을 만들어 다른 경배의 장소를 만든 것이다. 이것은 종교적인 타락의 형태이다. 이것은 교회의 분열의 씨앗과도 같다. 분열의 씨앗은 사람이 제멋대로 하나님을 섬기는 데에서 나오며 특히 물질적인 욕심 때문에 생겨난다. 미가의 어미는 자기가 모아놓은 돈으로 자신의 집에 신당을 만들어 놓고 종교적인 많은 일들을 돌보아줌으로 자식의 생계 문제와 장래 문제를 해결하려 하였다. 깊이 파고 들어가면 바로 이러한 것들이 인간의 내면에서 작용하는 분열의 원인이다.

신약에도 교회의 통일성에 관한 문제가 있다. 사도는 '몸(교회)이 하나'라고 정의하면서 성령의 하나 되게 하신 것을 힘써 지키라고 말한다. 오늘날에도 많은 그리스도인들이 어디서든지 한 주님만 섬기고 예배하면 된다고 생각하지만 주의하지 않으면 미가의 산당에 가서 제사하는 죄를 범할 수 있다. 거기에는 하나님의 유일한 장막인 실로에 있는 것과 유사한 제사장도 있고 에봇도 있지만 실상은 우상들(은 신상과 드라빔)이 있는 것이다. 그들은 왜 그런 신당을 만들었는가? 어미가 자식의 장래를 생각해서 종교적인 일을 통해 돈과 명예를 얻게 하려는 것이었다. 이것은 이 어미의 자식에 대한 각별한 애정(아들을 위하여 신상을 만들었음—2, 3절 참조)으로 보아 알 수 있다. 어미는 축복할 줄도 알고 저주할 줄도 알며 여호와께 무언가를 거룩히 구별하여 드리는 것도 아는 것으로 보아 어느 정도 종교심을 갖고 있었다. 동시에 그녀는 자기 집이 이스라엘 사람들이 종교적으로 신뢰하고 따르는 경배의 중심지가 되기를 원했고 자식들이 거룩한 제사장이 되고 사람들이 우러러 볼 수 있는 존재가 되기를 원했다. 돈을 들여 신상만 만들어 놓으면 그 목적이 이루어지리라고 본 것이다.

이것이 당대의 타락상을 보여준다. 성경은 이 말씀 말미에 이 구절을 추가했는데 이는 사사기의 타락의 상황을 단면으로 묘사하는 말씀이다. "그때에는 이스라엘에 왕이 없으므로 사람마다 자기 소견에 옳은 대로 행하였더라"(6절). 그 어미와 아들들은 그들의 종교적인 행습과 열심만 생각하였지, 그렇게 하는 것을 하나님께서 허락하시는지는 묻지도 않고 주의하지도 않았다. 그들은 자신들의 물질을 여호와께 드리기만 하면 된다고 생각했고 자기 집에 예배드릴 수 있는 장소를 만들고 제사장을 세워 예배를 드리는 것은 당연히 좋은 일이라고 생각한 것이다. 거기서 하나님께서 원하시는 일인가, 하나님의 뜻 안에서 이루어지는 일인가는 조금도 고려되지 않았으며 하나님을 두려워함이 없었다. 오늘날에도 은혜받은 그리스도인들이 하나님께 헌신하고 많은 것을 드릴 수 있지만 경배의 중심지를 만드는 문제는 조심해야 한다. 그렇지 않으면 분열과 부패가 가속화될 것이다. 하나님은 이런 무질서의 상황을 기뻐하지 않으신다.

우리는 사사시대를 마감하는 엘리 제사장 시대에 블레셋의 침공을 막아보려고 법궤를 내어왔다가 법궤를 빼앗긴 뒤 사무엘이 라마 자기 집에 단을 쌓은 것을 볼 수 있고 또 기브온에 큰 산당이 있었던 것을 알 수 있다(왕상 3:2-4). 이 일 후에는 예배가 반드시 실로에서 행해져야 한다는 장소 개념보다는 영적 개념으로 바뀐 느낌이 있다. 그러나 사사시대에는 실로에 법궤와 함께 장막이 있었던 고로 그런 정해진 장소 외에서 제물을 드리고 경배를 드리는 것은 합법적이지 않았다. 이런 산당들은 이스라엘 백성이 가나안에 들어와서 그 땅 백성의 영향을 받아 각처에서 세운 것으로 생각된다. 신명기에서는 계속적으로 하나님께서 경배의 중심지는 하나님이 그분의 이름을 두시려고 택하신 곳임을 말씀하신다(신 12:8-14 등).

오늘날 경배의 중심지에 관한 문제는 매우 혼란스럽다. 어떤 사람들은 두세 사람이 주님의 이름으로 모인 곳에는 주님이 함께하신다는 말씀을 붙잡고 어찌하든 모여서 경배를 드리면 된다고 말한다. 물론 집에서든 어디서든 주님을 찬미하고 예배하는 것은 좋은 일일 것이다. 그러나 문제는 경배의 중심지이다. 그 예배가 하나님의 백성의 통일성을 깨뜨리는 혼란의 일부인가, 한 몸의 위치에 서 있는 교회의 일부인가 하는 문제가 대두되는 것이다. 나는 사무엘이 라마에 쌓은 단과(삼상 7:17) 그 산당이(high place) 비록 실로의 장막에 있는 것은 아니었을지라도 이스라엘의 종교적 통일성을 훼손하는 것은 아니었을 것이라고 확신한다. 그런 의미에서 하나님은 그 장소에서의 활동을 용인하시고 역사하셨을 것이다.

온 땅의 모든 족속, 모든 민족들이 다 주 예수를 믿고 주 안에서 한 몸이 되었다. 그 안에는 유대인도 헬라인도 차별이 없고 다 그리스도 안에서 한 새 사람이 된 것이다(고전 12:13, 골 3:11). 종과 자유자의 차별도 없다. 만일 어떤 사람이 이러한 한 몸의 위치에 있지 않은 종파의 위치를 견지하면서 예배를 드린다면 그것은 분열의 떡을 떼는 것이요 따라서 죄와 육체이다(갈 5:19-20). 우리는 마땅히 몸을 분변함으로 떡과 잔에 참여해야 한다(고전 11:27-30). 그렇지 않으면 죄를 먹고 마시는 것이 되기 때문이다. 이것은 신약에서도 유월절을 지키고 예배하고 제물을 드리는 등의 구약의 일과 맥을 같이 하는 것이다. 특히 에베소서 4장은 몸(교회)의 통일성 문제를 심각하게 다루고 있다. 온전한 신앙은 개인적으로 좋은 그리스도인이 되는 문제를 넘어서 교회의 통일성 문제까지도 망라해야 한다. 여기에 필수적으로 경배의 중심지 문제가 합당하게 해결되어야 하는 것이다. 오늘도 어떤 사람은 미가의 신당에 가서 경배하고 있다. 이는 하나님께서 허락하시지 않은 육체의 일이요, 종교적 혼란의 극치인 것이다. 백성이 하나님의 허락하심을 개의치 않고 제멋대로 섬기는 것이다. 가인이 이렇게 자신의 생각대로 제물을 드렸지만 하나님의 열납을 받지 못했다. 이것이 사사시대의 종교적 타락이다. 누가 오늘날의 상황을 사사시대와 다르다고 말할 수 있겠는가?

교회의 통일성 문제를 조금 더 보기로 하자. 사람들이 하나님을 위해서 학교와 병원을 세우고 선교회를 만드는 등 많은 일을 할 수 있어도 교회를 세우는 일은 조심하고 매우 두려워해야 한다. 이는 미가의 집의 경우처럼 또 하나의 분열적이고 혼란된 경배의 중심지를 만드는 일에 연루될 수 있기 때문이다. 나는 이 시대처럼 교회의 보편성 문제가 중요하게 여겨지는 때가 없었다고 생각한다. 주님은 교회를 세우는 것에 관하여 "내가 이 반석 위에 내 교회(My Church)를 세우리니"(마 16:18)라고 하셨다. 우리는 너무 쉽게 우리 교회(Our church), 내 교회(My church)라고 말한다. 내가 몸 담고 있으니 우리 교회 혹은 내 교회라고 부르는 것이 큰 문제가 없어 보인다. 그러나 교회는 주님의 교회 하나 뿐이다. 유일한 그리스도의 몸 된 교회이다. 그리스도께서 머리 되시고 생명 되시고 내용 되신 교회인 것이다. 지체는 많으나 몸은 하나이다(고전 12:12). 그러므로 엄밀하게 말해서 교회는 내 교회, 네 교회가 없고 오직 주님의 교회(not my church but His Church)뿐이다.

그러므로 교회는 사람의 열심과 헌신으로 세울 수 있는 것이 아니며 성령께서 친히 세우셔야 한다. 우리는 사도행전에서 성령께서 친히 사도들을 통해서 교회들을 세워 나가시는 것을 본다. 사도들은 그들의 일이 성령과 하나 되어 하는 것이라고 했다(행 15:28). 어떤 일에 대해 '성령과 우리'가 결정하여 행한 것이라고 할 수 없다면 그것은 주님의 일이 아니라 인간 스스로의 일에 불과하다. 주님께서 보내신 사도들과 선지자들에 의해서만 교회가 세워지고 양육을 얻을 수 있다(행 13장, 엡 2:20-21). 교회는 사람의 일로 세워지는 것이 아니다. 그러나 그러한 교회 안에서도 성도들은 여전히 성령의 하나 되게 하신 것을 힘써 지켜야 한다(엡 4:3).

오늘날 선교에 대하여도 동일한 원칙이 적용된다. 윌리엄 켈리가 인도에 갔고 허드슨 테일러는 중국에 가서 선교의 일을 했다. 그들은 주님의 보내심을 받았을 것이다. 그러나 그렇지 않은 경우도 있다. 어떤 사람이 외국에 나가서 선교를 하는 것은 그의 생계나 자녀들의 교육에 목적이 있다. 그런데 그는 복음을 잘 전하고 성경을 잘 가르치는 은사도 있다. 그러다 보니 복음을 전하기도 하고 교회를 세우기도 한다. 겉으로 볼 때는 매우 좋고 주님을 위한 것 같다. 대부분 불순한 목적과 의도는 사람 속에 깊이 감추어져 있다. 그래서 타인은 물론 자신도 모르는 수가 있다. 이렇게 어떤 사람들은 복음과 교회와 주님만을 위해서가 아닌 다양한 목적과 뜻으로 나가는데, 간단히 말하면 그러한 선교는 성령의 인도에 의한 것이 아니라 사람에게서 비롯된 것으로서 스스로 한번 해보겠다는 야심과 현실적인 삶을 위한 것이다. 그러한 인간적이고도 물질에 목표를 둔 종교 행위는 결국 분열적인 경배의 중심을 만드는 일에 사용된다.

그러면 우리는 이 시대에 어떻게 합당한 그리스도의 몸을 분변할 수 있는가? 간단하게 말해보겠다. 교회의 문제는 영적인 것이니(부활한 그리스도의 몸은 영적 실체이므로) 영적으로라야 분간할 수 있을 것이다(고전 2:13). 이는 주장하는 교리를 보아서 알 수 없고 인수나 전통이나 표명하는 명칭으로 분변할 수도 없다. 교회란 하나님의 집이요 그분의 자녀들의 집인데 집을 찾는 문제에서 어떤 이론이나 주장이나 설득이 필요하겠는가? 아담이 하와를 아내로 취할 때 많은 설명을 통해서 알아본 것이 아니다. 그는 보자마자 "이는 내 뼈 중의 뼈요 살 중의 살이라"고 했다. 영적인 일은 영으로만 알 수 있다. 많은 주장과 설명이 필요한 것이 아니다. 깊은 내면에 아멘이 있을 뿐이다. 즉 하나님이 주신 영적 지각 능력으로 알 수 있는 것이다(요일 2:27). 그러나 분열적인 것들을 분별할 수 있기 위해 몇 마디 해보겠다. 어느 곳에서 예배하는데 갈 수록 자신들만의 독립적인 울타리가 높고 단단하게 생겨나고 온 땅의 다른 그리스도인에 대한 배타심이 고양된다면 그것은 분열적인 단체이다.

그러한 단체에 갈 때, 그 안의 구성분자들, 특히 리더들에게는, 진리보다, 주님 자신보다, 형제보다, 자신의 단체에 대한 유지 보존욕과 애착심이 더 강하다. 그들은 자신의 단체를 보존하기 위해서는 표방하던 진리도 가차없이 흔들고 변개시킨다. 형제 하나 하나에 대한 사랑보다는 단체에 대한 보존 열망이 강한 것이다. 실상 교회란 뭉치면 몸이요 흩어 놓으면 한 사람 한 사람의 형제들이어야 한다. 그 외에 다른 요소가 있어서 단체를 조성하고 이끌고 나아간다면 이는 미가의 신당에 속한 것이다. 다른 많은 이유를 들어 정당화하려 해도 소용이 없다. 그런 단체일수록 어떤 그럴듯한 이유를 들어 자신들만이 옳고 다른 그리스도인들은 틀렸다고 할 것이다. 그들에게는 자신들만이 유일하게 합법적인 교회라고 하는 특수한 이론이 있을 것이다. 그리고 그 특수한 것은 아마도 은 신상이나 드라빔일 것이다. 성도들은 합당한 교회 생활을 할 수 있도록 하나님의 긍휼을 구해야 한다. 조심하지 않으면 일생 미가의 신당에 붙잡혀 헛되이 제사장 노릇을 할 수 있다. 미가의 신당의 제사장은 이스라엘을 위한 제사장이 아니라 그 가문을 위한 제사장인 것이다. 이는 많은 하나님의 자녀들에게 경계거리가 되어야 한다.

2. 본문에서 미가는 그 어미의 돈 일천 일백을 훔쳤다. 그 어머니는 그 돈을 아들이 가지고 간 줄 모르고 훔쳐간 사람을 저주했다. 이미 사사시대에 배금사상(拜金思想)이 있었던 것이다. 그 어미는 돈에 대해 매우 강한 애착심을 갖고 있었다. 그 돈을 가져간 사람이 어쨌든 동족일 가능성이 큰데도 돈을 가져갔다 해서 가져간 사람을 저주까지 하는 것은(내 돈 가져간 사람은 죽어버리든지 아주 망해버리라는 식의 말을 했을 것이다) 사람보다 돈을 귀하게 여겼기 때문이다. 이러한 배금사상이 우상과 더불어 종파와 혼란을 가져온다. 돈과 관련되지 않은 미가의 신당의 나타남은 없는 것이다. 오늘날 수많은 종파의 나타남은 돈과 관련이 없는 것이 아니다. 돈과 지위와 권력, 이것이 수많은 미가의 신당을 산출하는 요인이다. 이것이 또 하나의 타락의 풍조이다. 사도는 말세에 사람들이 자기를 사랑하며 돈을 사랑한다고 말했다(딤후 3:1). 사람들(믿는

이들을 지칭한 것임)이 돈을 사랑하고 쾌락 사랑하기를 하나님보다 더 하게 되면 말씀의 표준에서 떠나게 되고 사람들의 가려운 귀를 긁어주며 사욕을 만족케 하는 교사들이 많이 나타나게 되고 그러한 교훈들이 세력을 잡게 된다. 성경에 입각한 말씀이라고 해서 다 좋은 것이 아니다. 믿는이들은 반드시 바른 가르침, 건강한 가르침(딤후 1:13, 딛 2장)을 받아 지켜야 한다. 사도 바울은 디모데에게 무슨 말씀이든지 성경에 있는 것이면 가르치라고 하지 않고 "내게 들은바 바른 말을 본받아 지키라"고 했다. 여기서 바른 말을 본받아 지키라는 것은 원래 '건전한 말씀의 표준(standard of sound words)'을 지키라는 말이다. 하나님의 말씀이 듣기에 좋다고 다 성도들에게 건전한 영양분이 되는 것은 아니다. 반드시 하나님의 말씀의 표준에 따른 것이어야 한다.

하나님의 말씀에는 하나님의 뜻과 경륜과 성품과 격(格)이 들어있다. 하나님은 그분의 자녀들을 그분 자신의 격과 성품과 뜻에 입각하여 양육하고자 하신다. 예수를 잘 믿으면 복을 받고 병을 고치며 이 땅에서 잘 된다고 하는 가르침이 성경에 있는가? 물론 성경에 그런 사상이 없는 것은 아니다. 그러나 하나님은 그분의 자녀들이 그런 유의 말씀만을 선호하는 수준(standard)에 머무는 것을 기뻐하지 않으신다. 그러한 축복들은 어떤 사람들의 말대로 보너스로 얻어지는 것에 불과하다. 우리가 하나님의 자녀가 되고 교회가 되고 백성이 되고 배필이 된 축복은 다만 그런 데 있지 않다. 마땅히 하나님의 자녀들은 더 높고 깊은 말씀의 표준으로 나아가야 한다. 교회에서 가르쳐지는 말씀의 수준이 돈 많이 벌고 성공하는 것에 있다면 그것은 사도가 말한바 하나님의 말씀의 표준에 미치지 못한 것이다. 또 어떤 사람들은 교회의 활동이나 모임을 핑계대고 가정이나 배우자나 자녀들도 돌아보지 않는다. 가령 어떤 아내가 이런 지경에 빠져 어린 자녀나 남편을 저버리고 이 모임 저 모임, 소위 이 봉사 저 봉사한다고 다닌다 할 때 이는 치우친 것이다. 사도 바울이 말한 건강한 가르침이란 무엇인가? 젊은 여자들이 남편과 자녀를 사랑하며 근신하며 순전하며 집안일을 하며 선하며 자기 남편에게 복종하는 것이다(딛 2:4-5). 바르고 정당한 가르침이 다만 그리스도론이나 삼위일체론에서 빗나간 것이라고 아는 것은 부족한 것이다. 벌써 가까운 사람들과의 보편적인 관계성이나 가정생활에서의 그리스도인으로서 정상적이지 않은 불일치의 생성과 괴팍한 편향이 나오는 것이며, 생활을 치우치게 만드는 것은 이단적인 성향으로 나아가는 것이다. 종파적이고 이단적인 성향을 가진 단체일수록 단체의 생성과 보존욕구가 커지므로, 자신에 속한 사람들을 사로잡기 위해 수단과 방법을 가리지 않는 것이다. 그 배후에는 물질욕과 교권유지욕이 자리잡고 있는 것이다.

사도는 말씀의 표준을 말한 다음 디모데에게 복음과 함께 고난받을 것을 권했으며(딤후 1:8) 우리가 주와 함께 죽으면 함께 살고 참으면 함께 왕 노릇 할 것이라고 말했다. 우리가 사도들이 전한 말씀의 표준을 보면 분명 그리스도와 함께 고난을 받으며 전체를 드려 그분을 사랑하고 섬기는 것이다. 무조건 고난을 받으라는 것이 아니라 그러한 그리스도 자신의 성품과 더불어 하나님의 말씀의 전체적인 맥락에 따른 가르침이어야 한다는 말이다. 지식적으로 대단해 보이는 성경 해설도 그 노선에서 벗어난 것일 수 있다. 그런 것은 자칫하면 성경 말씀보다 해설 자체에 빠지게 한다. 또 어떤 것은 언어의 유희에 지나지 않는 것도 있다. 다 건강하지 않은 것이다. 다비(J. N. Darby)는 그의 주석 성경에서 '표준'이라는 말을 '개요(outline)'라고 했다. 즉 하나님의 말씀에는 하나의 맥락이 있고 흐름이 있으며 개요와 대강이 있다는 것이다. 성경을 갖고 말하더라도 그 대강에서 뭔가 치우친 가르침이 있을 수 있으므로 우리는 그런 말을 들을 때 건전하지 않다는 것을 알아야 한다. 그리고 그런 가르침들은 주로 이단과 종파가 형성되는 데 쓰여진다는 사실을 알아야 한다. 이단적이고 종파적인 사람들, 우상 숭배하는 사람들은 그리스도와 하나님 나라에서 유업을 얻지 못한다(갈 5:19-21).

3. 왜 미가는 은 일천 일백을 소지하고 있다가 그 어미에게 돌려주었는가? 그것은 미가가 어미의 저주를 들었기 때문이다. 3절은 미가가 은 일천 일백을 어미에게 도로 주었다고 말한다. 말씀을 주의해서 살펴보면 2절에서 미가는 이미 그 돈을 어미에게 주었다. 3절에서 도로 주었다는 말은 그 돈을 아들이 가지고 있다는 말을 듣고 그 어미가 아들에게 그냥 네가 가지라고 했을 것이라고 추론할 수 있다. 그래서 아들이 어미에게 도로 주었다고 한 것이다. 아들이 그 돈을 어미가 가지라고 해도 절대 소지하지 않겠다고 한 것이다. 이는 아들이 어미의 저주를 매우 두려워했기 때문이다. 2절에서 미가가 돈을 내놓게 된 동기는 결국 어미의 저주하는 말을 귀로 들었기 때문이다. "미가라 이름하는 사람이 있더니 그 어미에게 이르되 어머니께서 은 일천 일백을 잃어버리셨으므로 저주하시고 내 귀에도 말씀하셨더니 보소서 그 은이 내게 있나이다 내가 그것을 취하였나이다".

그렇게 환원된 돈은 결국 우상을 만들고 신당을 세우는 데에 사용되었다. 물론 그 어미는 그 일천 일백의 은을 다 사용하지 않고 이백의 은만 사용하여 우상을 만들었다. 물질에 사로잡힌 사람들은 그들이 위하는 우상에 대해서도 완전한 헌신을 하지 않는다. 우상 숭배는 결국 자기를 위한 것이기 때문이다. 그 어미는 왜 우상을 만들 마음을 가졌겠는가? 그녀는 그 우상을 만들어 자기 집에 두면 경배의 장소가 자기 집에 있게 되고, 그렇게 되면 자기 집이나 자기 아들에게 큰 복이 되고 많은 사람들이 자기 집에 드나드는 고로 물질적인 유익도 상당할 것이라고 예상했을 것이다. 그 어미와 미가에게는 그 우상과 신당을 만들어 놓은 것이 그들의 인생과 소유와 장래의 모든 것이었다(18:24). 사도는 탐욕이 곧 우상 숭배라고 했다. 인간의 탐욕이 자기들의 구미에 맞은 우상을 선택하게 하는 것이다. 주된 목적은 자기의 미래의 생계와 안전과 번영을 위한 것이다. 그러한 미가의 도둑질에 대한 회개와 처리는 무엇에서 비롯되었는가? 두려움이다. 우리는 그의 그런 신앙이 참된 것인지를 생각해볼 필요가 있다. 그는 말씀의 빛이나 은혜로 죄를 처리하려 한 것이 아니고 어미의 저주에 대한 두려움 때문에 죄를 처리하려고 한 것이다.

오늘날 어떤 사람들이 전하는 복음을 들어보면 사람들을 두려움과 공포 속으로 몰아넣은 후에 주님을 믿게 한다. 나는 그렇게 해서라도 사람이 구원받는 것에 대해서는 기뻐하지만 그런 것이 진정한 복음 전파 방식인가 하는 것은 고려해보아야 한다. 신약 성경에서 사도들은 물론 하나님의 진노와 심판과 형벌을 전하였다. 그러나 그것을 믿음의 주된 동기가 되게 하지는 않았다. 사람에게 두려움과 공포를 주어 믿게 하는 것은 주님의 사랑의 마음을 대표하지 못한다. 사람이 어떻게 믿으면 어떤 길을 가게 된다. 나는 사람이 주님의 은혜와 사랑에 감격하여 구원받고 일생 은혜와 사랑에 이끌려 길을 갈 수 있기를 바란다. 두려움 때문에 죄를 짓지 않고 신앙의 길로 나아가게 하는 것은 항상 자발적인 헌신과 믿음을 산출하는 데에 미치지 못하는 부족한 결과를 가져온다. 그러한 믿음의 기초는 그리스도의 사랑과 은혜에 이끌려 가는 것만큼 멀리, 깊이, 높이 가지 못한다.

많은 경우 사람들이 우상과 이단에 빠지는 것은 두려움 때문이다. 사람들은 악한 사람의 양심을 이용하여 그들의 악한 교리로 사람들을 낚아챈다. 교주를 신격화하고 비밀스럽게 만드는 것도 따지고 보면 그들을 두려운 존재로 만들어 사람들을 사로잡기 위한 작업에 불과하다. 교주를 놀라운 기적의 장본인으로 만들고 기가 막힌 계시의 말씀의 소유자로 만드는 것도 같은 이치이다. 어떤 사람에 대하여 "그분은 놀라운 하나님의 종이다"라든가 "매우 특별한 사람이다"라는 식의 말이 사람을 신격화하는 데 사용되는 위험한 말이다. 바울은 어떤 말을 하다가 사람들이 자기를 지나치게 생각할까 하여 멈추었다(고후 12:6). 많은 사람들이 어떤 이단적인 단체에서 나오지 못하는 것은 그 특이한 인물에 대한 두려움 때문이다. 어떤 사람이 하나님 이상으로 두려운 존재가 되어버린 것이다. 그런 단체의 사람들에게는 그를 떠나는 것이 곧 하나님을 떠나고 배신하는 것이 되어버린다. 그러므로 온갖 부패한 일이 자행되어도 떠나지 못하고 거기 매여 있는 것이다. 등산하다 보면 군데군데 돌더미가 있다. 사람들이 뭔가를 기원하는 의미로 돌을 하나씩 쌓아 놓은 것이다. 그러한 돌더미도 사람들이 함부로 쓰러뜨리지 못하는 것은 인간의 약한 양심 때문이다. 그런 것들을 쳐서 넘어뜨리면 혹 장래 저주를 받지 않을까 하는 일말의 두려움이 있는 것이다. 이것이 인간에게 있는 종교심이다. 사람들의 약한 양심에 두려움을 주어 신앙으로 인도하려는 것은 결국 미가와 같이 우상과 신당을 만드는 데로 이끌리게 된다. 이는 매우 조심하고 두려워해야 할 일이다.

사람이 일단 두려움에 붙잡히면 객관적인 판단 능력을 상실한다. 그리고 신격화되고 두려움의 대상이 된 인물의 사상이 좋든 나쁘든 무분별하게 다 받아들이게 된다. 또 어떤 사람들은 자신의 두려워하는 약한 양심의 감각을 영적 느낌으로 받아들인다. 결과는 무참히 속임을 당하는 것이다.

4. 에봇은 대제사장의 겉옷이며 그 가슴 부분에는 하나님의 뜻을 분별하기 위한 우림과 둠밈이 들어있다(출 28:15-30). 이것은 대제사장만이 사용하는 것인데 미가의 집은 자기들 마음대로 에봇을 만들어 사유(私有)하고 있었다. 드라빔(teraphim)이란 당시 가정의 수호신상으로서 어떤 형상, 아마 사람의 형상으로 된 우상이다(창 31:19, 삼상 19:13, 왕하 23:24, 호 3:4, 5). 에스겔은 바벨론 왕이 점칠 때 이것을 사용했다고 말하며(household idol, 겔 21:21) 스가랴는 이 드라빔들이 허탄한 것들을 말한다고 했다(슥 10:2). 미가의 가정은 이런 것들을 만들어 집에다 두고 점칠 때 사용하려고 하였을 것이며 레위인이 아닐지라도 아들 중에 하나를 제사장으로 세워 신상들을 섬기게 했다. 하나님의 정하신 대로가 아니라 사람의 임의대로 한 것이다. 하나님이 세

우시지 않은 사람이 일어서서 하나님을 섬기는 대표가 된 것이다. 하나님께서 모세를 통하여 정하신 엄격한 표준과 규정들이 점점 사람들에 의해 임의로 변형되어 이용되고 있는 것이다. 이것이 타락한 상태로서 오늘날의 거울이 된다. 오늘날도 하나님이 기름부어 세우지 않은 많은 인간이나 조직이 세운 주의 일꾼들이 하나님의 교회를 어지럽히고 있다. 하나님은 스스로 달려 나가서 종이 되고자하는 자원자를 그분의 종으로 만드시는 법이 없으시다. 그분은 그분의 종을 세우시는 일에 있어서 모세로부터 바울에 이르기까지 그분의 부르심과 세우심으로 말미암는다.

7-13절, 유다 가족에 속한 유다 베들레헴에 한 소년이 있으니 그는 레위인으로서 거기 우거하였더라(7절) 이 사람이 거할 곳을 찾고자 하여 그 성읍 유다 베들레헴을 떠나서 행하다가 에브라임 산지로 가서 미가의 집에 이르매(8절) 미가가 그에게 묻되 너는 어디서부터 오느뇨 그가 이르되 나는 유다 베들레헴의 레위인으로서 거할 곳을 찾으러 가노라(9절) 미가가 그에게 이르되 네가 나와 함께 거하여 나를 위하여 아비와 제사장이 되라 내가 해마다 은 열과 의복 한 벌과 식물을 주리라 하므로 레위인이 들어갔더니(10절) 레위인이 그 사람과 함께 거하기를 만족히 여겼으니 이는 그 소년이 미가의 아들 중 하나같이 됨이라(11절) 미가가 레위인을 거룩히 구별하매 소년이 미가의 제사장이 되어 그 집에 거한지라(12절) 이에 미가가 가로되 레위인이 내 제사장이 되었으니 이제 여호와께서 내게 복 주실 줄을 아노라 하니라(13절)

1. 당시 미가의 집은 매우 넉넉한 편이었다. 적어도 은 일천 일백이 있었고, 그 중 이백을 신상을 만드는 데 썼다 하더라도 은 900이 남았다. 10절에서 미가가 레위인을 제사장으로 고용하고 일 년에 은 열씩을 준다고 하였으니 은 하나가 제사장 사례금의 한 달분인 셈이다. 지

금 돈으로 환산하면 은 하나가 최소한 1,200만원은 된다. 그것이 900개 이상 있었으니 제사장 사례비 100년분은 갖고 있었다고 할 수 있다. 미가의 집의 이러한 큰 재산과 신당이 레위인 하나를 고용하는 조건과 이유가 되었다.

2. 당시 유다 베들레헴의 한 소년이 레위인으로서 하나님을 섬길 줄 아는 지식이 있고 교육을 받았으나 마땅히 섬길 만한 자리가 없었다. 먹을 것도, 입을 것도, 거할 형편도 여의치 않았다. 그래서 그 레위인은 거할 곳을 찾아 방황하다가 미가의 집에 이르게 되었다. 미가는 그가 레위인인 것을 알고 그에게 아비와 제사장이 되어 달라고 요청했다. 그러면서 미가는 해마다 은 열과 의복 한 벌과 먹을 것을 주겠다고 하였다. 레위인은 그 집에 들어가 그들과 함께 거하기를 기뻐하였다. 이유는 그의 모든 생계 문제가 해결되었기 때문이다. 그 레위인은 이스라엘의 제사장이 된 것이 아니라 미가의 집의 제사장이 되었고 그 집에서 사례비를 꼬박꼬박 받은 것이다.

3. 이 레위인이 미가의 집에 고용된 것은 타락한 종교의 상황이다. 그는 실로의 성막에서 하나님을 섬기든지 혹은 어디서든 하나님이 정하신 율례에 따라서 하나님을 섬겨야 했다. 그러나 그는 생계가 어려워지자 여기저기 거할 처소를 찾아 나섰던 것이다.

그가 그곳에서 제사장 노릇을 하게 된 것은 형편과 돈 때문이었다. 오늘날도 많은 사람들이 소위 제사장으로서 하나님을 섬긴다고 말한다. 그런데 살펴보면 원칙상 미가의 집의 제사장과 같은 일을 하는 사람들이 많다. 그들은 그것을 하나님을 섬기는 일이라고 여기며 기뻐한다. 그들은 하나님을 섬기는 일과 거할 처소와 먹을 것과 입을 것이 동시에 다 해결되니 여간 좋은 일이 아니냐고 말한다. 심지어 어떤 사람은 그것을 순리에 따른 것이고 하나님의 환경의 인도라고 여긴다. 그분의 돌보시는 손길이라는 것이다. 그 제사장은 후에 더 발전했는데, 단 지파가 한 가정의 제사장이 되는 것보다 한 지파의 제사장이 되는 게 더 낫지 않느냐고 제안하자 좋게 여겨 도구를 다 가지고 단 지파 사람들을 따라간 것이다(18:19-20). 이 사람은 그런 면에서 절호의 기회를 포착하여 크게 목회에 성공한 셈이다. 아마 그는 하나님께서 한 동안 미가의 집의 섬김을 받아주시고 이제는 '더 크게 섬기도록 인도해주시는구나' 하며 감사까지 했을 것이다.

그런데 문제는 그가 무엇 때문에 그 신당에 고용되었느냐는 것이다. 그곳에서 다른 일을 하는 것이 아니라 하나님을 섬기겠다고 하는 것은 이해할 수 있다. 그러나 무엇이 그로 하여금 그 집에 머물며 그런 일을 하게 했는가가 중요하다. 오늘날도 원칙은 동일하다. 하나님의 진실한 종에게는 물질이나 숙소나 자녀 교육이나 생계 문제가 섬기는 길을 선택하는 요인이 되지 않는다. 그의 모든 행함과 진로는 전적으로 하나님이 결정하신다. 하나님이 가라시면 가고 오라시면 온다. 하라시면 하고 하지 말라시면 하지 않는다. 어느 곳에 머물라시면 머물고 떠나라시면 떠난다. 이것이 주님이 보내신 자들의 특징이다(마 10:9-15).

여기에도 많은 이론과 이견이 존재한다. 그것은 대개 "그곳에도 구원받아야 할 사람이 있습니다." "그 양들이 목자인 나를 필요로 합니다. 목자가 어찌 양들을 놓고 떠납니까?" "주님이 나에게 그들을 섬길 마음을 주셨고 그 증거로 내 영과 마음이 기쁩니다"라는 것이다. 여기의 레위인 제사장도 마음이 기뻤고 그 가족 구성원들로부터 사랑도 받았다. "레위인이 그 사람과 함께 거하기를 만족히 여겼으니 이는 그 소년이 미가의 아들 중 하나같이 됨이라". 그는 단 지파 사람들을 따라 갈 때에도 매우 기뻐했다. "제사장이 마음에 기뻐하여 에봇과 드라빔과 새긴 우상을 취하고 그 백성 중으로 들어가니라"(18:20). 이것을 볼 때 어떤 사람이 어느 곳에서 섬길 때 매우 기쁘다고 하는 것도 그 섬김을 정당화하는 근거가 되지 못한다. 또한 더 많은 사람들이 자기의 영적 은사를 간절히 필요로 한다는 것도 그 섬김을 정당화하는 요건이 될 수 없다. 문제는 무엇이 그를 인도하여 하나님 섬기는 일을 하게 하였는가이다. 그 레위인은 하나님을 섬기는 제사장 지파의 사람이고 또 섬길 줄을 안다는 것이 문제였다. 배운 게 그것밖에 없다는 것이 문제라는 말이다. 그러니 그것으로 먹고 살아야 한다고 생각한 것이다. 우리는 여기서 타락이 무엇인지를 보아야 한다. 하나님을 섬기는 사람들이 전적으로 하나님의 인도 아래서 섬기는 것이 아니라 물질의 세력 아래서 섬기는 것이다. 물질이 큰 영향력을 발휘하는 것이다. 돈으로 하나님의 종들도 고용할 수 있다(?). 이 어떤 타락인지!

4. 12절에 의하면 미가가 레위인을 거룩히 구별하매 소년이 미가의 집의 제사장이 되었다. 미가는 그 레위 소년에게 연봉으로 은 열과 의복 한 벌과 먹을 것을 제공하는 조건으로 고용하였다. 그리고 자기 집의 제사장으로 삼은 것이다. 사람이 돈의 위력으로 교회를 세우고 주의 종을 세운 셈이다. 돈이 있으면 못하는게 없다고 하더니 교회도 주의 일도 주의 종도 다 만들 수 있다. 미가는 그의 족속이 레위인이 아니라서 제사장이 되지 못한 것뿐이지 제사장을 좌지우지 할 수 있는 것은 실제로 미가인 셈이다. 금력이 미가에게 있기 때문이다. 미가가 "이제부터 나는 당신의 생계를 책임짓지 않고 은을 주지 않겠다"고 하면서 레위인을 호되게 다룬다면 그 레위인은 크게 겁을 먹을 것이다. 거기에다 레위인 청년이 어느 날 결혼까지 하고 자식을 낳아 둘 셋 있게 되면 완전 포승으로 묶여진 채 사람의 종이 되어버린다.

5. 이런 사람들의 일은 섞이고 혼잡한 신앙의 결과를 산출한다. 미가와 미가의 어미는 자기 멋대로 해서 그렇지 여호와 하나님을 섬기기 위한 마음이 있었다. 미가도 하나님을 두려워하는 면에서는 나름대로의 신앙이 있었으며 자기 가족 사람보다 레위인이 제사장이 되어 섬기는

것이 좋다는 것도 알고 그렇게 하려는 면도 있었다. 할 수 있다면 진리 쪽으로 가려하는 점도 일말 있었다는 말이다. 그러면서도 거기에는 에봇이라든지 드라빔이 있었다. 그 레위인은 그것이 대 제사장 외에는 입고 사용할 수 없는데 그것을 어떻게 평민이 그것을 만들고 또 사용 할 수 있는가하고 묻지 않았다. 또 출애굽기 20장의 율법에 의하면 드라빔은 우상인데 죄가 되는 것이 아닌가하고 묻지 않았다. 그리고 그 상황을 다만 기정사실화하고 따랐다. 그러므로 이런 신앙을 가리켜 혼잡한 신앙이라고 말할 수밖에 없다. 하나님도 있지만 우상도 있다. 오늘날 많은 곳 심지어 천주교도 신앙이 혼잡 되어 있다. 예수님도 있지만 마리아상도 있다. 마리아상도 있고 성인상들도 있다. 그 많은 우상들이 그들의 경배의 대상으로 취해지고 있다. 이것이 혼잡의 극치이다. 이런 혼잡의 극치는 장래 바벨론에서 극대화가 되며 하나님의 진노의 포도주를 마시게 된다. 바벨이란 원래의 뜻이 혼란이라는 뜻이다. 영적인 것과 혼적인 것, 하나님에 속한 것과 인간에 속한 것들이 혼잡하게 혼합된 것이 바벨이다. 하나님은 순수하고 깨끗한 신부를 원하시지 혼잡한 것을 원치 않으신다. 혼잡한 것은 바벨론(음녀)이다. 우리는 계시록 17, 18장에서 바벨론의 심판을 본다. 성령의 음성은 그분의 백성이 그런 가운데서 나와야 한다는 것이다. "또 내가 들으니 하늘로서 다른 음성이 나서 가로되 내 백성아, 거기서 나와 그의 죄에 참여하지 말고 그의 받을 재앙들을 받지 말라"(계 18:4).

6. 이런 타락의 흐름을 막지 못하는 것은 무책임의 죄가 있다. 오늘날 많은 그리스도인들이 무책임의 죄를 큰 것으로 보지 않는다. 어떤 사람이 어떤 위치에서 해야 할 일은 반드시 해야 한다. 엘리는 자녀들이 죄를 지었을 때 마땅히 엄하게 책망하고 끊어버려야 했다. 그러나 그는 자기의 책임을 다하지 않았다. 그러므로 그는 하나님의 심판을 받게 되었다. 당시 레위인은 마땅히 그런 곳에 들어가 살지 말아야 할 뿐

아니라 그러한 실행을 반대해야 했다. 그는 수동적인 입장을 취했으며 현실에 적응하고 안주했다. 그에게는 진리나 하나님에 대한 바른 신앙 등 다른 것보다 먹고 사는 문제가 컸기 때문에 그렇게 했다. 그러므로 그는 적극적으로 진리에 합하지 않은 것을 반대하지 않았고 결국 그 에봇과 신상이 단 지파의 곳으로 가지고 가게 되어 이스라엘이 다시 음란하게 우상을 섬기는 일의 요인이 되게 하였다. 작은 실수가 큰 실수를 만드는 동기가 된 것이다. 그런 일을 해놓고도 미가는 레위인으로 제사장을 삼았으니 하나님께서는 여전히 자기를 축복해 주실 것이라고 말했다. 어떠한 혼돈과 망상인가!

사사기 18장

Judges

1-6절, 그 때에 이스라엘에 왕이 없었고 단 지파는 이 때에 거할 기업의 땅을 구하는 중이었으니 이는 그들이 이스라엘 지파 중에서 이 때까지 기업의 땅 분배함을 얻지 못하였음이라(1절) 단 자손이 소라와 에스다올에서부터 자기 온 가족 중 용맹 있는 다섯 사람을 보내어 땅을 탐지하고 살피게 하며 그들에게 이르되 너희는 가서 땅을 살펴보라 하매 그들이 에브라임 산지에 가서 미가의 집에 이르러 거기서 유숙하니라(2절) 그들이 미가의 집에 가까이 올 때에 레위 소년의 음성을 알아듣고 그리로 돌이켜 가서 그에게 이르되 누가 너를 이리로 인도하였으며 네가 여기서 무엇을 하며 여기서 무엇을 얻었느냐(3절) 그가 그들에게 이르되 미가가 여차여차히 나를 대접하여 나를 고빙하여 나로 자기 제사장을 삼았느니라(4절) 그들이 그에게 이르되 청건대 우리를 위하여 하나님께 물어 보아서 우리의 행하는 길이 형통할는지 우리에게 알게 하라(5절) 그 제사장이 그들에게 이르되 평안히 가라 너희의 행하는 길은 여호와 앞에 있느니라(6절)

1. 앞의 17장 6절에 "그 때에 이스라엘에 왕이 없었다"는 말이 반복되고 있다. 이는 왕정의 필요성을 암시하고 있다. 왕이 없기에 그들이

소견대로 행하여 우상 숭배에 빠질 뿐 아니라 처리할 길도 없다. 이제 기업을 잃어버린 단 지파의 경우 어떻게 찾을 수 있는가? 왜 잃어버렸는가? 첫째는 하나님을 잃어버렸기 때문이다. 이제 그 타락의 정도가 심하여 하나님과의 정상적인 관계를 회복하여 찾기는 어렵고 이스라엘 가운데 왕이라도 있어야 찾을 수 있게 된 것이다.

2. 단 지파는 여호수아 19장 40-46절에 그들의 기업을 분배받았다. 그러나 사사기 1장 34절에 의하면 아모리 사람들에 의해 빼앗기고 산지에만 거하게 되었다. 단 자손은 믿음이 가장 약한 지파였다. 그들은 하나님으로부터 물려받은 약속의 땅을 지키지도 못하고 대적에게 빼앗겨 버린 것이다. 1절에 그들이 땅 분배함을 받지 못하였다는 표현은 그 원래 분배받은 땅을 빼앗겼기 때문에 그들이 소유하지 못한 것을 의미한다. 하나님이 주신 약속은 믿음으로 취해야 우리의 것이 확실하게 된다. 하나님은 우리에게 기업을 주시고 믿음으로 정복하여 취하게 하신다. 믿음이 없고 싸워 이기지 않으면 가진 것까지 빼앗겨 버린다. 그만큼 믿음이 중요한 것이다. 단 지파의 사람들은 연약한 믿음을 가졌기에 하나님이 주신 땅을 쉽게 대적에게 내어준 것이다. 그러나 그런 지파가운데서 삼손같이 훌륭한 사사가 나왔다. 유감스럽게도 단 지파의 사람들은 사사 삼손 때에 그를 도와 블레셋과 싸웠다든지 하는 기록이 없다. 그들은 매우 소극적인 사람들이었다. 삼손 혼자 사사노릇하게 그냥 두었다. 그들은 겨우 소라와 에스다올에 거하면서 방황하고 있었다. 소라와 에스다올은 단의 기업의 일부였으며 유다와 단 지파의 경계였다. 즉 유다의 경계지역 약간을 빼놓고는 거할 땅이 없었다. 그곳은 또한 삼손의 고향이기도 했다. 유다 사람들은 삼손을 블레셋에다 묶어 넘겨주기도 했다. 이 일은 그들이 서로 가까운 곳에 있었기 때문에 가능했다.

3. 이제 그들은 영토를 확장하지 않으면 안 되었다. 그들의 인수는

요단 저편 모압 땅에서 인수 조사 때 육만명이 넘었다. 그러므로 그 인수를 수용할 만한 영토가 부족했던 것이다. 그들은 이제 싸우지 않으면 안 되었다. 그들은 그렇게 많은 인수가 있었음에도 정작 싸우러 나간 자의 수는 육백명이었다(11절). 그리고 먼저 용맹한 다섯명의 정탐을 보내었다. 기묘하게도 같은 종류의 사람들은 잘 만나지고 해(害)와 악(惡)은 쉽게 번져 나가는 특징이 있으며 그런 해악을 받아들일만한 대상이 쉽게 접해지는 특징이 있다. 집에서도 불이 나면 이상하게도 가장 잘 타는 물질이 가까이 있어 큰 불로 화하는 것이다.

4. 그 다섯 사람들은 에브라임 산지에 가서 미가의 집에 이르렀다. 미가의 집은 오늘말로 하면 주막이나 목이 좋은 가게 터 같은 장소였다. 그러므로 그 다섯 정탐은 그 집에 가서 유숙하기로 한 것이다. 그곳에 가서 그들은 레위 소년을 만나게 되었는데 그들은 전부터 그를 아는 사이였다. 그러므로 그들은 그 소년의 말소리만 듣고도 알게 된 것이다. 에브라임 사람들은 특수한 발음을 하는 소위 사투리 식의 히브리말을 하기 때문에 그들은 레위 소년을 구분할 수 있었을 것이고 어쩌면 레위소년이 방황할 때 단 지역인 소라와 에스다올도 거쳤던 것 같다. 생계를 위한 종교적인 열심도 대단하다. 그 소년은 이곳 저곳 자기를 필요로 하는 곳이 없나하여 사방을 다녔던 것이다. 그때 이 정탐들도 만난 것이다. 이 정탐들이 이 소년에게 물어본 말로 보아 이 단지파 정탐들은 레위 소년이 무엇을 찾던 사람인가를 알고 있었다. 그들이 소년에게 "누가 너를 이리로 인도하였으며 네가 여기서 무엇을 하며 여기서 무엇을 얻었느냐"라고 물어본 것으로 알 수 있다. 그 소년은 그 정탐들을 만났을 때도 뭔가를 얻기 위해 그들을 접했다는 말이다. 그 레위인은 잠자리나 먹을 것이나 입을 것을 주면 무엇이든지 하겠다는 의사를 표현한 것 같다. 그런데 여기왔을때 누가 너에게 무엇을 하라고 했으며 어떤 보상을 하겠다고 한 것이냐고 물은 것이다.

5. 그 레위인은 정탐들에게 소상하게 자기의 상황을 말하였다. 즉 미가가 자기를 여차여차히 대접하기로 하고 제사장을 삼았다고 대답했다. 그랬더니 그 정탐들은 그에게 자기들이 하려는 일에 대하여 형통할는지 여부를 물어달라고 부탁했다. 그 제사장은 그들에게 좋은 말을 해주었다. "그 제사장이 그들에게 이르되 평안히 가라 너희의 행하는 길은 여호와 앞에 있느니라"(6절). 이것은 이스라엘의 종교적인 타락의 상황을 말해주고 있는 부분이다. 단 지파의 사람들이 정신이 있는 사람들이라면 그들은 마땅히 레위인의 말과 처신과 행동이 옳지 않음을 인지하고 지적했어야 할 것이다. 그러나 그들 가운데 이미 출애굽기의 모세의 분명한 율법과 규례의 말씀은 희미해졌다. 그리고 몇 가지 그저 종교적인 습관과 관례만 남았기에 그 틈바구니를 우상 숭배가 비집고 들어온 것이다.

나는 레위 소년이 정말로 에봇을 사용하는 법대로 하나님을 접촉해서 그들의 길을 알아냈는지 아니면 거짓 선지자로서 행했는지 귀신과 접해서 말해냈는지 알 길이 없지만 여러 가능성을 다 가지고 있다고 믿는다. 하나님은 크시고 어떤 형편에든지 그분의 백성을 긍휼히 여기시는 분이므로 어떤 식으로든지 부족한 믿음의 형편에서라도 그분의 뜻을 알려하고 그분의 뜻을 준행하려 한다면 그것을 위해 역사하실 수 있다고 믿는다. 그 소년이 비록 우상과 더불어 혼합된 식으로 하나님을 섬기는 제사장의 위치에 있었지만 필요할 경우 하나님은 그의 백성을 위하여 그러한 자를 통해서도 말씀해주실 수 있다고 본다. 더욱이 단 지파의 사람들의 행하려고 하는 바가 하나님의 뜻에 일치한 것이기 때문이다. 하나님은 그들이 그 정탐하는 라이스(레셈) 지역을 이미 분배하셨고 기업으로 주시기를 원하셨다(수 19:47). 그러나 그런 사람이 한 번 두 번 하나님이 사용하시어 하나님의 말씀을 말해낼 수 있다고 해서 하나님이 기뻐하시는 제사장이나 선지자가 될 수 있는가는 별개의 문제이다. 발람의 경우가 그러하며 하나님은 정작 필요할 때는 그의 나귀를 통해서도 말하실 수 있으셨다.

7-13절, 이에 다섯 사람이 떠나 라이스에 이르러 거기 있는 백성을 본즉 염려 없이 거하여 시돈 사람같이 한가하고 평안하니 그 땅에는 권세 잡은 자가 없어서 무슨 일에든지 괴롭게 함이 없고 시돈 사람과 상거가 멀며 아무 사람과도 상관하지 아니함이라(7절) 그들이 소라와 에스다올에 돌아와서 그 형제에게 이르매 형제들이 그들에게 묻되 너희 보기에 어떠하더뇨(8절) 가로대 일어나서 그들을 치러 올라가자 우리가 그 땅을 본즉 매우 좋더라 너희는 가만히 있느냐 나아가서 그 땅 얻기를 게을리 말라(9절) 너희가 가면 평안한 백성을 만날 것이요 그 땅은 넓고 그 곳에는 세상에 있는 것이 하나도 부족함이 없느니라 하나님이 너희 손에 붙이셨느니라(10절) 단 지파 가족 중 육백 명이 병기를 띠고 소라와 에스다올에서 출발하여(11절) 올라가서 유다 기랴여아림에 진치니 이러므로 그 곳 이름이 오늘까지 마하네단이며 그 곳은 기랴여아림 뒤에 있더라(12절) 무리가 거기서 떠나서 에브라임 산지 미가의 집에 이르니라(13절)

1. 여기서 단 지파의 사람들의 가나안 정복은 비록 늦었지만 여호수아의 정복사를 회상하게 해준다. 정탐을 보낸 것이 그러하고 그 다섯 정탐의 적극적인 보고가 그러하다. 그들은 여호수아 시대의 정복사를 다만 흉내낸 것이라고 볼 수는 없다. 그러기에는 그들의 보고 내용이 매우 사실적이고 상세하다. 그 다섯 사람이 그들의 상태를 대충 종교적으로 보고 전통적인 지식에 의거하여 여호수아와 갈렙처럼 적극적으로 보고하려 했다면 그렇게 사실적이고 설득력있는 보고가 되지 못했을 것이다. 물론 그들이 조상들의 신앙에 의해 도움을 받았겠지만 지금은 또 다른 차원에서 나름대로 역사한 부분이 있다고 본다. 그들이 라이스 사람들의 상태가 염려가 없고 한가하며 평안하더라는 것은 그들을 자세히 살핀 결과이다. 심지어 그들의 대화 내용도 관찰하고 얼굴 빛까지

도 살폈다는 얘기다. 또한 그들의 정치 체제도 보았고 그들의 경제 상황도 보았다. 라이스는 팔레스틴의 가장 북쪽에 위치해 있고 헬몬 산에 가려 아람과 단절되어 있고 레바논에 의해 페니키아와도 단절되어 있다. 이스라엘 지경을 말할 때 단에서 브엘세바까지라고 한다. 이는 단이 반드시 그곳을 점령해야 말할 수 있는 이름인 것이다. 그들은 그 지형과 사람들을 잘 살폈다. 강한 권력자가 없어서 사람들이 편안하고 안정되어 있었다. 그들의 이웃들과의 교역과 연락관계가 어떠한가도 살폈다. 시돈과는 거리가 멀어서 관련이 없었고 다른 아무와도 상관이 없는 백성들이었다. 그들은 정탐을 잘하였고 보고도 좋았다. 한 마디로 그들은 단 지파가 먹기에 좋은 밥이었다.

2. 그들이 돌아와서 묻는 형제들에게 대답했다. "일어나서 그들을 치러 올라가자 우리가 그 땅을 본즉 매우 좋더라 너희는 가만히 있느냐 나아가서 그 땅 얻기를 게을리 말라 너희가 가면 평안한 백성을 만날 것이요 그 땅은 넓고 그 곳에는 세상에 있는 것이 하나도 부족함이 없느니라 하나님이 너희 손에 붙이셨느니라". 이는 정말로 믿음이 있는 적극적인 대답이다. 주님은 모세를 통하여 단에 대하여 좋은 말씀을 하신 적이 있다. 이는 틀림없이 이러한 때의 광경을 두고 한 말이다. "단은 바산에서 뛰어나오는 사자의 새끼로다"(신 33:22). 하나님은 그분의 자녀들에 대하여 조금이라도 좋은 것이 있으면 그것을 보고 기뻐하신다. 단은 가장 연약한 믿음의 지파였고 분배해주신 땅을 지키지 못하고 빼앗겼으며 느지막이 견디다 못해 할당된 기업의 땅을 취하러 나섰다. 그러나 하나님은 그들의 이런 상황을 자랑스러워하시며 그들이 바산에서 뛰어나오는 사자새끼라고 하신다. "그 땅 얻기를 게을리 말라…그 땅은 넓고…세상에 있는 것이 부족한 것이 없느니라…하나님이 너희 손에 붙이셨느니라" 등의 말은 믿음이 있는 사람들의 말이요 과연 단의 용맹한 자들이다. 하나님의 백성들 가운데는 언제나 아무리 연

약한 무리 가운데일지라도 용맹한 자들이 감춰어 있는 법이다.

3. 싸우러 나선 사람의 수는 600 명이었고 그들은 소라와 에스다올을 떠났다. 그들이 진친 곳이 기럇여아림인데 그곳은 나중 하나님의 언약궤가 오랫동안 머물렀던 곳이다. 그들이 그곳에서 에브라임 산지 미가의 집에 이르렀다. 정탐들이 왔던 길 그대로 온 것이다.

14-26절, 전에 라이스 땅을 탐지하러 갔던 다섯 사람이 그 형제들에게 말하여 가로되 이 집에 에봇과 드라빔과 새긴 신상과 부어 만든 신상이 있는 줄을 너희가 아느냐 그런즉 이제 너희는 마땅히 행할 것을 생각하라 하고(14절) 다섯 사람이 그편으로 향하여 소년 레위 사람의 집 곧 미가의 집에 이르러 문안하고(15절) 단 자손 육백 명은 병기를 띠고 문 입구에 서니라(16절) 땅을 탐지하러 갔던 다섯 사람이 그리로 들어가서 새긴 신상과 에봇과 드라빔과 부어 만든 신상을 취할 때에 제사장은 병기를 띤 육백 명과 함께 문 입구에 섰더니(17절) 그 다섯 사람이 미가의 집에 들어가서 그 새긴 신상과 에봇과 드라빔과 부어 만든 신상을 취하여 내매 제사장이 그들에게 묻되 너희가 무엇을 하느냐(18절) 그들이 그에게 이르되 잠잠하라 네 손을 입에 대라 우리와 함께 가서 우리의 아비와 제사장이 되라 네가 한 사람의 집의 제사장이 되는 것과 이스라엘 한 지파, 한 가족의 제사장이 되는 것이 어느 것이 낫겠느냐(19절) 제사장이 마음에 기뻐하여 에봇과 드라빔과 새긴 우상을 취하고 그 백성 중으로 들어가니라(20절) 그들이 돌이켜서 어린아이들과 가축과 물품을 앞에 두고 진행하더니(21절) 미가의 집을 멀리 떠난 때에 미가의 이웃집 사람들이 모여서 단 자손을 따라 미쳐서는(22절) 단 자손을 부르는지라 그들이 낯을 돌이켜 미가에게 이르되 네가 무슨 일로 이같이 모아 가지고 왔느냐(23절) 미가가 가로되 나의 지은 신들과 제사장을 취하여 갔으니 내게 오히려 있는 것이 무엇이냐 너희가 어찌하여 나더러 무슨 일이냐 하느냐(24절) 단 자손이 그에게 이르되 네 목소리를 우

리에게 들리게 말라 노한 자들이 너희를 쳐서 네 생명과 네 가족의 생명을 잃게 할까 하노라 하고(25절) 단 자손이 자기 길을 행한지라 미가가 단 자손이 자기보다 강한 것을 보고 돌이켜 집으로 돌아갔더라(26절)

1. 다섯 정탐의 영성은 적극적인 한 면에서 좋았지만 모든 면에서 완전히 좋지는 않았다. 이것이 또한 사사시대의 혼잡한 영적상태를 말해주는 것이기도 하다. 그들은 미가의 집에 오자 이전에 레위인 제사장이 적극적인 예언을 해준 것을 기억했다. 그리고 그것의 근원이 에봇과 드라빔과 부어만든 신상에 있는 줄로 알았다. 그들은 그 물건들을 취하기 원했다. 그들은 하나님이 보이지 않는 전능하신 하나님이라는 것을 인식하지 못했다. 그들은 그러한 제사장의 겉옷인 에봇이나 드라빔이나 신상만 있으면 하나님을 모시는 것이라고 생각했다. 그들은 하나님이 어떤 것에 의지하여 존재하시는 분으로 생각하였다. 그러니 어떤 것을 취하면 하나님을 취하는 것으로 여긴 것이다. 이것이 곧 우상 숭배적인 발상이다. 오늘날도 많은 사람들이 하나님을 어떤 조직이나 단체 속에 가두어 두고 그 안에만 계신 분으로 한정한다. 또 어떤 사람들은 어떤 지식이나 논리 체계에 하나님이 존재하는 것으로 생각한다. 그러므로 그들은 그 논리와 지식 체계만 소유하면 하나님을 소유한 것으로 생각한다. 그러니 어떤 단체 안에만 있으면 하나님 안에 있는 것이 되고 어떤 지식이나 논리를 취하면 하나님을 취한 것이라고 생각하는 것이다. 그리고 그런 것들(단체나 지식체계)을 붙들고 빼앗기거나 무너지게 하지 않도록 사람들과 쟁론하며 싸우는 것이다. 당시 단 지파 사람들과 미가의 집의 사람들이 싸운 것은 하나님을 붙잡기 위해 싸운 것이 아니라 그것만 있으면 하나님이 있을 줄로 생각하는 그 어떤 것들(things)을 위해 싸운 것이다.

2. 단 지파의 사람들은 큰 싸움을 앞에 두고 도움이 필요하다하여 그

것들이 필요하였고 미가의 집 사람들은 자신들의 행복과 미래와 먹고 살 일을 생각하여 그것이 필요했다. 그런데 힘은 단에게 있었고 소유는 미가의 집의 것이었다. 그러나 단 지파의 사람들은 레위인을 고용한 것이나 그 에봇이 한 가정에 있는 것 등이 그렇게 합법적이고 정통성을 지닌 것이 아니라는 것을 알았을 것이다. 진리가 힘이 있는 것이지 진리가 아닌 것은 정작 필요한 때에 힘을 실어주지 못한다. 그런 비 진리를 위해서는 사람들의 양심이 강하게 증거하지 못하며 목숨을 걸고 지키지도 못한다. 그렇기 때문에 단 지파 사람들에게는 그 물건들을 탈취하는 것이 어렵지 않은 생각이었다. 그리고 힘이 미약한 미가의 집의 사람들은 그 일의 정통성과 진리의 베이스를 생각할 때 그렇게 크게 주장할 만한 형편이 못되었다. 도둑질한 물건을 산 사람들은 자기의 물건을 강하게 자기 물건으로 주장하지 못하는 원리와 비슷하다. 그러므로 그들은 그 거짓된 상태에서 서로 속이고 속고 하였다.

3. 결국 단 지파 사람들은 그 물건들을 완력으로 취했다(미가의 집 사람들과 제사장들은 그 단 지파 정탐들을 잘 대해주고 다 빼앗긴 꼴이 되었다). 다섯 정탐은 물건들을 취해 나오고 육백명 병기잡은 용사들은 밖에서 엄호하고 서 있었다. 감히 그 누구도 반대하거나 말릴 수 없었다. 그리고 뭔가 말하려는 제사장에게 "그들이 그에게 이르되 잠잠하라 네 손을 입에 대라 우리와 함께 가서 우리의 아비와 제사장이 되라 네가 한 사람의 집의 제사장이 되는 것과 이스라엘 한 지파, 한 가족의 제사장이 되는 것이 어느 것이 낫겠느냐"라고 물었다. 단 지파 사람들은 아예 제사장까지 자기들 지경으로 데려가려 하였다. 그리고 조건을 제시하였다. 그 제사장은 더 나은 조건에 만족하였다. "네가 한 사람의 집의 제사장이 되는 것과 이스라엘 한 지파, 한 가족의 제사장이 되는 것이 어느 것이 낫겠느냐". 이 레위지파 사람은 타락한 하나님의 일꾼을 대표한다. 그가 원래 미가의 집에 있게 된 것은 돈 때문이요 장

래 때문이요 얻을 지위 때문이었다. 그런 좋은 조건을 만나자 그곳에 있게 된 것이다. 지금 더 나은 조건의 교섭이 왔다. 그럴 때 이 젊은 레위인 제사장은 매우 기뻐함으로 그들의 말을 접수하였다. 처음에 어떤 사람이면 나중에도 그러하다. 처음에 그가 돈으로 청빙이 되었는데 나중에 더 나은 돈의 조건이 왔는데 거절할리 없다. 홀(Hall)주교는 그들이 10세겔에 의해 유혹할 수 있었다면 11세겔을 주는 자가 있으면 잃게 될 것이라고 하였다(매튜헨리 주석). 돈에 의해 묶여 일하는 사람들은 돈에 대한 더 나은 조건이 올 때 그쪽으로 가버린다. 미가의 집에서는 그에게 지금까지 한 번도 약속을 거르지 않고 돈과 입을 것과 먹을 것을 제공했을 것이다. 그러면서 많은 사랑도 주었을 것이다. 아들같이 대했으니 많이 사랑한 것이다. 그러나 좋은 조건 앞에서 그 모든 것은 물거품이 되어버렸다. 이것이 배신의 한 종류이다. 이와 같이 타락한 시대에는 배신이 많다. 자신의 유익을 따라 변하고 변하는 것이다. 이 사람은 과거에 미가의 집에 열심히 섬기고 있었던 것이 다른 것이 아니라 돈 때문이었다는 것이 증명된 셈이다.

4. 단 지파 사람들은 확실하게 자신들의 것을 챙길 줄 알았다. 그들은 어린 아이들과 물품들(훔친 것들 포함)을 앞에 두고 행진하였다. 미가의 집 사람들은 쉽게 포기할 수 없었다. 그래서 동네 사람들을 모아서 따라 왔다. "미가의 이웃집 사람들이 모여서 단 자손을 따라 미쳐서는 단 자손을 부르는지라 그들이 낯을 돌이켜 미가에게 이르되 네가 무슨 일로 이같이 모아 가지고 왔느냐 미가가 가로되 나의 지은 신들과 제사장을 취하여 갔으니 내게 오히려 있는 것이 무엇이냐". 그때 단 사람들이 미가에게 말했다. "무슨 일로 사람들을 모아가지고 왔느냐? 우리와 한판 붙자는 말이냐?" 하고 실력을 과시하는 말을 했다. 미가의 집 사람들은 감히 대들지 못했다. 미가가 한 말은 그 에봇과 신상들이 얼마나 큰 위치를 차지하고 있는가를 말해준다. 즉 그것들은 우리의 모든

것이나 마찬가지라는 말이다. "나의 지은 신들과 제사장을 취하여 갔으니 내게 오히려 있는 것이 무엇이냐".

단 지파 사람들은 미가의 말에 아랑곳하지 않았다. 그들은 잘못하면 노한 자들에 의해 생명을 잃을 수도 있으니 조용히 돌아가는 것이 낫다고 타이르듯이 겁을 주어 돌려보냈다. 종교적인 사람들이 사리와 도리가 없는 경우가 많다. 그들은 남의 것을 불법으로 빼앗고도 그것이 하나님을 위한 것이라는 미명하에 큰 잘못이라고 생각하지 않는다. 그들은 그 제사장과 도구들이 한 가정에 있는 것 보다는 한 지파에게 있는 것이 낫다고 생각한 것이다. 그것이 하나님에게나 이스라엘에게나 유익한 것이라고 생각한 것이다. 명분을 종교적으로 가질 때 많은 불의가 나름대로 정당화 되어진다. 그러므로 그들은 완력으로 남의 소유를 탈취한 것에 대하여 스스로 옳다고 정당화한 것이다. 결국은 힘이 센 쪽이 승리한 것이다. 미가는 단 자손이 자기보다 강한 것을 보고 그냥 다 잃고 집으로 돌아갔다.

5. 교회가 타락할 때 악화(惡貨)가 양화(良貨)를 구축(拘縮)하는 현상이 발생한다. 미가의 집이 양화라는 말은 아니지만 나름대로 미가의 집 사람들은 자기들의 돈으로 신당을 만들고 제사장도 사서 종교 생활을 영위하려 했다. 그러나 단 지파 사람들은 돈도 내지 않고 거의 폭력으로 신상과 에봇들을 취해 가고 레위 제사장에 대해서도 먼저 고용한 미가의 집과 어떤 선한 상의도 거치지 않은 채 적당한 스카웃 제의를 하여 그냥 데려가 버렸다. 물론 둘 다 문제가 있는 것이지만 그래도 좀 따져본다면 단 보다는 미가의 집편이 더 도덕적이다. 덜 영적인 사람들이 그들보다 약간이라도 나은 사람들에게서 배우고 영향을 받으면 좋으련만 타락한 상태는 언제나 덜 영적인 사람들이 그보다 조금 나은 사람들을 지배하게 된다. 왜 그런가? 영적으로 별로 좋지 않은 사람들은 아예 혈기와 육체를 사용하기 때문이다. 조금 낫다하는 사람들은 하나

님도 별로 없고 혈기도 별로 없기 때문에 그런 혈기와 육체를 대항할 힘이 없다. 매튜헨리(M.Henry)는 힘(might)이 정당한 권리(right)를 능가하는 것이 통속적인 일이라고 하였다.

6. 교회가 타락할 때 고용된 제사장들(삯군들)이 많이 나온다. 그들은 많은 경우 큰 조직에 흡수된다. 작은 단체는 언제나 큰 단체의 사람들에게 사람을 빼앗기게 되어있다. 큰 조직은 금력과 인력이 있으므로 사람들이 거할 둥지가 많고 따라서 사람들을 흡수하는 흡수력이 크다. 그러므로 사람들이 큰 조직을 선호하는 것이다. 레위 사람은 조그마한 데서 섬기는 것보다 기회가 왔을 때 큰 곳으로 가서 꿈을 펼쳐 보고 자기의 역량을 발휘해 보고자 한 것이다. 이런 일 가운데는 십자가도, 진리도, 성령도 없고 오직 인간의 종교심과 육체만이 세력을 점하고 있는 것이다. 진실한 주님의 역사는 언제나 작다(눅 12:32). 큰 집에는 금그릇과 은그릇이 있을뿐 아니라 나무와 질그릇도 있는 법이다. 사도는 이런 것에서 자신을 깨끗케 해야 귀한 그릇이 되고 주인의 쓰심에 합당하게 예비된다고 하였다(딤후 2:20-21). 그 젊은 레위인은 하나님의 부르심과 인도와 위임이 없이 다만 섬기는 일을 직업으로 삼았던데서 죄악이 싹트게 된 것이다. 부르심과 인도하심 없이 달려나가 섬기는 것이 얼마나 엄청난 결과를 가져오는가를 반드시 생각해보아야 한다. 그런 작은 한 사람의 개인적인 야망이 이스라엘 전체를 종교적으로 분열시키는 큰 죄에 참여하도록 이끈 것을 생각해보라! 이는 실로 작은 일이 아니다!

27-31절, 단 자손이 미가의 지은 것과 그 제사장을 취하고 라이스에 이르러 한가하고 평안한 백성을 만나 칼날로 그들을 치며 불로 그 성읍을 사르되(27절) 그들을 구원할 자가 없었으니 그 성읍이 베드르홉 가까운 골짜기에 있어서 시돈과 상거가 멀고 상종하는 사람도 없음이었더라 단 자

손이 성읍을 중건하고 거기 거하며(28절) 이스라엘의 소생 그 조상 단의 이름을 따라 그 성읍을 단이라 하니라 그 성읍의 본 이름은 라이스더라(29절) 단 자손이 자기를 위하여 그 새긴 신상을 세웠고 모세의 손자 게르손의 아들 요나단과 그 자손은 단 지파의 제사장이 되어 이 백성이 사로잡히는 날까지 이르렀더라(30절) 하나님의 집이 실로에 있을 동안에 미가의 지은 바 새긴 신상이 단 자손에게 있었더라(31절)

1. 7절과 27, 28절은 라이스 성의 특징을 말해준다. 우선 그들은 한가하고 평안하고 다른 사람들과 상종하지 않았다. 즉 다른 사람들에 대하여는 전혀 신경을 쓰지 않고 살고 있었다는 말이다. 그러한 상태의 사람들은 언제나 위험한 것이다. 이들이 이방인들의 삶의 특징이다. 이방인들은 이러한 삶을 소망한다. 그러나 이러한 평안하고 안주하는 삶은 언제나 심판의 전조이다. 그리스도인이라도 이런 경고는 필요하다. 어떤 그리스도인이 가장 자부심이 강하여 어떤 권면이나 충고도 필요없게 느낀다면, 또 다른 그리스도인들에 대하여 전혀 상종할 필요를 느끼지 않는다면 위험한 것이라고 생각한다. 카우퍼의 시를 읽어보자. "결코 두려움을 느껴보지 못한 사람은 전혀 소망이 없는 사람이다. 자신의 상태에 대하여 의심을 품어본 적이 없는 사람은 아마 너무 늦을 것이다. 즉 그의 깨달음은 너무 늦으리라".

이렇게 자부심이 강하고 자신들만이 최고라고 생각하는 사람들은 결국 버림받은 자신을 발견하게 될 것이다. 그들의 모든 확신에도 불구하고 그들은 과거의 모든 확신과 자부심이 꿈꾸는 것에 지나지 않음을 발견하게 될 것이다. 스펄젼은 "나는 자기 확신을 가지고 있다가 버림을 당하느니 차라리 항상 의심을 품더라도 하늘로 가기를 원한다. 나 자신이 축복받은 사람들 중에 있는 줄 알고 있다가 나 자신이 지옥에 있는 것을 발견하게 되는 것보다 차라리 내 영의 비탄한 가운데 날마다 자신이 신실한 자인가, 그렇지 못한자인가를 알기위해 부르짖는 것이 더 나을 것이다"라고 하였다. 어떤 사람은 자신이 구원을 받지 못하였는데도 구원을 받은 것으로 확신하는 경우가 있는데 이런 사람들은 스스로 구원의 문을 닫아 놓고 있는 어리석음을 범하는 사람이다. 잘못하면 라이스 성의 사람들처럼 걱정없이 살고 있다가 예기치 못할 때 파멸이 우리 문 안으로 들어오게 된다. 조심하고 경성해야 한다.

2. 단 지파는 자신들의 분깃이 너무 적다는 것으로 인하여 언제든지 나가 싸워야 할 상황이었다. 그들은 미가의 집에서 우상과 그 제사장을 취하여 라이스로 싸우러 갔다. 그들은 미가의 만든 우상과 제사장을 의지했을 것이다. 그들이 라이스를 쳐서 이기고 승리한 것은 그들이 의지한 우상이나 제사장으로 인한 것은 아니다. 그러나 그들은 당시 하나님에 대한 충분한 믿음이 없었기에 보이는 것들을 신뢰한 것이다. 하나님은 그들이 우상을 신뢰하고 여러 가지 부족한 상태에 있었을지라도 그들이 약속하신 땅을 취하러 나선다고 할때 그들을 도와주셨다. 그들이 라이스에 가보니 과연 정탐들의 말대로 한가하고 평안했으며 그들을 불로 사르되 구원할 사람들이 없었다. 또한 그들과 상종하는 사람들도 없었다. 이는 정탐들의 보고가 정확했음을 확인해주는 구절이다.

3. 그들은 그 성을 불지르고 칼날로 쳤으며 성읍을 새로 중건하고 그 성읍이름을 단이라고 했다. 이 단의 원래 이름은 레셈 혹은 라이스였으며 이스라엘의 북방한계선이 되었다. 그들은 라이스에 그 새긴 신상을 세웠고 모세의 손자 게르손의 아들 요나단과 그 자손이 단 지파의 제사장이 되어 이 백성이 사로잡힐 때까지 이르렀다고 말한다(30절). 이 백성이 사로잡힌 사건은 많은 학자들이 인정하는 것처럼 블레셋에 의해 언약궤를 빼앗겼을 때의 상황을 말한 것으로 이해된다. 이 글을 쓴 저자가 사무엘이라면 더욱 그러한 견해를 지지하는 것이 유력하다. 또한 31절 말씀은 미가의 신상이 하나님의 집이 실로에 있을 동안에 단

자손에게 있었다고 말해지는 것으로도 문맥상의 증명이 있다. 이 작은 사건은 단에게 큰 우상 숭배의 길을 열어주게 되었고 후에 여로보암 때 금송아지를 두 개 만들어 하나는 벧엘에 하나는 단에 갖다 두게 되었는데 이 작은 미가의 신당의 일은 그 큰 죄악의 원조가 된 것이다. 아마도 그 에봇과 신상은 그 이후 블레셋 전투 때든지 그 후 사무엘의 치세 때에 사라지게 되었을 것이며 여로보암은 자신의 권력 유지를 위해 단에다 옛날 신상을 세웠던 전처를 따라 금송아지를 만들어 섬기게 하였을 것이다(왕상 12:29). 하나의 죄는 완전히 처리하지 않을 때 또 다른 죄를 낳는 길을 열어준다. 특히 종교적인 나쁜 선례는 악한 자들에게 더욱 악하여지게 하는 동기를 부여하게 된다. 하나님이 세우신 집은 실로에 있었으며 그 집은 하나님이 인정하시는 경배의 중심이었으나 단에 세운 신상은 사람이 만든 분열과 혼란의 신당이 되었다. 하나님의 집의 분열과 혼란은 이렇게 사람들의 야심과 진리를 떠난 행동들에 의해 야기된다. 단 자손은 한 면으로 하나님의 말씀을 좇아 가나안 땅의 기업을 취하는 일을 했고 또 다른 면으로는 부패한 우상 숭배의 일에 연루되게 되었다. 사사시대는 이와 같이 영적인 것과 육적인 것, 하나님에 속한 것과 사람에 속한 것의 혼합의 시대였다. 그러므로 왕정의 시대적 요청이 있었던 것이며 사무엘을 통한 시대의 전환의 필요가 있었다.

4. 단 자손은 그 신상을 자기들을 위하여 세웠다고 한다(30절). 이것이 곧 종파의 근원이다. 종파(hairesis)는 자신들만의 단체를 위한 신앙에 기초를 둔다. 단은 이스라엘의 일부이다. 그들은 응당 온 이스라엘을 위하여 또 온 이스라엘과 함께 하나님을 섬겨야 했다. 그러나 그들은 자신들의 지파(for themselves)를 위해서 신상을 세웠다. 우주 가운데 그리스도의 몸은 하나이다. 그 한 몸 이외에 또 다른 많은 몸들이 없다. 우리가 섬기는 하나님이 한분이시고 주도 하나이시며 성령도 한분이시고 몸도 하나이다(엡 4:4-6). 단 지파는 자신들의 지파를 너

무 위했다. 그들이 세운 신상으로서 그들이 의지하는 하나님(실제로는 우상이지만)은 이스라엘의 하나님이 아니라 그들 지파를 위한 지파의 하나님이었다. 그리고 그들은 모세의 손자 게르솜의 아들 요나단을 제사장으로 삼았다고 기록한다. 또 그의 자손이 계속해서 제사장이 되었다고 말한다. 그러니까 미가의 집의 제사장이었던 친구가 모세의 증손자이었을 것이라고 추론하는 것도 일리가 있다. 하나님의 훌륭한 종인 모세의 증손자 때 와서는 그 자손 중에 이스라엘의 분열을 조장하며 우상숭배를 하는 제사장이 나왔다는 말이 성립된다. 어떤 히브리어 번역본은 모세를 므낫세로 바꾸어 기록하여〔모세(משה)의 히브리어 철자에서 간단히 '눈' (נ)을 첨가하면 므낫쉐(מנשה)로 읽어진다〕그 사람이 모세가 아닌 것으로 읽으려 하였다. 그것은 모세를 폄하하는 것이 되어 불경스럽다고 느껴서였을 것인데 많은 학자들이 이를 모세라고 읽는다. 그리고 그 레위 소년이 모세의 손자 게르솜의 아들 요나단이었다는 데도 학자들 간에 별 이견이 없다.

5. 18장에서 우리가 느끼는 바는 교회가 타락할 때 보이지 않는 하나님에 대한 신앙을 보이는 우상과 의식주의로 바꾼다는 것이다. 믿음이란 보이지 않는 하나님을 보이는 것 같이 순종하며 따르는 것이다. 아브라함의 믿음은 갈 바를 알지 못하고 한 발씩 순종하며 나아간 믿음이다. 누구든지 보이는 것을 의지한다면 실족할 것이다. 편안한 생활 가운데서 쉽게 믿음 생활을 하려할 때 그러한 보이지 않는 하나님을 대치한 많은 의식과 대단한 사람과 믿음직한 단체와 탁월한 지식과 많은 보이는 것들이 들어오는 것이다. 많은 기도와 기다림과 순종함없이도 하나님의 뜻을 쉽게 알 수 있고 따를 수 있다고 믿기 때문에 그런 보이는 우상들이 들어오는 것이다.

사사기 19장

Judges

1-15절, 이스라엘에 왕이 없을 그 때에 에브라임 산지 구석에 우거하는 어떤 레위 사람이 유다 베들레헴에서 첩을 취하였더니(1절) 그 첩이 행음하고 남편을 떠나 유다 베들레헴 그 아비의 집에 돌아가서 거기서 넉 달의 날을 보내매(2절) 그 남편이 그 여자에게 다정히 말하고 그를 데려오고자 하여 하인 하나와 나귀 두 필을 데리고 그에게로 가매 여자가 그를 인도하여 아비의 집에 들어가니 그 여자의 아비가 그를 보고 환영하니라(3절) 그 첩장인 곧 여자의 아비가 그를 머물리매 그가 삼 일을 그와 함께 거하며 먹고 마시며 거기서 유숙하다가(4절) 나흘 만에 일찌기 일어나 떠나고자 하매 여자의 아비가 그 사위에게 이르되 떡을 조금 먹어 그대의 기력을 도운 후에 그대의 길을 행하라(5절) 두 사람이 앉아서 함께 먹고 마시매 여자의 아비가 그 사람에게 이르되 청하노니 이 밤을 여기서 유숙하여 그대의 마음을 즐겁게 하라(6절) 그 사람이 일어나서 가고자 하되 첩장인의 간청으로 다시 유숙하더니(7절) 다섯째 날 아침에 일찌기 일어나 떠나고자 하매 여자의 아비가 이르되 청하노니 그대의 기력을 돕고 해가 기울도록 머물라 하므로 두 사람이 함께 먹고(8절) 그 사람이 첩과 하인으로 더불어 일어나 떠나고자 하매 그 첩장인 곧 여자의 아비가 그에게 이르되 보라 이제 해가 저물어가니 청컨대 이 밤도 유숙하라 보라 해가 기울었느니라 그

대는 여기서 유숙하여 그대의 마음을 즐겁게 하고 내일 일찌기 그대의 길을 행하여 그대의 집으로 돌아가라(9절) 그 사람이 다시 밤을 지내고자 아니하여 일어나 떠나서 여부스 맞은편에 이르렀으니 여부스는 곧 예루살렘이라 안장 지운 나귀 둘과 첩이 그와 함께 하였더라(10절) 그들이 여부스에 가까왔을 때에 해가 지려 하는지라 종이 주인에게 이르되 청컨대 우리가 돌이켜 여부스 사람의 이 성읍에 들어가서 유숙하사이다(11절) 주인이 그에게 이르되 우리가 돌이켜 이스라엘 자손에게 속하지 아니한 외인의 성읍으로 들어갈 것이 아니니 기브아로 나아가리라 하고(12절) 또 그 종에게 이르되 우리가 기브아나 라마 중 한 곳에 나아가 거기서 유숙하자 하고(13절) 모두 앞으로 행하더니 베냐민에 속한 기브아에 가까이 이르러는 해가 진지라(14절) 기브아에 가서 유숙하려고 그리로 돌이켜 들어가서 성읍 거리에 앉았으나 그를 집으로 영접하여 유숙케 하는 자가 없었더라(15절)

1. 17장과 18장은 레위인의 종교적인 타락의 상태를 보여주고 19장과 20장은 레위인의 도덕적 상태의 하락을 보여준다. 하나님은 그분의 백성의 영적인 상태를 매우 관심하신다. 그들의 영적인 상태를 보려면 가장 먼저 레위인의 상태를 보아야 한다. 하나님은 이스라엘 전체를 보시지 않고 레위인이 어떠한가를 먼저 보시는 듯하다. 그들이 어떠하다면 다른 지파 다른 사람들이야 말해서 무엇하겠느냐라고 하시는 것 같다. 그러므로 하나님은 레위인들의 상태를 주의하시고 살피시는 것이다. 그들이 하나님과의 관계가 좋은 것은 전 이스라엘의 상태가 좋은 것이다. 언제든지 하나님을 섬기는 자들의 부흥이 일어날 때 온 성도들이 부흥되었다. 이 나라에도 1907년 평양에서 길선주 장로의 회개와 많은 목회자들의 열렬한 복음전파와 헌신과 순교가 이 땅에 큰 부흥을 가져왔다.

2. 이 글의 시작도 이스라엘에 왕이 없을 때로 시작한다. 사사시대의 이러한 하락은 왕의 필요성을 요청한다. 이 일이 일어난 곳도 미가의 신당이 있었던 에브라임 산지이다. 그 곳에 사는 레위인 하나가 유다 베들레헴에서 첩을 취하였다. 레위사람이 첩을 취한 것 자체가 당시 레위 사람들의 부패를 알린다. 2절은 이 첩이 행음하였다고 말한다. 그리고 남편을 떠났다. 첩이 행음한 것에 대해 남편과 좋지 않은 불화가 생겼을 것이고 따라서 여인은 떠난 것이다. 레위기 21장 7절은 여호와의 집에서 봉사하는 모든 레위 사람은 기생이나 부정한 여인을 취하지 못하게 되어있다. 이런 상황 자체가 레위인의 부패된 상황이다. 그 첩은 그녀의 집에 가서 넉달을 지냈다.

3. 그 레위인 남편은 그 남편이 여자에게 다정히 말하고자 했으며 그 이전에 불화가 있었고 감정이 상해서 떠났다는 것을 보여준다. 이번에 그가 가서 다정히 말하려고 한 것은 그가 그녀와 화해하려 했다는 것을 나타낸다. 그녀의 아비는 사위를 보고 매우 환영하였다. 이 모든 상황이 하나님의 백성가운데 부패와 옳지 않은 도덕성을 나타내는 것이다. 그녀는 모세의 법에 의하면 돌로 맞아 죽어야 했고 마땅히 용서를 빌어도 죄를 지은 여자가 빌어야 하는 법인데 남편이 찾아가서 '다정히 말하고' 그 맘을 풀어주어서 데려오려 했다는 것은 법이 없는 이방인들의 실행은 되어도 하나님의 백성, 그것도 레위인들 가운데는 절대 있을 수 없는 일이다. 교회나 성도들도 죄를 짓고 불순종하는 상황에서 사역자들이 그들을 붙잡아 놓기 위해서 다정히 말하는 것이 있으니 이는 한심한 상황이라고 말하지 않을 수 없다. 많은 경우 다정한 말을 들어야 할 때가 아니라 심한 책망을 들어야 할 때인 것이다. 그러나 너무나 멀리 떠나고 표준에서 멀어진 영적인 상태에서는 그런 말이 통하지 않는 것이다. 여기서 레위인은 완전히 하나님의 제사장 지파 사람으로서의 기세와 격을 잃었다.

4. 그러한 가운데 그가 삼일 간 머물며 환대를 받은 것도 너무한 일인데 장인이 붙잡는다고 하루를 더 머물고 다섯째 날까지 날이 저물도록 장인의 환대와 붙잡는 말에 붙들려 있었다고 하는 것은 있을 수 없는 일이다. 이 레위인은 분명한 계획이 없고 목적이 뚜렷하지 않은 사람이다. 이렇게 할 일없고 게으른 사람들이 죄악에 휘말리게 된다. 결국 다섯째날 저녁에서야 장인 집을 떠나 길을 나섰다. 그때까지 그는 장인에게 붙잡혀 있었다. 그렇게 느슨한 것이 불행을 불러왔다. 이렇게 한 사람 레위인의 부패하고 느슨한 육체의 행함 때문에 한 지파가 몰살당하는 비참한 결과가 오게 되었다. 하나님을 섬기는 사람의 언행심사는 이렇게 중요한 것이다. 17, 18장은 한 레위인의 잘못으로 단 지파가운데 우상 숭배의 장소가 생겼다. 그 장소는 오랜 후에 까지 하나님의 집과 대립해서 경배하는 또 하나의 중심지가 되어버렸다. 이 일도 레위인의 부주의와 죄 때문이다. 19, 20장도 또 한 명의 레위인의 부정하고 부패한 생활이 그야 말로 끔찍한 상황을 불러들였다. 장인의 지나치게 붙잡는 환대도 문제가 있는 것이고(죄라는 것이 정면으로 처리되어야지—회개할 것은 회개하고 보상할 것은 보상하며 책망할 것은 책망하며 심판할 것은 심판해야 한다—좋은 접대로 처리하려는 것 자체가 문제이다) 끈끈하게 붙잡혀 떠나지 못하는 것도 문제가 있는 것이다.

하나님의 자녀들은 죄에 대하여 분명한 태도를 표명해야지 그렇게 죄를 감싸는 방식으로 처신해서는 안 된다. 장인은 자기의 딸이 행음하고 남편을 떠난 것을 환대로 무마하려고 했다. 레위인도 축첩을 한 자체에 떳떳함이 부족한 터였다. 그러니 피차 죄를 사이에 두고 인간적으로 좋게 좋게 해결해나가려고 했다. 죄는 심판으로 해결해야지 환심이나 환대로 해결해서는 안 된다. 주 예수의 십자가는 죄가 있어야 할 자리를 표명한다. 과거에 어떤 형제는 죄를 지은 형제에게 분명하게 죄를 시인하기가 어려운 나머지 악수하면서 미안한 마음을 전달하려 손을 꼭 잡았다. 그것은 죄에게 좋은 대우를 주는 것이다. 이렇게 말했어야 했다. "형제여, 내가 그 일에서 형제에게 그렇게 행한 것은 죄입니다." 이것이 죄에게 합당한 위치와 이름을 붙여 주는 것이다. 죄는 심판과 수치를 당하게 해주어야 한다. 하나님은 우리를 봐주는 식으로 구원하시지 않았다. 그분의 사랑하는 독자를 십자가에 매달고 그 참담한 심판을 담당하게 하신 것이다. 이는 죄에 대한 공의의 하나님의 분명한 태도이시다. 그렇지만 부패한 도덕성을 지닌 이들은 죄에 대한 분명한 태도를 보여주지 않았다.

5. 레위 사람의 사환은 레위인에게 여부스 사람들에게 들어가서 쉬자고 하였다. 그러나 레위인은 이방인의 도시로 들어가기를 싫어했다. 이런 말은 또 그가 부패하였으면서도 나름대로 하나님의 말씀을 지키려는 의지였다. 이와 같이 당시 그들의 영적 상태는 혼잡되어 있었던 것이다. 혼잡된 사람들은 일면 중심에서는 불순종과 거역을 지니고 살면서도 작은 일들에서 하나님의 계명을 순종하는 척하면서 자신을 위로한다. 그러나 그런 종교적인 일부분의 순종은 그를 지켜주지 않았다. 중심에서 순종치 않는 사람이 하나님의 보호하심과 긍휼을 기대할 수 있겠는가? 그들은 결국 여부스가 아닌 기브아로 가서 유숙하려 하였는데 아무도 받아주는 사람이 없었다. 하나님은 사람에게 만홀히 여김을 받지 않으신다(갈 6:7).

16-21절, 이미 저물매 한 노인이 밭에서 일하다가 돌아오니 그 사람은 본래 에브라임 산지 사람으로서 기브아에 우거하는 자요 그 곳 사람들은 베냐민 사람이더라(16절) 노인이 눈을 들어 성읍 거리에 행객이 있는 것을 본지라 노인이 묻되 그대는 어디로 가며 어디서 왔느뇨(17절) 그가 그에게 이르되 우리는 유다 베들레헴에서 에브라임 산지 구석으로 가나이다 나는 그 곳 사람으로서 유다 베들레헴에 갔다가 이제 여호와의 집으로 가는 중인데 나를 자기 집으로 영접하는 사람이 없나이다(18절) 우리에게

는 나귀들에게 먹일 짚과 보리가 있고 나와 당신의 여종과 당신의 종 우리들과 함께한 소년의 먹을 양식과 포도주가 있어 무엇이든지 부족함이 없나이다(19절) 노인이 가로되 그대는 안심하라 그대의 모든 쓸 것은 나의 담책이니 거리에서는 자지 말라 하고(20절) 그를 데리고 자기 집에 들어가서 나귀에게 먹이니 그들이 발을 씻고 먹고 마시니라(21절)

1. 기브아 사람들은 한 사람도 날이 저물어 밤을 지낼 곳이 없는 나그네를 접대할 사람이 없었다. 이스라엘 백성들은 나그네를 사랑하고 잘 대접하라는 계명을 갖고 있는데(신 10:19) 이 때 그들의 영적인 상태는 매우 하락되어 그 밤에 성읍거리에 앉았으나(15절) 영접하는 자가 없었다. 이는 그들이 하나님의 명령을 개의치 않고 개인과 자신들의 편안한 삶만을 관심한 증거이다.

2. 그때 한 노인이 그를 보았다. 그 노인은 고향이 에브라임 산지로서 이 레위인과 동향이었다. 노인은 그에게 사정을 묻고 자기 집으로 안내 하였다. 레위인은 여호와의 집으로 가는 중이라고 했는데 이는 실로의 하나님의 궤가 있는 곳을 일컫는 말이다. 하나님의 궤가 있는 실로, 여호와의 집에서 섬기는 사람의 영적 상태가 이런 정도에 떨어졌다는 것이 탄식할 만한 수준이다.

3. 그 레위인은 풍족하게 많은 것을 가지고 있으니 잠만 재워주면 된다고 하였고 이 노인은 모든 것을 다 담당해서 접대하겠다고 나섰다. 이 노인은 선한 마음으로 하나님의 계명대로 그렇게 하였다. 노인은 레위인을 성심성의껏 접대하였다. 나귀도 씻겨주고 발도 씻게 해주고 마음을 다해 영접했다.

22-30절, 그들이 마음을 즐겁게 할 때에 그 성읍의 비류들이 그 집을 에

워싸고 문을 두들기며 집주인 노인에게 말하여 가로대 네 집에 들어온 사람을 끌어내라 우리가 그를 상관하리라(22절) 집주인 그 사람이 그들에게로 나와서 이르되 아니라 내 형제들아 청하노니 악을 행치 말라 이 사람이 내 집에 들었으니 이런 망령된 일을 행치 말라(23절) 보라 여기 내 처녀 딸과 이 사람의 첩이 있은즉 내가 그들을 끌어내리니 너희가 그들을 욕보이든지 어찌하든지 임의로 하되 오직 이 사람에게는 이런 망령된 일을 행치 말라 하나(24절) 무리가 듣지 아니하므로 그 사람이 자기 첩을 무리에게로 붙들어 내매 그들이 그에게 행음하여 밤새도록 욕보이다가 새벽 미명에 놓은지라(25절) 동틀 때에 여인이 그 주인의 우거한 그 사람의 집 문에 이르러 엎드러져 밝기까지 거기 누웠더라(26절) 그의 주인이 일찌기 일어나 집 문을 열고 떠나고자 하더니 그 여인이 집 문에 엎드러지고 그 두 손이 문지방에 있는 것을 보고(27절) 그에게 이르되 일어나라 우리가 떠나가자 하나 아무 대답이 없는지라 이에 그 시체를 나귀에 싣고 행하여 자기 곳에 돌아가서(28절) 그 집에 이르러서는 칼을 취하여 첩의 시체를 붙들어 그 마디를 찍어 열두 덩이에 나누고 그것을 이스라엘 사방에 두루 보내매(29절) 그것을 보는 자가 다 가로되 이스라엘 자손이 애굽 땅에서 나온 날부터 오늘날까지 이런 일은 행치도 아니하였고 보지도 못하였도다 생각하고 상의한 후에 말하자 하니라(30절)

1. 이부분의 글에는 당시 이스라엘 기브아 사람들의 악행을 그대로 기록하고 있다. 이 비극이 일어난 시각은 그 노인과 레위인 객이 서로 "마음을 즐겁게 할 때에"이다. 그 노인과 동향인인고로 할말이 많았다. 주거니 받거니 하며 먹고 마시고 있었다. 동향의 소식도 서로 묻고 말하며 즐거운 시간을 가졌을 것이다. 그때 밖에서 왁자지껄하는 소리가 나며 소동이 일어났다. 그 성읍의 비류들이 레위인을 상관하겠다고 내놓으라는 것이다. 그들은 남색하는 자들이었다. 이를 소돔의 죄(sodomy-男色)라고 부른다. 소돔은 이러한 죄악으로 심판을 받은 바

있다. 이런 소돔의 악이 하나님의 백성들에까지 퍼진 것이다. 이방 나라가 심판 받은 이런 악을 행하고도 하나님의 백성이 심판을 면할 수 있겠는가? 그 때 노인은 레위인을 보호하고 나섰다. 자기의 딸과 그 레위인의 아내를 내어주겠다고 제시했다. 그러자 레위인이 자기의 첩을 그들에게 내어주었다. 일단 레위인은 자기의 첩을 내어줌으로서 주인의 딸은 보호한 것이다. 그들은 그 첩을 붙들고 밤새 행음을 하고 새벽 미명에 놓았는데 동 틀때 알아보니 집 문 앞에 엎드러져 죽었다. 매튜 헨리는 지옥도 타락한 이스라엘 보다는 나을 것이라고 하였다.

2. 그녀는 손을 문지방에 올리고 집문 앞에 엎드러진 채 죽임을 당했다. 그녀는 과거에 범한 죄를 회개하고 남편에게 용서를 비는 태도로 죽었다. 남편은 용서했지만 하나님의 공의로운 손은 그러한 여자의 죄악을 심판했다. 그녀는 죄의 값을 받았다. 남편 레위 사람은 그녀가 밤새 어떻게 당했는지 새벽에 죽었는지 살았는지 일찍 살피지 않았던 것 같다. 그는 자기가 살기 위해 자기의 첩을 내어놓고 잠을 잤고 아침에 일어났다. 밤새 치욕을 당한 아내는 문지방을 잡고 엎드려 쓰러져 있었다. 그는 수치와 모욕으로 정신이 혼란되어 일어나지 못하고 그렇게 엎드려 있는 것이라고 생각했다. 이제 집에 가자고 외쳤다. 아무 대답이 없자 그는 첩이 죽은 줄 알았다. 그리고 그녀를 그의 나귀에 매달고 자기 집까지 갔다. 자기 집에 도착한 그는 그녀의 시체를 칼로 마디마디 나누었다. 참을 수 없다고 생각했다. 오! 이 어떠한 하나님 백성 가운데의 비극인가!

3. 레위인은 실로에 가는 것을 포기하고 집으로 먼저 가서 마디마디 나눈 그녀의 시체를 각 지파에 보내면서 그의 억울함을 호소했다. 그는 기브아 사람의 죄악의 일을 그냥 묵인하고 지나갈 수 없는 일이라고 생각했다. 그들은 지나가는 객을 접대하기는 고사하고(한 사람도 영접하

지 않았다) 그나마 접대하는 노인 집에 쫓아가서 이런 악을 행한 것이다. 나그네를 접대하라는 것은 하나님의 명령이고 이를 행하지 않는 것도 큰 잘못이다. 요한삼서에 그런 자가 있었다. 사도 요한 당시 주 안에서 나그네된 자들을 접대하기는커녕 접대하는 자들을 내어쫓는 자들이 있었다. 사도는 이를 악이라고 단정했다(요삼 11절). 그들은 그런 악에다 악을 더해서 극심한 음란의 죄를 범한 것이다. 악은 악을 불러오는 법이다. 각 지파는 그 사실을 알고 상당히 격분하게 되었다. "그것을 보는 자가 다 가로되 이스라엘 자손이 애굽 땅에서 나온 날부터 오늘날까지 이런 일은 행치도 아니하였고 보지도 못하였도다 생각하고 상의한 후에 말하자 하니라(30절)".

사사기 20장

Judges

1-11절, 이에 모든 이스라엘 자손이 단에서부터 브엘세바까지와 길르앗 땅에서 나왔는데 그 회중이 일제히 미스바에서 여호와 앞에 모였으니(1절) 온 백성의 어른 곧 이스라엘 모든 지파의 어른들은 하나님 백성의 총회에 섰고 칼을 빼는 보병은 사십만이었으며(2절) 이스라엘 자손의 미스바에 올라간 것을 베냐민 자손이 들었더라 이스라엘 자손이 가로되 이 악한 일의 정형을 우리에게 고하라(3절) 레위 사람 곧 죽임을 당한 여인의 남편이 대답하여 가로되 내가 내 첩으로 더불어 베냐민에 속한 기브아에 유숙하러 갔더니(4절) 기브아 사람들이 나를 치러 일어나서 밤에 나의 우거한 집을 에워싸고 나를 죽이려 하고 내 첩을 욕보여서 그로 죽게 한지라(5절) 내가 내 첩의 시체를 취하여 쪼개어 이스라엘 기업의 온 땅에 보내었노니 이는 그들이 이스라엘 중에서 음행과 망령된 일을 행하였음을 인함이로라(6절) 이스라엘 자손들아 너희가 다 여기 있은즉 너희의 의견과 방책을 낼지니라(7절) 모든 백성이 일제히 일어나며 가로되 우리가 하나라도 자기 장막으로 돌아가지 아니하며 하나라도 자기 집으로 들어가지 아니하고(8절) 우리가 기브아 사람에게 이렇게 행하리니 곧 제비뽑아서 그들을 치되(9절) 우리가 이스라엘 모든 지파 중에서 백에 열, 천에 백, 만에 천을 취하고 그 백성을 위하여 양식을 예비하고 그들로 베냐민의 기브

아에 가서 그 무리의 이스라엘 중에서 망령된 일을 행한 대로 징계하게 하리라 하니라(10절) 이와 같이 이스라엘 모든 사람이 하나같이 합심하여 그 성읍을 치려고 모였더라(11절)

1. 먼저 미가의 신당의 일(17장부터)과 레위사람 첩의 사망 사건(19장)이 시대적으로 언제인가 하는 문제이다. 대부분의 학자들이 마지막 사사의 이후가 아닐 것이라는데에 동의한다. 그 이유는 아론의 아들 엘르아살의 아들 비느하스가 이때 살아있었고(28절) 비느하스는 여호수아 시대에 생존했던 사람이며 요단 동편으로 가다가 오해할 만한 단을 쌓은 사건이 있을 때 열 지파의 방백과 함께 여호수아에 의해 파송된 적이 있기 때문이다(수 22:10-14).

2. 온 이스라엘이 미스바에 함께 모여 이 일을 해결하기 원했다. 이스라엘의 어른들이 모두 모였고 그들은 여호와 앞에 있었다. 이것은 불의를 용납지 않으려는 진지한 모임이었다. 칼을 빼서 싸울 수 있는 장정은 사십만이었다. 그 모인 자들은 그 일을 자세하게 들을 양으로 그 레위 사람, 죽임을 당한 여인의 남편을 불러 정황을 다시 한 번 들었다. 레위 사람은 그 정황을 비교적 정확하게 말했다. 비교적 정확하다고 한 것은 그를 죽이려 한 것이 아니라 그들은 남색하려 한 것이고 그리고 그녀를 자기가 내어준 점 등이다. 그는 이런 점들은 상세하게 말하지 않았다.

3. 이때 이스라엘은 모여서 어떻게 할 것인가 방책을 구했다. 그리고 그 끔찍한 죄악이 일어난 일에 대하여 응징하자고 결의했다. 그들은 모든 지파가 십분지 일의 군사를 내어 제비를 뽑아 베냐민의 망령된 일을 징계하기를 결의했다. 구체적인 문제, 싸울 사람들의 양식조달문제도 해결했다.

4. 이때 베냐민도 연락을 받았을 것이고 모든 지파가 모이는 것을 들었다. 그들은 이스라엘이 자기들의 죄를 심판하기 위해 모인다는 것을 알았다. 그러나 그들은 완고했다. 그들이 만일 정상적이었다면 응당 자신들 가운데 있었던 죄악을 자복하며 스스로 심판하려 하며 용서를 구했어야 할 것이다. 그러했다면 양상은 달라졌을 것이다. 그러나 그들은 교만한 마음을 먹고 오지 않았다. 그들은 지파심이 도덕심이나 하나님 앞에서의 관계성보다 더 우선하고 있었다. 그들은 자신의 지파의 명예와 단합을 위해서 그들 자신의 잘못도 감싸고자 했다. 당시 베냐민이 도덕적으로 가장 타락되어 있었다. 따라서 그들은 다른 이스라엘 지파들과도 함께 하려는 마음도 적었다. 온 하나님의 자녀들을 위한 것이 아니라 자기 단체만을 위한 종파성은 구약에서나 신약에서나 악한 육체이다(갈 5:19-20).

12-17절, 이스라엘 지파들이 베냐민 온 지파에 사람들을 보내어 두루 행하며 이르기를 너희 중에서 생긴 이 악이 어찜이뇨(12절) 그런즉 이제 기브아 사람 곧 그 비류를 우리에게 붙여서 우리로 죽여 이스라엘 중에 악을 제하여 버리게 하라 하나 베냐민 자손이 그 형제 이스라엘 자손의 말을 듣지 아니하고(13절) 도리어 각 성읍에서 기브아에 모이고 나가서 이스라엘 자손과 싸우고자 하니(14절) 그 때에 성읍들에서 나온 베냐민 자손의 수는 칼을 빼는 자가 모두 이만 육천이요 그 외에 기브아 거민 중 택한 자가 칠백인데(15절) 이 모든 백성 중에서 택한 칠백 명은 다 왼손잡이라 물매로 돌을 던지면 호리도 틀림이 없는 자더라(16절) 베냐민 자손 외에 이스라엘 사람의 칼을 빼는 자의 수는 사십만 명이니 다 전사라(17절)

온 이스라엘은 그들을 심판하기 전에 베냐민 지파에 사람을 보냈다. 그리고 그 잘못한 사람을 보내서 그들만을 죽여 심판하겠다고 했다. 이는 매우 합당한 조치였다. 그러나 베냐민은 이스라엘 어른들의 합당한 권면을 받지 않았다. 그들은 그들 안에 있는 부정을 감싸고 그들과 한판 싸울 것을 결의했다. 베냐민 군사도 만만치 않은 전력이었다. 그들이 뭔가 실력이 있었다는 것도 문제이다. 그들의 칼을 빼서 전투할 인수가 이만 육천명이었다. 그 외에 기브아 거민 중 택한 자가 칠백이었다. 기브아는 그 끔찍한 죄를 지은 도시인데 그 사람들은 회개는 커녕 싸움 잘하는 왼 손잡이 칠백명을 뽑아 이스라엘과 맞붙을 요량으로 보냈다. 그들은 물매돌을 얼마나 잘던지는지 던지기만하면 틀림없이 목표물을 맞추는 실력자들이었다. 그들은 그러한 물매돌로 다윗과 같이 대적을 잡는데 쓴 것이 아니라 형제들을 치는데 사용하고자 했다.

18-25절, 이스라엘 자손이 일어나 벧엘에 올라가서 하나님께 묻자와 가로되 우리 중에 누가 먼저 올라가서 베냐민 자손과 싸우리이까 여호와께서 가라사대 유다가 먼저일지니라(18절) 이스라엘 자손이 아침에 일어나 기브아를 대하여 진을 치니라(19절) 이스라엘 사람들이 나가서 항오를 벌이고 거기서 그들과 싸우고자 하매(20절) 베냐민 자손이 기브아에서 나와서 당일에 이스라엘 사람 이만 이천을 땅에 엎드러뜨렸으나(21절) 이스라엘 사람들이 스스로 용기를 내어 첫날 항오를 벌였던 곳에 다시 항오를 벌이니라(22절) 이스라엘 자손이 올라가서 여호와 앞에서 저물도록 울며 여호와께 묻자와 가로되 내가 다시 나아가서 나의 형제 베냐민 자손과 싸우리이까 여호와께서 가라사대 올라가서 치라 하시니라(23절) 그 이튿날에 이스라엘 자손이 베냐민 자손을 치러 나아가매(24절) 베냐민도 그 이튿날에 기브아에서 그들을 치러 나와서 다시 이스라엘 자손 일만 팔천을 땅에 엎드러뜨렸으니 다 칼을 빼는 자였더라(25절)

1. 그들은 벧엘에 올라가서 하나님께 물었다. "우리 중에 누가 먼저 올라가서 베냐민 자손과 싸우리이까". 그들은 그렇게 죄를 범한 베냐민, 말을 해도 듣지 않는 베냐민을 징벌하는 것은 당연한 일로 결론이

난 상태였다. 그들은 그 자체를 묻기에는 너무 많이 나아갔고 분이 충천해 있었다. 주님은 그들이 어떻게 물었을 때 어떻게 대답을 해주셨다. "유다가 먼저 일지니라". 어떤 학자들은 이 말을 그들이 여호와로부터 들은 것이 아니라 스스로의 확신이라고 생각하는 사람도 있지만 이 대답은 하나님이 주신 것으로 본다.

2. 그들이 나아가 싸웠지만 기브아에서 나온 베냐민 자손이 이스라엘 자손 이만 이천 명을 엎드려뜨렸다. 불법과 육적인 힘도 크게 힘을 발휘한다. 이스라엘은 스스로 용기를 내어 첫날 항오를 벌렸던 곳에 다시 항오를 벌렸다. 그리고 저물도록 울며 기도했다. "내가 다시 나아가서 나의 형제 베냐민 자손과 싸우리이까". 그때 여호와께서는 대답하셨다. " 여호와께서 가라사대 올라가서 치라 하시니라".

이 기도는 순서가 바뀐감이 있다. 두 번째 기도를 먼저 했어야 한다. 그러나 이들은 첫 번째의 결정은 자신들이 했다. 너무나 분개한 일이고 징벌해야 마땅한 일이라고 간주했기 때문이다. 그러나 그들이 심하게 패하자 혹 주님이 베냐민과 싸우는 것을 원하지 않으시는 것은 아닌가 흔들렸다. 그래서 하루종일 울면서 기도한 것이다. 그때 주님은 올라가서 치라고 하셨다. 두 번째 나아갔을 때도 그들은 패했다. 일만 팔천명을 잃어버렸다. 분이 올라서 하는 일은 옳은 일이라도 하나님이 함께 하시지 않는다. 하나님은 사람의 혈기가 그친 곳에서 역사를 시작하신다.

26-48절, 이에 온 이스라엘 자손 모든 백성이 올라가서 벧엘에 이르러 울며 거기서 여호와 앞에 앉고 그 날이 저물도록 금식하고 번제와 화목제를 여호와 앞에 드리고(26절) 여호와께 물으니라 (그 때에는 하나님의 언약궤가 거기 있고(27절) 아론의 손자 엘르아살의 아들 비느하스가 그 앞에 모셨더라) 이스라엘 자손이 묻자오되 내가 다시 나가 나의 형제 베냐민 자손과 싸우리이까 말리이까 여호와께서 가라사대 올라가라 내일은

내가 그를 네 손에 붙이리라(28절) 이스라엘이 기브아 사면에 군사를 매
복하니라(29절) 이스라엘 자손이 제 삼 일에 베냐민 자손에게로 치러 올
라가서 전과 같이 기브아를 대하여 항오를 벌이매(30절) 베냐민 자손이
나와서 백성을 맞더니 꾀임에 빠져 성읍을 떠났더라 그들이 큰 길 곧 한편
은 벧엘로 올라가는 길이요 한편은 기브아의 들로 가는 길에서 백성을 쳐
서 전과 같이 이스라엘 사람 삼십 명 가량을 죽이기 시작하며(31절) 스스
로 이르기를 이들이 처음과 같이 우리 앞에서 패한다 하나 이스라엘 자손
은 이르기를 우리가 도망하여 그들을 성읍에서 큰 길로 꾀어내자 하고(32
절) 이스라엘 사람이 모두 그 처소에서 일어나서 바알다말에 항오를 벌였
고 그 복병은 그 처소 곧 기브아 초장에서 쏟아져 나왔더라(33절) 온 이스
라엘 사람 중에서 택한 사람 일만이 기브아에 이르러 치매 싸움이 심히 맹
렬하나 베냐민 사람은 화가 자기에게 미친 줄을 알지 못하였더라(34절)
여호와께서 이스라엘 앞에서 베냐민을 쳐서 파하게 하시매 당일에 이스
라엘 자손이 베냐민 사람 이만 오천일백을 죽였으니 다 칼을 빼는 자이었
더라(35절) 이에 베냐민 자손이 자기가 패한 것을 깨달았으니 이는 이스
라엘 사람이 기브아에 매복한 군사를 믿고 잠깐 베냐민 사람 앞을 피하매
(36절) 복병이 급히 나와 기브아에 돌입하고 나아가며 칼날로 온 성읍을
쳤음이더라(37절) 처음에 이스라엘 사람과 복병 사이에 상약하기를 성읍
에서 큰 연기가 치미는 것으로 군호를 삼자 하고(38절) 이스라엘 사람은
싸우다가 물러가고 베냐민 사람은 이스라엘 사람 삼십 명 가량을 쳐죽이
기를 시작하며 이르기를 이들이 정녕 처음 싸움같이 우리에게 패한다 하
다가(39절) 연기구름이 기둥같이 성읍 가운데서 일어날 때에 베냐민 사람
이 돌아보매 온 성읍에 연기가 하늘에 닿았고(40절) 이스라엘 사람은 돌
이키는지라 베냐민 사람이 화가 자기에게 미친 것을 보고 심히 놀라(41
절) 이스라엘 사람 앞에서 몸을 돌이켜 광야 길로 향하였으나 군사가 급
히 추격하며 각 성읍에서 나온 자를 그 가운데서 진멸하니라(42절) 그들
이 베냐민 사람을 에워쌌더니 기브아 앞 동편까지 쫓으며 그 쉬는 곳에서

짓밟으매(43절) 베냐민 중에서 엎드러진 자가 일만 팔천이니 다 용사더라(44절) 그들이 몸을 돌이켜 광야로 도망하여 림몬 바위에 이르는 큰 길에서 이스라엘이 또 오천 명을 이삭 줍듯 하고 또 급히 따라 기돔에 이르러 또 이천 명을 죽였으니(45절) 이 날에 베냐민의 칼을 빼는 자의 엎드러진 것이 모두 이만 오천이니 다 용사더라(46절) 베냐민 육백 명이 돌이켜 광야로 도망하여 림몬 바위에 이르러 거기서 넉 달을 지내었더라(47절) 이스라엘 사람이 베냐민 자손에게로 돌아와서 온 성읍과 가축과 만나는 자를 다 칼날로 치고 닥치는 성읍마다 다 불살랐더라(48절)

1. 여기서 우리는 주 하나님께서 그래도 베냐민의 편에 계시지 않고 온 이스라엘의 편에 계셨다는 것을 알 수 있다. 베냐민 사람들도 당시 나름대로의 옳은 이론이 있었을 것이다. 명분없이 그 많은 용사들을 모을 수 없다. 그들은 어쩌면 단(라이스)에 세운 우상을 트집으로 잡았을 수도 있다. 그들은 나름대로 부도덕한 죄를 지었지만 종교적으로 하나님을 바꾸는 우상을 세우는 일을 하지 않았다고 주장했을 수도 있다. 또한 그들의 잘못을 국문하기 위해 미스바에 베냐민 지파를 부르고 조사하는 과정이 자기들의 존재에 대하여 상당히 무시했다고 불평했을 수도 있다. 그들의 상당한 논리나 주장하는 위치가 있었겠지만 하나님은 그래도 언약궤와 전 이스라엘을 중심으로 한 보편적인 교회의 입장에 서 계셨다. 신약에도 이는 매우 중요한 진리이다. 어떤 무리가 아무리 영적이라 하더라도 보편적인 그리스도의 몸의 위치를 버리고 자신들만을 몸이라고 하며 유일한 교회라고 주장하며 다른 보편적인 교회들을 타도대상으로 삼는 데까지 빠지게 되면 심각한 종파적인 위치에 서게 되는데 그럴 때 그들은 그들의 많은 열심에도 불구하고 주님의 함께 하심을 놓치게 된다. 이때 베냐민은 잠시나마 하나님의 함께 하심을 잃고 도리어 징벌의 대상이 된 것이다.

2. 물론 여기서 이스라엘은 성급했다. 그들은 하나님과 동역하여 한 발 한 발 걸어가는 것에 있어서 노련하지 않았다. 그들은 자신들이 생각하는 바가 매우 옳다고 생각했고 자신들이 어떻게 하더라도 하나님이 함께 해주실 것이라고 믿었다. 과연 하나님은 그들을 존중하셨고 그들 편에 함께 서 계셨다. 그렇다하더라도 그들의 두 번의 나아가 싸운 전투는 사람편의 성급한 면이 포함되어있다. 그들의 기도의 순서가 합당치 않은 것도 그러하고 두 번째 날 싸우기 위해서는 스스로 용기를 냈다하는 구절도 그러하다(22절). 성령의 일은 스스로 용기를 낼 필요가 없이 하나님이 주시는 용기로서 나아간다. 그들은 두 번을 패하고 사만 명을 잃어버리고 하나님 앞에 심각하게 무릎을 꿇었다. 그렇지만 그들의 위치가 하나님께 있기 때문에 돌이키기가 쉽고 회개하기가 좋았다. 그리스도인은 이와 같이 서 있는 위치가 중요하다. 종파의 위치란 그 서 있는 위치가 잘못되어 다른 사람이 다 잘못되고 자신들만이 옳다고 하는 것이기에 자신들의 틀린 것에 대하여 옳다하는, 즉 보는 눈의 각도가 잘못되어 시야가 삐뚫어지기 때문에 그들은 사태를 바로 보고, 돌이킬 소망이 너무 없다. 올바른 교회의 위치 즉, 보편적인 위치란 모든 그리스도인을 자신의 지체이며 형제자매로 대하는 위치인 것이다. 즉 모든 그리스도인을 한 몸의 지체로 포함하여 사랑하고 교제하는 위치인 것이다(고전 12:12).

두 번을 패배한 후 그들의 회개는 매우 좋았다. 거기에는 번제도 있고 화목제도 있으며 금식도 있고 눈물도 있었다. 그들은 또한 언약궤와 함께 당시의 분열의 위치가 아닌 하나님의 집의 정통성있는 제사장 엘르아살의 아들 비느하스와 함께 하고 있었다. 그들은 또한 비록 사만명이 죽었지만 반드시 원수 베냐민을 보복해야겠다고 부르짖지도 않았다. 그들은 싸우는 일 자체도 내려놓았다. 그들은 하나님이 하지 말라 하시면 안할 수도 있다고 말씀드렸다. 그러므로 온 종일 그들은 아무것도 하지 않고 여호와 앞에 있었던 것이다. "여호와여 싸우리이까 말리이까?" 주님은 이때 분명하게 대답하셨다. "여호와께서 가라사대 올라가라 내일은 내가 그를 네 손에 붙이리라". 맨 처음부터 이렇게 하지 않은 것이 유감스럽지만 그래도 그들은 좋았다. 베냐민은 계속 싸우러 나오지만 기도하고 회개한 기록이 없다. 그들의 부정과 육체와 고집이었다. 그 결과는 멸망인 것이다.

3. 주님의 말씀 '내일은' 이라는 말씀을 생각해보면 이전 두 번의 싸움에서는 그들 손에 붙이지 않으셨다는 말도 된다. 그러므로 거기에는 어느 정도 이스라엘 사람들의 인본주의 요소가 들어간 것이라고 생각할 수 있다. 그 이전에는 '너희들이 하는 것이니 해보거라' 는 뜻도 포함된다. 그들은 패하면서 영적인 공과를 배우게 되었다. 이런 일은 앞서 번제와 화목제와 금식과 회개의 눈물을 흘릴 만한 일이었다. 베냐민은 도덕적으로 부패한 죄를 지어 징벌을 당해야 하지만 이스라엘은 형제를 징벌하는 일에서 더 심각한 느낌을 가져야 했다. 사람이 만일 자신의 손이 썩어들어가서 끊어내야 할 지경에 이르렀다면 물론 끊어내야 하겠지만 얼마나 심사숙고 하겠는가? 끊어야 할지 말아야 할지 처음부터 고심할 것이고 할 수만 있다면 끊어버리지 않기를 원하는 마음이 있을 것이다. 이들은 부정하고 악한 죄를 지은 베냐민을 징벌하는 것에는 강했지만 그 일을 놓고 하나님 앞에 고심하는 시간은 부족했다. 그들은 한 번 두 번 패하면서 배우게 되었던 것이다. 즉 그들은 부정한 것을 징벌하는데는 매우 분개하고 용감하며 즉각적이었지만 그 형제들을 멸절하고 말살하는 것에 대한 아픔은 충분하지 못했던 것이다. 그들은 이 점에 있어서 하나님과의 괴리를 갖고 있었던 것이다.

4. 그들은 하나님께 기도하고 승리의 확신을 가졌지만 인간편에서도 자세하고 치밀하며 주도면밀한 작전을 구사했다. 하나님이 없이 두 번의 승리만 한 베냐민은 자신들을 신뢰하기에 충분했다. 하나님 앞에 모

든 것을 비우고 기도하고 금식하며 회개한 이스라엘은 어떻게 해야 할 것을 너무나 잘 알게 되었다. 그들은 실패한 것에 대해서도 알게되고 베냐민이 어떻게 나올 것도 잘 알게 되었다. 영에 속한 사람은 육에 속한 사람의 일을 다 알 수 있다(고전 2:15). 주님을 사랑하는 자들, 온당한 자들에게는 실패를 통해서도 전략을 얻는 법이다. 즉 과거의 실패가 미래의 성공의 자료와 열쇠가 되는 것이다.

그러므로 이번 전투는 그 이전과 달랐다. 군사를 기브아 사면에 매복시켰다. 이것은 그들이 자신들의 승리를 믿고 성읍을 쉽게 빠져 나올 것을 예상했기 때문이다. 기브아 성읍은 그 죄과로 인하여 가장 먼저 참혹하게 복병들에 의해 온 성읍이 칼로 살륙당했다(37, 40절). 육에 속한 사람은 그 수가 뻔하다. 두 번을 크게 이겼으니 계속 이길 줄 안 것이다. 그들은 역시 삼십여 명을 치며 지난 번처럼 또 이기는 것이라고 생각했다. 그리고 성읍을 빠져 나왔다. 그러다 기브아 앞 동편에서 일만 팔천을 잃고 림몬 바위쪽에서 오천명, 기돔에서 이천명, 해서 도합 이만 오천의 용사가 다 죽었다. 림몬 바위 쪽으로 도망하던 사람들은 '이삭 줍기 하듯' 죽임을 당하였으니 반항도 못하고 죽임을 당했다는 뜻이다. 간단히 말해서 베냐민은 이스라엘의 작전에 휘말렸다. 그리고 무참하게 패했다. 처음에는 자기들이 당하는 것을 모르고 있었다. 이제 성읍에 연기가 오르고 도망가는 척하던 이스라엘이 돌이키고 복병들이 일어나니 베냐민은 그제서야 큰일 난 줄을 알았다. 자신을 신뢰하고 교만한 사람들은 자신들이 이미 패했는데도 그것을 모른다. 나중에 완전히 패배하였을 때에서야 현주소를 알게 된다. 교만과 고집이 사람을 멸망케 한다. 베냐민 용사 육백 명만 남겨놓고 다 죽었다. 그들은 림몬 바위 곁에 숨어 넉달을 지냈다. 베냐민 사람들의 성읍은 가축까지 모조리 불살라지고 칼로 죽임을 당했다.

사사기 21장

Judges

1-15절, 이스라엘 사람들이 미스바에서 맹세하여 이르기를 우리 중에 누구든지 딸을 베냐민 사람에게 아내로 주지 아니하리라 하였더라(1절) 백성이 벧엘에 이르러 거기서 저녁까지 하나님 앞에 앉아서 대성 통곡하여(2절) 가로되 이스라엘의 하나님 여호와여 오늘날 이스라엘 중에 어찌하여 한 지파가 이즈러졌나이까 하더니(3절) 이튿날에 백성이 일찌기 일어나서 거기 한 단을 쌓고 번제와 화목제를 드렸더라(4절) 이스라엘 자손이 가로되 이스라엘 온 지파 중에 총회와 함께 하여 여호와 앞에 올라오지 아니한 자가 누구뇨 하니 이는 그들이 크게 맹세하기를 미스바에 와서 여호와 앞에 이르지 아니하는 자는 반드시 죽일 것이라 하였음이라(5절) 이스라엘 자손이 그 형제 베냐민을 위하여 뉘우쳐 가로되 오늘날 이스라엘 중에 한 지파가 끊쳤도다(6절) 그 남은 자들에게 우리가 어떻게 하면 아내를 얻게 하리요 우리가 전에 여호와로 맹세하여 우리 딸을 그들의 아내로 주지 아니하리라 하였도다(7절) 또 가로되 이스라엘 지파 중 미스바에 올라와서 여호와께 이르지 아니한 자가 누구뇨 하고 본즉 야베스 길르앗에서는 한 사람도 진에 이르러 총회에 참여치 아니하였으니(8절) 백성을 계수할 때에 야베스 길르앗 거민이 하나도 거기 없음을 보았음이라(9절) 회

중이 큰 용사 일만 이천을 그리로 보내며 그들에게 명하여 가로되 가서 야베스 길르앗 거민과 및 부녀와 어린아이를 칼날로 치라(10절) 너희의 행할 일은 모든 남자와 남자와 잔 여자를 진멸할 것이니라 하였더니(11절) 그들이 야베스 길르앗 거민 중에서 젊은 처녀 사백 인을 얻었으니 이는 아직 남자와 자지 아니하여서 남자를 알지 못하는 자라 그들이 실로 진으로 끌어오니라 이는 가나안 땅이더라(12절) 온 회중이 림몬 바위에 있는 베냐민 자손에게 보내어 평화를 공포하게 하였더니(13절) 그 때에 베냐민이 돌아온지라 이에 이스라엘 사람이 야베스 길르앗 여인 중에서 살려둔 여자를 그들에게 주었으나 오히려 부족하므로(14절) 백성들이 베냐민을 위하여 뉘우쳤으니 이는 여호와께서 이스라엘 지파들 중에 한 지파가 궐이 나게 하셨음이더라(15절)

1. 죄는 미운 것이지만 형제는 사랑해야 한다. 이스라엘은 그들이 보편적인 교회의 위치에 있었기에 전쟁 후에 승리의 자축이 있었던 것이 아니라 한 지파의 이즈러짐에 대하여 슬퍼했다. 이것이 옳은 것이다. 이것은 보편적인 교회의 성도들의 축복인 것이다. 종파적이고 육체적인 성향의 단체의 사람들은 이러한 감각을 갖지 못한다. 그들은 그저 이긴 것을 기뻐할 것이다. 그러나 당시 이스라엘 전 지파를 대표한 백성들은 이기고도 애통한 마음을 가졌다. 그리고 일찍이 일어나서 단을 쌓고 번제와 화목제를 드렸다. 이는 교회의 온전한 위치에 서 있는 것이 얼마나 중요한 지에 대한 또 하나의 그림인 것이다. 이처럼 하나님의 백성들은 무엇을 하는가가 중요한 것 이상으로 어디에 서 있는가가 중요한 것이다.

2. 패전한 베냐민 지파는 림몬 바위로 피한 600 명만 살아남았다. 그러므로 이스라엘에 한 지파가 궐이 나는 위기를 맞았다. 이스라엘은 미스바에 모여 아무도 베냐민에게 딸을 주지 않기로 맹세했다. 결과는 한

지파가 사라지는 위기를 맞은 것이다. 그때 온 이스라엘은 통곡하며 슬퍼하며 울었다. 그들은 아침에 일찍 일어나서 번제와 화목제를 드렸다. 인간이 잘한 일 가운데도 지나친 것이 있을 수 있다. 그들은 베냐민을 징벌하였지만 잘했다는 느낌보다는 죄를 지었다는 느낌, 하나님의 백성 한 지파를 궐이 나게 할 판에 이르게 한 죄책감에 사로잡혔다. 모든 지파가 하나님께 소중하고 제사장의 흉패에는 열 두 보석이 물려 있었다. 그들 모든 지파가 야곱이나 모세의 축복을 받았다. 그러니 그들은 사생결단을 한 전쟁을 승리하고도 축배의 잔을 들 수 없었다. 그들은 승리 후 슬퍼하고 통곡했다. 죄는 밉고 심판받아야 하지만 죄인은 사랑해야 한다. 이것이 그리스도인 가운데 있는 심판이다. 의를 위해 심판하는 경우라도 거기에는 반드시 동정이 있어야 한다. 하나님도 사람을 벌하실 때 기쁜 마음으로 하시지 않으시는데 하물며 은혜 받은 죄인인 사람이 그리해서는 안 된다(매튜헨리).

3. 이스라엘 지파 중에서는 맹세하여 베냐민에게 딸을 주지 않기로 하였으므로 베냐민의 보존책으로 베냐민과의 전쟁에 참여하지 않았던 야베스 길르앗을 쳐서 응징하고(그들은 함께 베냐민을 치러갈 때 함께 하지 않고 참여하지 않은 벌을 받았다. 따라서 많은 부녀와 어린아이를 칼날로 침을 당하고 처녀 400 명은 베냐민에게 주어졌다. 기드온이나 입다나 하나님을 위해 큰일을 하다보면 지나친 맹세를 하게 된다. 그러한 맹세도 지나친 것의 일종이다. 그렇지만 이스라엘은 전쟁이 끝난 후 하나님께 번제와 화목제를 드린 후 마음에 평안을 찾고 베냐민에 살아남은 600 명(림몬 바위로 피한)에게 평화를 선포했다. 이는 그들의 주님 앞에서의 회개와 제물드림이 진정이었음을 증명한다. 그들은 그나마 600 명이라도 도망하여 살아 남아준 것이 고마웠다. 그들로 말미암아 한 지파의 존속이 이루어질 수 있기 때문이었다. 이스라엘은 길르앗 야베스를 징계하여 남자들과 남자와 잔 여자들은 다 죽이고 남자들과

자지 않은 400 명의 처녀들을 600 명의 베냐민 사람들에게 아내로 주었다. 그럼에도 200여 명의 여자들이 부족했다. 그들은 그런 과정을 거치며 베냐민을 위하여 뉘우쳤다. 그들을 연민하게 된 것이다. 이것이 한 피 받아 한 몸 이룬 형제자매들과의 관계이다. 이것이 없다면 어떻게 형제 자매라 할 수 있겠는가?

16-25절, 회중 장로들이 가로되 베냐민의 여인이 다 멸절되었으니 이제 그 남은 자들에게 어떻게 하여야 아내를 얻게 할고(16절) 또 가로되 베냐민의 도망하여 면한 자에게 마땅히 기업이 있어야 하리니 그리하면 이스라엘 중에 한 지파가 사라짐이 없으리라(17절) 그러나 우리가 우리의 딸을 그들의 아내로 주지 못하리니 이는 이스라엘 자손이 맹세하여 이르기를 딸을 베냐민에게 아내로 주는 자는 저주를 받으리라 하였음이로다(18절) 또 가로되 보라 벧엘 북편, 르보나 남편 벧엘에서 세겜으로 올라가는 큰 길 동편 실로에 매년 여호와의 절기가 있도다 하고(19절) 베냐민 자손에게 명하여 가로되 가서 포도원에 숨어(20절) 보다가 실로의 여자들이 무도하러 나오거든 너희는 포도원에서 나와서 실로의 딸 중에서 각각 그 아내로 붙들어 가지고 베냐민 땅으로 돌아가라(21절) 만일 그 아비나 형제가 와서 우리에게 쟁론하면 우리가 그에게 말하기를 청컨대 너희는 우리에게 은혜를 베풀어 그들을 우리에게 줄지니라 이는 우리가 전쟁할 때에 각 사람을 위하여 그 아내를 얻어 주지 못하였고 너희가 자의로 그들에게 준 것이 아니니 너희에게 죄가 없을 것임이니라 하겠노라 하매(22절) 베냐민 자손이 그같이 행하여 춤추는 여자 중에서 자기들의 수효대로 아내로 붙들어 가지고 자기 기업에 돌아가서 성읍들을 중건하고 거기 거하니라(23절) 그 때에 이스라엘 자손이 그 곳을 떠나 각각 그 지파, 그 가족에게로 돌아가되 곧 각각 그 곳에서 나와서 자기 기업으로 돌아갔더라(24절) 그 때에 이스라엘에 왕이 없으므로 사람이 각각 그 소견에 옳은 대로 행하였더라(25절)

1. 이 구절에는 베냐민 지파 사람 200 명에게 아내를 구해주는 내용이 기록되어 있다. 이스라엘 장로들은 베냐민 지파 남은 사람 200 명에게 실로의 들에서 매년 열리는 무도회에 나오는 처녀들을 붙잡아 아내를 삼도록 허용했다. 그 춤은 아마도 초막절을 기념하는 경건하고 정숙한 무용이었을 것이다(매튜헨리). 이스라엘 장로들은 베냐민 200 명의 사람들에게 포도원에 숨어서 지켜보라고 하였다. 그리고 마음에 드는 여인을 붙들어가지고 베냐민 땅으로 들어가라고 훈수했다. 그럴 때 그 아비나 형제가 와서 쟁론하면 은혜를 베풀어 달라고 말하고 이는 자의로 딸들을 우리에게 준 것이 아니니 죄가 당신들에게 돌아가지 않을 것이라고 말하라고 해주었다. 그러므로 베냐민은 그대로 했고 그들의 수효대로 여인들을 붙들어 가지고 자기들의 기업의 땅으로 돌아가서 성읍들을 중건하고 그곳에 거주하게 되었다. 그래서 베냐민에 대한 심판의 일은 끝이 났다. 그들은 부패한 죄악에 대하여 참담하리만큼 큰 심판을 받았다. 그들만이 아니라 온 이스라엘이 베냐민을 위하여 고통을 당하며 무진 애를 쓰지 않으면 안 되는 상황에 이른 것이다. 이와 같이 죄란 자기를 망치고 남을 괴롭히며 다른 사람들도 역시 크나큰 실수와 죄악으로 이끈다. 그러므로 성도들은 어찌하든 죄를 피해야 한다.

2. 혼란의 원인이 다시 한 번 설명된다. "그 때에 이스라엘에 왕이 없으므로 사람이 각각 그 소견에 옳은 대로 행하였더라". 이 말씀을 결론으로 사사기가 끝난다. 이러한 혼란의 원인은 왕이 이스라엘에 없으므로라고 했다. 사무엘상에 사무엘과 하나님은 이스라엘 장로들이 왕을 세워달라고 할 때 기뻐하지 않았다(삼상 8:6-8). 그런데 여기에 반복적으로 이스라엘에게는 왕이 꼭 필요한 것처럼 쓰여 졌다. 이것을 어떻게 이해해야 하는가? 사사시대의 정치제도는 가장 이상적인 것이고 하나님은 그들이 스스로 잘 해나가면 최상의 상태를 유지할 수 있도록 해주셨지만 그들은 할 수 없는 상태에 있었다. 즉 그들이 어떤 강력한 인

간 통치가 없이 다만 하나님을 왕으로 모시고 율법을 지키며 살면 최상의 제사장 나라가 될 수 있다. 이것이 하나님이 원하시는 것이다. 이는 신약의 교회에서 실제적으로 이루어지며 왕국에서 주님이 다스리는 나라가 완전한 스케일로 이루어진다. 그렇지만 그들은 당시 그렇게 할 수 있는 생명과 역량이 부족했다. 그러므로 그들의 부패한 도덕성과 낮은 상태의 종교적 치료책은 강력한 통치력을 행사하는, 그러면서도 하나님을 경외하는 사람이 온 나라를 다스리는 왕정을 가져오는 것이었다. 이것은 최상의 대책이 아니라 그들의 타락한 상태에 대한 궁여지책인 것이다. 왕을 세워 강력한 통치로 제재하지 않으면 모두가 제 소견과 제멋대로 하기 때문이다. 그들 스스로가 하나님을 군왕으로, 그분의 말씀을 법으로 삼아 신정국가를 이루면 최상이련만 그들은 유감스럽게도 그렇게 할 수 있는 역량이 없었다.

3. 그들이 기브아 사건을 보고 정의 편에 선 것은 옳은 것이었다. 그러나 그 총회 중에 흥분하여 잘못 맹세한 일, 총회에 나오지 않은 자들을 전부 죽여 버리자는 일, 베냐민에게는 이스라엘 어느 지파도 딸을 주지 말자고 한 일 등은 지나친 처사이다. 또한 베냐민 사람들 200 명에게 실로에서 숨어 있다가 춤추러 온 여인들을 사로잡아 아내를 삼으라고 한 것도 그러하다. 그리고는 그 일이 부형들을 위로, 무마하기를 그들 자의로 한 것이 아니니 죄가 되지 않을 것이라고 한 것은 의롭고 경건한 일로 보기 어렵다. 엄격히 보면 눈 가리고 아옹하는 식의 자신들의 맹세에 대한 편의적인 적용이니 일종의 외식이다. 그들은 다시 하나님께 나아가 그들의 잘못 맹세한 죄를 정직히 회개하고 하나님께 과연 이 상황을 어떻게 해결하는 것이 좋으냐고, 해결 방법 주시기를 간절히 구하는 편이 옳았을 것이다. 신약에서 주님은 맹세하지 말라고 하셨다. 맹세는 인본주의적인 요소가 있는 것이다. 즉 자신들이 무엇인가 하나님을 위해 일조(一助) 할 수 있다는 여지를 갖고 있다는 전제하에

하는 것이 맹세이다. 그러나 주님은 우리에게 네가 머리카락 하나도 희고 검게 할 수 없는 존재라고 알려주셨다(마 5:36). 우리 인간은 근본적으로 맹세 같은 것을 할 수 있는 존재가 아니라는 말씀이다. 그러니 그저 옳다 옳다 아니라 아니라 하라고 하신 것이다. 차라리 그때 그들이 하나님께 그저 모든 것을 하시라고 매달리고, 하라는 일만 한 가지 한 가지 순종했더라면 얼마나 좋았을 것인가? 서원이나 맹세를 하므로 하나님께 무언가 기쁘게 해드리고 더 큰 은혜를 얻으려 하지 말고 전적으로 그분의 은혜와 자비에만 의지하는 것이 필요하다. 그분의 은혜는 죄인에게 조건없이 주시는 무한한 은혜이다(롬 5:2, 6-8, 고후 12:9, 엡 1:6-7). 더욱 큰 은혜를 얻으려 한다면 하나님 앞에서 자신을 낮추고 겸손한 것이 길이다(약 4:6).

4. 베냐민과 같이 종파적(sectism)이 되는 것은 하나님의 정죄하시는 것임을 알고 피해야 하고(딛 3:10), 따라서 교회의 보편적인 위치에 선 것이 좋은 것이지만 보편적인 단체(전체적인 위치에 서 있는 단체)도 어떤 일을 잘못 결정하고 지나칠 수 있음을 아는 것도 매우 중요하다. 여기에서 우리는 사람 편에서는 언제나 과오와 실수가 있을 수 있음을 알고 겸손하며 조심하는 것이 필요하다는 한 교훈을 배우면 좋다. 카톨릭이 이런 면에서 자신들의 단체를 지나치게 신뢰하여 많은 오류를 발생시킨 것은 역사적인 주지의 사실이다. 어떤 사람이든지 어떤 단체든지 주님의 은혜로 지금까지 많은 면에서 옳게 행해왔고 정당한 하나님의 백성의 위치에 서 있으면서 많은 선한 일을 해왔다 하더라도 교만한 마음을 품고 자신만만하게 자신의 선과 옳음을 내세워 함부로 잘못한 남을 판단하고 심판할 수 있는 것이 아니라는 심각한 교훈을 배우게 된다. 아무리 정의를 실행하는 일이라도 흥분된 감정으로 처리하다보면 과오가 있게 되고 그 과오를 시정하다보면 또 다른 과오를 범하게 된다. 우리는 정의감을 흥분으로 가져가지 말아야 하고 흥분된 상태

에서 바로잡고 심판하는 일을 함부로 행하지 말아야 한다. 확실히 이 시대의 교회도 사사기에서 배워야 할 공과가 있는 것이다. 지난날의 모든 실패나 성공의 교훈들은 오늘을 살아가는 우리의 거울로서 우리를 위한 것이다(고전 10:11). 이런 일에서 사도의 권면의 말씀은 이러하다. "형제들아 사람이 만일 무슨 범죄한 일이 드러나거든 신령한 너희는 온유한 심령으로 그러한 자를 바로잡고 네 자신을 돌아보아 너도 시험을 받을까 두려워하라"(갈 6:1). 두려움 없이 다른 사람의 죄책을 바로잡을 수 있는 사람은 하나도 없다. 이스라엘이 베냐민의 불의를 징계하러 일어난 것, 죄에 대한 의로운 분노의 태도는 좋았다. 하나님의 백성 가운데 죄를 묵인하는 것은 옳은 것이 아니다. 길르앗 야베스 사람들은 동족 가운데 죄가 심각하게 일어나 온 이스라엘이 난리를 하는데도 전연 개의치 않고 그 문제를 함께 고민하며 교정하려 하지 않는 무관심으로 인해 심판을 받은 것이다. 죄는 반드시 심판받아야 한다(고전 5:1-13). 그러나 그때 그들은 두려움과 온유함이 부족했던 것이다. 결론적으로 말하면 이때 이스라엘은 각기 소견대로 행하고 하나님의 율법을 준수하지 못했다는 것이고 그러니 만큼 베냐민 지파에 대한 이스라엘의 처사도 옳게 행한 것이 있는 반면 잘못 행한 일도 있다는 뜻이다(박윤선 주석).

사사기 강해를 마치면서

1. 사사기는 종종 성경을 대강 연구하는 사람들에 의해 오해되어지는 책이다. 또한 사사들의 행적 또한 그들의 실수와 마지막의 많은 자녀를 낳는 무절제의 삶으로 인해 공적이 묻혀지고 감해진다. 그러나 히브리서 11장의 믿음의 선진들의 영예로운 기록에 기드온, 입다, 삼손, 바락 등이 입적되었다. 이는 다시 한 번 사사시대에 이스라엘을 위하여 헌신하고 싸우며 그들을 구원하기 위해 쓰임 받은 인물들을 평가하게

한다. 물론 그들에게 실수도 있고 방만한 삶으로 경건하지 못한 부분도 있지만 당시 그들은 하나님의 귀한 종들로서 쓰임을 받았다.

2. 이 책은 우리에게 옷니엘을 시작으로 하여 열 두명의 사사들의 행적을 보여준다. 그들은 각각 다른 배경과 다른 지파에서 나와 사사가 되었다. 옷니엘은 유다 지파이고 에훗은 베냐민이며 삼갈은 아마도 납달리일 것이다. 여 사사 드보라는 에브라임이며 바락은 납달리, 기드온은 므낫세, 돌라는 잇사갈, 야일은 므낫세, 입다는 갓일 것이며 입산은 스불론일 것이다. 압돈은 에브라임이고 삼손은 단 지파이다. 사사들이 대적했던 대상도 다양하다. 같은 대적이 거의 없다.

이는 하나님이 쓰시는 사람은 다양하다는 것이다. 신약에도 이 원칙은 동일하다. 어부인 베드로와 안드레가 쓰임을 받았는가 하면 세리 마태도 쓰임을 받았고 바울과 같은 석학자도 쓰임을 받았고 의사 누가도 쓰임을 받았다. 교회사에서도 의사, 농부, 구두 수선공, 술주정뱅이, 죄인 등 어떤 사람도 주님이 원하시는 대로 크게 쓰신 경우가 허다하다. 누구든지 진정 헌신한 자를 하나님은 사용하신다. 이것은 우리에게 큰 위로와 격려를 주시는 말씀이다.

3. 이 책에서 또 하나 알 수 있는 것은 성경은 이기는 자의 책이라는 사실이다. 누구의 일을 가장 존중하여 기록했는가 하는 점이다. 물론 우리는 다음의 책에서 보아스와 룻의 기록을 보며 그들의 경건성에 감탄을 한다. 그렇지만 믿음으로 이긴 것을 기록한 히브리서에는 이들의 이름은 없지만 많은 사사들의 이름은 있다. 우리는 보아스와 룻을 통하여 그리스도의 족보가 형성된 놀라운 사실과 중요성을 약화시켜서는 안 된다. 그럼에도 한 가지 중대한 사실은 비록 사사들이 약점이 있었을지라도 그들이 이스라엘에 상당한 영향을 미쳤다는 것이다. 즉 하나님의 나라 전체를 위해서 큰일을 했다는 것이다.

이것은 우리가 오늘날 주님을 위해서 큰 일을 하고 범죄에 빠지는 사람들을 지지하는 것이 아니다. 시대마다의 은혜가 다른 것이다. 신약에 더 큰 은혜를 얻고 내적인 하나님의 생명능력과 성품을 부여받은 우리가 사사들의 도덕성의 표준과 비교할 수 없다. 이는 다윗이 구약의 매우 귀한 성도였음에도 많은 아내를 두고 또 어떤 끔찍한 죄들을 저지른 것과 같다. 이러한 약점은 신약에서 주 예수님이 믿는이에게 주신 새 언약의 은혜와 생명에 의해 다른 차원으로 변화되어야 하는 것이다.

그렇다 하더라도 원칙은 중요한 것이 있다. 사사들의 영성에서 그들은 하나같이 자신의 영성만을 돌본 개인적인 신령함에 사로잡힌 사람들이 아니었다는 것이다. 그들은 힘을 다해 이스라엘의 구원과 그 시대에 하나님이 원하시는 일에 자신을 쏟아부었다는 점이다. 이 점이 그들을 그 시대의 이기는 자들로 삼은 것이다. 이러한 대 원칙은 오늘날에는 적용이 안 되는 것이 아니다. 오늘날도 어떤 사람은 기도를 하루에 일곱시간씩 한다고 자랑한다. 기도를 많이 하는 것은 매우 좋은 일이다. 그러나 그는 골방에서 기도만 할 뿐 바깥 세상에 나와 한 명도 전도하지 않는다. 한 영혼도 구원하지 않고 한 마리의 사탄도 내어쫓지 않고 매일 매주 기도만 한다. 많은 시간 기도하는 것은 필요하고 사도는 무시로 기도하라고 했으니 많이 기도하는 것 자체를 나무랄 것은 없다. 그러나 그의 영성이 자신의 영적 생명만을 관심하고 하나님의 나라의 역사에는 아무런 관심이 없다면 그것은 한쪽으로 치우친 것이다. 주님은 그분의 나라와 의를 구하는 것이 모든 일 보다 먼저 해야 할 일이라고 하셨다. 이 책을 통해서 우리는 전 교회를 위해 함께 일하는 무리가 되는 것을 배워야 한다.

역대로 루터나 칼빈, 웨슬리나 진젠도르프, 다비 등은 주님의 손에서 크게 쓰임을 받은 종들이다. 그들은 자신을 위한 영성훈련에 중점을 둔 사람들이 아니었다. 그 시대의 교회를 어둠에서 더욱 밝은 진리로 이끌어내는데 주님에 의해 사용된 그릇들이었다. 이러한 사람들에 의해 하나님은 한시대 한시대 교회를 전진시켜 오셨다고 말할 수 있다. 물론 그들 나름대로 부족한 점도 있었고 약점도 있었다. 어떤 사람들은 그들의 약점을 지적하며 그들의 공적을 약화시키려 한다. 그러나 그들의 부족한 점에도 불구하고 그 시대마다 땅에 있는 교회들은 그들로 말미암아 막대한 도움을 받아 새롭게 일어났다. 이것이 소위 하나님이 시대마다 쓰시는 경륜적인 도구들(dispensational instruments)이며 이들이 그 시대마다의 이기는 자들의 사명을 감당한 자들일 것이다. 우리는 이러한 노선을 잇는 자들이 되기를 바란다.

4. 마지막으로 사사시대의 정치체제이다. 그들은 시내산에서 하나님의 율법을 받고 모압평지에서 모세의 유훈적인 교훈과 하나님의 말씀을 받은 족속이었다. 하나님은 그들에게 제사장 체계도 세워주시고 성막을 짓게 하시어 어떻게 하나님께 나와서 하나님께 묻고 교통하는가 하는 일체의 일을 배운 민족이었다. 그러니 그들은 가나안 땅에 들어가 그 말씀대로 행하고 제사장들을 통하여 가르침과 제사와 하나님과의 관계를 잘 가지면 되었다. 그러나 그들은 얼마 안 되어 타락했다. 사사기 17장의 미가의 집 이야기부터는 삼손 시대 말에 되어진 것이 아니라 가나안에 들어온지 얼마 안 되어 일어난 일이라고 말한적이 있다.

타락은 레위인서부터 일어난 것이다. 레위인은 하나님만을 기업으로 삼고 섬기며 살아야 하는데 한 레위인이 방황하다가 에브라임 산지의 미가의 집에 이르러 그 집 제사장이 되었다는 이야기이다. 즉 레위인부터 타락한 것이다. 마지막의 베냐민 전쟁사도 결국 레위인 첩 강간 살인사건 때문에 일어났다. 레위인이 타락했으니 온 이스라엘이 타락한 것은 자명한 일이다. 이러한 상태가 사사기 전체의 흐름을 잡고 있다는 말이 된다. 그러기에 돌이켰다가 다시 우상에게 돌아가고 다시 또 범죄하고 한 것이다.

결국 이러한 상태는 왕정을 가져오는 것으로 시대를 전환하게 만드는 요인들이다. 그러나 우리가 알듯이 왕정도 실패했다. 물론 반짝 빛나는 다윗시대가 있긴 해도 전반적인 유다와 이스라엘 왕들은 실패의 히스토리를 전한다.

결국 하나님은 이스라엘에게서 하나님 나라를 얻으실 것을 포기하시고 교회로 향하셨다(마 21:41). 이 시대에 하나님의 나라는 사사시대도 아니고 열왕시대도 아니며 새 언약의 시대이다. 이 시대 안에 사는 우리는 주님의 생명을 분배받아 그분의 성품과 생명을 갖고 있다. 이로 인하여 우리는 그분의 율법을 지킬 수 있는 역량을 갖게 된 것이다. 구약에서 결코 얻지 못하신 하나님의 나라를 주 예수님이 오셔서 이루신다. 그분은 먼저 이 시대에 교회를 통하여 하나님의 나라를 체험하게 하고 장래 다시 오실 때 진정한 나라를 얻게 하신다. 사람이 무릇 할 수 없고 하나님만이 모든 것을 하실 수 있음을 인하여 하나님께 감사하고 찬미한다(눅 18:27). 구약의 율법으로는 이룰 수 없던 하나님의 나라가 새 언약으로 말미암아 그 법을 우리 마음속에 새기고 누구나 하나님을 알 수 있는 생명역량을 주시어 그 나라가 이루어지게 하시는 것이다. "또 주께서 가라사대 내가 저희 열조들의 손을 잡고 애굽 땅에서 인도하여 내던 날에 저희와 세운 언약과 같지 아니하도다 저희는 내 언약 안에 머물러 있지 아니하므로 내가 저희를 돌아보지 아니하였노라 또 주께서 가라사대 그 날 후에 내가 이스라엘 집으로 세울 언약이 이것이니 내 법을 저희 생각에 두고 저희 마음에 이것을 기록하리라 나는 저희에게 하나님이 되고 저희는 내게 백성이 되리라 또 각각 자기 나라 사람과 각각 자기 형제를 가르쳐 이르기를 주를 알라 하지 아니할 것은 저희가 작은 자로부터 큰 자까지 다 나를 앎이니라(히 8:9-11)". 시내산의 옛 언약 안에서 얻지 못한 하나님의 백성을 새 언약 안에서 얻으시는 것이다.

사사기를 통하여 옛 언약의 시대에 나타난 인간의 적나라한 타락의 상태를 볼 수 있다. 오늘날도 믿는이들이 새 언약 안에 머물며 그분의 생명 안에서 그리스도의 몸을 이루는 교회를 이루지 못한다면 결국은 사사시대와 방불한 타락의 광경을 연출할 따름이다. 인간의 육체는 시대가 몇 천년이 지나도 변하지 않고 그대로이기 때문이다. 그런 의미에서 사사기는 신약시대에 살고 있는 우리에게도 때로 교회의 하락과 부패시에 본질적으로 다가오며 체험될 수가 있는 일들인 것이다. 이는 인간이 성령으로 시작하였다가 육체에 떨어져 교회의 실제적인 표현을 갖지 못할 때 일어날 수 있는 일들이기 때문이다. '하나님이여, 이 시대에 신약의 축복을 받은 우리 가운데서 당신이 홀로 왕 노릇 하시는 영광스런 나라를 이루소서.' 매우 실제적인 의미에서 이러한 영광스런 광경은 신약의 교회를 통해서도 완전한 성공을 볼 수 없고 그 실제를 이기는 자들을 통해서 그 성공을 얻으신다는 것이 신약 성경의 계시이다(마 7:21, 25:4, 계 2-3장, 12:5, 19:8).

룻기
Ruth

룻기 1장

Ruth

이 책의 내용은 모압 여자 룻에 대한 기록이기 때문에 '룻기'라고 부른다. 성경 중 두 권의 책, '에스더'와 '룻기'는 여자의 이름을 취하여 제목을 삼았다. 이는 성도로서 가장 영예로운 일 중 하나이다. 이 책의 저자는 분명치 않으나 사무엘로 추정된다. 이는 이 책을 기록한 사람이 사사시대의 기록을 알고 다윗을 아는 사람일 것이기 때문이다(4:17). 이 책의 내용은 사사기의 일부처럼 느껴지기 때문에 사사기의 부록이라 칭한다. 사사기는 거의 어둡고 침침한 분위기가 지배적이지만 룻기는 밝고 섬세하고 아름다운 정서를 지닌바 어두운 시대에 샛별과 같다고 할 수 있다. 이 책이 망라하고 있는 기간은 11년 정도이며 주전 1322년부터 1312년까지이다. 이 사건의 발생지는 모압 땅과 가나안 땅이다. 이 책은 풍성한 영적 의미를 포함하고 있는 것 외에도 탁월한 문학적 가치가 있다. 룻과 결혼한 보아스는 이스라엘의 가나안 정탐꾼을 받아들였던 라합의 아들이었다. 라합의 남편이며 보아스의 아버지인 살몬은 유다 사람으로서 역대상 2장 11, 51, 54절에 나오는 살마와 동일인이다. 그리스도의 계보에 라합이나 룻과 같은 이방인들이 끼게 된 것은 우리 같은 이방 죄인들도 믿음이 있고 갈망이 있고 추구가 있다면 그 신성한 그리스도의 나라에 분깃이 있을 것임을 시사해 주며 소망과 용기를 준다.

1-7절, 사사들의 치리하던 때에 그 땅에 흉년이 드니라 유다 베들레헴 에 한 사람이 그 아내와 두 아들을 데리고 모압 지방에 가서 우거하였는데(1절) 그 사람의 이름은 엘리멜렉이요 그 아내의 이름은 나오미요 그 두 아들의 이름은 말론과 기룐이니 유다 베들레헴 에브랏 사람들이더라 그들이 모압 지방에 들어가서 거기 유하더니(2절) 나오미의 남편 엘리멜렉이 죽고 나오미와 그 두 아들이 남았으며(3절) 그들은 모압 여자 중에서 아내를 취하였는데 하나의 이름은 오르바요 하나의 이름은 룻이더라 거기 거한지 십 년 즈음에(4절) 말론과 기룐 두 사람이 다 죽고 그 여인은 두 아들과 남편의 뒤에 남았더라(5절) 그가 모압 지방에 있어서 여호와께서 자기 백성을 권고하사 그들에게 양식을 주셨다 함을 들었으므로 이에 두 자부와 함께 일어나 모압 지방에서 돌아오려 하여(6절) 있던 곳을 떠나고 두 자부도 그와 함께하여 유다 땅으로 돌아오려고 길을 행하다가(7절)

룻기 시대는 그래도 이스라엘에 왕이 없어 혼란스러운 때가 아니고 사사들이 존재하여 나름대로 치리하던 때였다. 하나님의 백성들에게 흉년이 들었다는 것은 하나님의 율법을 지키지 않은 것에 대한 심판의 표시였다. "그러나 너희가 내게 청종치 아니하여 이 모든 명령을 준행치 아니하며 나의 규례를 멸시하며 마음에 나의 법도를 싫어하여 나의 모든 계명을 준행치 아니하며 나의 언약을 배반할진대…너희 수고가 헛될지라 땅은 그 산물을 내지 아니하고 땅의 나무는 그 열매를 맺지 아니하리라"(레 26:14, 15, 20).

여기에 유다 베들레헴의 한 사람의 이야기가 나오는데, 그의 이름은 엘리멜렉이고 그 아내의 이름은 나오미이며 말론과 기룐이라는 두 아들이 있었다. 엘리멜렉이라는 이름의 뜻은 '하나님이 나의 왕이시다'이며, 나오미의 뜻은 '유쾌함' 또는 '온후함'이다. 말론과 기룐은 각각

'병약함'과 '소모'라는 뜻이니 엘리멜렉은 흉년과 가난함 가운데 병약하여 기르기 힘든 두 아들을 낳았던 것이다. 이는 이스라엘에 대한 심판의 상황이 그 가정에도 미쳤음을 알 수 있다. 그들이 베들레헴에 사는 동안 흉년이 들었다. 그런데 그때만 해도 그 가정은 그렇게까지 경제사정이 나쁘지는 않았던 것 같다(21절 참조). 어쩌면 그 가정은 삶의 수준을 낮추기가 어려웠을지 모른다. 사람이 어떤 수준의 삶을 살다가 그 수준을 낮추기란 힘든 일이다. 엘리멜렉은 바로 이런 형편이었던 것 같다. 그들은 베들레헴에서 조금 경제적으로 어려워지고 두 아들이 병약하게 되자 모압 땅으로 들어가서 한 동안 살기로 하였다. 당시 하나님의 백성은 여호수아의 인도 하에 그 땅을 기업으로 분배받아 그 땅에서 함께 살아야 했다. 그런데 엘리멜렉은 흉년이 들고 살아나갈 길이 어렵게 느껴지자 이주를 실시한 것이다. 이는 남아있는 선민들에게 좋은 본이 되지 못한 것이다(매튜 헨리). 그들은 어렵더라도 함께 그 땅을 지키며 살았어야 했고 여호와 하나님의 율법과 규례를 떠남으로 받는 재앙을 돌이키기 위해 합심하여 회개했어야 했다. 그러나 그 가정은 그들만의 생활의 풍족과 안전을 찾아 떠났다. 이는 더 큰 심판과 징계를 초래했다. 이는 많은 그리스도인에게 경고가 되어야 한다. 그리스도인들은 환경이 어렵다하여 쉽게 위치를 바꾸거나 이동하거나 이주하려 해서는 안 된다. 이는 옳지 않은 일이다. 반드시 주님과 함께 움직여야 하고 주님을 따라 움직여야 한다. 그 중심에 주님이 계시고 그분의 움직임이 있어야 한다. 그렇지 않고 개인의 유익과 편리를 위하여 움직이게 되면 거기에 심판이 있게 된다. 이들을 움직이게 한 것은 그야말로 양식이었던 것이 분명하다(6절, "그가 모압 지방에 있어서 여호와께서 자기 백성을 권고하사 그들에게 양식을 주셨다 함을 들었으므로 이에 두 자부와 함께 일어나 모압 지방에서 돌아오려 하여"). 물론 육신의 양식을 주셨기 때문만은 아닐 것이다. 주님이 그 백성을 권고하시고 다시 돌아보셨다는 것을 들은 것이다.

결국 엘리멜렉은 모압 땅에서 죽고 두 아들은 결혼하여 아내들을 얻었지만 그들도 십여 년이 지난 뒤 모압 땅에서 시름시름 앓다가 죽었다. 나오미는 이러한 주님의 징계의 손을 통과하면서 유익을 얻은 것 같다(1:20-21절 참조). 하나님은 때로 한 사람을 얻으시기 위해 이렇게 많은 환경을 사용하신다(롬 8:28). 나오미는 전에 남편을 따라 별 느낌이 없이 모압 땅에 갔을 것이고 당시만 하더라도 그녀는 그다지 하나님을 많이 체험하지 못했던 것 같다. 그러나 그녀는 모압 땅에서 10년이라는 징계 기간을 통해서 많이 배웠고 룻과 같은 훌륭한 이방 여인을 양육하여 다윗과 주 예수님의 조상이 되게 하는 데 일조한 여인이 되었다.

8-18절, 나오미가 두 자부에게 이르되 너희는 각각 어미의 집으로 돌아가라 너희가 죽은 자와 나를 선대한 것같이 여호와께서 너희를 선대하시기를 원하며(8절) 여호와께서 너희로 각각 남편의 집에서 평안함을 얻게 하시기를 원하노라 하고 그들에게 입 맞추매 그들이 소리를 높여 울며(9절) 나오미에게 이르되 아니니이다 우리는 어머니와 함께 어머니의 백성에게로 돌아가겠나이다(10절) 나오미가 가로되 내 딸들아 돌아가라 너희가 어찌 나와 함께 가려느냐 나의 태중에 너희 남편 될 아들들이 오히려 있느냐(11절) 내 딸들아 돌이켜 너희 길로 가라 나는 늙었으니 남편을 두지 못할지라 가령 내가 소망이 있다고 말한다든지 오늘밤에 남편을 두어서 아들들을 생산한다 하자(12절) 너희가 어찌 그것을 인하여 그들의 자라기를 기다리겠느냐 어찌 그것을 인하여 남편 두기를 멈추겠느냐 내 딸들아 그렇지 아니하니라 여호와의 손이 나를 치셨으므로 나는 너희로 인하여 더욱 마음이 아프도다(13절) 그들이 소리를 높여 다시 울더니 오르바는 그 시모에게 입 맞추되 룻은 그를 붙좇았더라(14절) 나오미가 또 가로되 보라 네 동서는 그 백성과 그 신에게로 돌아가나니 너도 동서를 따라 돌아가라(15절) 룻이 가로되 나로 어머니를 떠나며 어머니를 따르지 말고

돌아가라 강권하지 마옵소서 어머니께서 가시는 곳에 나도 가고 어머니께서 유숙하시는 곳에서 나도 유숙하겠나이다 어머니의 백성이 나의 백성이 되고 어머니의 하나님이 나의 하나님이 되시리니(16절) 어머니께서 죽으시는 곳에서 나도 죽어 거기 장사될 것이라 만일 내가 죽는 일 외에 어머니와 떠나면 여호와께서 내게 벌을 내리시고 더 내리시기를 원하나이다(17절) 나오미가 룻의 자기와 함께 가기로 굳게 결심함을 보고 그에게 말하기를 그치니라(18절)

엘리멜렉이 모압 땅에 가서 그 땅 백성들과 함께 살며 그 땅 여인들을 며느리로 삼은 것은 선민으로서 그렇게 분명한 입장을 가지고 있었다고 말할 수 없다. 그들은 모압 땅에 가지 않았으면 좋을 뻔하였다. 그러나 그들이 그곳에 간 것조차도 하나님은 사용하신다. 믿는이들의 실패까지도 하나님께서 사용하여 일하시는 경우는 허다하다. 적어도 나오미는 그곳에서 귀한 그리스도의 조상이 된 여인 룻을 얻은 것이다. 그렇지만 그녀는 하나님이 허락하시지 않은 땅에 들어가서 사는 바람에 남편을 잃고 두 아들을 잃었다. 사실 그녀는 남편이 죽은 뒤에 곧 경고를 받았어야 했다. 그리고 돌아갈 것을 고려했어야 했다. 그러나 그녀는 남편이 죽고 한 아들이 죽고 또 한 아들이 죽은 후에야 가나안 땅에 양식이 있다는 말을 듣고 움직이기 시작했다.

비록 어떤 일로 해서 우리가 옳지 못한 곳에 있었을지라도 그 일이 해결된 후에는 결코 거기에 머물러 있어서는 안 된다(매튜 헨리). 우리가 있지 말아야 할 곳에 한 동안 어쩔 수 없이 머문다 하더라도 더 있어야 할 일이 없다면 떠나야 한다. 그리스도인인 우리는 떠나고 머무는 일에 있어서 주님의 주권을 신뢰해야 한다. 많은 그리스도인들이 주님을 섬긴다고 하나 대개의 경우 생계나 직업이나 자녀 교육 등의 필요 때문에 이주하곤 한다. 이런 일들은 주님의 인도를 따라서 가는 것이 아니라 다른 요인에 지배받아 움직이는 것이다. 그리스도는 우리의 중심과 으뜸이시다. 그분은 우리의 모든 삶을 지배하고 인도하셔야 한다. 그분의 필요를 따라 움직이는 것이 마땅한 일이다. 우리는 어떤 곳에 한 동안 있다가 필요를 채우고 절차를 마친 뒤에는 떠나야 한다.

나오미는 떠나기에 앞서 두 자부에게 자유로운 선택을 하게 했다. 여기서부터 나오미의 영성이 빛을 발하기 시작한다. 영적인 사람은 그 누구든지 사람을 함부로 자기에게로 끌려고 하거나 붙잡지 않는다. 주님을 따르는 것도 마찬가지이다. 주님은 사람이 환경이나 인정 때문에 마지못해 그분을 따르는 것을 원치 않으시고 기꺼이 단 마음으로 그분을 선택하여 따르는 것을 기뻐하신다. 하나님은 사람이 그분을 믿고 선택하는 것을 기뻐하시지만 만일 원치 않는 마음이 있다면 다른 우상을 섬기는 것도 선택하라고 하신다(수 24:15). 그만큼 하나님은 사람의 자유 의지를 귀하게 여기시고 자의적으로 그분을 따르기를 원하신다. 하나님은 사람이 자의적으로 선택하여 따를 만한 인격의 하나님이시다.

나오미는 그들의 정황을 그들 편에서 깊이 이해하고 관심한 사람이다. 나오미는 그들이 죽은 두 아들에게 선대한 것을 기억했다. 그리고 자기를 선대한 것을 잊지 않았다. 사람이 헤어지는 상황에서 상대방의 지난날의 호의에 대하여 감사한 마음을 갖고 고마움을 표현하는 것은 의롭고 선한 일이다. 더욱이 나오미가 감사함을 표시한 사람들은 그녀의 아랫사람들이었다. 그녀는 두 자부에게 각각 어미의 집으로 돌아가라고 말했다. 그리고 새로 결혼해서 남편의 집에서 남은 생애를 평안하게 살 것을 권한다. 이는 나오미가 그들에게 해줄 수 있는 최대의 배려였다. 이러한 말들은 사사기와는 다른 면을 보여주며 능력보다는 생명에 속한 표현들이라고 할 수 있다. 두 며느리는 어머니와 함께 어머니의 백성에게로 돌아가겠다고 말했지만 나오미는 자기를 따라와도 달리 좋은 수가 없다는 것, 즉 그들이 다시 결혼할 새 남편을 그녀가 낳아주지 못한다는 것을 자세히 말하면서 설득한다. 그리고 여호와의 손이 자신을 치셨으므로 마음이 더욱 아프다고 말했다. 나오미는 주님에 대하여, 사람에 대하여 매우 합당한 인식을 갖고 있었다. 이것이 여기 말씀의 귀한 점들이다.

14절에서 오르바라는 여인은 그 말을 듣고 그 시모에게 입 맞추었다. 그들 둘은 다 울기는 울었지만 마음은 서로 달랐다. 하나는 슬프고 마음이 아프지만 돌아가야겠다고 생각했다. 영적인 길은 실상 여럿이 아니고 하나이다. 오르바는 인간적으로 말해서 그렇게 나쁘게 보이지 않는다. 그녀도 할 만큼 했다. 죽은 남편을 위해서나 시어머니를 위해서나 그 마음이 그렇게 나쁘지 않았다. 어느 정도 시어미를 따를 마음도 있었다. 그러나 그러한 여인을 나오미가 데리고 들어갔다면 그녀는 그 식구들 모두에게 커다란 짐으로 작용했을 것이다. 그것은 그녀가 진심으로 시모를 따라 나선 것이 아니기 때문이다. 오늘날에도 오르바 같은 사람들이 많이 있다. 그들이 따르느냐 따르지 않느냐를 묻는다면 따른다. 그러나 진정으로 따르느냐고 할 때 그렇지 않다. 그녀에게는 인정과 체면이 많이 작용했고 의리도 어느 정도 작용했을 것이다. 어떻게 사람이 함께 살다가 그렇게 쉽게 헤어질 수 있는가 하는 의리나 인정이 작용했을 것이라는 말이다.

그러나 룻은 달랐다. 그 여자는 시어머니에게서 본 것이 있었다. 즉 시어머니가 섬기는 하나님이 참 하나님이시라는 것, 그 백성이 그 하나님의 긍휼과 은혜를 얻은 백성이라는 것을 안 것이다. 비록 나오미가 자신이 잘못해서 징계를 받아 하나님이 그녀를 치셨다고 고백했으나 룻에게는 그런 말이 오히려 복음으로 부럽게 들린 것이다. 위대하신 하나님께서 자신의 백성들이 잘못할 때 징계하신다는 것은 그들을 매우 사랑하신다는 뜻이다. 그 자체가 하나님이 없고 하나님의 사랑이나 징계나 간섭을 받지 않고 사는 이방인에게는 부러움의 요소인 것이다. 전에 부모 없이 사는 한 가난한 소년이 도시에 와서 공부하다가 친구를 사귀었는데 그는 장군의 아들이었다. 그 친구가 조금 잘못했는데도 장군인 그 아버지는 매우 화를 내면서 꾸중을 했다고 말했다. 그때 부모

없는 그 소년은 그 말을 들으면서 눈물을 지었다. 그것은 그 친구가 너무 부러웠기 때문이다. '저 친구는 자기가 잘못할 때 꾸짖고 야단칠 위대한 아버지를 갖고 있다!' 그 소년은 자기 같으면 그런 아버지한테 많이 맞아도 아프지 않을 것이라고 독백했다. 이것이 룻의 인식이었을 것이다.

그러나 오르바는 시어미의 말을 받아들이고 떠났다. 나오미는 붙잡고 따르는 룻에게 다시 권했다. "보라, 네 동서는 그 백성과 그 신에게로 돌아가나니 너도 동서를 따라 돌아가라." 그러자 룻은 성경에서 가장 감동적이고 탄복할 만한 말을 여기서 했다. "룻이 가로되 나로 어머니를 떠나며 어머니를 따르지 말고 돌아가라 강권하지 마옵소서 어머니께서 가시는 곳에 나도 가고 어머니께서 유숙하시는 곳에서 나도 유숙하겠나이다 어머니의 백성이 나의 백성이 되고 어머니의 하나님이 나의 하나님이 되시리니 어머니께서 죽으시는 곳에서 나도 죽어 거기 장사될 것이라 만일 내가 죽는 일 외에 어머니와 떠나면 여호와께서 내게 벌을 내리시고 더 내리시기를 원하나이다". 이 구절은 아무리 읽어도 그 감동이 사라지지 않는, 영원히 그리스도인들의 마음에서 아름다운 시정(詩情)을 자아내는 말이다. 나는 이 부분의 말씀을 특별히 영어 번역으로 기록하여 독자들과 함께 음미해보고 싶다. 우리는 주님을 따르고 진리의 길을 가는 데 있어서 이러한 영을 갖기 원한다.

> But Ruth said, "Entreat me not to leave you or to return from following you; for where you go I will go, and where you lodge I will lodge; your people shall be my people, and your God my God; where you die I will die, and there will I be buried. May the LORD do so to me and more also if even death parts me from you."

다시 우리말로 읽어보겠다.

> "룻이 가로되 나로 어머니를 떠나며 어머니를 따르지 말고 돌아가라 강권하지 마옵소서 어머니께서 가시는 곳에 나도 가고 어머니께서 유숙하시는 곳에서 나도 유숙하겠나이다 어머니의 백성이 나의 백성이 되고 어머니의 하나님이 나의 하나님이 되시리니 어머니께서 죽으시는 곳에서 나도 죽어 거기 장사될 것이라 만일 내가 죽는 일 외에 어머니와 떠나면 여호와께서 내게 벌을 내리시고 더 내리시기를 원하나이다".

나는 그리스도인이 주님을 따라가는 자세가 이래야 한다고 믿는다. 이방 여인인 룻이 그리스도 왕가의 족보에 들어갔다. 그것은 거기에 무언가 특별한 이유가 없는 게 아니다. 사람이 감동하지 않은 것은 하나님을 감동시키지 못한다는 말이 있다. 이 부분에 와서는 글을 쓰는 사람인 나 자신도 평상심을 잃어버릴 정도로 탄복하고 감동하지 않을 수 없다. 어떻게 이방 여인인 룻의 입에서 그런 말이 나올 수 있었던가! 그녀는 나오미를 보면서 하나님을 알 수 있었고 하나님의 백성의 영광스러움을 볼 수 있었다.

여기서 우리는 경건한 성도는 그의 삶에서 하나님을 나타낸다는 것을 알 수 있다. 나오미는 룻에게 많은 인상을 심겨주는 식으로 살았다. 악한 친구들이 사람을 나쁘게 만들 수 있으니 악한 동무들을 주의하라는 것은 성경의 가르침이다(고전 15:33). 반면 선한 친구들이나 주위에 경건한 사람들이 있는 것은 좋은 영향을 준다는 것이다. 진실로 하나님을 향한 사랑과 주를 경외하는 사람들을 주위에 갖고 있다는 것은 그만큼 특권이다. 룻이 평소 생활 가운데서 그의 시어미 나오미를 바라봤을 것이라는데는 의심의 여지가 없다. 나오미는 그녀의 두 아들이 죽었을 때 그 태도가 다른 사람들과 달랐을 것이다. 눈물을 흘렸겠지만 더욱 많은 탄식과 회개가 있었을 것이다. 또 그 이후로 그녀는 며느리들에게 많은 인자와 사랑을 보여주었을 것이다. 그러한 뛰어난 인성이 룻으로 하여금 하나님의 백성들에게 있는 고귀한 성품을 느끼게 한 것이다. 룻은 하나님의 백성들에게 이방인이 가지지 않은 뭔가 특이한 것이 있다는 것을 발견했으며 비록 그 남편은 죽었지만 그 가정에 시집온 것이 작은 일이 아니라는 것을 알았다. 그녀는 하나님의 백성 가운데 들어왔다는 것을 깨달은 것이다. 뿐만 아니라 나오미는 룻이나 오르바에게 틈나는대로 하나님의 말씀을 가르쳤을 것이다. 그 중에 룻은 말씀에 대하여 입맛이 더 있었을 것이며, 오르바는 형식적으로 그냥 들었을 것이라고 유추해볼 수 있다. 결과적으로 입맛있게 듣지 않은 자는 중도에 떠나게 되는 것이다.

나오미는 그렇게 고매한 인격과 더불어 말씀을 가르쳤을 것이고 룻은 한 말씀 한 말씀 잘 배워나갔던 것이다. 그러므로 그녀는 시어미를 붙좇아 끝까지 갈 수 있었다. 스페인 사람들이 남 아메리카에 건너갔을 때 그들은 가련한 본토인을 너무 악하게 대우했으므로 본토인 인디언들은 그들 스페인 사람들이 전파하고자하는 신을 알고 싶어하지 않았다. 이는 그들의 악한 행동들이 그들이 믿는 신이 악마일 것이라고 생각하게 했기 때문이다. 그러나 나오미는 그와 정반대로 그 며느리들 앞에서 하나님의 고상한 냄새를 풍기는 방식으로 살았던 것이다. 그래서 비록 남편은 잃었지만 남편과 시어미의 믿는 하나님을 놓치고 싶지 않게 된 것이다. 이제 룻에게는 하나님이 그의 남편보다 중요했다. 그리고 그녀의 귀한 점 한 가지는 하나님과 실제적으로 함께하기 위해서는 시어미를 떠나서는 안 된다는 것을 안 것이다.

오늘날 많은 이들이 룻에게서 지혜를 배워야 한다. 얼마나 많은 사람들이 이런 경우에 시어미를 떠나면서 어디를 가든 하나님만 믿으면 된다고 공언하는가? 그들은 오르바와 같이 시어미를 떠나면서 어디를 가든 하나님을 섬길 수 있다고 말한다. 우리는 오늘 그런 종류의 말들을 너무나 많이 듣고 산다. 그러나 룻은 시어미를 떠나면 실제적으로 신앙을 유지할 수 없다는 것을 너무나 잘 알고 있었다. 룻이 마음대로 하나님을 따른 것이 아니라 시어미를 붙좇았기에 그 나라에 들어와 보아스에게 영접될 수 있는 길이 있었다. 아무렇게나 행하고 아무렇게나 길을 가도 주님을 따를 수 있다고 말하는 자들이여, 룻에게서 배우라! 이렇게 한 순간 어떤 사람과 이별하는 것이 영원히 하나님과 그분의 기업에서 분리되는 일이 될 수 있다. 그렇다. 하나님은 어디에나 계시고 어디서나 섬길 수 있다. 그러나 어떤 상황에서 어떤 사람과의 이별은 하나님과 그분의 백성과의 교제에서 영원히 끝날 수 있다는 것을 명심해야 한다. 나는 신약에서 아시아의 많은 사람들이 바울을 떠난 일이며 많은 동역자들이 그를 떠난 것이 이런 일이 아닌가 생각한다. 적어도 그 일이 성경에 기록되었다. 그들은 바울을 떠난 것이지 하나님을 떠난 것은 아니라고 생각했을 것이다. 그러나 성경의 영은 그들이 사역자를 떠난 것을 적극적인 것으로 증거하지 않는다. 보이지 않는 하나님의 권위에 굴복하지 않는 것이나 보이는 형제를 사랑하지 않는 모든 것이 결국은 보이지 않는 하나님에 대한 것이다. 적어도 주님을 따르는 자들에게는 이러한 증거가 필요하다. “만일 내가 죽는 일 외에 어머니와 떠나면 여호와께서 내게 벌을 내리시고 더 내리시기를 원하나이다”. 나오미는 룻의 단호한 결단을 듣고 더 이상 만류하지 않았다. 하나님도 우리에 대하여 같은 식으로 대하신다. 예루살렘에 올라간 바울은 하나님의 만류를 들었다. 그러나 그가 죽을 것도 각오하자 하나님은 더 이상 만류하지 않으셨다. 이러한 충성은 하나님과 사람을 감동시킨다.

룻의 순종에서 우리는 몇 가지 주님을 따르는 사람들이 배워야 할 시험에 대하여 보겠다. 1) 그녀는 시어미의 가난과 슬픔에 의해서 시험을 받고 통과했다. 룻이 시어미를 따르는 것을 결정한 것은 쉬운 일이 아니었다. 시어미는 자신의 남편을 잃고 아들 둘을 잃었다. 그리고 한 푼 없이 되어 베들레헴으로 돌아가려고 하는데 룻이 시험받지 않겠는가?

나는 과거 이런 체험이 있다. 내가 주님을 좇아 나아가는데 아무 것도 없게 되었고 많은 사람들도 나를 떠나갔다. 룻은 결국 장래를 계산해 보아야 하는 시험을 통과한 것이다(눅 14:28). 2) 또한 그녀는 시어미의 냉담한 얼굴도 시험으로 통과해야 했다. 나오미는 룻이 따르고자 하는 것을 전혀 부축하거나 격려하지 않았다. 오히려 룻을 낙담케 하는 방식으로 말했던 것이다. 이것은 또 다른 시험인 것이다. 3) 또 하나의 시험은 같은 입장에 있는 오르바가 떠난 것이다. 이는 가려고 하는 사람에게 힘이 빠지게 하는 요인이 된다. 4) 마지막으로 나오미의 침묵이다. 그녀는 룻이 끝까지 따르겠다고 하자, 그러면 가보자, 하고 격려한 것이 아니다. 다만 "그에게 말하기를 그치니라"고 한다. 이러한 본은 오늘날 주님을 섬기고자 하는 자들에게 유익한 것이다.

19-22절, 이에 그 두 사람이 베들레헴까지 갔더라 베들레헴에 이를 때에 온 성읍이 그들을 인하여 떠들며 이르기를 이가 나오미냐 하는지라(19절) 나오미가 그들에게 이르되 나를 나오미라 칭하지 말고 마라라 칭하라 이는 전능자가 나를 심히 괴롭게 하셨음이니라(20절) 내가 풍족하게 나갔더니 여호와께서 나로 비어 돌아오게 하셨느니라 여호와께서 나를 징벌하셨고 전능자가 나를 괴롭게 하셨거늘 너희가 어찌 나를 나오미라 칭하느뇨 하니라(21절) 나오미가 모압 지방에서 그의 며느리 모압 여인 룻과 함께 돌아왔는데 그들이 보리 추수 시작할 때에 베들레헴에 이르렀더라(22절)

베들레헴에 돌아온 나오미와 룻은 온 성읍 사람들에게 영접을 받았다. 그녀는 사람들이 나오미가 아니냐고 말할 때 마라라 칭하라고 하였다. 그녀는 풍족한 상태에서 남편과 두 아들과 함께 나갔다가 다 잃고 이방인 며느리 하나만 데리고 초라하게 돌아온 것이다. 그녀는 돌아와서 사람들에게 자신이 하나님께 징벌을 받았고 전능자가 자기를 심판하셨다고 고백했다. 이 또한 믿음의 용기요 겸손하게 낮아진 사람의 언사이다. 많은 사람들이 이런 때 여러 영적인 말로 자신이 믿음이 그렇게 나쁘지 않으며 그러한 일을 통하여 얼마나 하나님의 주권을 체험했는가를 말하면서 자신의 입장을 변명하는 데 급급할 것이다. 그러나 나오미는 그러한 징계의 손을 통하여 확실히 은혜와 유익을 얻었다. 그것은 배움이 있는 자의 말투이다. 우리를 겸손케 하시는 하나님의 섭리를 당하여서는 우리의 심령을 겸손케 해야 하며 우리의 형편이 낮아졌을 때에는 우리의 마음도 낮아져야 한다. 단순한 고통이 아니라 정당하게 초대된 고통은 우리에게 유익을 준다(매튜 헨리).

룻기 2장

Ruth

1-3절, 나오미의 남편 엘리멜렉의 친족 중에 유력한 자가 친족으로 있으니 그의 이름은 보아스더라(1절) 모압 여인 룻이 나오미에게 이르되 원하건대 내가 밭으로 가서 내가 누구에게 은혜를 입으면 그를 따라서 이삭을 줍겠나이다 하니 나오미가 그에게 이르되 내 딸아 갈지어다 하매(2절) 룻이 가서 베는 자를 따라 밭에서 이삭을 줍는데 우연히 엘리멜렉의 친족 보아스에게 속한 밭에 이르렀더라(3절)

1. 룻기의 또 하나의 주인공 보아스가 소개되는 장면이다. 친족이란 가까운 자, 특별히 기업을 무를 의무를 지닌 혈족 관계에 있는 사람을 가리킨다. 유력한 자란 히브리어로 '이쉬 깁보르 하일'로서 '용사(깁보르)' 또는 '재물이 많은 자(하일)'의 뜻을 가지고 있으니 보아스는 재물이 많으며 다른 사람의 어려움을 도울 수 있는 역량을 지닌 사람이었다는 뜻이다. 룻은 시어미 나오미에게 밭으로 가서 이삭 줍는 일을 하게 해 달라고 구했다. 이는 룻의 효성과 부지런함을 나타내는 말이다. 기회는 어느 누구에게나 찾아오는 것이 아니라 오직 충성되고 부지런한 사람에게 찾아온다. 그녀의 이러한 귀한 효심과 근면성이 유력자 보아스를 만나 장래 그리스도의 조상이 되는 영예를 차지할 기회를 얻게 한 것이다.

2. 3절에서 룻은 이삭을 줍다가 우연히 엘리멜렉의 친족이 되는 보아스에게 속한 밭에 이르렀다. 여기서 '우연히' 라는 말은 히브리어로 '일이 맞아 떨어지다' 라는 뜻이다. 그리스도인에게는 사실상 우연이 없다. 모든 것은 하나님의 뜻에 따른 것이다. 참새 한 마리도 하나님의 허락하심이 없이는 땅에 떨어지지 않는다. 사람들은 우주와 하늘과 땅과 만물이 우연히(by chance) 생겨났다고 믿는다. 그러나 하나님은 사람의 머리털까지도 세고 계신다. 우리는 우연히 이 땅에 태어난 존재가 아니라 창세 전부터 그리스도 안에서 하나님의 선택하심과 예정하심을 입은 자들이다. 하나님께서는 수천만의 사람들을 영원 전에 미리 아시고 그들을 예정하신 것이다. 우리는 우연히 예수 믿고 신자가 된 것이 아니다.

대개 하나님께서는 어떤 사람들을 매우 자연스런 방식으로 우리에게 인도하신다. 우연히 만난 사람, 우연히 들은 소식, 우연히 닥친 환경인 것 같았지만 많은 세월이 지난 후에 돌아다보면 거기에 하나님의 주권적인 손길이 개입되어 있음을 깨닫게 된다. 내가 주님을 믿게 된 것도 대학생 때 우연히 어떤 사람들을 만나 그들을 통해 복음을 들었기 때문이다. 그리고 그 가운데 생활하던 자매를 소개받아 결혼을 하게 되었다. 또 어느 날 우연히 한 형제가 내 사무실에 찾아와 몽골의 상황을 말해주었고 그로 인해 나는 해외 선교사의 길을 걷게 되었다. 겉으로는 모든 것이 우연 같지만 거기에 하나님의 주권적인 손길이 작용하고 있었던 것이다. 룻도 하나님이 자신을 인도하시는 손길을 느끼지 못하고 있었을 뿐 당시 일어난 일이 결코 우연은 아니었다(척 스미스의 룻기 강해).

3. 벌써 룻은 하나님을 신뢰하는 것을 배워 생활 가운데서 실행하고 있었다. "내가 뉘게 은혜를 입으면 그를 따라서 이삭을 줍겠나이다". 이는 하나님을 경외하고 하나님의 섭리를 인정하는 믿음이다. "네가

밭에서 곡식을 벨 때에 그 한 뭇을 밭에 잊어버렸거든 다시 가서 취하지 말고 객과 고아와 과부를 위하여 버려두라 그리하면 네 하나님 여호와께서 네 손으로 하는 범사에 복을 내리시리라"(신 24:19-22). 그녀는 하나님의 백성 가운데 이러한 법이 있음을 알았다. 그리고 가서 이삭을 줍다 보면 경건하여 말씀대로 실행하여 자기에게 자비를 베풀 어떤 사람이 있을 것이라는 신뢰를 갖고 있었다.

4-16절, 마침 보아스가 베들레헴에서부터 와서 베는 자들에게 이르되 여호와께서 너희와 함께하시기를 원하노라 그들이 대답하되 여호와께서 당신에게 복 주시기를 원하나이다(4절) 보아스가 베는 자들을 거느린 사환에게 이르되 이는 뉘 소녀냐(5절) 베는 자를 거느린 사환이 대답하여 가로되 이는 나오미와 함께 모압 지방에서 돌아온 모압 소녀인데(6절) 그의 말이 나로 베는 자를 따라 단 사이에서 이삭을 줍게 하소서 하였고 아침부터 와서는 잠시 집에서 쉰 외에 지금까지 계속하는 중이니이다(7절) 보아스가 룻에게 이르되 내 딸아 들으라 이삭을 주우러 다른 밭으로 가지 말며 여기서 떠나지 말고 나의 소녀들과 함께 있으라(8절) 그들의 베는 밭을 보고 그들을 따르라 내가 그 소년들에게 명하여 너를 건드리지 말라 하였느니라 목이 마르거든 그릇에 가서 소년들의 길어 온 것을 마실지니라(9절) 룻이 땅에 엎드려 절하며 그에게 이르되 나는 이방 여인이어늘 당신이 어찌하여 내게 은혜를 베푸시며 나를 돌아보시나이까(10절) 보아스가 그에게 대답하여 가로되 네 남편이 죽은 후로 네가 시모에게 행한 모든 것과 네 부모와 고국을 떠나 전에 알지 못하던 백성에게로 온 일이 내게 분명히 들렸느니라(11절) 여호와께서 네 행한 일을 보응하시기를 원하며 이스라엘의 하나님 여호와께서 그 날개 아래 보호를 받으러 온 네게 온전한 상 주시기를 원하노라(12절) 룻이 가로되 내 주여 내가 당신께 은혜 입기를 원하나이다 나는 당신의 시녀의 하나와 같지 못하오나 당신이 이 시녀를 위로하시고 마음을 기쁘게 하는 말씀을 하셨나이다(13절) 식사할 때에 보

아스가 룻에게 이르되 이리로 와서 떡을 먹으며 네 떡 조각을 초에 찍으라 룻이 곡식 베는 자 곁에 앉으니 그가 볶은 곡식을 주매 룻이 배불리 먹고 남았더라(14절) 룻이 이삭을 주우러 일어날 때에 보아스가 자기 소년들에게 명하여 가로되 그로 곡식 단 사이에서 줍게 하고 책망하지 말며(15절) 또 그를 위하여 줌에서 조금씩 뽑아 버려서 그로 줍게 하고 꾸짖지 말라 하니라(16절)

1. 우리는 여기서 보아스의 경건성과 신앙 인격을 대하게 된다. 그는 먼저 축복과 감사와 기도를 쉬지 않는 사람이었다(4, 12절). 그들의 상호 인사 내용이 매우 인상적이다. 보아스는 베들레헴에서 와서 자기 밭에서 일하는 인부들에게 말한다. "여호와께서 너희와 함께하시기를 원하노라". 그러자 일꾼들이 주인인 보아스에게 답한다. "여호와께서 당신에게 복 주시기를 원하나이다". 이는 경건한 사람의 인사법이라고 할 수 있다. 이들의 경건성은 그들의 인사에서도 발견이 된다. 오늘날 성도들이 반드시 배워야 할 점들이다.

2. 보아스는 낯선 여인 하나를 발견하고 사환에게 누구냐고 묻는다. "이 소녀는 누구냐?" 그녀는 분명 이방 여인이요 자격이 없는 자요 모압 여인이었다. 하나님의 총회에 낄 수 없는 운명의 족보를 가진 여자였다. 오늘 우리의 말로 하면 "나는 사악한 가문 출신이며 다른 사람처럼 진노의 자녀입니다. 나의 본성은 타락하였고 간악합니다"이다. 그러나 그녀는 보아스를 보며 이렇게 속으로 생각했을 것이다. "오, 선생이여, 만일 당신이 내가 나의 절망적인 상태, 버림받은 상태에 대하여 느끼는 감정을 안다면 이삭을 줍게 허락하지 않을 것입니다. 나는 너무도 오랫동안 하나님께 이방인으로 살아왔으며 이스라엘 연방으로부터 떨어져서 살아왔기 때문입니다." 사환은 묻는 보아스에게 답변한다. 그녀는 모압에서 온 소녀인데 "나로 베는 자를 따라 단 사이에서 이삭

을 줍게 해달라"고 하였고, 그녀는 아침부터 와서는 잠시 집에서 쉰 것 외에 지금까지 계속하는 중이라고… 즉 그녀의 열심과 근면성을 말한 것이다. 그때 보아스는 룻에게 말했다. "내 딸아 들으라 이삭을 주우러 다른 밭으로 가지 말며 여기서 떠나지 말고 나의 소녀들과 함께 있으라 그들의 베는 밭을 보고 그들을 따르라 내가 그 소년들에게 명하여 너를 건드리지 말라 하였느니라 목이 마르거든 그릇에 가서 소년들의 길어 온 것을 마실지니라". 보아스는 참으로 경건한 심성을 갖고 있었다. 그는 룻에게 다른 곳에 가지 말고 자기 밭에서 계속 이삭을 주우라고 하면서 배려해주었다. 실상 그리스도를 예표하는 보아스는 이런 사람을 만나러 보내심을 받은 것이다. 주님은 룻과 같이 자신에 대해 낮은 평가를 갖는(내가 무엇이관대 당신의 목전에서 은혜를 얻을 수 있나이까? 나는 이방인일 뿐이옵니다) 사람에게 말할 것이다. "나는 바로 너 같은 자를 구원하기 위하여 보내심을 받았다."

3. 그는 룻이 예쁘장한 여인인 것을 보고 그곳 남자들에게 함부로 대하지 않도록 말해주었고, 그녀가 목이 마를 때는 물을 마실 수 있도록 조치해 주었다. 보아스는 확실히 하나님의 율법을 지키는 자였다. 실상 경건(godliness)이란 하나님을 표현하는 삶이다. 그는 다만 외적으로 율법을 지키는 율법주의자가 아니라 율법의 정신을 마음속에 간직하고 있었다. 그 율법의 본래 정신은 바로 그리스도의 마음이며 경건의 실제이다. 보아스는 하나님의 계명이 그의 인격과 삶을 통해 빛으로 나타나는 삶을 살고 있었다. 그는 불쌍한 과부나 고아를 돌아보고 가난한 자를 동정하는 마음을 갖고 있었으며 자비하고 자상한 성품을 지니고 있었다. 이 모두가 하나님의 속성들이다. 이 경건한 사람 보아스와 같이 사람은 이 땅에서 하나님의 속성들을 표현할 수 있는 존재이다. 우리는 벌써 고대에 하나님의 백성들 가운데의 아름다운 말씨와 온화한 문화를 대한다. 이러한 말씨들은 확실히 복된 말들이다. 나는 오늘날도 그

리스도인 사이에 할례받지 않은 입과 귀들을 본다. 너무나 비그리스도인과 방불하는 언사들이 많이 있다. 그리스도인은 반드시 말에서 변화가 있어야 한다. 복되고 은혜를 끼치는 말로 다 바꾸어야 한다. 과연 이들은 어떻게 놀라운 축복의 사람들이 되었는가? 이는 분명 그들의 경건한 언사와도 관계가 있다.

4. "이스라엘의 하나님 여호와께서 그 날개아래 보호를 받으러 온 네게 온전한 상 주시기를 원하노라 룻이 가로되 내 주여 내가 당신께 은혜 입기를 원하나이다 나는 당신의 시녀의 하나와 같지 못하오나 당신이 이 시녀를 위로하시고 마음을 기쁘게 하는 말씀을 하셨나이다". 오늘날 교회 안에 처음 들어온 성도들이 이런 태도를 갖는다면 얼마나 바람직하랴! 룻은 이미 보아스의 곁에 있는 시녀들이 너무도 축복을 많이 받은고로 자신은 그들과 너무나 차이가 있는 비천한 자라고 생각한다. 즉 그녀는 "내가 만일 진즉 하나님의 자녀이었고 말씀을 배웠다면 이런 존재는 되지 않았을 것입니다"라고 말한 것이다. 처음 믿음 생활을 시작하고 자신의 사악함과 불완전함을 깊이 인식하며 다른 성도들에게서 배우고자 하는 마음을 갖는다면 얼마나 좋겠는가? 얼마나 많은 사람들이 룻과는 달리 성도들에게 들어오자마자 자신만 못해보이는 이미 성도된 자들의 약점을 찾아 파헤치며 자신을 그들 위에 놓으려 하는가? "나는 당신의 시녀 하나와 같지 못하오나"라는 표현은 너무나 영적이고 사모할 만한 말이다.

5. 보아스의 이러한 황송한 배려에 룻이 답한다. "룻이 땅에 엎드려 절하며 그에게 이르되 나는 이방 여인이어늘 당신이 어찌하여 내게 은혜를 베푸시며 나를 돌아보시나이까". 많은 학자들이 보아스는 그리스도를 예표하며 룻은 이방 죄인인 우리를 예표한다고 말한다. 나는 그것이 아주 귀한 해석이라고 믿는다. 우리는 주님으로부터 은혜를 받을 수

없는 이방 죄인의 위치에 있었다. 그런 우리에게 주님이 찾아오셔서 사랑과 은혜를 베푸신 것이다. 우리 또한 룻처럼 주님께 고백할 수밖에 없다. "우리는 죽을 수밖에 없는 이방 죄인인데 어찌하여 우리에게 이렇게 큰 은혜를 베푸시나이까?" 그런데 놀랍게도 보아스는 룻에 대하여 이미 알고 있었다. 이는 하나님이 우리를 미리 알고 계셨던 것과 같다. "보아스가 그에게 대답하여 가로되 네 남편이 죽은 후로 네가 시모에게 행한 모든 것과 네 부모와 고국을 떠나 전에 알지 못하던 백성에게로 온 일이 내게 분명히 들렸느니라 여호와께서 네 행한 일을 보응하시기를 원하며 이스라엘의 하나님 여호와께서 그 날개 아래 보호를 받으러 온 네게 온전한 상 주시기를 원하노라". 12절의 "여호와께서 네 행한 일을 보응하시기를 원하며 이스라엘의 하나님 여호와께서 그 날개 아래 보호를 받으러 온 네게 온전한 상 주시기를 원하노라". 이 또한 보아스의 축복 기도 중 하나이다. 그는 기도와 감사와 축복의 사람이었다. 누구든지 하나님의 은혜의 날개 아래 보호하심을 받으러 온 사람을 주님은 결코 거절하지 않으신다(요 6:37). 주님은 사마리아 여인을 만나기 전부터 그녀를 다 알고 계셨으며 또한 삭개오를 알고 계셨다. 하나님은 당신을 알고 계시며 나를 알고 계신다. 그분은 우리가 무슨 일을 했으며 어떤 행동을 했는가를 아시며 특히 주님을 위해 착한 일들을 행한 것을 아신다. 계시록 2, 3장에 의하면 주님은 일곱 교회의 상태를 다 알고 계셨다. "내가 네 행위와 수고와 인내를 알고", "또 네가 참고 내 이름을 위하여 견디고 게으르지 아니한 것을 아노라". 이와 같이 주님이 우리의 모든 것을 알고 계심은 우리에게 너무나 큰 격려가 된다. 세상이 몰라줘도 주님은 우리를 아신다.

6. 룻 또한 은혜를 아는 여인이었다. 그녀는 오늘날 어떤 가난한 나라 사람들 같지 않았다. 그 가난한 나라의 어떤 사람들은 부유한 나라의 사람들이 동정하고 도와주는 것을 당연시하면서 도움을 받아도 감

사할 줄을 모른다. 어쩌면 그들이 여기의 룻의 입장이라면 벼 이삭을 줍는 정도가 아니라 볏단 몇 개를 주어도 당연하게 여길 것이다. 그러나 룻의 반응을 볼 때 그녀는 참으로 겸손하고 자신의 위치를 아는 여인이었다. "룻이 가로되 내 주여 내가 당신께 은혜 입기를 원하나이다 나는 당신의 시녀의 하나와 같지 못하오나 당신이 이 시녀를 위로하시고 마음을 기쁘게 하는 말씀을 하셨나이다". 그녀는 보아스의 배려 깊은 말을 받을 만한 충분한 믿음의 마음을 갖고 있었다.

7. 보아스는 식사 시간에도 룻을 외면하지 않았다. 보아스는 룻이 편히 이삭을 주울 수 있도록 배려해주는 동시에 식사할 때에도 자신들과 함께하게 해주었다. 주님은 우리에게 모든 좋은 것을 아끼지 아니하신다. "여호와 하나님은 해요 방패시라 여호와께서 은혜와 영화를 주시며 정직히 행하는 자에게 좋은 것을 아끼지 아니하실 것임이니이다" (시 84:11).

8. 마지막으로 보아스는 사환들에게 그녀가 계속 주울 수 있게 하며 아예 볏단 사이에서 줍게 하고 줌에서 조금씩 뽑아 버려서 그녀로 쉽게 많이 주울 수 있게 하라고 말했다. 보아스는 그녀가 다른 곳에 가서 줍는다면 자기만큼 배려해주지 않으리라는 것을 알고 있었다. 그러기에 다른 곳에 가지 말라고 한 것이다. 주님은 우리가 주님 외에 다른 것을 추구하면 얻지 못할 것을 아시고 그분만을 얻기를 바라신다. 그러나 사람은 그리 쉽게 주님의 말씀을 믿으려 하지 않는다. 또 다른 곳에 가면 안전하지 않다는 것도 아신다. 보아스는 룻이 다른 곳에 가서 줍다가 사내아이들에게 수모를 당할까도 염려한 것이다. 이는 주님의 강권하시는 사랑이다. 주님은 이와 같이 우리가 충성되게 따르면 우리가 더 얻지 못할까봐 노심초사하신다. 주님은 우리가 얻고자 하는 마음으로 그분을 따를수록 더욱 은혜를 얻게 도와주신다. 교회생활도 그러하다.

오늘날 많은 사람들이 합당한 교회 생활 안에 있으면서도 다른 밭들을 서성인다. 기도원으로 부흥회로, 특이한 집회로 찾아다닌다. 이는 밭을 옮겨다니며 이삭을 주우려하는 행위이다. 그러한 사람들은 예비된 은혜인 충분한 이삭을 얻지 못한다. 보아스는 사환들에게 그녀로 곡식단 사이에서 줍게 하고 책망하지 말라고 말한다. 많이 주우려고 욕심을 내는 것처럼 보일지라도 꾸짖지 말라는 것이다. 이것이 주님을 사랑하는 자들에 대한 주님의 사랑어린 관심이다. 우리는 주님을 얻기 위해 때로 지나칠 정도로 추구한다. 나는 10여 년 전 해외에서 선교하면서 선교과정과 현장에서 체험하고 얻은 주님이 너무 귀해 가족과 아내에게 시간을 많이 할애하지 못했다. 집에 들어오기가 무섭게 나가고 또 나갔다. 나는 행여 그 오지에서 만나는 주님을 놓칠까봐 두려워했고 그 신선함을 잃을까봐 두려워했다. 그러므로 나는 당시 사역하면서 이 사람 저 사람으로 하여금 지나치다는 생각을 갖게 했고 가족들에게도 오해할 수밖에 없는 상황을 만들어주게 되었다. 물론 그 후에 나는 돌이켜 가족에게 미안한 마음을 갖게 되었으며 여러 나라들을 함께 가기도 했다. 한편 주님은 당시 나의 그런 치우친(?) 열정을 꾸짖지 않으셨다. 갈 때마다 귀한 은혜로 만나주시고 새롭게 보상해주셨다.

9. "식사할 때에 보아스가 룻에게 이르되 이리로 와서 떡을 먹으며 네 떡 조각을 초에 찍으라 룻이 곡식 베는 자 곁에 앉으니 그가 볶은 곡식을 주매 룻이 배불리 먹고 남았더라 룻이 이삭을 주우러 일어날 때에 보아스가 자기 소년들에게 명하여 가로되 그로 곡식 단 사이에서 줍게 하고 책망하지 말며 또 그를 위하여 줌에서 조금씩 뽑아 버려서 그로 줍게 하고 꾸짖지 말라 하니라". 이삭을 줍는 사람은 이런 식탁으로 자애로운 말과 함께 초청을 받는다. 이삭을 줍는 사람은 담대히 추수할 수 있는 사람이 아니다. 마치 누가복음 19장의 삭개오와 같은 사람일 것이다. 이들은 남들처럼 담대히 주 예수 앞에 나가지 못하고, 수 천명

이 있는 광야, 디베랴 바닷가에서 예수님을 대하지 못하고 뽕 나무에 올라갔던 것이다.

그 때 주님은 "삭개오야 속히 내려오라 내가 오늘 네 집에 유하여야 하겠다"고 하신 자애로운 말씀처럼 그리스도의 예표인 보아스는 이삭 줍는 소녀 룻에게 "식사할 때에 너는 이리로 오라"고 하신다. 오늘날도 우리는 교회를 우습게 여기며, 어디든지 가면 환영받으리라 하고, 이 교회 저 교회 관광하듯이 다니는 사람들이 있는가 하면, 하나님의 교회에 오라고 하면 부끄러워서 담대히 가지도 못하고 주저하는 사람들이 있다는 것을 안다. 그들은 개인적인 인격이나 가난 때문에 수치를 느끼며 잔치의 장소에 가지 못한다는 것을 안다. 신체의 연약함 때문에 그러한 자들도 있을 것이다. 그러한 자들에게 주님은 말씀하신다. "식사할 때에 너는 이리로 오라".

그리스도는 죄인들과 경건치 않은 자들을 위하여 죽으셨다. 여러분이 자녀들의 떡을 먹을 수 없다고 느낀다면 어쩌면 주님은 자녀들의 상 밑에 떨어지는 부스러기라도 주실 것이다. 당신에게 어떤 공식적인 초청장이 없는 것 같이 느껴질지라도 주 예수께 오라! 주님은 당신을 받으실 것이고, 그분은 가까이에 온 당신을 보고 "속히 이리로 오라"고 하실 것이다. 그분은 당신에게 떡을 먹으라는 초청을 하실 뿐 아니라 초를 찍으라고까지 요청하시는 것이다. 여기서 초란 일종의 떡의 소스(sauce)이다. 주님께 나오는 자들은 말씀과 더불어 달콤한 위안을 받게 되는 것이다.

또한 보아스는 룻에게 볶은 곡식을 주었는데 이는 우리가 거듭난 사람이란 확신인 것이다. 초를 찍는 것은 달콤함을 주는 것인 반면 볶은 곡식은 영적인 교통 속에서 발견되는 구원의 기쁨과 확신인 것이다. 배불리 먹었다는 것은 그 상 앞에서 먹고 마시므로 완전한 만족을 얻었음을 말한다. 이는 하나님이 복음의 잔치에 참여한 사람들의 마음을 채우시어 만족케 하는 것을 상징한다.

10. "룻이 이삭을 주우러 일어날 때에 보아스가 자기 소년들에게 명하여 가로되 그로 곡식단 사이에서 줍게 하고 책망하지 말며 또 그를 위하여 줌에서 조금씩 뽑아 버려서 그로 줍게 하고 꾸짖지 말라 하니라". 이는 오늘날 말씀의 사역자들인 우리가 명심해야 할 부분이다. 은혜를 받으러 온 사랑하는 성도들에게 함부로 책망하고 꾸짖는 것은 주님이 기뻐하시는 바가 아니다. 주님은 다시 오셔서 때를 따라 양식을 나눠준 종들에게 상을 주실 것이다. 그러나 술친구들로 더불어 집사람들을 때리고 마시고 취한 자들은 많이 맞을 것이다. 오늘날 많은 설교자들이 성도들을 때리기 위해 표적설교를 한다고 들었다. 이는 근본적으로 보아스의 일과 다르다. 보아스는 곡식단 사이에서 줍는 소녀를 책망하지 말라고 하였다. 오히려 조금씩 떨어뜨리는 식으로 사역을 하라고 하였다. 주님은 "상한 갈대를 꺾지 아니하며 꺼져가는 심지를 끄지 아니하시도다"(마 12:20)라고 하신다. 음악이 전혀 나올 수 없는 불쌍한 성도들에게 함부로 꾸짖고 책망하지 말고, 오히려 그들을 위하여 일부러 이삭을 조금씩 뽑아버리라고 하신다. 그럴때 오히려 더욱 온유와 사랑의 말씀, 용서의 이삭을 떨어뜨려 그들로 줍게 하라! 주님이 기뻐하실 것이다.

17-23절, 룻이 밭에서 저녁까지 줍고 그 주운 것을 떠니 보리가 한 에바쯤 되는지라(17절) 그것을 가지고 성읍에 들어가서 시모에게 그 주운 것을 보이고 그 배불리 먹고 남긴 것을 내어 시모에게 드리매(18절) 시모가 그에게 이르되 오늘 어디서 주웠느냐 어디서 일을 하였느냐 너를 돌아본 자에게 복이 있기를 원하노라 룻이 누구에게서 일한 것을 시모에게 알게 하여 가로되 오늘 일하게 한 사람의 이름은 보아스니이다(19절) 나오미가 자부에게 이르되 여호와의 복이 그에게 있기를 원하노라 그가 생존한 자와 사망한 자에게 은혜 베풀기를 그치지 아니하도다 나오미가 또 그에게 이르되 그 사람은 우리의 근족이니 우리 기업을 무를 자 중 하나이니라

(20절) 모압 여인 룻이 가로되 그가 내게 또 이르기를 내 추수를 다 마치기까지 너는 내 소년들에게 가까이 있으라 하더이다(21절) 나오미가 자부 룻에게 이르되 내 딸아 너는 그 소녀들과 함께 나가고 다른 밭에서 사람을 만나지 아니하는 것이 좋으니라(22절) 이에 룻이 보아스의 소녀들에게 가까이 있어서 보리 추수와 밀 추수를 마치기까지 이삭을 주우며 그 시모와 함께 거하니라(23절)

1. 룻은 저녁까지 열심히 주운 것을 떨었다. 곧 이삭을 추수한 것이다. 그녀는 자기의 업무를 성실히 수행하는 본이 되었다. 그녀는 비록 적은 분량이지만(보리 한 에바는 열두 되 가량 된다. 이삭을 줍는 형편으로는 그래도 큰 수확이었다), 성실히 추수하여 시모에게 가지고 갔다. 나오미는 누군가 룻을 도와주지 않으면 그런 분량의 곡식을 가지고 돌아올 수 없다는 것을 곧 알 수 있었다. 그래서 룻에게 물었다. "오늘 어디서 주웠느냐 어디서 일을 하였느냐 너를 돌아본 자에게 복이 있기를 원하노라". "룻이 누구에게서 일한 것을 시모에게 알게 하여 가로되 오늘 일하게 한 사람의 이름은 보아스니이다".

2. 나오미는 이미 보아스를 알고 있는 터였다. 그는 그의 이름이 보아스라고 하자 하나님을 찬미하며 그를 축복하는 말을 했다. "나오미가 자부에게 이르되 여호와의 복이 그에게 있기를 원하노라 그가 생존한 자와 사망한 자에게 은혜 베풀기를 그치지 아니하도다". 나오미는 보아스가 룻을 선대한 것이 자기의 죽은 남편인 엘리멜렉과 남은 유족인 자기에 대한 선한 배려임을 알았다. 그녀는 이어서 룻에게 보아스가 자신의 친족이며 기업을 무를 자라고 말해주었다.

3. 그럴 때 룻은 나오미에게 보아스가 한 말을 한 마디 더 했다. "그가 내게 또 이르기를 내 추수를 다 마치기까지 너는 내 소년들에게 가

까이 있으라 하더이다". 보아스는 추수를 마치기까지 룻이 그의 밭에서 이삭줍기 할 것을 배려해준 것이다.

4. "나오미가 자부 룻에게 이르되 내 딸아 너는 그 소녀들과 함께 나가고 다른 밭에서 사람을 만나지 아니하는 것이 좋으니라". 나오미는 오래된 신자의 냄새를 갖고 있다. 오래된 신자는 경험을 갖고 있으며 따라서 뭔가를 예측할 수 있다. 이것이 어린 신자들과 다른 점이다. 그녀는 여기에 뭔가 하나님의 섭리가 있음을 읽을 수 있었다. 성도들은 오랜 그리스도인의 길을 걸었고 경험있는 성도들의 조언을 멸시하지 말아야 한다.

룻기 3장

Ruth

1-5절, 룻의 시모 나오미가 그에게 이르되 내 딸아 내가 너를 위하여 안식할 곳을 구하여 너로 복되게 하여야 하지 않겠느냐(1절) 네가 함께하던 시녀들을 둔 보아스는 우리의 친족이 아니냐 그가 오늘밤에 타작마당에서 보리를 까불리라(2절) 그런즉 너는 목욕하고 기름을 바르고 의복을 입고 타작마당에 내려가서 그 사람이 먹고 마시기를 다 하기까지는 그에게 보이지 말고(3절) 그가 누울 때에 너는 그 눕는 곳을 알았다가 들어가서 그 발치 이불을 들고 거기 누우라 그가 너의 할 일을 네게 고하리라(4절) 룻이 시모에게 이르되 어머니의 말씀대로 내가 다 행하리이다 하니라(5절)

1. 나오미는 영적인 생명을 아는 사람이었다. 그녀는 룻을 생각할 때 그녀의 남편감으로 보아스가 적합하다는 것을 알았다. 그녀는 되어가는 일이 성령께서 그렇게 인도하고 계심을 직감했다. 그녀는 끝까지 룻을 붙잡아 두려고 노력하지 않았다. 그녀는 시모인 자신을 따라 이국땅에 온 룻의 장래를 생각했다. 그리고 결혼을 시켜주어야 한다고 판단했다. “내 딸아 내가 너를 위하여 안식할 곳을 구하여 너로 복되게 하여야 하지 않겠느냐”. 그리고 그 남편감으로는 이미 접촉이 있던 보아스임을 알려준다.

2. 나오미는 보아스의 상황을 다 알고 있었다. 오늘밤 그들이 타작마당에서 보리를 까불릴 것이니 룻에게 목욕하고 기름을 바르고 의복을 입고 타작마당에 내려가서 그 사람이 먹고 마시기를 다 할 때까지는 그에게 보이지 않고 있다가 그가 누울 때 그 눕는 곳을 알았다가 그 발치 이불을 들고 거기에 누우라고 하였다. 그러면 보아스가 그녀의 할 일을 알려주리라고 하였다. 룻은 시모에게 어머니의 말씀대로 행하겠다고 하였다.

3. 이는 그리스도와 연합하는 우리의 형편을 잘 묘사해주고 있다. 우리는 룻과 같이 자격 없는 이방 죄인이다. 우리의 생명과 재산을 다 잃어버리고 아무 것도 없는 공허한 인생이다. 성령님은 그런 우리를 그리스도께 중매하고 계신다(고후 11:1-2). 그리스도는 우리의 잃어버린 기업을 무를 친족이시다(아 5:1, 요 20:17). 누구든지 자신이 잃어버린 바 된 불쌍한 자임을 깨닫고 근족이신 그리스도께서 그 날개로 덮어주시기를 구하면 그분은 우리를 감싸주시며 덮어주신다.

6-14절, 그가 타작마당으로 내려가서 시모의 명대로 다 하니라(6절) 보아스가 먹고 마시고 마음이 즐거워서 가서 노적가리 곁에 눕는지라 룻이 가만히 가서 그 발치 이불을 들고 거기 누웠더라(7절) 밤중에 그 사람이 놀라 몸을 돌이켜 본즉 한 여인이 자기 발치에 누웠는지라(8절) 가로되 네가 누구뇨 대답하되 나는 당신의 시녀 룻이오니 당신의 옷자락으로 시녀를 덮으소서 당신은 우리 기업을 무를 자가 됨이니이다(9절) 가로되 내 딸아 여호와께서 네게 복 주시기를 원하노라 네가 빈부를 물론하고 연소한 자를 좇지 아니하였으니 너의 베푼 인애가 처음보다 나중이 더하도다(10절) 내 딸아 두려워 말라 내가 네 말대로 네게 다 행하리라 네가 현숙한 여자인줄 나의 성읍 백성이 다 아느니라(11절) 참으로 나는 네 기업을 무를 자나 무를 자가 나보다 더 가까운 친족이 있으니(12절) 이 밤에 여기서 머

무르라 아침에 그가 기업 무를 자의 책임을 네게 이행하려 하면 좋으니 그가 그 기업 무를 자의 책임을 행할 것이니라 만일 그가 기업 무를 자의 책임을 네게 이행코자 아니하면 여호와의 사심으로 맹세하노니 내가 기업 무를 자의 책임을 네게 행하리라 아침까지 누울지니라(13절) 룻이 새벽까지 그 발치에 누웠다가 사람이 피차 알아보기 어려울 때에 일어났으니 보아스의 말에 여인이 타작마당에 들어온 것을 사람이 알지 못하여야 할 것이라 하였음이라(14절)

1. 룻은 시모의 명대로 타작마당에 내려가서 보아스가 먹고 마시고 즐거워하다가 노적가리 곁에 눕는 것을 보고 가서 발치 이불을 들고 거기에 누웠다. 밤중에 보아스는 한 여인이 자기 발치에 누워 있는 것을 보고 누구냐고 물었다. 룻은 대답했다. "나는 당신의 시녀 룻이오니 당신의 옷자락으로 시녀를 덮으소서 당신은 우리 기업을 무를 자가 됨이니이다".

2. 하나님의 율법대로 하면 보아스가 룻의 기업을 무를 보호자라는 사실을 깨우쳐준 것이다. 그녀는 마치 이렇게 말하는 듯하다. "당신은 쇠퇴해가는 한 가족의 생명과 재산을 구해줄 권리가 있는 분이므로 우리의 파멸은 당신 손에 달렸나이다. 그러하오니 당신의 옷자락으로 나를 덮으시어 나를 기꺼이 아내로 맞아 주소서." 이와 같이 우리는 우리 자신을 구해줄 근족이신 예수 그리스도께 맡기고 그가 우리를 모으셨으므로 그 날개 밑에 와서 "그 옷자락으로 우리를 덮으소서"라고 간청해야 한다(매튜 헨리).

3. 룻은 보아스에게 잘 영접되었다. 보아스는 룻에게 말했다. "내 딸아 여호와께서 네게 복 주시기를 원하노라 네가 빈부를 물론하고 연소한 자를 좇지 아니하였으니 너의 베푼 인애가 처음보다 나중이 더하도

다 내 딸아 두려워 말라 내가 네 말대로 네게 다 행하리라 네가 현숙한 여자인줄 나의 성읍 백성이 다 아느니라". 보아스는 그녀의 선행을 다 알고 있었다. 여전히 보아스는 기도의 사람이었다. "내 딸아 여호와께서 네게 복 주시기를 원하노라". 그는 룻이 비록 지금 여인으로서 오해받을 만한 위치에 있지만 그녀의 중심을 알고 있었다. 그래서 그녀가 현숙한 여인인 것을 온 성읍이 다 알고 있다고 말한 것이다. 보아스의 이러한 이해력은 칭찬할 만하다. 우리 주님은 사람을 외모로 보지 않고 그 중심을 보신다.

4. 이때 룻은 매우 어여쁘고 젊은 여인이었던 것 같다. 그러므로 원하기만 한다면 젊은 신랑감을 구할 수도 있었다. 보아스는 룻이 '빈부를 물론하고 연소한 자를 좇지 아니하였음'을 칭찬하였다. 보아스는 과거 룻의 선행을 다 알고 있었다. 지난 날 그녀가 죽은 남편이나 시부에게 잘했다고 소문이 난 것이다. 그러나 지금 룻이 하고 있는 일은 그들의 잃어버린 가문의 기업을 속량하기 위해 하는 선행임을 칭찬하고 있다. "너의 베푼 인애가 처음보다 나중이 더하도다". 이는 그녀가 젊고 아름다운 여인임에도 불구하고 나이 든 자기에게 시집올 것을 결심한 것은 순전히 그 가족의 기업을 회복하기 위한 것임을 치하한 것이다.

5. "내 딸아 두려워 말라 내가 네 말대로 네게 다 행하리라 네가 현숙한 여자인줄 나의 성읍 백성이 다 아느니라". 이는 보아스의 허락하는 말이다. 그러나 그는 조건부의 약속을 했다. "참으로 나는 네 기업을 무를 자나 무를 자가 나보다 더 가까운 친족이 있으니 이 밤에 여기서 머무르라 아침에 그가 기업 무를 자의 책임을 네게 이행하려 하면 좋으니 그가 그 기업 무를 자의 책임을 행할 것이니라 만일 그가 기업 무를 자의 책임을 네게 이행코자 아니하면 여호와의 사심으로 맹세하노니 내가 기업 무를 자의 책임을 네게 행하리라". 보아스보다 룻과 나오미

를 위하여 재산을 무를 권리를 갖고 있는 더 가까운 친족이 있었던 고로 보아스는 그 자리에서 완전한 승낙을 할 수 없고 우선권자에게 물어서 그가 거부하면 그때 반드시 그 일을 행하겠다고 한 것이다. 보아스는 이런 일에 있어서도 한 치의 치우침이 없었다. 의에 있어서도 완전한 입장을 갖겠다고 한 것이다.

6. 이 밤에 여기서 머무르라고 한 말에서 보아스의 사려 깊은 성품이 다시 한 번 엿보인다. "룻이 새벽까지 그 발치에 누웠다가 사람이 피차 알아보기 어려울 때에 일어났으니 보아스의 말에 여인이 타작마당에 들어온 것을 사람이 알지 못하여야 할 것이라 하였음이라". 율법적으로 하면 이 일은 분명 합법적인 것으로 정당화될 일이었을 것이고 또 나중에 실지 결혼한 부부로 드러날 것이지만 지금은 내용을 사실대로 알지 못하는 사람들에게 일시라도 오해를 불러일으킬 소지가 있다. 보아스는 하나님 앞에서만이 아니라 사람 앞에서도 조심하는 경건자였다. 이 세상에서 신자들은 공연히 사람들에게 오해를 사서 명예를 손상시킬 필요가 없다(박윤선).

15-17절, 보아스가 가로되 네 겉옷을 가져다가 펴서 잡으라 펴서 잡으니 보리를 여섯 번 되어 룻에게 이워주고 성으로 들어가니라(15절) 룻이 시모에게 이르니 그가 가로되 내 딸아 어떻게 되었느냐 룻이 그 사람의 자기에게 행한 것을 다 고하고(16절) 가로되 그가 내게 이 보리를 여섯 번 되어 주며 이르기를 빈손으로 네 시모에게 가지 말라 하더이다(17절) 이에 시모가 가로되 내 딸아 이 사건이 어떻게 되는 것을 알기까지 가만히 앉아 있으라 그 사람이 오늘날 이 일을 성취하기 전에는 쉬지 아니하리라(18절)

보아스는 룻에게 겉옷을 펴라 하고 보리를 여섯 번 되어 주었다. 룻이 시모에게 가니 시모가 어떻게 되었느냐고 물었다. 룻이 그가 보리를 여섯 번 되어 주며 빈손으로 시모에게 가지 말라고 했다면서 그가 행한 일을 전하자 나오미는 사건이 어떻게 되는 것을 알기까지 가만히 앉아 있으라고 했다. 경건한 사람 보아스는 과부를 돌보는 일에도 세심했다. 나오미는 보아스의 온전한 성품을 알기에 그 일이 성취되는 과정을 믿음으로 기대하며 지켜보라고 했다. "그 사람이 오늘날 이 일을 성취하기 전에는 쉬지 아니하리라".

룻기 4장

Ruth

1-8절, 보아스가 성문에 올라가서 거기 앉았더니 마침 보아스의 말하던 기업 무를 자가 지나는지라 보아스가 그에게 이르되 아무여 이리로 와서 앉으라 그가 와서 앉으매(1절) 보아스가 성읍 장로 십 인을 청하여 가로되 당신들은 여기 앉으라 그들이 앉으매(2절) 보아스가 그 기업 무를 자에게 이르되 모압 지방에서 돌아온 나오미가 우리 형제 엘리멜렉의 소유지를 관할하므로(3절) 내가 여기 앉은 자들과 내 백성의 장로들 앞에서 그것을 사라고 네게 고하여 알게 하려 하였노라 네가 무르려면 무르려니와 네가 무르지 아니하려거든 내게 고하여 알게 하라 네 다음은 나요 그 외에는 무를 자가 없느니라 그가 가로되 내가 무르리라(4절) 보아스가 가로되 네가 나오미의 손에서 그 밭을 사는 날에 곧 죽은 자의 아내 모압 여인 룻에게서 사서 그 죽은 자의 기업을 그 이름으로 잇게 하여야 할지니라(5절) 그 기업 무를 자가 가로되 나는 내 기업에 손해가 있을까 하여 나를 위하여 무르지 못하노니 나의 무를 권리를 네가 취하라 나는 무르지 못하겠노라(6절) 옛적 이스라엘 중에 모든 것을 무르거나 교환하는 일을 확정하기 위하여 사람이 그 신을 벗어 그 이웃에게 주더니 이것이 이스라엘의 증명하는 전례가 된지라(7절) 이에 그 기업 무를 자가 보아스에게 이르되 네가 너를 위하여 사라 하고 그 신을 벗는지라(8절)

1. 당시 성문은 민간의 난제나 소송이나 어려움들을 해결해주는 장소였다(신 21:19, 수 20:4, 시 127:5). 보아스는 당시 베들레헴의 유력자였으니 어쩌면 오늘날의 시장(市長) 정도의 지위를 가진 듯하다. 그는 그날 성문에 앉아 있었고 그때 마침 그가 룻에게 말한 기업 무를 자가 지나가고 있었다. 그러므로 그는 그 사람을 불러 자리에 앉히고 성읍의 장로 십 인을 불렀다. 아마도 보아스는 장로 중 하나였을지 모른다. 보아스가 기업 무를 자격 있는 사람을 불러 자리를 지정해준 것이나 열 명의 장로들을 불러 '여기 앉으라' 고 한 것을 볼 때 그가 성읍에서 어떤 위치를 가진 사람이었을 것이라고 추정해볼 수 있다. 또 실제로 그는 유다 지파의 족장이었던 나손의(민 7:12) 손자이었으므로 그 가문이 출중했다. 결국 이 가문은 다윗의 가문이요 이 가계를 통하여 구주가 나셨다.

2. 보아스는 자기보다 그 기업을 무를 자격이 더 있는 자에게 우선권을 부여했다. 3절의 '나오미가 엘리멜렉의 소유지를 관할하므로' 에서 '관할하므로' 는 히브리어에서 '팔다' 의 과거형이다. 그렇지만 여기 문맥을 보면 이미 팔았다기보다는 팔려고 내놓았다는 표현이 더 어울린다. 따라서 팔았다는 것보다는 팔려고 결심했다는 편이 더 적합할 것이다. 그래야 3절의 '우리 형제 엘리멜렉의 소유지를 나오미가 관할하므로' 를 이해하기가 쉽다. 이 일에서 가까운 근족이 그 땅을 사게 되면 그 땅이 다른 지파에게 넘어가지 않고 유다 지파 안에 남아 있게 된다. 그러므로 보아스는 먼저 우선권을 가진 한 친족(여기서 이름이 나와 있지 않다)에게 그 일을 제시했다. 즉 어떤 사람이 가난하여 그 기업의 땅을 팔 경우 반드시 그 땅을 친족, 곧 기업 무를 자(히, 고엘—무르다, 되찾다, 구속하다)가 사야 한다는 규례에 근거한 것이다.

3. 보아스는 엘리멜렉의 근족이 되는 그 사람에게 '네가 무르려면 무

르려니와' 라고 하면서 네 다음은 나요 그 외에는 무를 자가 없다고 하였다. 4절에서 그 근족은 보아스의 말을 듣고 일단 사겠다고 말하였다. "그가 가로되 내가 무르리라". 그는 일단 자기 자신의 재산이 증식될 수 있다는 소망을 가지고 그렇게 대답했을 것이다. 보아스는 계속해서 "네가 나오미의 손에서 그 밭을 사는 날에 곧 죽은 자의 아내 모압 여인 룻에게서 사서 그 죽은 자의 기업을 그 이름으로 잇게 하여야 할지니라"고 말했다. 보아스의 말은 이 일이 그렇게 간단하지 않음을 부언하여 설명한 것이다. 그는 이 땅을 나오미에게서 살려면 룻에게서 사고 룻과 결혼하여 그 기업을 룻의 자녀에게 계승시켜야 한다고 했다. 즉 계대 결혼을 하라는 것이다(신 25:5). 엘리멜렉과 두 아들이 죽었고 한 며느리는 돌아갔으니 이 집의 상속권은 룻에게 있었다.

그러나 우선권이 있던 그 친족은 첫 번째 제안에는 승낙을 했다가 두 번째 제안을 듣자 마음이 변했다. 친족의 기업을 사도 자손이 없는 경우는 자기의 것이 되어 자기 기업이 확장이 되니까 문제가 없지만 룻과 결혼하여 그 자녀에게 기업이 돌아가면 자기 기업에 감소가 있게 되므로 거부한 것이다. 이는 신명기 25장의 계대 결혼의 확대 해석이다. 처음 모세의 법이 세워진 것은 형제의 경우였다. 형제가 결혼하여 아들이 없이 죽은 경우는 그 아내가 다른 데 시집가서는 안 되고 그 남편의 형제가 그를 취하여 아내로 삼고 그 남편의 의무를 다 해야 하는 것이다. 그리고 그 여인의 첫 아들로 그 죽은 자의 후사를 잇게 하는 것이다. 그래서 이스라엘의 대가 끊어지지 않게 되는 것이다. 그러나 후에 이 법은 확대적용이 된 듯하다. 즉 형제가 없는 경우는 어떻게 하느냐는 것이다. 그럴 때는 가장 근족이 형제의 의무를 하는 것이다. 엘리멜렉의 근족 중에는 보아스 말고 더 가까운 자가 있었던 것이다. 그 가장 가까운 근족은 나오미의 재산만 무르면 단순히 자기의 재산의 증식인 줄 알았고 그래서 찬성하였지만 더 설명을 들으니 룻과 결혼하여 그 재산이 룻이 낳은 아들에게로 돌아갈까 하여 자신에게 유익이 아니라 손해가 될 듯하여 포기하고 그 계대 권리를 보아스에게 넘긴 것이다. 6절의 대답이 그것이다. "그 기업 무를 자가 가로되 나는 내 기업에 손해가 있을까 하여 나를 위하여 무르지 못하노니 나의 무를 권리를 네가 취하라 나는 무르지 못하겠노라". 이렇게 해서 보아스는 정당하게 룻을 아내로 맞아들이고 그 기업을 룻의 자손에게 물려주는 일을 한 것이다.

4. 모세의 율법에서 계대 결혼을 거부하는 자의 신을 벗기는 것은 모욕적인 행위였다(신 25:5-10). 그러나 언제부터인지는 몰라도 그런 여자가 거절하는 자의 얼굴에 침을 뱉는다든가 그 집을 신 벗기운 자의 집이라 칭하는 행습은 없어진 것 같고 다만 신을 벗음으로 자신의 권리를 포기한다는 것을 공적으로 표명했던 것 같다. 8절에서 우선권을 가졌던 그 근족이 보아스에게 "네가 너를 위하여 사라"고 하면서 신을 벗은 것은 그의 권리이양을 공적으로 선포한 것이다. 주님이 우리 죄인을 구속하신 것은 그분이 기꺼이 손해를 입기 원하셨기에 가능했다. 그분은 우리를 무르시기(구속하시기) 위해 우리의 죄값을 감당하시려고 해를 당하셨으며 우리를 구하신 방법도 매우 공정하고 의로웠다.

9-12절, 보아스가 장로들과 모든 백성에게 이르되 내가 엘리멜렉과 기룐과 말론에게 있던 모든 것을 나오미의 손에서 산 일에 너희가 오늘날 증인이 되었고(9절) 또 말론의 아내 모압 여인 룻을 사서 나의 아내로 취하고 그 죽은 자의 기업을 그 이름으로 잇게 하여 그 이름이 그 형제 중과 그 곳 성문에서 끊어지지 않게 함에 너희가 오늘날 증인이 되었느니라(10절) 성문에 있는 모든 백성과 장로들이 가로되 우리가 증인이 되노니 여호와께서 네 집에 들어가는 여인으로 이스라엘 집을 세운 라헬, 레아 두 사람과 같게 하시고 너로 에브랏에서 유력하고 베들레헴에서 유명케 하시기를 원하며(11절) 여호와께서 이 소년 여자로 네게 후사를 주사 네 집으로 다말이 유다에게 낳아준 베레스의 집과 같게 하시기를 원하노라(12절)

1. 여기서 보아스는 공적으로 이루어진 일에 대하여 장로들과 모든 백성들에게 선언한다. "보아스가 장로들과 모든 백성에게 이르되 내가 엘리멜렉과 기룐과 말론에게 있던 모든 것을 나오미의 손에서 산 일에 너희가 오늘날 증인이 되었고 또 말론의 아내 모압 여인 룻을 사서 나의 아내로 취하고 그 죽은 자의 기업을 그 이름으로 잇게 하여 그 이름이 그 형제 중과 그곳 성문에서 끊어지지 않게 함에 너희가 오늘날 증인이 되었느니라". 보아스는 이런 일에 있어서 진정으로 그리스도의 예표가 된다. 그는 자신의 기업에 손해가 미치는 것을 주의하지 않았다. 가까운 근족이 있었지만 그는 자신에게 손해가 있을까 하여 룻의 사정을 돌보지 않았다. 그러나 주님은 자신의 해 받음을 주저하지 않으시고 우리의 사정을 맡아주셨다. 여기서 특히 보아스가 "또 말론의 아내 모압 여인 룻을 사서 나의 아내로 취하고"라고 한 것은 매우 인상 깊다. 주님은 우리를 그분의 피 값으로 사셨다. 우리는 마땅히 주님께 이렇게 말씀드려야 한다. "주님, 감사합니다. 주님은 우리를 사랑하심으로 손해와 어려움을 개의치 않으시고 자신의 피값을 지불하여 우리를 사셨고 우리의 잃어버린 기업을 되찾아 주셨습니다."

2. 그때 성문에 앉아 있던 장로들과 백성들은 기업을 무르려는 보아스의 결정에 대하여 증인이 되고 그에게 복을 빌어주었다. 그것은 그가 취하는 룻이 라헬과 레아같이 되고 보아스 자신은 그녀로 말미암아 유력하게 되고 유명하게 되며 또 룻의 후손은 베레스의 가문과 같이 되게 해달라는 것이었다. 그 축복은 그대로 이루어졌다. "성문에 있는 모든 백성과 장로들이 가로되 우리가 증인이 되노니 여호와께서 네 집에 들어가는 여인으로 이스라엘 집을 세운 라헬, 레아 두 사람과 같게 하시고 너로 에브랏에서 유력하고 베들레헴에서 유명케 하시기를 원하며 여호와께서 이 소년 여자로 네게 후사를 주사 네 집으로 다말이 유다에게 낳아준 베레스의 집과 같게 하시기를 원하노라".

그리스도인의 어떤 일이 참으로 영적이고 주님이 기뻐하시는 것이면 많은 성도들에게도 기쁨이 되고 축복이 된다. 우리는 그런 일을 해야 한다. 그때 보아스가 행한 일은 구약의 '교회' 로부터 찬성과 기쁨과 축복을 얻었다. 오늘날 많은 사람들은 자신의 뜻과 원함이 앞선 나머지 주위 성도들의 축복과 기쁨을 얻어내지 못하는 가운데 자신의 일을 밀고 나간다. 그러나 보아스는 이러한 일이 사람들의 심령 속에서 축복을 이끌어 내리라는 확신이 있었을 것이다. 이는 바나바와 사울이 안디옥 교회에서 축복을 받고 선교 여정을 떠난 것에 비유할 수 있으며 또한 그가 돌아와 바나바와 결별하고 실라를 데리고 떠난 것을 안디옥 교회가 축복하며 전송한 것에 비할 수 있다. 그때 교회가 바나바의 떠남을 전송했다는 말은 없고 다만 바울의 떠남과 함께 했다는 언급이 있다(행 15:40). 주님과 하나 된 성도들의 느낌은 언제나 주님을 위한 일에서 기쁨과 축복의 마음과 공명이 일어나는 법이다. 나는 교회 안에서 이런 일이 많아지기를 희망한다. 진정하고 아름다운 성도들의 행함과 헌신적인 생활과 봉사는 많은 사람들에게 축복의 말을 하게 한다. 이러한 성도들의 행한 바는 그 일이 옳으냐 그르냐의 차원이 아니다. 그것은 성도들의 일이 얼마나 성도들의 영을 시원케 하며 불사르느냐에 있는 것이다. 어떤 성도들의 자신의 행함과 일들을 사람들이 오해했다고 하며 변명하려고 노력한다. 그러나 그런 것은 매우 불필요한 노력이다. 마리아의 옥합을 깬 사건은 긴 설명과 오해를 불식시키는 작업이 필요하지 않다. 그런 일은 다만 향기로서, 냄새로서 금방 알 수 있는 것이다. 냄새는 속일 수 없는 것이다. 나는 성도들이 하나님과 사람을 감동시킬 수 있는 이러한 아름다운 삶을 추구하기 바란다.

3. 룻이 라헬과 레아같이 되라고 하는 것은 그녀가 비록 이방 여인이었지만 그 나라 백성으로 온전히 받아들여질 뿐 아니라 더욱이 그 나라에서 가장 중추가 되는 자손을 배출한 라헬(요셉과 베냐민)과 레아(르

우벤, 시므온, 레위, 유다)같이 되기를 바란다는 것이었다. 또한 보아스가 에브랏에서 유력하고(wealth) 베들레헴에서 유명하게(became famous) 되기를 원한다고 했다. 신약에서 축복이 과연 유력하게 되고 유명하게 되는 것인가? 이에 대한 답은 간단하지 않다. 사도 바울은 자신이 '무명한 자 같으나 유명한 자' 라고 했다. 실상 바울은 그렇게 유명한 사람이 아니었다. 만일 그가 유명한 사람이었다면 당시 소위 유명하다는 자들로부터 어려움을 당하지 않았을 것이다(갈 2:6). 그러면 바울은 유명하지 않았는가? 그는 또 유명했다. 오늘날 사람들은 유명해지는 것을 꿈꾼다. 그러나 유명해지는 것 자체가 중요한 것이 아니라 오직 하나님의 뜻을 이루는 것이 중요하다. 또 사람들에게 알려지되 어떻게 알려지는가가 중요하다. 유명해지는 것에도 종류가 많다. 보아스는 경건한 사람으로 유명하게 되었다. 좋은 자손으로 말미암아 유명하게 되었다. 우리는 다른 것으로 유명해지기를 바라지 말고 그리스도를 위한 충성으로, 순교로, 넘치는 고난과 수고로, 또 그로 인한 열매로 알려지기를 바란다. 실상 여기의 '유명하다' 에 해당하는 히브리어 '익콰레' 는 '부르다', '선포하다', '읽다' 라는 뜻이다. 즉 어떤 사람의 이름이 사람들 사이에서 좋게 불리우고 선포된다는 말이다. 다만 유명하게 되는 것은 의미가 없다. 또한 그들이 축복한바 베레스의 집같이 되라는 것은 그 집이 크게 번성한 집이기 때문이다. 베레스는 야곱의 손자이며 유다의 아들이다. 실상 베들레헴 사람들은 베레스의 자손들이었다. 사람들은 보아스에 대하여 그 집안이 베레스의 집같이 매우 번성하기를 축복한 것이다. 성도들의 아름다운 헌신의 행동에 대하여 성도들은 자동적으로 축복의 말이 나오게 되는 것이다.

13-22절, 이에 보아스가 룻을 취하여 아내를 삼고 그와 동침하였더니 여호와께서 그로 잉태케 하시므로 그가 아들을 낳은지라(13절) 여인들이 나오미에게 이르되 찬송할지로다 여호와께서 오늘날 네게 기업 무를 자

가 없게 아니하셨도다 이 아이의 이름이 이스라엘 중에 유명하게 되기를 원하노라(14절) 이는 네 생명의 회복자며 네 노년의 봉양자라 곧 너를 사랑하며 일곱 아들보다 귀한 자부가 낳은 자로다(15절) 나오미가 아기를 취하여 품에 품고 그의 양육자가 되니(16절) 그 이웃 여인들이 그에게 이름을 주되 나오미가 아들을 낳았다 하여 그 이름을 오벳이라 하였는데 그는 다윗의 아비인 이새의 아비였더라(17절) 베레스의 세계는 이러하니라 베레스는 헤스론을 낳았고(18절) 헤스론은 람을 낳았고 람은 암미나답을 낳았고(19절) 암미나답은 나손을 낳았고 나손은 살몬을 낳았고(20절) 살몬은 보아스를 낳았고 보아스는 오벳을 낳았고(21절) 오벳은 이새를 낳았고 이새는 다윗을 낳았더라(22절)

1. 룻의 속량자이며 '고엘' 인 보아스는 결국 룻을 아내로 맞아들였고 동침하여 아들을 낳았다. 아이를 낳자 여인들이 찬양을 하였다. "여인들이 나오미에게 이르되 찬송할지로다 여호와께서 오늘날 네게 기업 무를 자가 없게 아니하셨도다 이 아이의 이름이 이스라엘 중에 유명하게 되기를 원하노라 이는 네 생명의 회복자며 네 노년의 봉양자라 곧 너를 사랑하며 일곱 아들보다 귀한 자부가 낳은 자로다". 여기서 정식으로 기업을 무를 자가 태어난 것이다. 이는 합법적으로 엘리멜렉의 기업을 되찾아 자신의 가문의 기업을 이어나갈 자이다. 그의 이름이 오벳이다. 물론 14절의 기업 무를 자(고엘)는 보아스를 지칭하는 것으로 보아도 무방하다. 또 아들 오벳으로 보아도 틀리지 않다.

2. 아이를 낳자 여인들은 나오미를 축하했다. 여인들은 나오미에게 룻을 '너를 사랑하며 일곱 아들보다 낳은 자' 라고 칭찬했다. 그 낳은 아이에 대하여는 '네 생명의 회복자요 네 노년의 봉양자' 라고 하였다. 많은 경우 주위에서 바라보는 가난한 이웃들의 말이 참되다. 그들은 특히 같은 동네에서 사는 이웃사촌들이었다. 그 아들은 나오미가 품에 안

고 키우게 되었다. 나오미는 그리스도의 가계를 이어갈 중요한 인물을 품에 안고 기르는 영예를 얻었다. 그 아들의 이름 '오벳' 은 그 이웃 여인들이 지어준 것이다. 그 소년은 자라서 나오미를 섬기는 자가 되었다. '오벳' 이라는 이름의 뜻이 '섬기는 자' 이다.

3. 18절에서 22절까지는 다윗왕의 계보를 기록한다. 이는 룻이 낳은 아들이 이스라엘의 가장 훌륭한 왕 다윗의 조상이 되었음을 증거하는 것이다. 또한 이 기록은 후에 그리스도의 계보에도 그대로 적용되었다. 한 이방 여인 룻의 충성된 삶과 보아스의 경건성, 나오미의 협력, 이 모든 것이 합하여 그리스도께서 이 땅에 출생하시는 길을 열었다.

룻기를 마치며

1. 룻기의 가장 중요한 두 단어를 말하라면 '안식' (3:1)과 '구속' (무르다)이라고 하겠다. 이는 보아스로 예표된 그리스도의 구속과 연합(룻과 보아스의 결혼)으로 말미암아서만이 안식을 얻을 수 있다는 내용이다. 룻기를 읽다보면 그리스도의 구속의 은혜에 깊은 감동을 받게 된다. 이방 여인이요 불쌍한 과부인 룻이 이삭을 줍고 시모를 섬기는 일을 하다가 보아스를 만나 결혼하게 된다. 비록 두 과부가 모압 땅에서 살다가 들어왔지만 나오미의 남편 엘리멜렉은 뼈대 있는 가문의 사람이었다. 그러므로 길이 있었던 것이다. 사람은 원래 죽을 수밖에 없는 처량한 신세이지만 족보를 자세히 조사하면 영광의 하나님께서 창조하신 영광스런 존재이다. 그러나 그들이 모든 기업을 다 잃었듯이 우리 인간도 모든 것을 다 잃고 이삭을 주워 먹는 근근한 신세가 되었다. 그러나 어느 날 우리는 유력자이시며 참 '고엘' 이신 그리스도를 만나게 된다. 그래서 우리는 그분께 긍휼을 입기 위해 나아가 그분의 날개로 덮어주시기를 구한다. 그분은 합법적으로(공의를 만족시키시면서)

또한 깊은 사랑으로 죄인인 우리와 결혼해주신다. 그렇게 해서 우리는 위대한 족보에 들어오게 된 것이다. 우리는 참 믿음으로 예수 그리스도의 족보에 이름이 오르게 된 것이니 이 어떠한 축복이며 긍휼인가!

2. 사사기는 위대한 사사들의 능력으로 인한 구원사의 기록이다. 그 책은 하나님의 백성 전체에 관련되며 그 영향이 전체에 미치는 큰 역사를 기술한다. 그러나 룻기는 이스라엘 전체가 아니라 경건한 한 가정의 이야기를 기록한다. 이 두 권의 책은 서로 비교 가능하며 매우 관련이 있다.

사사기의 중점은 이스라엘의 범죄와 타락, 그리고 구원에 있다. 그들의 정치제도가 어떤 것이고 왜 그들은 그렇게 각자가 소견대로 행하며 하나님을 떠났는가도 다루었다. 그러나 룻기는 그들이 얼마나 경건하며 하나님의 백성으로서 맛을 내는 식으로 살았는가를 보여준다.

간단히 말해서 사사기는 충성된 사람들의 하나님께 대한 열심과 충성과 그 능력에 중점이 있다. 그러나 룻기는 하나님의 사람들의 경건한 삶에 중점이 있다. 나오미의 한 마디 한 마디는 가히 하나님의 자녀로서의 품격을 나타낸다. 보아스의 경건성은 우리의 탄복을 자아낸다. 하나님은 사사기에서 전 이스라엘을 관심하시는 하나님으로 나타나며 룻기에서 한 가정과 개개인을 얻기 원하시는 분으로 나타난다. 하나님께서는 나오미 한 사람을 위해 수많은 환경을 예비하셨으며, 그녀는 많은 환경을 거치면서 하나님의 주권과 손길을 배웠다. 따라서 룻과 보아스가 결합하는 일에서 섬세하고 노련하게 하나님과 동역함으로 중매하는 일을 훌륭하게 수행했다. 이는 실로 하나님의 일에서 중대한 족보를 형성하는 일을 이룬 것이다. 룻의 행위나 보아스의 경건성은 실로 어두운 사사기 역사에서 한 줄기의 빛과 같이 영롱하다. 그리스도를 이 땅에 모셔오는 일은 역시 경건하고 아름다운 생명의 노선에 있는 사람들에 의해 이루어진다.

오늘날 이 땅에 사사기적인 큰 역사는 도처에 있지만 나오미와 보아스의 집처럼 하나님의 냄새를 풍기며 생명의 길을 가는 작은 무리는 어디에 있는가? 그들은 비록 수가 적고 큰 능력을 갖지 않았을지라도 하나님께서 기뻐하시는 무리가 될 것임이 분명하다(계 3:8). 이는 계시록의 빌라델비아의 교회의 길과도 일치한다. 사사시대에는 크고 놀라운 능력의 역사가 있었으나 이는 하나님의 뜻을 이룰 수 있는 것이 아니었다. 이러한 전체적인 나라의 큰 역사 가운데서 하나님은 아무도 주의하지 않는 작은 한 가정의 역사를 통해서 그분의 중심적인 일을 행하셨다. 하나님께서는 전반적으로 하나님을 떠나고 진리에서 벗어난 어두운 사사시대에 나오미, 룻, 보아스 같은 사람들을 일으키시어 진리를 지키게 하시고 생명의 길을 보존하시며 그들을 통해 그분의 아들의 출생을 위한 노선을 잇게 하셨다. 성도들이여, 눈을 제발 큰 일에 두지 말라! 그것이 그분의 하시는 한 가지 일이실지라도 진정 주님이 관심하시고 기뻐하시며 그분의 중심적인 일을 주장해 나가시는 것은 이렇게 신실하고 경건한 작은 무리를 통해서이다. 하나님의 성실하심을 찬양하자! 진노 중에라도, 부패와 타락 중에라도 하나님은 그분의 하실 일을 위하여 나오미 같은 여인을 마라로 만드시고 그 고난 중에 룻 같은 여인을 얻으시고 돌아와 보아스를 만나게 하셨다. 그들을 그러한 축복의 그릇으로 만드신 하나님의 성실하심을 찬양하자! 우리를 구원하시겠다는 약속을 지키기 위한 하나님의 오랜 작업인 것이다. 이 한 마디 찬양의 말로 강해를 마친다. 하나님이여, 당신은 진정 성실하신 하나님이십니다!

IMC

국제선교신학원(IMC-International Mission College)은 하나님께서 우리에게 맡기신 사명—하나님의 말씀에 따라 경건한 삶을 살며, 순수한 복음과 진리를 모든 민족에게 전하며(마 28:18-20), 성령의 전체적인 진리의 조명 아래서 그리스도의 몸을 건축하기 위함(엡 4:11-12)—을 수행할 일꾼들을 양성하기 위한 기관입니다.

여호수아 · 사사기 · 룻기 강해

초판 발행 | 2006년 11월 30일

저자 | 유동근

발행처 | IMC(국제선교신학원 출판부)
등록번호 | 제 15-335 호

420-031 | 경기도 부천시 원미구 상동 617-5 2F
벧엘서원 영업부 : TEL. 032) 326-3096 FAX. 032) 324-3097
IMC, 벧엘서원 편집부 : TEL. 032) 322-3095
http : www.bethelbook.com
E-mail: bethelbook@bethelbook.com

값 25,000원

ISBN 89-92014-31-1 03230
ISBN 89-92014-01-5 03230 (세트)

본서의 전부 및 일부를 본원의 인가 없이 무단복제를 할 수 없습니다.